机动车安全技术检验标准汇编

（下）

中国标准出版社　编

中国标准出版社

北　京

图书在版编目(CIP)数据

机动车安全技术检验标准汇编.下/中国标准出版社编.—北京:中国标准出版社,2016.6
ISBN 978-7-5066-8191-9

Ⅰ.①机… Ⅱ.①中… Ⅲ.①机动车-安全检查-标准-汇编-中国 Ⅳ.①U467.1-65

中国版本图书馆CIP数据核字(2015)第318876号

中国标准出版社出版发行
北京市朝阳区和平里西街甲2号(100029)
北京市西城区三里河北街16号(100045)
网址 www.spc.net.cn
总编室:(010)68533533 发行中心:(010)51780238
读者服务部:(010)68523946
中国标准出版社秦皇岛印刷厂印刷
各地新华书店经销
*
开本 880×1230 1/16 印张 39.75 字数 1204 千字
2016年6月第一版 2016年6月第一次印刷
*
定价 200.00 元

出版说明

机动车安全技术检验是指机动车安全技术检验机构依照法律、行政法规的规定，根据车辆用途、载客载货数量、使用年限等不同情况，按照国家机动车安全技术检验标准，定期检验机动车是否符合国家机动车安全技术标准。因此，机动车安全技术检验是机动车安全管理的重要环节，同时也是预防和减少道路交通事故的重要手段，对提高道路运行机动车的安全技术状况，减少伤亡人数具有十分重要的意义。

随着我国经济社会的持续快速发展和机动化步伐的不断加快，广大人民群众对安全出行的期待越来越高，机动车运行安全管理不断遇到新情况、新问题。近年来，公安部、国家质检总局等有关部委充分考虑到我国汽车工业的发展，特别是私家小汽车迅猛增长的特点，不断调整机动车管理理念和做法，积极响应人民群众对于改革机动车安全技术检验的新期待、新要求，出台了一系列加强和改进机动车安全技术检验工作的新举措。例如，国家质检总局和国家标准化管理委员会修订和发布了一系列机动车安全技术检验的重要技术标准，GB 7258—2012《机动车运行安全技术条件》、GB 21861—2014《机动车安全技术检验项目和方法》，以及 GB 24407—2012《专用校车运行安全技术要求》等，规范和加强了机动车的运行安全技术要求。

为使机动车安全技术检验人员准确、迅速地判断机动车安全技术状况，我们编纂了本汇编，本汇编分(上)、(下)两册，共收录了截至 2015 年 12 月底批准发布的有关机动车安全技术检验的国家标准 51 项和公共安全行业标准 4 项。

本汇编适用于机动车安全技术检验机构等单位从事机动车安全技术检验和机动车安全技术管理的人员，也适用于公安交通管理、质量技术监督等部门从事机动车安全技术检验监督的人员，机动车制造厂家也可参考使用。

编　者

2015 年 12 月

目　　录

（上）

（下）

ICS 43.040.60
T 26

中华人民共和国国家标准

GB 14167—2013
代替 GB 14167—2006

汽车安全带安装固定点、ISOFIX固定点系统及上拉带固定点

Safety-belt anchorages, ISOFIX anchorages systems and ISOFIX top tether anchorages for vehicles

2013-05-07 发布　　2014-01-01 实施

中华人民共和国国家质量监督检验检疫总局
中国国家标准化管理委员会　发布

前　　言

本标准的第 4 章、第 5 章为强制性的，其余为推荐性的。

本标准按照 GB/T 1.1—2009 给出的规则起草。

本标准代替 GB 14167—2006《汽车安全带安装固定点》。

本标准与 GB 14167—2006《汽车安全带安装固定点》的主要差异有：

——标准名称改为《汽车安全带安装固定点、ISOFIX 固定点系统及上拉带固定点》。

——改变了标准的适应范围

- 本标准规定了汽车安全带安装固定点和儿童约束系统的 ISOFIX 固定点系统及其上拉带固定点的位置、强度要求和试验方法。
- 本标准适用于安装了前向和后向座椅成年乘员用安全带安装固定点的 M 和 N 类车辆。
- 本标准也适用于安装了用于儿童约束系统的 ISOFIX 固定点系统及上拉带固定点的 M_1 和 N_1 类车辆。

——增加了对 ISOFIX 系统固定点的一般要求(本版的 4.1)。

——更改了固定点的最低数量要求(本版的 4.2，前版的 4.2)。

——增加了 ISOFIX 试验方法(本版的 5.6)。

——增加了规范性附录 C，采用 ISO 6549:1999 所述 H 点装置。

——增加了规范性附录 H，将原资料性附录 G 改为资料性附录 A。

本标准与 ECE R14 Rev. 4/Amend. 2《关于机动车安全带安装固定点认证的统一规定》(英文版)的技术性差异及其原因如下：

——删除了 ECE R14 中第 2 章“定义”中 2.1“车辆认证”、第 3 章“认证申请”、第 4 章“认证”、第 8 章“车型的认证更改和认证扩展”、第 9 章“生产一致性”、第 10 章“生产不一致性的处罚”、第 11 章“使用说明书”、第 12 章“正式停产”、第 13 章“认证试验部门及行政管理部门的名称和地址”、第 14 章“过度法规”、附录 1“通知书”、附录 2“认证标志的布置示例”关于认证程序及认证标志的内容，其原因是标准体系和法规体系的差别所致。

为便于使用，对于 ECE R14 法规还做了下列编辑性修改：

——“本法规”改为“本标准”；

——引用的符号改为相应的符合国家标准的符号，如 ECE R14 的 6.4 中 daN 改为本标准 5.4 的 N，ECE R14 的 5.4 中 tone 改为本标准 4.3 的 kg；

——增加资料性附录 A。

本标准由中华人民共和国国家发展和改革委员会提出。

本标准由全国汽车标准化技术委员会(SAC/TC 114)归口。

本标准起草单位：东风汽车公司、国家汽车质量监督检验中心(襄阳)、郑州日产汽车有限公司、中国质量认证中心。

本标准主要起草人：黄小枚、王长江、余博英、张尚娇、李三红、李强红、王盛、高嘉、曲艳平、刘丽亚、王丽红。

本标准代替了 GB 14167—2006。

GB 14167—2006 的历次版本发布情况为：

——GB 14167—1993。

汽车安全带安装固定点、ISOFIX 固定点系统及上拉带固定点

1 范围

本标准规定了汽车安全带安装固定点和儿童约束系统的ISOFIX固定点系统及其上拉带固定点的位置、强度要求和试验方法。

本标准适用于安装了前向和后向座椅成年乘员用安全带安装固定点的M和N类车辆。

本标准也适用于安装了用于儿童约束系统的ISOFIX固定点系统及其上拉带固定点的M_1和N_1类车辆。

2 规范性引用文件

下列文件对于本文件的应用是必不可少的。凡是注日期的引用文件,仅注日期的版本适用于本文件。凡是不注日期的引用文件,其最新版本(包括所有的修改单)适用于本文件。

GB 11551—2003 乘用车正面碰撞的乘员保护

GB 11552—2009 乘用车内部凸出物

GB 13057—2003 客车座椅及其车辆固定件的强度

GB 14166—2013 机动车乘员用安全带、约束系统、儿童约束系统和ISOFIX儿童约束系统

GB/T 15089—2001 机动车辆及挂车分类

GB 27887—2011 机动车儿童乘员用约束系统

ISO 6487:2002 道路车辆 碰撞试验测量技术 仪器设备(Road vehicles—Measurement techniques in impact tests—Instrumentation)

3 术语和定义

下列术语和定义适用于本文件。

3.1

车型 vehicle type

与安全带固定点、ISOFIX固定点系统及ISOFIX上拉带固定点相连接的车辆或座椅构件的尺寸、外形和材料等方面无差异的一类机动车辆。若进行动态试验,则车辆的约束系统元件的性能,尤其是对施加在安全带固定点上的力有影响的限力装置也应无差异。

3.2

安全带固定点 belt anchorage

在车身、座椅或车辆其他部分的构件上用于安装、固定安全带总成的零部件。

3.3

安全带有效固定点 effective belt anchorage

用于确定4.3规定的安全带各部分相对于使用者的角度的点;将织带系于该点可获得与预期设计相同的安全带佩带状态。它可是也可不是安全带实际固定点,主要取决于与固定点相连接的安全带金属接头的形状。如:

——如果在车身结构或座椅结构上设有织带的导向件，则应将织带朝向使用者一侧的导向件中点作为安全带有效固定点；

——如果安全带经使用者直接通向卷收器而不带导向件，则应以卷轴与通过织带中心线卷收平面的交点作为安全带有效固定点。

3.4

地板　floor

与车身侧围连接的车身底板，包括加强件和底板下面的纵、横梁。

3.5

座椅　seat

可供一个成年人乘坐、带完整装饰的装置，可与车身框架一体，也可独立；可是单独的，也可是长条座椅的供一人乘坐的部分。

3.6

前排乘员座椅　front passenger seat

“最前 H 点”位于过驾驶员 R 点的横截面上或在此横截面前方的座椅。

3.7

座椅组　group of seats

可供一个或多个成年乘员乘坐的长条座椅或多个并排的单独座椅（即这些座椅中的一个前固定点与另一个座椅的后固定点的前部成一条直线或在另一个座椅的固定点之间）。

3.8

长条座椅　bench seat

供一个以上成年乘员乘坐且有完整装饰的乘坐设施。

3.9

折叠座椅　folding seat

偶尔使用的备用座椅。一般情况下，处于折叠状态。

3.10

座椅型式　seat type

在以下方面没有区别的一类座椅：

——座椅结构的外形、尺寸和材料；

——调节系统和锁止系统的型式及尺寸；

——安全带固定点、座椅固定装置及车辆结构相关部分的型式和尺寸。

3.11

座椅固定装置　seat anchorage

将座椅总成固定在车身结构上的系统，包括车身结构上受到影响的部分。

3.12

调节装置　adjustment system

可调节座椅或座椅部件的位置以适应乘员坐姿的装置，允许座椅：

——纵向移动；

——垂直移动；

——调整角度。

3.13

位移装置　displacement system

使座椅或其一部分在无中间固定位置情况下移位或转动，便于乘员进入该座椅后部空间的装置。

3.14

锁止装置　locking system

确保座椅或其中一部分保持在某一使用位置的任何机构，包括锁止靠背与椅座及座椅与车辆相对位置的机构。

3.15

基准区　reference zone

两个距离 400 mm、相对于 H 点对称的垂直纵向平面间的空间。它是由 GB 11552—2009 附录 C 中的头型由垂直向水平方向旋转所确定的。

3.16

胸部限力装置　thorax load limiter function

安全带、座椅、车辆上能限制碰撞时乘员胸部所受约束力的装置。

3.17

国际通用的儿童约束系统固定装置　ISOFIX

将儿童约束系统与车辆连接的装置。包括车辆上的两个刚性固定点、儿童约束系统上两个相对应的刚性连接装置以及限制儿童约束系统翻转的装置。

3.18

ISOFIX 位置　ISOFIX position

允许安装下述儿童约束系统的位置：

a) 通用类 ISOFIX 前向儿童约束系统；
b) 半通用类 ISOFIX 前向儿童约束系统；
c) 半通用类 ISOFIX 后向儿童约束系统；
d) 半通用类 ISOFIX 侧向儿童约束系统；
e) 特殊类型车辆 ISOFIX 儿童约束系统。

3.19

ISOFIX 下固定点　ISOFIX low anchorage

一个直径 6 mm 的水平放置的刚性圆杆，从车辆结构或座椅结构中伸出，并与带有 ISOFIX 连接装置的 ISOFIX 儿童约束系统相配合使用。

3.20

ISOFIX 固定点系统　ISOFIX anchorages system

由两个 ISOFIX 下固定点组成，与抗翻转装置配合使用，用于固定 ISOFIX 儿童约束系统。

3.21

ISOFIX 连接装置　ISOFIX attachment

从 ISOFIX 儿童约束系统结构中伸出，与 ISOFIX 的车辆下部固定点配合使用的连接装置。

3.22

ISOFIX 儿童约束系统　ISOFIX child restraint system

儿童约束系统指带有保护带扣的织带或相应柔软的部件、调整装置、连接装置以及辅助装置(例如手提式婴儿床(便携睡床)、婴儿携带装置、辅助座椅和/或碰撞防护)，且能将其稳固放置在机动车上的装置。其设计是通过限制佩戴者身体的移动来减轻在车辆碰撞事故或突然减速情况下对佩戴人员的伤害。ISOFIX 儿童约束系统指具有国际通用的儿童约束系统固定装置(ISOFIX)的儿童约束系统。

3.23

静态加载装置　static force application device

SFAD

对车辆的 ISOFIX 固定点系统进行试验的固定模块。用于验证在静态试验下，ISOFIX 固定点系统的强度以及车辆或座椅结构限制翻转的能力。

3.24

抗翻转装置　anti-rotation device

用于防止儿童约束系统沿车辆行进方向发生转动的装置。用于以下不同类型的儿童约束系统其构成方式不同：

——用于通用类 ISOFIX 儿童约束系统的抗翻转装置由 ISOFIX 上拉带及其固定点构成；

——用于半通用类 ISOFIX 儿童约束系统的抗翻转装置由一个 ISOFIX 上拉带及其固定点、车辆仪表板或者在正面碰撞事故中用于限制约束系统翻转的支撑腿构成。

注：对于通用类和半通用类的 ISOFIX 儿童约束系统，车辆座椅本身不构成抗翻转装置。

3.25

ISOFIX 上拉带固定点　ISOFIX top tether anchorage

安装在规定区域，与 ISOFIX 上拉带连接件相联，并可把约束力传递到车辆结构上的构件。

3.26

ISOFIX 上连接件　ISOFIX top tether connector

与车辆上的 ISOFIX 上拉带固定点连接的装置。

3.27

ISOFIX 上拉带固定钩　ISOFIX top tether hook

一种典型的 ISOFIX 上部连接件，用于把 ISOFIX 上拉带按照附录 B 图 B.3 所示，安装到 ISOFIX 上拉带固定点。

3.28

ISOFIX 上拉带　ISOFIX top tether strap

由 ISOFIX 儿童约束系统上部伸出到 ISOFIX 上拉带固定点之间的织带，带有一个调整装置，一个张力解除装置和一个 ISOFIX 上连接件。

3.29

导向装置　guidance device

帮助人员安装 ISOFIX 儿童约束系统的装置，通过物理导向作用使 ISOFIX 儿童约束系统上的 ISOFIX 连接件正确地与 ISOFIX 下固定点对齐以使连接变得容易。

3.30

ISOFIX 标识　ISOFIX marking fixture

用于提示 ISOFIX CRS 使用者车辆上 ISOFIX 的位置以及每个 ISOFIX 相应的固定点位置的识别标志。

3.31

儿童约束固定模块　child restraint fixture

CRF

GB 14166—2013 附录 B 中 B.3.4 规定的 7 种尺寸等级之一的装置。特指 GB 14166—2013 附录 B 中图 B.4～图 B.10 给出了尺寸的装置。用来检查儿童约束系统尺寸等级是否能够适用于车辆的 ISOFIX 位置。GB 14166—2013 图 B.5 描述的称为 ISO/F2(B)的 CRF 在本标准中用来检查 ISOFIX 固定点系统的位置和尺寸适应性。

4　技术要求

4.1　一般要求

4.1.1　安全带固定点的设计、制造和布置应符合下列要求：

a) 应能安装合适的安全带。前排外侧座椅的安全带固定点(特别是在强度方面)应适合于安装具有卷收器和导向件的安全带;车辆装有其他型式的带卷收器的安全带除外。如果固定点仅适用于某些特殊型式的安全带,这类安全带的型式应在检测报告中注明。

b) 正确佩戴时安全带应无滑脱的危险。

c) 织带与车辆或座椅结构上的凸出零件接触应无损伤织带的危险。

d) 对于可改变位置的固定点(该固定点既便于乘员进入车辆,且能约束乘员),本标准中的规定应适用于处于有效约束位置时的固定点。

4.1.2 所有用于安装 ISOFIX CRS 的 ISOFIX 固定点系统及 ISOFIX 上拉带固定点,应设计、制造和布置为:

a) 保证车辆在正常使用时,满足本标准。能加装在任意车辆上的固定点系统和 ISOFIX 上拉带固定点,也应满足本标准。同时在相关申请文件中应有对固定点系统的描述。

b) 固定点系统和 ISOFIX 上拉带固定点系统强度设计应满足 GB 27887—2011 中定义的质量组为 0 组、0+组、Ⅰ组的 ISOFIX 儿童约束系统。

4.1.3 ISOFIX 固定点系统的设计和布置应符合以下要求:

a) 应有两个直径为 6 mm±0.1 mm 的横向水平刚性杆件,两杆件最小有效长度为 25 mm,且两杆件同轴,如附录 B 图 B.4 所示。

b) 安装在车辆乘坐位置上的所有 ISOFIX 固定点系统,应位于距 H 点(H 点的确定见附录 C)之后不小于 120 mm 处(水平测量至杆件中心)。

c) 对所有安装在车辆上的 ISOFIX 固定点系统,应保证能安装 GB 14166—2013 附录 B 图 B.5 或图 B.6 中描述的 ISOFIX 儿童约束固定模块 ISO/F2(B)或 ISO/F2X(B1) 。

d) GB 14166—2013 附录 B 图 B.5 或图 B.6 定义的固定模块 ISO/F2(B)或 ISO/F2X(B1)的底面倾斜角度如下,其倾斜角度的测量相对于附录 C 图 C.3 定义的车辆参考平面:

1) 前后倾斜角度:15°±10°;

2) 左右偏离角度:0°±5°;

3) 翻转角度:0°±10°。

e) ISOFIX 固定点系统位置应是永久固定的,也可被隐藏。对可隐藏的固定点,在正常使用时应满足 ISOFIX 固定点系统的相应要求。

f) 每个 ISOFIX 下固定点杆件(在正常使用时)或每个永久固定导向装置,在无座垫和靠背遮挡时;沿通过杆件或导向装置中点的垂直纵向平面,沿水平面向上 30°方向应清晰可见。或者,车辆上每个下固定点杆件和导向装置附近都应有永久性标识。标识由制造商选择下列形式之一:

1) 如附录 B 图 B.12 所示,为直径不小于 13 mm 的圆形图标,且图标应与其背景有鲜明的对比,图标应靠近每个固定点系统的杆件位置;

2) 大写字母“ISOFIX”的字高不小于 6 mm。

4.1.4 ISOFIX 上拉带固定点的设计和布置应符合以下要求:

a) 汽车制造商可选择采用 4.1.4b)和 4.1.4c)两种方式之一。4.1.4 b)仅适用 ISOFIX 位置在座椅上的情况。

b) 按 4.1.4d)和 4.1.4e)要求,在设计乘坐位置上,与 ISOFIX 上拉带连接件相联接的 ISOFIX 上拉带固定点距离肩部基准点应不大于 2 000 mm,且在阴影区之内,如附录 B 图 B.6～图 B.10 所示,附录 B 图 B.5 所示二维模板的安放应按下列条件:

1) 模板的 H 点位于座椅调至最下和最后位置时确定的 H 点,除非模板位于两 ISOFIX 下固定点横向中线处;

2) 模板躯干线与横向垂直平面的夹角与座椅靠背处于最直立时的角度相同;

3） 模板置于通过 H 点的纵向垂直平面。

c） 附录 B 图 B.11 所示，在 ISOFIX 位置上装有 ISOFIX 下固定点，利用 GB 14166—2013 附录 B 图 B.5 的固定模块 ISO/F2(B)替代方法确定上拉带固定点位置。乘坐位置应为座椅调至最后、最低位置，座椅靠背处于正常位置或制造商推荐的位置。在侧视图中，ISOFIX 上拉带固定点应位于 ISO/F2(B)后表面之后。以 ISO/F2(B)后表面和包含按座椅靠背顶部邵尔 A 硬度超过 50 的点的水平线(见附录 B 图 B.11)以及 ISO/F2(B)中心线的交点确定为基准点 4。在此点处，水平线向上最大 45°定为上固定点区的上限。在俯视图中，通过基准点 4 向后面两侧做最大为 90°形成的区域；在后视图中，通过基准点 4 做最大为 40°形成的区域，ISOFIX 上拉带固定点就位于这两个立体区域内。ISOFIX 上拉带的起始点 5 位于离 ISO/F2(B)固定模块平面 1 向上 550 mm 的平面与中心线 6 的交点。沿拉带从座椅靠背到 ISOFIX 上拉带固定点测量，ISOFIX 上拉带固定点与 ISO/F2(B)固定模块后表面上的 ISOFIX 上拉带起始点的距离应大于 200 mm，但不大于 2 000 mm。

d） 如果固定点无法置于规定的阴影区内，且车辆装有 ISOFIX 上拉带固定点附加装置，则与 ISOFIX 上连接件连接的车辆 ISOFIX 上拉带固定点可超出 4.1.4b)或 4.1.4c)规定的阴影区。同时 ISOFIX 上拉带固定点附加装置应满足：

1） 如果与 ISOFIX 上拉带固定点连接的固定装置位于阴影区内，卷收装置应保证 ISOFIX 上拉带的功能；

2） 非刚性织带型卷收装置或可展开的卷收装置应距躯干线不小于 65 mm，固定式刚性卷收装置应距躯干线不小于 100 mm；

3） 在安装成使用状态后，按 5.5 规定的 ISOFIX 上拉带固定点载荷加载进行试验，卷收装置应具有足够的强度。

e） 上拉带固定装置如果不在座椅靠背顶部拉带卷收区域内，可隐藏在座椅靠背上。

f） ISOFIX 上拉带固定点应满足附录 B 图 B.3 规定的 ISOFIX 上固定钩连接尺寸要求。在 ISOFIX 上拉带固定点周围应提供允许其锁止和解锁操作的空间。位于 ISOFIX 固定点系统之后的，可用于连接 ISOFIX 上拉带固定钩或 ISOFIX 上拉带连接器的所有固定点应采用以下一个或多个措施的避免误用：

1） 把所有在 ISOFIX 上拉带固定点区域内的这种固定点设计为 ISOFIX 上拉带固定点；

2） 只在 ISOFIX 上拉带固定点上使用附录 B 图 B.13 所示的符号之一或其镜像对称的符号进行标示；

3） 在不满足上述两条要求的固定点上标示明显的标记表示不能与任何 ISOFIX 固定点系统组合使用。

g） 对每个有盖的 ISOFIX 上拉带固定点，盖上应有如附录 B 图 B.13 的符号或镜像对称的符号标记，且不使用工具就应能将盖移开。

4.2 安全带固定点的最低数量

4.2.1 常规固定点最低数量要求

4.2.1.1 M 类和 N 类的车辆(GB/T 15089 定义的Ⅰ级、Ⅱ级和 A 级的 M_2 和 M_3 类车辆除外)应具有符合本标准要求的安全带固定点。M_1 类车辆应装备满足 4.2.2 要求的 ISOFIX 固定点系统。装备了 ISOFIX 固定点系统的 N_1 类车辆也应满足本标准的要求。对于按 GB 14166 批准为 S 型安全带的全背带式安全带(无论是否有卷收器)的固定点，应满足本标准要求；但附加固定点或用于安装胯带总成的固定点则无需满足本标准中的强度和位置的要求。

4.2.1.2 所有前向和后向座椅处的安全带固定点最低数量应符合附录 D 的规定。

4.2.1.3 但对于 N_1 类车辆非前排的外侧座椅处(附录 D 表 D.1 中注 a,当座椅与最近的车身侧围之间有供乘客通行的通道时,允许只设 2 个下固定点。若座椅和侧围间的空间为通道,所有的车门关闭时座椅纵向中心垂直平面(在 R 点位置测量)与侧围的距离应大于 500 mm。

4.2.1.4 对于前排中间座椅处(附录 D 表 D.1 中注 b,如果风窗玻璃位于 GB 11552 附录 B 定义的基准区以外时,可只设 2 个下固定点;如果位于基准区内,则要求有 3 个固定点,此时风窗玻璃被认为是基准区的一部分。

4.2.1.5 对所有附录 D 表 D.1 中注 c 的乘坐位置,应设 3 个固定点。若满足下列条件之一,可只设 2 个固定点:

——前方有一个满足 GB 13057—2003 5.3.3 规定的座椅或其他车辆部件;

——车辆的任何部件都不在基准区域内,或当车辆运动时,没有车辆的部件能进入基准区域内;

——在基准区域内的车辆部件应符合 GB 13057—2003 中 5.2 规定的吸能要求。

4.2.1.6 对于所有车辆静止时方可使用的座椅,以及 4.2.1.1~4.2.1.4 未包括的座椅,不要求有安全带固定点。但如果车辆上为这种座椅位置设置了安全带固定点,则这些固定点应符合本标准的规定,此时允许只设 2 个下固定点。

4.2.1.7 对双层客车的上层前排中间乘座位置的要求与前排外侧位置的要求相同。

4.2.2 ISOFIX 位置的最低数量要求

4.2.2.1 所有 M_1 类车辆应配置至少 2 个 ISOFIX 位置,至少有 2 个 ISOFIX 位置应同时装备 ISOFIX 固定点系统及 ISOFIX 上拉带固定点。安装在各个 ISOFIX 位置上的 ISOFIX 固定模块的型式和数量按 GB 14166 确定。

4.2.2.2 如果车辆只装有一排座椅,可以不设置 4.2.2.1 规定的 ISOFIX 位置。

4.2.2.3 4.2.2.1 规定的 2 个 ISOFIX 位置中至少有 1 个位于第二排座椅上。

4.2.2.4 如果 ISOFIX 固定系统安装在配备了气囊的前排乘坐位置,应安装气囊的抑制开关。

4.2.2.5 对内置式儿童约束系统,ISOFIX 位置的数量应至少为 2 减去质量组 0,0+或 I 的内置式儿童约束系统的数量。

4.2.2.6 对具有多于一排座椅的敞篷车辆,应至少配备 2 个 ISOFIX 下固定点。如果此类车辆装备了上拉带固定点,则应满足本标准的相应条款规定。

4.2.3 可翻转座椅的要求

对车辆静止时能翻转或能改变朝向的座椅,4.2.1.1 的要求仅适用于车辆行驶时处在正常使用位置的情况(在相关的申请文件中注明)。

4.3 安全带固定点的位置(见附录 E 图 E.1)

4.3.1 总则

4.3.1.1 安全带的固定点既可设在车辆结构上或座椅结构上,亦可设在车辆的其他部件上,或者分设于以上各部件上。

4.3.1.2 安全带的固定点可供两个相邻安全带的两个端头固定用,但应符合试验要求。

4.3.2 安全带下有效固定点位置

4.3.2.1 M_1 类车辆的前排座椅

M_1 类车辆的 α_1(非带扣侧)应在 30°~80°范围内,α_2(带扣侧)应在 45°~80°范围内。前排座椅所有可正常移动的位置,角度要求同上。在所有正常乘坐位置,α_1 和 α_2 中至少有一个是恒定值时(如固定点在座椅上)，其值应为 60°±10°。对于带有调节机构的可调座椅，当靠背角小于 20°时(见附录 E 图 E.1)，α_1 可低于以上规定的最小值(30°)，但在任何正常使用位置均不得小于 20°。

4.3.2.2 M_1 类车辆后排座椅

对 M_1 类车辆，所有后排座椅的 α_1 和 α_2 应在 30°～80°范围内；如果后排座椅是可调的，则在所有正常移动位置，上述要求均有效。

4.3.2.3 M_1 类以外车辆的前排座椅

对 M_1 类以外车辆的前排座椅的所有正常移动位置，α_1 和 α_2 应在 30°～80°之间；对于最大总质量不超过 3 500 kg 车辆的前排座椅的所有正常使用位置，α_1 和 α_2 中至少有一个是恒定值时(如固定点在座椅上)，其值应为 60°±10°。

4.3.2.4 M_1 类以外车辆后排座椅和特殊前排或后排座椅

对 M_1 类以外车辆长条座椅、带有调节机构且靠背角小于 20°(见附录 E 图 E.1)的前、后排座椅以及在正常使用位置上的其他后排座椅，α_1 和 α_2 允许在 20°～80°之间；对于最大总质量不超过 3 500 kg 车辆的前排座椅所有正常乘坐位置，α_1 和 α_2 中至少有一个是恒定值时(如固定点在座椅上)，其值应为 60°±10°。对 M_2 和 M_3 类车辆的非前排座椅的正常乘坐位置，α_1 和 α_2 应为 45°～90°。

4.3.2.5 安全带两个下固定点的距离

分别通过同一安全带的两个下固定点 L_1、L_2 且平行于车辆纵向中心平面的两个垂直平面间的距离不得小于 350 mm。对 M_1 和 N_1 类车辆的后排中间乘坐位置，若中间座椅与其他座椅不可交换，则上述距离不可小于 240 mm。座椅的纵向中心平面应在 L_1 点和 L_2 点之间，且距离至少为 120 mm。

4.3.3 安全带上有效固定点的位置(见附录 E)

4.3.3.1 如果因采用织带导向件或类似装置而影响安全带上有效固定点位置时，应根据织带纵向中心线通过 J_1 点时固定点的位置的情况来确定有效固定点位置。从 R 点开始，用下述三条线段确定 J_1 点：

——RZ：从 R 点向上沿躯干线截取长 530 mm 的线段；

——ZX：从 Z 点沿垂直于汽车纵向中心面的直线，向固定点方向截取长 120 mm 的线段；

——XJ_1：从 X 点沿垂直于 RZ 和 ZX 确定的平面的直线，向前截取长 60 mm 的线段。

J_2 点与 J_1 点相对于过躯干线的纵向铅垂平面对称，该躯干线为安放在座椅上的人体模型的躯干线。当用双开门为前后座椅提供通道，且上固定点在 B 柱上时，固定点系统应不妨碍乘员上下车。

4.3.3.2 安全带上有效固定点应位于垂直于座椅纵向中心面并与躯干线成 65°角的 FN 平面下方。对于后排座椅，此夹角可减小至 60°。FN 平面与躯干线相交于 D 点，此时须保证 DR=315 mm+1.8S，但当 S≤200 mm 时，DR=675 mm。

4.3.3.3 安全带上有效固定点应在垂直于座椅纵向中心面并与躯干线成 120°角且相交于 B 点的 FK 平面后方，此时须保证 BR=260 mm+S。但当 S≥280 mm 时，制造商可选用 BR=260 mm+0.8S。

4.3.3.4 S 值不得小于 140 mm。

4.3.3.5 安全带上有效固定点应位于通过 R 点并垂直于车辆纵向中心平面的铅垂平面之后，如附录 E 所示。

4.3.3.6 安全带上有效固定点应在通过附录 E 中 E.1.3 规定的 C 点的水平面上方。

4.3.3.7 除 4.3.3.1 规定的上有效固定点外，若满足下述条件之一，可装备另外的附加上有效固定点：

a) 附加固定点应符合 4.3.3.1～4.3.3.6 的要求。

b) 无需借助工具应能使用附加固定点。该固定点应符合 4.3.3.5 和 4.3.3.6 的要求，并处于附录 E 图 E.1 所示沿铅垂方向上下各 80 mm 所确定的区域内。

c) 符合 4.3.3.6 规定要求的全背带式安全带的固定点应位于通过躯干线的横向平面之后，并处于下述位置：

1) 对于单固定点，位于通过 4.3.3.1 规定的 J_1 点和 J_2 点的两个铅垂面夹角内，其水平截面见附录 E 图 E.2；

2) 对于两个固定点，固定点可位于上述二点之一的夹角内，同时其中一固定点是另一个固定点相对于附录 E 中 E.1.5 中规定的座椅的 P 平面的对称点，且二者间的距离不大于 50 mm。

4.4 固定点螺纹孔尺寸

4.4.1 固定点的螺纹孔应为 7/16″(20 UNF 2B)。

4.4.2 如果固定点与安全带的连接已由车辆制造商完成，且这些固定点符合本标准的其他规定，则无需满足 4.4.1 的要求。此外，4.4.1 的要求不适用于满足 4.3.3.7c)要求的附加固定点。

4.4.3 拆卸安全带时，应不会损坏安全带固定点。

4.5 安全带固定点和 ISOFIX 固定点系统及上拉带固定点的强度

4.5.1 所有的固定点应进行 5.3 和 5.4 规定的试验。如果在规定的时间内，持续按规定的力加载，则允许固定点或周围区域有永久变形，包括部分断裂或产生裂纹。试验期间，下有效固定点的最小间隔应满足 4.3.2.5 的要求，上有效固定点应满足 4.3.3.6 的要求。

对最大总质量不大于 2 500 kg 的 M_1 类车辆，若上固定点在座椅结构上，试验期间，上有效固定点前向位移应在通过 R 点和 C 点的横向平面以内(见附录 E 图 E.1)；对其他车辆，上有效固定点的前向位移不应超出 R 点平面前倾 10°的范围。其最大位移量应在试验期间测量。若上有效固定点位移超出上述范围，制造商应向检验机构证明其对乘员不会造成伤害。

4.5.2 卸载后，保证所有座位上的乘员手动操作位移装置和锁止装置即可撤离车辆。

4.5.3 试验后，对所有试验时承载的构件及固定点的损坏情况应作记录。

4.5.4 对符合 GB 13057 要求的 M_3 及最大设计总质量大于 3 500 kg 的 M_2 类车辆，若上固定点处于座椅上，则无须满足 4.3.3.6 及 4.5.1。

4.5.5 按 5.6.2.2 对 ISOFIX 上的 SFAD 施加静态载荷，考核 ISOFIX 固定点系统的强度。对有 ISOFIX 上拉带固定点的 ISOFIX 固定点系统还应按 5.6.2.3 进行试验。加载期间纵向水平位移和斜向力方向位移应不大于 125 mm，允许永久变形和部分开裂。如果在规定的时间保持了所要求的力，ISOFIX 下固定点、上拉带固定点和周围的区域不应失效。对固定点系统在座椅总成上的情况应进行 5.6.2.4 的附加试验。试验后不应出现裂纹，且应满足前向力和斜向力导致 X 点的最大位移均不大于 125 mm 的要求。

5 试验方法

5.1 总则

5.1.1 按 5.2 规定进行试验，并按制造商要求进行车辆的固定。

5.1.1.1 试验在车身框架上进行，或者在整车上进行。

5.1.1.2 满足以下条件的，才允许只做一个或一组座椅的安全带固定点试验：

a) 与其他座椅或座椅组对应的固定点结构性能相同；

b) 完全或部分安装在座椅或座椅组上的固定点，该座椅或座椅组的结构特性与其他座椅或座椅组的结构特性相同。

5.1.1.3　装门、窗，或者不装；门、窗关闭，或者打开。

5.1.1.4　允许保留增强车辆结构的正常装备。

5.1.2　座椅应放置在对强度最为不利的驾驶或使用位置，座椅的位置应在检验报告中予以说明。如果靠背角可调，应调至制造商的规定位置；或保证 M_1 和 N_1 类车辆座椅实际靠背角尽可能为 25°，其他类别车辆为 15°。

5.2　车辆的固定

5.2.1　试验时，所有固定车辆的方法均不得对安全带固定点和 ISOFIX 固定点及其周围部分起加强作用，同时亦不得减弱结构正常的变形。

5.2.2　所有固定车辆的装置应距被测固定点前方不小于 500 mm 或后方不小于 300 mm 处，且不得影响整个宽度范围内的车身结构。

5.2.3　建议将构架固定于接近车轮轴线或悬架连接点的支承物上。

5.2.4　如果采用与 5.2.1～5.2.3 规定不相同的固定方法，则应证明其等效性。

5.3　试验条件

5.3.1　同一组座椅的全部安全带固定点应同时进行试验。若有可能因座椅或固定点的非对称性加载而导致试验失败，则可进行一次追加试验。

5.3.2　沿平行于车辆纵向中心平面并与水平线成向上 10°±5°的方向施加载荷。先施加总载荷 10%（误差±30%）的预加载，然后增加载荷至总载荷。

5.3.3　在 60 s 内加载至规定值，应制造商要求也可在 4 s 内加载至规定值，并至少保持 0.2 s。

5.3.4　用于试验的人体模块见 5.4 和附录 F。将附录 F 图 F.1 中的装置放在座垫上面，尽量向后推至靠背，安全带向后拉紧。将附录 F 图 F.2 的装置放置到位，安全带置于装置上拉紧。此时不必进行预加载。每个乘坐位置选用的 254 mm 或 406 mm 的人体模块，其宽度应尽量接近两下固定点间的距离。人体模块的放置应避免试验时对加载力和力分布的影响。

5.3.5　安全带上固定点的试验条件如下：

a）　前排外侧座椅

安全带固定点应进行 5.4.1 规定的试验，试验时利用配有卷收器或上部织带导向件的模拟三点式安全带，将载荷传递至三个固定点。此外，如果固定点的数量比 4.2 规定的多，这些固定点应按 5.4.5 的规定进行试验。试验时利用模拟安全带加载。

1）　若安全带外侧下固定点未装卷收器，或卷收器装在安全带上固定点处时，其下固定点也应进行 5.4.3 规定的试验。

2）　在上述情况中，若制造商提出要求，5.4.1 和 5.4.3 规定的试验可分别在不同的车身上进行。

b）　后排外侧座椅和所有中间座椅

安全带固定点应进行 5.4.2 规定的试验，试验时利用模拟无卷收器三点式安全带加载，且应进行 5.4.3 规定的试验，试验时利用模拟腰带对两个下固定点加载。若制造商提出要求，两项试验可分别在不同的车身上进行。

c）　当制造商提供装有安全带的车辆时，应制造商的要求，可使用车辆上的安全带进行试验。

5.3.6　如果外侧和中间座椅无安全带上固定点，下固定点应进行 5.4.3 规定的试验，利用模拟腰带将载荷传递至固定点。

5.3.7　如果车辆设计成可安装其他装置，而这些装置使织带应通过导向件才能与固定点连接时，或与 4.2 规定的范围之外的固定点连接时，则应利用这种装置将安全带或模拟带连接于车辆的安全带固定点上，此时，安全带固定点应进行 5.4 规定的相应的试验。

5.3.8 允许采用可证明与上述试验等效的试验方法。

5.4 安全带固定点试验方法

5.4.1 上固定点装有导向件或织带导向环带卷收器的三点式安全带固定点的试验

5.4.1.1 在安全带上固定点应装有适于用绳索或织带传递人体模块试验载荷的特殊导向件或导向环，或由制造商提供导向件或织带导向环。

5.4.1.2 利用模拟肩带对上人体模块(见附录F图F.2)施加13 500 N±200 N的试验载荷。对M_2和N_2类的车辆，试验载荷应为6 750 N±200 N；对于M_3和N_3车辆，试验载荷为4 500 N±200 N。

5.4.1.3 与此同时，应对下人体模块(见附录F图F.1)施加13 500 N±200 N的试验载荷。对M_2和N_2类的车辆，试验载荷应为6 750 N±200 N；对于M_3和N_3车辆，试验载荷为4 500 N±200 N。

5.4.2 上固定点无卷收器或带有卷收器的三点式安全带固定点的试验

5.4.2.1 应对连接安全带上固定点及相应的下固定点的上人体模块(见附录F图F.2)施加13 500 N±200 N的试验载荷。如果上固定点带有卷收器，应连同卷收器一起试验。对M_2和N_2类的车辆，试验载荷应为6 750 N±200 N；对于M_3和N_3车辆，试验载荷为4 500 N±200 N。

5.4.2.2 与此同时，应对下人体模块(见附录F图F.1)施加13 500 N±200 N的试验载荷。对M_2和N_2类的车辆，试验载荷应为6 750 N±200 N；对于M_3和N_3车辆，试验载荷为4 500 N±200 N。

5.4.3 两点式安全带(腰带)固定点的试验

应对连接腰带的下人体模块(见附录F图F.1)施加22 250 N±200 N的试验载荷。对M_2和N_2类的车辆，试验载荷应为11 100 N±200 N；对于M_3和N_3车辆，试验载荷为7 400 N±200 N。

5.4.4 设于座椅骨架上或分设于座椅骨架和车身框架上的安全带固定点的试验

5.4.4.1 在进行5.4.1、5.4.2及5.4.3规定试验的同时，应对每一个或每一组座椅施加下面规定的载荷。

5.4.4.2 除5.4.1、5.4.2及5.4.3规定的载荷外，还应施加一个相当于座椅总成质量20倍的力。惯性载荷应施加在座椅上或与相应的座椅的实际质量相当的座椅相关部件上。追加的载荷及载荷的分布应由制造商确定且经检验机构认可。对M_2和N_2类车辆，载荷为座椅总成质量的10倍；对M_3和N_3类车辆，应为座椅总成质量的6.6倍。

5.4.5 特殊类安全带固定点的试验

5.4.5.1 利用模拟肩带的装置，对连接到固定点上的上人体模块(见附录F图F.2)施加13 500 N±200 N的试验载荷。

5.4.5.2 与此同时，对连接下固定点上的下人体模块(见附录F图F.1)施加13 500 N±200 N的试验载荷。

5.4.5.3 对M_2和N_2类的车辆，试验载荷应为6 750 N±200 N，对于M_3和N_3车辆，试验载荷为4 500 N±200 N。

5.4.6 后向座椅的安全带固定点试验

5.4.6.1 应按5.4.1、5.4.2或5.4.3的要求对固定点加载。试验载荷值同M_3或N_3类车辆的规定值。

5.4.6.2 加载方向同乘坐位置的朝向，试验条件同5.3。

5.5 动态试验

对附录 G 中 G.1 定义的座椅组，应制造者的要求可进行附录 G 的动态试验。它可替代 5.3 和 5.4 的静态试验。

5.6 ISOFIX 静态试验

5.6.1 试验条件

5.6.1.1 应按 5.6.2.2 的描述，在 ISOFIX 处于连接状态时，对静态加载装置(SFAD)施加载荷，对 ISOFIX 固定点系统强度进行试验。对于 ISOFIX 上拉带固定点，应按 5.6.2.3 的描述进行附加试验。对同一排座椅上的可同时使用的所有 ISOFIX 位置应同时进行试验。

5.6.1.2 试验可在完整车辆上进行，也可在能代表车辆结构强度和刚度的车身结构上进行。车门可有可无、可开可关。允许保留增强车辆结构的正常装备。如满足以下条件，可仅对一个或一组座椅的 ISOFIX 位置进行试验：

a) 试验的 ISOFIX 位置与其他座椅或座椅组的 ISOFIX 位置有相同的结构特性；
b) 试验的 ISOFIX 位置部分或全部安装于座椅或座椅组上，这些座椅或座椅组与其他座椅或座椅组有相同的结构特性。

5.6.1.3 如果座椅和头枕可调，试验位置由制造商提供、检测机构确认。

5.6.2 试验方法

5.6.2.1 试验程序

5.6.2.1.1 在 SFAD 的前下横梁的中心施加 135 N±15 N 的力，以便调整 SFAD 和支撑装置之间前后位置的松紧。

5.6.2.1.2 应按表 1 对 SFAD 施加前向和斜向的力。应制造商要求，每个试验都可在不同的车身上进行。前向力的施加方向与水平面成 10°±5°。斜向力的施加方向与水平面成 0°±5°。应对附录 B 图 B.2 的 X 点进行 500 N±25 N 的预加载。应在 30 s 内尽快加载到规定的最大力值。制造商可要求加载时间在 2 s 以内，持续时间不少于 0.2 s。所有测量数据的滤波等级应满足 ISO 6487 中的 CFC60 或其他等效方法的要求。

表 1 试验力的方向

方向	角度	力值
前向	0°±5°	8 kN±0.25 kN
斜向	75°±5°(施加于前向两侧，或较恶劣的一侧，或两侧对称时仅施加于其中一侧)	5 kN±0.25 kN

5.6.2.2 ISOFIX 固定点系统试验

5.6.2.2.1 前向力试验

按 5.6.2.1.1 对 SFAD 的 X 点预加载后按 5.6.2.1.2 施加 8 kN±0.25 kN 的水平前向力。

5.6.2.2.2 斜向力试验

按 5.6.2.1.1 对 SFAD 的 X 点预加载后按 5.6.2.1.2 施加 5 kN±0.25 kN 的斜向力。

5.6.2.3 带有 ISOFIX 上拉带固定点的 ISOFIX 固定点系统试验方法

按 5.6.2.1.1 对 SFAD 和上拉带固定点之间进行 50 N±5 N 的预加载，再按 5.6.2.1.2 施加 8 kN±0.25 kN 的水平前向力。

5.6.2.4 座椅惯性力试验

对不直接装在车辆结构上而力直接传递到车辆座椅总成上的安装位置，应进行本试验以保证座椅固定点有足够的强度。在这个试验中，沿纵向水平向前施加等于座椅总成或与座椅相关的相应座椅总成部件 20 倍质量的力。附加力及力的分布应由制造商确定并经检测机构认可。应制造商要求，该试验的附加力也可施加在 SFAD 的 X 点上。如果上固定点与座椅一体，试验应带 ISOFIX 上拉带。

注：当安全带固定点与车辆座椅一体且座椅已完成试验，满足本标准对成人约束系统的固定点的加载要求，则本试验不再进行。

6 标准实施过渡期

新定型车型自 2014 年 1 月 1 日起开始实施，在生产车型自 2017 年 1 月 1 日起开始实施。

附 录 A
（资料性附录）
本标准章条编号与 ECE R14 章条编号对照

表 A.1 给出了本标准章条编号与 ECE R14 章条编号对照一览表。

表 A.1 本标准章条编号与 ECE R14 章条编号对照

本标准章条编号	对应的 ECE R14 章条编号	本标准章条编号	对应的 ECE R14 章条编号
1	1	5.3	6.3
2	—	5.4	6.4
3	2	5.5	6.5
—	2.1	5.6	6.6
3.1～3.30	2.2～2.31	—	附录 1
—	3	—	附录 2
—	4	—	附录 3
4	5	附录 A	—
4.1	5.2	附录 B	附录 9
4.2	5.3	附录 C	附录 4
4.3	5.4	附录 D	附录 6
4.4	5.5	附录 E	5.1,附录 3
4.5	7	附录 F	附录 5
5	6	附录 G	附录 7
5.1	6.1	附录 H	附录 8
5.2	6.2		

附　录　B
（规范性附录）
ISOFIX 固定点系统及 ISOFIX 上拉带固定点

图 B.1　静态加载装置（SFAD）轴测图

单位为毫米

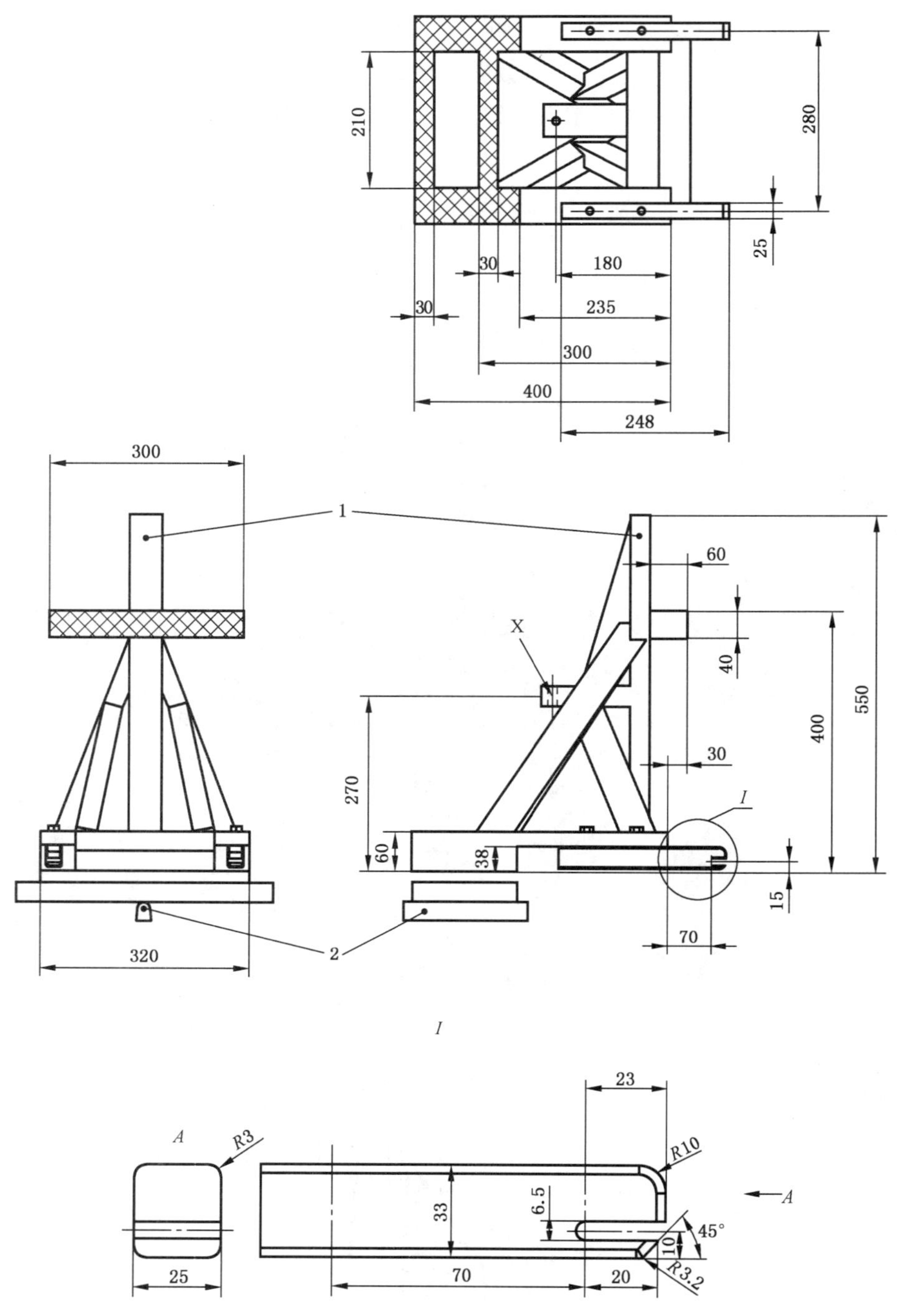

说明：

1——上拉带连接点；

2——如下所述刚度试验的枢轴连接件。

SFAD 的刚度：当用 SFAD 前横梁连接到刚性固定杆时（SFAD 由在 SFAD 基座下 25 mm 的纵向枢轴中心上的刚性杆支撑，以允许 SFAD 基座弯曲和扭转），按表 1 规定的载荷加载时，X 点在任何方向上的位移不应大于 2 mm，测量时，ISOFIX 固定点系统的变形应不包括在内。

图 B.2　静态加载装置（SFAD）尺寸

单位为毫米

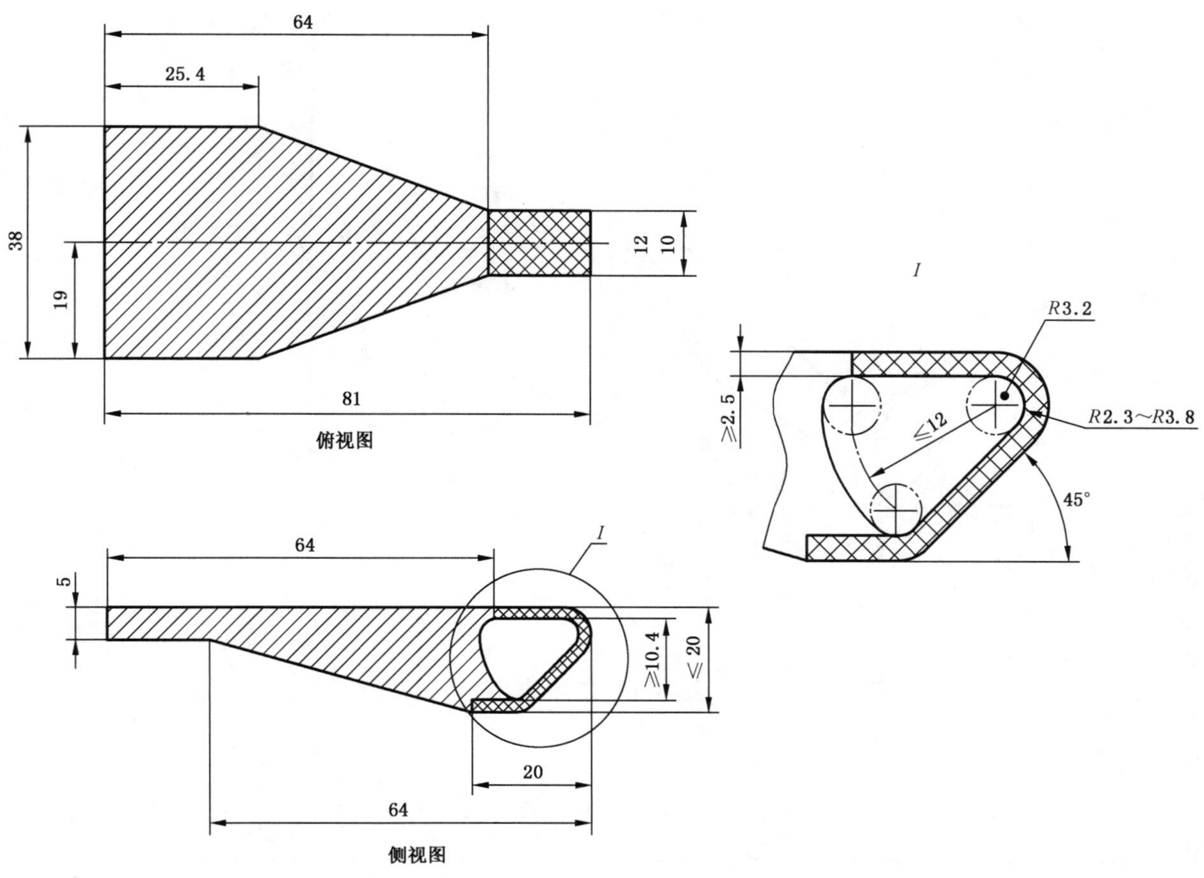

说明：

▨——周围结构(如果有)；

⊠——应全部位于上固定钩接触面的区域。

图 B.3 ISOFIX 上拉带连接件(钩型)尺寸

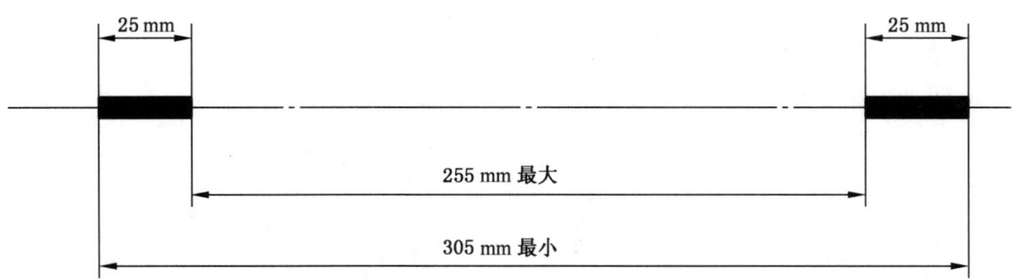

图 B.4 两个下固定点之间的距离

单位为毫米

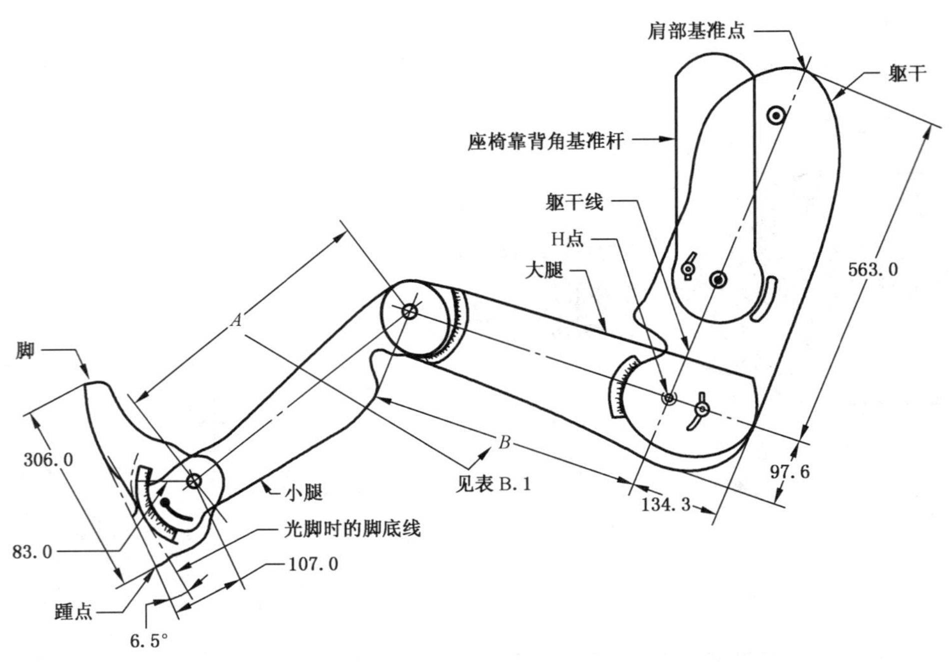

图 B.5 二维模板

表 B.1 腿部尺寸

单位为毫米

假人规格	10 百分位	50 百分位	95 百分位
小腿长度(*A*)	390.4	417.5	459.1
大腿长度(*B*)	407.7	431.5	456.0

单位为毫米

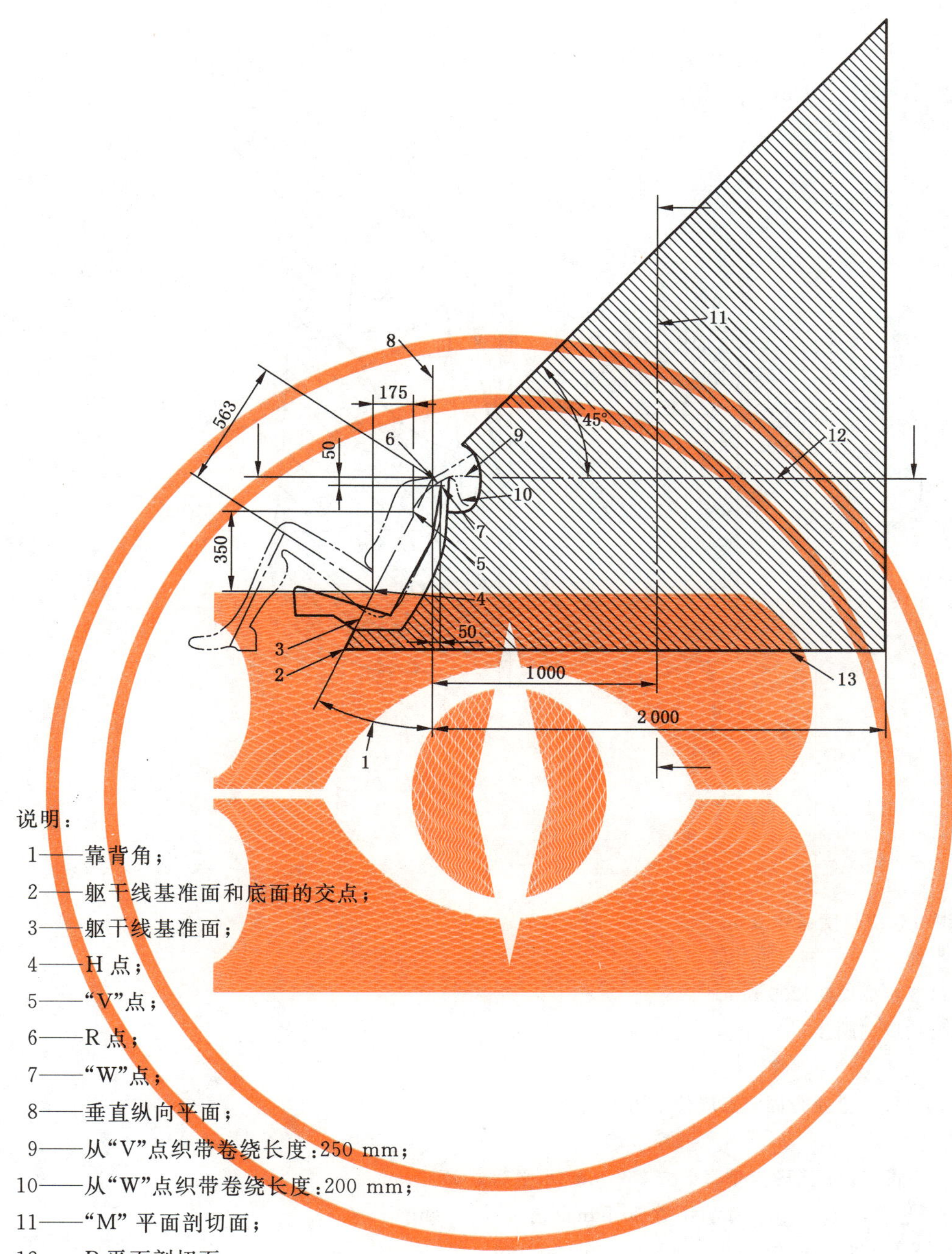

说明：

1——靠背角；

2——躯干线基准面和底面的交点；

3——躯干线基准面；

4——H 点；

5——“V”点；

6——R 点；

7——“W”点；

8——垂直纵向平面；

9——从“V”点织带卷绕长度：250 mm；

10——从“W”点织带卷绕长度：200 mm；

11——“M” 平面剖切面；

12——R 平面剖切面；

13——该线表示在所述区域内的车辆特定底面。

注 1：与上固定钩连接的上拉带固定点应位于阴影区域内。

注 2：R 点：肩部基准点。

注 3：“V”点 ：V 基准点，位于 H 点垂直上方 350 mm、水平后方 175 mm。

注 4：“W”点 ：W 基准点，位于 R 点垂直下方 50 mm、水平后方 50 mm。

注 5：“M” 平面 ：M 基准面，位于 R 点水平后方 1 000 mm。

注 6：该区域最前面的表面由扫描该区域前端的两个卷绕线及其延伸而来。卷绕线代表从 CRS 的顶部（“W”点）和背部下段（“V”点）调整的最小长度。

图 B.6　ISOFIX 上拉带固定点位置，ISOFIX 区域（侧视图）

单位为毫米

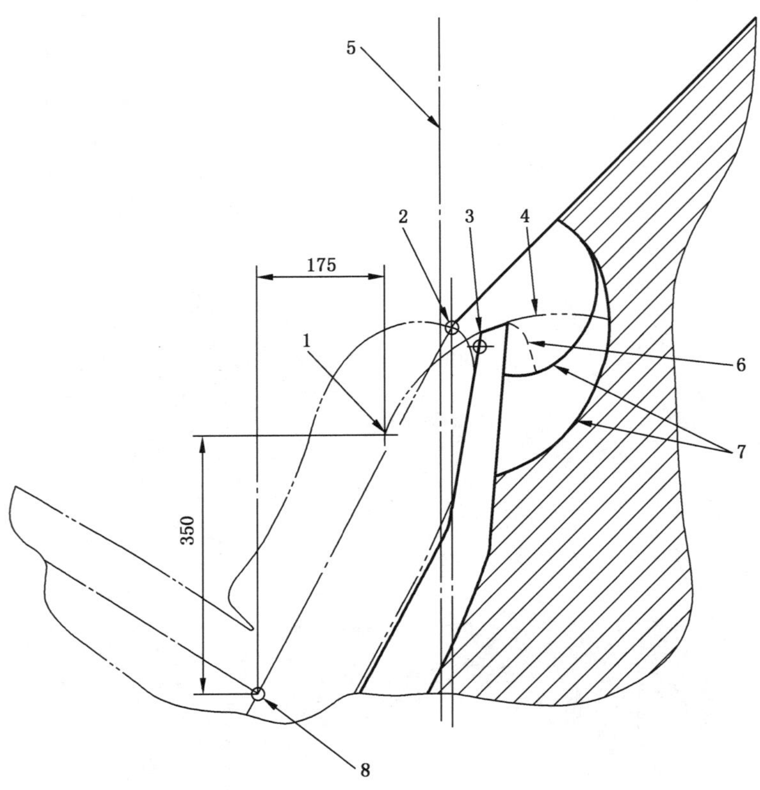

说明：

1——“V”点；

2——R 点；

3——“W”点；

4——从“V”点织带卷绕长度:250 mm；

5——垂直纵向平面；

6——从“W”点织带卷绕长度:200 mm；

7——由卷绕长度构成的圆弧；

8——H 点。

注 1：与上固定钩连接的上拉带固定点应位于阴影区域内。

注 2：R 点:肩部基准点。

注 3：“V”点 ：V 基准点,位于 H 点垂直上方 350 mm、水平后方 175 mm。

注 4：“W”点 ：W 基准点,位于 R 点垂直下方 50 mm、水平后方 50 mm。

注 5：“M” 平面 ：M 基准平面,位于 R 点水平后方 1 000 mm。

注 6：该区域最前表面由该区域前端的两个卷绕线及其延伸而来。卷绕线代表从 CRS 的顶部(“W”点)和背部下段(“V”点)调整的最小长度。

图 B.7 ISOFIX 上拉带固定点位置,ISOFIX 区域(卷绕区域放大侧视图)

单位为毫米

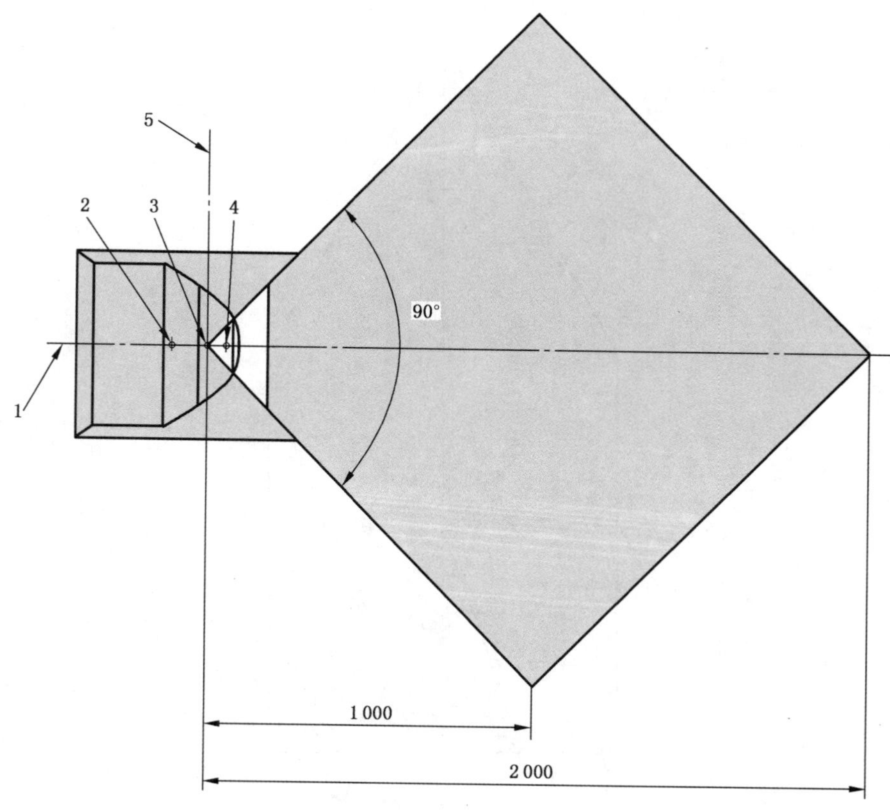

说明：

1——中分面；

2——"V"点；

3——R 点；

4——"W"点；

5——垂直纵向平面。

注 1：与上固定钩连接的上拉带固定点应位于阴影区域内。

注 2：R 点：肩部基准点。

注 3："V"点 ：V 基准点，位于 H 点垂直上方 350 mm、水平后方 175 mm。

注 4："W"点 ：W 基准点，位于 R 点垂直下方 50 mm、水平后方 50 mm。

图 B.8 ISOFIX 上拉带固定点位置，ISOFIX 区域［平面视图（R 平面横切面）］

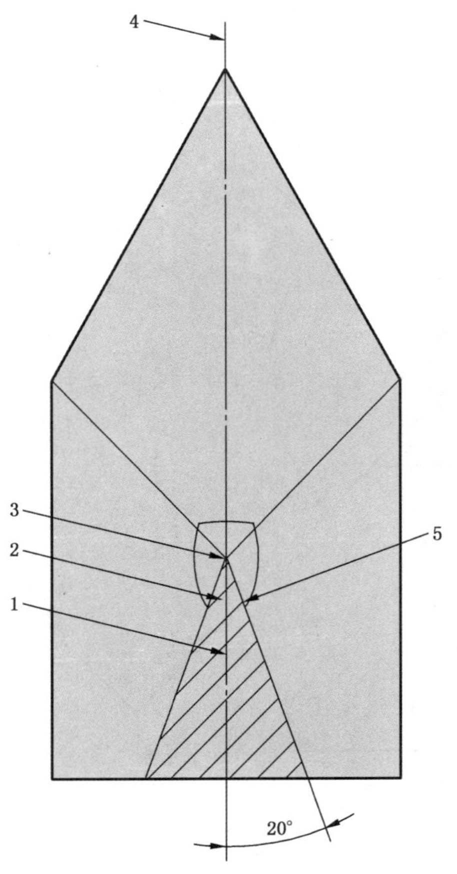

说明：

1——“V”点；

2——“W”点；

3——R 点；

4——中分面；

5——沿着躯干基准面的区域视图。

注 1：与上固定钩连接的上拉带固定点应位于阴影区域内。

注 2：R 点:肩部基准点。

注 3：“V”点 ：V 基准点，位于 H 点垂直上方 350 mm、水平后方 175 mm。

注 4：“W”点 ：W 基准点，位于 R 点垂直下方 50 mm、水平后方 50 mm。

图 B.9　ISOFIX 上拉带固定点位置，ISOFIX 区域（前视图）

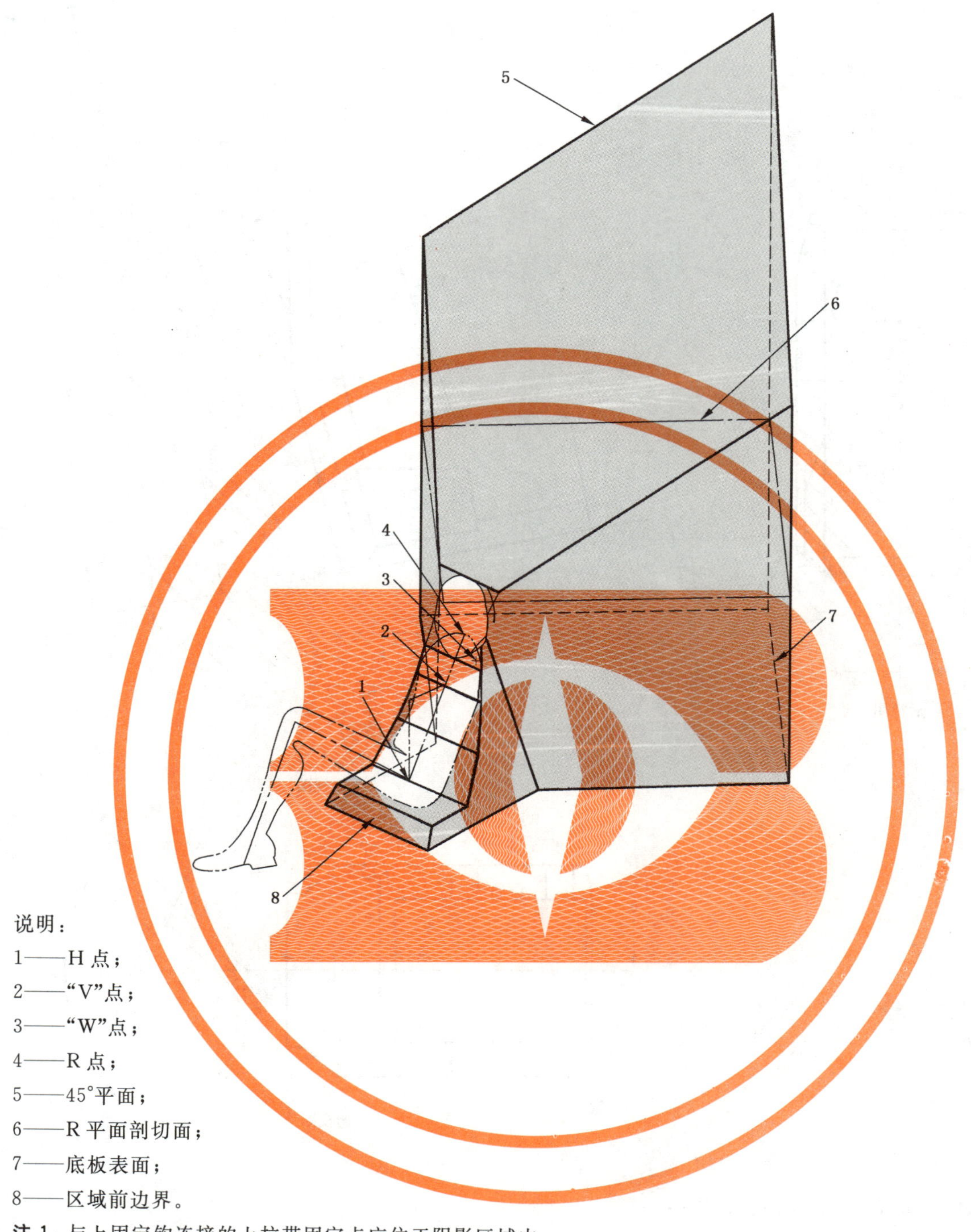

说明：

1——H 点；

2——“V”点；

3——“W”点；

4——R 点；

5——45°平面；

6——R 平面剖切面；

7——底板表面；

8——区域前边界。

注 1：与上固定钩连接的上拉带固定点应位于阴影区域内。

注 2：R 点：肩部基准点。

图 B.10　ISOFIX 上拉带固定点位置，ISOFIX 区域(三维示意图)

单位为毫米

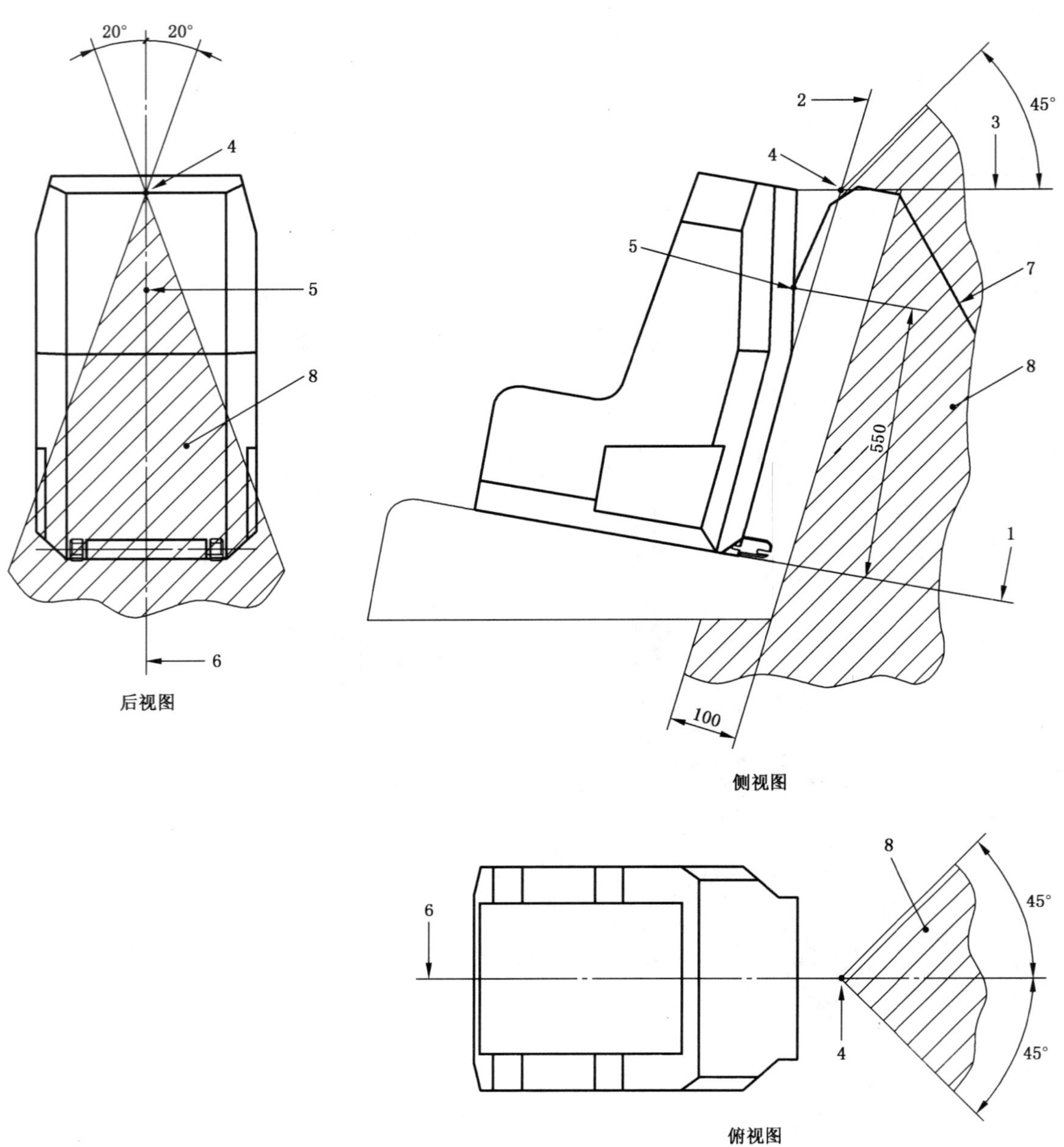

说明：

1——固定模块 ISO/F2(B)的水平表面；

2——固定模块 ISO/F2(B)的后部表面；

3——与座椅靠背顶部(邵尔 A 硬度超过 50 的最后刚性点)相切的水平线；

4——2 与 3 交点；

5——织带基准点；

6——固定模块 ISO/F2(B)的中心线；

7——上拉带织带；

8——固定点区域。

图 B.11 利用固定模块 ISO/F2(B)确定 ISOFIX 上拉带固定点位置的替代方法，ISOFIX 区域(侧视图、俯视图、后视图)

注 1：此图为示意图。

注 2：标志也可镜像表示。

注 3：标志的颜色由制造商选择。

图 B.12 ISOFIX 下固定点标志

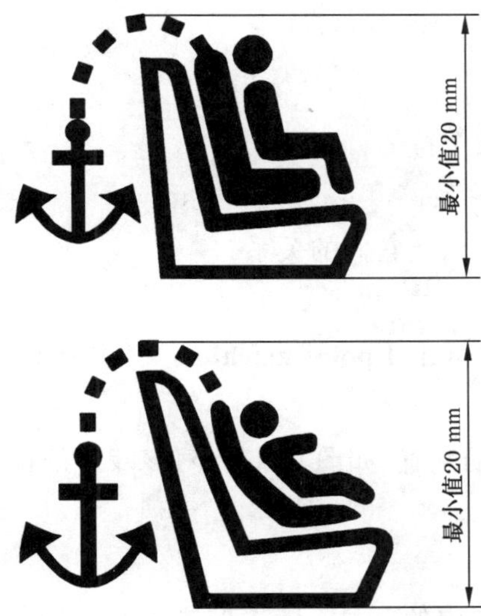

注 1：此图为示意图。

注 2：标志应明显可见，或通过颜色对比，或有足够的凸起(模压或蚀刻)。

图 B.13 用于识别盖子覆盖的上拉带固定点位置的标志

附　录　C
（规范性附录）
机动车乘坐位置 H 点和实际靠背角的确定程序

C.1　概述

本附录所述程序用于确定汽车中一个或几个乘坐位置的 H 点和实际靠背角，以及检验测量数据与车辆制造厂给定的设计技术要求之间的关系[1]。

C.2　定义

C.2.1

基准数据　reference data

某一乘坐位置的下列一个或几个特征：

a)　H 点和 R 点以及它们的关系；

b)　实际靠背角和设计靠背角以及它们的关系。

C.2.2

三维 H 点装置　three-dimensional H point machine

3-DH 装置

用于确定 H 点和实际靠背角的装置（如图 C.1）。对该装置的描述见 C.5.

C.2.3

H 点　H point

按 C.4 规定的安放在车辆座椅中的 3-DH 装置的躯干与大腿的铰接中心。H 点位于该装置两侧 H 点标记钮中心线的中点。在理论上 H 点与 R 点一致（允差见下面 C.3.2.2）。如果按 C.4 规定的程序确定，即认为 H 点相对座椅垫结构是固定的，且随座椅的调节而移动。

C.2.4

R 点　R point

乘坐基准点　seating reference point

由车辆制造厂为每一乘坐位置规定的设计点，相对于三维坐标系来确定。

C.2.5

躯干线　torso-line

3-DH 装置的探测杆处于最后位置时探测杆的中心线。

C.2.6

实际靠背角　actual torso angle

过 H 点的铅垂线与躯干线之间的夹角，用 3-DH 装置的背部角量角器测量。理论上实际靠背角与设计靠背角相一致（允差见下面 C.3.2.2）。

---

1)　在任一非前排座椅的乘坐位置，若 H 点不能用三维 H 点装置或程序确定，只要检测机构认可，可采用制造厂标明的 R 点作为基准。

C.2.7

设计靠背角　design torso angle

过R点的铅垂线与车辆制造厂规定的座椅靠背设计位置所对应的躯干线之间的夹角。

C.2.8

乘员中心面　center plane of occupant

C/LO

放置在每一指定乘坐位置上的3-DH装置的中心面，用H点在"Y"轴上的坐标表示。对于单人座椅，座椅中心面即为乘员中心面；对于其他座椅，乘员中心面由制造厂规定。

C.2.9

三维坐标系　three-dimensional reference system

C.6描述的系统。

C.2.10

基准标记　fiducial marks

由制造厂在车身上确定的点(孔、面、标记或压痕)。

C.2.11

车辆测量位置　vehicle measuring attitude

由基准标记在三维坐标系中的坐标所确定的车辆位置。

C.3　要求

C.3.1　数据的提供

为表明符合本标准规定，对要求提供基准数据的每一乘坐位置，应按C.7规定的格式提供下述全部或适当选择的数据：

a)　R点在三维坐标系中的坐标；

b)　设计靠背角；

c)　将座椅调节到(如果可调)C.4.2规定的测量位置而需要的全部数据。

C.3.2　测量数据与设计要求之间的关系

C.3.2.1　通过C.4规定的程序所获得的H点坐标和实际靠背角值应分别同制造厂给出的R点坐标和设计靠背角值进行比较。

C.3.2.2　如果由坐标确定的H点位于水平与铅垂方向边长均为50 mm且对角线交于R点的正方形内，并且实际靠背角偏离设计靠背角小于5°，对于上述乘坐位置，应认为R点与H点相对位置以及设计靠背角与实际靠背角相对关系满足要求。

C.3.2.3　若符合上述条件，则应采用该R点和设计靠背角来证明符合本标准的规定。

C.3.2.4　如果H点或实际靠背角不符合C.3.2.2的要求，则再重新确定两次(共三次)。如果这两次的结果符合要求，则C.3.2.3规定的条件适用。

C.3.2.5　如果上述C.3.2.4所描述的三次操作中至少有两次的结果不符合C.3.2.3的要求，或由于车辆制造厂未提供有关R点位置或设计靠背角的数据，而使检验无法进行时，则应取三次测量点的形心或三次测量角的平均值用于本标准涉及R点或设计靠背角的所有场合。

C.4　H点和实际靠背角确定程序

C.4.1　按照制造厂的规定准备车辆，并放置在20 ℃±10 ℃的环境中，确保座椅材料达到室温。如果被检验座椅从未有人坐过，则应让70 kg～80 kg的人或装置在座椅上试坐，使座垫和靠背产生变形。如果制造厂要求，在安放HPM前，所有座椅总成应至少保持30 min的空载状态。

C.4.2　按制造厂的要求相对于基准点(见ISO 4130)安放好车辆，测量出相对于车辆三维参考系的尺寸。座椅位于乘坐基准点，座椅所有各项调节都按制造厂的规定调好。对于有独立垂直方向调节装置或悬挂的座椅，其垂直方向应刚性地固定在制造厂规定的位置。

C.4.3 将一块平纹细布铺在被检座椅上，这块布应是普通的棉布、针织或非织造布，每平方厘米18.9支纱，重0.228 kg/m^2。布的尺寸应足够大，防止HPM直接接触座椅。如果试验在试验台上进行，HPM脚下应铺上适当大小的地板覆盖层或其他等效的材料。

C.4.4 安放HPM座板和背板总成，使乘员中心面(C/LO)与HPM的中心面重合。应制造厂要求，如果HPM安放后过于靠外，以致达到座椅边缘，使HPM无法保持水平时，可将HPM的中心面相对于C/LO向内移动。当H点向内移动了必要的距离以使装置保持水平时，则应在测量记录中注明车辆中心面到HPM中心面的距离。

C.4.5 按图C.2所示将腿部部件调整到一个合适的长度。

C.4.6 将脚和小腿总成装到座板总成上，可单独安装，也可利用T形杆和小腿总成安装。通过两个H点标记钮的直线应平行于地面，且垂直于座椅的纵向中心面。

C.4.7 HPM的脚和小腿应按以下规定安放：

a) 驾驶员座椅位置

1) 腿部采用50百分位长度时，脚和腿部总成向前移动使双脚处于自然位置，如果装置的右脚底没有踏到加速踏板，双脚可采取自然状态置于地板上。如有必要，双腿伸至操纵踏板之间。在这种情况下，驾驶员踵点应由制造厂规定。如有必要，可重新调整座板或向后调整腿部和脚部总成，使装置校验横向方位的水平仪处于水平。调整方法如下：

——左脚置于地板或脚趾支承上，使左右脚至HPM中心面的距离大致相等。通过两个H点标记钮的直线与地面保持水平，与座椅的纵向中心面垂直。

——如果左腿不能与右腿保持平行且左脚不能被结构支承，调整左小腿长度和/或左脚角度，移动左脚直至它能被支承为止。保持两个标记钮的调准状态，然后重新拧紧腿部杆的调整装置。

——当脚部角在最小值87°，装置的右踵点只能置于脚趾支承上，而不能放到地板上时，则应移动脚部，直到脚踵触及脚趾支承和地板覆盖层的相交处为止，然后再转动脚部直到它与加速踏板接触。

2) 腿部采用95百分位长度时，右脚和小腿总成置于加速踏板上，脚踵支承在地板上。按制造厂的规定尽可能向前。将HPM的限位销插入脚部总成，使脚部角不小于87°，装置的脚底与加速踏板接触。如果制造厂有规定，允许将加速踏板压下一段行程。调整方法如下：

——左脚置于地板或脚趾支承上，使左右脚至HPM中心面的距离大致相等。通过两个H点标记钮的直线与地面保持水平，与座椅的纵向中心面垂直。

——如果左腿不能与右腿保持平行且左脚不能被结构支承，调整左小腿长度和/或左脚角度，移动左脚直至它能被支承为止。保持两个标记钮的调准状态，然后重新拧紧腿部杆的调整装置。

——当脚部角在最小值87°时，装置的右踵点只能置于脚趾支承上，而不能放到地板上，则应移动脚部，直到脚踵触及脚趾支承和地板覆盖层的相交处为止，然后在转动脚部直到它与加速踏板接触。

b) 乘员座椅位置

1) 除非制造厂另有规定，在所有乘员座椅位置上，两脚中心距设为254 mm，且与HPM的中心面等距。

2) 对于前排外侧座椅，腿部采用50百分位或95百分位长度时，参见C.4.7a)1)中的程序。

3) 对于后排外侧座椅，如果双脚所踏的地板不等高时，可将其中先接触到前排座椅的那只脚作为基准，安排另一只脚的位置，使装置上的横向水平仪指示水平。

4) 对于前排中间座椅，在确定中间座椅的H点位置时，如果汽车地板上有通道，则双脚应分别放在通道的两边。

C.4.8 加载小腿及大腿重块，并调平 HPM。

C.4.9 将背板前倾到前向限位处，用 T 形杆将 HPM 拉离座椅靠背，然后采用下列方法之一，重新将 HPM 放到座椅上：

a) 如果 HPM 有向后滑动的趋势，让 HPM 向后滑动直到 T 形杆上不再需要向前的水平约束载荷，即直到座板接触到座椅靠背，如有必要，重新调整小腿位置；

b) 如果 HPM 没有向后滑动的趋势，在 T 形杆上施加一个水平后向载荷，使 HPM 向后滑动，直到座板接触到座椅靠背为止(见图 C.1)。

C.4.10 在臀部量角器和 T 形杆外壳相交处，对 HPM 施加 100 N±10 N 的载荷。载荷的作用方向沿着通过上述交点到大腿杆上表面的某一点的直线。然后将背板放回座椅靠背上，并应防止 HPM 在随后的测量过程中向前滑动。

C.4.11 装上左右臀部重块，再交替加上八块躯干重块，使 HPM 保持水平。

C.4.12 将背板前倾，以释放对座椅靠背的压力。如果制造厂要求，则在 10°(即在垂直中心面每侧各 5°)的范围内左右摇动 HPM 各三次，以释放 HPM 与座椅之间积累的摩擦力。摇动时，HPM 的 T 形杆可能偏离规定的水平和垂直的基准位置。因此摇动时应对 T 形杆施加适当的侧向载荷，约束 T 形杆的运动。在扶持 T 形杆摇动 HPM 时，应避免在垂直或前后方向加上外部载荷。

在此步骤中，HPM 的双脚不应有任何约束。如果双脚位置变动，暂且不必调整。

小心地将背板放回座椅靠背上，检查装置是否水平。由于在摇动操作时引起双脚移动，双脚按如下方法重新放置：

将左右两脚轮流抬离地板到最小的必要高度，直至两脚不再产生附加的移动。抬脚时，两脚应能自由转动，不施加任何前后或侧向载荷，每只脚放回到放下位置时，脚踵应与地板接触。

上述步骤完成后，如座板不能保持水平，在背板顶端施加一个足够大的侧向载荷，使座椅上的座板达到水平。

C.4.13 握住 T 形杆，防止 HPM 在座椅上向前滑动，按如下方法进行：

a) 将背板放回到座椅靠背上；

b) 在头部空间探测杆的躯干重心的高度处，交替地施加和撤去一个大于 25 N 的后向水平载荷，直到载荷撤去后臀部量角器指示达到稳定位置为止，确保没有向下或侧向外部载荷施加在 HPM 上。如果 HPM 需要再次调整，将背板前倾，重复进行 C.4.12 所述的步骤。

C.4.14 记录所有测量数据和每一指定座椅位置所采用的腿长。

相对于三维参考系，测量实际 H 点的坐标。实际 H 点通过 HPM 两侧的 H 点标记钮测得，H 点位于两标记钮连线的中点。

如果想要测量实际躯干角，将头部空间探测杆旋转到最后位置，调节躯干角水平仪，实际躯干角可由臀部量角器读出。

C.4.15 如想重新安放 HPM，则在重新安放前，座椅总成应保持至少 30 min 的空载。HPM 在座椅上的加载时间不应超过完成试验所需要的时间。

C.4.16 如果认为同一排座椅是一样的(如长条座椅、相同座椅等)，每排只需确定一个 H 点和一个实际靠背角。将本附录所描述的 3-DH 装置安放在该排有代表性的位置上，该位置应是：

a) 对于第一排：驾驶员座椅；

b) 对于其他排：某一外侧座椅。

C.5 三维 H 点装置描述[2)](3-DH 装置)

C.5.1 背板和座板

背板和座板用增强塑料和金属制成；它们模拟人体的躯干和大腿，两者机械地铰接于 H 点处。一个量角器固定在铰接于 H 点的探测杆上，用于测量实际靠背角。固定在座板上的可调节大腿杆确定大腿中心线，并作为臀部量角器的基准线。

C.5.2 躯干和小腿部件

小腿杆件在连接膝部的 T 形杆处与座板总成相连，该 T 形杆是可调大腿杆的横向延伸。在小腿杆上装有量角器，以便测量膝部角。鞋和脚总成上刻有度数，用来测量脚部角。两个水平仪确定装置的空间位置，躯干各重块放在对应部位重心处，用以提供 76 kg 男子对座椅相同的压力。应检查 3-DH 装置的所有关节是否活动自如无明显的摩擦阻力。

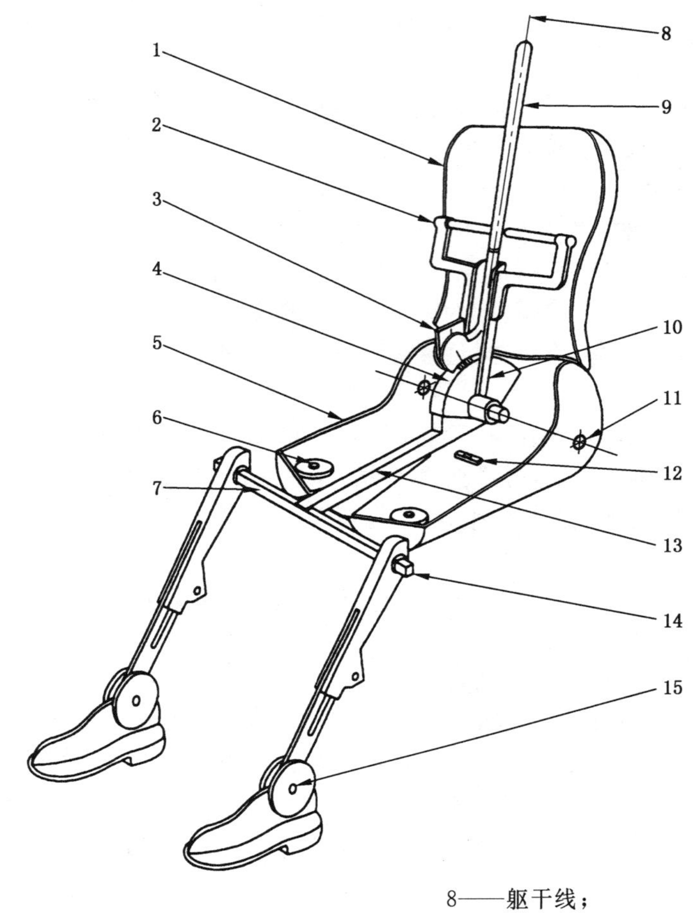

说明：

1——背板；
2——躯干重块悬挂架；
3——躯干水平仪；
4——臀部量角器；
5——座板；
6——大腿重块垫；
7——连接膝盖的 T 形杆；
8——躯干线；
9——头部空间探测杆；
10——躯干角量角器；
11——H 点标记钮；
12——侧向水平仪；
13——大腿杆；
14——膝部量角器；
15——脚部量角器。

图 C.1 3-DH 构件名称

---

2) 有关 3-DH 装置结构的详细资料可向美国汽车工程师学会（SAE）索取。400Commonwealth DriVe，Warrendale，Pennsylvania 15096，U. S. A。该装置与 ISO 6549:1980 叙述的相符合。

C.6 三维坐标系

C.6.1 三维坐标系用车辆制造厂设立的三个正交平面来定义(见图C.3)[3]。

C.6.2 车辆测量姿态由车辆在支撑面上的放置位置确定,放置车辆时应使基准标记的坐标与制造厂给定的值一致。

C.6.3 确定R点和H点相对于车辆制造厂给定的基准标记坐标。

C.7 有关乘坐位置的基准数据

C.7.1 基准数据代码

按顺序列出每一乘坐位置的基准数据。乘坐位置用两位代码表示。第一位是指明从前向后计数座椅排数的阿拉伯数字。第二位是指明该乘坐位置在某一排内位置的大写字母。当沿车辆向前行驶方向观察时,用下列字母表示:

——L:左侧;

——C:中间;

——R:右侧。

C.7.2 车辆测量姿态的描述

各基准标记的坐标:

X……

Y……

Z……

3) 本基准系符合ISO 4130:1978规定。

单位为毫米

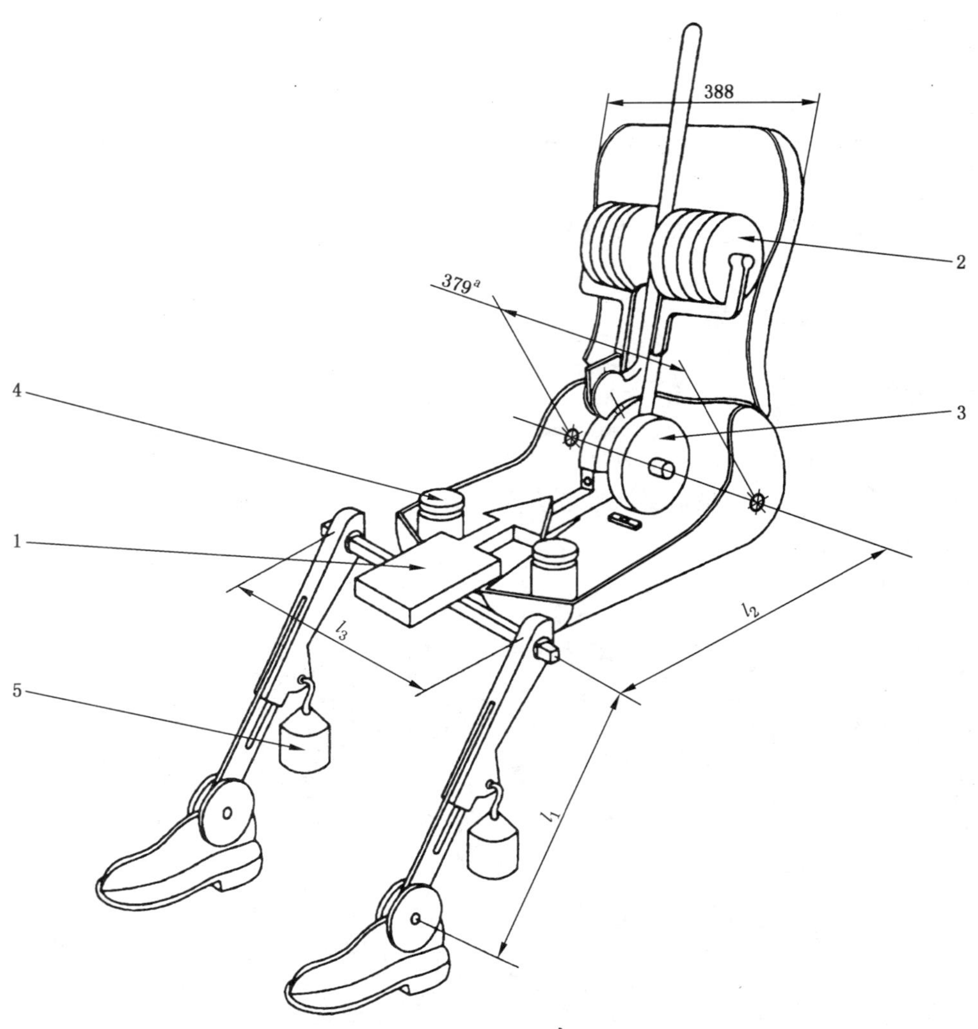

尺寸	50 百分位	95 百分位
l_1	417.5	459
l_2	431.5	456
l_3	在 108 至 424 间变化	

说明：

1——加载的方向和位置；

2——躯干重块；

3——臀部重块；

4——大腿重块；

5——小腿重块。

[a] 不包括 H 点标记钮。

图 C.2　3-DH 构件的尺寸和载荷分布

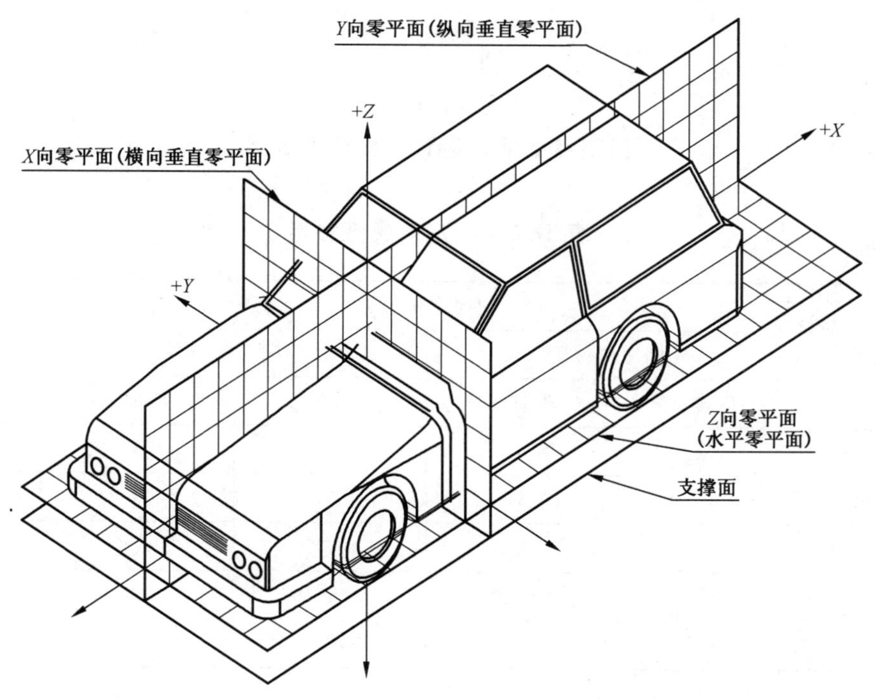

图 C.3 三维坐标系

C.7.3 基准数据表

基准数据表见表 C.1。

表 C.1 基准数据表

乘坐位置	R点坐标			设计靠背角	座椅调节技术要求[a]			
	X	Y	Z		水平	铅垂	角度	靠背角
⋮	⋮	⋮	⋮	⋮	⋮	⋮	⋮	⋮
注：其他乘坐依次往下填写。								
[a] 划去不适用部分。								

附　录　D
（规范性附录）
固定点最低数量和下固定点位置

表 D.1　固定点最低数量

车辆种类	前向乘坐位置				后向
	外侧座椅位置		中间座椅位置		
	前排	非前排	前排	非前排	
M_1	3	3	3	3	2
M_2(GVM≤3.5t)	3	3	3	3	2
M_2(GVM>3.5t)、M_3	3[d]	3 或 2[c]	3 或 2[c]	3 或 2[c]	2
N_1	3	3 或 2[a]	3 或 2[b]	2	2
N_2、N_3	3	2	3 或 2[b]	2	2

[a] 参见 4.2.1.3(若座椅在通道内侧，允许 2 个固定点)。
[b] 参见 4.2.1.4(若风窗玻璃在基准区外，允许 2 个固定点)。
[c] 参见 4.2.1.5(基准区若无任何部件，允许 2 个固定点)。
[c] 参见 4.2.1.7(对双层客车中上层座椅的特殊要求)。

表 D.2　下固定点角度

座　　椅		M_1 类车辆	非 M_1 类车辆
前排[a]	带扣侧(α_2)	45°～80°	30°～80°
	非带扣侧(α_1)	30°～80°	30°～80°
	角度为定值	50°～70°	50°～70°
	长条座椅带扣侧(α_2)	45°～80°	20°～80°
	长条座椅非带扣侧(α_1)	30°～80°	20°～80°
	座椅靠背角<20°的可调座椅	α_1:20°～80°[a] α_2:45°～80°[a]	20°～80°
后排座椅[c]		30°～80°	20°～80°[b]
折叠座椅	无安全带固定点要求，若有固定点，见相应的前排或后排角度要求		

[a] 若角度不为恒定值，见 4.3.2.1。
[b] M_2 和 M_3 类车辆为 45°～90°。
[c] 包括外侧和中间乘坐位置。

附　录　E
（规范性附录）
有效固定点的位置

E.1　定义

E.1.1　H点为基准点，应按附录C规定的程序确定。H′点为对应座椅每一正常使用位置确定的，对应于H点的参考点。R点为座椅基准点。

E.1.2　L_1 和 L_2 点为安全带下有效固定点。

E.1.3　C点位于R点铅垂上方450 mm处，如果按E.1.5定义的距离 S 不小于280 mm，且制造商选用4.3.3.3规定的换算公式 $BR=260\ mm+0.8S$，则C和R之间的铅垂距离应为500 mm。

E.1.4　α_1 和 α_2 为R点分别通过 L_1 点和 L_2 点，且垂直于车辆纵向中心面的平面与水平面之间的夹角。

E.1.5　S 为安全带上有效固定点至平行于车辆纵向中心平面的基准平面P的距离(mm)，P平面的位置规定如下：

a)　如果乘坐位置是由座椅形状确定的，P平面即为座椅的中心平面；

b)　在不能确定乘坐位置的情况下：对于驾驶员座椅，P平面为通过方向盘中心且平行于汽车纵向中心面的铅垂平面（可调式方向盘应位于正中位置）；对于前排外侧乘员座椅，P平面应为与驾驶员座椅的P平面对称的平面；对于后排外侧乘员位置的P平面，应为与车辆纵向平面的距离为 A 的平面，由制造商按下述条件确定：

1)　$A \geqslant 200$ mm（仅供2人乘坐的长条座椅）；

2)　$A \geqslant 300$ mm（供2人以上乘坐的长条座椅）。

E.2　位置

安全带有效固定点的位置见图E.1和图E.2。

单位为毫米

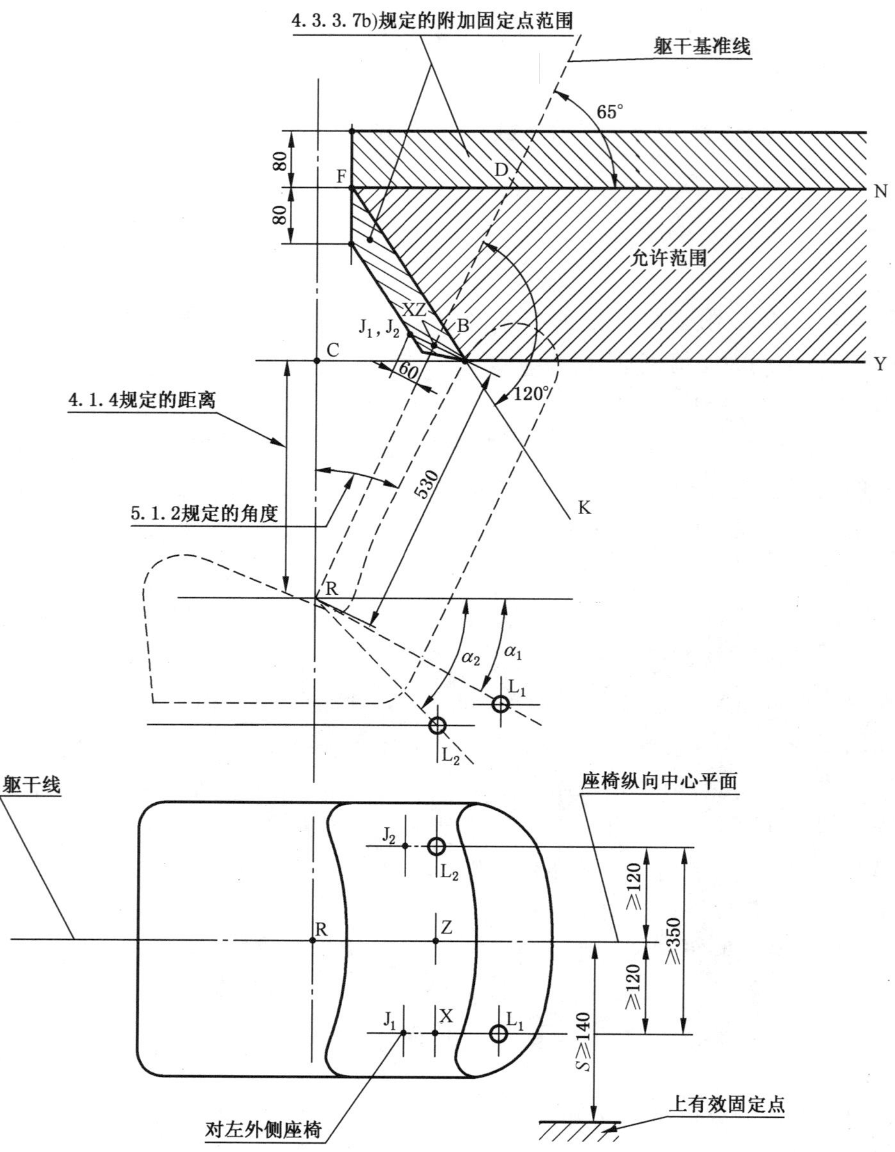

注：M_1 和 N_1 类车后排中间乘坐位置为≥240 mm。

图 E.1　安全带有效固定点的范围

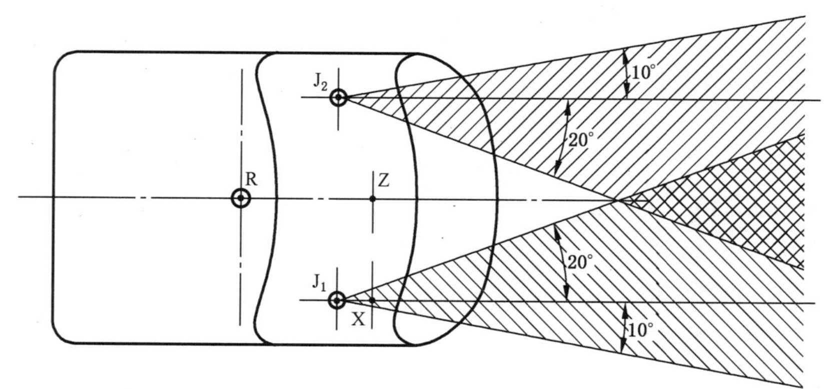

图 E.2　上有效固定点范围

附 录 F
（规范性附录）
人体模块示意图

单位为毫米

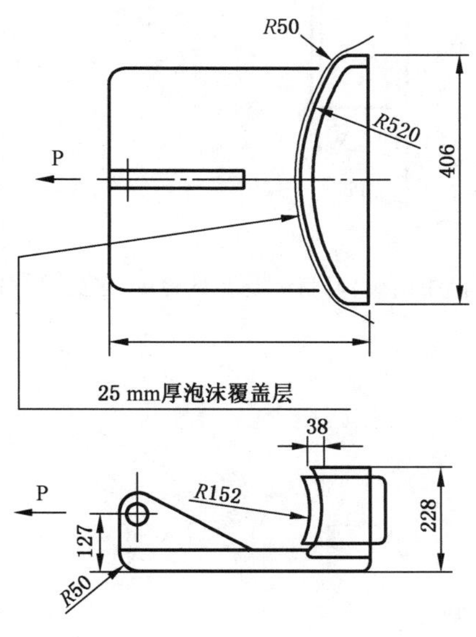

a)

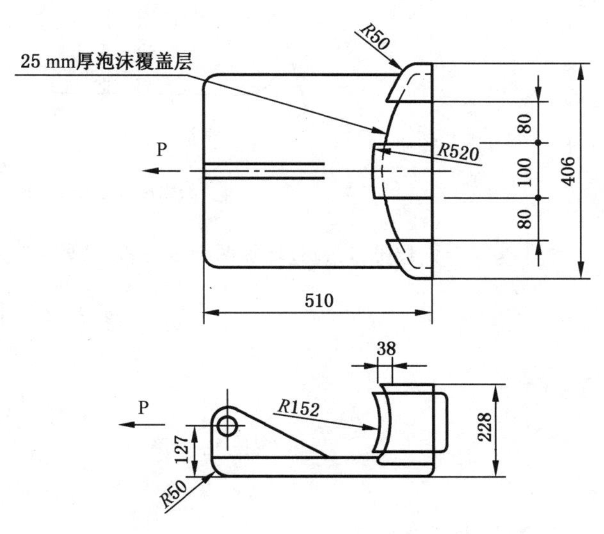

b)

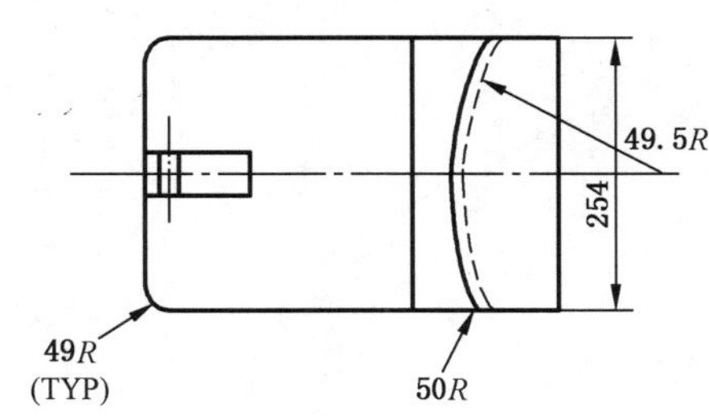

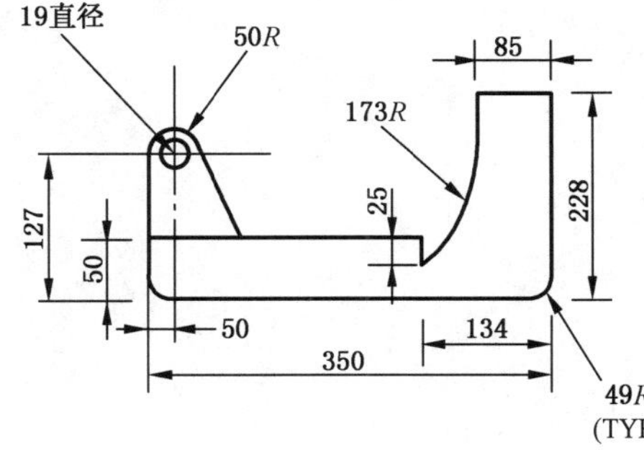

c)

图 F.1 下人体模块

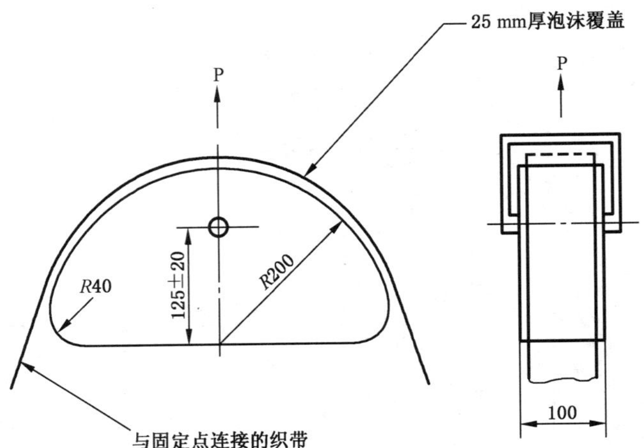

注：为了固定拉带，可通过增加两个棱边和/或螺栓的方式改动肩带的牵引装置，目的是在试验中，避免拉带松脱。

图 F.2　上人体模块

附　录　G
（规范性附录）
动态试验——静态试验的替代试验

G.1　概述

本附录的动态试验可代替 5.3 和 5.4。本试验适用于所有的乘坐位置都装用带躯干限载功能的三点式安全带的座椅组，其中包括有一个乘坐位置的安全带上固定点在座椅结构上。制造者可选择进行动态试验或静态试验。

G.2　要求

G.2.1　试验后，固定点及周围区域应无破裂。允许限载功能有一定的破坏。4.3.2.5 规定的下有效固定点的最小空间和 4.3.3.6 对上有效固定点的要求，应与下面的要求结合起来考虑。对总质量不大于 2 500 kg 的 M_1 类车辆，若上固定点在座椅结构上，试验后的前向位移应在通过 R 点和 C 点的横向平面以内（见附录 E 图 E.1）。对非 M_1 类车辆，上固定点的前向位移不应超出 R 点平面前倾 10°的范围。

G.2.2　试验后，所有座椅上的乘员不借助工具仍应能利用位移和锁止机构逃离车辆。

G.3　动态试验条件

G.3.1　总则

5.1 的试验条件同样适用于本试验。

G.3.2　安装和准备

G.3.2.1　滑车

滑车结构应保证试验后不变形。碰撞时，垂直方向的偏离不大于 5°，水平方向的偏离不大于 2°。

G.3.2.2　车身构件的固定

按 5.2 的要求，将与座椅固定装置及安全带固定点相关的车辆基本结构固定在滑车上。

G.3.2.3　约束系统

G.3.2.3.1　约束系统（座椅总成、安全带总成和限载装置）应按制造要求固定在车身构件上。与试验座椅相对方向的车内部件（如仪表板、座椅等）可安装在滑车上。如果有前方气囊，应断开触发装置。

G.3.2.3.2　除座椅总成、安全带总成和限载装置外的某些约束系统的元件可不安装在台车上；应制造商要求并经检验机构同意时可用等效零件替代。等效零件的尺寸与原件相近，其结构应选对试验结果影响最恶劣的型式。

G.3.2.3.3　按 5.1.2 调节座椅，应选择最不利于固定点强度的位置，同时兼顾车内假人的安放。

G.3.2.4　假人

满足附录 H 规定的假人应安放在每一试验乘坐位置上，并系上安全带。

G.3.3 试验方法

G.3.3.1 试验时，滑车速度为 50 km/h，滑车减速度应在 GB 14166 规定的范围内。

G.3.3.2 附加的约束装置(如预紧装置，但气囊除外)应按制造说明书的要求起爆。

G.3.3.3 安全带固定点的位移不应超出 G.2.1 规定的范围。

附 录 H
（规范性附录）
假人规格

假人规格见图 H.1。

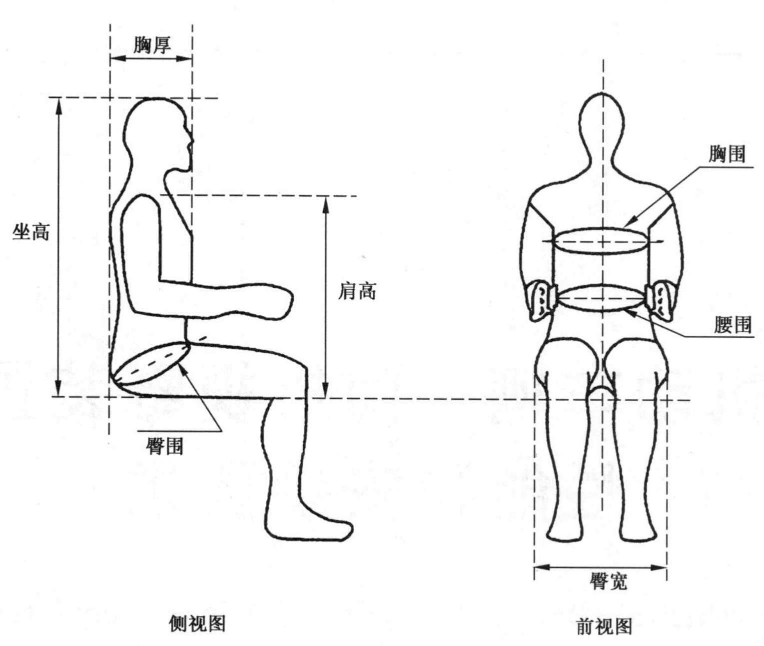

质量	97.5 kg±5 kg
坐高	965 mm
臀宽	415 mm
臀围	1 200 mm
腰围	1 080 mm
胸厚	265 mm
胸围	1 130 mm
肩高	680 mm
尺寸公差	±5%

注：等同于 95 百分位的混合Ⅲ型假人。

图 H.1　假人规格尺寸

ICS 43.040.60
T 26

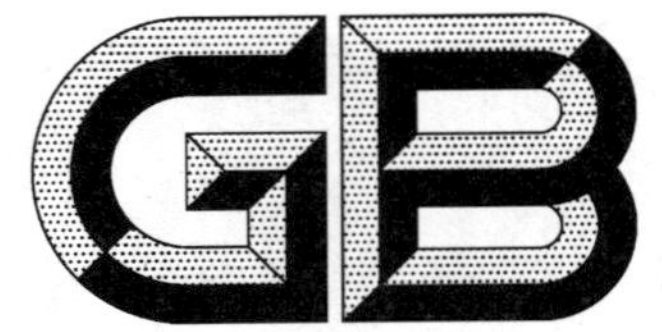

中华人民共和国国家标准

GB 15084—2013
代替 GB 15084—2006

机动车辆　间接视野装置
性能和安装要求

Motor vehicles—Devices for indirect vision—Requirements of performance and installation

2013-09-18 发布　　2014-07-01 实施

中华人民共和国国家质量监督检验检疫总局
中国国家标准化管理委员会　发布

前　言

本标准第 4 章、第 5 章、第 6 章为强制性的，其余为推荐性的。

本标准按照 GB/T 1.1—2009 给出的规则起草。

本标准代替 GB 15084—2006《机动车辆后视镜的性能和安装要求》，与 GB 15084—2006 相比，主要技术变化如下：

——在适用范围中，增加了至少驾驶室被部分封闭的 L 类机动车辆的间接视野装置要求和安装。

——增加了“间接视野装置”、“用于间接视野的摄像机-监视器装置”、“摄像机”、“监视器”、“分辨率”、“临界物体”、“临界视觉”、“发现距离”“临界视野”、“观察基准点”、“可见光谱”、“其他间接视野装置”、“摄像机-监视器-记录装置”、“间接视野装置型式”、“平头式”名词定义（见 3.1、3.17～3.22、3.24～3.31）。

——增加了“Ⅵ”类前视镜的技术要求、试验方法、安装要求，以及视野要求（本版的 4.1.2.1.5、4.1.2.2.2.3d）、表 2、6.3.7、6.5.7）；

——增加了“Ⅶ”类至少驾驶室被部分封闭的 L 类机动车辆的视镜技术要求、试验方法、安装要求，以及视野要求（见 4.1.1.5、4.1.2.1.6、4.1.2.2.2.3e）、6.2.1.3、6.2.1.4、6.5.8、6.5.8.1、6.5.8.2、图 10）；

——修改了Ⅱ类、Ⅳ类和Ⅴ类视镜的曲率半径[本版的 4.1.2.2.2.3b）、4.1.2.2.2.3c），见 2006 年版 5.2.3.2、5.2.3.3]；

——增加了视镜之外的间接视野装置的要求（本版的 4.2）；

——修改了视镜的安装数量和视野要求（本版的表 2，见 2006 年版的表 2）；

——修改了试验要求中内容，删除了“除补盲后视镜（Ⅴ类）外，所有后视镜均须经受 6.2 和 6.3 中所规定的试验。”增加了“从Ⅰ类到Ⅵ类的视镜还包括用于 L 类车型的Ⅶ类视镜（同Ⅲ类镜一样的安装模式），应符合 5.2 中的试验描述，带支撑杆的Ⅶ类视镜应该符合 5.3 中的试验描述。”（见本版的 5.1.1，2006 年版 6.1）。

本标准参照了 ECE R46 /Rve.1/Add.45/Rev.3/2009《关于间接视野装置及安装间接视野装置车辆认证的统一规定》起草。

本标准与 ECE-R46 法规技术性差异及原因如下：

——修改了 ECE R46 法规的 5.2.2.6.b).1)、6.2.2.6、6.3.6、6.3.7、6.6.4、6.6.6、表 2 中的“2 m” 为“ 1 800 mm”，其原因是我国人体平均身高因素及单位的表述形式不同。

——删除了 ECE R46 法规中的第 3 章申请批准、第 4 章标识、第 5 章审批、第 7 章间接视野装置的改造和批准的推广、第 8 章生产一致性、第 9 章处罚非生产一致性、第 10 章停止生产、第 11 章负责进行测试的技术服务名称和地址及进行批准的行政机关、第 13 章报批、第 14 章批准、第 15 章要求、第 16 章批准的车型和范围、第 17 章生产一致性、第 18 章处罚非生产一致性、第 19 章停止生产、第 20 章负责进行测试的技术服务名称和地址及进行批准的行政机关、第 21 章过渡性条文，附录 1 关于间接视野装置型式认证的申报资料、附录 2 关于安装间接视野装置车辆型式认证的申报资料、附录 3 通知书、附录 4 通知书、附录 8 汽车乘坐位置“H”点以及实际靠背角的确定程序、附录 8 的附件 1 三维“H”点装置描述（3 DH 装置）、附录 8 的附件 2 三维坐标参照系、附录 8 的附件 3 关于乘坐位置的基准数据，其原因是采用我国现行的相关标准及本标准不涉及有关认证的内容。

本标准与 ECE R46 法规相比在结构上有调整，附录 A 列出了本标准与 ECE R46 法规章条编号对照一览表。

考虑到我国国情，在采用 ECE R46 法规时，本标准做了下列编辑性修改：

——“本法规”改为“本标准”；

——本标准中涉及到的单位“m”均改为“mm”；

——增加资料性附录 A。

本标准由中华人民共和国工业和信息化部提出。

本标准由全国汽车标准化技术委员会(SAC/TC 114)归口。

本标准起草单位：中国质量认证中心武汉分中心、武汉理工大学、上海干巷汽车镜(集团)有限公司、鹰潭市科速达电子塑胶有限公司、桂林京达科技有限公司。

本标准主要起草人：李再华、孔军、干毛第、潘宾、赵红。

本标准所代替标准的历次版本发布情况为：

——GB 15084—1994、GB 15084—2006。

机动车辆　间接视野装置 性能和安装要求

1　范围

本标准规定 M 和 N 类以及少于四轮并至少驾驶室被部分封闭的 L 类机动车辆的间接视野装置。

本标准适用于 M 和 N 类及至少驾驶室被部分封闭的 L 类机动车辆的间接视野装置安装。

2　规范性引用文件

下列文件对于本文件的应用是必不可少的。凡是注日期的引用文件，仅注日期的版本适用于本文件。凡是不注日期的引用文件，其最新版本(包括所有的修改单)适用于本文件。

GB/T 15089　机动车辆及挂车的分类

ISO 15008:2003　道路车辆　交通信息和控制系统环境学　车内可视信号的一致性和技术要求(Road vehicles—Traffic information and control systems, environmental studies—Vehicle visual signal consistency and technical requirements)

EN 12368：2006　交通控制设备信号(Traffic control device signal)

3　术语和定义

下列术语和定义适用于本文件。

3.1

间接视野装置　devices for indirect vision

用来观察直接视野无法观察到的车辆邻近交通区域的装置。可包括传统的光学视镜、摄像机-监视器或其他能够向驾驶员提供间接视野信息的装置。

3.2

视镜　view mirror

通过反射面在规定视野内看清车辆后方和侧面图像的间接视野装置，不包含潜望镜这类复杂光学系统。

3.3

内视镜　interior view mirror

装在车辆乘员舱内部的视镜。

3.4

外视镜　exterior view mirror

装在车辆外部的视镜。

3.5

监视镜　surveillance view mirror

不同于 3.2 中定义的，且能安装在车辆的内部或外部，以提供不同于 6.5 中规定范围之外的视野。

3.6

视镜的类别　class of view mirror

具有不同功能的视镜，可分为以下几类：

Ⅰ类：内视镜(interior view mirrors)，在6.5.2中规定了其视野。

Ⅱ、Ⅲ类：主外视镜(main exterior view mirror)，在6.5.3、6.5.4中规定了其视野。

Ⅳ类：广角外视镜(wide-angle exterior view mirror)，在6.5.5中规定了其视野。

Ⅴ类：补盲外视镜(close-proximity exterior view mirror)，在6.5.6中规定了其视野。

Ⅵ类：前视镜(front mirror)，在6.5.7中规定了其视野。

Ⅶ类：至少驾驶室被部分封闭的L类机动车辆的视镜。

3.7

视镜型式　view mirror type

以下主要特性没有差别的视镜：

——视镜反射面的尺寸和曲率半径；

——视镜的设计、形状及材料。

3.8

曲率半径　radius of curvature

r

用附录C规定的方法在反射面上测得的曲率半径平均值。

3.9

在反射面某一点的基本曲率半径　principal radii of curvature at one point obtained on the reflecting surface

r_i

用附录C规定的仪器，通过反射面中心，并平行于视镜b线段或垂直于该线段方向上测得的曲率半径。

3.10

在反射面某一点的曲率半径　radius of curvature at one point on the reflecting surface

r_p

基本曲率半径的算术平均值。见式(1)。

$$r_p = \frac{r_i + r'_i}{2} \qquad \cdots\cdots (1)$$

3.11

镜面中心　centre of the mirror

反射面可见区域的几何中心。

3.12

视镜组成部件的曲率半径　radius of curvature of the constituent parts of the view mirror

c

形状最接近视镜组成部件某一部位曲线形状的圆弧的半径。

3.13

与视镜相关的车辆型式　type of vehicle as regards view mirrors

在下列基本特征方面相同的机动车辆：

——导致减小视野范围的车身特征；

——驾驶员座椅的R点坐标；

——强制安装和选装间接视野装置视镜(若已安装)的安装位置和类别。

3.14

驾驶员眼点　driver′s ocular points

通过汽车制造厂设计确定的驾驶员乘坐位置中心，作一平行于汽车纵向基准面的平面。从该平面内的驾驶员座椅 *R* 点向上 635 mm，作垂直于该平面的一条直线段。在直线段与该平面交点的两侧各 32.5 mm 处(总距离 65 mm)作两个点。这两个点分别是驾驶员的左眼和右眼的中心点。

3.15

双眼总视野　ambinocular vision

左、右眼视野重合而获得的总视野(见图 1)。

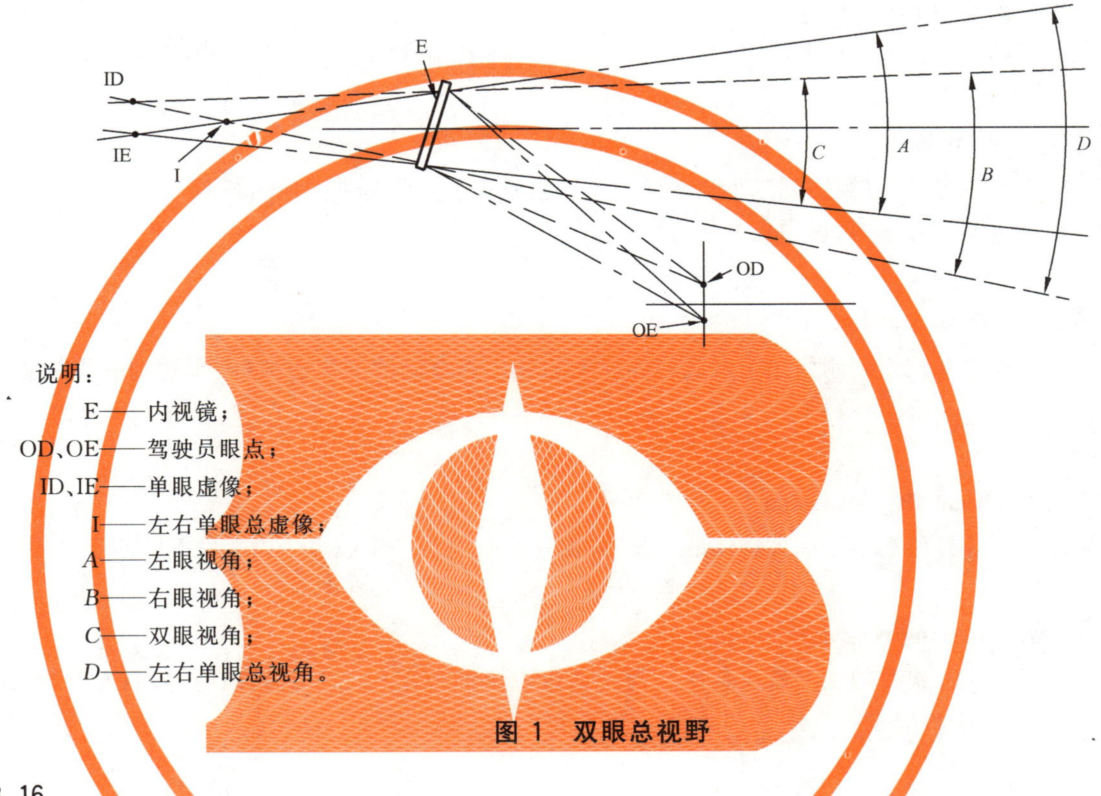

说明：

E——内视镜；

OD、OE——驾驶员眼点；

ID、IE——单眼虚像；

I——左右单眼总虚像；

A——左眼视角；

B——右眼视角；

C——双眼视角；

D——左右单眼总视角。

图 1　双眼总视野

3.16

空载质量　unladen kerb mass

车辆未载人员、货物，但包括驾驶员可行驶的质量，相当于汽车制造厂指定燃料箱容积 90%燃料质量和冷却液、润滑油、随车工具、备胎(若装备的话)的质量等。

3.17

用于间接视野的摄像机-监视器装置　camera-monitor device for indirect vision

通过摄像机与监视器组成的系统，在规定视野内看清车辆后方和侧面图像的间接视野装置。

3.18

摄像机　camera

通过摄像头和感光电子器件将外部世界的影像转变为视频信号的装置。

3.19

监视器　monitor

将一种信号转变为可见光光谱的影像的装置。

3.20

分辨率　resolution

通过成像系统能够辨清物体的最小细节，即所能辨清的整体上的最小部分。

注：人眼的分辨率称为“视觉灵敏度”。

3.21

临界物体 critical object

直径 D_0 为 800 mm 的圆形物体。

注：用间接视野系统来观测代表相关道路使用者的目标物。道路使用者的相关性由其所处的位置和(可能的)速度界定。道路使用者的尺寸会随着其速度的提高而加大。就观察而言，规定处于 40 000 mm 距离的摩托车手(D=800 mm)相当于处于 25 000 mm 远的行人(D=500 mm)。考虑到速度方面的原因，将摩托车手的尺寸确定为观察目标物尺寸的标准；基于这一原因，确定直径为 800 mm 的圆形物体为观察目标物的标准尺寸。

3.22

临界视觉 critical perception

人眼在各种条件下一般能达到的视觉水平。在交通条件下，临界视觉的限值为视角的 8 弧分。

3.23

视野 field of vision

借助间接视野装置，可以观察到三维空间的范围。它基于装置所提供的地面视图，并且可以在装置适用最大发现距离的基础上予以限定。

3.24

发现距离 detection distance

在地面上从观察基准点到刚好还能看到临界物体的最远点之间的测定距离(刚刚达到临界视觉的限值)。

3.25

临界视野 critical field of vision

通过间接视野装置能观察到临界物体的区域，其由一个角度与一个或多个以上发现距离予以界定。

3.26

观察基准点 viewing reference point

车辆上所规定视野相关的点。该点是通过驾驶员眼点垂面与平行于车辆纵向中心面(车外 20 cm 处)相交点于地面上的投射点。

3.27

可见光谱 visual spectrum

波长位于人眼视觉限值范围内的光，即波长，380 nm～780 nm。

3.28

其他间接视野装置 other devices for indirect vision

3.1 所界定的，不是通过镜面或摄像机-监视器等间接视野装置获得视野的装置。

3.29

监视摄像机-监视器-记录装置 surveillance camera-monitor-recording device

安装于车内或车外可用来提供 6.5 所规定视野范围以外的视野，或用来提供车内或车辆周边安全系统所用之摄影机、监视器及屏幕和记录装置，其有别于 3.17 中定义的摄像机-监视器装置。

3.30

间接视野装置型式 type of device for indirect vision

在以下主要特征上没有差别的装置：

——装置(如果相关，包括装置与车身的连接件)的设计；

——对于镜面而言，类型、形状、尺寸以及反射面的曲率半径；

——对于摄像机-监视器装置而言，发现距离和视野范围。

3.31

平头式 flat type

发动机全长的50%以上位于风窗玻璃基座前端最远点的驾驶室内，并且转向盘毂也位于车辆总长的前1/4内。

4 技术要求

4.1 视镜

4.1.1 一般要求

4.1.1.1 所有的视镜均能调节。

4.1.1.2 反射面的边缘应包于保护框架(如支架等)内，保护框周边上所有点的曲率半径 c 值在任何方向上都应大于或等于2.5 mm。如果反射面超出保护框架，则突出部分边缘上的曲率半径 c 不应小于2.5 mm，且突出部位在50 N的作用力下，能回到框架内，该力应近似平行汽车纵向基准面，且水平施加到反射面突出保持框架最高的点上。

4.1.1.3 视镜按5.2试验后，将视镜安放在水平面上，用直径为165 mm的球型触及内视镜可接触到的部位，用直径为100 mm的球型触及外视镜可接触到的部位，这些所有可接触部位，包括与支撑框架相连接零件的部位(不论其调节位置如何)，其曲率半径 c 均不应小于2.5 mm。

4.1.1.4 对于视镜上直径或最大对角线小于12 mm的固定孔或凹座的边缘，若已经过圆滑处理，则不必满足4.1.1.3曲率半径 c 的要求。

4.1.1.5 将视镜连接到车辆上的连接件应按下述方法设计，即以保证视镜顺着撞击方向偏移的转动轴或旋转中心，或两者之一为轴线，作一半径为70 mm的圆柱体(L类车辆为50 mm)，该圆柱体至少应切到连接件所连接的表面部分。

4.1.1.6 对外视镜来说，若4.1.1.2和4.1.1.3涉及的零件是用不大于邵尔硬度为A60的材料制成，则不必满足上述要求。

4.1.1.7 对内视镜来说，若视镜上的零件是用小于邵尔硬度A50的材料制成，并安装在刚性支持件上，则4.1.1.2和4.1.1.3的试验只适用于该支持件。

4.1.2 特殊要求

4.1.2.1 尺寸

4.1.2.1.1 内视镜(Ⅰ类)

能在其反射面上绘出一个矩形，该矩形的高度为40 mm，底边长为 a，a 尺寸的计算方法如式(2)：

$$a=\frac{150}{1+\frac{1\,000}{r}}(\mathrm{mm}) \qquad \cdots\cdots(2)$$

4.1.2.1.2 主外视镜(Ⅱ和Ⅲ类)

反射面尺寸应满足以下要求：

——能在反射面上绘出以 a 为底边，高为40 mm的矩形；

——在反射面上还能绘出与矩形高平行的线段，其长度为 b；

表1中给出了 a 和 b 的最小值。

表 1 *a* 和 *b* 的最小值

单位为毫米

主外视镜类别	*a*	*b*
Ⅱ	$\frac{170}{1+\frac{1\,000}{r}}$	200
Ⅲ	$\frac{130}{1+\frac{1\,000}{r}}$	70

4.1.2.1.3 **广角外视镜(Ⅳ类)**

反射面的外廓应形状简单,其尺寸应满足 6.5.5 中所规定的视野要求。

4.1.2.1.4 **补盲外视镜(Ⅴ类)**

反射面的外廓应形状简单,其尺寸应满足 6.5.6 中所规定的视野要求。

4.1.2.1.5 **前视镜(Ⅵ类)**

反射面的轮廓应形状简单,其尺寸应满足 6.5.7 规定的视野要求。

4.1.2.1.6 **至少驾驶室被部分封闭的 L 类机动车辆所适用的视镜(Ⅶ类)**

反射面的最小尺寸应符合如下要求:

a) 面积应不小于 6 900 mm^2;

b) 当视镜为圆形时,其直径应不小于 94 mm;

c) 当视镜不为圆形时,其反射面内应能容纳一个直径为 78 mm 的圆。

反射面的最大尺寸应符合如下要求:

a) 任何圆形视镜的直径应不大于 150 mm;

b) 任何非圆形视镜的反射面应该在 120 mm×200 mm 的矩形内。

4.1.2.2 **反射面和反射率**

4.1.2.2.1 **反射面要求**

视镜的反射面应为平面或球状凸面。外视镜反射面可以附加与其非球面部分,只要主视镜能满足间接视野的要求。

按附录 B 规定的方法测定的标态反射面的反射率数值不应低于 40%。若视镜有两个工作位置(白天和夜间),则处于白天位置时应能正确辨认道路交通的彩色信号,处于夜间位置时的反射面的反射率数值不应低于 4%。

除视镜长期在极端恶劣的天气条件下,在正常使用过程中,其反射面应能满足以上规定的反射率数值。

4.1.2.2.2 **曲率半径要求**

4.1.2.2.2.1 曲率半径之差要求如下:

a) 曲率半径 r_i' 或 r_i 值与 r_p 值之差不得大于 $0.15r$;

b) 任一点的 r_p(r_{p1}、r_{p2}和 r_{p3})值与 r 值之差不得大于 0.15r;

c) 当后视镜反射面的 r 值不小于 3 000 mm 时,a)和 b)中所述的 0.15r 可用 0.25r 替换。

4.1.2.2.2.2 反射面附加非球面部分的要求如下:

a) 附加的非球面部分面应具备充分的尺寸和适当的形状,以便于向驾驶员提供有用的信息。一般情况下,曲面的宽度至少应为 30 mm;

b) 附加非球面部分的曲率半径 r_i 不应小于 150 mm。

4.1.2.2.2.3 球面镜面 r 值不应小于下列要求:

a) Ⅰ类内视镜为 1 200 mm;

b) Ⅱ类和Ⅲ类主外视镜为 1 200 mm;

c) 广角外视镜(Ⅳ类)和补盲外视镜(Ⅴ类)为 300 mm;

d) 前视镜(Ⅵ类) 为 200 mm;

e) Ⅶ类视镜应不小于 1 000 mm,且不大于 1 500 mm。

4.2 除视镜之外的间接视野装置

4.2.1 一般要求

4.2.1.1 如果需要用户进行调节,那么应在不使用工具的条件下即可以调整间接视野装置。

4.2.1.2 如果某一间接视野装置只能通过对视野进行扫描的方式来观察所规定的整个视野,那么进行扫描、成像并返回至初始位置所需的总时间不得超过 2 s。

4.2.2 用于间接视野的摄像机-监视器装置

4.2.2.1 一般要求

4.2.2.1.1 当用于间接视野的摄像机-监视器装置安装在一个平面上,所有部件(不考虑装置的调整位置;对于监视器的情况,这些部件有可能同直径为 165 mm 的球体发生静态接触,对于摄像机的情况,可能同直径为 100 mm 的球体发生静态接触)的 c 值不得小于 2.5 mm。

4.2.2.1.2 如果固定孔或凹孔的直径或最长对角线小于 12 mm,那么固定孔或凹孔边缘不要求遵守 4.2.2.1.1 关于 c 值的要求,但应倒圆角。

4.2.2.1.3 如果摄像机和监视器部件制作材料的邵氏硬度 A 低于 60 并且安装在一个硬质托架上,那么 4.2.2.1.1 的要求仅适用于托架。

4.2.2.2 功能要求

4.2.2.2.1 摄像机在光照较弱条件下应正常发挥功能。在光照较弱条件下,对于图像部分之外的、采用光源重现的部分,摄像机应达到至少 1∶3 的亮度对比度(条件见 EN 12368:2006 中的 8.4 规定)。

摄像机光源的照度应为 40 000 lx。传感器平面法线与连接传感器中点和光源的线段之间的夹角应为 10°。

4.2.2.2.2 监视器应在各种光线条件下,达到国际标准 ISO 15008:2003 所规定的最低对比度要求。

4.2.2.2.3 应能够通过手动或自动方式按照环境条件调整监视器的平均明亮度。

4.2.2.2.4 亮度对比度的测量应按照 ISO 15008:2003 进行。

4.2.3 其他间接视野装置

其他间接视野装置应证明装置符合以下要求:

a) 该装置应能感测到可见光谱,并且在一般条件下不需要转换成可见光谱就可以成像。

b) 在该系统正常使用环境条件下，应能保证其正常发挥功能。根据实际使用的图像获得、展示技术，应全部或部分适用 4.2.2.2 的要求。对于其他情况，可通过等同于 4.2.2.2 的系统敏感性方式确定并证明其功能与所要求的大体相当，或超出要求，并且证明其功能发挥的保证效果等同于或优于对于后视镜或摄像机 - 监视器类间接视野装置的要求。

5 试验方法

5.1 试验要求

5.1.1 从Ⅰ类到Ⅵ类的视镜还包括用于 L 类车型的Ⅶ类视镜（同Ⅲ类镜一样的安装模式），应符合 5.2 中的试验描述，带支撑杆的Ⅶ类视镜应该符合 5.3 中的试验描述。

5.1.2 对 M 和 N 类所有外视镜，如果当车辆满载处于最大技术允许质量状态时，且视镜上所有零部件离地面高度均大于 1 800 mm（不论其调节位置如何），则可免除 5.2 中所规定的试验。

若视镜的连接件（如连接板、支撑臂、旋转轴等）不超过车辆投影宽度，且离地面高度小于 1 800 mm，则测量应在视镜连接件底边的垂直横截面上进行，如果后面超过车宽较多，则以向前方向横截面上的点为准。在这种情况下，应提供连接件在车辆上安装位置条件的说明。

对不进行撞击试验的视镜，应在支架臂上标明 1 800 mm 标识，在试验报告中还应注明该结果。

5.2 撞击试验

5.2.1 试验装置

5.2.1.1 撞击试验台由视镜固定架和可绕两个成直角的水平轴摆动的摆组成，其中之一在垂直释放轨迹的平面内。摆的末端是一直径为 165 mm±1 mm 的刚性球型，其表面包有一层邵尔硬度为 A50、厚度为 5 mm 的橡胶。以及用来测定释放平面内支承臂所处最大角度的指示器。按 5.2.2.6 中规定的撞击要求，用于保持样品的支座应被牢固地固定在支撑摆的工作台上。图 2 给出了试验设备的尺寸和特殊设计要求。

单位为毫米

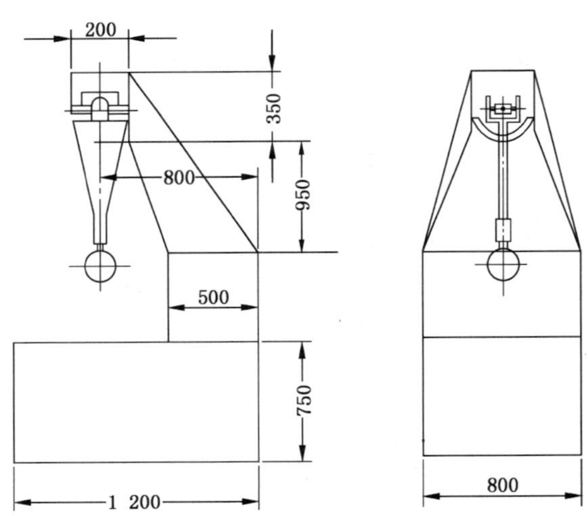

图 2 撞击试验设备示例

5.2.1.2 摆的撞击中心与球型的中心重合。球头模型的中心距旋转轴线的距离为 I,I=1 000 mm±5 mm。摆换算到撞击中心的质量为 m_o,m_o=6.8 kg±0.05 kg,摆的质量中心到旋转轴轴线间的距离为 d,其关系如式(3)所示:

$$m_o = m\frac{d}{I} \qquad \cdots\cdots(3)$$

5.2.2 试验说明

5.2.2.1 夹紧视镜的装置由视镜制造厂或汽车制造厂提供。

5.2.2.2 视镜试验时的定位应满足以下要求:

a) 视镜应按视镜制造厂或汽车制造厂所推荐的方法固定在试验台上,其水平和垂直位置的轴线应与实际装车状态相同。

b) 若视镜能相对其基座可调,则它应位于视镜制造厂或汽车制造厂所规定的调节范围内,且撞击时对转动最不利的位置。

c) 若视镜能相对其基座可调,则应将调节装置调到使保持件离其基座最近的位置。

d) 若反射面能在保护壳体内调节,则应将离车身最远的上角调至突出保护壳体最大的位置。

5.2.2.3 除了视镜按 5.2.2.6a)的规定进行试验 2 外,当摆处于垂直位置时,球型中心的水平面和纵向铅垂平面应穿过 3.11 中定义的镜面中心,摆的纵向摆动方向应平行于汽车纵向基准面。

5.2.2.4 按 5.2.2.2a)和 5.2.2.2b) 的规定进行安装和调节时,若视镜的零件限制了球型的返回,则应将撞击点沿垂直于转轴或旋转中心方向调节,但应确定这种调节对完成试验是必要的,且要满足下列要求之一:

a) 球型的外廓线至少应保证与 4.1.1.5 中所述圆柱体表面相切;

b) 球型的接触点至少距反射面的边缘 10 mm。

5.2.2.5 试验时,使球型从相对于摆的铅垂线 60°的角度处自由下落,当摆到铅垂位置时,球型打击视镜。

5.2.2.6 视镜应在下列不同条件下经受撞击:

a) 内视镜:

  1) 试验 1:撞击点应符合 5.2.2.3 的规定,球头模型应撞击在反射面上。

  2) 试验 2:视镜反射面应与撞击点处球上该点原运动方向成 45°角,撞击方向应对着反射面,撞击点应过视镜反射面中心水平面的保护壳体边缘处。

b) 外视镜:

  1) 试验 1:撞击点应符合 5.2.2.3 或 5.2.2.4 的规定。应使球型撞击视镜的反射面。

  2) 试验 2:撞击点应符合 5.2.2.3 或 5.2.2.4 的规定。应使球型撞击到视镜反射面的背面。

  3) 如果Ⅱ类或Ⅲ类视镜与Ⅳ类视镜安装在同一支架上,则试验仅对下方的视镜。如果上方的视镜距离地面小于 1 800 mm,负责试验的技术部门可以决定是否重复一次与上部的视镜一起进行试验。

5.3 安装在固定件上保护壳体的弯曲试验

5.3.1 保护壳体水平地置于试验台上,并夹紧调节件。在保护壳体的最大尺寸方向且离调节件固定点最近的一端,用 15 mm 宽的固定挡块覆盖在该壳体的整个宽度上,使之不能转动。

5.3.2 在另一端,也在该壳体上放置一块与上述作用相同的挡块,以便按规定在上面施加试验载荷(见图 3)。

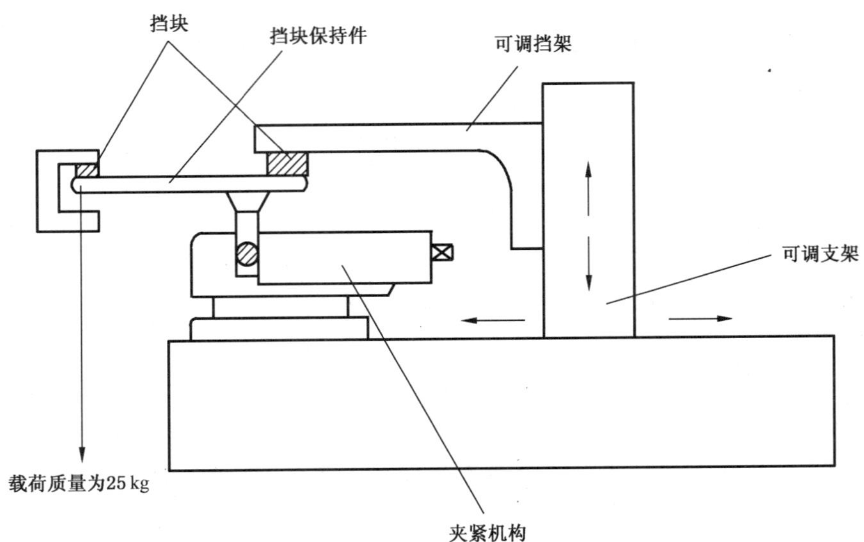

图 3 视镜保护壳体弯曲试验设备示例

5.3.3 可在施加载荷的另一端予以夹紧。

5.3.4 施加试验载荷的质量为 25 kg,保持时间为 1 min。

5.4 试验结果

5.4.1 当按 5.2 的规定进行撞击试验时,摆在撞击视镜后应能在摆臂的释放平面内继续摆动 20°以上。角度测量的准确度应为±1°。

本要求不适用于粘在风窗玻璃上的视镜,这类视镜在 5.4.2 中予以规定。

对所有Ⅱ类、Ⅳ类,以及Ⅲ类和Ⅳ类共同安装的视镜,所要求的角度可从 20°减少到 10°。

5.4.2 对于粘在风窗玻璃上的视镜,按照 5.2 的规定进行试验时,视镜的支撑件若损坏,则其突出底座的残余部分不应大于 10 mm,外形仍应满足 4.1.1.3 的要求。

5.4.3 当按 5.2 和 5.3 的规定试验时,视镜的反射面不应破碎,但下述两种情况可认为符合要求:

a) 玻璃碎片仍然粘在保护壳体上,或粘在与保护壳体牢固相连的物体上。允许玻璃局部脱离上述部位,但破裂处任何一个边的边长不应超过 2.5 mm。在撞击点上,允许有小碎片脱离上述部位。

b) 反射面用安全玻璃制成。

6 安装要求

6.1 一般要求

6.1.1 安装在车辆上的视镜应为已符合本标准的视镜。

6.1.2 视镜的固定方式应使它不致移动而明显改变其视野区域,或因振动而使驾驶员对图像产生错觉。

6.1.3 当车辆以不超过最高设计车速的 80%(但不超过 150 km/h)的车速行驶时,视镜应符合 6.1.2 的要求。

6.2 视镜的数量要求

6.2.1 强制安装视镜最少数量

6.2.1.1 视野在 6.5 中规定,能满足该视野必装视镜的最少数量如表 2 所示。如果有选装视镜,那么就不再强制要求安装其他间接视野装置。

表 2 视镜最少安装数量

车辆类型	内视镜	外视镜				
		主外视镜		广角外视镜	补盲外视镜	前视镜
	Ⅰ类	Ⅱ类(大)	Ⅲ类(小)	Ⅳ类	Ⅴ类	Ⅵ类
M_1	必装 除非车辆在6.5.2规定的视野范围内，安装了非玻璃材料的东西	选装	必装 驾驶员和乘员一侧各1个；也可安装Ⅱ类视镜作为替代	选装 驾驶员一侧1个和/或乘员一侧1个	选装 驾驶员一侧和乘员一侧各1个(两个视镜的安装位置至少应高于地面1 800 mm)	选装 (前视镜的安装位置至少应高于地面1 800 mm)
M_2	选装 (对于视野无要求)	必装 驾驶员一侧和乘员一侧各1个	不允许安装	选装 驾驶员一侧和乘员一侧各1个	选装 驾驶员一侧和乘员一侧各1个(两个视镜的安装位置至少应高于地面1 800 mm)	选装 (前视镜的安装位置至少应高于地面1 800 mm)
M_3	选装 (对于视野无要求)	必装 驾驶员一侧和乘员一侧各1个	不允许安装	选装 驾驶员一侧和/或乘员一侧各1个	选装 驾驶员一侧和乘员一侧各1个(两个视镜的安装位置至少应高于地面1 800 mm)	选装 (前视镜的安装位置至少应高于地面1 800 mm)
N_1	必装 除非机动车按6.2.1.2规定的视野范围内，安装了非玻璃材料之类的东西	选装	必装 驾驶员一侧和乘员一侧各1个；也可安装Ⅱ类视镜作为替代	选装 驾驶员一侧和/或乘员一侧各1个	选装 驾驶员一侧和乘员一侧各1个(两个视镜的安装位置至少均应高于地面1 800 mm)	选装 (前视镜的安装位置至少应高于地面1 800 mm)
$N_2 \leq$ 7 500 kg	选装 (对于视野无要求)	必装 驾驶员一侧和乘员一侧各1个	不允许安装	如果Ⅴ类补盲外视镜能够被安装，则两侧都须安装；如果Ⅴ类补盲外视镜不能被安装，则两侧可选装此类镜	必装： 乘员一侧1个[见6.3.7和6.5.6e]。 选装： 驾驶员一侧1个。 (如安装，两边应离地面至少1 800 mm)。公差为+100 mm	选装 前视镜，1个(前视镜的安装位置至少应高于地面1 800 mm)
$N_2 >$ 7 500 kg	选装 (对于视野无要求)	必装 驾驶员一侧和乘员一侧各1个	不允许安装	必装 驾驶员一侧和乘员一侧各1个	必装： 见6.3.7和6.5.6e) 乘员一侧1个。 备选： 驾驶员一侧1个。(两个视镜的安装位置至少应高于地面1 800 mm)	必装 见6.3.7和6.5.6e) 前视镜(前视镜的安装位置至少应高于地面1 800 mm)
N_3	选装 (对于视野无要求)	必装 驾驶员一侧和乘员一侧各1个	不允许安装	必装 驾驶员一侧和乘员一侧各1个	必装： 见6.3.7和6.5.6e) 乘员一侧1个。 选装： 驾驶员一侧1个。 (两个视镜的安装位置至少应高于地面1 800 mm)	必装 见6.3.7和6.5.6e) 前视镜(前视镜的安装位置至少应高于地面1 800 mm)

6.2.1.2 按照 6.5.7 前视镜(Ⅵ类)所描述的车辆前视镜及/或 6.5.6 所描述补盲外视镜(Ⅴ类)视野能够被其他间接视野装置获得,如果符合 4.2 及第 6 章安装要求规定,则其他间接视野装置可用以替代相关的视镜和组合镜。

若使用摄影-监视装置,该装置应能完全独立地显示:

a) 当补盲外视镜被替代时,应显示 6.5.6 所规定的视野。
b) 当车辆以 10 km/h 以下速度向前行驶,车前视镜被替代时,应显示 6.5.7 所规定的视野,或
c) 当补盲外视镜及车辆前视镜被同时替代,应能同时显示 6.5.6 及 6.5.7 所规定的视野。当车辆以 10 km/h 以上速度向前或倒车行驶,6.5.6 所规定的视野为固定显示,监视装置可用做提供其他的信息。

6.2.1.3 带封闭式车体 L 类视镜的数量要求如表 3 所示。

表 3 带封闭式车体 L 类视镜的数量要求

单位为只

车辆的类别	视镜类别	
	内视镜(Ⅰ类) 安装数量	主外视镜(Ⅲ和Ⅶ类) 安装数量
安装有全封闭或部分封闭驾驶员的车体的 L 类车辆	1[a]	1(如果有一个内视镜) 2(如果没有内视镜)
[a] 参照 6.5.2 所描述的视野条件不能满足的话,内视镜的安装不作要求,但两侧外视镜应按规定安装。		

单个主外视镜应该安装在左侧。

6.2.1.4 为 L 类车辆选装视镜

按照 6.2.1.3 的规定,车辆一侧强制安装了一个外视镜,另一侧可以选装一个外视镜,但应符合本标准的要求。

6.2.2 监视镜安装要求

本条不适用于 3.5 定义的监视镜;如果安装该类装置后,在技术许可总重下该类装置至少距离地面 1 800 mm。

6.3 视镜的位置要求

6.3.1 视镜的位置应保证驾驶员在正常驾驶状态下,能看清汽车后方和两侧道路上的路况。

6.3.2 外视镜应能从车辆侧窗或前风窗玻璃刮水器刮刷到的区域中看到。但考虑到设计上的缘故,本条规定不适用于:

a) M_2、M_3 类机动车辆驾驶员一侧的选装视镜及外视镜在乘员一侧;
b) Ⅵ类前视镜。

6.3.3 对于二类底盘类型的车辆,在测定视野时,汽车制造商应提供车身最大和最小宽度尺寸。必要时可以采用模拟前箱板进行。在试验期间,被考虑到的所有车辆和视镜布置均应在试验报告中予以注明。

6.3.4 在确定车辆驾驶员一侧外视镜的位置时,应保证车辆垂直纵向中间平面与通过视镜中心和连接驾驶员两眼点 65 mm 线段中心的垂直平面之间的夹角不大于 55°。

6.3.5 视镜突出汽车车身外侧的程度不能超过满足 6.5 中关于视野要求所规定的程度。

6.3.6 当车辆处于最大设计满载质量状态下,且外视镜的最低边缘距地面高度小于 1 800 mm 时,其单侧视镜外伸尺寸比未装视镜时车辆的最大宽度不应超出 250 mm。

6.3.7 在将Ⅴ类补盲外视镜和Ⅵ类前视镜安装在车辆上时,应保证,当车辆处于最大设计满载质量条

件下，这些镜面或其托架(不论其调整位置如何)的任何部分距离地面的高度不应小于 1 800 mm。

但是，对于驾驶舱高度无法符合这一要求的车辆，不应安装这两类镜面。在这种情况下，不要求安装其他间接视野装置。

6.3.8 依据 6.3.5、6.3.6 和 6.3.7 的要求，视镜可以超出车辆最大允许宽度。

6.3.9 所有Ⅶ类视镜在车辆正常的驾驶条件下，能够处在稳定的位置。

6.4 视镜的调节要求

6.4.1 内视镜应能允许驾驶员在其驾驶位置上调节。

6.4.2 在驾驶员一侧的外视镜应能允许驾驶员在车门关闭，车窗开启时进行调节，而且能从车外锁紧位置。

6.4.3 上述 6.4.2 不适用于被撞击后无需调节又能恢复到原位置的视镜。

6.5 视镜的视野要求

6.5.1 后视野要求

按 3.15 中的定义确定驾驶员的眼点位置。下述后视野要求是在“双眼总视野”条件下的视野。当测定汽车后视野时，所试车辆为 3.16 规定的空载质量加一个前排乘客的质量(75 kg)。视野应透过车窗玻璃进行测定，其可见光的垂直总透过率至少为 70%。但当安装了两个外视镜时，后窗玻璃的透光率可小于 70%。

6.5.2 内视镜(Ⅰ类)

视野应满足：驾驶员借助内视镜应能在水平路面上看见一段宽度至少为 20 000 mm 的视野区域，其中心平面为汽车纵向基准面，并从驾驶员的眼点后 60 000 mm 处延伸至地平线(见图 4)。

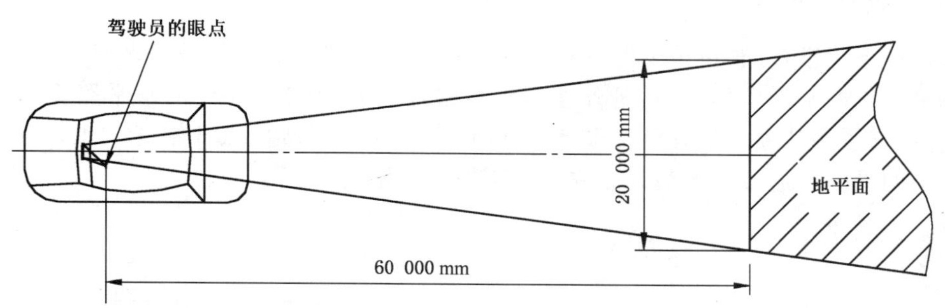

图 4 Ⅰ类内视镜视野

6.5.3 主外视镜(Ⅱ类)

6.5.3.1 驾驶员一侧的外视镜

视野应满足以下要求：驾驶员至少能看到 5 000 mm 宽、由平行于车辆垂直纵向中间平面并且通过驾驶员一侧车辆最远点的平面所界定，并延伸至驾驶员眼点后方 30 000 mm 的水平路面部分。同时，驾驶员应能够看到从通过驾驶员两眼点的垂面后方 4 000 mm 的点开始、宽 1 000 mm，由平行于车辆垂直纵向中间平面并通过车辆最远点的平面所限定的路面(见图 5)。

6.5.3.2 乘员一侧的外视镜

视野应满足以下要求：驾驶员至少能看到 5 000 mm 宽、由乘员一侧平行于车辆垂直纵向中间平面并且通过乘员一侧车辆最远点的平面所界定，并延伸至驾驶员眼点后方 30 000 mm 的水平路面部分。同时，驾驶员应能够看到从通过驾驶员两眼点的垂面后方 4 000 mm 的点开始、宽 1 000 mm、由平行于车辆垂直纵向中间平面并通过车辆最远点的平面所限定的路面(见图 5)。

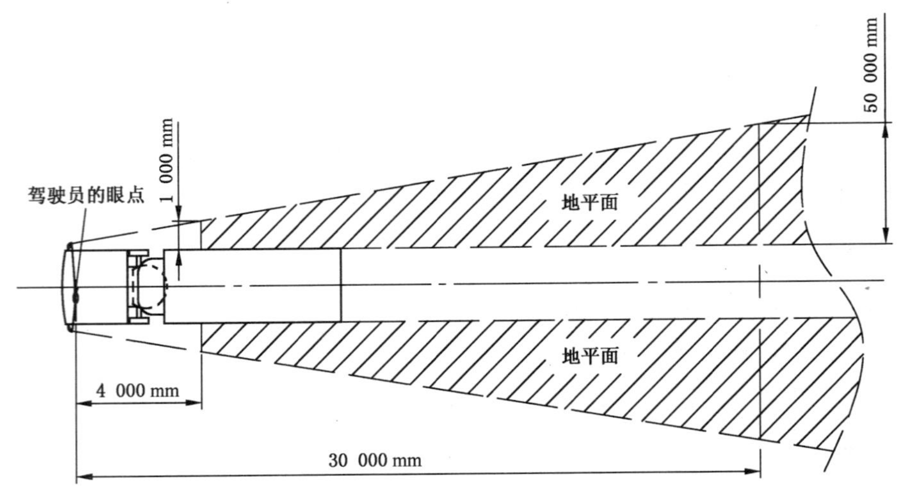

图 5 Ⅱ类主外视镜的视野

6.5.4 主外视镜(Ⅲ类)

6.5.4.1 驾驶员一侧的外视镜

视野应满足以下要求:驾驶员至少能看到 4 000 mm 宽、由平行于车辆垂直纵向中间平面并且通过驾驶员一侧车辆最远点的平面所界定,并延伸至驾驶员眼点后方 20 000 mm 的水平路面部分(见图 6)。同时,驾驶员应能够看到从通过驾驶员两眼点的垂面后方 4 000 mm 的点开始、宽 1 000 mm、由平行于车辆垂直纵向中间平面并通过车辆最远点的平面所限定的路面。

6.5.4.2 乘员一侧的外视镜

视野应满足以下要求:驾驶员至少能看到 4 000 mm 宽、由平行于车辆垂直纵向中间平面并且通过乘员一侧车辆最远点的平面所界定,并延伸至驾驶员眼点后方 20 000 mm 的水平路面部分(见图 6)。同时,驾驶员应能够看到从通过驾驶员两眼点的垂面后方 4 000 mm 的点开始、宽 1 000 mm、由平行于车辆垂直纵向中间平面并通过车辆最远点的平面所限定的路面。

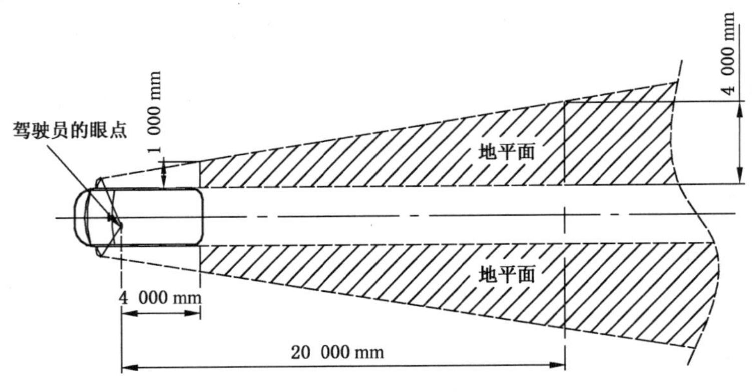

图 6 Ⅲ类主外视镜的视野

6.5.5 广角外视镜(Ⅳ类)

6.5.5.1 驾驶员一侧广角外视镜

视野应满足以下要求:驾驶员至少能看到 15 000 mm 宽、由平行于车辆垂直纵向中间平面并且通过驾驶员一侧车辆最远点的平面所界定,并延伸至驾驶员眼点后方至少 10 000 mm～25 000 mm 的水平路面部分。同时,驾驶员应能够看到从通过驾驶员两眼点的垂面后方 1 500 mm 的点开始、宽 4 500 mm、由平行于车辆垂直纵向中间平面并通过车辆最远点的平面所限定的路面(见图 7)。

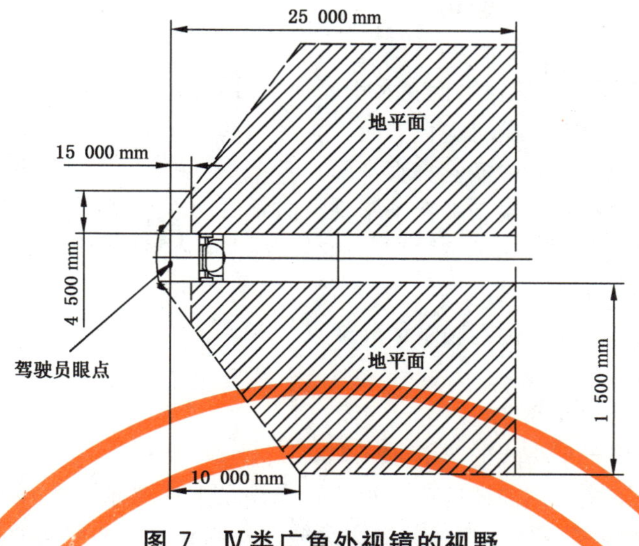

图 7 Ⅳ类广角外视镜的视野

6.5.5.2 乘员一侧广角外视镜(Ⅳ类)

视野应满足以下要求:驾驶员借助外视镜能在水平路面上看见一段宽至少为 15 000 mm 的区域,由平行于车辆垂直纵向中间平面并且通过乘员一侧车辆最远点的平面所界定,并延伸至驾驶员眼点后方至少 10 000 mm～25 000 mm 的水平路面部分。同时,驾驶员应能够看到从通过驾驶员两眼点的垂面后方 1 500 mm 的点开始、宽 4 500 mm,由平行于车辆垂直纵向中间平面并通过车辆最远点的平面所限定的路面(见图 7)。

6.5.6 补盲外视镜(Ⅴ类)

视野应达到以下要求:驾驶员借助补盲外视镜(Ⅴ类)能在水平路面上看到的路段,其界限由下列垂直平面来确定(见图 8):

a) 平行于车辆垂直纵向中间平面、通过乘客一侧驾驶室最外端的平面;
b) 横向,在 a)所述的平面横向外 2 000 mm 处的一个平面;
c) 向后,通过驾驶员两眼点的垂面后方 1 750 mm 处作一平行平面;
d) 向前,通过驾驶员两眼点的垂面前方 1 000 mm 处作一平行平面。如果车辆保险杠前端的横向垂面与驾驶员两眼点垂面之间的距离小于 1 000 mm,视野应限定到横向平面内;
e) 如果通过Ⅳ类广角外视镜以及Ⅵ类前视镜可以获得图 8a)和图 8b)所给出的视野,那么不强制要求安装Ⅴ类补盲外视镜。

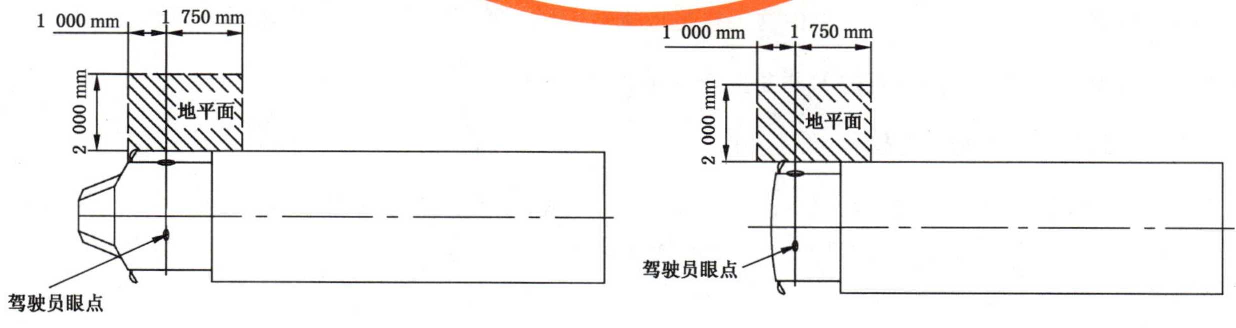

图 8 Ⅴ类补盲外视镜的视野

6.5.7 前视镜(Ⅵ类)

6.5.7.1 驾驶员的视野范围借助前视镜能在水平路面上看到的路段,其视野范围由以下限定:

a) 过车身前部最外端前点的横向垂直平面;
b) 上述 a)平面前 2 000 mm 的横向垂直平面;
c) 过驾驶员一侧驾驶室最外端点平行于车辆纵向垂直中心平面的纵向垂直平面;
d) 过副驾驶员一侧驾驶室最外端点平行于车辆纵向垂直中心平面的纵向垂直平面,再向外 2 000 mm 的纵向垂直平面;
e) 在车身前和离副驾驶员一侧驾驶室最外端点 2 000 mm 处的视野区域,允许半径 2 000 mm 的圆角过渡(见图 9);
f) 视野的定义区域见 6.5.8.2;
g) 此前视镜规定适用于平头式的车 N_2>7 500 kg 及 N_3 车;
h) 如果这两类车上不能使用前视镜或监视装置来满足上述要求,就必须另外使用其他视野支持系统,而这个视野支持系统所用的装置必须能够检测到在图 9 定义的视野区域内高 50 mm 直径 300 mm 的物体。

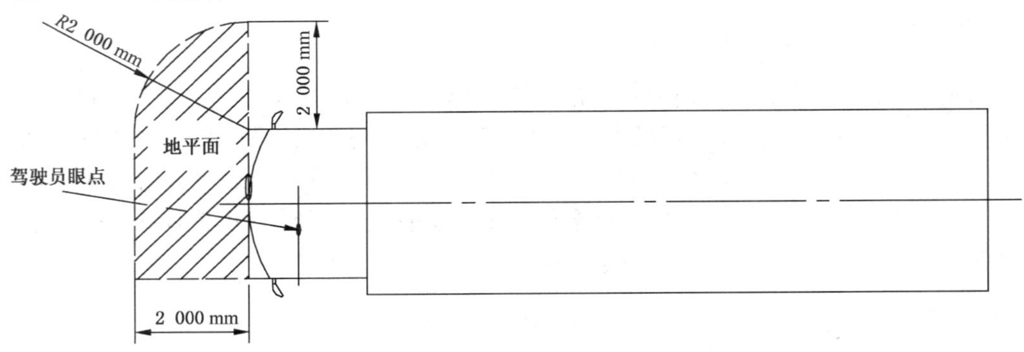

图 9 Ⅵ类前视镜的视野

6.5.7.2 但是,在将 A 柱的遮挡因素考虑在内的情况下,如果驾驶员能够看到车辆正前方 300 mm 长、1 200 mm 高,并由以下平面限定的视野范围,那么不强制要求安装Ⅵ类前视镜:平行于车辆垂直纵向中间平面并通过驾驶员一侧车辆最外端的垂直纵向平面,以及平行于车辆纵向垂直中间平面、距离乘客一侧车辆最外远端外部 900 mm 垂直纵向垂直平面。

6.5.7.3 为满足 6.5.7.1、6.5.7.2 的要求,确定车辆前部时,不考虑永久固定在车辆上,且位于驾驶员眼点前上面以及车辆前保险杠最前面的部件。

6.5.7.4 如果视镜同时有几个反射面,这些反射面的曲率半径互不相同或者反射面相互之间相互形成不同夹角,那么至少一个反射面应提供这类视镜应满足的视野并且满足其尺寸要求(见 4.1.2.1.2)。

6.5.8 至少驾驶室被部分封闭的 L 类机动车辆的视镜(Ⅶ类)

6.5.8.1 驾驶员一侧的外视镜

视野应满足以下要求:驾驶员至少能看到 2 500 mm 宽、由平行于车辆垂直纵向中间平面并且通过驾驶员一侧车辆最远点的平面所界定,并延伸至驾驶员眼点后方 10 000 mm 的水平路面部分。(见图 10)

6.5.8.2 乘员一侧的外视镜

视野应满足以下要求:驾驶员至少能看到 4 000 mm 宽、由乘员一侧平行于车辆垂直纵向中间平面并且通过乘员一侧车辆最远点的平面所界定,并延伸至驾驶员眼点后方 20 000 mm 的水平路面部分。

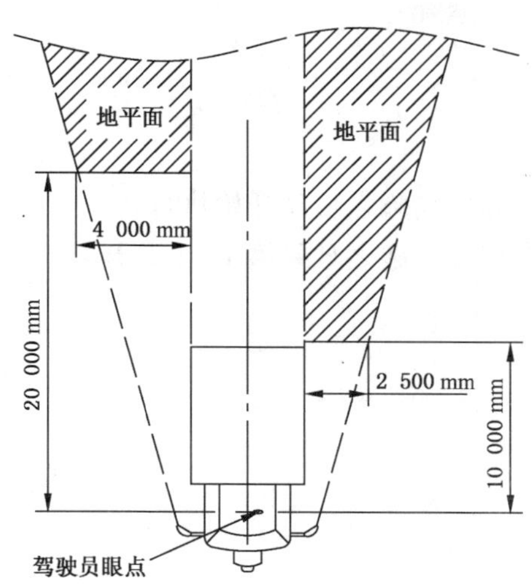

图 10 Ⅶ类视镜视野

6.5.9 障碍物

6.5.9.1 内视镜(Ⅰ类)

视野有可能因部件影响而降低,如遮阳板、后刮雨刷、除雾部件、S3 类制动灯,这些装置遮挡部分投影在与车辆纵向中心面垂直的铅垂面上时,其总和不大于所规定视野的 15%就可以。头枕、框架或车身结构,如后面的对开门立柱、后窗框应不计算在内,测量阻挡程度时应将遮阳板处于收回位置。

6.5.9.2 外视镜(Ⅱ类、Ⅲ类、Ⅳ类、Ⅴ类、Ⅵ类和Ⅶ类)

外视镜视野指定的视野区域内可能被像车体及其上的零件等障碍物遮挡,如其他驾驶室视镜、门把手、示廓标志灯、转向信号灯、前后保险杠以及反射面清洗部件等,如遮挡不超过 10%的规定视野,应该不必考虑;如果在设计和结构上是针对特殊目的的车辆,由于特殊特征,不可能达到 10%的要求,Ⅵ类前视镜视野内遮挡物由于特殊特征的原因允许大于 10%,但不要超过特殊功能之外的要求。

6.6 测定视野区域要求

测定视野区域时,应在驾驶员眼点处设置大功率光源,并检测在监视屏上的反射光束来确定。也可以采用其他等效方法。

6.7 视镜之外的间接视野装置

6.7.1 任何间接视野装置应达到以下性能要求:在临界视野条件下,能够在所述规定的视野内观测发现到临界物体。

6.7.2 应最大程度地降低间接视野装置安装对驾驶员直接视野造成的遮挡。

6.7.3 按附录 D 的方法确定摄像机-监视器类间接视野装置观察的距离。

6.7.4 监视器的安装要求

监视器的观察方向大致应同其中一个主视镜保持一致。

6.7.5 车辆可以加装其他间接视野装置。

6.7.6 本条不适用于 3.29 定义的监视摄像机-监视器-记录装置。外部摄像监视设备应该安装在车辆最大技术允许质量状态时,离地面至少 1 800 mm 处,或者,当其下边缘离地,也就是设备最底边离地会小于 1 800 mm 时,突出未装此装置时车辆总宽不超过 50 mm,且其圆角半径不小于 2.5 mm。

7 实施过渡期

本标准实施的过渡期要求：

a) 对于新定型的产品，自本标准实施之日起开始执行；

b) 对于已定型的产品，自本标准实施之日起第13个月开始执行。

附 录 A
(资料性附录)
本标准章条编号与 ECE R46 章条编号对照

表 A.1 给出了本标准章条编号与 ECE R46 章条编号对照一览表。

表 A.1 本标准章条编号与 ECE R46 章条编号对照

本标准章条编号	ECE R46 章条编号
1	1
2	—
3	2，12
4	6
5	6.13
6	15
—	附录 1～附录 5
附录 A	—
附录 B	附录 6
附录 C	附录 7
附录 D	附录 10
—	3～5
—	7～11
—	13～14
—	16～21
—	附录 8
—	附录 8 的附件 1
—	附录 8 的附件 2
—	附录 8 的附件 3
	附录 9

附　录　B
（规范性附录）
确定反射率的方法

B.1　定义解词

B.1.1　CIE 标准发光体 A[1)]（见表 B.1）：

表 B.1　CIE 标准发光体 A

λ/mm	$\bar{x}(\lambda)$
600	1.062 2
620	0.854 4
650	0.283 5

B.1.2　CIE 标准光源 A[1)]：在相关色温 T_{68}=2 855.6 K 时的充气钨丝灯。

B.1.3　CIE(1931)标准色度观测仪[1)]：是一种辐射感应器，其色度特性相当于光谱三色激励值 $\bar{x}(\lambda)$、$\bar{y}(\lambda)$、$\bar{z}(\lambda)$（见表 B.2）。

表 B.2　CIE 标准色度观测仪的光谱三色激励值

λ/mm	$\bar{x}(\lambda)$	$\bar{y}(\lambda)$	$\bar{z}(\lambda)$	λ/mm	$\bar{x}(\lambda)$	$\bar{y}(\lambda)$	$\bar{z}(\lambda)$
380	0.001 4	0.000 0	0.006 5	590	1.026 3	0.757 0	0.001 1
390	0.004 2	0.000 1	0.020 1	600	1.062 2	0.631 0	0.000 8
400	0.014 3	0.000 4	0.067 9	610	1.002 6	0.503 0	0.000 3
410	0.043 5	0.001 2	0.067 9	620	0.854 4	0.381 0	0.000 2
420	0.134 4	0.004 0	0.645 6	630	0.642 4	0.265 0	0.000 0
430	0.283 9	0.011 6	1.385 6	640	0.447 9	0.175 0	0.000 0
440	0.348 3	0.023 0	1.747 1	650	0.283 5	0.107 0	0.000 0
450	0.336 2	0.038 0	1.772 1	660	0.164 9	0.061 0	0.000 0
460	0.290 8	0.060 0	1.669 2	670	0.087 4	0.032 0	0.000 0
470	0.195 4	0.091 0	1.287 6	680	0.046 8	0.017 0	0.000 0
480	0.095 6	0.139 0	0.813 0	690	0.022 7	0.008 2	0.000 0
490	0.032 0	0.208 0	0.465 2	700	0.011 4	0.004 1	0.000 0
500	0.004 9	0.323 0	0.272 0	710	0.005 8	0.002 1	0.000 0
510	0.009 3	0.503 0	0.158 2	720	0.002 9	0.001 0	0.000 0
520	0.063 3	0.710 0	0.078 2	730	0.001 4	0.000 5	0.000 0
530	0.165 5	0.862 0	0.042 2	740	0.000 7	0.000 2[a]	0.000 0
540	0.290 4	0.954 0	0.020 3	750	0.000 3	0.000 1	0.000 0
550	0.433 4	0.995 0	0.008 7	760	0.000 2	0.000 1	0.000 0
560	0.594 5	0.995 0	0.003 9	770	0.000 1	0.000 0	0.000 0
570	0.762 1	0.952 0	0.002 1	780	0.000 0	0.000 0	0.000 0
580	0.916 3	0.870 0	0.001 7				

[a] 1966 年修改时，将 3 改为 2。

1)　定义摘自 CIE(国际照明委员会)出版物 50(45)、国际电子词汇、45 组：照明。

B.1.4 CIE 光谱三色激励值[1]：在 CIE(x、y、z)系统中，等能量光谱分量的三色激励值。

B.1.5 明视觉[1]：正常眼睛适应了每平方米至少几坎德拉亮度时的视觉。

B.2 仪器

B.2.1 概述

B.2.1.1 试验仪器由光源、试镜支架、带有光检测器和指示仪表的接收单元，以及能消除外来光影响的装置组成(见图 B.1)。

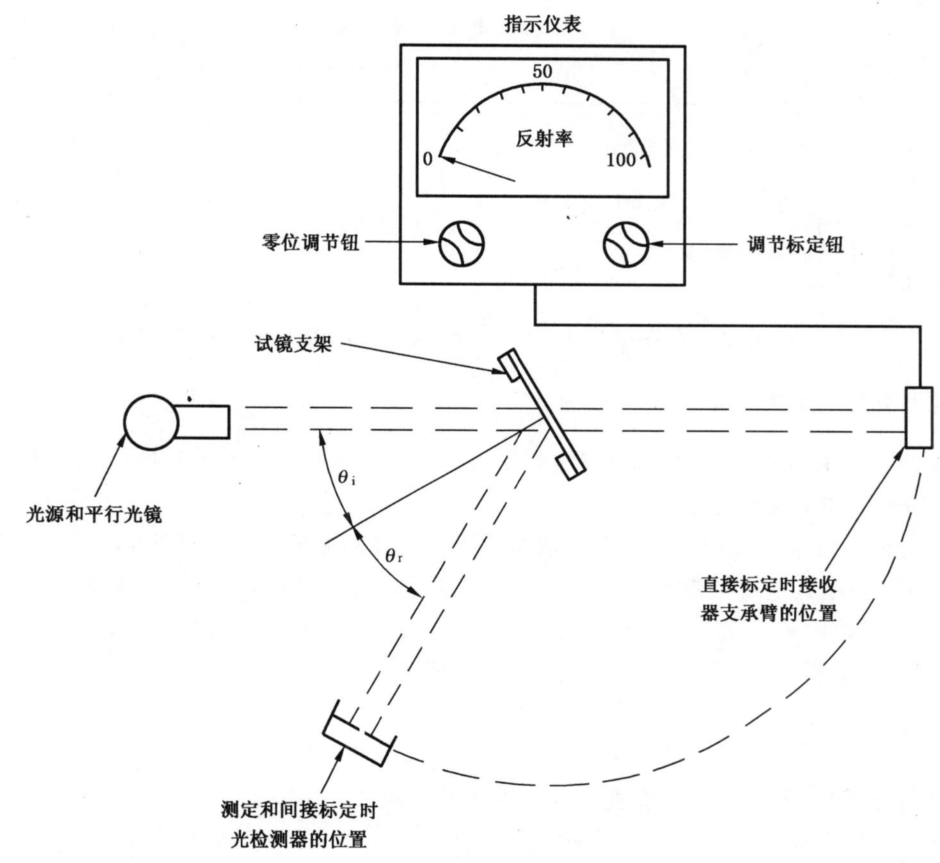

图 B.1 两种标定方法所用反射率测定仪的几何关系

B.2.1.2 接收单元可以包括一个光积分球体，以便测量非平面镜(凸镜)(见图 B.2)。

---

1) 定义接自 CIE(国际照明委员会)出版物 50(45)、国际电子词汇、45 组：照明。

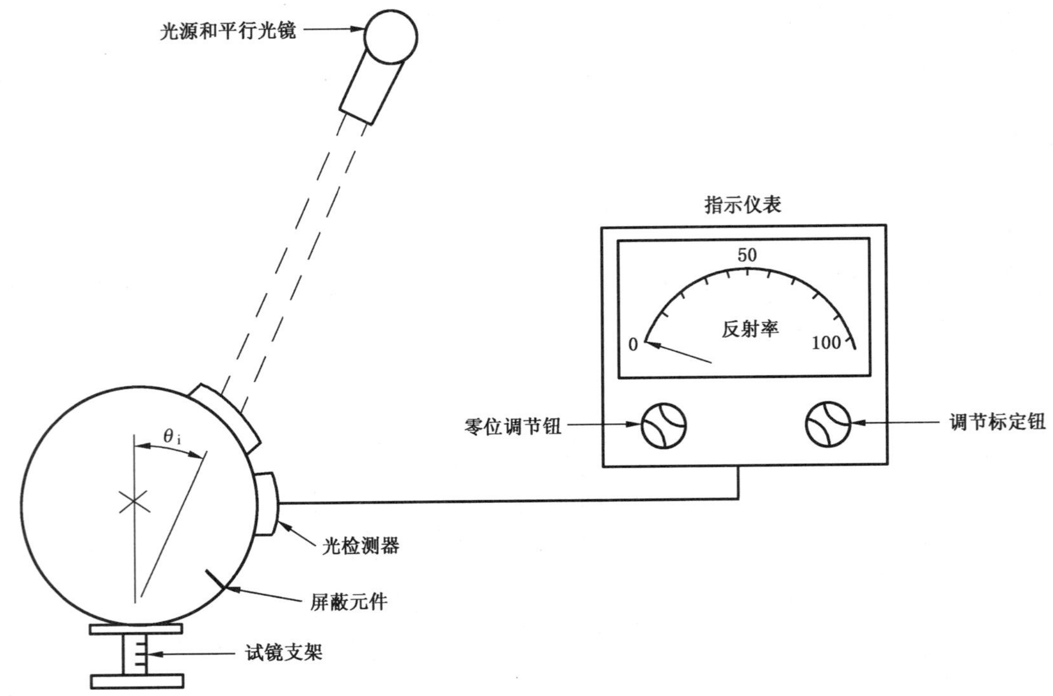

图 B.2　在接收单元中加装光积分球体的反射率测定仪

B.2.2　光源和光检测器的光谱特性

B.2.2.1　光源由 CIE 标准光源 A 和能使光源发出的光成为平行光束的镜片所组成。为使仪器工作时光源电压保持稳定，推荐使用稳压电源。

B.2.2.2　接收单元所带光检测器的光谱响应与 CIE(1931)标准色度观测仪的适光亮度函数成正比(见表 B.1)。也可以使用其他产生效果能完全等效于 CIE 标准发光体 A 和明视觉的发光体-滤光片-接收器的组合方式。在接收单元中使用光积分球体时，球体的内表面应涂上一层无光泽的(漫反射的)、对光谱无选择性的白色涂料。

B.2.3　几何条件

B.2.3.1　入射光束角(θ)最好是与垂直于试验表面的垂线成 0.44 弧度±0.09 弧度(25°±5°)，并不得超过角度上限(0.53 弧度或 30°)。接收器轴线与该垂线所成角度(θ)应等于入射光束角(见图 B.1)。入射光束在试验表面上的直径不得小于 19 mm，反射光束覆盖在光检测器上的面积应小于其感光面积，但不得小于该感光面积的 50%，并尽可能接近仪器标定时的覆盖面积。

B.2.3.2　当光积分球体用于接收单元时，球体直径不得小于 127 mm。在球体上，试镜和球壁入射光束的孔径应使入射光束和反射光束全部通过。光检测器应置于不受入射和反射光束直射的位置。

B.2.4　光检测器——指示仪表装置的电特性

在指示仪表上，光检测器输出的读数为感光区域上光亮度的线性函数。为了便于调零和标定，可采用光、电或光和电组合的方法，但该方法不得影响仪器线性度和光谱特性。接收器——指示系统的准确度应在全刻度的±2%范围内，或在读数值的±10%范围内，以较小者为准。

B.2.5　试镜支架

试镜支架应便于试镜定位，使光源支承臂与接收器的轴线在反射面上相交。反射面可能位于镜片的中间，或任何一面，视其为第一个面、第二个面，或是“转换”型棱镜而定。

B.3 方法

B.3.1 直接标定法

B.3.1.1 在直接标定法中,大气作为参考标准,该方法适用于其结构上允许将接收器调节到光源的光路上,进行100%测量标定的仪器(见图B.1)。

B.3.1.2 在某些情况下(如测定低反射率表面),要求用该方法标定一个中间值(在刻度盘0%~100%之间)。这时,将一个已知透光率的中性密度滤光片插入光路中,然后调节标定钮,直至仪器读数为中性密度滤光片的透光百分率为止。在测定试镜反射率之前,必须拿掉滤光片。

B.3.2 间接标定法

间接标定法适用于光源和接收器的几何位置为固定的仪器。该方法需要有经过严格标定和保持其反射率不变的参考标样。该标样最好是与试镜反射率很接近的平面镜。

B.3.3 平面镜的测定

平面镜的反射率可以用直接或间接标定法测定。反射率的数值可直接从仪器的指示仪表上读出。

B.3.4 非平面镜(凸面镜)的测定

用带光积分球体的仪器测定非平面镜(凸面镜)的反射率(见图B.3)。当用反射率为E%的参考标样时,仪器的指示仪表指在n_E刻度上,因而,一个未知反射率镜子的刻度为n_X,则相应的反射率X%可用式(B.1)计算:

$$X=E\frac{n_X}{n_E} \tag{B.1}$$

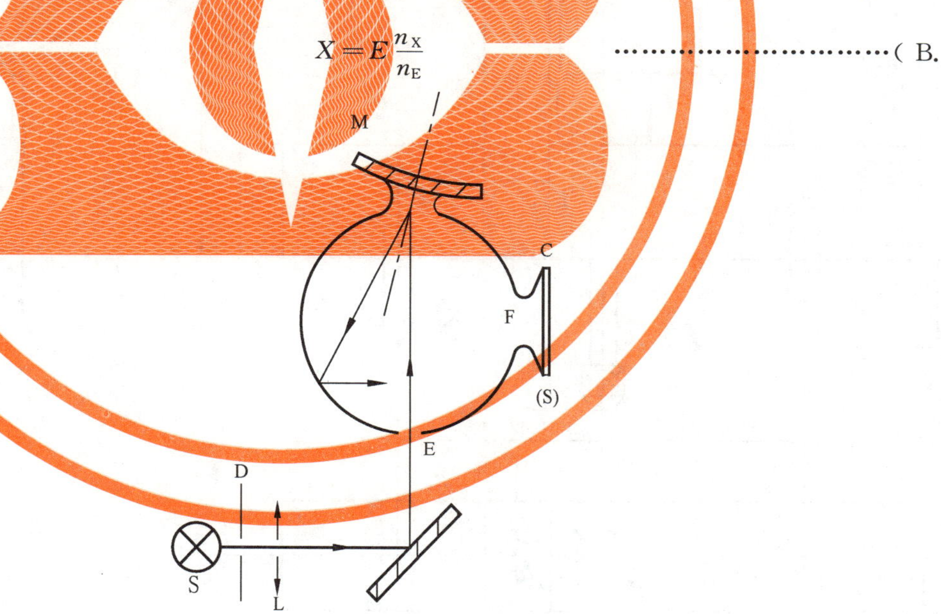

说明:
C ——接收器;
D ——光圈;
E ——入射窗口;
F ——测定窗口;
L ——镜头;
M ——试镜窗口;
S ——光源;
(S)——积分球体。

图B.3 球面镜反射率测量装置

附 录 C
（规范性附录）
测定视镜反射面曲率半径 *r* 的程序

C.1 测量

C.1.1 设备

采用图 C.1 规定的球面计。

单位为毫米

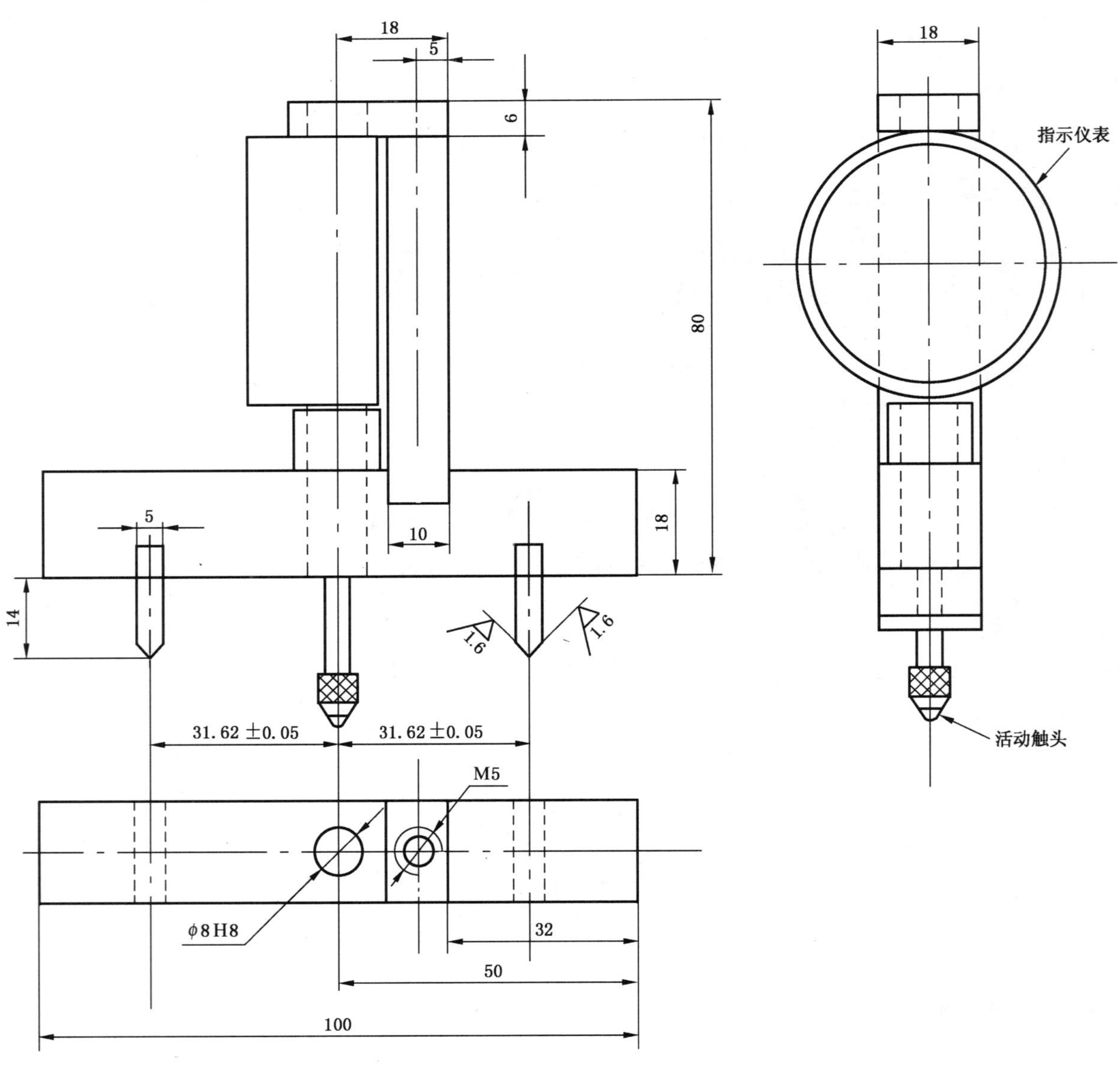

图 C.1 球面计示意图

C.1.2 测点

C.1.2.1 基本点的曲率半径应在三个点上测得，其位置位于过镜面中心，并与 *b* 线段平行的线段上，距离约为全长的1/3、1/2和2/3处。如果垂直镜子b线段方向上的尺寸为最长，则测点应位于垂直于b线段，且过镜子镜面中心的线段上。

C.1.2.2 若由于镜子尺寸的关系，不能按C.1.2.1规定的方法进行测量，则负责试验的技术人员可以在两个相互垂直的方向，并尽可能接近上述规定的点上进行测量。

C.2 曲率半径的计算

曲率半径r用mm表示，计算公式如式(C.1)：

$$r=\frac{r_{p1}+r_{p2}+r_{p3}}{3} \qquad \text{(C.1)}$$

式中：

r_{p1}——第一测点的曲率半径；

r_{p2}——第二测点的曲率半径；

r_{p3}——第三测点的曲率半径。

附　录　D
（规范性附录）
发现距离的计算

D.1　摄像机-监视器类间接视野装置

D.1.1　摄像机的分辨率阈值

摄像机的分辨率阈值由式(D.1)界定：

$$\omega_c = 60\,\frac{\beta_c}{2N_c} \qquad \text{(D.1)}$$

式中：

ω_c——摄像机的分辨率阈值(弧分)；

β_c——摄像机视角(°)；

N_c——摄像机的视频线路数量(#)。

注：制造商应提供 β_c 和 N_c 的值。

D.1.2　监视器临界观察距离的确定

对于具备一定尺寸和特征的监视器，可以计算出至该监视器的距离，在计算中发现距离完全取决于摄像机的性能。其临界观察距离 $r_{m,c}$ 由式(D.2)界定：

$$r_{m,c} = \frac{H_m}{N_m \times 2\tan[\omega_{eye}/(2\times 60)]} \qquad \text{(D.2)}$$

式中：

$r_{m,c}$——临界观察距离，单位为米(m)；

H_m——监视器图像高度，单位为米(m)；

N_m——监视器视频线路数量(-)；

ω_{eye}——观察器分辨率阈值，单位为弧分(弧分)；$\omega_{eye}=1$；

60——用来将弧分换算为度。

注：制造商应提供 H_m 和 N_m 的值。

D.1.3　发现距离的确定

D.1.3.1　最大发现距离小于临界观察距离。在这种情况下，由于安装方面的原因，监视器的发现距离小于临界观察距离，可获得的最大发现距离由式(D.3)确定：

$$r_d = \frac{D_0}{\tan(f\times\omega_c/60)} = \frac{D_0}{\tan[f\times\beta_c/(2\times N_c)]} \qquad \text{(D.3)}$$

式中：

r_d——发现距离，单位为米(m)；

D_0——物体直径，单位为米(m)；

f——阈值增加系数；

ω_c、β_c 和 N_c 的值见 D.1.1；

$D_0=0.8$，单位为米(m)；

$f=8$。

D.1.3.2 发现距离大于临界观察距离。在这种情况下，由于安装方面的原因，监视器的发现距离大于临界观察距离，可获得的最大发现距离由式(D.4)确定：

$$r_d = \frac{D_0}{\tan\frac{f \times \beta_c}{2N_c} \times \frac{N_m}{0.152\ 4 \times D_m} \times r_m \tan\frac{\omega_{eye}}{60}} \qquad \text{(D.4)}$$

式中：

r_m ——至监视器的观察距离，单位为米(m)；

D_m——监视器屏幕的对角线长度，单位为英寸；

N_m——监视器视频线路的数量(-)；

β_c 和 N_c 的值见 D.1.1；

N_m 和 ω_{eye} 的值见 D.1.2。

D.2 辅助功能要求

根据实际的安装条件，应确定整个装置在安装后是否仍能达到 4.2.2 所列出的要求，尤其是监视器的炫光校正、最小及最大亮度等。同时，也应该确定解决炫光校正问题的度数、阳光照射到监视器的角度，并且将这些数值与系统测量所获得的对应结果进行对比。在执行过程中，既可以基于 CAD 生成的模型(当装置安装到相关车辆上之后，确定该装置的光线角度)，也可以按 4.2.2.2 的说明在相应车辆上进行相关的测量。

前　　言

本标准等效采用1997年11月发布的ECE R.E.3修订本1的附件7《机动车辆及挂车的分类》及其修订本1的修正案2，是对GB/T 15089—1994《机动车辆分类》的修订。本标准技术内容与ECE R.E.3一致。本标准与上一版本的不同点：

1. 标准题目按照ECE R.E.3附件7的题目修订为《机动车辆及挂车分类》；
2. 本标准中M_1类不再细分为$M_{1(a)}$、$M_{1(b)}$；
3. M_2、M_3类中细分为A级、B级、Ⅰ级、Ⅱ级、Ⅲ级；
4. 对L类车辆的文字表述进行了修改，并将L类中的最高设计车速40 km/h修订为50 km/h；
5. 某些车辆的术语和定义参见GB/T 3730.1—2001；
6. 增加了G类车辆的内容；
7. 增加了第2章引用标准。

本标准自实施之日起，代替GB/T 15089—1994。

本标准由国家机械工业局提出。

本标准由全国汽车标准化技术委员会归口。

本标准起草单位：中国汽车技术研究中心。

本标准主要起草人：刘彦戎、吴卫、赵静炜。

本标准首次发布日期：1994年5月。

中华人民共和国国家标准

GB/T 15089—2001

代替 GB/T 15089—1994

机动车辆及挂车分类

Classification of power-driven vehicles and trailers

1 范围

本标准是对机动车辆和挂车的分类，在本标准中将机动车辆和挂车分为L类、M类、N类、O类和G类。

本标准适用于道路上使用的汽车、挂车及摩托车。

2 引用标准

下列标准所包含的条文，通过在本标准中引用而构成为本标准的条文。本标准出版时，所有版本均为有效。所有标准都会被修订。使用本标准的各方应探讨使用下列标准最新版本的可能性。

GB/T 3730.1—2001 汽车及挂车类型的术语和定义

3 分类

3.1 L类

两轮或三轮机动车辆。

3.1.1 L_1 类

若使用热力发动机，其气缸排量不超过 50 mL，且无论何种驱动方式，其最高设计车速不超过 50 km/h的两轮车辆。

3.1.2 L_2 类

若使用热力发动机，其气缸排量不超过 50 mL，且无论何种驱动方式，其最高设计车速不超过 50 km/h，具有任何车轮布置形式的三轮车辆。

3.1.3 L_3 类

若使用热力发动机，其气缸排量超过 50 mL，或无论何种驱动方式，最高设计车速超过 50 km/h 的两轮车辆。

3.1.4 L_4 类

若使用热力发动机，其气缸排量超过 50 mL，或无论何种驱动方式，最高设计车速超过 50 km/h，三个车轮相对于车辆的纵向中心平面为非对称布置的车辆（带边斗的摩托车）。

3.1.5 L_5 类

若使用热力发动机，其气缸排量超过 50 mL，或无论何种驱动方式，最高设计车速超过 50 km/h，三个车轮相对于车辆的纵向中心平面为对称布置的车辆。

3.2 M类

至少有四个车轮并且用于载客的机动车辆。

3.2.1 M_1 类

包括驾驶员座位在内，座位数不超过九座的载客车辆。

中华人民共和国国家质量监督检验检疫总局 2001-07-03 批准　　2002-03-01 实施

注：对于 M_1 类中的多用途乘用车(定义见 GB/T 3730.1—2001 中 2.1.1.8)，如果同时具有其定义中规定的两个条件，则不属于 M_1 类而是根据其质量属于 N_1、N_2 或是 N_3 类。

3.2.2 M_2 类

包括驾驶员座位在内座位数超过九个，且最大设计总质量不超过 5 000 kg 载客车辆。

A 级 可载乘员数(不包括驾驶员)不多于 22 人，并允许乘员站立。

B 级 可载乘员数(不包括驾驶员)不多于 22 人，不允许乘员站立。

Ⅰ级 可载乘员数(不包括驾驶员)多于 22 人，允许乘员站立，并且乘员可以自由走动。

Ⅱ级 可载乘员数(不包括驾驶员)多于 22 人，只允许乘员站立在过道和/或提供不超过相当于两个双人座位的站立面积。

Ⅲ级 可载乘员数(不包括驾驶员)多于 22 人，不允许乘员站立。

3.2.3 M_3 类

包括驾驶员座位在内座位数超过九个，且最大设计总质量超过 5 000 kg 的载客车辆。

A 级 可载乘员数(不包括驾驶员)不多于 22 人，并允许乘员站立。

B 级 可载乘员数(不包括驾驶员)不多于 22 人，不允许乘员站立。

Ⅰ级 可载乘员数(不包括驾驶员)多于 22 人，允许乘员站立，并且乘员可以自由走动。

Ⅱ级 可载乘员数(不包括驾驶员)多于 22 人，只允许乘员站立在过道和/或提供不超过相当于两个双人座位的站立面积。

Ⅲ级 可载乘员数(不包括驾驶员)多于 22 人，不允许乘员站立。

3.2.4 说明

3.2.4.1 包括两个或多个不可分但却铰接在一起的铰接客车(定义见 GB/T 3730.1—2001 中 2.1.2.1.5)被认为是单个车辆。

3.2.4.2 为挂接半挂车而设计的牵引车(即半挂牵引车)。车辆分类所依据的质量是指处于可行驶状态的牵引车的质量，加上半挂车传递到牵引车上最大垂直静载荷，和牵引车自身最大设计装载质量(如果有的话)的和。

3.3 N 类

至少有四个车轮且用于载货的机动车辆。

3.3.1 N_1 类

最大设计总质量不超过 3 500 kg 的载货车辆。

3.3.2 N_2 类

最大设计总质量超过 3 500 kg，但不超过 12 000 kg 的载货车辆。

3.3.3 N_3 类

最大设计总质量超过 12 000 kg 的载货车辆。

3.3.4 说明

3.3.4.1 对于为挂接半挂车而设计的牵引车辆(半挂牵引车)。车辆分类所依据的质量是处于行驶状态中的牵引车的质量，加上半挂车传递到牵引车上最大垂直静载荷，和牵引车自身最大设计装载质量(如果有的话)的和。

3.3.4.2 某些专用作业车(例如：汽车起重机、修理工程车、宣传车等)上的设备和装置被视为货物。

3.4 O 类

挂车(包括半挂车)。

3.4.1 O_1 类

最大设计总质量不超过 750 kg 的挂车。

3.4.2 O_2 类

最大设计总质量超过 750 kg，但不超过 3 500 kg 的挂车。

3.4.3 O_3 类

最大设计总质量超过 3 500 kg，但不超过 10 000 kg 的挂车。

3.4.4 O_4 类

最大设计总质量超过 10 000 kg 的挂车。

3.4.5 O_2 类、O_3 类、O_4 类挂车是 GB/T 3730.1—2001 中 2.2 中的一种。

3.4.6 说明

就半挂车或中置轴挂车（见 GB/T 3730.1—2001 中 2.2.2 和 2.2.3）而言，对挂车分类时所依据的质量是半挂车或中置轴挂车在满载并且和牵引车相连的情况下，通过其所有车轴垂直作用于地面的静载荷。

3.5 G 类

指依据 3.5.4 提出的检测条件和 3.5.5 的定义和图示，满足本条要求的 M 类、N 类的越野车。

3.5.1 M_1 类和最大设计总质量不超过 2 000 kg 的 N_1 类车辆，如满足以下条件就认为是 G 类车辆：

至少有一个前轴和至少有一个后轴能够同时驱动，其中包括一个驱动轴可以脱开的车辆。

至少有一个差速锁止机构或至少有一个具有类似作用的机构。单车计算爬坡度至少为 30%，此外还必须满足下列六项要求中的至少五项：

接近角≥25°；

离去角≥20°；

纵向通过角≥20°；

前轴离地间隙≥180 mm；

后轴离地间隙≥180 mm；

前后轴间的离地间隙≥200 mm。

3.5.2 最大设计总质量超过 2 000 kg 的 N_1 类、N_2 类、M_2 类或最大设计总质量不超过 12 000 kg 的 M_3 类车辆，如果所有车轮设计为同时驱动（包括一轴的驱动可以脱开的车辆）或者如果满足下列三项要求，则认为是 G 类车辆。

至少一根前轴和至少一根后轴同时用于驱动，其中包括一轴的驱动可以脱开的车辆；

至少有一个差速锁止机构或至少有一个类似作用的机构；

单车计算爬坡度至少为 25%。

3.5.3 N_3 类或最大设计总质量超过 12 000 kg 的 M_3 类车辆，如果所有车轮设计为同时驱动（包括一轴的驱动可以脱开的车辆）或满足下列要求，则被认为是 G 类车辆。

至少有半数车轮用于驱动；

至少有一个差速锁止机构或类似作用的机构；

单车计算爬坡度至少为 25%；并且

必须满足下列六项要求中的至少四项：

接近角≥25°；

离去角≥25°；

纵向通过角≥25°；

前轴离地间隙≥250 mm；

后轴离地间隙≥250 mm；

前后轴间的离地间隙≥300 mm。

3.5.4 载荷和检测条件

3.5.4.1 M_1 类和最大设计总质量不超过 2 000 kg 的 N_1 类车辆必须处于可行驶状态，即带有冷却液、润滑液、燃油、工具、备用车轮和一位驾驶员。

3.5.4.2 除 3.5.4.1 中的车辆，其他车辆必须加载至最大设计总质量。

3.5.4.3　通过简单的计算来验证是否具有要求的爬坡能力(25%和30%)。必要时,可以要求提交相关型式的车辆,以进行实际试验。

3.5.4.4　当测量接近角、离去角和纵向通过角时,不考虑后下部防护装置。

3.5.5　接近角、离去角、纵向通过角和离地间隙的定义和图示

3.5.5.1　接近角

指在静载下,地平面与前车轮轮胎相切平面之间的最大夹角,这样,在车辆前轴的前方,车辆的所有点都位于切平面之上,而且车辆上的所有刚性部件(除踏板外)也都应位于此切平面上方,见图1。

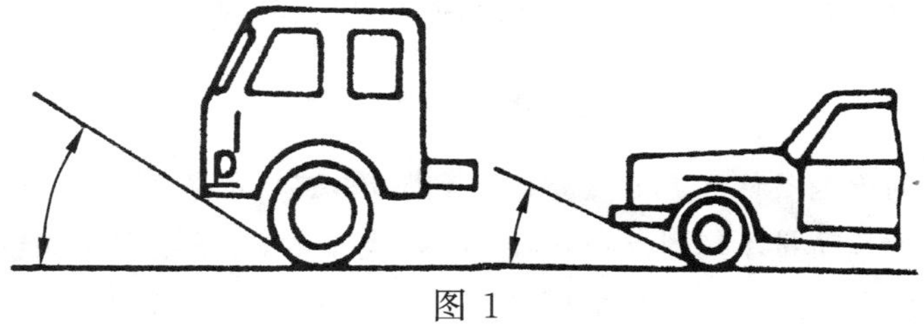

图1

3.5.5.2　离去角

指在静载下,地平面与后车轮轮胎切平面之间的最大夹角,这样,在车辆最后轴的后部,车辆上所有点和刚性部件都位于这个平面之上,见图2。

图2

3.5.5.3　纵向通过角

指在静载下,垂直于车辆纵向中心平面,分别与前、后车轮轮胎相切,相交并与车辆底盘刚性部件(除车轮)接触的两个平面形成的最小锐角。这个角度决定了车辆所能通过的最陡坡道,见图3。

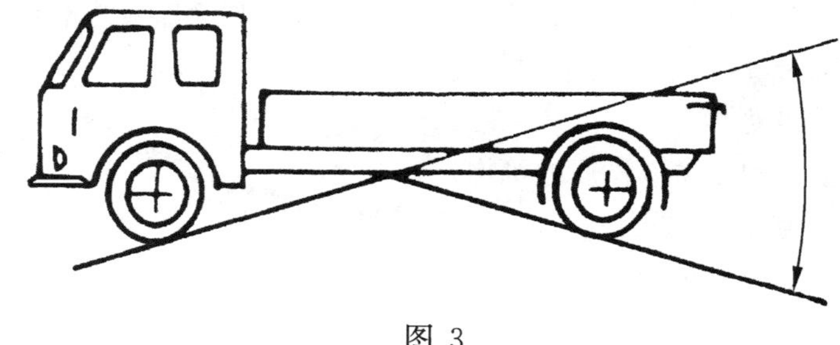

图3

3.5.5.4　前后轴之间的离地间隙

指地面与两轴之间最低点之间的距离,见图4。

多轴并装车桥视为单轴。

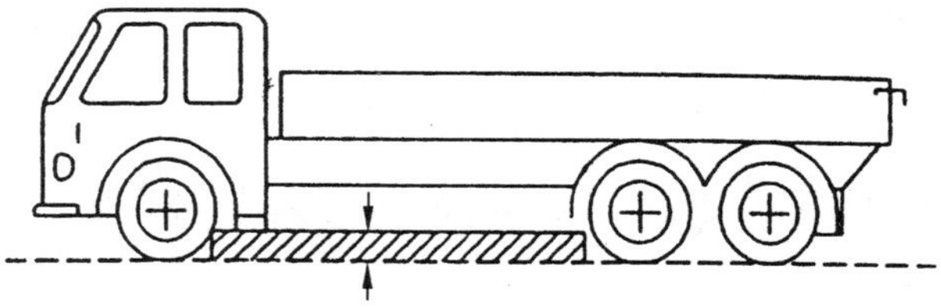

图4

3.5.5.5 轴下离地间隙

指通过单轴上的车轮轮胎印迹中心(如若为双车轮轮胎,则为内侧车轮轮胎)与车辆最低固定点的圆弧上的最高点到地面的距离。

车辆任何刚性部件都不得伸入图中的阴影区内(见图5)。

如果必要,可将几个轴的轴下离地间隙按其顺序排列出来,例如:280/250/250。

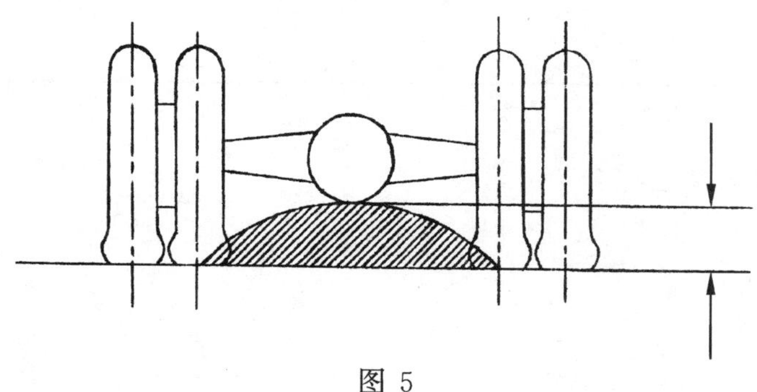

图 5

3.5.5.6 组合符号

符号M和N可以同符号G组合使用,例如,N_1类越野车可以表示为N_1G。

ICS 43.140
T 80

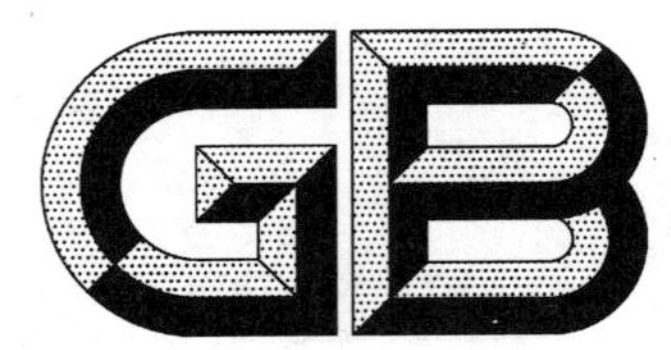

中华人民共和国国家标准

GB 15365—2008
代替 GB 15365—1994

摩托车和轻便摩托车操纵件、指示器及信号装置的图形符号

Symbols for controls, indicators and tell tales for motorcycles and mopeds

2008-12-31 发布　　2009-07-01 实施

中华人民共和国国家质量监督检验检疫总局
中国国家标准化管理委员会　发布

前　言

本标准的第 3 章与第 4 章为强制性的，其余均为推荐性的。

本标准参考了 ISO/DIS 6727：2001《道路车辆　摩托车　操纵件、指示器及信号装置的标志》，摩托车部分的技术内容与其相同。

本标准代替 GB 15365—1994《摩托车操纵件、指示器及信号装置的图形符号》。

本标准与 GB 15365—1994 相比，主要修订内容如下：

——增加 4.1 远光闪烁警告的标志；

——增加 4.8 制动防抱死系统故障的标志；

——增加 4.13 燃油液面高度的可选图形；

——更改 4.19 倒车灯的图形；

——增加 4.20～4.29 电动摩托车和电动轻便摩托车特有的操纵件、指示器及信号装置的标志。

对于新认证车型，本标准自 2009 年 7 月 1 日起实施；对于在生产车型，本标准自 2010 年 1 月 1 日起实施。

本标准由中国汽车工业协会提出。

本标准由全国汽车标准化技术委员会归口。

本标准起草单位：上海摩托车研究所。

本标准起草人：赵丽娜、李文军。

本标准所代替标准的历次版本发布情况为：

——GB 15365—1994。

摩托车和轻便摩托车操纵件、指示器及信号装置的图形符号

1 范围

本标准规定了摩托车和轻便摩托车操纵件、指示器、信号装置的图形符号以及光信号装置的颜色。

本标准适用于装在仪表板上及靠近摩托车和轻便摩托车驾驶员的那些操纵件。但这并不意味着必须使用本标准列出的每一个操纵件。

本标准适用于摩托车和轻便摩托车(以下简称摩托车)。

2 术语和定义

下列术语和定义适用于本标准。

2.1

操纵件 control

驾驶员用来改变摩托车某个装置的工作状况或功能的构件。

2.2

指示器 indicator

用刻度值或数字显示摩托车及其部件的工作状况的仪器(表)。

2.3

信号装置 tell tale

用光信号或音响信号显示摩托车及其部件的功能状况的指示装置。

3 总则

3.1 图形符号及信号装置的位置,应方便正常操纵位置上的驾驶员观察识别。必须保证驾驶员能在正常位置上辨认这些符号是第4章所示的某个符号。

3.2 操纵件及信号装置上的图形符号应与其底色有明显反差,以求醒目。涂(镀)层应能永久保持,不能被手指轻易剥落。如果没有涂料能保证被清楚识别,这些符号只能做成凹凸的。

3.3 图形符号应置于相应操纵件、指示器及信号装置上或其邻近处。确实做不到时,图形符号和相应操纵件、指示器或信号装置之间应有一条短实线以指示其联系。

3.4 如果以摩托车或摩托车部件的侧视图作为图形符号,应假定摩托车从右往左行驶。

3.5 聚焦光用平行的射线表示,漫射光用发散的射线表示。

3.6 光信号装置使用颜色示意:

a) 红色表示危险;

b) 黄色表示注意;

c) 绿色表示安全。

蓝色仅用于前照灯开关和远光闪烁警告。

4 图形符号

条	图形符号	装置			标志意义		信号装置颜色
		操纵件	指示器	信号装置			
4.1	 [a]	○		○	前照灯开关	远光	蓝色
	 [a]	○				近光	
	 [b]	○		○	远光闪烁警告		蓝色
4.2	 [a,c]	○		○	前雾灯		绿色
4.3	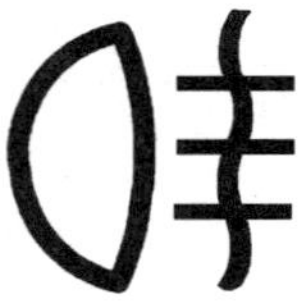 [a,c]	○		○	后雾灯		黄色
4.4		○			照明开关（可以和点火控制件组合）	停车灯	
		○				示廓灯	
		○				照明总开关	

<table>
<tr><th rowspan="2">条</th><th rowspan="2">图形符号</th><th colspan="3">装　置</th><th rowspan="2" colspan="2">标志意义</th><th rowspan="2">信号装置颜色</th></tr>
<tr><th>操纵件</th><th>指示器</th><th>信号装置</th></tr>
<tr><td>4.5</td><td>a,d</td><td>○</td><td></td><td>○</td><td colspan="2">转向信号指示器</td><td>绿色</td></tr>
<tr><td>4.6</td><td>a,e</td><td>○</td><td></td><td>○</td><td colspan="2">危险警告</td><td>红色</td></tr>
<tr><td>4.7</td><td></td><td>○</td><td></td><td></td><td colspan="2">喇叭</td><td></td></tr>
<tr><td>4.8</td><td>ABS</td><td></td><td></td><td>○</td><td colspan="2">制动防抱死系统故障</td><td>黄色</td></tr>
<tr><td>4.9</td><td></td><td></td><td>○</td><td>○</td><td colspan="2">发动机冷却液温度</td><td>红色</td></tr>
<tr><td>4.10</td><td>a</td><td></td><td>○</td><td>○</td><td colspan="2">发动机润滑油</td><td>红色</td></tr>
<tr><td>4.11</td><td></td><td>○</td><td></td><td></td><td colspan="2">手动阻风阀(冷起动装置)</td><td></td></tr>
<tr><td rowspan="2">4.12</td><td></td><td>○</td><td></td><td></td><td rowspan="2">发动机点火
停机操纵件</td><td>运转</td><td></td></tr>
<tr><td></td><td>○</td><td></td><td></td><td>停机</td><td></td></tr>
</table>

条	图形符号	装　置			标志意义		信号装置颜色
		操纵件	指示器	信号装置			
4.13	 [f] 或 		○	○	燃油液面高度		黄色
4.14		○			放油开关	关	
	 [a]	○	○			开	
	 [a]	○	○			储备	
4.15				○	空挡指示器		绿色
4.16	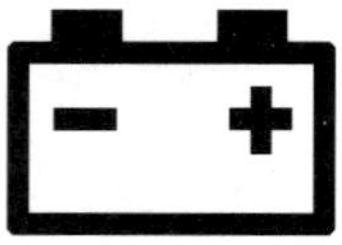			○	蓄电池充电状态		红色
4.17		○			电起动器		
4.18		○			风窗玻璃刮水器		

条	图形符号	装置			标志意义	信号装置颜色
		操纵件	指示器	信号装置		
4.19	R	○		○	倒车灯	黄色
4.20			○	○	动力蓄电池 充电状态	黄色
4.21			○	○	动力蓄电池 液面高度 注：这个标志也 可用在电池 液加注盖上。	红色
4.22				○	动力蓄电池 故障	红色
4.23				○	动力蓄电池 切断	黄色
4.24			○	○	电动机及 控制器过热	红色
4.25		○		○	充电线连接	红色
4.26	READY			○	运行准备就绪	绿色
4.27				○	系统故障	红色

条	图形符号	装置			标志意义	信号装置颜色
		操纵件	指示器	信号装置		
4.28	 [h]	○			动力电路 熔断盒入口	
4.29	 [h]	○			高压警告/ 电击危险	

[a] 标志边框内的无色部分可涂实。

[b] 远光闪烁警告信号装置的图形符号可使用前照灯开关信号装置的图形符号。

[c] 前后雾灯使用同一个操纵件控制时可用前雾灯的标志。

[d] 允许将左指示器及右指示器箭头分作两个符号。

[e] 该标志仅用于操纵件或红色信号灯上，可以同时用 4.5 转向指示器两个箭头代替。

[f] 该标志如采用液晶显示的方式，允许其采用闪烁的形式代替信号装置。

[g] “系统故障”包括漏电故障。

[h] 该标志的底色用黄色，边框和符号用黑色。

注：表中符号“○”表示设有该装置。

中华人民共和国国家标准

GB/T 15705—1995

载货汽车驾驶员操作位置尺寸

Trucks—Operating position demensions of driver

1 主题内容与适用范围

本标准规定了载货汽车驾驶员操作位置尺寸。

本标准适用于载货汽车及其改装的专用汽车。越野汽车及其改装的专用汽车可参照执行。

2 引用标准

GB/T 11563 汽车H点确定程序

3 驾驶员操作位置尺寸

驾驶员操作位置尺寸应符合图1、图2、图3及表中规定。

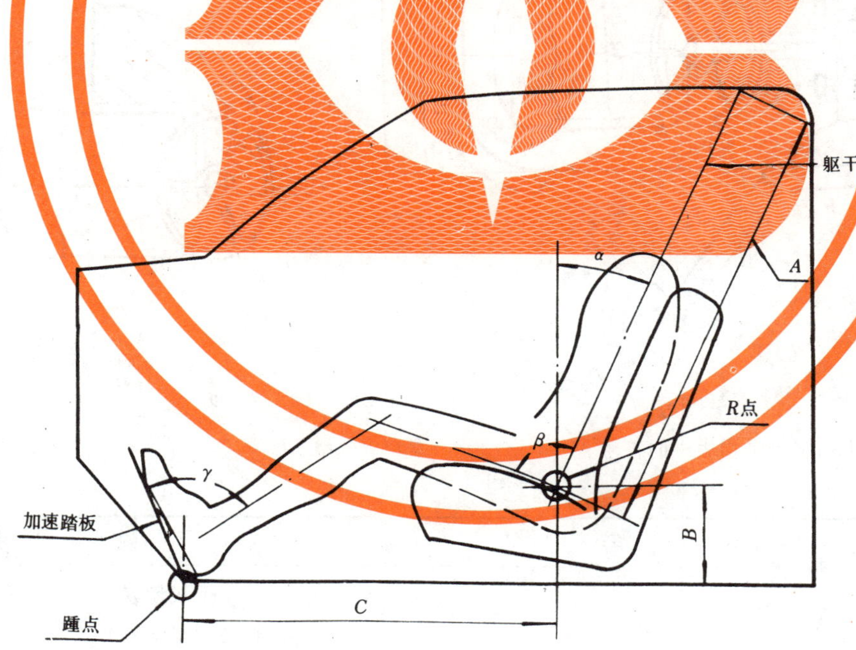

图 1

国家技术监督局1995-09-12批准　　1996-03-01实施

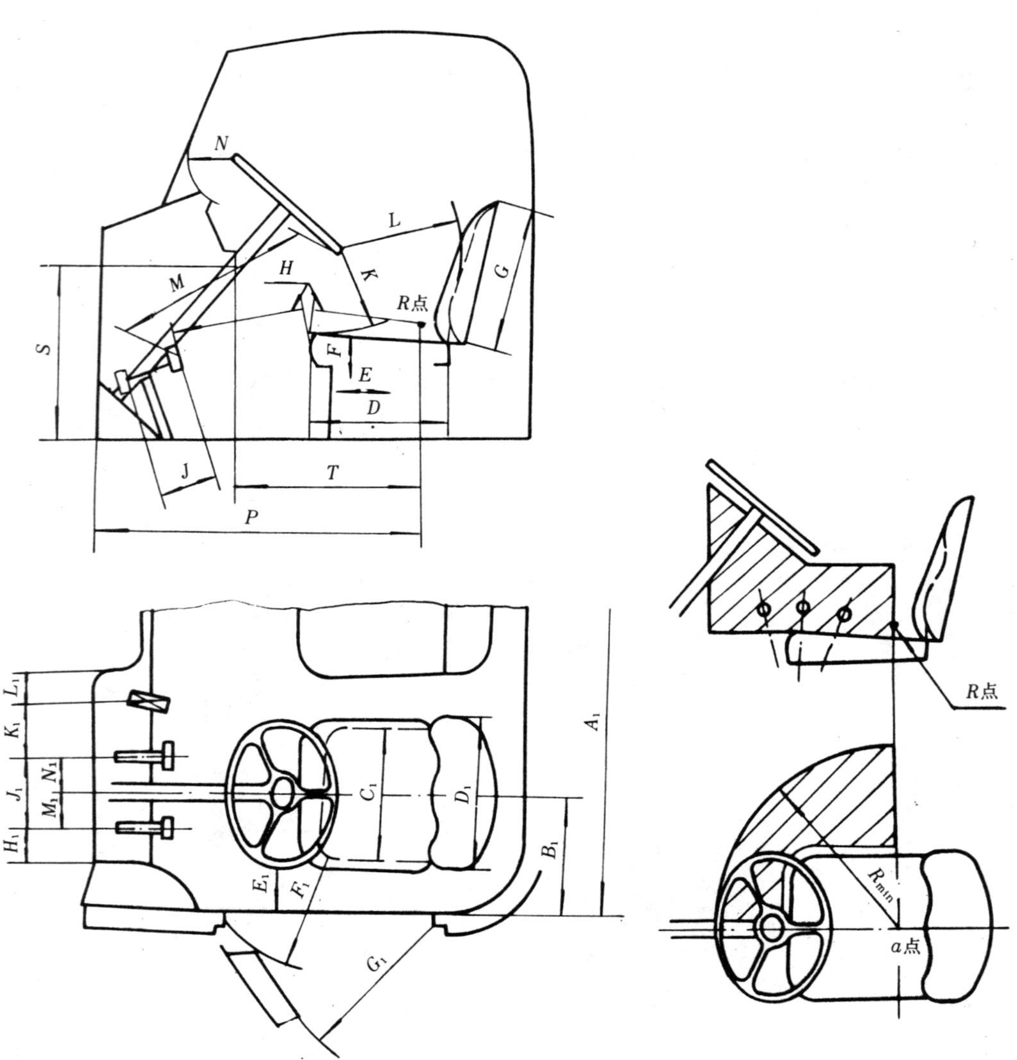

图 2　　　　图 3

注：图 1、图 2 中的字母系指表中的符号。

mm

序号	符号	内　　容	指标	说　　明
1	A	R 点至顶棚高	≥950	1. 沿躯干线量取 2. 轻型货车≥910
2	B	R 点至地板距离	390±140	
3	C	R 点至驾驶员踵点的水平距离	550～900	踵点按 GB/T 11563 中压下加速踏板情况确定
4	α	背角，(°)	5～28	
5	β	臀角，(°)	90～115	
6	γ	足角，(°)	87～95	
7	D	座垫深度	440±60	

续表 mm

序号	符号	内　　容	指标	说　　明
8	E	座椅前后最小调整范围	100	140 为佳
9	F	座椅上下最小调整范围	40	1. 70 为佳 2. 轻型货车允许不调
10	G	靠背高度	520±70	带头枕的整体式靠背，此尺寸可以增加，但增加部分的宽度应减小
11	H	R 点至离合器、制动器踏板中心距离	750～850	气制动或带有加力器的离合器和制动器，此尺寸的增加不大于 100
12	J	离合器、制动器踏板行程	≤200	
13	K	转向盘下缘至座垫上表面距离	≥180	
14	L	转向盘后缘至靠背距离	≥450	
15	M	转向盘下缘至离合器、制动器踏板纵向中心面距离	≥600	
16	N	转向盘至前面及下面障碍物距离	≥80	
17	P	R 点至前围的水平距离	≥1 000	脚能伸到的最前位置
18	T	R 点至仪表板的水平距离	≥600	此二项规定达到一项即可
19	S	仪表板下缘至地板距离	≥540	
20	A_1	驾驶室内部宽度：单人座 双人座 三人座	≥850 ≥1 250 ≥1 650	1. 内宽是在高度为车门窗下缘，前门后支柱内侧量取 2. 轻型货车三人座≥1 550
21	B_1	座椅中心面至前门后支柱内侧距离	360±30	1. 在高度为前门窗下缘处量取 2. 轻型货车≥310
22	C_1	座垫宽度	≥450	
23	D_1	靠背宽度	≥450	在靠背最宽处测量
24	E_1	转向盘外缘至侧面障碍物距离	≥100	轻型货车≥80
25	F_1	车门打开时，下部通道宽度	≥250	
26	G_1	车门打开时，上部通道宽度	≥650	
27	H_1	离合器踏板纵向中心面至侧壁距离	≥80	
28	J_1	离合器踏板纵向中心面至制动器踏板纵向中心面距离	≥110	
29	K_1	加速踏板纵向中心面至制动器踏板纵向中心面距离	≥100	
30	L_1	加速踏板纵向中心面至最近障碍物的距离	≥60	
31	M_1	离合器踏板纵向中心面至转向柱纵向中心面距离	50～150	

续表

mm

序号	符号	内　　容	指标	说　　明
32	N_1	制动器踏板纵向中心面至转向柱纵向中心面距离	50～150	
33		转向盘中心对座椅中心面的偏移量	≤40	
34		转向盘平面与汽车对称平面间夹角(°)	90±5	
35		变速杆手柄在所有工作位置时，应位于转向盘下面和驾驶员座椅右面，不低于座垫表面，在通过 R 点横向垂直平面之前，而在投影平面上距 a 点（a 点为 R 点在水平面上的投影）≤600（如图 3 阴影线所示范围）			
36		变速杆和手制动器的手柄在任意位置时，距驾驶室内其他零件或操纵杆的距离≥50		

注：① 图中与 R 点及驾驶员踵点有关的尺寸及角度，是用三维 H 点人体装置确定的。

② 本标准中的座椅位置是按照座椅调整到最低最后位置画出的。

③ 本标准中的驾驶室轮廓系指驾驶室内侧表面。

④ 本标准中的图是示意图，不决定驾驶室的型式和结构。

⑤ 本标准系对左置转向盘驾驶室而言，右置转向盘驾驶室可以按此标准类推。

附加说明：

本标准由中国汽车工业总公司提出。

本标准由全国汽车标准化技术委员会归口。

本标准由长春汽车研究所负责起草。

本标准主要起草人王起源。

中华人民共和国国家标准

汽车和挂车号牌板(架)及其位置

GB 15741—1995

The license plates (crackets) and its position on motor vehicles and trailer

1 主题内容与适用范围

本标准规定了汽车和挂车号牌板(架)的形状、尺寸、位置及强度要求。

本标准适用于M、N和O类车辆。

2 引用标准

GA 36 中华人民共和国机动车号牌

GB/T 15089 机动车辆分类

3 名词术语

3.1 号牌板 license plate

直接安装号牌的面板。

3.2 号牌架 license cracket

加装在车辆上用于安装号牌的装置。

4 号牌板的形状和尺寸

号牌板可为一长方形平面板(在保证号牌的安装要求情况下可以是曲面)。号牌板外廓尺寸及号牌板(架)的号牌安装孔尺寸按GA 36确定。

5 号牌板(架)的位置

号牌板(架)上安装号牌后,不得影响车辆设计接近角和离去角。

5.1 前号牌板(架)的位置

前号牌板(架)位于车辆前保险杠上。

5.1.1 安装于前号牌板(架)上的号牌应垂直或近似垂直于车辆纵向对称平面。前号牌中点不得处于车辆纵向对称平面的左方;前号牌及号牌架不得超出车辆前端右边缘。

5.1.2 安装于前号牌板(架)上的号牌应基本垂直于水平面,前号牌正面允许后仰不大于15°。

5.2 后号牌板(架)的位置

后号牌板(架)应位于车辆后端。

5.2.1 安装于后号牌板(架)上的号牌应垂直或近似垂直于车辆纵向对称平面。后号牌的中点不得处于车辆纵向对称平面的右方;后号牌及号牌架不得超出车辆后端左边缘。

5.2.2 安装于后号牌板(架)上的号牌应基本垂直于水平面。

a. 当后号牌上边缘离地高度1)不大于1.20 m时,后号牌正面允许上仰不大于30°;

注:1) 在车辆空载时测量。

国家技术监督局1995-11-16批准　　　1997-01-01实施

b. 当后号牌上边缘离地高度大于 1.20 m 时，后号牌正面允许下俯不大于 15°。

5.2.3 安装于后号牌板(架)上的号牌下边缘离地高度应不小于 0.30 m，上边缘离地高度一般应不大于 1.20 m。若后号牌上边缘离地高度不可能符合上述规定时，离地高度可超过 1.20 m，但必须按车辆结构特征要求尽量接近该限值，且不得超过 2.0 m。

6 可视范围

安装于号牌板(架)上的号牌应在如下空间范围内可视，该空间由以下四个平面组成：通过号牌两侧边并呈向外 30°的两个铅垂平面；通过号牌上边缘与水平面呈向上 15°的平面，经号牌下边缘的水平面(若号牌上边缘离地高度大于 1.20 m，该平面应与水平面呈向下 15°)。

号牌架不得遮挡号牌上的字符。

7 号牌架的强度

安装号牌后，号牌架应保证在汽车正常使用中不松脱、不变形，且在不拆卸、不破坏号牌的情况下不可拆卸。

附加说明：

本标准由中国汽车工业总公司提出。

本标准由全国汽车标准化技术委员会归口。

本标准由中国汽车技术研究中心、公安部交通管理局负责起草。

本标准主要起草人陈东、刘鑫、雷卫。

ICS 43.020
T 04

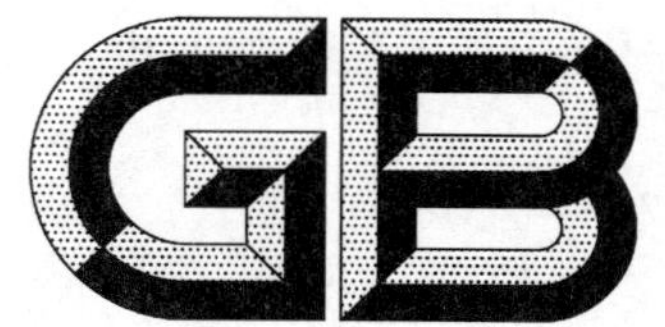

中华人民共和国国家标准

GB 16735—2004
代替 GB/T 16735—1997,GB/T 16736—1997

道路车辆　车辆识别代号(VIN)

Road vehicle—Vehicle identification number (VIN)

2004-06-21 发布　　　　2004-10-01 实施

中华人民共和国国家质量监督检验检疫总局
中国国家标准化管理委员会　发布

前　　言

本标准全部技术内容为强制性。

本标准参照了 ISO 3779:1983《道路车辆　车辆识别代号(VIN)内容与构成》(英文版)、ISO 4030:1983《道路车辆　车辆识别代号(VIN)位置与固定》(英文版)和美国联邦法典第 49 卷 CFR49 §565《车辆识别代号　内容要求》、CFR49 §568《按两阶段或多阶段制造的车辆》、CFR49 §571.115《车辆识别代号　基本要求》的技术内容，同时根据我国车辆制造厂的车辆识别代号实际使用状况，对技术要求和管理要求进行了补充和删改。

本标准代替 GB/T 16735—1997《道路车辆　车辆识别代号(VIN)位置与固定》和 GB/T 16736—1997《道路车辆　车辆识别代号(VIN)内容与构成》，本标准与 GB/T 16735—1997、GB/T 16736—1997 相比主要变化如下：

——本标准为强制性国家标准；

——原标准的规范性引用文件一章中引用了国际标准，在本标准的规范性引用文件一章中引用了相对应的我国标准；

——在本版的第 3、4、5、6 章中，在保留原版本技术要求的同时，参照 CFR49 §565《车辆识别代号　内容要求》增加了对 VIN 的具体技术要求；

——在本版的第 7 章中，增加了对车辆识别代号的管理要求；

——增加了附录 A、附录 B。

本标准的附录 A 为规范性附录，附录 B 为资料性附录。

本标准由中国汽车工业协会提出。

本标准由全国汽车标准化技术委员会归口。

本标准起草单位：中国汽车技术研究中心。

本标准参加起草单位：南京依维柯汽车有限公司、西安西沃客车有限公司、浙江钱江摩托股份有限公司、金城集团有限公司、一汽集团技术中心、东风汽车工程研究院、北汽福田汽车股份有限公司。

本标准主要起草人：朱彤、耿磊、赵喆、张炜、林先进、周广法、苏玉萍、鲍东辉、袁军成。

本标准所代替标准的历次版本发布情况为：

——GB/T 16735—1997、GB/T 16736—1997。

道路车辆　车辆识别代号(VIN)

1　范围

本标准规定了车辆识别代号的内容与构成,以便在世界范围内建立一个统一的道路车辆识别代号体系。本标准同时还给出了车辆识别代号在车辆上的位置与固定要求。

本标准适用于GB/T 3730.1—2001和GB/T 5359.1—1996所规定的汽车、挂车、摩托车和轻便摩托车,以及其他需要标示VIN的车辆。

2　规范性引用文件

下列文件中的条款通过本标准的引用而成为本标准的条款。凡是注日期的引用文件,其随后所有的修改单(不包括勘误的内容)或修订版均不适用于本标准,然而,鼓励根据本标准达成协议的各方研究是否可使用这些文件的最新版本。凡是不注日期的引用文件,其最新版本适用于本标准。

GB/T 3730.1—2001　汽车和挂车类型的术语和定义(ISO 3833:1999,MOD)

GB/T 5359.1—1996　摩托车和轻便摩托车术语　车辆类型(neq ISO 3833:1977)

GB 16737—2004　道路车辆　世界制造厂识别代号(WMI)(ISO 3780:1983,MOD)

GB/T 18410—2001　车辆识别代号条码标签

3　术语和定义

下列术语和定义适用于本标准。

3.1

车辆识别代号　vehicle identification number (VIN)

为了识别某一辆车,由车辆制造厂为该车辆指定的一组字码。

3.2

世界制造厂识别代号(WMI)　World Manufacturer Identifier (WMI)

车辆识别代号(VIN)的第一部分,用以标识车辆的制造厂。当此代号被指定给某个车辆制造厂时,就能作为该厂的识别标志,世界制造厂识别代号在与车辆识别代号的其余部分一起使用时,足以保证30年之内在世界范围内制造的所有车辆的车辆识别代号具有唯一性。

3.3

车辆说明部分　vehicle descriptor section (VDS)

车辆识别代号(VIN)的第二部分,用以说明车辆的一般特征信息。

3.4

车辆指示部分　vehicle indicator section (VIS)

车辆识别代号(VIN)的最后部分,车辆制造厂为区别不同车辆而指定的一组代码。这组代码连同VDS部分一起,足以保证每个车辆制造厂在30年之内生产的每辆车辆的车辆识别代号具有唯一性。

3.5

完整车辆　completed vehicle

除了增添易于安装的部件(如后视镜或轮胎与车轮总成)或进行小的精整作业(如补漆)外,不需要进行制造作业就能成为具有预期功能的车辆。

3.6

非完整车辆　incomplete vehicle

至少包括车架、动力装置、转向装置、悬架系统和制动系统的车辆。车辆装配到这种程度，除了增添易于安装的部件(如后视镜或轮胎与车轮总成)或进行小的精整作业(如补漆)外，还需要进行制造作业才能成为具有预期功能的车辆。

3.7

车辆制造厂　manufacturer

负责某种车辆经过装配工序而成为即可使用的产品的个人、厂商或公司。

3.8

非完整车辆制造厂　incomplete vehicle manufacturer

把一些部件装配起来制成非完整车辆的车辆制造厂，这些部件没有一件能单独构成一辆非完整车辆。

3.9

最后阶段制造厂　final-stage manufacturer

在非完整车辆进行制造作业使之成为完整车辆，或在完整车辆上继续进行制造作业的车辆制造厂。

3.10

中间阶段制造厂　intermediate manufacturer

在非完整车辆上进行制造作业的车辆制造厂，它既不是非完整车辆制造厂，又不是最后阶段制造厂。

3.11

年份　year

制造车辆的历法年份或车辆制造厂决定的车型年份。

3.12

车型年份　model year

由车辆制造厂为某个单独车型指定，可以不考虑车辆实际制造的历法年份，只要实际周期不超过两个历法年，可以和历法年份不一致。

3.13

分隔符　divider

用以分隔车辆识别代号的各个部分或用以规定车辆识别代号的界线(开始和终止)的符号、字码和实际界线。分隔符不能与阿拉伯数字或罗马字母混淆。

4　车辆识别代号的内容与构成

4.1　车辆识别代号的基本构成

车辆识别代号由世界制造厂识别代号(WMI)、车辆说明部分(VDS)、车辆指示部分(VIS)三部分组成，共17位字码。

对完整车辆和/或非完整车辆年产量≥500辆的车辆制造厂，车辆识别代号的第一部分为世界制造厂识别代号(WMI)；第二部分为车辆说明部分(VDS)；第三部分为车辆指示部分(VIS)(如图1所示)。

对完整车辆和/或非完整车辆年产量<500辆的车辆制造厂，车辆识别代号的第一部分为世界制造厂识别代号(WMI)；第二部分为车辆说明部分(VDS)；第三部分的第三、四、五位与第一部分的三位字

码一起构成世界制造厂识别代号(WMI),其余五位为车辆指示部分(VIS)(如图 2 所示)。

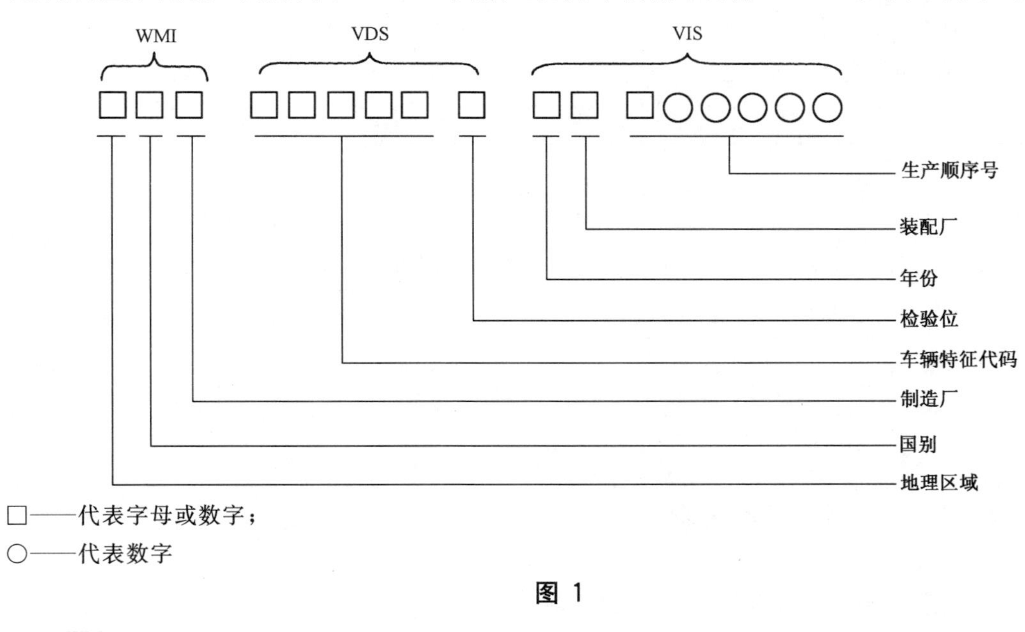

□——代表字母或数字;

○——代表数字

图 1

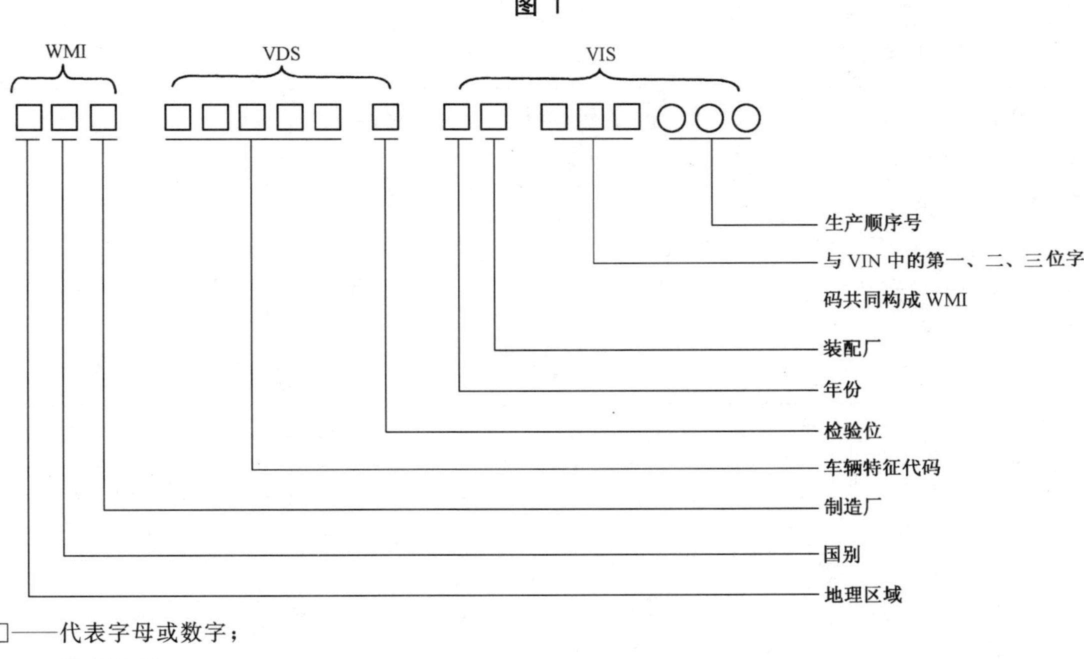

□——代表字母或数字;

○——代表数字

图 2

4.2　世界制造厂识别代号(WMI)

世界制造厂识别代号(WMI)是车辆识别代号的第一部分,WMI 应符合 GB 16737—2004 的规定。

4.3　车辆说明部分(VDS)

4.3.1　车辆说明部分(VDS)是车辆识别代号的第二部分,由六位字码组成(即 VIN 的第四～九位)。如果车辆制造厂不使用其中的一位或几位字码,应在该位置填入车辆制造厂选定的字母或数字占位。

4.3.2　VDS 第一～五位(即 VIN 的第四～八位)应对车型特征进行描述,其代码及顺序由车辆制造厂决定。

4.3.2.1　VDS 可从以下方面对车型特征进行描述(具体描述方法参见附录 B)。

——车辆类型;

——车辆结构特征(如:车身类型、驾驶室类型、货箱类型、驱动类型、轴数及布置方式等);

——车辆装置特征(如:约束系统类型、发动机特征、变速器类型、悬架类型、制动型式等);

——车辆技术特性参数(如:车辆最大总质量、车辆长度、轴距、座位数等)。

4.3.2.2 对于以下不同类型的车辆,在 VDS 中描述的车型特征应包括表 1 中规定的内容。

表 1

	车 型 特 征
乘用车	车身类型、发动机特征[a]
载货车(含牵引车)	车身类型、车辆最大总质量、发动机特征[a]
客车	车辆长度、发动机特征[a]
挂车	车身类型、车辆最大总质量
摩托车和轻便摩托车	车辆类型、发动机特征[a]
非完整车辆	车身类型[b]、车辆最大总质量[b]、发动机特征[c]

a 发动机特征至少应包括对燃油类型、排量和/或功率的描述。

b 用于制造成为货车的非完整车辆的描述项目。

c 用于制造成为客车的非完整车辆的描述项目,此时发动机特征至少应包括对燃油类型、发动机布置型式、排量和/或功率的描述。

4.3.3 VDS 的最后一位(即 VIN 的第九位字码)为检验位。检验位可为"0～9"中任一数字或字母"X",用以核对车辆识别代号记录的准确性,检验位应按照附录 A 的规定计算。

4.4 车辆指示部分(VIS)

4.4.1 车辆指示部分(VIS)是车辆识别代号的第三部分,由八位字码组成(即 VIN 的第十～十七位)。

4.4.2 VIS 的第一位字码(即 VIN 的第十位)应代表年份。年份代码按表 2 规定使用(30 年循环一次)。

表 2

年 份	代 码	年 份	代 码	年 份	代 码	年 份	代 码
2001	1	2011	B	2021	M	2031	1
2002	2	2012	C	2022	N	2032	2
2003	3	2013	D	2023	P	2033	3
2004	4	2014	E	2024	R	2034	4
2005	5	2015	F	2025	S	2035	5
2006	6	2016	G	2026	T	2036	6
2007	7	2017	H	2027	V	2037	7
2008	8	2018	J	2028	W	2038	8
2009	9	2019	K	2029	X	2039	9
2010	A	2020	L	2030	Y	2040	A

4.4.3 VIS 的第二位字码(即 VIN 的第十一位)应代表装配厂。

4.4.4 如果车辆制造厂生产的完整车辆和/或非完整车辆年产量≥500 辆,此部分的第三～八位字码(即 VIN 的第十二～十七位)用来表示生产顺序号。如果车辆制造厂生产的完整车辆和/或非完整车辆年产量<500 辆,则此部分的第三、四、五位字码(即 VIN 的第十二～十四位)应与第一部分的三位字码一同表示一个车辆制造厂,第六、七、八位字码(即 VIN 的第十五～十七位)用来表示生产顺序号。

4.5 字码

在车辆识别代号中仅能采用下列阿拉伯数字和大写的罗马字母。

1 2 3 4 5 6 7 8 9 0

A B C D E F G H J K L M N P R S T U V W X Y Z

（字母 I、O 及 Q 不能使用）

4.6 分隔符

分隔符的选用由车辆制造厂自行处理，但不得使用车辆识别代号所用的任何字码（见 4.5），或可能与车辆识别代号中的字码混淆的任何字码，例如：☆、★。

5 车辆识别代号的固定方式与标示位置

5.1 车辆识别代号的固定方式

为了固定 VIN，车辆制造厂可以在以下两种固定方式中进行选择。

5.1.1 车辆识别代号可直接打刻在车架上，对于无车架车身而言，可以直接打刻在不易拆除或更换的车辆结构件上。

5.1.2 车辆识别代号还可打印在标牌上，但此标牌应同样是永久固定在 5.1.1 所述的车辆结构件上。

5.2 车辆识别代号的标示位置

5.2.1 每一辆车辆都必须具有唯一的车辆识别代号，并标示于车辆的指定位置。

5.2.2 车辆识别代号应尽量标示在车辆右侧的前半部分、易于看到且能防止磨损或替换的车辆结构件上（玻璃除外），如受结构限制，亦可放在便于接近和观察的其他位置。

5.2.3 车辆识别代号还应标示在产品标牌上（两轮摩托车和轻便摩托车可除外）。

5.2.4 M_1、N_1 类车辆的车辆识别代号还应永久地标示在仪表板上靠近风窗立柱的位置，在白天不需移动任何部件从车外能够分辨出车辆识别代号。

5.2.5 车辆制造厂至少应在一种随车文件中标示车辆识别代号。

5.3 车辆识别代号的标示要求

5.3.1 车辆识别代号的字码高度：若直接打刻在车辆结构件上，则字高应不小于 7 mm，深度应不小于 0.3 mm；对于摩托车和轻便摩托车，若直接打刻在车辆结构件上，则字高应不小于 5 mm，深度应不小于 0.2 mm；其他情况字高应不小于 4 mm。

5.3.2 车辆识别代号的字码在任何情况下都应是字迹清楚、坚固耐久和不易替换的。

5.3.3 车辆识别代号可采用人工可读码形式或机器可读的条码形式进行标示。若采用条码，应符合 GB/T 18410—2001 的要求。

5.3.4 车辆识别代号标示在车辆或标牌上时，应尽量标示在一行，此时可不使用分隔符。特殊情况下，由于技术原因必须标示在两行时，两行之间不应有空行，每行的开始与终止处应选用一个分隔符。

5.3.5 车辆识别代号在文件上标示时应标示在一行，不允许有空格，不允许使用分隔符。

6 车辆制造厂的标示责任

6.1 每个完整车辆和/或非完整车辆制造厂应负责按本标准规定的标示位置和标示形式在每辆车上标示车辆识别代号，并应在随车文件中对车辆识别代号的标示位置、标示方式加以说明。

6.2 中间阶段制造厂和最后阶段制造厂进行改装产品生产时，应保留完整车辆或非完整车辆原有的车辆识别代号，将该车辆识别代号完整地标示在自己改装的部件或产品标牌上，不得更改，并应在随车文件中对车辆识别代号的标示位置、标示方式加以说明。

6.2.1 如果最后阶段制造厂在非完整车辆上进行制造作业，改装后的车身部件使原车的车辆识别代号不易被观察到，最后阶段制造厂应负责按照符合本标准规定的标示位置和标示形式将原车的车辆识别代号标示出来。

6.2.2 如果最后阶段制造厂在无完整驾驶室的非完整车辆上进行制造作业，且改装后的车辆属于 M_1、N_1 类车辆，最后阶段制造厂应负责按照符合本标准对 M_1、N_1 类车辆规定的标示位置和标示形式将原车的车辆识别代号标示出来。

7 车辆识别代号编制规则

7.1 车辆制造厂应按照本标准的规定制定本企业的车辆识别代号编制规则，车辆识别代号编制规则应包括对车辆识别代号各位字码的编码规则、车辆识别代号的标示位置及标示方式等内容的详细规定。

7.2 车辆制造厂的车辆识别代号编制规则应提交经国家汽车主管部门授权的备案机构审核和备案。

7.3 车辆制造厂应按照通过审核和备案的车辆识别代号编制规则为每一个车辆产品标示车辆识别代号。

7.4 在中华人民共和国境内车辆制造厂生产的出口车辆，可按照车辆进口地的规定编制车辆识别代号。

7.5 进口车辆制造商应符合7.1、7.2、7.3的规定。

附　录　A
（规范性附录）
检验位计算方法

VIN 的第九位字码(即 VDS 部分的第六位)为检验位，检验位可以是 0～9 中任一数字或字母“X”。车辆制造厂在确定了 VIN 的其他十六位代码后，应通过以下方法计算得出检验位。

a) 车辆识别代号中的数字和字母对应值如表 A.1、表 A.2 所示：

表 A.1

VIN 中的数字	0	1	2	3	4	5	6	7	8	9
对应值	0	1	2	3	4	5	6	7	8	9

表 A.2

VIN 中的字母	A	B	C	D	E	F	G	H	J	K	L	M	N	P	R	S	T	U	V	W	X	Y	Z
对应值	1	2	3	4	5	6	7	8	1	2	3	4	5	7	9	2	3	4	5	6	7	8	9

b) 按表 A.3 给车辆识别代号中的每一位指定一个加权系数。

表 A.3

VIN 中的位置	1	2	3	4	5	6	7	8	9	10	11	12	13	14	15	16	17
加权系数	8	7	6	5	4	3	2	10	*	9	8	7	6	5	4	3	2

c) 将检验位之外的 16 位每一位的加权系数乘以此位数字或字母的对应值，再将各乘积相加，求得的和被 11 除。

d) 除得的余数即为检验位；如果余数是 10，检验位应为字母 X。

示例：

通过表 A.4 的示例说明检验位的确定过程。

表 A.4

VIN 中的位置	1	2	3	4	5	6	7	8	9	10	11	12	13	14	15	16	17
VIN 代号	L	F	W	A	D	R	J	F		1	1	0	0	2	3	4	6
对应值	3	6	6	1	4	9	1	6		1	1	0	0	2	3	4	6
加权系数	8	7	6	5	4	3	2	10	*	9	8	7	6	5	4	3	2
乘积总和	24+42+36+5+16+27+2+60+9+8+0+0+10+12+12+12=275																
余数	275/11=25 余 0																

经上述计算，确定此 VIN 代号中的检验位字码为 0。

则该车辆的完整的 VIN 代号为：LFWADRJF011002346。

附 录 B
（资料性附录）
车 型 特 征 描 述

车辆制造厂对车型特征进行描述时可参照本附录的相关说明。

B.1 车辆类型

车辆类型按照 GB/T 3730.1—2001 和 GB/T 5359.1—1996 进行分类，参见表 B.1。

表 B.1

乘用车	普通乘用车、活顶乘用车、高级乘用车、小型乘用车、敞篷车、仓背乘用车、旅行车、短头乘用车、越野乘用车、多用途乘用车、专用乘用车（旅居车、防弹车、救护车、殡仪车）等
载货车（含牵引车）	半挂牵引车、普通货车、多用途货车、越野货车、专用作业车、专用货车等
客车	小型客车、城市客车、长途客车、旅游客车、卧铺客车、铰接客车、无轨电车、越野客车、专用客车等
挂车	牵引杆挂车、半挂车、中置轴挂车
摩托车及轻便摩托车	两轮轻便摩托车、两轮轻便踏板摩托车、普通正三轮轻便摩托车、专用正三轮轻便摩托车、两轮普通摩托车、两轮踏板摩托车、两轮公路越野车、两轮越野摩托车、两轮场地（跑道）赛车、两轮公路赛车、两轮越野赛车、两轮拉力赛车、特种两轮摩托车、普通边三轮摩托车、边三轮赛车、特种边三轮摩托车、普通正三轮摩托车、专用正三轮摩托车、四轮全场地摩托车、两轮电动摩托车等
非完整车辆	驾驶室_底盘（二类底盘）、无驾驶室_底盘（三类底盘）。

B.2 车辆结构特征

B.2.1 车身类型

可对车身外形、驾驶室类型、货箱类型、承载方式等进行描述，车身外形可分为长头、平头、短头、双层、N 厢 N 门等，驾驶室类型可分为平头驾驶室、长头驾驶室、翻转式驾驶室、单排座驾驶室、双排座驾驶室、带卧铺驾驶室等，货箱类型可分为平板式、栏板式、厢式、罐式、仓栅式、自卸式、集装箱式、车辆运输式、特种结构类等，承载方式可分为承载式车身、半承载式车身、非承载式等。

B.2.2 驱动类型

可对驱动方式和驱动型式进行描述，驱动方式可分为前驱、后驱、全驱等，驱动型式可分为 4×2、4×4、6×2、6×4、6×6、8×4 等。

B.3 车辆装置特征

B.3.1 发动机特征

对于汽车，可对发动机类型、发动机排量（L）或功率（kW）、缸数、燃油类型、供油方式、发动机排列方式和布置型式等特征进行描述。

对于摩托车及轻便摩托车，可对发动机类型、缸数、冲程数、发动机排列方式和布置型式、冷却方式等特征进行描述。

B.3.2 约束系统类型

可对车辆是否具有安全带、安全气囊（驾驶员侧安全气囊、乘员侧安全气囊、侧面安全气囊）等特征进行描述。

B.3.3　变速器类型

可对变速器类型、档数等特征进行描述。

B.3.4　悬架类型

悬架类型可按照相关标准的规定进行分类。

B.3.5　制动型式

对于汽车，制动型式可按照 GB/T 5620—2002《道路车辆　汽车和挂车制动名词术语及其定义》(idt ISO 611:1994)的规定进行分类。

B.3.6　传动方式/起动方式

传动方式可分为链传动、带传动、轴传动、电传动、液力传动等；起动方式可分为人工起动、电机起动等。

B.4　车辆技术特性参数

车辆技术特性参数包括尺寸参数、质量参数等。

前　　言

由于我国生产的轿车的车型大多数来自欧洲，本标准的技术内容等效采用 ECE R42《关于就车辆前、后端保护装置(保险杠等)批准车辆的统一规定》，编写格式遵循 GB/T 1.1—1993《标准化工作导则　第 1 单元：标准的起草与表述规则　第 1 部分：标准编写的基本规定》。

在将 ECE R42 法规转化为本标准时，为了符合本国国情，以及符合 GB/T 1.1—1993 的规定，取消了 ECE R42 中的"申请批准"，"批准"，"产品合格"，"对产品不合格的处理"，"车型的改动"等章 和附件 1，附件 2，增加了"前言"，其余各章的条号作相应改变，其内容不变或稍有改变。

本标准由中华人民共和国机械工业部提出。

本标准由全国汽车标准化技术委员会归口。

本标准由东风汽车工程研究院负责起草。

本标准主要起草人：孙德录、李三红、尹爽清。

中华人民共和国国家标准

汽车前、后端保护装置

GB 17354—1998
eqv ECE R42

Front and rear protective devices for passenger cars

1 范围

本标准规定了汽车前、后端保护装置的性能要求及试验方法。

本标准适用于 M_1 类汽车。

2 定义

本标准采用下列定义。

2.1 保护装置

装在车辆前、后端的诸元件，其设计要求为在发生接触和轻度碰撞时，不会导致车辆的严重损伤。

2.2 车型

机动车辆的类型，同一类型的车辆在下列主要方面应无差异：

a）对本标准规定的碰撞试验结果有影响的车辆长度和宽度、车辆前后部分的结构、尺寸、形状和材料；

b）发动机的布置位置(前、后、中)及质量；

c）对本标准规定的碰撞试验结果有影响的悬架性能参数。

2.3 加载试验车质量

整车整备质量再加上表 1 规定的乘员的质量(按每人 75 kg 计算)。

表 1 乘员质量分配表

座位数	乘员数	分配方式
2 和 3	2	2 人在前排
4 和 5	3	2 人在前排 1 人在后排
6 和 7	4	2 人在前排 2 人在最后排
8 和 9	5	2 人在前排 3 人在最后排 若最后排只有 2 个座位，则 1 人坐在倒数第 2 排座位上

2.4 车角

车辆和与车辆纵向对称面呈 60°角的铅垂面的切点。

国家质量技术监督局 1998-05-06 批准　　1999-01-01 实施

2.5 基准高度

通过碰撞器基准线的水平面离地面的高度，在此高度上，该车无论处于整车整备质量状态时或是处于加载试验车质量状态时均具有有效的保护装置。

2.6 基准线

在碰撞器的 A 平面与地面垂直时，撞击头对称水平面与撞击头本身轮廓的交线。

3 要求

按第 4 条规定的条件和规程进行碰撞试验后，车辆应能满足下列要求：

3.1 照明和信号装置应能继续正常工作并清晰可见。如果出厂时安装好的照明装置失调，允许进行调整以符合规定要求，但只限于采用常规的调整方法。如果灯丝折断，应允许更换灯泡。

3.2 发动机罩、行李箱盖和车门应能正常开闭。车辆的侧门在碰撞的作用下不得自行开启。

3.3 车辆的燃料和冷却系统应无泄漏，不发生油、水路堵塞，其密封装置与油、水箱盖亦应能正常工作。

3.4 车辆的排气系统不应有妨碍其正常工作的损坏或错位。

3.5 车辆的传动系统、悬架系统(包括轮胎)、转向和制动系统应保持良好的调整状态并能正常工作。

4 低速碰撞试验方法

4.1 试验场地

试验场地应有足够的面积以便设置碰撞器的驱动系统、供试验车辆受撞后滑移以及安置试验所需的设备等。停放试验车辆的地面应水平、硬实、平整。

4.2 车辆的状况

4.2.1 车辆应处于停止状态。

4.2.2 前轮应处在直行位置。

4.2.3 轮胎应按制造商规定的气压充气。

4.2.4 制动器应松开，变速器挂空档。

4.2.5 对装备油-气悬挂、液力或空气悬挂的车辆以及装有自动调平悬架(能根据载荷自动对车辆进行调平)的车辆，应在制造商规定的正常行驶条件下进行试验。

4.3 碰撞器

4.3.1 碰撞器应结构坚固，其撞击头材料为淬火钢。

4.3.2 碰撞器表面的形状应如图 1 所示。

4.3.3 碰撞的有效质量应与试验车辆的“整车整备质量”相等。

4.3.4 碰撞器的 A 平面应保持垂直，而基准线则应保持水平。

4.3.5 碰撞发生时，碰撞器与车辆首先接触的应是撞击头与车辆的保护装置，当车辆分别在“整车整备质量”与“加载试验车质量”状态时，位于“车角”间的保护装置均应能被通过碰撞器基准线的水平面所截。

4.3.6 基准高度为 445 mm。

4.4 碰撞器的驱动

碰撞器可固定在一台小车(活动屏障)上，也可固定在摆锤上，作为摆锤的一部分。

4.5 采用小车(活动屏障)时使用的专用装置

如果碰撞器是通过止动件固定在小车(活动屏障)上，则该止动件应有足够的刚度，在碰撞中不得变形。碰撞时小车应能自由运动而不得再受驱动机构的作用。

4.6 采用摆锤时使用的专用装置

4.6.1 摆锤的转动轴与撞击中心间的距离不得小于 3.3 m。碰撞器的基准线应与摆锤的撞击中心在同一高度上。

单位:mm

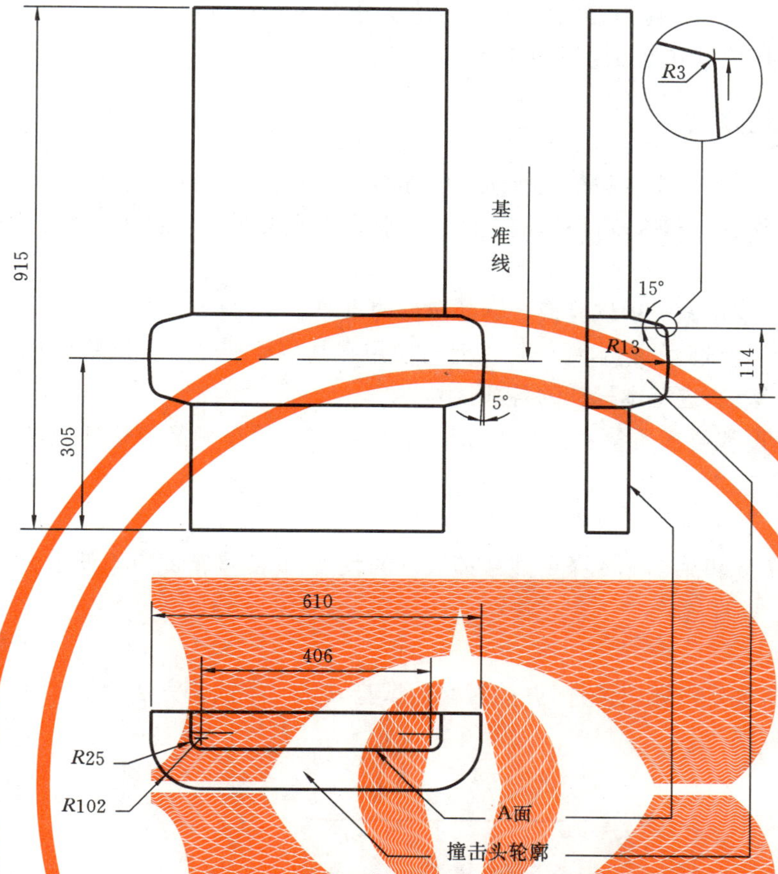

图 1 碰撞器

4.6.2 试验时,A 平面应始终与摆锤的转动轴线保持平行。

4.6.3 若摆锤采用平行四边形悬吊,则基准线上任何一点的运动轨迹的半径不得小于 3.3 m。

4.7 纵向碰撞试验

4.7.1 本试验包括对车辆正前方的两次碰撞和正后方的两次碰撞。在每一方向的两次碰撞中,一次是在车辆质量为“整车整备质量”时进行的,另一次是在其质量为“加载试验车质量”时进行的。

4.7.2 在车辆每一方向的两次碰撞中,第一次碰撞时,对碰撞器的位置没有限制,而第二次碰撞时,碰撞器的中垂面位置应与第一次碰撞时的位置相距不小于 300 mm,并应保证这两次碰撞时,碰撞器的外廓不超越由通过“车角”并平行于车辆纵向对称面的两个平面所限定的区域。

4.7.3 如图 1 所示的碰撞器,安置时应使 A 平面与地面保持垂直,基准线保持水平且基准高度达到 445 mm。

4.7.4 车辆的摆放位置应进行调整,使位于“车角”间的点接触碰撞器但又不致引起碰撞器晃动,同时,车辆的纵向对称面应与碰撞器的 A 平面保持垂直。

4.7.5 车辆的碰撞速度应控制在 $4^{+0.25}_{0}$ km/h。

4.8 对“车角”的碰撞试验

4.8.1 本试验包括在车辆质量为“整车整备质量”时对一个前“车角”和一个后“车角”的各一次碰撞,以及在车辆质量为“加载试验车质量”时对另一前“车角”和另一后“车角”的各一次碰撞。

4.8.2 如图 1 所示的碰撞器,安置时应使 A 平面与地面保持垂直,基准线保持水平且基准高度达到 445 mm。

4.8.3 车辆的摆放位置应进行调整,使位于“车角”间的点接触碰撞器但又不致引起碰撞器晃动,此外还应满足以下条件:

a）碰撞器的 A 平面应与车辆的纵向对称面构成 60°±5°夹角。

b）碰撞时最先接触的点应在碰撞器的中垂面上（允差±25 mm）。

4.8.4 车辆的碰撞速度应控制在 $2.5^{+0.1}_{0}$ km/h。

5 有关修理、更换和测量的规定

5.1 在试验中，保护装置和将它安装到车上所使用的连接装置允许进行修理与更换。

5.2 如果保护装置中包含有自动恢复材料，则在两次试验之中应按制造厂的规定留出它的自动恢复时间。

5.3 如果制造厂要求，可以每做一项试验换一辆同车型的汽车。

5.4 如果制造厂要求，负责试验的技术部门可以允许使用在其他标准的各种试验（包括可能损坏车辆结构的试验）中使用过的车辆，进行本标准的各项试验。

5.5 如果试验时碰撞速度和碰撞质量不低于本标准的规定，试验后车辆又能达到规定的要求，则应认为通过了试验。

5.6 测量仪器

用于测量上述第 4.7.5 和第 4.8.4 条所述碰撞速度的仪器，其测量精度应不低于 1%。

6 等效试验方法

只要能遵守本标准所规定的试验条件，并能对其他试验方法与本试验方法的对等性加以论证，则允许采用其他的等效试验方法。

前　　言

本标准等效采用 70/311/EEC《各成员国关于汽车及其挂车转向机构的协议》。只是按中国标准编写的习惯，将试验条件的内容分列出来，并增加了“机动动作时间”的定义。

本标准还增加了日本安全标准第 11 条的内容和 GB 7258—1997《机动车运行安全技术条件》中有关转向的规定。

本标准由国家机械工业局提出。

本标准由全国汽车标准化技术委员会归口。

本标准由中国汽车技术研究中心负责起草。

本标准起草人：姜璧琪。

本标准由全国汽车标准化技术委员会负责解释。

中华人民共和国国家标准

汽车转向系　基本要求

GB 17675—1999
EQV 70/311/EEC

Steering system of motor vehicles—Basic requirements

1 范围

本标准规定了汽车转向系统结构的设计和安装的基本要求。

本标准适用于M类和N类公路用汽车。

2 术语

本标准采用以下定义。

2.1 转向系统

改变汽车行驶方向的机构，它由转向控制机构、转向传动装置、转向车轮和专用机构组成。

2.2 转向控制机构

直接由驾驶员操作用以控制汽车行驶方向的机构。

2.3 转向传动装置

转向控制机构和转向车轮之间的所有机构(专用机构除外)。它可为机械式、液压式、气动式、电动式或它们的任一组合。挂车转向传动装置系指将所需力传递给挂车转向车轮从而改变汽车行驶方向的所有机构。

2.4 转向车轮

通过改变其方向从而改变汽车行驶方向的车轮。

2.5 专用机构

专用机构也是转向系的组成部分，它可以产生辅助的或独立的动力，单独或辅助地实现汽车转向，它由机械、液压、电气或它们的任一组合(例如，借助于油泵、气泵和蓄电池)构成。

2.6 人力转向

只由驾驶员体力提供动力的转向。

2.7 助力转向

由驾驶员体力和专用机构两者提供动力的转向。

2.8 全动力转向

只由专用机构提供动力的转向。

2.9 机动动作时间

从驾驶员开始操作转向控制机构的瞬间起直到达到开始测量的那个位置止的时间间隔。

2.10 转向力

为了改变汽车行驶方向，驾驶员作用于转向控制机构的力。

3 基本要求

3.1 方向盘必须左置。

国家质量技术监督局 1999-02-14 批准　　　　2000-01-01 实施

3.2 不得单独以后轮做为转向车轮。

3.3 不得装用全动力转向机构。

3.4 转向时转向车轮的偏转必须是渐进的。

3.5 转向系统必须有足够的刚度且坚固耐用，以确保行驶安全。

3.6 转向系统必须保证驾驶员在正常驾驶操作位置上能方便、准确地操作，转向系统在任何操作位置上不得与其他零部件有干涉现象。

3.7 汽车转向车轮应有自动回正能力，以保持汽车稳定的直线行驶。

3.8 后轮也做转向车轮的汽车，具有二根和二根以上转向车轴的全挂车和具有一根和一根以上转向车轴的半挂车，以 80 km/h（如最高车速低于 80 km/h，以最高设计车速计）的车速行驶时，驾驶员必须能在不做异常转向修正的条件，保持汽车直线行驶。

3.9 以 10 km/h 车速、24 m 转弯直径前行转弯时，不带助力时转向力应小于 245 N，带助力转向但助力转向失效时，其转向力应小于 588 N。机动动作时间正常情况下不得大于 4 s，带助力转向但助力失效时不得大于 6 s。左右两个方向都要试验。

3.10 当汽车前行向左或向右转弯时，转向盘向左向右的回转角和转向力不得有显著差异。

3.11 转向系统中的液压、气压或电气部件部分或全部失效后，转向系统必须有控制汽车行驶方向的能力。

3.12 当助力转向装置本身无独立的辅助动力源时，必须设有蓄能器。如使用压缩空气，贮气筒上必须设有单向阀。

3.13 转向系统所有零部件的设计、结构和安装，必须保证驾驶员正常操作时不钩挂驾驶员的衣服和饰物；不得有撞车时会加重驾驶员伤害的粗糙表面或锐棱角；维修保养时应容易接近。

4 试验条件

4.1 道路

平坦干燥的水平硬路面。

4.2 车辆

装载到厂定最大总质量，轮胎气压和轴荷分布符合制造厂规定。

ICS 43.040.20
T 38

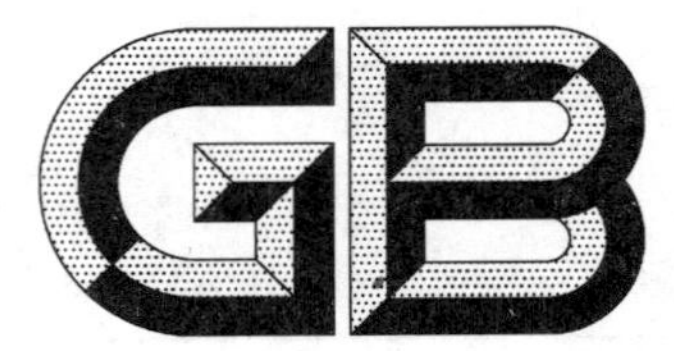

中华人民共和国国家标准

GB 18100.1—2010
部分代替 GB 18100—2000

摩托车照明和光信号装置的安装规定 第1部分：两轮摩托车

Provisions for installation of lighting and light-signaling devices for motorcycles—Part 1:Two wheels motorcycle

2011-01-10 发布　　2012-01-01 实施

中华人民共和国国家质量监督检验检疫总局
中国国家标准化管理委员会　发布

前　言

本部分的第3章、5.2.7、5.5.6、5.7.6、5.10.7以及表1的序号9、10、11为推荐性的，其余为强制性的。

GB 18100《摩托车照明和光信号装置的安装规定》分为三个部分：

——第1部分：两轮摩托车；

——第2部分：两轮轻便摩托车；

——第3部分：三轮摩托车。

本部分为GB 18100的第1部分，对应于联合国欧洲经济委员会ECER53—2006《关于就灯光和光信号装置安装方面批准摩托车(L_3类)的统一规定》，与ECER53的一致性程度为非等效，技术内容主要差异如下：

——删去了其中的术语和定义(可参考GB 4785)；

——电路连接原文有矛盾，本部分改为：前位灯、后位灯和后牌照灯应同时打开或关闭；

——对几何可见度角原文上下不统一的描述本部分统一成：水平方向角β，垂直方向角α；

——对远、近光灯安装数量描述简化为1只或2只；

——考虑到国情，删去了近光光束倾斜度要求；

——考虑到国情，电路连接删除了“当发动机运转时前照灯应自动打开”；

——侧回复反射器的光色只用琥珀色；

——前雾灯光色改为白色或黄色，与汽车保持一致；

本部分代替GB 18100—2000《两轮摩托车及轻便摩托车照明和光信号装置的安装规定》(摩托车部分)。

本部分与GB 18100—2000中对两轮摩托车规定相比较，主要变化如下：

——删去了近光光束倾斜度要求，有关技术要求和试验方法正在研究中；

——增加了两轮摩托车允许使用汽车前照灯的规定，使摩托车有更多的选择余地；

——转向信号灯安装数量删去了布局A(装2只)；

——后位灯、后回复反射器、前雾灯、后雾灯安装数量均由1只改为1只或2只，相应内容均进行了增加或修改；

——前位灯增加了对横向的要求；

——对转向信号灯闪烁频率等规定不再按交、直流供电进行细分，闪烁频率统一；

——对远、近光灯的横向安装增加了要求；

——删去了试验方法；

——增加了引用标准及在要求中对各灯具应满足的配光性能等要求进行了统一规定。

本部分实施的过渡期要求：

本部分实施日期2012年1月1日。

本部分的附录A为规范性附录。

本部分由中华人民共和国国家发展和改革委员会提出。

本部分由全国汽车标准化技术委员会(SAC/TC 114)归口。

本部分起草单位：中国汽车技术研究中心、上海汽车灯具研究所、上海摩托车研究所。

本部分主要起草人：许秀香、卜伟理、姜勇。

本部分所代替标准的历次版本发布情况为：

——GB 18100—2000。

摩托车照明和光信号装置的安装规定
第1部分:两轮摩托车

1 范围

GB 18100的本部分规定了两轮摩托车(L_3类)照明和光信号装置安装的要求及特别要求等。

本部分适用于两轮摩托车(以下简称车辆)。

2 规范性引用文件

下列文件中的条款通过GB 18100的本部分的引用而成为本部分的条款。凡是注日期的引用文件,其随后所有的修改单(不包括勘误的内容)或修订版均不适用于本部分,然而鼓励根据本部分达成协议的各方研究是否可使用这些文件的最新版本。凡是不注日期的引用文件,其最新版本适用于本部分。

GB 4599 汽车用灯丝灯泡前照灯

GB 4660 汽车用灯丝灯泡前雾灯

GB 4785 汽车及挂车外部照明和光信号装置的安装规定

GB 5948 摩托车白炽丝光源前照灯配光性能

GB 11554 汽车和挂车用后雾灯配光性能

GB 11564 机动车回复反射器

GB 17509 汽车及挂车转向信号灯配光性能

GB 17510 摩托车光信号装置配光性能

3 术语和定义

GB 4785确立的术语和定义适于本部分。

4 要求

4.1 基本要求

4.1.1 照明和信号装置的安装应在正常使用状态下,即使受到振动,仍应满足本部分的要求,不应改变初始调整状态。

4.1.2 照明装置的安装应便于对其方向的正确调整。

4.1.3 包括安装在车侧的所有光信号装置,安装时其基准轴线应平行于车辆在道路上的停放面。此外,对于侧回复反射器,其基准轴线应垂直于车辆纵向对称平面,所有其他光信号装置的基准轴线应与纵向对称平面平行,每个方向上的允差应为±3°。如果制造商另有特殊规定,按制造商规定执行。

4.1.4 如无特殊规定,单只灯或回复反射器的基准中心应位于车辆纵向对称平面,成对配置的灯具应具有相同的功能,且应满足:

a) 相对于纵向对称平面,对称地安装;

b) 相对于纵向对称平面,几何形状相互对称;

c) 满足相同的色度要求;

d) 满足相同的配光性能;

e) 同时打开和关闭。

4.1.5 如无特殊规定,具有不同功能且满足各自要求的灯具允许彼此组合、复合或混合。

4.1.6 如无特殊规定,只有转向信号灯和危险警告信号是闪烁的。

4.1.7 应考虑当牌照板安装后各灯具几何可见度仍符合要求。

4.2 电路连接要求

4.2.1 前位灯、后位灯和后牌照灯应同时打开或关闭。

4.2.2 如无特殊规定,只有当上述诸灯打开时,远光灯、近光灯和雾灯才能打开。当远光灯和近光灯发出警告信号时(即间歇地打开远光灯或近光灯,或间歇地交替打开远光灯和近光灯),这些要求不适用。

4.3 指示器要求

4.3.1 每种指示器应处于驾驶员容易观察到的位置。

4.3.2 “接通”指示器允许用“工作”指示器替代。

4.4 光色及色度特性要求

灯具发射的光色要求见表1,其色度特性按GB 4785规定。

4.5 灯具安装的基本要求

车辆应装备表1规定的照明和信号装置,表1未提到的照明和信号装置不允许使用。前照灯(远、近光)应符合GB 5948或GB 4599(封闭式灯具除外)的规定,前位灯、后位灯、制动灯和后牌照灯应符合GB 17510的规定,转向信号灯应符合GB 17509或GB 17510的相应规定,非三角形后回复反射器和非三角形侧回复反射器应符合GB 11564的规定,前雾灯应符合GB 4660的规定,后雾灯应符合GB 11554的规定。

表1 灯具的光色及安装要求

序号	灯具名称	光色	安装要求
1	前照灯(远、近光)	白色	强制安装
2	前位灯	白色	强制安装
3	后位灯	红色	强制安装
4	转向信号灯	琥珀色	强制安装
5	制动灯	红色	强制安装
6	后牌照灯	白色	强制安装
7	非三角形后回复反射器	红色	强制安装
8	非三角形侧回复反射器	琥珀色	强制安装
9	车辆危险警告信号灯	琥珀色	选装
10	前雾灯	白色或黄色	选装
11	后雾灯	红色	选装

4.6 前视红光和后视白光的不可见度要求

从车前应观察不到红光,从车后应观察不到白光,允许按下述方法检验(见附录A):

a) 前视红光的不可见度:当观察者在车前25 m处横截面的Ⅰ区内移动观察时不应直接看到红光;

b) 后视白光的不可见度:当观察者在车后25 m处横截面的Ⅱ区内移动观察时不应直接看到白光。

在上述两个横截面内,观察者进行目视探测的Ⅰ区和Ⅱ区范围如下:

a) 在高度方向:由两个离地高度各为1 m和2.2 m的水平面限定。

b) 在横向:在车前和车后分别由两个与车辆纵向对称平面成向外15°角的竖直平面限定。这些平面应过相应的交线(即平行车辆纵向对称面并限定车宽的平面与垂直车辆纵向对称面并限定车长的平面的交线)。

4.7 灯具位置测量的基本要求

4.7.1 离地最大和最小高度应分别从基准轴方向上视表面的最高和最低点开始测量。对于近光灯,离地最小高度应从光学系统(如反射镜,配光镜,投影透镜)有效口径的最低点开始测量,如果(最大和最小)离地高度明显满足要求,不需确定任何表面的精确边缘。

在横向上的两灯间距,应从基准轴线方向上视表面的内边缘确定。如果横向安装位置明显满足要求时,不需确定任何表面的精确边缘。

4.7.2 如无特殊说明,在检验灯具的安装高度和方向时,车辆应为空载并置于水平地面上,其纵向对称平面应铅垂,并且转向把置于朝前的直行位置,轮胎充气压力按车辆制造商规定。

注:车辆空载应为无驾驶员、乘员和载荷,但带有充足的燃料和随车工具的车辆。

5 特别要求

5.1 远光灯

5.1.1 数量

1 只或 2 只。

5.1.2 布局

无特殊要求。

5.1.3 位置

5.1.3.1 在横向:单只远光灯应位于车辆前部其他灯的上面、下面或侧面。如果这些灯呈上下排列,远光灯的基准中心应位于车辆的纵向对称平面上;如果这些灯呈横向排列,它们的基准中心应对称于车辆的纵向对称平面。

与车辆前部其他灯混合的远光灯的基准中心应位于车辆纵向对称平面上。当车辆安装单只独立的近光灯,或近光灯与前位灯混合位于远光灯近旁,它们的基准中心应对称于车辆的纵向对称平面。

如装 2 只远光灯,其中 1 只或 2 只与车辆前部其他灯混合,它们的基准中心应对称于车辆的纵向对称平面。

在任何情况下,单只远光灯发光面的边缘距单只近光灯发光面的边缘应不大于 200 mm,2 只远光灯发光面的间距不应大于 200 mm。

5.1.3.2 在高度方向:离地高度为 500 mm～1 300 mm。

5.1.3.3 在纵向:位于车前。发射光不应直接或间接地通过后视镜或车辆其他反射面引起驾驶员的不舒适感。

5.1.4 几何可见度

几何可见度要求如下:

垂直方向角 α:向上、向下 5°;

水平方向角 β:向左、向右 5°。

5.1.5 方向

朝前。允许灯具随着转向把转动。

5.1.6 电路连接

远光灯打开时,允许近光灯也开着。

5.1.7 接通指示器

应配备非闪烁的蓝色信号灯。

5.1.8 其他要求

远光灯同时接通时,最大发光强度应不超过 225 000 cd。远光灯不应和任何其他灯具复合。

5.2　近光灯

5.2.1　数量

1 只或 2 只。

5.2.2　布局

无特殊要求。

5.2.3　位置

5.2.3.1　在横向：单只近光灯应位于车辆前部其他灯的上面、下面或侧面。如果这些灯呈上下排列，近光灯的基准中心应位于车辆的纵向对称平面上；如果这些灯呈横向排列，它们的基准中心应对称于车辆的纵向对称平面。

与车辆前部其他灯混合的近光灯的基准中心应位于车辆的纵向对称平面上。当车辆安装单只独立的远光灯，或远光灯与前位灯混合位于近光灯近旁，它们的基准中心应对称于车辆的纵向对称平面。

如装 2 只近光灯，其中 1 只或 2 只与车辆前部其他灯混合，它们的基准中心应对称于车辆的纵向对称平面。

2 只近光灯发光面的间距不应大于 200 mm。

5.2.3.2　在高度方向：离地高度不小于 500 mm，不大于 1 200 mm。

5.2.3.3　在纵向：位于车前。发射光不应直接或间接地通过后视镜或车辆其他反射面引起驾驶员的不舒适感。

5.2.4　几何可见度

几何可见度要求如下：

垂直方向角 α：向上 15°，向下 10°；

水平方向角 β：对于单只灯，向左、向右 45°。

对于成对配置的灯具，向外 45°，向内 10°。

前照灯邻近其他部件的存在，不应引起其他使用道路者的不舒适感。

5.2.5　方向

朝前，允许随转向把转动。

5.2.6　电路连接

变换近光时，应同时关闭所有的远光灯。

5.2.7　指示器

选装。如果安装，应为非闪烁的绿色信号灯。

5.2.8　其他要求

近光灯不应与任何其他灯具复合。

5.3　转向信号灯

5.3.1　数量

每侧 2 只。

5.3.2　布局

2 只前转向信号灯，2 只后转向信号灯。

5.3.3　位置

5.3.3.1　在横向前转向信号灯应满足下列要求：

a)　两转向信号灯发光面之间的最小距离为 240 mm；

b)　转向信号灯应位于与前照灯发光面外边缘相切的纵向铅垂面的外侧；

c)　转向信号灯与最邻近的近光灯发光面间的距离应符合表 2 规定：

表 2 转向信号灯与近光灯的最小间距

转向信号灯最小发光强度 cd	最 小 间 距 mm
90	75
175	40
250	20
400	≤20

后转向信号灯两发光面内边缘之间的间距至少为 180 mm。

5.3.3.2 在高度方向：离地高度应不小于 350 mm，不大于 1 200 mm。

5.3.3.3 在纵向：后转向信号灯基准中心与车辆纵向后边界横截面的距离应不超过 300 mm。

5.3.4 几何可见度

几何可见度要求如下：

水平方向角 β：向外 80°，向内 20°。

垂直方向角 α：自水平面向上 15°，向下 15°。如果灯具高度低于 750 mm，水平面以下的垂直角允许降低到 5°。

5.3.5 方向

允许前转向信号灯随转向把转动。

5.3.6 电路连接

转向信号灯应单独打开，在车辆同一侧的所有转向信号灯要由同一操纵件控制同时打开和关闭。

5.3.7 工作指示器

强制使用。允许用光学的或音响信号，或两者兼有。若用光学信号，应是闪烁的绿色信号灯，在正常行驶状态下可见。如果出现任何转向信号灯工作不正常，指示器应熄灭或不再闪烁或以另一种明显不同的频率闪烁。

5.3.8 其他要求

转向信号灯不应同任何灯具复合。

转向信号灯不应同任何灯具混合。

电性能要求如下，除了发动机和灯具正常工作所应带的负载以外，进行测量时电气系统不应接入其他负载：

——闪烁频率应为(90±30)次/min；

——车辆同一侧的转向信号灯允许同步或交替闪烁；

——光信号控制开关开启后 1 s 内应点亮，1.5 s 内首次应熄灭；

——如果某一转向信号灯不是因短路而失效，同一方向的其他转向信号灯应继续工作，其闪烁频率允许与上述规定有所不同。

5.4 制动灯

5.4.1 数量

1 只或 2 只。

5.4.2 布局

无特殊要求。

5.4.3 位置

5.4.3.1 在高度方向：离地高度不小于 250 mm，不大于 1 500 mm。

5.4.3.2 在纵向：位于车后。

5.4.4 **几何可见度**

几何可见度要求如下：

水平方向角 β：对于单只灯向左、右各45°；

对于成对配置的灯具，向外45°，向内10°。

垂直方向角 α：自水平面向上15°，向下15°。如果灯具高度低于750 mm，水平面以下的垂直角允许降到5°。

5.4.5 **方向**

朝后。

5.4.6 **电路连接**

应在任何行车制动状态时点亮。

5.4.7 **接通指示器**

不应使用。

5.4.8 **其他要求**

制动灯不应和任何其他灯具复合。

5.5 **后牌照灯**

5.5.1 **数量**

1个。允许由几个光学元件组成，用于照亮为牌照板预留的空间。

5.5.2 **布局**

应照亮为牌照板预留的空间。

5.5.3 **位置**

5.5.3.1 在横向：应照亮为牌照板预留的空间。

5.5.3.2 在高度方向：应照亮为牌照板预留的空间。

5.5.3.3 在纵向：应照亮为牌照板预留的空间。

5.5.4 **几何可见度**

应照亮为牌照板预留的空间。

5.5.5 **方向**

应照亮为牌照板预留的空间。

5.5.6 **指示器**

选装。其功能应由位置灯规定的指示器完成。

5.5.7 **其他要求**

当后牌照灯与后位灯复合，且后位灯与制动灯或后雾灯混合时，后牌照灯的配光性能允许在制动灯或后雾灯点亮时改变。

5.6 **前位灯**

5.6.1 **数量**

1只或2只。

5.6.2 **布局**

无特殊要求。

5.6.3 **位置**

5.6.3.1 在横向：单只前位灯应装在车辆前部其他灯的上面、下面或侧面。如果这些灯呈上下排列，前位灯基准中心应位于车辆的纵向对称平面上；如果这些灯呈横向排列，它们的基准中心应对称于车辆的纵向对称平面。

与车辆前部其他灯混合的前位灯的基准中心应位于车辆的纵向对称平面上。当车辆在前位灯旁还安装了其他灯具，它们的基准中心应对称于车辆的纵向对称平面。

如装 2 只前位灯，其中 1 只或 2 只与车辆前部其他灯混合，它们的基准中心应对称于车辆的纵向对称平面。

5.6.3.2 在高度方向：离地高度不小于 350 mm，不大于 1 200 mm。

5.6.3.3 在纵向：位于车前。

5.6.4 几何可见度

几何可见度要求如下：

水平方向角 β：对于单只灯，向左、右各 80°；

对于成对配置的灯具，应为向外 80°，向内 45°。

垂直方向角 α：自水平面向上 15°，向下 15°。如果灯具高度小于 750 mm，水平面以下的垂直角允许降低到 5°。

5.6.5 方向

朝前，允许随转向把转动。

5.6.6 接通指示器

应安装，为非闪烁的绿色信号灯。如果仪表灯与位置灯同时打开或关闭，这个指示器允许不安装。

5.6.7 其他要求

无。

5.7 后位灯

5.7.1 数量

1 只或 2 只。

5.7.2 布局

无特殊要求。

5.7.3 位置

5.7.3.1 在高度方向：离地高度不小于 250 mm，不大于 1 500 mm。

5.7.3.2 在纵向：位于车后部。

5.7.4 几何可见度

几何可见度要求如下：

水平方向角 β：对于单只灯，向左、右各 80°；

对于成对配置的灯具，应为向外 80°，向内 45°。

垂直方向角 α：自水平面向上 15°，向下 15°。如果灯具高度小于 750 mm，水平面以下的垂直角允许降低到 5°。

5.7.5 方向

朝后。

5.7.6 接通指示器

选装。如果安装，其功能应由前位灯规定的指示器完成。

5.7.7 其他要求

无。

5.8 非三角形后回复反射器

5.8.1 数量

1 只或 2 只。

5.8.2 布局

无特殊要求。

5.8.3 **位置**

5.8.3.1 在高度方向:离地高度应不小于 250 mm,不大于 900 mm。

5.8.3.2 在纵向:位于车后。

5.8.4 **几何可见度**

几何可见度要求如下:

水平方向角 β:对于单只反射器,向左、右各 30°;

对于成对配置的反射器,应为向外 30°,向内 10°。

垂直方向角 α:自水平面向上 15°,向下 15°。如果灯具高度小于 750 mm,水平面以下的垂直角允许降低到 5°。

5.8.5 **方向**

朝后。

5.9 **车辆危险警告信号**

5.9.1 车辆危险警告信号由符合 5.3 的各转向信号灯同时工作发出。

5.9.2 应由单独的操纵件控制使所有转向信号灯同时工作。

5.9.3 应安装接通指示器。应为闪烁的红色信号灯,或在指示器分开的情况下,使 5.3 规定的指示器同时工作。

5.9.4 闪烁频率为(90±30)次/min。

光信号控制开关开启后 1 s 内,各转向信号灯应点亮,1.5 s 内应首次熄灭。

当点火开关处于使发动机关闭的状态,危险警告信号装置应能够开启。

5.10 **前雾灯**

5.10.1 数量

1 只或 2 只。

5.10.2 布局

无特殊要求。

5.10.3 位置

5.10.3.1 在横向:单只灯的基准中心应位于车辆纵向对称平面上,或最靠近纵向对称平面的发光面边缘距纵向对称平面的距离不大于 250 mm。

5.10.3.2 在高度方向:离地高度不小于 250 mm,整个发光面应在近光灯发光面最高点以下。

5.10.3.3 在纵向:位于车前。该灯的发射光不应直接或间接地通过后视镜或车辆其他反射面引起驾驶员的不舒适感。

5.10.4 几何可见度

几何可见度要求如下:

水平方向角 β:对于单只灯,向左、右各 45°,如偏离纵向对称平面时向内 10°。

对于成对配置的灯具,应为向外 40°,向内 10°。

垂直方向角 α:向上、向下 5°。

5.10.5 方向:朝前。允许灯具随转向把转动。

5.10.6 电路连接

应独立于远光灯和近光灯而打开和关闭。

5.10.7 接通指示器

选装。如果安装,应为非闪烁的绿色信号灯。

5.10.8 其他要求

前雾灯不应同前部其他灯具复合。

5.11 后雾灯

5.11.1 数量

1只或2只。

5.11.2 布局

无特殊要求。

5.11.3 位置

5.11.3.1 在高度方向:离地高度不小于250 mm,不大于900 mm。

5.11.3.2 在纵向:位于车后部。

5.11.3.3 后雾灯发光面和制动灯发光面之间距离应不小于100 mm。

5.11.4 几何可见度

几何可见度要求如下:

水平方向角β:对于单只灯,向左、右各25°。

对于成对配置的灯具,应为向外25°,向内10°。

垂直方向角α:向上、向下5°;

5.11.5 方向

朝后。

5.11.6 电路连接

只有当如下一个或多个远光灯、近光灯、前雾灯打开以后后雾灯应点亮。如装有前雾灯,应独立于前雾灯而关闭。后雾灯应连续工作,但位置灯关闭时其应关闭,直至再次打开。

5.11.7 接通指示器

应安装。为非闪烁琥珀色信号灯。

5.11.8 其他要求

无。

5.12 非三角形侧回复反射器

5.12.1 每侧数量

1只或2只。

5.12.2 布局

无特殊要求。

5.12.3 位置

5.12.3.1 在高度方向:离地高度不小于300 mm,不大于900 mm。

5.12.3.2 在纵向:在正常条件下,其安装位置不应被驾驶员或乘客的衣服挡住。

5.12.4 几何可见度

几何可见度要求如下:

水平方向角β:向前、后各30°。

垂直方向角α:自水平面向上15°,向下15°。如果反射器高度低于750 mm,水平面以下垂直角允许降到5°。

5.12.5 方向

回复反射器的基准轴线应垂直于车辆纵向对称平面并且朝向外侧。允许前侧回复反射器随转向把转动。

6 检验规则

6.1 型式检验

就照明和光信号装置的安装申请型式检验的制造商应提交空载车一辆,其上装有整套照明和光信号装置。并附下述文件资料：

a） 具有车辆外廓尺寸的外形图，以及不同车型识别的说明书。

b） 一份照明和光信号装置的整体安装图，标明各装置在车辆上的安装位置。

c） 一套能显示每种灯具发光面、透光面、基准轴线和基准中心的外形图，以及一份有关视表面确定方法的说明，不包括牌照灯。

提交试验的车型应满足第 4 章、第 5 章的规定。

6.2 生产一致性检验

对通过型式检验且连续生产的车辆，应进行随机抽查。每辆车就照明和光信号装置的安装应符合型式检验的车型。

附 录 A
（规范性附录）
前视红光和后视白光的不可见度

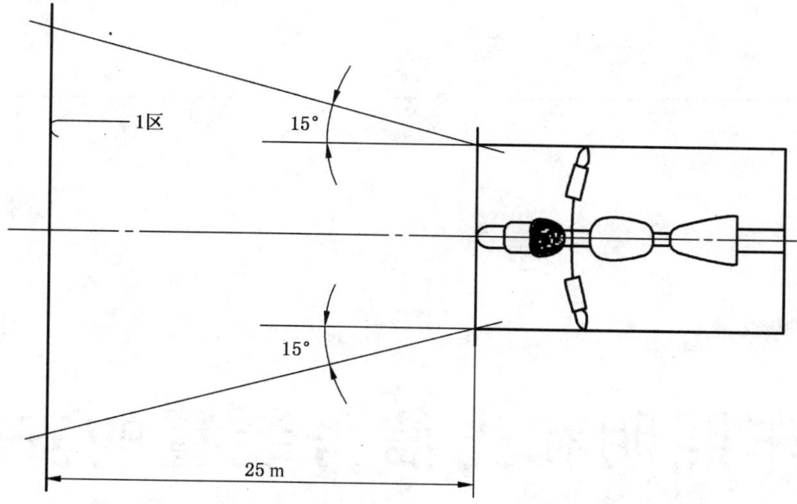

图 A.1 前视红光的不可见度

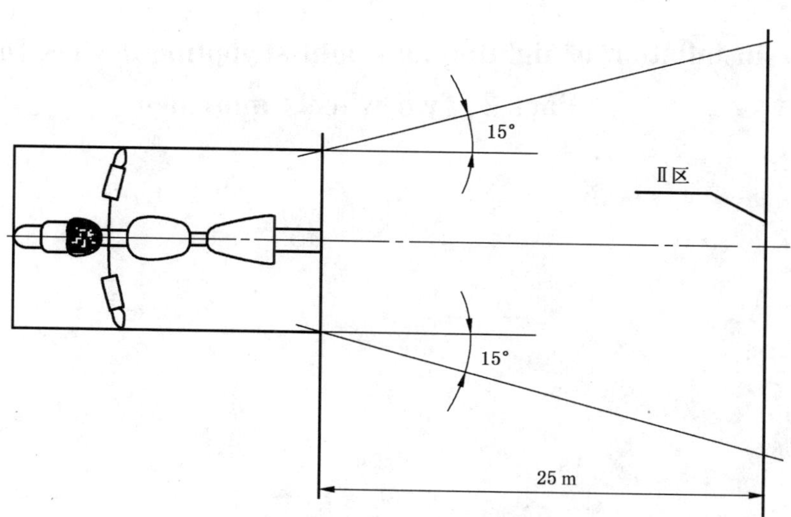

图 A.2 后视白光的不可见度

ICS 43.040.20
T 38

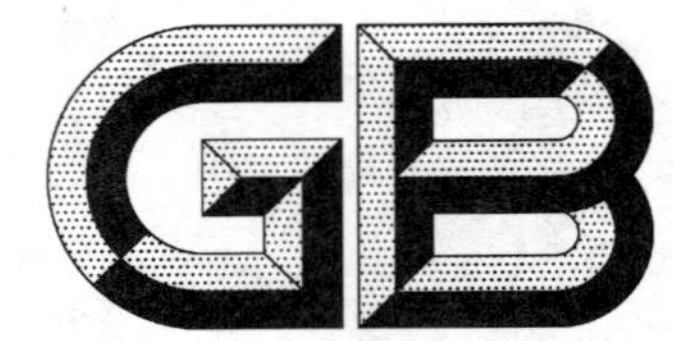

中华人民共和国国家标准

GB 18100.2—2010
部分代替 GB 18100—2000

摩托车照明和光信号装置的安装规定 第2部分：两轮轻便摩托车

Provisions for installation of lighting and light-signalling devices for motorcycles—Part 2: Two wheels moped

2011-01-10 发布　　　　2012-01-01 实施

中华人民共和国国家质量监督检验检疫总局
中国国家标准化管理委员会　发布

前　言

本部分的第3章、5.2.7、5.5.6、5.6.6、5.7.6为推荐性的，其余为强制性的。

GB 18100《摩托车照明和光信号装置的安装规定》分为三个部分：

——第1部分：两轮摩托车；

——第2部分：两轮轻便摩托车；

——第3部分：三轮摩托车。

本部分为GB 18100的第2部分，对应于联合国欧洲经济委员会ECER 74-2007《关于就灯光和光信号装置安装方面批准摩托车(L_1类)的统一规定》，与ECER 74-2007的一致性程度为非等效，技术内容主要差异如下：

——本部分删去了其中的术语和定义(可参考GB 4785)；

——ECER 74对转向信号灯要求选装，本部分考虑到国情改为强制安装；

——ECER 74中对交、直流供电条件下的闪烁频率等规定太繁琐，本部分与GB 18100.1统一，不再细分；

——本部分对几何可见度角原文上下不统一的描述统一成：水平方向角β，垂直方向角α；

——本部分对远、近光灯安装数量描述简化为1只或2只；

——本部分对制动灯删除了原文中的"制动灯的发光强度应明显地大于后位灯"的规定；

——本部分删除了脚踏板回复反射器的有关规定，因国内无此产品；

——考虑到国情及GB 7258有关规定，本部分前照灯远光和前位灯改为强制安装，电路连接等有关内容对应修改；

——因前照灯远光和前位灯改为强制安装，删除了非三角形前回复反射器的有关规定。

本部分代替GB 18100—2000《两轮摩托车及轻便摩托车照明和光信号装置的安装规定》(轻便摩托车部分)。

本部分与GB 18100—2000中对两轮轻便摩托车规定相比较，主要差异如下：

——按GB/T 1.1对第4章一般规定内容的结构进行了调整；

——增加了两轮轻便摩托车允许使用汽车、两轮摩托车辆前照灯的规定；

——后位灯、后回复反射器安装数量均由1只改为1或2只，相应内容均进行了增加或修改；

——对转向信号灯闪烁频率等规定不再按交、直流供电进行细分；

——对远、近光灯的横向安装增加了要求；

——删除了脚踏板回复反射器的有关规定；

——删除了非三角形前回复反射器的有关规定；

——删去了试验方法；

——增加了引用标准及在要求中对各灯具应满足的配光性能等要求进行了统一规定。

本部分的附录A为规范性附录。

本部分由中华人民共和国国家发展和改革委员会提出。

本部分由全国汽车标准化技术委员会(SAC/TC 114)归口。

本部分起草单位：中国汽车技术研究中心、上海汽车灯具研究所、上海摩托车研究所。

本部分主要起草人：许秀香、卜伟理、姜勇。

本部分所部分代替标准的历次版本发布情况为：

——GB 18100—2000。

摩托车照明和光信号装置的安装规定
第2部分:两轮轻便摩托车

1 范围

GB 18100的本部分规定了两轮轻便摩托车(L_1类)照明和光信号装置安装的要求及特别要求等。

本部分适用于两轮轻便摩托车(以下简称车辆)。

2 规范性引用文件

下列文件中的条款通过GB 18100的本部分的引用而成为本部分的条款。凡是注日期的引用文件,其随后所有的修改单(不包括勘误的内容)或修订版均不适用于本部分,然而鼓励根据本部分达成协议的各方研究是否可使用这些文件的最新版本。凡是不注日期的引用文件,其最新版本适用于本部分。

GB 4599 汽车用灯丝灯泡前照灯

GB 4785 汽车及挂车外部照明和光信号装置的安装规定

GB 5948 摩托车白炽丝光源前照灯配光性能

GB 11564 机动车回复反射器

GB 17509 汽车和挂车用后雾灯配光性能

GB 17510 摩托车光信号装置配光性能

GB 19152 轻便摩托车前照灯配光性能

3 术语和定义

GB 4785中的术语和定义适于本部分。

4 要求

4.1 基本要求

4.1.1 照明和信号装置的安装应在正常使用状态下,即使受到振动,仍应满足本部分的要求,不应改变初始调整状态。

4.1.2 照明装置的安装应便于对其方向的正确调整。

4.1.3 包括安装在车侧的所有光信号装置,安装时其基准轴线应平行于车辆在道路上的停放面。此外,对于侧回复反射器,其基准轴线应垂直于车辆纵向对称平面,所有其他光信号装置的基准轴线应与纵向对称平面平行,每个方向上的允差应为±3°。如果制造厂另有特殊规定,按制造厂规定执行。

4.1.4 如无特殊规定,单只灯或回复反射器的基准中心应位于车辆纵向对称平面,成对配置的灯具应具有相同的功能,且应满足:

a) 相对于纵向对称平面,对称地安装;

b) 相对于纵向对称平面,几何形状相互对称;

c) 满足相同的色度要求;

d) 满足相同的配光性能;

e) 同时打开和关闭。

4.1.5 如无特殊规定,具有不同功能且满足各自要求的灯具彼此允许组合、复合或混合。

4.1.6 如无特殊规定,只有转向信号灯和危险警告信号是闪烁的。

4.1.7 应考虑当牌照板安装后各灯具几何可见度仍符合要求。

4.2 电路连接要求

4.2.1 前位灯、后位灯和后牌照灯只允许同时打开或关闭。

4.2.2 如无特殊规定，只有当上述诸灯打开时，远光灯和近光灯才能打开。当远光灯和近光灯发出警告信号时(即间歇地打开远光灯或近光灯，或间歇地交替打开远光灯和近光灯)，这些要求不适用。

4.3 指示器要求

4.3.1 每种指示器应处于驾驶员容易观察到的位置。

4.3.2 “接通”指示器允许用“工作”指示器代替。

4.4 光色及色度特性要求

灯具发射的光色要求见表1，其色度特性按GB 4785规定。

4.5 灯具安装的基本要求

车辆应装备表1规定的照明和信号装置，表1未提到的照明和信号装置不允许使用。前照灯远光应符合GB 19152或GB 5948或GB 4599的规定，前照灯近光应符合GB 19152或GB 5948或GB 4599的规定，前位灯、后位灯、制动灯和后牌照灯应符合GB 17510的规定，转向信号灯应符合GB 17509或GB 17510的相应规定，非三角形后回复反射器和非三角形侧回复反射器应符合GB 11564的规定。

表1 灯具的光色及安装要求

序号	灯具名称	光色	安装要求
1	前照灯(远光、近光)	白色	强制安装
2	前位灯	白色	强制安装
3	后位灯	红色	强制安装
4	转向信号灯	琥珀色	强制安装
5	制动灯	红色	强制安装
6	后牌照灯	白色	强制安装
7	非三角形后回复反射器	红色	强制安装
8	非三角形侧回复反射器	琥珀色	强制安装

4.6 前视红光和后视白光的不可见度要求

从车前应观察不到红光，从车后应观察不到白光，允许按下述方法检验(见附录A)：

a) 前视红光的不可见度：当观察者在车辆前25 m处横截面的Ⅰ区内移动观察时不应直接看到红光；

b) 后视白光的不可见度：当观察者在车后25 m处横截面的Ⅱ区内移动观察时不应直接看到白光。

在上述两个横截面内，观察者进行目视探测的Ⅰ区和Ⅱ区范围如下：

a) 在高度方向：由两个离地高度各为1 m和2.2 m的水平面限定；

b) 在横向：在车前和车后分别由两个与车辆纵向对称平面成向外15°角的竖直平面限定。这些平面应过相应的交线(即平行车辆纵向对称面并限定车宽的平面与垂直车辆纵向对称面并限定车长的平面的交线)。

4.7 灯具位置测量的基本要求

4.7.1 离地最大和最小高度应分别从基准轴方向上视表面的最高和最低点开始测量。对于近光灯，离地最小高度应从光学系统(如反射镜，配光镜，投影透镜)有效口径的最低点开始测量，如果(最大和最小)离地高度明显满足要求，不需确定任何表面的精确边缘。

在横向上的两灯间距，应从基准轴线方向上视表面的内边缘确定。如果横向安装位置明显满足要求，不需确定任何表面的精确边缘。

4.7.2 如无特殊说明，在检验灯具的安装高度和方向时，车辆应为空载并置于水平地面上，其纵向对称平面应铅垂，并且转向把置于朝前的直行位置，轮胎充气压力按车辆制造厂规定。

注：车辆空载应为无驾驶员、乘员和载荷，但带有充足的燃料和随车工具的车辆。

5 特别要求

5.1 远光灯

5.1.1 数量

1 只或 2 只。

5.1.2 布局

无特殊要求。

5.1.3 位置

5.1.3.1 在横向：单只远光灯应位于车辆前部其他灯的上面或下面或侧面。如果这些灯呈上下排列，远光灯的基准中心应位于车辆的纵向对称平面上；如果这些灯呈横向排列，它们的基准中心应对称于车辆的纵向对称平面。

与车辆前部其他灯混合的远光灯的基准中心应位于车辆的纵向对称平面上。当车辆安装单只独立的近光灯，或近光灯与前位灯混合位于远光灯近旁，它们的基准中心应对称于车辆的纵向对称平面。

如装 2 只远光灯，其中 1 只或 2 只与车辆前部其他灯混合，它们的基准中心应对称于车辆的纵向对称平面。

在任何情况下，单只远光灯发光面的边缘距单只近光灯发光面的边缘应不大于 200 mm，2 只远光灯发光面的间距不应大于 200 mm。

5.1.3.2 在高度方向：离地高度为 500 mm ～1 200 mm。

5.1.3.3 在纵向：位于车辆前，发射光不应直接或间接地通过后视镜或车辆其他反射面引起驾驶员的不舒适感。

5.1.4 几何可见度

几何可见度要求如下：

垂直方向角 α：向上、向下 5°；

水平方向角 β：向左、向右 5°。

5.1.5 方向

朝前。允许灯具随着转向把转动。

5.1.6 电路连接

远光灯打开时，允许近光灯也开着。

5.1.7 接通指示器

应配备非闪烁的蓝色信号灯。

5.1.8 其他要求

远光灯不应和任何其他灯具复合。

5.2 近光灯

5.2.1 数量

1 只或 2 只。

5.2.2 布局

无特殊要求。

5.2.3 位置

5.2.3.1 在横向：单只近光灯应位于车辆前部其他灯的上面或下面或侧面。如果这些灯呈上下排列，近光灯的基准中心应位于车辆的纵向对称平面上；如果这些灯呈横向排列，它们的基准中心应对称于车辆的纵向对称平面。

与车辆前部其他灯混合的近光灯的基准中心应位于车辆的纵向对称平面上。当车辆安装单只独立的远光灯，或远光灯与前位灯混合位于近光灯近旁，它们的基准中心应对称于车辆的纵向对称平面。

如装2只近光灯，其中1只或2只与车辆前部其他灯混合，它们的基准中心应对称于车辆的纵向对称平面。

2只近光灯发光面的间距不应大于200 mm。

5.2.3.2 在高度方向：离地高度不小于500 mm，不大于1 200 mm。

5.2.3.3 在纵向：位于车辆前。发射光不应直接或间接地通过后视镜或车辆其他反射面引起驾驶员的不舒适。

5.2.4 几何可见度

几何可见度要求如下：

垂直方向角 α：向上15°，向下10°；

水平方向角 β：对于单只灯，向左、向右45°。

对于成对配置的灯具，向外45°，向内10°。

前照灯邻近其他部件的存在，不应由于二次效应引起其他使用道路者的不舒适。

5.2.5 方向

朝前，允许随转向把转动。

5.2.6 电路连接

变换近光时，应同时关闭所有的远光灯。

5.2.7 指示器

选装。如果安装，应为非闪烁的绿色信号灯。

5.2.8 其他要求

近光灯不应与任何其他灯具复合。

5.3 转向信号灯

5.3.1 数量

每侧2只。

5.3.2 布局

2只前转向信号灯，2只后转向信号灯。

5.3.3 位置

5.3.3.1 在横向，前转向信号灯应满足下列要求：

a) 两转向信号灯发光面之间的最小距离为240 mm；

b) 转向信号灯应位于与前照灯发光面外边缘相切的纵向铅垂面的外侧；

c) 转向信号灯与最邻近的近光灯发光面间的距离应符合表2规定：

表2 转向信号灯与近光灯的最小间距

转向信号灯最小发光强度 cd	最小间距 mm
90	75
175	40
250	20
400	≤20

后转向信号灯两发光面内边缘之间的间距至少为160 mm。

5.3.3.2　在高度方向:离地高度应不小于350 mm,不大于1 200 mm。

5.3.3.3　在纵向:后转向信号灯基准中心与车辆纵向后边界横截面的距离应不超过300 mm。

5.3.4　几何可见度

几何可见度要求如下:

水平方向角β:向外80°,向内20°;

垂直方向角α:自水平面向上15°,向下15°。如果灯具高度低于750 mm,水平面以下的垂直角允许降低到5°。

5.3.5　方向

允许前转向信号灯随转向把转动。

5.3.6　电路连接

转向信号灯应单独打开,在车辆同一侧的所有转向信号灯要由同一操纵件控制同时打开和关闭。

5.3.7　其他要求

转向信号灯不应同任何灯具复合。

转向信号灯不应同任何灯具混合。

电性能要求如下,除了发动机和装置正常工作所应带的负载以外,进行如下测量时电气系统不应接入其他负载:

——闪烁频率应为(90±30)次/min;

——车辆同一侧的转向信号灯允许同步或交替闪烁;

——光信号控制开关开启后1 s内应点亮,1.5 s内应首次熄灭;

——如果某一转向信号灯不是因短路而失效,同一方向的其他转向信号灯应继续闪烁或保持点亮,这时其闪烁频率允许与上述规定有所不同。

5.4　制动灯

5.4.1　数量

1只或2只。

5.4.2　布局

无特殊要求。

5.4.3　位置

5.4.3.1　在高度方向:离地高度不小于250 mm,不大于1 500 mm。

5.4.3.2　在纵向:位于车后。

5.4.4　几何可见度

几何可见度要求如下:

水平方向角β:对于单只灯向左、右各45°;

对于成对配置的灯具,向外45°,向内10°。

垂直方向角α:自水平面向上15°,向下15°。如果灯具高度低于750 mm,水平面以下的垂直角允许降到5°。

5.4.5　方向

朝后。

5.4.6　电路连接

应在任何行车制动状态时点亮。

5.4.7　指示器

禁止使用。

5.4.8 其他要求

制动灯不应和任何其他灯具复合。

5.5 后牌照灯

5.5.1 数量

1个。允许由几个光学元件组成,用于照亮为牌照板预留的空间。

5.5.2 布局

应照亮为牌照板预留的空间。

5.5.3 位置

5.5.3.1 在横向:应照亮为牌照板预留的空间。

5.5.3.2 在高度方向:应照亮为牌照板预留的空间。

5.5.3.3 在纵向:应照亮为牌照板预留的空间。

5.5.4 几何可见度

应照亮为牌照板预留的空间。

5.5.5 方向

应照亮为牌照板预留的空间。

5.5.6 指示器

选装。其功能应由位置灯规定的指示器完成。

5.5.7 其他要求

当后牌照灯与后位灯复合,与制动灯混合时,后牌照灯的配光性能允许在制动灯点亮时改变。

5.6 前位灯

5.6.1 数量

1只或2只。

5.6.2 布局

无特殊要求。

5.6.3 位置

5.6.3.1 在高度方向:离地高度不小于350 mm,不大于1 200 mm。

5.6.3.2 在纵向:位于车辆前。

5.6.4 几何可见度

几何可见度要求如下:

水平方向角β:对于单只灯,向左、右各80°;

对于成对配置的灯具,应为向外80°,向内45°。

垂直方向角α:自水平面向上15°,向下15°。如果灯具高度小于750 mm,水平面以下的垂直角允许降低到5°。

5.6.5 方向

朝前,允许随转向把转动。

5.6.6 接通指示器

选装。如果安装,为非闪烁的绿色信号灯或用仪表灯代替。

5.7 后位灯

5.7.1 数量

1只或2只。

5.7.2 布局

无特殊要求。

5.7.3 位置

5.7.3.1 在高度方向：离地高度不小于250 mm，不大于1 500 mm。

5.7.3.2 在纵向：位于车后部。

5.7.4 几何可见度

几何可见度要求如下：

水平方向角β：对于单只灯，向左、右各80°；

对于成对配置的灯具，应为向外80°，向内45°。

垂直方向角α：自水平面向上15°，向下15°。如果灯具高度小于750 mm，水平面以下的垂直角允许降低到5°。

5.7.5 方向

朝后。

5.7.6 指示器

选装。如果安装，其功能应由前位灯规定的指示器完成。

5.8 非三角形后回复反射器

5.8.1 数量

1只或2只。

5.8.2 布局

无特殊要求。

5.8.3 位置

5.8.3.1 在高度方向：离地高度应不小于250 mm，不大于900 mm。

5.8.3.2 在纵向：位于车后。

5.8.4 几何可见度

几何可见度要求如下：

水平方向角β：对于单只反射器，向左、右各30°；

对于成对配置的反射器，应为向外30°，向内10°。

垂直方向角α：自水平面向上15°，向下15°。如果灯具高度小于750 mm，水平面以下的垂直角允许降低到5°。

5.8.5 方向

朝后。

5.9 非三角形侧回复反射器

5.9.1 每侧数量

1只或2只。

5.9.2 布局

无特殊要求。

5.9.3 位置

5.9.3.1 在高度方向：离地高度不小于300 mm，不大于1 000 mm。

5.9.3.2 在纵向：在正常条件下，其安装位置应不被驾驶员或乘客的衣服挡住。

5.9.4 几何可见度

几何可见度要求如下：

水平方向角β：向前、后各30°；

垂直方向角α：自水平面向上15°，向下15°。如果反射器高度低于750 mm，水平面以下垂直角允许降到5°。

5.9.5 方向

回复反射器的基准轴线应垂直于车辆纵向对称平面并且朝向外侧。前侧回复反射器允许随转向把转动。

6 检验规则

6.1 型式检验

就照明和光信号装置的安装申请型式检验的制造商应提交空载车一辆，其上装有整套照明和光信号装置。并附下述文件资料：

a) 具有车辆外廓尺寸的外形图，以及不同车型识别的说明书；

b) 一份照明和光信号装置的整体安装图，标明各装置在车辆上的安装位置；

c) 一套能显示每种灯具发光面、透光面、基准轴线和基准中心的外形图，以及一份有关视表面确定方法的说明(不包括牌照灯)。

提交试验的车型应满足第4章、第5章的规定。

6.2 生产一致性检验

对通过型式检验且连续生产的车辆，应进行随机抽查。每辆车就照明和光信号装置的安装应符合型式检验的车型。

附 录 A
（规范性附录）
前视红光和后视白光的不可见度

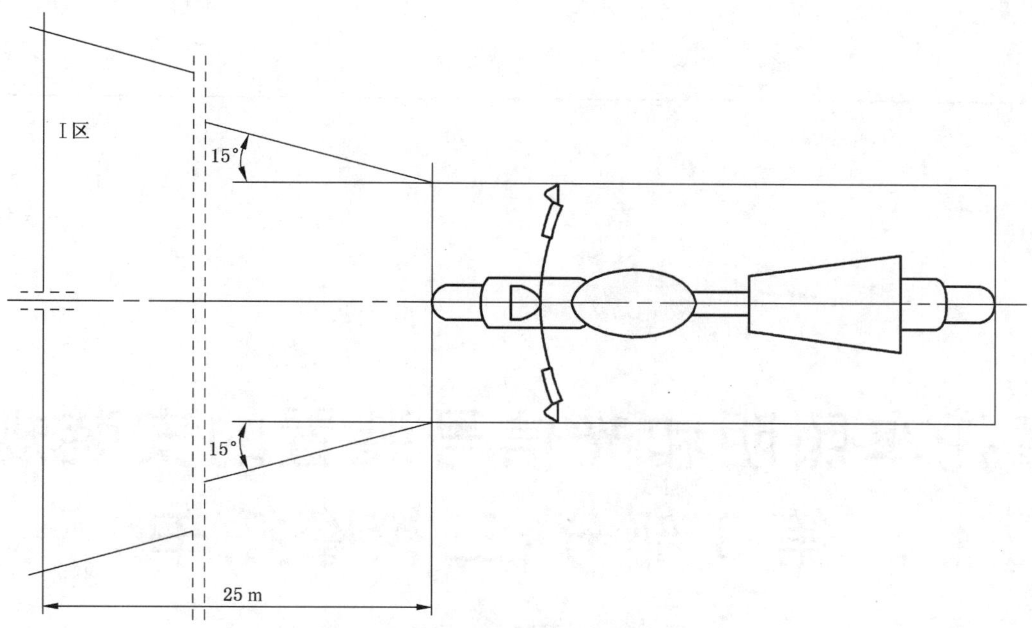

图 A.1 前视红光的不可见度

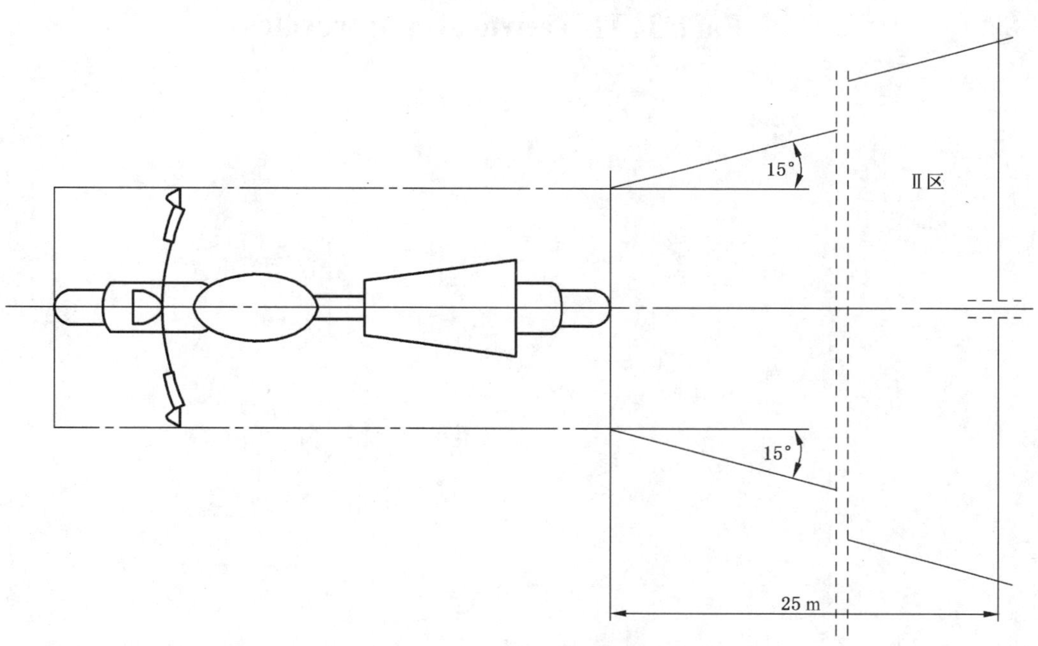

图 A.2 后视白光的不可见度

ICS 43.040.20
T 38

中华人民共和国国家标准

GB 18100.3—2010

摩托车照明和光信号装置的安装规定 第3部分:三轮摩托车

Provisions for installation of lighting and light-signalling devices for motorcycles—Part 3:Three-wheel motorcycles

2011-01-10 发布　　2013-01-01 实施

中华人民共和国国家质量监督检验检疫总局
中国国家标准化管理委员会　发布

前　言

本部分的第3章、5.1.7、5.2.7、5.3.7、5.5.9、5.6.9、5.9.6、5.10.7、5.12.10、6.1.7、6.2.10、6.3.7、6.6.10、6.7.10、6.10.9、7.1.7、7.2.10、7.3.7、7.6.7、7.7.7、7.9.7、7.11.6以及表1的序号7、8的三轮轻便摩托车和边三轮摩托车、序号9的三轮轻便摩托车和正三轮摩托车和序号10、12为推荐性的，其余为强制性的。

GB 18100《摩托车照明及光信号装置的安装规定》分为三个部分：

——第1部分：两轮摩托车；

——第2部分：两轮轻便摩托车；

——第3部分：三轮摩托车。

本部分为GB 18100的第3部分，对应于欧洲联盟委员会EC汽车技术指令93/92/EEC《关于两轮/三轮摩托车照明和光信号装置的安装的理事会指令》(19/12/2000)，与93/92/EEC的一致性程度为非等效，技术内容主要差异如下：

——删除了93/92/EEC与二轮摩托车相关的规定。

——增加了“型式试验”的术语和定义。

——删去了非三角形前回复反射器的颜色要求。

——在外缘端面定义中，将前、后位灯及后回复反射器也列入“除外的突出物”。

——将正三轮摩托车后雾灯的安装作为强制；将轻便三轮摩托车远光灯的安装作为强制；三轮轻便摩托车牌照板照明装置作为强制；三轮轻便摩托车转向信号灯作为强制；删除了脚踏板回复反射器安装的相关要求。

——远光灯和近光灯横向位置要求中增加了远光灯(或近光灯)与前位灯混合的情况。

——对转向信号灯闪烁频率等规定不再按交、直流供电进行细分。

——删除有关摩托车近光光束倾斜度要求。有关摩托车近光光束倾斜度要求和试验方法正在研究中。

本标准的附录A和附录B为规范性附录。

本标准自实施之日起24个月后，新申请型式检验的三轮摩托车产品应符合本标准。

本标准由中华人民共和国国家发展和改革委员会提出。

本标准由全国汽车标准化技术委员会(SAC/TC 114)归口。

本标准起草单位：上海汽车灯具研究所、中国汽车技术研究中心、上海摩托车研究所。

本标准主要起草人：卜伟理、许秀香、姜勇。

摩托车照明和光信号装置的安装规定
第3部分:三轮摩托车

1 范围

GB 18100的本部分规定了三轮轻便摩托车,边三轮摩托车及正三轮摩托车照明和光信号装置安装的要求、试验方法和特别要求等。

本部分适用于三轮轻便摩托车,边三轮摩托车及正三轮摩托车(L_2、L_4、L_5类)。

2 规范性引用文件

下列文件中的条款通过GB 18100的本部分的引用而成为本部分的条款。凡是注日期的引用文件,其随后所有的修改单(不包括勘误的内容)或修订版均不适用于本部分,然而,鼓励根据本部分达成协议的各方研究是否可使用这些文件的最新版本。

GB 4599 汽车用灯丝灯泡前照灯
GB 4660 汽车用灯丝灯泡前雾灯
GB 4785 汽车及挂车外部照明和光信号装置的安装规定
GB 5948 摩托车白炽丝光源前照灯配光性能
GB 11554 汽车和挂车用后雾灯配光性能
GB 11564 机动车回复反射器
GB 17509 汽车及挂车转向信号灯配光性能
GB 17510 摩托车光信号装置配光性能
GB 19152 轻便摩托车前照灯配光性能
GB 15235 汽车及挂车倒车灯配光性能

3 术语和定义

下列术语和定义适用于GB 18100的本部分。

3.1

车辆型式试验 type test of a vehicle

就照明和光信号装置的安装数量和方法对某一车型进行型式试验。

3.2

车辆型式 vehicle type

对于照明和光信号装置的安装,在以下方面有差异的车辆认为是不同型式:

——车辆的尺寸和外形;

——灯具的布局和数量;

——以下情况不作为"不同类型的车辆":

1) 车辆虽然按以上两条有所差异,但其灯具的类型,数量,布局和几何可见度没有不同;

2) 符合相应标准要求的选装灯具,在车辆上的安装与否,与车辆的型式无关。

3.3

几何可见度 angles of geometric visibility

灯具视表面可见的最小立体角,该立体角为球体的一部分,球心位于灯具的基准中心,赤道与地面平行。立体角以基准轴为基准,垂直方向角α表示纬度和水平方向角β角表示经度。当从远处观察时,在该范围内,不应有阻碍视表面所发光线的障碍物。

如果在灯具近处测量,应沿观察方向平行移动,确保相同的准确度。如果灯具在以往型式检验时已存在障碍物,则在该范围内这些障碍物不予考虑。

若灯具安装时,其视表面受到车辆部件的部分遮掩,则应提供证明,表明不受遮掩的部分,仍满足灯具型式试验时所需的配光值要求。

3.4

外缘端面　extreme outer edge

平行于车辆纵向对称平面,且与车辆外侧边缘接触的平面。以下突出物除外:后视镜、转向信号灯、前位灯、后位灯、后回复反射器。

3.5

车宽　overall width

按3.4定义的两侧垂直平面间的距离。

4　要求

4.1　照明及光信号装置的安装,应在正常使用状况下,即使受到振动后,仍满足本部分要求。且不应改变初始调整状态。

4.2　照明装置的安装,应便于其调整至正确方向。

4.3　包括安装在车侧的所有光信号装置,安装时其基准轴线应平行于车辆在道路上的停放面。此外,对于侧回复反射器,其基准轴线应垂直于车辆纵向对称平面,所有其他光信号装置的基准轴线,应与纵向对称平面平行,每个方向上的允差为±3°。如果制造商另有特殊规定,则按制造商规定执行。

4.4　如无特别说明,检验灯具安装高度和方向时,车辆应空载,并置于水平地面上,其纵向对称平面应竖直,转向把或前轮应向正前方。轮胎压力按制造商在特定装载条件下的规定。

4.5　如无特别说明,成对配置的灯具应具有相同的功能,且应满足:

a)　相对于车辆纵向对称平面,对称安装;

b)　相对于车辆纵向对称平面,几何形状对称;

c)　满足相同的色度要求;

d)　具有相同的配光性能。

4.6　如无特别说明,只要每个灯满足各自的要求,则具有不同功能的灯具彼此允许组合、复合或混合。

4.7　离地最大和最小高度应分别从基准轴线方向上视表面的最高和最低点开始测量。对于近光灯,离地最小高度应从光学系统(如:反射镜、配光镜、投射透镜)有效口径的最低点开始测量,若(最大和最小)离地高度明显满足本部分要求,则不需要确定任何表面的精确边缘。

横向安装位置,对于全宽度:由离车辆纵向对称平面最远的基准轴线方向上的视表面边缘确定。对于灯具间的间距,由基准轴线方向上视表面的诸内边缘确定。若横向安装位置明显满足本标准要求,则不需要确定任何表面的精确边缘。

4.8　如无特别说明,只有转向信号灯和危险警告信号是闪烁的。

4.9　从车前应观察不到红色灯具,从车后应观察不到白色灯具(倒车灯除外)。按以下方法检测(见附录A)。

4.9.1　对于前视红光不可见度:当观测者在车前25 m处横截面的1区内移动观测时,不应直接看得到红色灯具的透光面。

4.9.2　对于后视白光不可见度:当观测者在车后25 m处横截面的2区内移动观测时,不应直接看得到白色灯具的透光面。

4.9.3　在上述两个横截面内,观测者所在的1区,2区范围如下:

a)　对于高度,由两个离地高度各为1 m和2.2 m的水平面限定。

b)　在横向上,在车前和车后分别由两个与车辆纵向对称平面成向外15°角的竖直平面限定。这些平面应过相应的交线(即平行车辆纵向对称面并限定车宽的平面与垂直车辆纵向对称面并限定车长的平面的交线)。

4.10 电路连接应使前位灯、后位灯和牌照灯只能同时打开或关闭。

4.11 如无特别说明，电路连接应只有当 4.10 中的各灯打开后，远光灯、近光灯和雾灯才允许打开。然而，当远光灯或近光灯间歇打开或间歇交替打开以作为警告信号时，本要求不适用。

4.12 指示器要求如下。

4.12.1 当驾驶员处于驾驶位置时，应方便，清晰地观察到各指示器。

4.12.2 本标准中的"接通"指示器允许用"工作"指示器代替。

4.13 三轮摩托车照明和光信号装置的颜色及安装要求应符合表 1 规定，色度特性按 GB 4785 规定。

表 1 灯具的颜色及安装要求

序号	灯具名称	光色	安装要求		
			三轮轻便摩托车	边三轮摩托车	正三轮摩托车
1	远光灯	白色	强制安装	强制安装	强制安装
2	近光灯	白色	强制安装	强制安装	强制安装
3	转向信号灯	琥珀色	强制安装	强制安装	强制安装
4	制动灯	红色	强制安装	强制安装	强制安装
5	前位灯	白色	强制安装	强制安装	强制安装
6	后位灯	红色	强制安装	强制安装	强制安装
7	前雾灯	白色/黄色	选装	选装	选装
8	后雾灯	红色	选装	选装	强制安装
9	倒车灯	白色	选装	—	选装
10	危险警告信号	琥珀色	选装	选装	选装
11	后牌照板照明装置	白色	强制安装	强制安装	强制安装
12	非三角形侧回复反射器	琥珀色	选装	选装	选装
13	非三角形后回复反射器	红色	强制安装	强制安装	强制安装

4.14 三轮摩托车应装备表 1 规定的照明和信号装置，表 1 未提到的照明和信号装置不允许使用。

4.15 正三轮摩托车和边三轮摩托车前照灯(远、近光)应符合 GB 5948 或 GB 4599(封闭式灯具除外)的要求，前位灯、后位灯、制动灯和后牌照灯应符合 GB 17510 的要求，转向信号灯应符合 GB 17510 或 GB 17509 的相应要求，非三角形后回复反射器和非三角形侧回复反射器应符合 GB 11564 的要求，前雾灯应符合 GB 4660 的要求，后雾灯应符合 GB 11554 的要求，倒车灯应符合 GB 15235 的要求。

4.16 三轮轻便摩托车前照灯(远、近光)应符合 GB 19152 或 GB 5948 的要求，前位灯、后位灯、制动灯和后牌照灯应符合 GB 17510 的要求，转向信号灯应符合 GB 17510 或 GB 17509 的相应要求，非三角形后回复反射器和非三角形侧回复反射器应符合 GB 11564 的要求，倒车灯应符合 GB 15235 的要求。

4.17 牌照板安装后，其他灯具仍应符合各自的几何可见度要求。

5 三轮轻便摩托车特别要求

5.1 远光灯

5.1.1 数量

1 只或 2 只。对于车宽大于 1 300 mm 的三轮轻便摩托车，应安装 2 只远光灯。

5.1.2 布局

无特殊要求。

5.1.3 位置

5.1.3.1 横向：单只独立远光灯允许位于车辆前部其他灯具的上面，下面或其一侧：如果是上下放置，则远光灯的基准中心应在车辆的纵向对称平面上；如果是左右放置，则它们的基准中心应关于车辆的纵向对称平面对称。

如果单只远光灯和车辆前部另一只灯具混合,则基准中心应在车辆的纵向对称平面上;然而,如果单只近光灯和远光灯左右放置,它们的基准中心应关于车辆的纵向对称平面对称。

当安装2只远光灯,其中1只或2只都与车辆前部另1只灯具混合,则它们的基准中心应关于车辆的纵向对称平面对称。

5.1.3.2 纵向:安装于车辆前部。要求发射光不会直接或间接通过后视镜及/或车辆上其他反射面引起驾驶员不舒适。

5.1.3.3 远光灯的发光面边缘和其相应近光灯发光面边缘间距离不应大于200 mm。

5.1.4 几何可见度

发光面(包括从观察方向似乎不发光的部分)在一个扩散区域内应可见,该扩散区域由发光面轮廓上的众母线围成,各母线与前照灯的基准轴的夹角向外不小于5°。发光面在远光灯配光镜最前部相切面上的投影轮廓,作为几何可见度角的始端。

5.1.5 方向

向前。可随转向把转动。

5.1.6 电路连接

所有远光灯应同时点亮。当由近光切换成远光时,所有远光灯都应点亮。当由远光切换成近光时,所有远光灯应同时熄灭。远光灯点亮同时,允许近光灯也亮着。

5.1.7 “接通”指示器

选装。蓝色无闪烁信号灯。

5.1.8 其他要求

允许与近光灯和前位灯组合;不应与任何灯具复合;可与近光灯、前位灯混合。

5.2 近光灯

5.2.1 数量

1只或2只。对于车宽大于1 300 mm的三轮轻便摩托车,应安装2只近光灯。

5.2.2 布局

无特殊要求。

5.2.3 位置

5.2.3.1 横向:单只独立近光灯允许安装于车辆前部其他灯具的上面,下面或其一侧:如果是上下放置,则近光灯的基准中心应在车辆的纵向对称平面上;如果是左右放置,则它们的基准中心应关于车辆的纵向对称平面对称。

单只近光灯和车辆前部另1只灯具混合时,基准中心应在车辆的纵向对称平面上;然而,如果单只独立的远光灯和近光灯左右放置,它们的基准中心应关于车辆的纵向对称平面对称。

当安装2只近光灯,其中1只或2只都与车辆前部另1只灯具混合,则它们的基准中心应关于车辆的纵向对称平面对称。

对于安装2只近光灯的车辆:

离车辆纵向对称平面最远的发光面外缘到车辆相应外缘端面的距离应不大于400 mm。

两发光面内边缘间距离不小于500 mm。对于车宽小于1 300 mm的车辆,这一距离减至400 mm。

5.2.3.2 高度:离地高度不小于500 mm,不大于1 200 mm。

5.2.3.3 纵向:安装于车辆前部。要求发射光不会直接或间接通过后视镜或其他车辆上反射面引起驾驶员不舒适。

5.2.4 几何可见度

按3.3定义的垂直方向角α和水平方向角β:

α:向上15°,向下10°;

β:对于安装单只近光灯的情况,向左向右均45°;对于安装成对近光灯的情况,向外45°,向内10°。

5.2.5 **方向**

向前，可随转向把转动。

5.2.6 **电路连接**

变换近光灯时，远光灯应同时关闭。而远光灯打开时，近光灯允许开着。

5.2.7 **“接通”指示器**

选装。绿色无闪烁信号灯。

5.2.8 **其他要求**

允许与远光灯和前位灯组合；不应与任何灯复合；允许与远光灯和前位灯混合。

5.3 **转向信号灯**

5.3.1 **数量**

每侧2只。

5.3.2 **布局**

2只前转向信号灯，2只后转向信号灯。

5.3.3 **位置**

5.3.3.1 横向离车辆纵向对称平面最远的发光面外缘到车辆相应外缘端面的距离应不大于400 mm。两转向信号灯发光面内边缘间距离不小于500 mm。前转向信号灯与最邻近的近光灯的发光面间的最小距离规定如下：

——对于最小发光强度为90 cd的转向灯：75 mm；

——对于最小发光强度为175 cd的转向灯：40 mm；

——对于最小发光强度为250 cd的转向灯：20 mm；

——对于最小发光强度为400 cd的转向灯：≤20 mm。

5.3.3.2 离地高度≥350 mm，≤1 500 mm。

5.3.4 **几何可见度**

几何可见度要求如下：

水平方向角：见附录B中的图B.1。

垂直方向角：水平面向上向下均15°。如果灯具离地高度小于750 mm，则水平面以下垂直角减至5°。

5.3.5 **方向**

前转向信号灯可随转向把转动。

5.3.6 **电路连接**

转向信号灯应独立于其他灯具打开。在同一侧的转向信号灯应通过同一个控制器来打开或关闭。

5.3.7 **“工作”指示器**

选装，指示器允许是光学的，声音的或两者兼有。如果是光学的，则应是绿色闪烁信号，且应在正常驾驶情况下可见。当转向灯发生故障时，指示器应熄灭或停止闪烁或改变闪烁频率。如果采用声音指示器，应响声清晰，并应完成以上光学指示器的所有功能。

5.3.8 **工作要求**

以下各项测试，除了发动机和灯具装置正常工作所需的负载以外，进行如下测量时电气系统不应接入其他负载。

5.3.8.1 光信号装置应在开关打开1 s内点亮，1.5 s内首次熄灭。

5.3.8.2 对于车辆所有转向信号灯：

5.3.8.2.1 闪烁频率应为$(90\pm30)\mathrm{min}^{-1}$。

5.3.8.2.2 同一侧的信号灯应同时同步或交替闪烁。

5.3.8.3 当一个转向信号灯发生除短路之外的故障时，同侧其他转向信号灯应依然闪烁点亮或长亮，但闪烁频率可与之前不同。

5.3.9 **其他要求**

允许与一个或一个以上的灯组合；不应与任何其他灯具复合；不应与任何其他灯具混合。

5.4 制动灯

5.4.1 数量

1 只或 2 只。对于车宽大于 1 300 mm 的三轮轻便摩托车，应安装 2 只制动灯。

5.4.2 布局

无特殊要求。

5.4.3 位置

5.4.3.1 横向：如果安装单只制动灯，其基准中心应位于车辆的纵向对称平面上；如果成对安装制动灯，它们的基准中心应关于车辆纵向对称平面对称。对于装有两个后轮的车辆：两制动灯之间距离应不小于 600 mm。对于车宽小于 1 300 mm 的车辆，这一距离可减至 400 mm。

5.4.3.2 高度：离地高度不小于 250 mm，不大于 1 500 mm。

5.4.3.3 纵向：位于车辆尾部。

5.4.4 几何可见度

几何可见度要求如下：

水平方向角：向左，向右均 45°。

垂直方向角：水平面向上，向下均 15°。当灯具的离地高度小于 750 mm，则水平向下垂直角可减至 5°。

5.4.5 方向

向后。

5.4.6 电路连接

在车辆制动时，制动灯应点亮。

5.4.7 "接通"指示器

禁止安装。

5.4.8 其他要求

允许与车尾部其他任何灯具组合；不应与其他任何灯具复合；允许与后位灯混合。

5.5 前位灯

5.5.1 数量

1 只或 2 只。对于最大车宽大于 1 300 mm 的三轮轻便摩托车，应安装 2 只前位灯。

5.5.2 布局

无特殊要求。

5.5.3 位置

5.5.3.1 横向：单只独立前位灯允许安装于车辆前部其他灯具的上面，下面或其一侧：如果是上下放置，则前位灯的基准中心应在车辆的纵向对称平面上；如果是左右放置，则它们的基准中心应关于车辆的纵向对称平面对称。

安装单只前位灯和车辆前部另 1 只灯具混合时，它的基准中心在车辆的纵向对称平面上。

安装 2 只前位灯，1 只或 2 只都与车辆前部另 1 只灯具混合，则它们的几何中心应关于车辆的纵向对称平面对称。

对于安装 2 只前位灯的车辆：离车辆纵向对称平面最远的发光面外缘到车辆相应外缘端面的距离应不大于 400 mm。两发光面内边缘间距离不小于 500 mm。对于车宽小于 1 300 mm 的车辆，这一距离可减至 400 mm。

5.5.3.2 高度：离地高度不小于 350 mm，不大于 1 200 mm。

5.5.3.3 纵向：在车辆前部。

5.5.4 几何可见度

几何可见度如下：

水平方向角：1 只前位灯：向左，向右均 80°。

2 只前位灯：向外 80°，向内 45°。

垂直方向角：水平面向上，向下均15°。当灯具的离地高度小于750 mm，则水平向下垂直角可减至5°。

5.5.5 方向

向前。可随转向把转动。

5.5.6 电路连接

无特殊要求。

5.5.7 “接通”指示器

选装。非闪烁绿色信号。

5.5.8 其他要求

允许与任何其他车辆前部灯具组合；允许与任何其他车辆前部灯具混合。

5.6 后位灯

5.6.1 数量

1只或2只。对于车宽大于1 300 mm的三轮轻便摩托车，应安装2只后位灯。

5.6.2 布局

无特殊要求。

5.6.3 位置

5.6.3.1 横向：1只后位灯：基准中心应位于车辆的纵向对称平面上。

2只后位灯：它们的基准中心，应关于车辆的纵向对称平面对称。

对于装有两个后轮的车辆：两后位灯之间距离应不小于600 mm。对于车宽小于1 300 mm的车辆，这一距离可减至400 mm。

5.6.3.2 高度：离地高度不小于250 mm，不大于1 500 mm。

5.6.3.3 纵向：位于车辆尾部。

5.6.4 几何可见度

几何可见度如下：

水平方向角：1只后位灯：向左，向右均80°。

2只后位灯：向外80°，向内45°。

垂直方向角：水平面向上，向下均15°。当灯具的离地高度小于750 mm，则水平向下垂直角可减至5°。

5.6.5 方向

向后。

5.6.6 电路连接

无特殊要求。

5.6.7 “接通”指示器

选装。其功能可由前位灯的相应指示器完成。

5.6.8 其他要求

——允许与车尾部其他任何灯具组合；

——允许与制动灯和/或非三角形后回复反射器混合。

5.7 非三角形后回复反射器

5.7.1 数量

1只或2只。对于最大车宽大于1 000 mm的三轮轻便摩托车，应安装2只。

5.7.2 布局

无特殊要求。

5.7.3 位置

5.7.3.1 横向：1只后回复反射器：基准中心应位于车辆的纵向对称平面上。2只后回复反射器：它们的基准中心，应关于车辆的纵向对称平面对称。

对于安装 2 只后回复反射器的情况：

——离车辆纵向对称平面最远的点到车辆相应外缘端面的距离应不大于 400 mm。

——两回复反射器内边缘间距离不小于 500 mm。对于车宽小于 1 300 mm 的车辆，这一距离允许减至 400 mm。

5.7.3.2 高度：离地高度不小于 250 mm，不大于 900 mm。

5.7.3.3 纵向：在车辆尾部。

5.7.4 几何可见度

几何可见度如下：

水平方向角：向左，向右均 30°。

垂直方向角：水平面向上，向下 15°。当回复反射器的离地高度小于 750 mm，则水平向下垂直角可减至 5°。

5.7.5 方向

向后。

5.7.6 其他要求

回复反射器的发光面允许与安装在车辆尾部的红色灯具共用。可与其他任何灯具组合。

5.8 非三角形侧回复反射器

5.8.1 数量

每侧 1 只或 2 只。

5.8.2 布局

无特殊要求。

5.8.3 位置

5.8.3.1 横向：无特殊要求。

5.8.3.2 高度：离地高度不小于 300 mm，不大于 900 mm。

5.8.3.3 纵向：在正常情况下，该装置应不会被驾驶员或乘客及他们的衣物遮蔽。

5.8.4 几何可见度

几何可见度如下：

水平方向角：向前向后各 30°。

垂直方向角：水平面向上，向下均 15°。当回复反射器的离地高度小于 750 mm，则水平向下垂直角可减至 5°。

5.8.5 位置

回复反射器的基准轴应垂直于车辆的纵向对称平面，且面向外安装。安装于车前的反射器可随转向把转动。

5.8.6 其他要求

允许与其他光信号装置组合。

5.9 后牌照板照明装置

5.9.1 数量

1 个。根据牌照板照明位置要求，牌照灯可由几个发光元件组成。

5.9.2 布局

根据牌照板照明位置而定。

5.9.3 位置

5.9.3.1 横向：根据牌照板照明位置而定。

5.9.3.2 高度：根据牌照板照明位置而定。

5.9.3.3 纵向：根据牌照板照明位置而定。

5.9.3.4 几何可见度:根据牌照板照明位置而定。

5.9.4 方向

根据牌照板照明位置而定。

5.9.5 电路连接

无特殊要求。

5.9.6 “接通”指示器

选装。其功能由位置灯指示器完成。

5.9.7 其他要求

允许与车尾部一个或多个灯具组合;允许与后位灯复合;允许与其他任何灯具混合。

5.10 前雾灯

5.10.1 数量

1只或2只。

5.10.2 布局

无特殊要求。

5.10.3 位置

5.10.3.1 横向:单只前雾灯允许位于车辆前部其他灯具的上面,下面或其一侧:如果是上下放置,则前雾灯的基准中心应在车辆的纵向对称平面上;如果是左右放置,则它们的基准中心应关于车辆的纵向对称平面对称。

如果单只前雾灯与车辆前部另1只灯具混合,则它的基准中心在车辆的纵向对称平面上;

在安装有2只前雾灯的情况下,当它们中的1只或2只都与车辆前部另1只灯具混合时,则它们的基准中心应关于车辆的纵向对称平面对称。

离车辆纵向对称平面最远的发光边缘到车辆外缘端面的距离应不大于400 mm。

5.10.3.2 高度:离地高度不小于250 mm。前雾灯发光面上的点,不应高于近光灯发光面上的最高点。

5.10.3.3 纵向:在车辆前部。要求发射光不会直接或间接通过后视镜或车辆上其他反射面引起驾驶员不舒适。

5.10.4 几何可见度

按3.3定义的α和β角如下:

α:向上向下均5°;

β:安装2只前雾灯时向内10°,向外45°。安装1只时向左向右均45°。

5.10.5 方向

向前。可随转向把转动。

5.10.6 电路连接

应独立于远光灯和近光灯而打开和关闭。

5.10.7 “接通”指示器

选装。绿色非闪烁指示信号。

5.10.8 其他要求

允许与其他车辆前部灯具组合;不应与其他车辆前部灯具复合;允许与远光灯,前位灯混合。

5.11 后雾灯

5.11.1 数量

1只或2只。

5.11.2 布局

无特殊要求。

5.11.3 位置

5.11.3.1 横向:对于单只的后雾灯,其安装应位于:相对于车辆纵向对称平面,车辆行驶方向的左侧。其基准中心也允许位于车辆的纵向对称平面上。如果有 2 只后雾灯,其基准中心应关于车辆的纵向对称平面对称。对于有 2 只后轮的车辆:两后雾灯之间距离不小于 600 mm。对于车辆最大宽度小于 1 300 mm 的车辆,这一距离允许减至 400 mm。

5.11.3.2 高度:离地高度不小于 250 mm,不大于 1 000 mm。

5.11.3.3 纵向:在车辆尾部。

5.11.3.4 后雾灯发光面和制动灯发光面间距离应不小于 100 mm。

5.11.4 几何可见度

按 3.3 定义的 α 和 β 角如下:

α:向上向下均 5°;

β:向左向右均 25°。

5.11.5 位置

车尾。

5.11.6 电路连接

只有在远光灯,近光灯或前雾灯中的一个或多个灯具已打开的情况下,后雾灯才允许打开。后雾灯应独立于任何其他灯具而关闭。

5.11.7 "接通"指示器

应安装。琥珀色非闪烁指示信号。

5.11.8 其他要求

允许与车尾部其他灯具组合;不应与其他灯具复合;允许与后位灯混合。

5.12 倒车灯

5.12.1 数量

1 只或 2 只。

5.12.2 布局

无特殊要求。

5.12.3 位置

5.12.3.1 横向:无特殊要求。

5.12.3.2 高度:离地高度不小于 250 mm,不大于 1 200 mm。

5.12.3.3 纵向:在车辆尾部。

5.12.4 几何可见度

按 3.3 定义的 α 和 β 角如下:

α:向上 15°,向下 5°;

β:对于安装 1 只倒车灯,向左向右均 45°。

对于安装 2 只倒车灯,向外 45°,向内 30°。

5.12.5 位置

车尾。

5.12.6 电路连接

只有当倒车齿轮处于啮合状态,而且发动机的点、熄火控制装置处于使发动机能工作的状态时,倒车灯才允许点亮。在不符合上述条件的情况下,倒车灯都应无法点亮。

5.12.7 "接通"指示器

选装。

5.12.8 **其他要求**

允许与车尾部其他灯具组合；不应与其他任何灯具复合；不应与任何灯具混合。

5.13 **危险警告信号**

5.13.1 **一般要求**

应满足5.3.1至5.3.8的要求。

5.13.2 **电路连接**

应通过一单独的开关打开所有转向信号灯以实现危险警告信号。

5.13.3 **“接通”指示器**

应安装。可配备独立的红色闪烁信号指示器，或同时打开5.3.7中规定的指示器来代替。

5.13.4 **其他要求**

信号闪烁频率为：(90±30)min^{-1}。

危险警告信号应在开关打开后1 s内点亮，在1.5 s内首次熄灭。

即使发动机点火开关处于关闭状态，也应能开启危险警告信号。

6 边三轮摩托车特别要求

6.1 **远光灯**

6.1.1 **数量**

1只或2只。

6.1.2 **布局**

无特殊要求。

6.1.3 **位置**

6.1.3.1 横向：单只独立远光灯允许位于车辆前部其他灯具的上面，下面或其一侧：如果是上下放置，则远光灯的基准中心应在车辆的纵向对称平面上；如果是左右放置，则它们的基准中心应关于车辆的纵向对称平面对称。

如果单只远光灯和车辆前部另1只灯具混合，则基准中心应在车辆的纵向对称平面上；然而，如果单只近光灯和远光灯左右放置，它们的基准中心应关于车辆的纵向对称平面对称。

当安装2只远光灯，其中1只或2只都与车辆前部另1只灯具混合，则它们的基准中心应关于车辆的纵向对称平面对称。

6.1.3.2 纵向：安装车辆前部。要求发射光不会直接或间接通过后视镜或车辆上其他反射面引起驾驶员不舒适。

6.1.3.3 远光灯的发光面边缘和近光灯发光面边缘间距离不应超过200 mm。

6.1.3.4 2只远光灯发光面间的距离不应大于200 mm。

6.1.4 **几何可见度**

发光面(包括从观察方向似乎不发光的部分)在一个扩散区域内应可见，该扩散区域由发光面轮廓上的众母线围成，各母线与前照灯的基准轴的夹角向外不小于5°。发光面在远光灯配光镜最前部相切面上的投影轮廓，作为几何可见度角的始端。

6.1.5 **方向**

向前。可随转向把转动。

6.1.6 **电路连接**

所有远光灯应同时点亮。当由近光切换成远光时，所有远光灯应都点亮。当由远光切换成近光时，所有远光灯应同时熄灭。远光灯点亮同时，允许近光灯也亮着。

6.1.7 **“接通”指示器**

选装。蓝色无闪烁信号灯。

6.1.8 **其他要求**

6.1.8.1 同时打开各远光灯，其总的最大发光强度应不大于 225 000 cd。

6.1.8.2 允许与近光灯及其他车前灯具组合。

6.1.8.3 不应与任何灯具复合。

6.1.8.4 可混合于近光灯、前位灯及前雾灯。

6.2 **近光灯**

6.2.1 **数量**

1 只或 2 只。

6.2.2 **布局**

无特殊要求。

6.2.3 **位置**

6.2.3.1 横向：单只独立近光灯允许安装于车辆前部其他灯具的上面，下面或其一侧：如果是上下放置，则近光灯的基准中心应在车辆的纵向对称平面上；如果是左右放置，则它们的基准中心应关于车辆的纵向对称平面对称。

单只近光灯和车辆前部另一只灯具混合时，其基准中心在车辆的纵向对称平面上；然而，如果单只独立的远光灯和近光灯左右放置，它们的基准中心应关于车辆的纵向对称平面对称。

当安装 2 只近光灯，其中 1 只或 2 只都与车辆前部另 1 只灯具混合，则它们的基准中心应关于车辆的纵向对称平面对称。

6.2.3.2 高度：离地高度不小于 500 mm，不大于 1 200 mm。

6.2.3.3 纵向：安装于车辆前部。要求发射光不会直接或间接通过后视镜或车辆上其他反射面引起驾驶员不舒适。

6.2.3.4 对于安装 2 只近光灯的情况，两发光面间距离不应大于 200 mm。

6.2.4 **几何可见度**

按 3.3 定义的 α 和 β 角：

α：向上 15°，向下 10°；

β：对于安装单只近光灯，向左向右均 45°；

对于安装 2 只近光灯，向外 45°，向内 10°。

灯光附近的仪表盘和其他设备不会因二次反射引起其他道路使用者的不舒适。

6.2.5 **方向**

向前，允许随转向把转动。

6.2.6 **电路连接**

变换近光灯时，远光灯应同时关闭。而远光灯打开时，近光灯允许开着。

6.2.7 **“接通”指示器**

选装。绿色无闪烁信号灯。

6.2.8 **其他要求**

允许与远光灯及其他车前灯具组合；不应与任何灯复合；允许与远光灯及其前位灯混合。

6.3 **转向信号灯**

6.3.1 **数量**

每侧 2 只。

6.3.2 **布局**

2 只前转向灯，2 只后转向灯。

6.3.3 **位置**

6.3.3.1 横向：离车辆纵向对称平面最远的发光面外缘到车辆外缘端面的距离应不大于 400 mm。转向信号灯两发光面内边缘间距离不小于600 mm。前转向信号灯与最邻近的近光灯发光面间的最小距离规定如下：

——对于最小发光强度为90 cd的转向灯：75 mm。

——对于最小发光强度为175 cd的转向灯：40 mm。

——对于最小发光强度为250 cd的转向灯：20 mm。

——对于最小发光强度为400 cd的转向灯：≤20 mm。

6.3.3.2 纵向：车辆纵向后边界横截面到后转向信号灯基准中心的距离应不大于300 mm。安装于边车的前后转向信号灯，应分别位于边车的前部和后部。

6.3.4 几何可见度

几何可见度如下：

水平方向角：见附录B中的图B.2。

垂直方向角：水平面向上向下均15°。如果灯具离地高度小于750 mm，则水平面以下垂直角减至5°。

6.3.5 方向

前转向信号灯允许随转向把转动。

6.3.6 电路连接

转向信号灯应独立于其他灯具打开。同一侧的转向信号灯应通过同一个控制器来打开或关闭。

6.3.7 “工作”指示器

选装。指示器允许是光学的、声音的或两者兼有。如果是光学的，则应是绿色闪烁信号，且应在正常驾驶情况下可见。当转向灯发生故障时，指示器应熄灭或停止闪烁或改变闪烁频率。如果采用声音指示器，应响声清晰，并应完成以上光学指示器的所有功能。

6.3.8 工作要求

以下各项目测试，除了发动机和灯具装置正常工作所应的负载以外，进行如下测量时电气系统不应接入其他负载。

6.3.8.1 光信号装置应在开关打开后1 s内点亮，在1.5 s内首次熄灭。

6.3.8.2 对于车辆所有转向信号灯：

6.3.8.2.1 闪烁频率应为(90±30)min^{-1}。

6.3.8.2.2 同一侧的信号灯应同时同步或交替闪烁。

6.3.8.3 当一个转向信号灯发生除短路之外的故障时，同侧其他转向信号灯应依然闪烁点亮或长亮，但闪烁频率允许与之前不同。

6.3.9 其他要求

允许与一个或一个以上的灯具组合；不允许与任何灯具复合；不允许与任何灯具混合。

6.4 制动灯

6.4.1 数量

1只或3只(边车上1只)。

6.4.2 布局

无特殊要求。

6.4.3 位置

6.4.3.1 横向：最外侧制动灯发光面外缘到机车外缘端面的距离不大于400 mm。在装有第三只制动灯的情况下，第一、第二制动灯应关于机车纵向对称平面对称。

6.4.3.2 高度：离地高度不小于250 mm，不大于1 500 mm。

6.4.3.3 纵向：在车辆尾部。

6.4.4 几何可见度

几何可见度如下：

水平方向角:向左向右均 45°。对于安装于边车的制动灯:向外 45°,向内 10°。

垂直方向角:水平面向上,向下均 15°。如果灯具离地高度小于 750 mm,则水平面以下垂直角减至 5°。

6.4.5 方向

向后。

6.4.6 电路连接

在车辆制动时,制动灯应点亮。

6.4.7 "接通"指示器

禁止安装。

6.4.8 其他要求

允许与 1 只或 1 只以上的车尾部灯具组合;不应与任何灯具复合;允许与后位灯混合。

6.5 前位灯

6.5.1 数量

2 只或 3 只(边车上 1 只)。

6.5.2 布局

无特殊要求。

6.5.3 位置

6.5.3.1 横向:最外侧 2 只前位灯发光面的外边缘到车辆外缘端面的距离应不大于 400 mm。在装有第三只前位灯的情况下,第一、第二只应关于机车纵向对称平面对称。

6.5.3.2 高度:离地高度不小于 350 mm,不大于 1 200 mm。

6.5.3.3 纵向:在车辆前部。

6.5.4 几何可见度

几何可见度如下:

水平方向角:向外 80°,向内 45°。

垂直方向角:水平面向上,向下均 15°。如果灯具离地高度小于 750 mm,则水平面向下垂直角减至 5°。

6.5.5 方向

向前。允许随转向把转动。

6.5.6 电路连接

无特殊要求。

6.5.7 "接通"指示器

应安装。非闪烁绿色信号。

如果仪表板灯与位置灯同时打开或关闭,则此指示器允许不要求安装。

6.5.8 其他要求

允许与其他车辆前部灯具组合;允许与其他车辆前部灯具混合。

6.6 后位灯

6.6.1 数量

2 只或 3 只(1 只装于边车)。

6.6.2 布局

无特殊要求。

6.6.3 位置

6.6.3.1 横向:最外侧的后位灯发光面外边缘到车辆外缘端面的距离不大于 400 mm。对于安装第三只后位灯的情况,第 1、第 2 后位灯应关于车辆纵向对称平面对称。

6.6.3.2 高度:离地高度不小于 250 mm,不大于 1 500 mm。

6.6.3.3 纵向:在车辆尾部。

6.6.4 几何可见度

几何可见度如下：

水平方向角：向外 80°，向内 45°。

垂直方向角：水平面向上，向下 15°。如果灯具离地高度小于 750 mm，则水平面以下垂直角减至 5°。

6.6.5 方向

向后。

6.6.6 电路连接

无特殊要求。

6.6.7 “接通”指示器

选装。其功能允许由前位灯指示器完成。

6.6.8 其他要求

允许与车尾部其他灯具组合；允许与后牌照板照明装置复合；允许与制动灯或/和非三角形后回复反射器混合。或与后雾灯混合。

6.7 前雾灯

6.7.1 数量

1 只或 2 只。

6.7.2 布局

无特殊要求。

6.7.3 位置

6.7.3.1 横向：单只前雾灯允许位于车辆前部其他灯具的上面，下面或其一侧：如果是上下放置，则前雾灯的基准中心应在车辆的纵向对称平面上；如果是左右放置，则它们的基准中心应关于车辆的纵向对称平面对称。

如果单只前雾灯与车辆前部另 1 只灯具混合，则它的基准中心在车辆的纵向对称平面上。

在安装有 2 只前雾灯的情况下，当它们中的 1 只或 2 只都与车辆前部另 1 只灯具混合时，则它们的基准中心应关于车辆的纵向对称平面对称。

6.7.3.2 高度：离地高度至少 250 mm。前雾灯发光面上的点，不应高于近光灯发光面上的最高点。

6.7.3.3 纵向：在车辆前部。要求发射光不会直接或间接通过后视镜或其他车辆上反射面引起驾驶员不舒适。

6.7.4 几何可见度

按 3.3 定义的 α 和 β 角：

α：向上向下均 5°；

β：对于安装 2 只前雾灯的情况，向内 10°，向外 45°。安装 1 只时向左向右均 45°。

6.7.5 方向

向前。允许随转向把转动。

6.7.6 电路连接

应独立于远光灯和近光灯而打开和关闭。

6.7.7 “接通”指示器

选装。绿色非闪烁指示信号。

6.7.8 其他要求

允许与其他车辆前部灯具组合；不应与其他车辆前部灯具复合；允许与远光灯，前位灯混合。

6.8 后雾灯

6.8.1 数量

1 只或 2 只。

6.8.2 布局

无特殊要求。

6.8.3 位置

6.8.3.1 横向:单只后雾灯安装时,对于右行车辆应安装在机车纵向对称平面的左侧。

6.8.3.2 高度:离地高度大于 250 mm,小于 900 mm。

6.8.3.3 纵向:在车辆尾部。

6.8.3.4 后雾灯发光面和制动灯发光面间距离应不小于 100 mm。

6.8.4 几何可见度

按 3.3 定义的 α 和 β 角:

α:向上向下均 5°;

β:向左向右均 25°。

6.8.5 位置

车尾。

6.8.6 电路连接

只有在远光灯,近光灯或前雾灯中,一个或多个已打开的情况下,后雾灯才允许打开。后雾灯应独立于任何其他灯具而关闭。

6.8.7 “接通”指示器

应安装。琥珀色非闪烁指示信号。

6.8.8 其他要求

允许与车辆尾部其他灯具组合;不应与其他灯具复合;允许与后位灯混合。

6.9 危险警告信号

6.9.1 一般要求

应满足 6.3.1 至 6.3.8 的要求。

6.9.2 电路连接

应通过一单独的开关打开所有转向信号灯以实现危险警告信号。

6.9.3 “接通”指示器

应安装。红色闪烁信号,或如果不是用独立的指示器,允许同时打开 6.3.7 中规定的指示器来代替。

6.9.4 其他要求

信号闪烁频率为:$(90\pm30)\text{min}^{-1}$。

危险警告信号应在开关打开后不大于 1 s 时间内点亮,在 1.5 s 内首次熄灭。

即使发动机开关处于关闭状态,也应能开启危险警告信号。

6.10 后牌照板照明装置

6.10.1 数量

1 只。根据牌照板照明位置要求,牌照灯允许由几个发光元件组成。

6.10.2 布局

根据牌照板照明位置而定。

6.10.3 位置

6.10.3.1 横向:根据牌照板照明位置而定。

6.10.3.2 高度:根据牌照板照明位置而定。

6.10.3.3 纵向:根据牌照板照明位置而定。

6.10.3.4 几何可见度:根据牌照板照明位置而定。

6.10.4 方向

根据牌照板照明位置而定。

6.10.5 **电路连接**

无特别要求。

6.10.6 **“接通”指示器**

选装。其功能应由位置灯指示器完成。

6.10.7 **其他要求**

允许与车尾部一个或多个灯具组合;允许与后位灯复合;允许与其他任何灯具混合。

6.11 **非三角形侧回复反射器**

6.11.1 **每侧数量**

1只或2只。

6.11.2 **布局**

无特殊要求。

6.11.3 **位置**

6.11.3.1 横向:无特殊要求。

6.11.3.2 高度:离地高度不小于300 mm,不大于900 mm。

6.11.3.3 纵向:应保住在正常情况下,应不被驾驶员或乘客及他们的衣服遮盖。

6.11.4 **几何可见度**

几何可见度如下:

水平方向角:向前,向后各30°。

垂直方向角:水平面向上,向下均15°。对于反射器高度小于750 mm的车辆,水平面向下垂直角允许减至5°。

6.11.5 **方向**

回复反射器的基准轴应垂直于车辆的纵向对称平面,且反射面朝外。前部的回复反射器允许随转向把转动。

6.11.6 **其他要求**

允许与其他信号装置组合。

6.12 **非三角形后回复反射器**

6.12.1 **数量**

2只。

6.12.2 **布局**

无特殊要求。

6.12.3 **位置**

6.12.3.1 横向:离车辆纵向对称平面最远的发光面边缘离车辆外缘端面距离不应大于400 mm。反射器内边缘间距不小于500 mm。如果车辆的车宽小于1 300 mm,则此距离允许减至400 mm。

6.12.3.2 高度:离地高度不小于250 mm,不大于900 mm。

6.12.3.3 纵向:在车辆尾部。

6.12.4 **几何可见度**

几何可见度要求如下:

水平方向角:向外30°,向内10°。

垂直方向角:水平面向上,向下均15°。对于回复反射器高度小于750 mm的车辆,水平面向下垂直角允许减至5°。

6.12.5 **方向**

向后。

6.12.6 **其他要求**

允许与其他灯具组合;回复反射器允许其他车辆尾部红色灯具共有部分发光面。

7 正三轮摩托车特别要求

7.1 远光灯

7.1.1 **数量**

1只或2只。对于车宽大于1 300 mm的正三轮摩托车,应安装2只远光灯。

7.1.2 **布局**

无特殊要求。

7.1.3 **位置**

7.1.3.1 横向:单只独立远光灯允许位于车辆前部其他灯具的上面,下面或其一侧:如果是上下放置,则远光灯的基准中心应在车辆的纵向对称平面上;如果是左右放置,则它们的基准中心应关于车辆的纵向对称平面对称。

如果单只独立远光灯和车辆前部另1只灯具混合,则基准中心应在车辆的纵向对称平面上;然而,如果单只近光灯和远光灯左右放置,它们的基准中心应关于车辆的纵向对称平面对称。

当安装2只远光灯,其中1只或2只都与车辆前部另1只灯具混合,则它们的基准中心应关于车辆的纵向对称平面对称。

7.1.3.2 纵向:安装于车辆前部。要求发射光不会直接或间接通过后视镜或车辆上其他反射面引起驾驶员不舒适。

7.1.3.3 远光灯的发光面边缘和近光灯发光面边缘间距离应不大于200 mm。

7.1.4 **几何可见度**

发光面(包括从观察方向似乎不发光的部分)在一个扩散区域内应可见,该扩散区域由发光面轮廓上的众母线围成,各母线与前照灯的基准轴的夹角向外不小于5°。发光面在远光灯配光镜最前部相切面上的投影轮廓,作为几何可见度角的始端。

7.1.5 **方向**

向前。允许随转向把转动。

7.1.6 **电路连接**

远光灯应同时点亮。当由近光切换成远光时,所有远光灯应都点亮。当由远光切换成近光时,所有远光灯应同时熄灭。远光灯点亮同时,允许近光灯也亮着。

7.1.7 **"接通"指示器**

选装。蓝色无闪烁信号灯。

7.1.8 **其他要求**

同时打开各远光灯,其总的最大发光强度应不大于225 000 cd;允许与近光灯及其他前部灯具组合;不应与任何灯具复合;允许混合于:近光灯、前位灯及前雾灯。

7.2 近光灯

7.2.1 **数量**

1只或2只。对于车宽大于1 300 mm的正三轮摩托车,应安装2只近光灯。

7.2.2 **布局**

无特殊要求。

7.2.3 **位置**

7.2.3.1 横向:单只独立近光灯允许安装于车辆前部其他灯具的上面,下面或其一侧:如果是上下放置,则近光灯的基准中心应在车辆的纵向对称平面上;如果是左右放置,则它们的基准中心应关于车辆的纵向对称平面对称。

单只近光灯和车辆前部另1只灯具混合时，其基准中心在车辆的纵向对称平面上；然而，如果单只独立的远光灯和近光灯左右放置，它们的基准中心应关于车辆的纵向对称平面对称。

当安装2只近光灯，其中1只或2只都与车辆前部另1只灯具混合，则它们的基准中心应关于车辆的纵向对称平面对称。

对于安装2只近光灯的车辆：

——离车辆纵向对称平面最远的发光面外缘到车辆外缘端面的距离应不大于400 mm。

——两发光面内边缘间距离不小于500 mm。对于车宽小于1 300 mm的车辆，这一距离可减至400 mm。

7.2.3.2 高度：离地高度不小于500 mm，不大于1 200 mm。

7.2.3.3 纵向：安装于车辆前部。要求发射光不会直接或间接通过后视镜或车辆上其他反射面引起驾驶员不舒适。

7.2.4 几何可见度

按3.3定义的α和β角：

α：向上15°，向下10°；

β：对于安装单只近光灯的情况，向左向右均45°；对于安装2只近光灯的情况，向外45°，向内10°。

灯光附近的仪表盘和其他设备不会因二次反射引起其他道路使用者的不舒适。

7.2.5 方向

向前，允许随转向把转动。

7.2.6 电路连接

变换近光灯时，远光灯应同时关闭。而远光灯打开时，近光灯允许开着。

7.2.7 "接通"指示器

选装。绿色无闪烁信号灯。

7.2.8 其他要求

可与远光灯及前位灯组合；不应与任何灯复合；允许与远光灯和前位灯混合。

7.3 转向信号灯

7.3.1 数量

每侧2只。

7.3.2 布局

2只前转向灯，2只后转向灯。

7.3.3 位置

7.3.3.1 横向：离车辆纵向对称平面最远的发光面外缘到车辆相应外缘端面的距离应不大于400 mm。转向信号灯两发光面内边缘间距离应不小于500 mm。前转向信号灯与最邻近的近光灯的发光面间的最小距离规定如下：

——对于最小发光强度为90 cd的转向灯：75 mm。

——对于最小发光强度为175 cd的转向灯：40 mm。

——对于最小发光强度为250 cd的转向灯：20 mm。

——对于最小发光强度为400 cd的转向灯：≤20 mm。

7.3.3.2 高度：离地高度应不小于350 mm，不大于1 500 mm。

7.3.4 几何可见度

水平方向角：见附录B中的图B.3。

垂直方向角：水平向上向下均15°。如果灯具离地高度小于750 mm，则水平面以下垂直角减至5°。

7.3.5 方向

转向信号允许随转向把移动。

7.3.6 电路连接

转向信号灯应独立于其他灯具打开。在同一侧的转向信号灯应通过同一个控制器来打开或关闭。

7.3.7 “工作”指示器

选装。指示器允许是光学的，声音的或两者兼有。如果是光学的，则应是绿色闪烁信号，且应在正常驾驶情况下可见。当转向灯发生故障时，指示器应熄灭或停止闪烁或改变闪烁频率。如果采用声音指示器，响声应清晰，并应完成以上光学指示器的所有功能。

7.3.8 工作要求

以下各项测试，除了发动机和灯具装置正常工作所需的负载以外，进行如下测量时电气系统不应接入其他负载。

7.3.8.1 光信号装置应在开关打开后 1 s 内点亮，在 1.5 s 内首次熄灭。

7.3.8.2 对于车辆所有转向信号灯：

7.3.8.2.1 闪烁频率应为$(90\pm30)\,\mathrm{min}^{-1}$。

7.3.8.2.2 同一侧的信号灯应同时同步或交替闪烁。

7.3.8.3 当一个转向信号灯发生除短路之外的故障时，其他转向信号灯依然闪烁点亮或长亮，但闪烁频率可与之前有所不同。

7.3.9 其他要求

允许与一个或一个以上的灯组合；不应与任何其他灯具复合；不应与任何其他灯具混合。

7.4 制动灯

7.4.1 数量

1 只或 2 只。对于车宽大于 1 300 mm 的正三轮摩托车，应安装 2 只制动灯。

7.4.2 布局

无特殊要求。

7.4.3 位置

7.4.3.1 横向：如果安装单只制动灯，其基准中心应位于车辆的纵向对称平面上；如果成对安装制动灯，它们的基准中心应关于车辆纵向对称平面对称。

对于装有两个后轮的车辆：两制动灯之间距离应至少 600 mm。对于车宽小于 1 300 mm 的车辆，这一距离允许减至 400 mm。

7.4.3.2 高度：离地高度不小于 250 mm，不大于 1 500 mm。

7.4.3.3 纵向：位于车辆尾部。

7.4.4 几何可见度

几何可见度如下：

水平方向角：向左，向右均 45°。

垂直方向角：水平面向上，向下均 15°。当灯具的离地高度小于 750 mm，则水平向下垂直角允许减至 5°。

7.4.5 方向

向后。

7.4.6 电路连接

在车辆制动时，制动灯应点亮。

7.4.7 “接通”指示器

禁止安装。

7.4.8 其他要求

允许与车尾部其他灯具组合；不应与其他任何灯具复合；允许与后位灯混合。

7.5 前位灯

7.5.1 数量

1 只或 2 只。对于车宽大于 1 300 mm 的三轮摩托车，应安装 2 只前位灯。

7.5.2 布局

无特殊要求。

7.5.3 位置

7.5.3.1 横向：单只独立前位灯允许安装于车辆前部其他灯具的上面，下面或其一侧：如果是上下放置，则前位灯的基准中心应在车辆的纵向对称平面上；如果是左右放置，则两灯的基准中心应关于车辆的纵向对称平面对称。

安装单只前位灯和车辆前部另 1 只灯具混合时，它的基准中心在车辆的纵向对称平面上。

安装 2 只前位灯，1 只或 2 只都与车辆前部另 1 只灯具混合，则它们的几何中心应关于车辆的纵向对称平面对称。

对于安装 2 只前位灯的车辆：

——离车辆纵向对称平面最远的发光面外缘到车辆外缘端面的距离应不大于 400 mm。

——两发光面内边缘间距离不小于 500 mm。对于车宽小于 1 300 mm 的车辆，此距离允许减至 400 mm。

7.5.3.2 高度：离地高度不小于 350 mm，不大于 1 200 mm。

7.5.3.3 纵向：在车辆前部。

7.5.4 几何可见度

水平方向角：1 只前位灯：向左，向右均 80°；2 只前位灯：向外 80°，向内 45°。

垂直方向角：水平面向上，向下均 15°。当灯具的离地高度小于 750 mm，则水平向下垂直角允许减至 5°。

7.5.5 方向

向前。允许随转向把转动。

7.5.6 电路连接

无特殊要求。

7.5.7 “接通”指示器

应安装。非闪烁绿色信号。如果仪表板灯允许随位置灯同时关闭及打开，则此指示器允许不要求安装。

7.5.8 其他要求

允许与任何其他车辆前部灯具组合；允许与任何其他车辆前部灯具混合。

7.6 后位灯

7.6.1 数量

1 只或 2 只。对于车宽大于 1 300 mm 的正三轮摩托车，应安装 2 只后位灯。

7.6.2 布局

无特殊要求。

7.6.3 位置

7.6.3.1 横向：

1 只后位灯：基准中心应位于车辆的纵向对称平面上。

2 只后位灯：它们的基准中心，应关于车辆的纵向对称平面对称。

对于装有两个后轮的车辆：两后位灯之间距离应至少 600 mm。对于车宽小于 1 300 mm 的车辆，这一距离允许减至 400 mm。

7.6.3.2 高度：离地高度不小于 250 mm，不大于 1 500 mm。

7.6.3.3 纵向：位于车辆尾部。

7.6.4 几何可见度

几何可见度如下：

水平方向角：1 只后位灯：向左，向右均 80°。

2 只后位灯：向外 80°，向内 45°。

垂直方向角：水平面向上，向下均 15°。当灯具的离地高度小于 750 mm，则水平向下垂直角允许减至 5°。

7.6.5 **方向**

向后。

7.6.6 **电路连接**

无特殊要求。

7.6.7 **“接通”指示器**

选装。其功能允许由前位灯的相应指示器完成。

7.6.8 **其他要求**

允许与任何车辆尾部分灯具组合；允许与后牌照板照明装置复合；允许与制动灯或非三角形后回复反射器，或与这两者同时混合，或与后雾灯混合。

7.7 **前雾灯**

7.7.1 **数量**

1 只或 2 只。

7.7.2 **布局**

无特殊要求。

7.7.3 **位置**

7.7.3.1 横向：单只前雾灯允许位于车辆前部其他灯具的上面，下面或其一侧：如果是上下放置，则前雾灯的基准中心应在车辆的纵向对称平面上；如果是左右放置，则它们的基准中心应关于车辆的纵向对称平面对称。

如果单只前雾灯与车辆前部另 1 只灯具混合，则它的基准中心在车辆的纵向对称平面上；

在安装有 2 只前雾灯的情况下，当它们中的 1 只或 2 只都与 1 只车前灯具混合时，则它们的基准中心应关于车辆的纵向对称平面对称。

离车辆纵向对称平面最远的发光边缘到车辆同侧外缘端面的距离应不大于 400 mm。

7.7.3.2 高度：离地高度不小于 250 mm。前雾灯发光面上的点，不应高于近光灯发光面上的最高点。

7.7.3.3 纵向：在车辆前部。要求发射光不会直接或间接通过后视镜或车辆上其他反射面引起驾驶员不舒适。

7.7.4 **几何可见度**

按 3.3 定义的 α 和 β 角：

α：向上向下均 5°；

β：发光偏离中心时向内 10°，向外 45°。其他情况向左向右均 45°。

7.7.5 **方向**

向前。允许随转向把移动。

7.7.6 **电路连接**

应独立于远光灯和近光灯而打开和关闭。

7.7.7 **“接通”指示器**

选装。绿色非闪烁指示信号。

7.7.8 **其他要求**

允许与其他车辆前部灯具组合；不应与其他车辆前部灯具复合；允许与远光灯，前位灯组合。

7.8 **后雾灯**

7.8.1 **数量**

1 只或 2 只。

7.8.2 **布局**

无特殊要求。

7.8.3 位置

7.8.3.1 横向：对于单只的后雾灯，其允许安装于车辆纵向对称平面，车辆的左侧；其基准中心也允许位于车辆的纵向对称平面上。如果有 2 只后雾灯，其基准中心应关于车辆的纵向对称平面对称。对于有两只后轮的车辆：两灯之间距离应不小于 600 mm。对于车辆最大宽度小于 1 300 mm 的车辆，这一距离允许减至 400 mm。

7.8.3.2 高度：离地高度不小于 250 mm，不大于 1 000 mm。

7.8.3.3 纵向：在车辆尾部。

7.8.3.4 后雾灯发光面和制动灯发光面间距离应不小于 100 mm。

7.8.4 几何可见度

按 3.3 定义的 α 和 β 角：

α：向上向下均 5°；

β：向左向右均 25°。

7.8.5 位置

车尾。

7.8.6 电路连接

只有在远光灯，近光灯或前雾灯中的一个或多个已打开的情况下，后雾灯才允许打开。后雾灯应独立于任何其他灯具而关闭。

7.8.7 “接通”指示器

应安装。琥珀色非闪烁指示信号。

7.8.8 其他要求

允许与车尾部其他灯具组合；不应与其他灯具复合；允许与后位灯混合。

7.9 倒车灯

7.9.1 数量

1 只或 2 只。

7.9.2 布局

无特殊要求。

7.9.3 位置

7.9.3.1 横向：无特殊要求。

7.9.3.2 高度：离地高度不小于 250 mm，不大于 1 200 mm。

7.9.3.3 纵向：在车辆尾部。

7.9.4 几何可见度

按 3.3 定义的 α 和 β 角：

α：向上 15°，向下 5°；

β：对于安装 1 只倒车灯，向左向右均 45°。对于安装 2 只倒车灯，向外 45°，向内 30°。

7.9.5 位置

车尾。

7.9.6 电路连接

只有当倒车齿轮处于啮合状态，而且发动机的点、熄火控制装置处于使发动机能工作的状态时，倒车灯才允许点亮。在不符合上述条件的情况下，倒车灯都应无法点亮。

7.9.7 “接通”指示器

选装。

7.9.8 其他要求

允许与车尾部其他任何灯具组合；不应与其他任何灯具复合；不应与任何灯具混合。

7.10 危险警告信号

7.10.1 一般要求

应满足7.3.1至7.3.8的要求。

7.10.2 电路连接

应通过一单独的开关打开所有转向信号灯以实现危险警告信号。

7.10.3 "接通"指示器

应安装。红色闪烁信号,或如果不是用独立的指示器,允许同时打开7.3.7中规定的指示器代替。

7.10.4 其他要求

信号闪烁频率为:(90±30)min^{-1}。

危险警告信号应在开关打开后不大于1 s时间内点亮,在1.5 s内首次熄灭。

即使发动机点火开关处于关闭状态,也应能开启危险警告信号。

7.11 后牌照板照明装置

7.11.1 数量

1只。根据牌照板照明位置要求,牌照灯允许由几个发光元件组成。

7.11.2 布局

根据牌照板照明位置而定。

7.11.3 位置

7.11.3.1 横向:根据牌照板照明位置而定。

7.11.3.2 高度:根据牌照板照明位置而定。

7.11.3.3 纵向:根据牌照板照明位置而定。

7.11.3.4 几何可见度:根据牌照板照明位置而定。

7.11.4 方向

根据牌照板照明位置而定。

7.11.5 电路连接

无特别要求。

7.11.6 "接通"指示器

选装。其功能应由位置灯指示器完成。

7.11.7 其他要求

允许与车尾部一个或多个灯具组合;允许与后位灯复合;允许与其他任何灯具混合。

7.12 非三角形后回复反射器

7.12.1 数量

1只或2只。对于车宽大于1 000 mm的正三轮摩托车,应安装2只非三角形后回复反射器。

7.12.2 布局

无特殊要求。

7.12.3 位置

7.12.3.1 横向:对于单只回复反射器,其基准中心应位于车辆的纵向对称平面上。如果安装有2只回复反射器,则它们基准中心应关于车辆的纵向对称平面对称,此时离车辆纵向对称平面最远的发光面边缘到车辆外缘端面的距离应不大于400 mm。反射器内边缘间距应不小于500 mm。如果车宽小于1 300 mm,则此距离允许减至400 mm。

7.12.3.2 高度:离地高度应不小于250 mm,不大于900 mm。

7.12.3.3 纵向:在车辆尾部。

7.12.4 几何可见度

几何可见度要求如下:

水平方向角:向左向右均 30°。

垂直方向角:水平面向上,向下均 15°。对于回复反射器高度小于 750 mm 的车辆,水平面向下垂直角允许减至 5°。

7.12.5 方向

向后。

7.12.6 其他要求

回复反射器允许与其他车辆尾部红色灯具共有部分发光面。允许与其他灯具组合。

7.13 非三角形侧回复反射器

7.13.1 数量

每侧 1 只或 2 只。

7.13.2 布局

无特殊要求。

7.13.3 位置

7.13.3.1 横向:无特殊要求。

7.13.3.2 高度:离地高度不小于 300 mm,不大于 900 mm。

7.13.3.3 纵向:在正常情况下,不会被驾驶员或乘客及他们的衣服遮蔽。

7.13.4 几何可见度

几何可见度要求如下:

水平方向角:向前,向后各 30°。

垂直方向角:水平面向上,向下均 15°。对于反射器高度小于 750 mm 的车辆,水平面向下垂直角允许减至 5°。

7.13.5 方向

回复反射器的基准轴应垂直于车辆的纵向对称平面,且反射面朝外。前部分的回复反射器允许随转向把转动。

7.13.6 其他要求

允许与其他信号装置组合。

8 检测规则

8.1 型式检验

就照明和光信号装置的安装申请型式检验的制造商应提交空载车一辆,其上装有整套照明和光信号装置。并附下述文件资料:

a) 有关车辆的尺寸和外形,以及不同车型识别的说明书。

b) 一份照明和光信号装置的整体安装图,标明各装置的车辆上的安装位置。

c) 一套能显示每种灯具发光面、透光面、基准轴线和基准中心的外形图,以及一份有关视表面确定方法的说明,不包括牌照灯。

提交试验的车型应满足第 4 章、第 5 章、第 6 章、第 7 章的相关规定。

8.2 生产一致性检验

对通过型式检验且连续生产的车辆,应进行随机抽查。每辆车就照明和光信号装置的安装应符合型式检验的车型。

附 录 A
（规范性附录）
前视红光不可见度和后视白灯不可见度

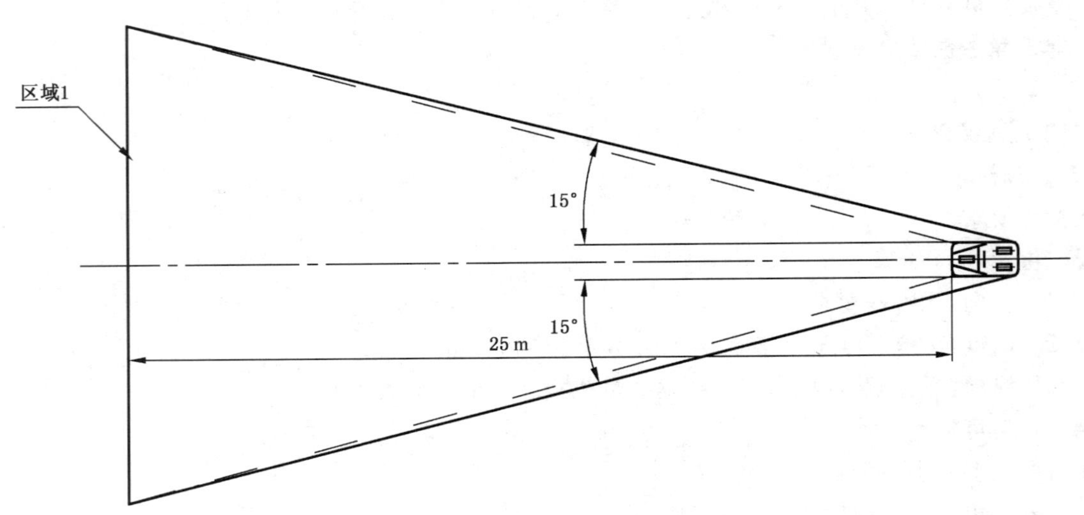

前视红光的不可见度

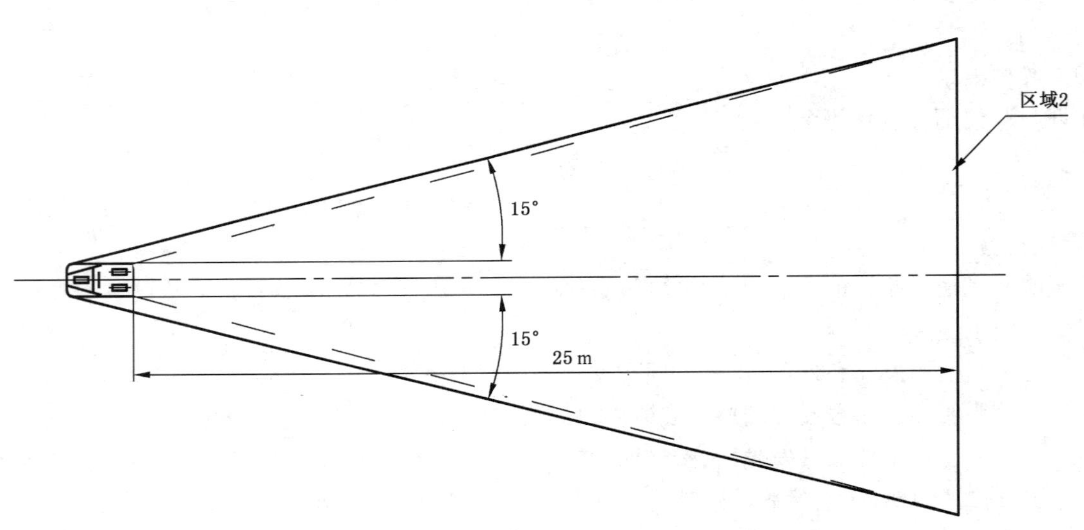

后视白光的不可见度

图 A.1 三轮轻便摩托车的前视红光不可见度和后视白光不可见度

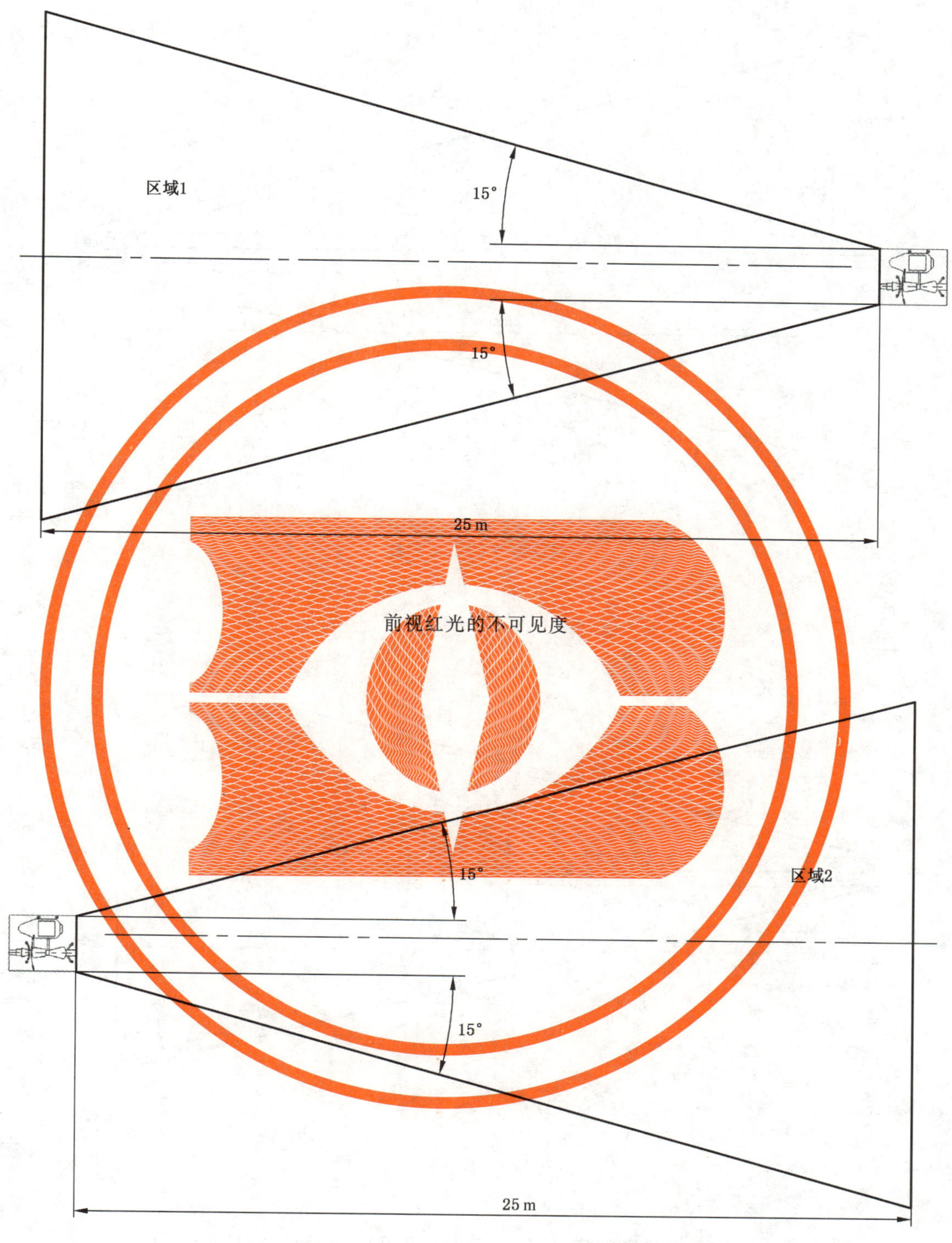

后视白光的不可见度

图 A.2　边三轮摩托车的前视红光不可见度和后视白光不可见度

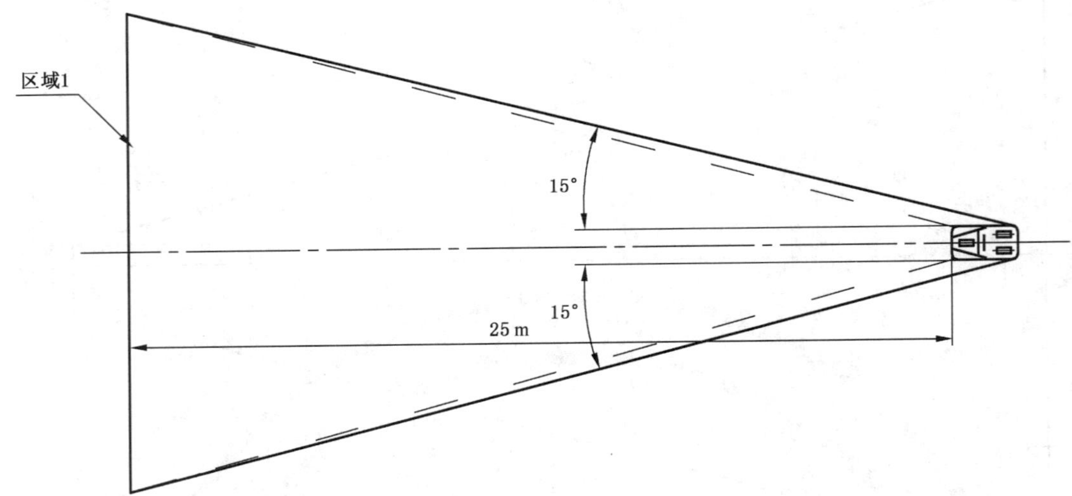

前视红光的不可见度

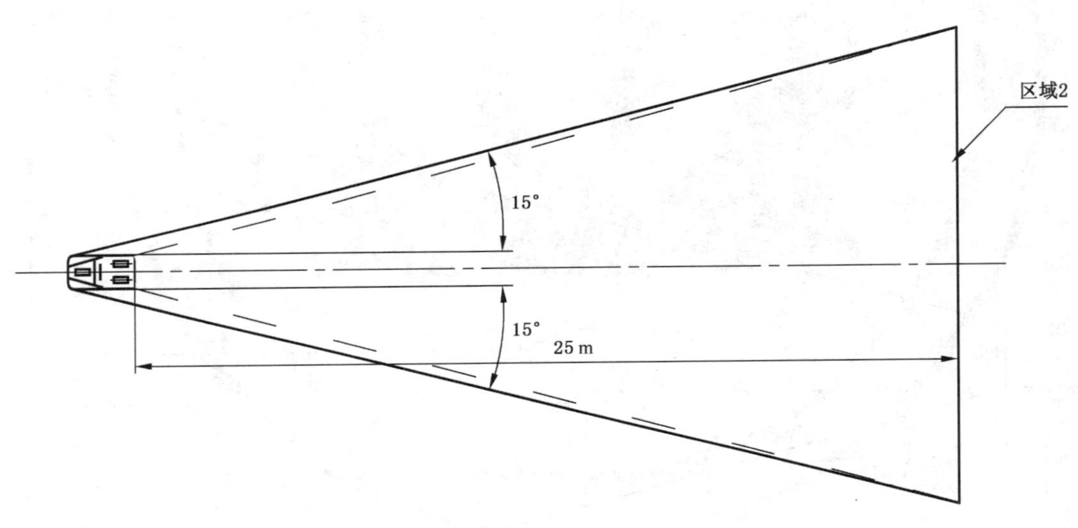

后视白光的不可见度

图 A.3 正三轮摩托车的前视红光不可见度和后视白光不可见度

附　录　B
（规范性附录）
转向信号灯几何可见度水平方向角

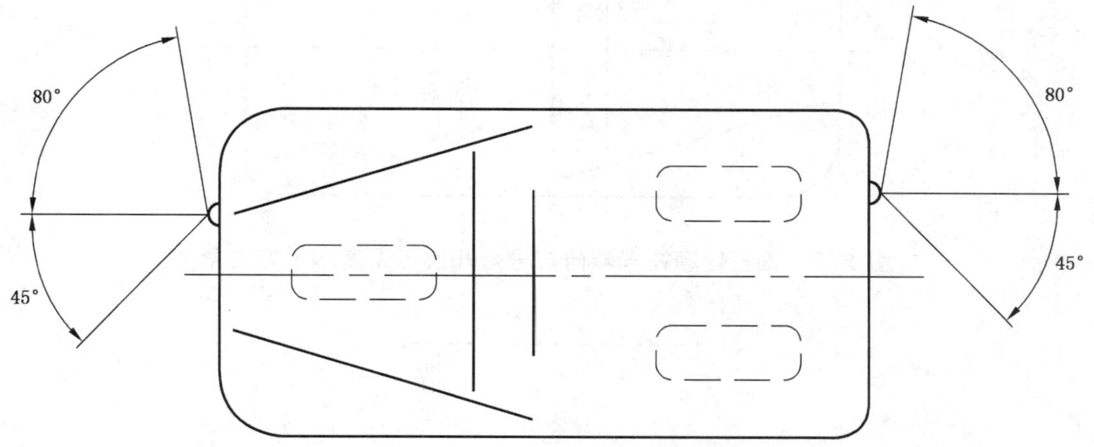

图 B.1　三轮轻便摩托车转向信号灯几何可见度水平方向角

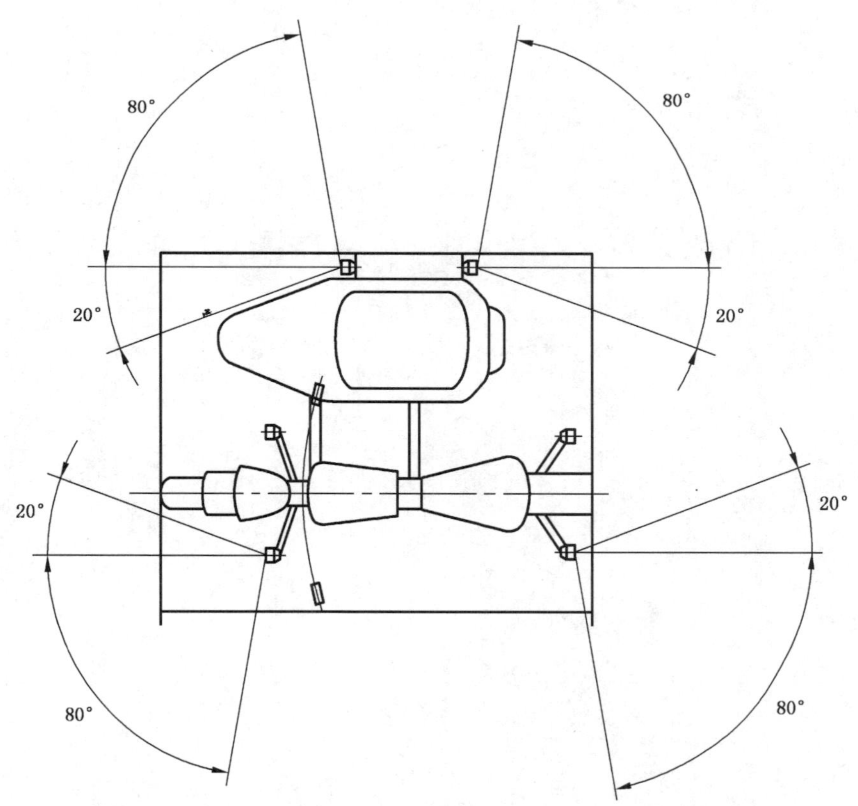

图 B.2　边三轮摩托车转向信号灯几何可见度水平方向角

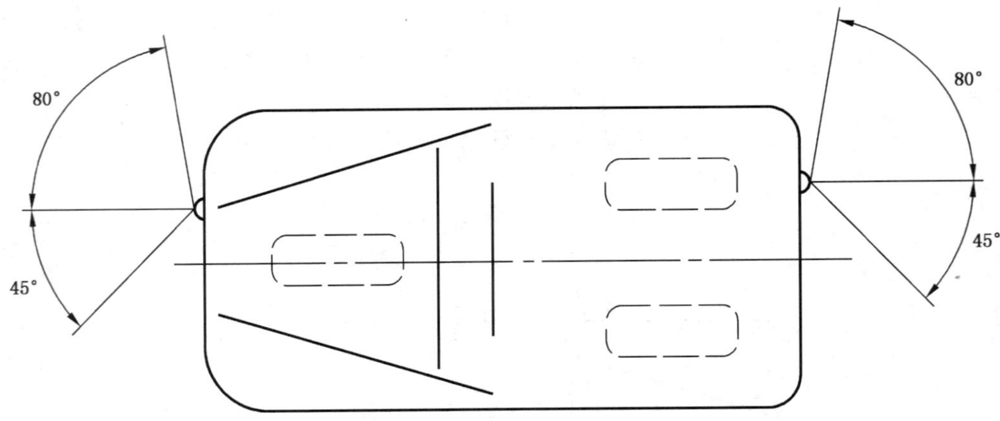

图 B.3　正三轮摩托车转向信号灯几何可见度水平方向角

前　　言

本标准全部技术内容为强制性。

本标准制定的目的是通过制定汽车燃油箱的强制性标准来提高燃油箱的设计制造质量，减少环境污染，减轻汽车事故中由于燃油箱的损坏、燃油的泄漏而造成的人员伤亡和车辆损坏程度。

本标准参照了《美国机动车辆法规》中FMVSS 393部分E分部“燃料系统”和《日本道路车辆型式认证手册》(1977年)中V—11“乘用车辆用塑料燃料箱技术标准”。

本标准由国家机械工业局提出。

本标准由全国汽车标准化技术委员会归口。

本标准由东风汽车工程研究院负责起草。

本标准主要起草人：宁强、宋鹏俊、熊保平、易学东。

中华人民共和国国家标准

汽车燃油箱
安全性能要求和试验方法

GB 18296—2001

Safety property requirements and test methods for automobile fuel tank

1 范围

本标准规定了以汽油、柴油为燃料的汽车燃油箱的安全性能要求和试验方法。

本标准适用于M类和N类汽车的金属燃油箱和塑料燃油箱。

2 定义

本标准采用下列定义。

2.1 燃油箱

固定于汽车上用于存贮燃油的独立箱体总成，是由燃油箱体、加油管、加油口、燃油箱盖、管接头及其他附属装置装配成的整体。

2.2 燃油泄漏

燃油自燃油箱内呈线状或滴状下落。

2.3 额定容量

燃油箱设计参数中规定加注燃油的容积。

2.4 耐火试验盛液器

耐火性试验中用来燃烧燃油的平底容器。

2.5 耐火试验隔栅

耐火性试验中覆盖在耐火试验盛液器上的平板。

2.6 燃油箱易损伤部位

根据燃油箱的形状及装配方式确定的燃油箱最容易受到冲击损坏的部位。

2.7 燃油箱通气装置

包括安全阀、进气阀、排气阀和燃油箱蒸发排放控制用的排气口。

2.8 角锤

塑料燃油箱试验用钢制冲击体。

3 安全性能要求

3.1 额定容量应控制在燃油箱最大液体容量的95%，额定容量在95 L以上的汽油箱必须配备安全阀装置。安全阀装置可附属于汽油箱，也可以在附件系统中。当汽油箱遇火灾时，此装置可防止汽油箱因内部压力升高导致箱体破裂。

3.2 配备燃油蒸发排放系统的汽油箱必须有一个排气口，此排气口应在汽油箱充满时位于油面的上方，保证蒸发排放物能随时排出汽油箱。

国家质量技术监督局2001-01-10批准 **2001-10-01实施**

3.3 燃油箱盖的密封性

柴油箱盖的最大泄漏量不得大于 30 g/min;汽油箱盖不允许泄漏。

3.4 安全阀开启压力

装有安全阀装置的燃油箱,安全阀的开启压力为 35～50 kPa,安全阀开启后,燃油箱内压力不得比安全阀开启压力高出 5 kPa 以上。

3.5 燃油箱的振动耐久性

燃油箱按 4.3 进行试验,不允许燃油箱有泄漏现象。

3.6 金属燃油箱的耐压性能

金属燃油箱按 4.4 进行试验,不允许出现泄漏、开裂现象。

3.7 塑料燃油箱的耐压性能

塑料燃油箱按 4.5 进行试验,不允许出现泄漏、开裂现象,但可以有永久变形。

3.8 塑料燃油箱的低温耐冲击性

塑料燃油箱按 4.6 进行试验,不允许燃油箱有泄漏现象。

3.9 塑料燃油箱耐热性

塑料燃油箱按 4.7 进行试验,不允许燃油箱有泄漏现象。

3.10 塑料燃油箱的耐火性

塑料燃油箱按 4.8 进行试验,不允许有泄漏现象。

4 试验方法

4.1 燃油箱盖的密封性试验

在燃油箱内加入额定容量的水,盖好燃油箱盖,密闭好其他所有进、出口,翻转燃油箱至加注口部中心线垂直于地面,待燃油箱稳定 15 s 后,用秒表计时,用量杯接水,量取 1 min 的泄漏量。

4.2 安全阀开启压力试验

盖好燃油箱盖,密封好燃油箱其他所有进、出口,向燃油箱内施加压缩空气,使燃油箱内压力增长梯度以 8 kPa/min 的速率升高至 55 kPa。

4.3 振动耐久性试验

燃油箱模拟装车形式固定在振动试验台上,往燃油箱内加入额定容量的水,盖上燃油箱盖,密封好所有进、出口,按表 1 的规定进行振动试验。

表 1 燃油箱振动耐久性试验要求

振动加速度 m/s^2	振动频率 Hz	振动时间,h			装水量
		上下	左右	前后	
30	30	4	2	2	额定容量的 1/2

4.4 金属燃油箱耐压试验

金属燃油箱模拟装车形式固定在试验装置上,密封好所有进、出口,向燃油箱内施加 80 kPa 的压力,保持压力 30 s。

4.5 塑料燃油箱耐压试验

塑料燃油箱模拟装车形式固定在试验装置上,保持 53℃±2℃的环境温度,往燃油箱中加入 53℃±2℃额定容量的水,盖好燃油箱盖,密封好所有进、出口,向燃油箱内施加 30 kPa 的压力,保持压力 5 h。

4.6 塑料燃油箱角锤冲击试验

对角锤的要求:侧面为等边三角形,底面为正方形,质量为 15 kg,顶点和棱之间的过渡圆角半径为 3 mm 的钢制冲击体。

燃油箱模拟装车形式固定在试验装置上。在燃油箱中加入额定容量的水和乙二醇的混合液或无腐蚀性的低冰点液体(冰点温度在－50℃以下),待燃油箱内液体温度降至－40℃±2℃时,用角锤顶点以30 J 的冲击能量撞击燃油箱易损伤部位。每次对不同部位的试验应使用新的燃油箱样品。

4.7 塑料燃油箱耐热性试验

燃油箱模拟装车形式固定在试验装置上,向燃油箱内加入 1/2 额定容量的 20℃±2℃的水,在 95℃±2℃的环境温度下(如置于 95℃±2℃的水蒸汽介质中)放置 1 h。

4.8 塑料燃油箱耐火性试验

对耐火试验盛液器的要求:其长和宽应比试验用燃油箱体的水平投影尺寸大 200～500 mm。侧边高出燃油液面不超过 80 mm,并在自由燃烧状态下能够盛下可供燃烧 5 min 以上的燃油。

对耐火试验隔栅的要求:厚度为 70 mm,由耐火材料制成,在板上开有均匀分布、大小为 15 mm×30 mm 的长孔,长孔总面积相当于平板面积的 60%。

将燃油箱按实际装车状态固定在试验装置上,如果车辆上配置有影响火路蔓延的部件,试验装置上也应安装。在燃油箱中加入 1/2 额定容量的与发动机燃烧用油同牌号燃油。在试验过程中,燃油箱所有开口应密闭,但通气装置应处于正常工作状态。

不受风的影响,试验分四个阶段进行:

a) 预燃烧阶段

将装有可持续燃烧 5 min 的汽油(牌号同发动机燃烧用油)的盛液器放在距离燃油箱 3 m 外燃烧 60 s。

b) 直接接触火焰阶段

立即调整盛液器,使其液面与燃油箱底部的距离和空车状态下燃油箱离路面的高度相同,其位置应能使火焰接触燃油箱的底面及所有侧面,然后将燃油箱暴露在火焰中持续 60 s。

c) 间接接触火焰接触阶段

立即用隔栅盖住盛液器,并持续 60 s。

d) 试验结束

立即将燃烧着的盛液器及隔栅一起撤离到燃油箱 3 m 以外。如果燃油箱仍在着火,应立即扑灭。

ICS 43.020
T 09

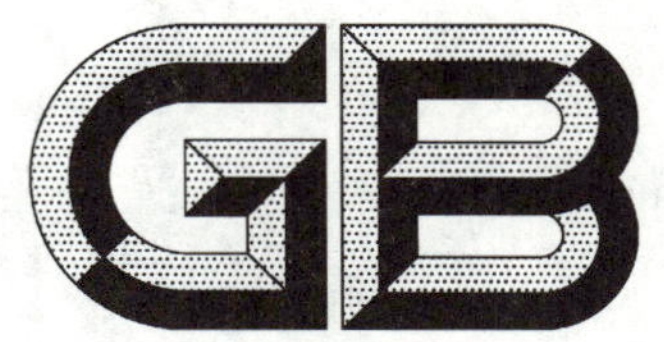

中华人民共和国国家标准

GB 18986—2003

轻型客车结构安全要求

The safety requirements for light bus construction

2003-03-06 发布　　　　2003-09-01 实施

中华人民共和国
国家质量监督检验检疫总局　发布

前　言

本标准的全部技术内容为强制性。

本标准非等效采用联合国欧洲经济委员会52号法规(ECE R52)《关于小型公用车辆结构的统一规定》1995年版的技术内容。

本标准对ECE R52中与客车的结构安全关系不是很大的内容或目前不宜作为我国强制性标准来执行的内容未予采纳，如：急救箱、座椅尺寸、座垫、残疾人座椅、安全开关、自动控制乘客门；对国内已有相关标准规定或可以列入相关标准中的内容未予采纳，如：燃油箱的耐腐蚀、耐压要求、动力乘客门防夹的具体要求和试验方法、倒车灯、外部灯光信号等；对与人体尺寸、重量密切相关的内容，综合考虑了我国人体特点和相关标准的规定，并参考了美国联邦机动车安全标准(FMVSS)第217号标准《客车车窗的固定与放松》的规定予以调整。

本标准实施的过渡期要求：

a) 4.5.4.1关于乘客门第一级踏步板距地面最大高度的规定，对车长不大于6 m的已定型生产的客车不强制执行；对车长不大于6 m的新定型客车，自标准实施之日起24个月后执行。

b) 4.5.4.1关于乘客门踏步板的最小深度和4.5.5.3关于乘客座椅前最小净空间的要求，对已定型生产的客车不强制执行；对新定型客车，自标准实施之日起24个月后执行。

c) 4.5.5.1.1关于同向座椅的最小座间距，自标准实施之日起6个月后执行。

d) 4.5.2.2和4.5.3.3关于折叠座椅的要求，自标准实施之日起36个月后执行。

本标准由中华人民共和国交通部提出。

本标准由全国汽车标准化技术委员会(CSBTS/TC114)归口。

本标准主要起草单位：中国公路车辆机械总公司。

本标准参加起草单位：南京依维柯汽车有限公司、江铃汽车股份有限公司、沈阳金杯客车制造有限公司、江苏牡丹汽车集团有限公司、河北拓达车门有限公司。

本标准主要起草人：孙鹰、张炳荣、王东萍、郭志才、王刚、陈景贤、柳群、郑喜来、王云耀。

轻型客车结构安全要求

1 范围

本标准规定了轻型客车结构的安全要求。

本标准适用于 M_2 类和 M_3 类中的 A 级和 B 级单层客车(不含卧铺客车)。

2 规范性引用文件

下列文件中的条款通过本标准的引用而成为本标准的条款。凡是注日期的引用文件,其随后所有的修改单(不包括勘误的内容)或修订版均不适用于本标准,然而,鼓励根据本标准达成协议的各方研究是否可使用这些文件的最新版本。凡是不注日期的引用文件,其最新版本适用于本标准。

GB/T 4780—2000 汽车车身术语

GB 8410—1994 汽车内饰材料的燃烧特性

GB/T 12428 客车装载质量计算方法

GB 14166—1993 汽车安全带性能要求和试验方法

3 术语和定义

GB/T 4780—2000 中的术语和定义以及下列术语和定义适用于本标准。

3.1

滑移门 sliding door

仅能沿直线(或接近直线)轨道移动而启闭的车门。

3.2

驾驶员操纵的乘客门 driver operated service door

在正常情况下由驾驶员启闭的乘客门。

3.3

双窗 double window

能被一虚拟的垂线(或垂面)划分两半,每一半的尺寸和通过性均符合普通安全窗要求的安全窗。

4 技术要求

4.1 轴荷分配和装载条件

4.1.1 轴荷分配

4.1.1.1 水平地面上静止的车辆,其前轴载荷占总质量的百分比应不小于表 1 的规定。

表 1 前轴载荷占总质量的最小百分比

承载状态	A 级	B 级
空 载	20%	25%
满 载	25%	25%

4.1.1.2 各轴轴载质量不应超过其最大允许轴荷。

4.1.2 装载条件

客车装载质量及乘客数按 GB/T 12428 的规定。

4.2 上部结构强度

对于B级客车，应通过计算或其他适当的方法表明，车辆结构足以承受施加在车顶上、其值相当于该车最大设计总质量的均布静载荷。

4.3 防火措施

4.3.1 发动机舱

4.3.1.1 发动机舱内不应使用易燃的隔音、隔热材料，或易浸吸燃料、润滑油而又无防渗透表皮的材料。

4.3.1.2 应采取预防措施(如合理布置发动机舱、设置泄油孔等)，以尽可能避免燃料或润滑油积聚在发动机舱内。

4.3.2 供油系统

4.3.2.1 车厢内不应安装供油装置。

4.3.2.2 供油系统的供油管路和其他部件应布置在车辆上能得到充分保护的位置。

4.3.2.3 车身结构或动力总成的扭转、弯曲和振动不应使供油管路处于非正常受力状态。

4.3.2.4 在车辆的正常使用条件下，供油系统的管路及部件之间的接头均应保证不发生渗漏。

4.3.2.5 供油系统的任何部位一旦发生泄漏，燃油应能顺利地流向地面，不允许流到排气系统。

4.3.3 燃油箱

4.3.3.1 燃油箱应固定牢靠，其安装位置应使其在车辆遭到前、后碰撞的事故中受到车身结构的保护。燃油箱的任何部位距车辆前端应不小于600 mm，距车辆后端应不小于300 mm。油箱附近不得有突出部件、尖棱等。

4.3.3.2 燃油箱的任何部位均不应凸出于车身总宽。

4.3.3.3 加油口应从车外使用，且不应位于车门下及乘客区或驾驶区，也不应设在加油时燃油可能滴溅到发动机或排气系统的位置。

4.3.3.4 如果加油口位于车辆侧面，当加油口盖关闭时，不应凸出于邻近的车身表面。

4.3.3.5 加油口盖不能意外开启。

4.3.4 电器与导线

4.3.4.1 导线应绝缘良好，固定牢靠，防止遭受机械损伤或腐蚀，并不允许超负荷使用。导线与电气设备应能耐受其环境温度和湿度，尤其能耐受发动机舱内的温度、油和蒸气。

4.3.4.2 除起动机、点火线圈(强制点火)、火花塞、发动机熄火装置、充电线路和蓄电池地线外，每个电气设备供电电路应包括熔断丝和电路断电器。但对向低耗电设备供电的电路可设置公用熔断丝或公用断电器，其提供的额定电流不超过16 A。

4.3.5 蓄电池

4.3.5.1 蓄电池应安装牢靠并易于更换和维修。

4.3.5.2 蓄电池舱应与车厢隔开，并通风良好。

4.3.6 灭火器

4.3.6.1 应在驾驶员座椅附近提供一处不小于600 mm×200 mm×200 mm的空间，用来安装一个灭火器。或者提供两处不小于400 mm×100 mm×100 mm的空间，用来安装两个灭火器，其中一个靠近驾驶员座椅。

4.3.6.2 灭火器应方便取用并妥善保护，以免丢失或毁坏。应在其存放处清晰标注。

4.3.7 材料

4.3.7.1 在距排气管100 mm的范围内不允许有易燃材料，除非该材料被有效地防护。

4.3.7.2 车厢内壁、内顶、内外装饰件应采用阻燃材料，其阻燃性应符合GB 8410—1994的规定。

4.4 出口

4.4.1 出口数量

4.4.1.1 每辆车至少有两个车门，其中至少有一个乘客门。

4.4.1.2 安全出口的最少数量见表2。

表2 安全出口的最少数量

乘客数	安全出口的最少数量
≤16	3
>16	4

4.4.1.3 动力控制乘客门一般不视为安全门，只有当必要时启动4.4.5.1所规定的控制器，该门可用手从车内外打开时，才能视为安全门。

4.4.1.4 与车厢不相通的驾驶区应有两个出口，但不应位于车身的同一侧。

4.4.1.5 双通道门应视为两个门，双窗应视为两个安全窗。

4.4.2 出口位置

4.4.2.1 乘客门应设置在车辆右侧或后围。

4.4.2.2 车辆的左侧、右侧至少各有一个出口。

4.4.2.3 乘客区的前半部和后半部应至少各设一个出口。

4.4.2.4 客车的前围和后围应至少有一个出口，否则应在车顶设置一个安全顶窗。

4.4.2.5 如果驾驶员座位及其旁边的乘客座位所在的空间与主乘客区之间没有合适的过道，则应按下列要求：

a) 主乘客区的出口数量应符合4.4.1的规定，其位置应符合4.4.2.1～4.4.2.3的规定。

b) 如果驾驶员座椅、转向盘、发动机罩、变速器操纵手柄和驻车制动手柄等不造成太大障碍，驾驶员门应视为驾驶员旁边乘客的安全门。乘客门应设在驾驶员门对面的车身一侧，并可作为驾驶员的安全门。

c) b)所规定的车门可不满足4.4.3、4.5.1、4.5.2、4.5.4和4.8.1的要求。

4.4.3 最小尺寸

各种出口的最小尺寸见表3。

表3 各种出口的最小尺寸

名称		最小尺寸
乘客门	高度/mm	A级客车：1 650 适合于4.5.1.6的B级客车：1 100 其他B级客车：1 500(如门洞宽可达750，则允许门洞高在1 350～1 500)
	宽度/mm	单通道门：650；双通道门：1 000 扶手高度处：门洞宽可减少100 轮罩凸出处、车门的驱动机构处、风窗立柱的倾角等部位：门洞宽可减少250
安全门	高度/mm	适合于4.5.1.6的B级客车：1 100 其他客车：1 250
	宽度/mm	550，如果自门洞最低处向上400以内有轮罩凸出，则在轮罩凸出处，宽度可减至300。
安全窗	洞口面积	应能通过一个长轴500 mm、短轴(旋转轴)330 mm的椭圆体。
安全顶窗		
注1：乘客门高度是从第一级踏步板的上表面到门洞顶部中点的垂直距离。 注2：对于乘客门和安全门，允许门洞上部的两顶角采用半径不大于150 mm的圆弧过渡而导致该处高度降低。 注3：表中门的高度和宽度均指门洞的高度和宽度。		

4.4.4 **乘客门技术要求**

4.4.4.1 乘客门应锁止可靠，在客车行驶时不允许自行开启。

4.4.4.2 车辆静止时，乘客门应便于从车内外开启。如果车门始终能从车内开启，则允许从车外锁住车门。

4.4.4.3 车外开门装置距水平地面高度(空载时)应不大于1 800 mm。

4.4.4.4 铰接式车门应保证当车辆向前移动时，打开的车门碰到固定物体应趋于关闭。

4.4.4.5 当车门关闭时，车门内侧的任何装置均不应遮盖车内踏步板。

4.4.4.6 驾驶员在座位上应能清楚地观察到非自动控制乘客门的门内和门外附近的情况，否则应设置光学设备或其他装置来扩大视野。

4.4.5 **动力控制乘客门附加技术要求**

4.4.5.1 在紧急情况下，当客车静止时，每扇动力控制乘客门无论动力传送是否起作用，都应能通过应急控制器从车内或车外打开。控制器应满足如下要求：

a) 优先于其他开启乘客门的控制器并便于操作；

b) 车内应急控制器应布置在距车门300 mm内且不易被误操作处；

c) 应急控制器可以由易于打开或击碎的装置来保护。操纵应急控制器或是打开(击碎)保护装置时应使驾驶员能够看到或听到。

4.4.5.2 每扇动力控制乘客门在未完全关闭时，应由一个直观的信号装置告知驾驶员。每个信号装置可以用于一个或数个乘客门。

4.4.5.3 动力控制乘客门启闭时，其结构和控制系统应做到乘客不会被门伤害或夹住。

4.4.6 **安全门技术要求**

4.4.6.1 安全门应易于从车内外开启，如果始终能用正常开启装置从车内开门，则允许从车外锁门。

4.4.6.2 安全门外手柄距地面高度(空载时)不大于1 800 mm。

4.4.6.3 车辆侧面的铰接式安全门应在前端铰接，且向外开启。

4.4.6.4 驾驶员在座位上不易看到的安全门应设置信号装置，用以在安全门未安全关闭时警告驾驶员。该装置应由门的锁止装置(而非门本身)的运动来启动。

4.4.7 **安全窗技术要求**

4.4.7.1 铰接式安全窗应向车外开启或弹射出去。

4.4.7.2 安全窗应能够方便地从车内外迅速开启，或采用易击碎的安全玻璃(该规定排除了使用夹层玻璃或塑料材料的可能性)。

4.4.7.3 安全窗的底边距下方地板平面的高度应不大于1 000 mm，不小于650 mm(对铰接式安全窗)或500 mm(对易击碎玻璃的安全窗)。若铰接式安全窗洞口距地板650 mm高度处有防护装置以防乘客坠落车外，则允许其底边距地板最小高度为500 mm，但防护装置上方的洞口面积应不小于4.4.3的规定。

4.4.7.4 驾驶员在座位上不易看到的铰接式安全窗应设置信号装置，用以在安全窗未完全关闭时警告驾驶员。该装置应由安全窗的锁止装置(而非窗本身)的运动来启动。

4.4.8 **安全顶窗技术要求**

4.4.8.1 安全顶窗开启时应保证进出车辆过道的畅通。弹射式安全顶窗应能防止误操作。

4.4.8.2 安全顶窗应易于从车内或车外开启或移去，如果始终能用常规的开启或移去装置从车内打开，则为车辆安全起见，允许在无人看管时锁上安全顶窗。

4.4.9 **伸缩式踏步板**

4.4.9.1 动力操纵的伸缩式踏步板，其动作应与相应的乘客门或安全门同步。

4.4.9.2 车门关闭时，伸缩式踏步板不应超出车身侧围垂直投影以外10 mm。车门开启且踏步板处于伸展位置时，其表面面积应符合4.5.4.4中的规定。

4.4.9.3 踏步板未完全收缩时，应有信号装置警告驾驶员。

4.4.9.4 对于不在驾驶员直接视野内的车门，当乘客站在动力操纵的伸缩式踏步板上时，相应的车门应不能关闭，可用15 kg物体放在踏步板上检验。

4.4.9.5 车辆行驶过程中，踏步板应不能伸展。如果动力踏步板的操纵装置失效，踏步板应收回并保持在收缩位置。即使踏步板发生故障或损坏，也不应妨碍其相应车门的启闭。

4.4.9.6 踏步板的运动不应对乘客和候车者造成任何伤害。

4.4.9.7 踏步板的外角采用半径不小于5 mm的圆角过渡，其上下边缘采用半径不小于2.5 mm的圆角过渡。

4.4.9.8 当车门开启时，伸缩式踏步板应安全地保持在开启位置。此时在单通道门踏步板中心放置质量为136 kg的物体或在双通道门踏步板中心放置质量为272 kg的物体时，踏步板上任何一点的变形不应超过10 mm。

4.4.10 标志

乘客门和所有安全出口的应急控制器均以典型的符号或清晰的文字予以标识并注明其操作方法。

4.5 车内布置

4.5.1 至乘客门的引道

4.5.1.1 从乘客门至向内300 mm(水平方向)处的引道，应允许铅垂平板1或铅垂平板2(见图1及表4)自由通过。铅垂平板正面的移动方向与乘客出入方向一致。

单位为毫米

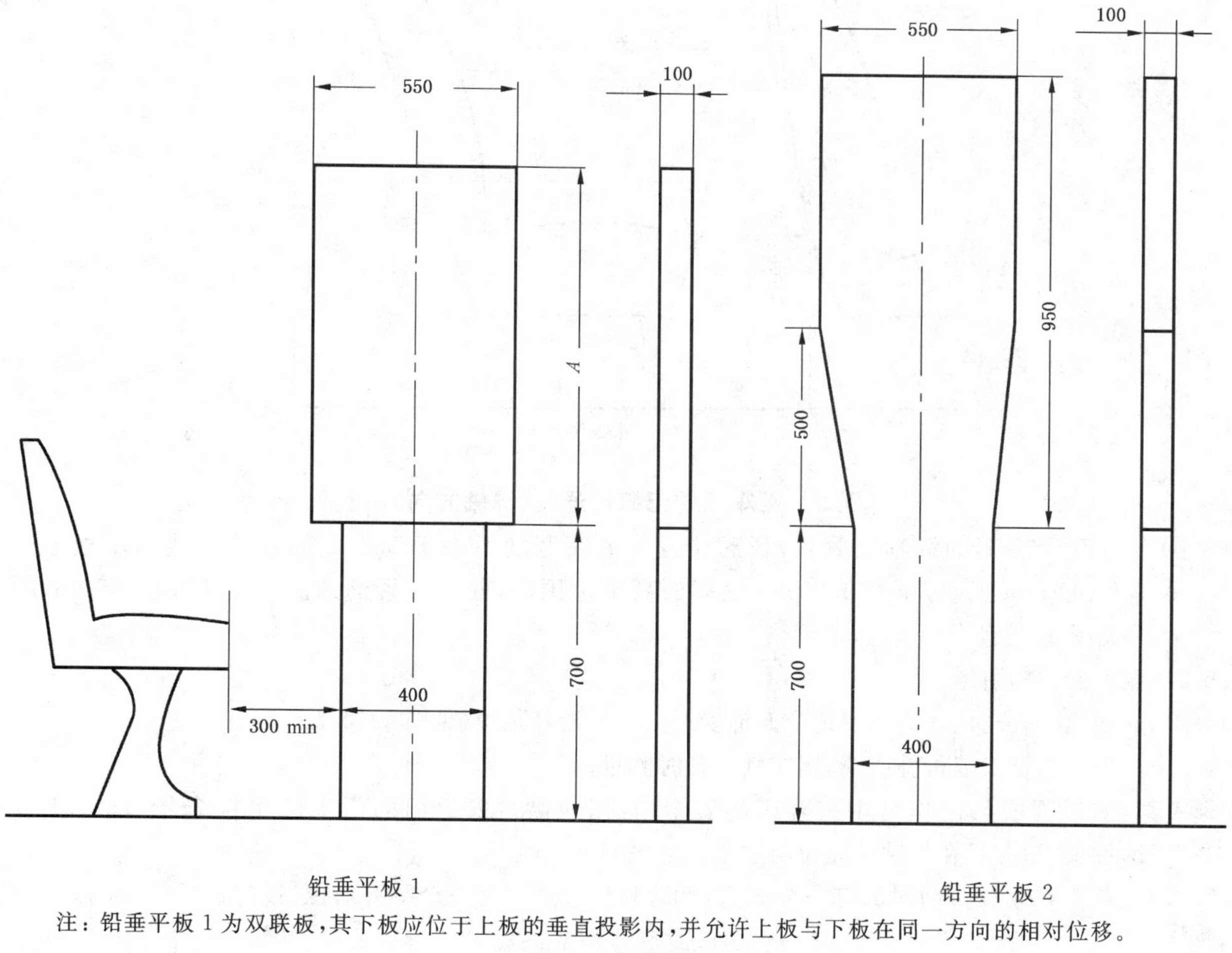

铅垂平板1　　铅垂平板2

注：铅垂平板1为双联板，其下板应位于上板的垂直投影内，并允许上板与下板在同一方向的相对位移。

图1 铅垂平板

表 4　铅垂平板 1 的 *A* 值

单位为毫米

A 级客车	950
B 级客车	650

4.5.1.2　从乘客门内 300 mm 处至最上一级踏步板边缘的引道，应允许铅垂平板 3 自由通过。该平板形状和尺寸与 4.5.3.1 规定的通道测量装置(参见图 5 及表 5)的中心截面相同，厚度为 20 mm。

4.5.1.3　铅垂平板测量时，不允许进入未压陷座垫前方 300 mm 及座垫上方的区域(见图 1)。

4.5.1.4　如装有可折叠座椅，应在其打开位置时测量。

4.5.1.5　对于能够自动折叠的乘务员座椅，在使用位置时允许阻碍乘客门引道。但不使用时，该座椅应能自动折叠并满足 4.5.1.1 和 4.5.1.2 的要求。

4.5.1.6　对于最大设计总质量不超过 3.5 t 和座位数不大于 12 座的 B 级客车，如果每个座椅均有可抵达至少 2 个车门的无阻碍通路，则不必满足 4.5.1.1～4.5.1.4、4.5.2.1、4.5.3.1、4.5.5.3 的要求。

4.5.1.7　在 4.5.1.6 中所述的无阻碍通路应满足如下要求：

a) 平行于客车的纵轴线测量，任意位置的通路宽度不小于 220 mm，在地板或踏步板上方500 mm 高度以上的任意位置的通路宽度不小于 550 mm，见图 2；

单位为毫米

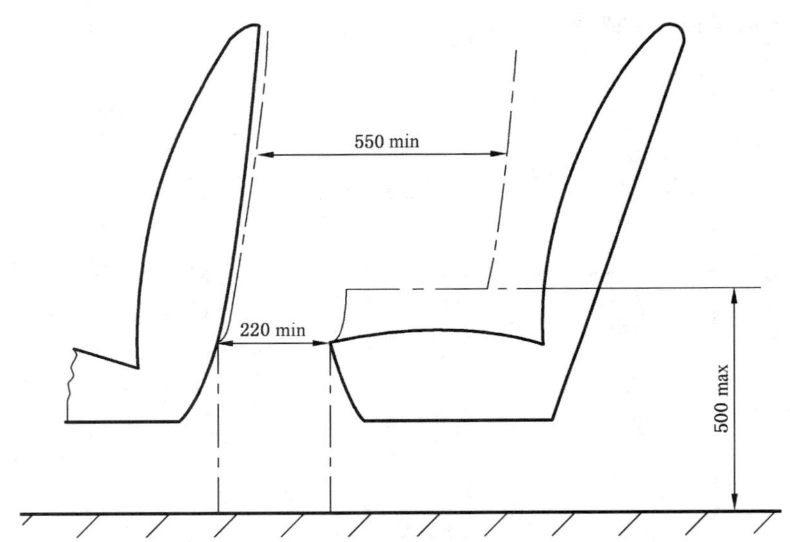

图 2　至车门的无阻碍通路(纵轴方向)

b) 垂直于客车的纵轴线测量，任意位置的通路宽度不小于 300 mm，在地板或踏步板上方 1 200 mm与顶棚下方 300 mm 之间的高度范围内，任意位置的通路宽度不小于 550 mm，见图 3。

4.5.2　至安全门的引道

4.5.2.1　通道与安全门之间的引道应允许安全门引道测量装置(见图 4)通过。

4.5.2.2　如沿引道安装折叠座椅，则在其打开时测量。

4.5.2.3　如果驾驶员门作为主乘客区的安全门，则应满足安全门的门洞尺寸并符合 4.5.2.1 或 4.4.2.5b)的要求，并且在驾驶员座位与主乘客区之间不受阻碍。

4.5.2.4　如果在驾驶员门对面有一个车门，且驾驶员旁最多有一个乘客座位，该门也适用于 4.5.2.3 的规定。

4.5.2.5　对于最大设计总质量不超过 3.5 t 和座位数不大于 12 座的 B 级客车，至安全门的通路按 4.5.1.6 的规定。

单位为毫米

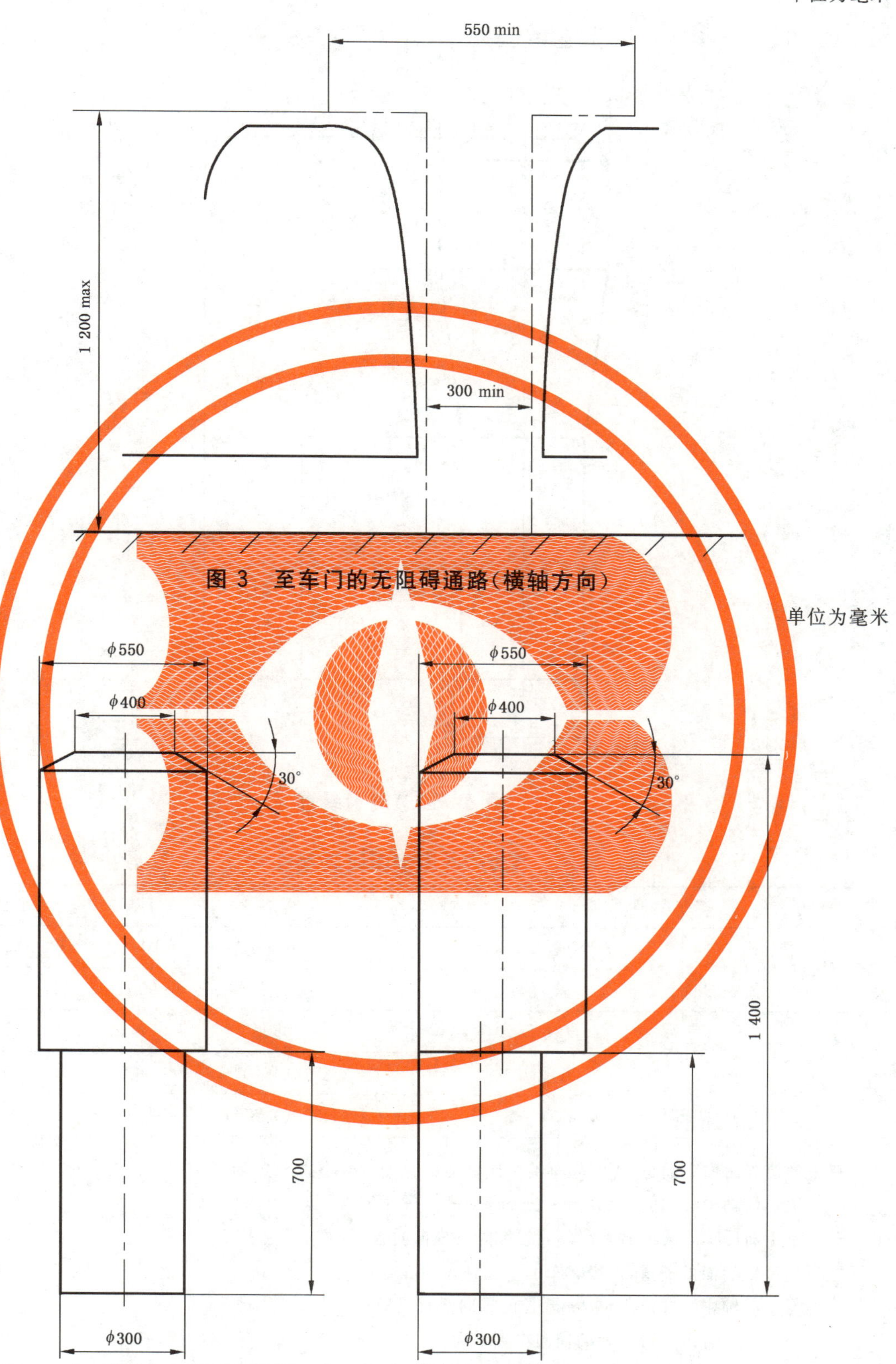

图 3 至车门的无阻碍通路(横轴方向)

单位为毫米

注：下圆柱应位于上圆柱的垂直投影之内并允许上、下圆柱之间的相对位移。

图 4 安全门引道测量装置

4.5.3 通道

4.5.3.1 通道应允许图 5 和表 5 所示的测量装置通过。

单位为毫米

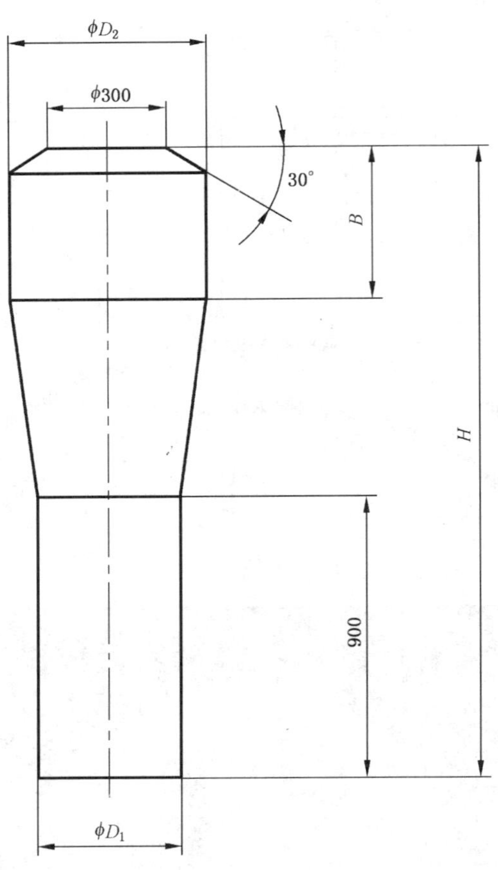

图 5 通道测量装置

表 5 通道测量装置尺寸

单位为毫米

客车类型		A 级	B 级
下圆柱体	直径 D_1	350(300)[a]	300
	高度	900	
上圆柱体	直径 D_2	550	450
	高度 B	500(400)[b]	300
总高度 H		1 900(1 800)[b]	1 500

a 在下列位置后面的通道，A 级客车的下圆柱体的直径可减小为 300 mm：
——位于后轴中心线前 1 500 mm 处的横向垂直平面；
——位于前后轴之间的后乘客门后边缘处的横向垂直平面。

b 在下列位置后面的通道，A 级客车的上圆柱体的高度可减小 100 mm：
——位于后轴中心线前 1 500 mm 处的横向垂直平面；
——位于后乘客门后边缘处的横向垂直平面。

4.5.3.2 通道中允许设置台阶，其宽度应不小于台阶顶部的通道宽度。

4.5.3.3 通道中如设置供乘客使用的折叠座椅，则在其打开时满足通道宽度的要求。

4.5.3.4 对于适用于 4.5.1.6 并满足其所规定的通路尺寸的 B 级客车，则不需要通道。

4.5.3.5 通道的坡度不应超过表 6 的规定。

表 6 通道允许的最大坡度

客车类型	A 级	B 级
纵向坡度	8%	12.5%
横向坡度	5%	

4.5.4 踏步板

4.5.4.1 踏步板的最大高度、最小高度和最小深度见图 6 和表 7。

单位为毫米

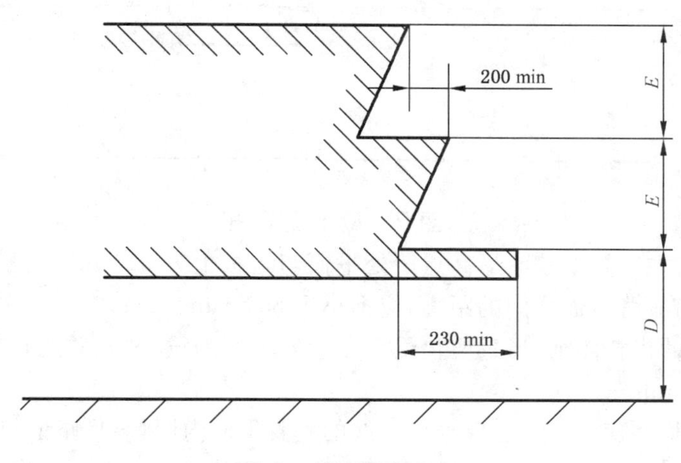

图 6 踏步板尺寸

表 7 踏步板的最大高度、最小高度和最小深度

单位为毫米

客车类型		A 级客车		B 级客车	
位　　置		乘客门	安全门	乘客门	安全门
第一级踏步板	距地面最大高度 D_{max}	380[a]	700	400[a]	700
	最小深度 A_{min}	230			
其他踏步板	最大高度 E_{max}	250[b]		350[c]	
	最小高度 E_{min}	120			
最小深度 A_{min}		200			
注：踏步板高度应在每级踏步板的中间处测量。					

a 如采用机械悬架：B 级客车的乘客门，其 D_{max} 为 430；A 级客车位于前轴之前的乘客门，其 D_{max} 为 390；位于后轴之后的乘客门，其 D_{max} 为 410。

b 对后轴之后的乘客门，其 E_{max} 为 300。

c 对通道内的台阶，其 E_{max} 为 250。

4.5.4.2 第一级踏步板高度应在整车装备质量时测量，此时轮胎的配备和气压应按制造厂的规定。

4.5.4.3 对多于一级的连续踏步板，允许每一级踏步板深入到上一级踏步板的垂直投影区域不大于 100 mm 的深度，并且投影区域以外的自由表面的深度不小于 200 mm，见图 6 和表 7。

4.5.4.4 每级踏步板的面积应不小于 8×10^4 mm²，在任何方向上的坡度应不大于 5%。

4.5.5 乘客座椅的空间

4.5.5.1 座间距(见图 7)

单位为毫米

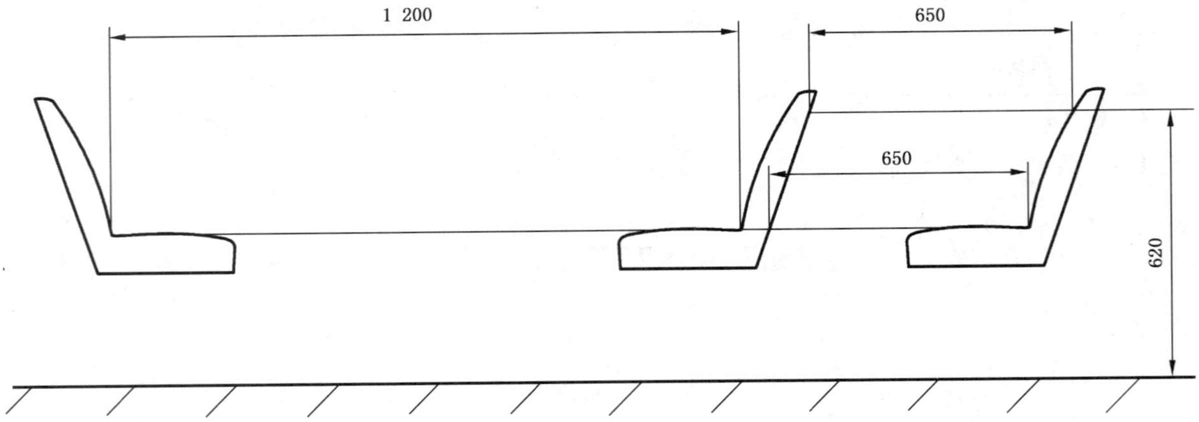

图 7 最小座间距

4.5.5.1.1 同向座椅，在座垫上表面最高点所处平面与地板上方 620 mm 高度范围内水平测量，座椅靠背的前面与前排座椅靠背后面之间的距离，应不小于 650 mm。

4.5.5.1.2 相向布置的横排座椅，通过座垫最高点所处平面测量，两相对座椅靠背的前表面之间的最小距离应不小于 1 200 mm。

4.5.5.1.3 所有数据均在通过(单人)座椅中心线的垂直平面内测量，且座垫和靠背都未被压陷。

4.5.5.1.4 前排座椅及 B 级客车的座椅前无护栏或其他遮挡物时，应安装座椅安全带，并符合 GB 14166—1993 的规定。

4.5.5.2 **垂直净空间**

4.5.5.2.1 每个座位均应有一垂直净空间，它是从未压陷座垫的最高点所处平面向上不小于900 mm，以及从就座乘客搁脚的地板处向上不小于 1 350 mm，对于轮罩处及适用于 4.5.1.6 的 B 级客车，可减小为 1 200 mm；凸入位置不超过座位垂直中心面的轮罩处，该值从地板上表面起测量。

4.5.5.2.2 这个净空间应包括下述的全部水平区域：

a) 以座位中心垂直平面为对称的宽 400 mm、长为 L(见图 8)的矩形区域，它是座位中心截面的垂直平面；

b) 就座乘客搁脚的区域，宽 400 mm，深 300 mm(参见图 11)。

4.5.5.2.3 该净空间不包括紧靠车壁上部的 150 mm 高、100 mm 宽的矩形区(见图 9)。

4.5.5.2.4 在 4.5.5.2.2b)所述的区域上方的延伸空间应允许下列凸入：

a) 其他座椅靠背的凸入；

b) 在该空间上方邻近车身侧围处的倒置三角形区域(见图 9)内允许构件凸入；

c) 在该空间下部邻近车身侧围处，横截面积不超过 2×10^4 mm^2，最大宽度 100 mm 的区域(见图 9)，允许管道凸入；

d) 在该空间下部邻近车身侧围处，允许轮罩的凸入，但必须满足 4.5.5.2.1 的要求；

e) 对于前排座位，仅在距地板高度大于 650 mm 处允许仪表板凸入不大于 100 mm。

4.5.5.2.5 对于后排的两个边座，位于 4.5.5.2.2a)所述区域上方空间的靠近车身侧围的后边缘可由半径为 150 mm 的扇形柱体来代替(见图 10)。

4.5.5.2.6 对于前排座椅，4.5.5.2.2b)所述区域的延伸空间的前上边缘，可由平行于该边缘的平面代替，此平面通过该空间的后上边缘并与水平面成 45°角。(参见图 11 的点划线部分)

4.5.5.3 **就座乘客的空间**

每个乘客座椅前面的最小净空间见图 11。

单位为毫米

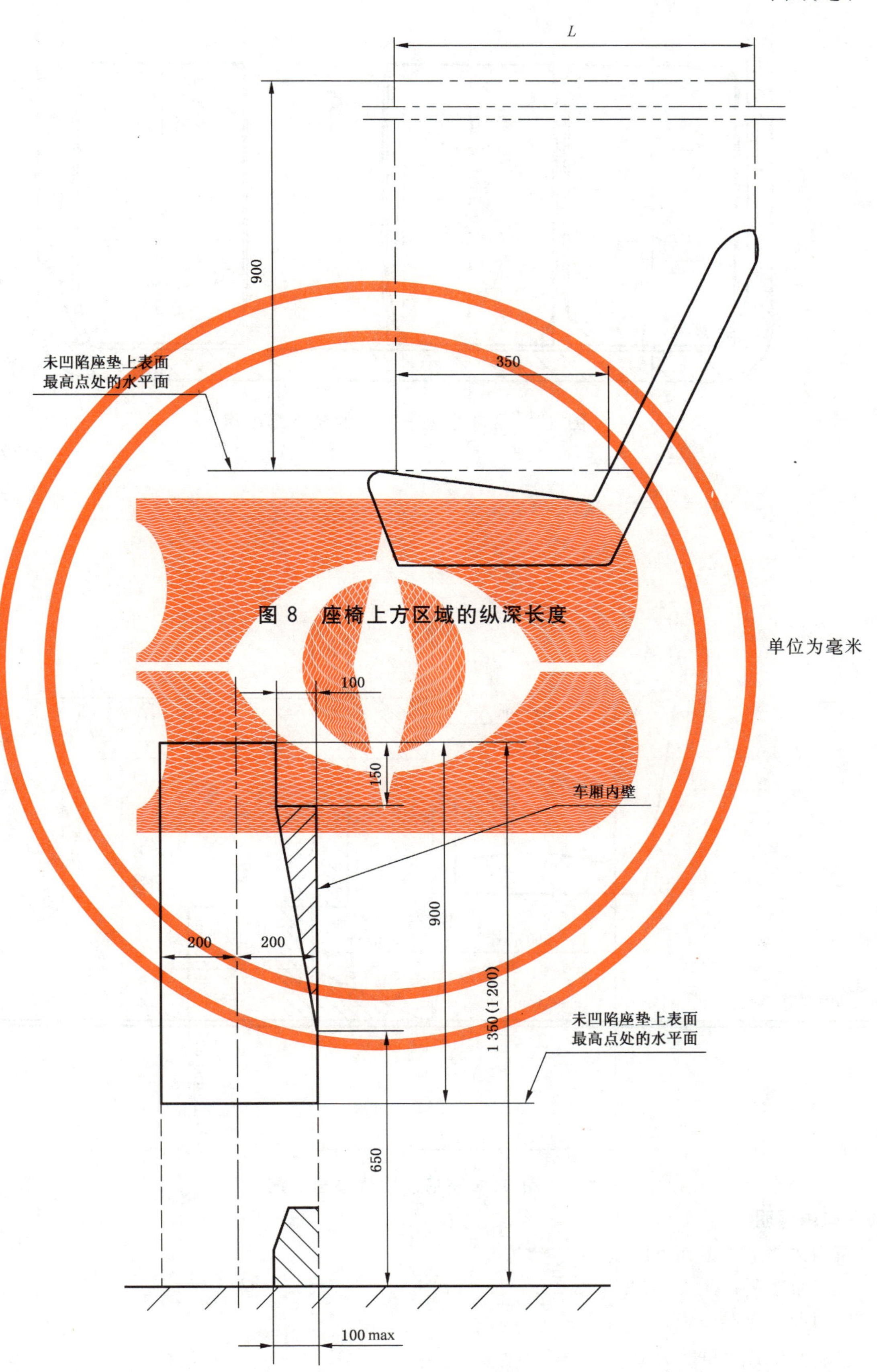

图8 座椅上方区域的纵深长度

图9 允许构件、管道凸入的部位

单位为毫米

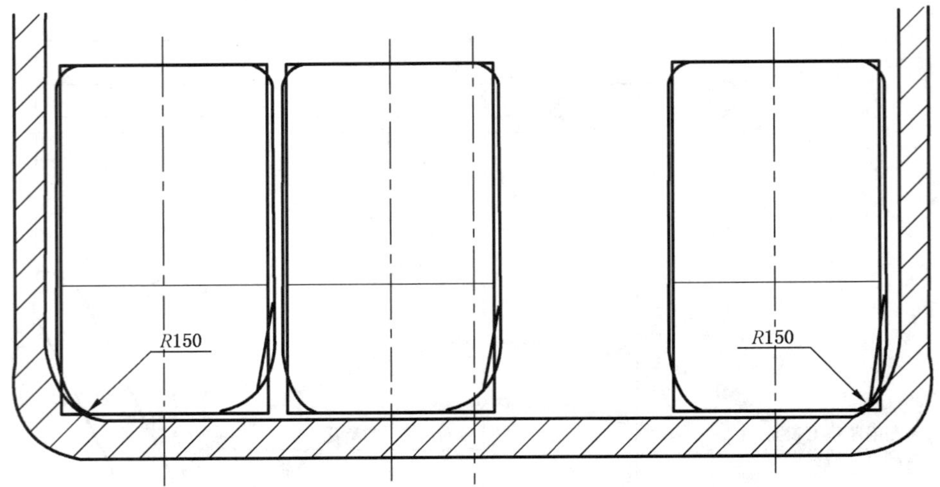

图 10 后排边座净空间的允许缩小量

单位为毫米

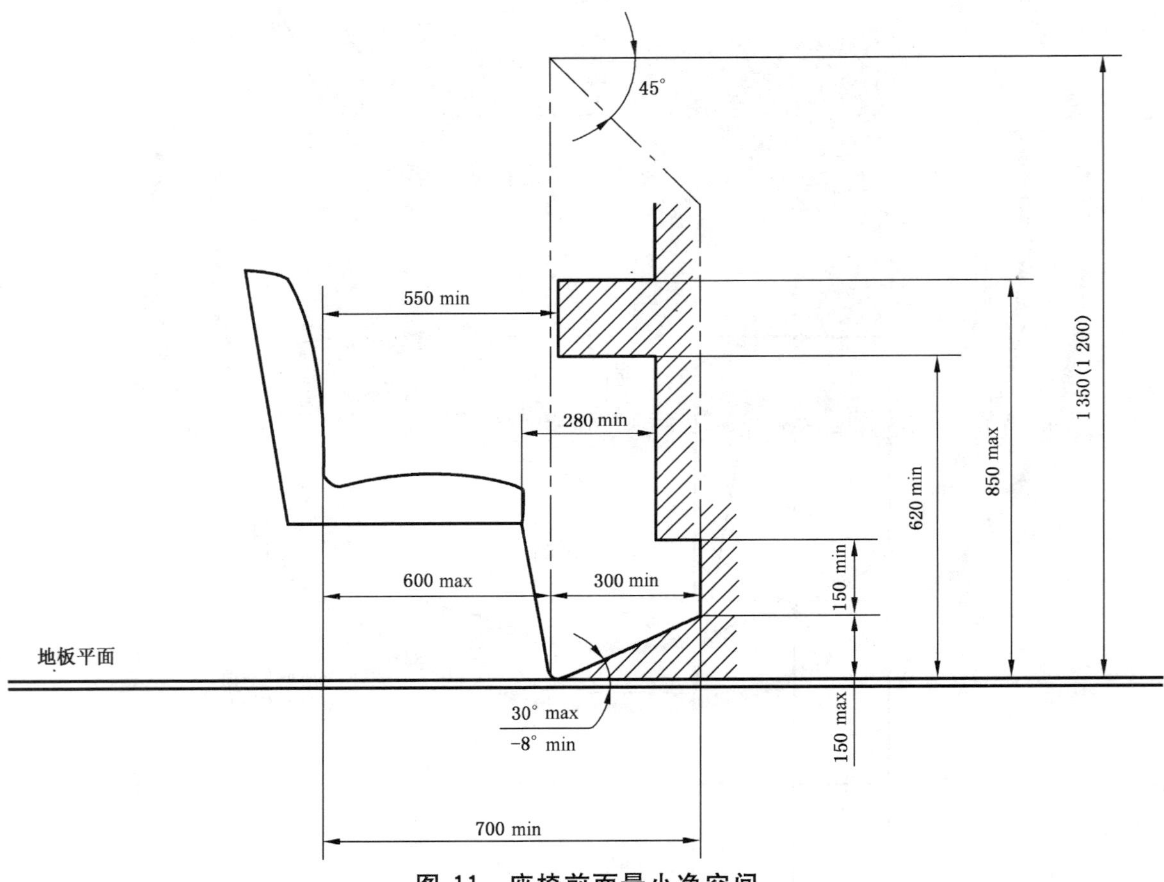

图 11 座椅前面最小净空间

4.6 车内照明

车内照明应覆盖如下区域：

a) 乘客区；

b) 每一级踏步板；

c) 通往各出口的引道；

d) 各出口的内部标志及内部控制器；

e) 所有存在障碍物之处。

4.7 扶手

4.7.1 一般要求

扶手应具有足够的强度,便于抓握,并无伤害乘客的危险。

4.7.2 A级客车的扶手

4.7.2.1 将图12所示的测量装置放在GB/T 12428所允许的乘客站立的位置,该装置可绕垂直轴自由转动,摇臂旋转时至少应触及两个扶手。如扶手为带式吊环,则测试时允许视为由乘客将其保持在某合适位置。

单位为毫米

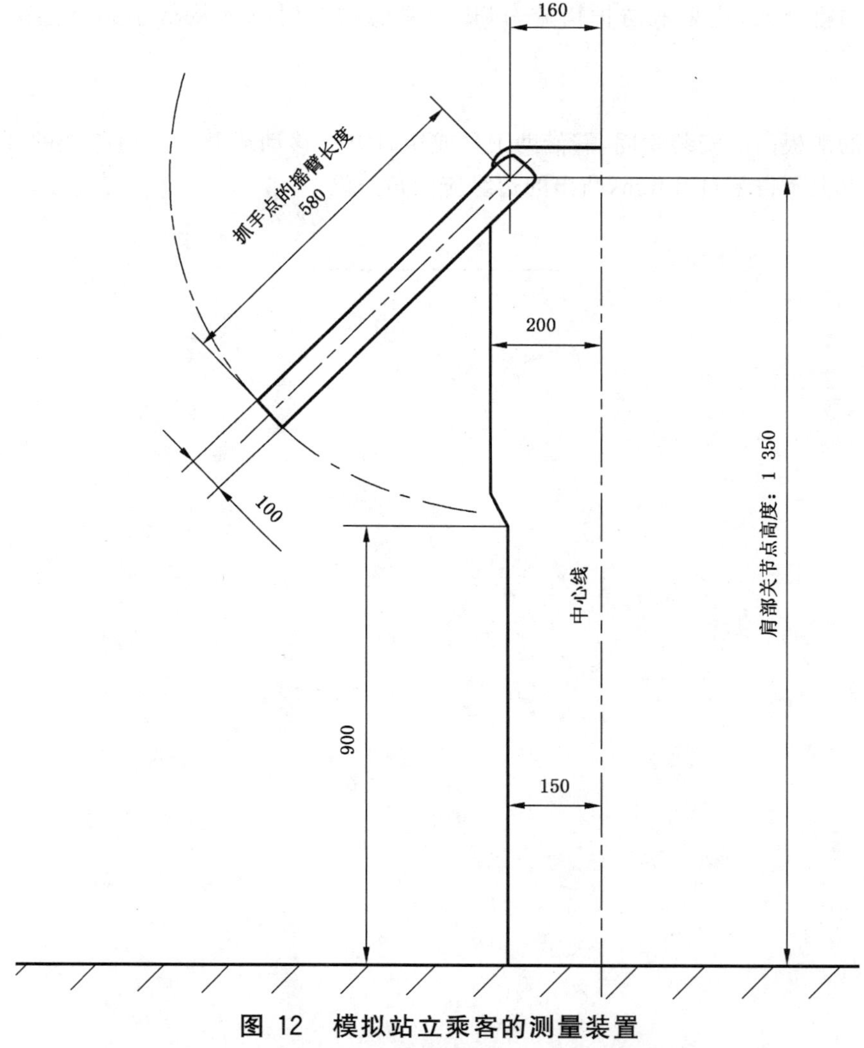

图12 模拟站立乘客的测量装置

4.7.2.2 在4.7.2.1中所要求的两个扶手距地板高度应不小于800 mm,不大于1 900 mm,且二者中至少有一个距地板高度应不大于1 500 mm。

4.7.2.3 在与客车侧围或后围之间无座椅相隔的乘客站立处,应设置平行于侧围或后围的水平扶手,其高度在地板上方800 mm至1 500 mm。

4.7.3 乘客门扶手

4.7.3.1 乘客门引道应安装扶手。如乘客门为滑移门,可不满足此要求;对于双通道门,可安装中央支柱或扶手。

4.7.3.2 乘客门的扶手应为相邻地面上或每级踏步板上的站立乘客提供抓握点,这些抓握点应处于地面或每级踏步板上表面的垂直上方800 mm至1 100 mm之间;在水平方向上:

a) 为方便站在地面上的乘客,从第一级踏步板的外边缘向内不超过400 mm;

b) 为方便站在每级踏步板上的乘客，抓握点的位置向外不应超过该级踏步板的外缘，向内不超过其内缘 400 mm。

4.8 其他

4.8.1 踏步板区域的防护装置

在就座乘客可能会由于紧急刹车而摔向踏步板区域，应设置防护装置或安全带。防护装置的最小高度为从乘客搁脚的地板向上 800 mm，并应从侧围向车内延伸至超出该座椅的纵向中心线至少 100 mm，或者延伸至最里面一级踏步板的竖板。

4.8.2 行李架

如果设有车内行李架，应采取防护措施，以避免紧急刹车时物体从行李架上坠落伤害驾驶员及乘员。

4.8.3 活板门

车辆地板上的活板门应安装紧固，需借助工具或钥匙方能移动或开启。通路处的提升或关闭装置凸出于地板平面以上不得超过 8 mm，凸出的边缘应圆角过渡。

ICS 43.040.01
T 35

中华人民共和国国家标准

GB/T 19056—2012
代替 GB/T 19056—2003

汽车行驶记录仪

Vehicle travelling data recorder

2012-06-29 发布　　2012-09-01 实施

中华人民共和国国家质量监督检验检疫总局
中国国家标准化管理委员会　发布

前　言

本标准按照 GB/T 1.1—2009 给出的规则起草。

本标准代替 GB/T 19056—2003《汽车行驶记录仪》,与 GB/T 19056—2003 相比,除编辑性修改外主要技术变化如下:

——修改了引言(见引言,2003 版的引言);
——修改了范围(见第 1 章,2003 版的第 1 章);
——修改了汽车行驶记录仪、连续驾驶时间的定义(见 3.1、3.5,2003 年版的 3.1、3.3);
——删除了车辆特征系数、上载、下传的定义(见 2003 年版的 3.2、3.5、3.6);
——增加了脉冲系数、行驶开始时间、行驶结束时间、连续驾驶开始时间、连续驾驶结束时间、超时驾驶、最近 2 个日历天、定位模块、定位精度、位置信息的定义(见 3.2、3.3、3.4、3.6、3.7、3.8、3.10、3.11、3.12、3.13);
——修改了一般要求,提出了一体式结构、前面板尺寸等要求(见 4.1,2003 年版的 4.1);
——修改了电气部件,提出了对连接导线、插接器、熔断器等电气部件的性能要求(见 4.2,2003 年版的 4.2);
——修改了功能要求,增加了行驶记录功能、定位功能,在行驶记录功能中增加了安全警示功能(见 4.4.1、4.4.2、4.4.1.4);
——修改了数据记录功能,其中增加了行驶速度记录、位置信息记录、安装参数记录、日志记录等要求,修改了事故疑点记录、驾驶人身份记录、里程记录的要求(见 4.4.1.2,2003 年版的 4.4.3、4.4.5);
——修改了数据通信功能,增加了驾驶人身份识别通信的要求,修改了数据通信接口、RS232 串行通信和 USB 通信的要求(见 4.4.1.3,2003 年版的 4.4.8);
——修改了显示功能,对显示器、显示内容和操作按键等提出统一要求(见 4.4.1.5,2003 年版的 4.4.6);
——修改了打印输出功能,修改了打印输出方式、打印数据格式(见 4.4.1.6,2003 年版的 4.4.7);
——增加了性能要求,其中增加了行驶记录性能、定位性能,将原标准中的时间记录误差、速度记录误差、里程记录误差列入行驶记录性能的要求(见 4.5.1、4.5.2,2003 年版的 4.4.3、4.4.4、5.5.3);
——修改了数据分析软件中对图表的要求(见 4.6,2003 年版的 4.5);
——修改了气候环境适应性试验中低温试验的温度指标(见 5.8.3,2003 年版的 5.12.3);
——修改了静电放电抗扰度(见 4.12、5.12,2003 年版的 4.11、5.16);
——删除了射频电磁场辐射抗扰度(2003 年版的 4.12、5.17);
——增加了瞬态抗扰性(见 4.13、5.13);
——修改了检验规则(见第 6 章,2003 年版的第 6 章);
——增加了安装位置、接线要求(见 7.3、7.4);
——修改了附录 A　RS232 串行数据通信协议(见附录 A,2003 年版的附录 A);
——增加了附录 B　USB(通用串行总线)数据存储格式(见附录 B);
——增加了附录 C　驾驶人身份识别 IC 卡数据存储格式(见附录 C);
——修改了附录 D　事故疑点数据曲线(见附录 D,2003 年版的附录 B);
——修改了参考文献(见参考文献,2003 版的参考文献)。

本标准由中华人民共和国公安部提出。

本标准由公安部道路交通管理标准化技术委员会归口。

本标准负责起草单位:公安部交通管理科学研究所。

本标准参加起草单位:中国汽车技术研究中心、中国公路学会客车分会、上海市公安局交通警察总队、常州公路运输集团有限公司、航天科技控股集团股份有限公司、杭州中导科技开发有限公司、上海本安仪表系统有限公司。

本标准主要起草人:张军、潘汉中、王学平、王金铭、龚标、侯心一、黄细富、祝文甫、黄迎胜、沈磊。

本标准所代替标准的历次版本发布情况为:

——GB/T 19056—2003。

引　言

汽车行驶记录仪的使用，对遏止疲劳驾驶、车辆超速等交通违法行为，保障车辆行驶安全以及道路交通事故的分析鉴定具有重要的作用。欧盟、日本等国家和地区早在20世纪70年代就开始以立法形式在部分客运车辆及货车上强制安装使用汽车行驶记录仪。国内外的使用情况表明，汽车行驶记录仪为国家行政管理部门提供了有效的执法工具、为道路运输企业提供了管理工具、为驾驶人提供了其驾驶活动的反馈信息，其使用对保障道路交通安全起到了直接作用。

我国自20世纪80年代后期开始研制使用汽车行驶记录仪，2003年9月1日开始实施推荐性国家标准《汽车行驶记录仪》(GB/T 19056—2003)；2004年5月1日，国务院颁布了《中华人民共和国道路交通安全法实施条例》，对汽车行驶记录仪使用范围及超时驾驶的限值作了规定；2005年5月1日，根据《交通安全法实施条例》规定，颁布了GB/T 19056—2003《汽车行驶记录仪》的第1号修改单，将超时驾驶的限值修改为4 h；2004年7月起，汽车行驶记录仪开始在全国营运客车等车辆上逐步开始应用。

为了加强汽车行驶记录仪的管理和使用，2009年7月1日全国道路交通安全部际联席会议《关于进一步加强道路交通安全工作的意见》明确提出"加强对重点车辆的动态安全监管。工信部门要会同公安、交通运输、安全监管、质检等部门研究提出推广汽车行驶记录仪(含卫星定位功能)的实施步骤和方案，并联合制定和出台汽车行驶记录仪安装使用管理规定；2009年，要率先在大型营运客车、危险化学品运输车、校车上强制安装使用汽车行驶记录仪，并建立动态监控信息平台，实现部门间数据共享，强化动态安全监管"。为配合部际联席会议要求的实施，从技术上更好地规范汽车行驶记录仪，2009年7月23日，国家标准化管理委员会下达了《汽车行驶记录仪》标准修订任务。

标准工作组在技术、管理等多方面调研的基础上，确定了本次标准修订的原则：一是完善通信协议、统一产品形式；二是适当拓展基本功能和提高产品技术等级。

本次修订中对汽车行驶记录仪的功能要求、技术指标、测试方法等内容参考了国外的先进标准，产品各项技术指标及试验方法继续与国外相关标准的规定尽可能保持一致。同时，本标准内容的规定也充分考虑了我国的道路交通管理、道路运输和汽车行驶记录仪产品技术水平的实际情况。

汽车行驶记录仪

1 范围

本标准规定了汽车行驶记录仪的术语和定义、要求、试验方法、检验规则、安装、标志、标签和包装等内容。

本标准适用于汽车行驶记录仪的设计、制造、检验及使用。

2 规范性引用文件

下列文件对于本文件的应用是必不可少的。凡是注日期的引用文件，仅注日期的版本适用于本文件。凡是不注日期的引用文件，其最新版本(包括所有的修改单)适用于本文件。

GB 2312 信息交换用汉字编码字符集 基本集

GB/T 2423.1 电工电子产品环境试验 第2部分：试验方法 A：低温

GB/T 2423.2 电工电子产品环境试验 第2部分：试验方法 B：高温

GB/T 2423.3 电工电子产品环境试验 第2部分：试验方法 试验 Cab：恒定湿热试验

GB/T 2423.5 电工电子产品环境试验 第2部分：试验方法 试验 Ea 和导则：冲击

GB/T 2423.10 电工电子产品环境试验 第2部分：试验方法 试验 Fc 和导则：振动(正弦)

GB 4094 汽车操纵件、指示器及信号装置的标志

GB 4208 外壳防护等级(IP 代码)

GB/T 12534 汽车道路试验方法通则

GB/T 16649.1 识别卡 带触点的集成电路卡 第1部分：物理特性

GB/T 16649.2 识别卡 带触点的集成电路卡 第2部分：触点的尺寸和位置

GB 16735—2004 道路车辆 车辆识别代号(VIN)

GB/T 19951—2005 道路车辆 静电放电产生的电骚扰试验方法

GB/T 21437.2—2008 道路车辆 由传导和耦合引起的电骚扰 第2部分：沿电源线的电瞬态传导

GA 36 中华人民共和国机动车号牌

JT/T 794—2011 道路运输车辆卫星定位系统车载终端技术要求

3 术语和定义

下列术语和定义适用于本文件。

3.1

汽车行驶记录仪 vehicle travelling data recorder

对车辆行驶速度、时间、里程、位置以及有关车辆行驶的其他状态信息进行记录、存储并可通过数据通信实现数据输出的数字式电子记录装置。

3.2

脉冲系数 impulse ratio

车速传感器在车辆行驶 1 km 距离过程中产生的脉冲信号个数。

3.3

行驶开始时间　start time of travelling

车辆从静止状态转变为行驶状态(速度大于 0 km/h 且持续 10 s 以上)的时间。

3.4

行驶结束时间　end time of travelling

车辆从行驶状态转变为静止状态(速度等于 0 km/h 且持续 10 s 以上)的时间。

3.5

连续驾驶时间　continuous driving time

同一驾驶人在相邻的且时间不少于 20 min 的两个停车休息时段之间的驾驶时间。

注：少于 20 min 的停车休息时间计入连续驾驶时间。

3.6

连续驾驶开始时间　start time of continuous driving

时间不少于 20 min 的停车休息时段之后的第一个行驶开始时间。

3.7

连续驾驶结束时间　end time of continuous driving

同一驾驶人驾驶车辆，在连续驾驶开始时间后的下一个时间不少于 20 min 的停车休息时段之前的最后一个行驶结束时间。

3.8

超时驾驶　overtime driving

连续驾驶时间超过 4 h。

3.9

日历天　calendar day

北京时间 00:00 到 24:00，共 24 h。

3.10

最近 2 个日历天　current two calendar days

车辆最近一次行驶结束时间所在的日历天及前一个日历天。

3.11

定位模块　positioning module

融合不同传感器的输出信息，自动确定车辆位置的功能模块。

3.12

定位精度　positioning accuracy

定位模块所确定的地理位置与实际位置的偏差(2D RMS 量度)。

3.13

位置信息　position information

定位模块所在地理位置的经度、纬度和海拔高度等信息。

4　要求

4.1　一般要求

4.1.1　组成

汽车行驶记录仪(以下简称记录仪)主要由如下几部分组成：

a)　主机：包括电源、控制、存储、通信、定位、显示、打印或输出、时钟、驾驶人身份识别等模块；

b)　速度传感器；

c) 数据分析软件；

d) 驾驶人身份识别卡、导线、熔断器、定位天线等其他部件。

4.1.2 外观结构

记录仪主机应采用一体式标准 DIN 结构，各组成模块均应位于主机本体。采用 1DIN 结构的，主机前面板尺寸应符合(188 mm±2 mm)×(60 mm±2 mm)的要求，采用车辆仪表台嵌入式安装方式的记录仪主机开孔尺寸应不大于 $182^{+0.8}_{0}$ mm×$53^{+0.5}_{0}$ mm；采用 2DIN 结构的，主机前面板尺寸应符合(188 mm±2 mm)×(112 mm±2 mm)的要求，采用车辆仪表台嵌入式安装方式的记录仪主机开孔尺寸应不大于 $178^{+0.8}_{0}$ mm×$100^{+0.5}_{0}$ mm。

记录仪各部件外表面应光洁、平整，不应有凹痕、划伤、裂缝、变形等缺陷。金属机壳表面应有防锈、防腐蚀涂层，金属零件不应有锈蚀。显示屏显示应清晰、完整，不得有缺损现象。如采用铅封装置，铅封应完好。

4.1.3 文字、图形、标志

记录仪上使用的文字、图形、标志应符合如下要求：

a) 耐久、醒目、规范；

b) 用以表示车辆行驶工况的图形标志应符合 GB 4094 的规定；

c) 显示器、操作说明、铭牌、标志中的文字应使用中文，根据需要也可以同时使用其他文字。

4.1.4 铭牌

记录仪应有铭牌，铭牌应符合如下规定：

a) 铭牌应安装在记录仪主机表面的醒目位置，铭牌应安装牢靠；

b) 铭牌上应标出制造商信息、产品中文名称、规格型号、记录仪主机唯一性编号等内容。

4.2 电气部件

4.2.1 电源

记录仪的供电电源应为车辆电源。

4.2.2 连接导线

记录仪连接导线应使用温度特性等级不低于－40 ℃～105 ℃的阻燃低压电线。

记录仪基本连接导线的线色应符合表 1 的要求。

表 1 记录仪连接导线线色

接口定义	颜色定义	说　明
电源正极	红	
点火开关	橙	ON 状态
电源负极	黑	
制动信号	黄	
车速信号输入	蓝	
车速传感器电源正极	棕	
车速传感器电源负极	黑	

4.2.3 插接器

插接器应位于主机后部。使用插接器时，插头两端的线色应相同。若有两个以上插头，插头间应不能互换。

在接插完毕后，插头和插座的连接应牢固可靠，不应有松动、接触不良现象。

4.2.4 熔断器

记录仪如使用熔断器，应在使用熔断器处清晰地标出熔断器的额定电流值。

熔断器的安装、更换应方便。

4.3 电气性能

4.3.1 电源电压适应性

在按表2给出的电源电压波动范围进行电压适应性试验时，试验后记录仪数据记录、显示、打印输出、数据通信等各项功能均应正常。

表2 电气性能试验参数

标称电源电压 V	电源电压波动范围 V	极性反接试验电压 V	过电压 V
12	9～16	14±0.1	24
24	18～32	28±0.2	36
36	27～48	42±0.2	54

4.3.2 耐电源极性反接性能

在表2规定的标称电源电压极性反接试验下，记录仪应能承受1 min的极性反接试验，除熔断器外（允许更换烧坏的熔断器）不应有其他电气故障。

试验后记录仪的数据记录、显示、打印输出、数据通信等各项功能均应正常。

4.3.3 耐电源过电压性能

在表2规定的过电压下，记录仪应能承受1 min的电源过电压试验。

试验后记录仪的数据记录、显示、打印输出、数据通信等各项功能均应正常。

4.3.4 断电保护性能

当记录仪断电，应自动进入保护状态，断电前存储的数据应不丢失。记录仪的实时时间在断电后应正常保持15个日历天以上。

4.4 功能要求

4.4.1 行驶记录功能

4.4.1.1 自检功能

记录仪在通电开始工作时，应首先进行自检，自检正常后应以绿闪信号或显示屏显示方式指示工作正常，如有故障则应以红闪信号或显示屏显示方式指示故障信息。

4.4.1.2 数据记录功能

4.4.1.2.1 行驶速度记录

记录仪应能以 1 s 的时间间隔持续记录并存储车辆行驶状态数据。该行驶状态数据为：车辆在行驶过程中的实时时间、每秒钟间隔内对应的平均速度以及对应时间的状态信号。有效数据记录应不少于最近 48 个单位小时。

速度记录单位为千米每小时(km/h)，测量范围至少为 0 km/h～220 km/h，分辨率等于或优于 1 km/h。

4.4.1.2.2 事故疑点记录

记录仪应能以 0.2 s 的时间间隔持续记录并存储行驶结束前 20 s 实时时间对应的行驶状态数据，该行驶状态数据为：车辆行驶速度、制动等状态信号和行驶结束时的位置信息。

在车辆行驶状态下记录仪外部供电断开时，记录仪应能以 0.2 s 的时间间隔持续记录并存储前 20 s 内的车辆行驶状态数据，该行驶状态数据为：车辆行驶速度、车辆制动等状态信号及最后时刻的位置信息。

在车辆处于行驶状态且有效位置信息 10 s 内无变化时，记录仪应能以 0.2 s 的时间间隔持续记录并存储断电前 20 s 内的车辆行驶状态数据，该行驶状态数据为：车辆行驶速度、车辆制动等状态信号及断电时的位置信息。

速度记录单位为千米每小时(km/h)，测量范围至少为 0 km/h～220 km/h，分辨率等于或优于 1 km/h。

事故疑点记录次数应不少于最近 100 条。

4.4.1.2.3 超时驾驶记录

记录仪应能记录驾驶人超时驾驶的数据，数据内容包括：机动车驾驶证号码、连续驾驶开始时间及所在位置信息、连续驾驶结束时间及所在位置信息，记录次数应不少于最近 100 条。

4.4.1.2.4 位置信息记录

记录仪应能以 1 min 的时间间隔持续记录并存储车辆位置数据，数据内容包括：车辆在行驶过程中的实时时间、位置信息以及平均速度。有效数据记录应不少于最近 360 个单位小时。

4.4.1.2.5 驾驶人身份记录

记录仪应能记录每个驾驶人登录和退出情况，记录内容为登录或退出时驾驶人的机动车驾驶证号码和发生时间，记录次数应不少于最近 200 条。

4.4.1.2.6 里程记录

记录仪应能持续记录车辆从初次安装时间开始的累计行驶里程。车辆行驶里程记录单位为千米(km)，行驶里程的测量范围为 0 km～999 999.9 km，分辨率应等于或优于 0.1 km。

4.4.1.2.7 安装参数记录

记录仪应能记录安装时相关参数信息，具体参数包括：机动车号牌号码、机动车号牌分类、车辆识别代码、脉冲系数、记录仪初次安装时间和初始里程。

4.4.1.2.8 日志记录

记录仪应能记录相关运行日志，具体日志包括：

a) 记录仪外部供电记录，记录内容为电源通断电类型及发生时间，记录数量应不少于最近100条；
b) 参数修改记录，当安装参数、时间等发生修改时记录，记录内容为参数修改类型及发生时间，记录数量应不少于最近100条；
c) 速度状态日志，记录内容为速度状态（异常或正常）、速度状态判定的开始时间及结束时间、从开始时间起连续60 s每秒钟的记录速度和参考速度。记录数量应不少于最近10条。

注：在定位模块工作正常，记录仪的参考速度（基于卫星定位信号的速度）连续大于40 km/h的5 min时间内：当记录速度（基于速度传感器信号的速度）与参考速度的差值率（记录速度与参考速度之差除以参考速度）均超过±11%时，判定速度状态为异常；当记录速度与参考速度的差值率均在±11%范围内时，判定速度状态为正常。每个日历天记录仪判定速度状态1次，速度状态判定时，同时存储速度状态日志。

4.4.1.3 数据通信功能

4.4.1.3.1 数据通信接口

记录仪应至少同时配置RS232串行接口、USB（通用串行总线）接口、驾驶人身份识别接口、定位通信天线接口。

RS232串行接口、USB接口和驾驶人身份识别接口应位于主机前部。各通信接口间应不能互换，在非使用状态下应配置有效的保护装置。

4.4.1.3.2 RS232串行通信

RS232串行接口应为DB9孔式通信接口。

记录仪正常工作时，在无按键或其他外设触发的情况下，RS232串行接口应能自动识别数据通信协议所定义的通信命令。

RS232串行数据通信协议应符合附录A的规定。

4.4.1.3.3 USB（通用串行总线）通信

USB接口连接件应为USB A型。

USB接口应支持USB2.0标准的主机模式（Host），记录仪应能通过USB接口向USB存储设备写入数据记录文件，写入文件的数据存储格式应符合附录B的规定。

4.4.1.3.4 驾驶人身份识别通信

记录仪应能通过集成电路卡（IC卡）实现驾驶人身份记录功能。驾驶人应在驾驶前、后通过IC卡方式进行身份登录和退出，登录和退出应在行驶结束状态下进行。

驾驶人身份识别卡可采用接触式或非接触式IC卡，IC卡应能记录机动车驾驶证号码等驾驶人信息，数据存储格式应符合附录C的规定。

采用接触式IC卡的应满足以下条件：物理特性应符合GB/T 16649.1的要求，触点的尺寸和位置应符合GB/T 16649.2的要求。记录仪主机前部应设有匹配IC卡的读卡装置，读卡装置应设有防尘保护装置，并至少能读取24C0X系列和4442系列IC卡的数据。

4.4.1.4 安全警示功能

记录仪应能通过语音方式提示驾驶人规范驾驶行为，提示频率为每 5 min 提示 1 组，每组连续提示 3 次。提示类型包括：

a) 在超时驾驶发生前及发生后的 30 min 内，提示驾驶人停车休息，显示器同时显示连续驾驶时间等提示信息；

b) 在驾驶人未登录情况下驾驶车辆时，在前 30 min 内提示驾驶人登录身份，显示器同时显示登录提示信息；

c) 在车辆行驶速度大于记录仪设定的速度限值、或与速度限值的速度差在 0 km/h～5 km/h 范围内时，提示驾驶人控制行驶速度；

d) 在记录仪的速度状态判定为异常时，提示速度状态异常，提示时间为 5 min。

4.4.1.5 显示功能

4.4.1.5.1 显示器

显示器应符合如下要求：

a) 显示屏应位于记录仪主机前部，显示屏应能显示可编辑的汉字、字母和数字；

b) 显示字符应笔划完整、清晰规范，在使用中不依靠环境光源也能正确读数；

c) 显示数据参数的同时应以汉字标识显示内容的定义，显示字符高度不小于 3 mm；

d) 显示器在车辆点火开关通电后应处于工作状态；

e) 在恒定的速度下，车速显示值的变化范围不得超过 1 km/h。

4.4.1.5.2 显示内容

当无按键操作或在行驶状态时，默认显示界面至少应显示实时时间、车辆的实时行驶速度、定位模块工作状态；当在警示状态时，显示界面应显示超时驾驶、驾驶人身份登录、速度状态等提示信息。

通过操作按键应能实现对其他信息的查询，查询应通过菜单方式进行，查询内容至少应包括：

a) 车辆及驾驶人信息，其中：车辆信息应至少包括机动车号牌号码、机动车号牌分类、脉冲系数及当前状态信号值，驾驶人信息应至少包括当前登录驾驶人的机动车驾驶证号码；

b) 超时驾驶记录：最近 2 个日历天内的超时驾驶记录，记录应按发生时间倒序显示，每条超时驾驶记录内容应包括：机动车驾驶证号码、连续驾驶开始时间、连续驾驶结束时间。

4.4.1.5.3 操作按键

操作按键应位于记录仪主机前部，按键应至少包括“菜单”、“▲”、“▼”、“确定”四个操作按键。

a) 操作按键应在对应的位置标明按键名称；

b) 仅使用操作按键应不能对时间、脉冲系数等参数进行修改操作；

c) 通过操作按键应不能对记录仪记录的速度、超时驾驶记录等数据记录进行删除操作；

d) 按键定义如下：

“菜单”——默认显示界面和菜单界面的切换，子目录向根目录的返回；

“▲” ——上翻选择，完成功能或数据列项的选择；

“▼” ——下翻选择，完成功能或数据列项的选择；

“确定”——功能或数据列项的确定，在默认显示界面持续按键 3 s 触发打印功能。

4.4.1.6 打印输出功能

4.4.1.6.1 一般要求

a) 数据打印只能在车辆静止状态下进行；

b) 打印字符字迹应清晰、规范；

c) 打印字符的高度应不小于 2.0 mm，宽应不小于 1.2 mm；

d) 打印纸上应留有足够的空白位置供驾驶人或其他人员签名及简单备注之用；

e) 未配置打印机的记录仪应能通过 RS232 串行接口和 USB 接口向其他打印设备输出打印数据。

4.4.1.6.2 打印数据格式

记录仪打印内容至少应包括：机动车号牌号码、机动车号牌分类、当前登录驾驶人的机动车驾驶证号码、速度状态、打印时间、最近 2 个日历天内的超时驾驶记录。

打印数据格式见示例 1。

示例 1：打印数据格式示例

机动车号牌号码：×××××××

机动车号牌分类：××××

机动车驾驶证号码：

××××××××××××××××××

速度状态：××

打印时间：

yy-mm-dd hh：mm：ss

2 个日历天内超时驾驶记录：

记录 1：

机动车驾驶证号码：

××××××××××××××××××

连续驾驶开始时间：

yyyy-mm-dd hh：mm：ss

连续驾驶结束时间：

yyyy-mm-dd hh：mm：ss

记录 2：

机动车驾驶证号码：

××××××××××××××××××

连续驾驶开始时间：

yyyy-mm-dd hh：mm：ss

连续驾驶结束时间：

yyyy-mm-dd hh：mm：ss

……

签名：______________________

4.4.2 定位功能

记录仪应具有卫星定位功能，定位通信方式优先支持北斗卫星定位系统，定位数据的输出格式应符合附录 A 中表 A.20 的规定。

用于营业性道路运输车辆的记录仪的定位功能应符合 JT/T 794—2011 中 5.2.1 的要求。

4.5 性能要求

4.5.1 行驶记录性能

4.5.1.1 时间记录误差

记录仪连续记录 24 h 数据，记录时间允许误差应在±5 s 以内。

4.5.1.2 速度记录误差

4.5.1.2.1 模拟速度记录误差

分别输出相当于 20 km/h、65 km/h、100 km/h、145 km/h 的模拟速度信号对记录仪进行测试时，其速度记录允许误差为±1 km/h。

4.5.1.2.2 实车速度记录误差

记录仪安装在测试用车上进行实车路试，在行驶速度恒定在 40 km/h±1 km/h 和行驶速度在 40 km/h～60 km/h 变化情况下分别进行测试时，其速度记录允许误差为±2 km/h。

4.5.1.3 里程记录误差

型式检验时，记录仪安装在测试用车上进行实车行驶里程误差测试，当测试距离为 5 km 时，行驶里程允许误差为±0.1 km 以内。

4.5.2 定位性能

记录仪定位模块所确定的位置与实际位置的偏差不大于 15 m。

用于营业性道路运输车辆的记录仪的定位性能应符合 JT/T 794—2011 中 5.2.2 的要求。

4.6 数据分析软件

记录仪的数据分析软件应兼容本标准规定的数据通信协议，应使用中文界面，能在通用的中文操作系统中安装使用。数据分析软件应能连接记录仪数据管理平台，并对外传输指定的数据记录。

数据分析软件应具有原始数据读取、查询、统计、图表生成、参数设置、操作权限管理等功能。

在采集原始数据后，数据分析软件应能生成至少如下图表：

a) 行驶速度记录曲线图。内容及记录格式应符合 4.4.1.2.1 的要求，其横坐标为实时时间、纵坐标为与实时时间对应的车辆行驶速度值、状态信号和客户所要求的其他信号，曲线图上同时还应包含机动车号牌号码、机动车号牌分类、机动车驾驶证号码等内容。其中，机动车驾驶证号码信息可随不同驾驶人的登录时间而变化；
b) 事故疑点数据曲线图。内容及记录格式应符合 4.4.1.2.2 的要求，曲线图例见附录 D，其横坐标为实时时间，纵坐标为与实时时间对应的车辆行驶速度值和制动等状态信号，曲线图上同时还应包含机动车号牌号码、机动车号牌分类、机动车驾驶证号码等内容；
c) 数据列表。根据 4.4.1.2 规定的各项数据记录的内容，列出指定时间范围内的指定数据记录。

4.7 数据安全性

记录仪应防止数据被更改或删除，应从记录仪硬件和数据分析软件系统来实现：

a) 硬件上，应在记录仪主机上或其他适当的地方采取可靠安全措施（如铅封）防止数据储存器等重要器件被更换；

b) 记录仪主机内车辆行驶速度、里程、驾驶时间等原始数据不能通过外部设备进行任何改写或删除操作;

c) 分析软件对车辆识别代号、机动车号牌号码、机动车号牌分类、脉冲系数、机动车驾驶证号码等重要参数不能更改或删除。在记录仪初始化调试、校准、维修或其他特殊情况下需对上述重要参数进行设置操作时,需经操作授权。

4.8 气候环境适应性

记录仪在承受各项气候环境试验后,应无任何电气故障,机壳、插接器等不应有严重变形;其数据记录功能、显示功能、打印输出功能应保持正常;试验前存储的数据不应丢失。

4.9 机械环境适应性

记录仪在承受各项机械环境试验后,应无永久性结构变形;零部件应无损坏;应无电气故障,紧固部件应无松脱现象,插头、通信接口等接插件不应有脱落或接触不良现象;其数据记录功能、显示功能、打印输出功能应保持正常;试验前存储的数据不应丢失。

4.10 外壳防护等级

记录仪主机的外壳防护等级应符合 GB 4208 中 IP43 的要求。

试验后记录仪数据通信功能应正常,试验前存储的数据不应丢失。

4.11 抗汽车电点火干扰

记录仪在进行汽车电点火干扰时,不应出现异常现象,数据记录功能、显示功能、打印输出功能应正常。

4.12 静电放电抗扰度

试验中及试验后不应出现电气故障,数据记录功能应正常,试验前存储的数据不应丢失;在试验中允许显示和打印输出功能出现异常现象,但在试验结束后功能应恢复正常。

4.13 瞬态抗扰性

试验中及试验后不应出现电气故障,数据记录功能应正常,试验前存储的数据不应丢失;在试验中允许显示和打印输出功能出现异常现象,但在试验结束后功能应恢复正常。

5 试验方法

5.1 一般要求检查

5.1.1 组成检查

目视检查记录仪的结构组成。

5.1.2 外观结构检查

在环境照度 300 lx 条件下,目距 300 mm~500 mm 情况下检查记录仪的外观及结构,测量记录仪尺寸。

5.1.3 文字、图形、标志、铭牌检查

目视检查记录仪的铭牌及其文字、图形和标志;

用蘸有汽油(90 号以上)的干净棉布连续擦拭其文字、图形、标志符号 15 s,试验后目视检查。

5.2 电气部件检查

5.2.1 电源检查

目视检查记录仪的电源供电方式。

5.2.2 连接导线检查

目视检查记录仪连接导线的规格和线色。

5.2.3 插接器检查

目视检查插接器位置、两端线色和插头规格。

5.2.4 熔断器检查

目视检查熔断器是否标明额定电流值，检查熔断器的安装、更换方式。

5.3 电气性能测试

5.3.1 电源电压适应性试验

对车辆标称电源电压不同，分别按以下方法进行试验：

a) 记录仪标称电源电压为 12 V 时，将供电电压调至 9 V 和 16 V，分别连续工作 1 h，其间输入模拟信号，检查记录仪的功能；

b) 记录仪标称电源电压为 24 V 时，将供电电压调至 18 V 和 32 V，分别连续工作 1 h，其间输入模拟信号，检查记录仪的功能；

c) 记录仪标称电源电压为 36 V 时，将供电电压调至 27 V 和 48 V，分别连续工作 1 h，其间输入模拟信号，检查记录仪的功能。

5.3.2 耐电源极性反接试验

对记录仪的电源线施加与标称电源电压极性相反的试验电压，标称电源电压为 12 V 时，施加 14 V±0.1 V 的反向电压；标称电源电压为 24 V 时，施加 28 V±0.2 V 的反向电压；标称电源电压为 36 V 时，施加 42 V±0.2 V 的反向电压，以上试验持续时间均为 1 min。试验后检查记录仪的功能。

5.3.3 耐电源过电压试验

记录仪标称电源电压为 12 V 时，对其施加 24 V 的工作电压；标称电源电压为 24 V 时，对其施加 36 V 的工作电压；标称电源电压为 36 V 时，对其施加 54 V 的工作电压，以上试验持续时间均为 1 min。试验后检查记录仪的功能。

5.3.4 断电保护试验

将存有数据的记录仪接标称电源电压正常工作，连续断电 15 天后，检查记录仪记录的实时时间及其存储的数据信息。

5.4 功能检查

5.4.1 行驶记录功能检查

5.4.1.1 自检功能检查

接通记录仪电源，目视检查记录仪自检方式及自检过程。

5.4.1.2 数据记录功能检查

5.4.1.2.1 行驶速度记录检查

记录仪接通标称电源，接入速度信号和状态信号，速度信号应从 0 km/h 到 220 km/h 断续变化，连续记录 48 个单位小时，试验后检查行驶速度记录。

5.4.1.2.2 事故疑点记录检查

记录仪接通标称电源，接入速度信号、状态信号和位置信号，模拟符合事故疑点记录条件的情况，试验后检查事故疑点记录。

5.4.1.2.3 超时驾驶记录检查

记录仪接通标称电源，接入速度信号和位置信号，模拟车辆行驶过程中驾驶人停车休息和超时驾驶的情况，试验后检查超时驾驶记录。

5.4.1.2.4 位置信息记录检查

记录仪接通标称电源，接入位置信号和速度信号，连续记录 360 个单位小时，试验后检查位置信息记录。

5.4.1.2.5 驾驶人身份记录检查

记录仪接通标称电源，模拟驾驶人登录和退出操作，试验后检查驾驶人身份记录。

5.4.1.2.6 里程记录检查

记录仪接通标称电源，接入速度信号，试验后检查里程信息记录。

5.4.1.2.7 安装参数记录检查

记录仪接通标称电源，对记录仪设置相关安装参数，试验后检查安装参数记录。

5.4.1.2.8 日志记录检查

模拟记录仪外部电源接通和切断情况，检查外部供电记录；

设置记录仪安装参数和时间，检查参数修改记录；

分别模拟速度状态异常和正常两种情况，检查速度状态日志。

5.4.1.3 数据通信功能检查

5.4.1.3.1 数据通信接口检查

目视检查记录仪的通信接口形式、位置及接口保护装置。

5.4.1.3.2 RS232 串行通信检查

目视检查记录仪 RS232 串行通信接口形式，使用测试软件通过 RS232 串行接口对记录仪进行数据采集和参数设置操作，检查 RS232 数据通信协议。

5.4.1.3.3 **USB(通用串行总线)通信检查**

目视检查记录仪 USB 接口形式,使用 USB 存储设备采集记录仪的数据记录,使用测试软件分析数据记录,检查 USB 数据存储格式。

5.4.1.3.4 **驾驶人身份识别通信检查**

对记录仪进行驾驶人身份识别通信测试,在行驶状态下检查记录仪是否能进行驾驶人身份登录和退出操作。接触式 IC 卡使用 IC 卡测试装置和专用测试卡分别检查接触式 IC 卡的数据存储格式和读卡装置的通用性。

5.4.1.4 **安全警示功能检查**

分别模拟超时驾驶、未登录驾驶人身份驾驶、超速度限值行驶、速度状态异常和正常四种情况,检查记录仪的提示方式、提示频率和提示内容。

5.4.1.5 **显示功能检查**

5.4.1.5.1 **显示器检查**

目视检查记录仪显示器的位置、字符高度、工作状态等内容。

5.4.1.5.2 **显示内容检查**

通过按键操作分别检查默认显示界面、警示状态、驾驶人身份识别状态下的显示内容。

5.4.1.5.3 **操作按键检查**

目视检查按键位置和按键名称,通过按键操作检查按键定义和是否能对相关参数、记录等进行删除操作。

5.4.1.6 **打印输出功能检查**

5.4.1.6.1 **一般要求检查**

在行驶状态下,检查记录仪是否能进行打印操作。

在行驶结束状态下,对记录仪进行打印或输出操作,检查打印结果。

5.4.1.6.2 **打印格式检查**

目视检查打印内容及格式。

5.4.2 **定位功能检查**

记录仪接通标称电源,接入卫星定位信号,检查记录仪定位功能和定位数据输出格式。

5.5 **性能测试**

5.5.1 **行驶记录性能测试**

5.5.1.1 **时间记录误差测试**

用标准计时装置对记录仪时间进行校准之后,连续记录 360 h 的实时时间,计算每 24 h 的时间记录误差。

5.5.1.2 速度记录误差测试

5.5.1.2.1 模拟速度记录误差测试

记录仪通电正常工作，分别接入相当于 20 km/h、65 km/h、100 km/h、145 km/h 的模拟速度信号，每个速度点输入信号时间为 1 min，模拟速度信号的精度应等于或优于 0.5%，测试记录仪在接入模拟速度信号情况下的最大速度记录误差。

5.5.1.2.2 实车速度记录误差测试

试验条件和试验车辆的准备工作应符合 GB/T 12534 的要求。

试验设备：车辆运动测试装置的时钟分辨率应优于或等于 0.01 s，速度测量分辨率应优于或等于 0.1 km/h，应能连续测量与实时时间相对应的车辆瞬时和平均运动速度，其测速量程至少为 0.5 km/h～300 km/h。

将记录仪和车辆运动测试装置同时安装在试验用车上，分别在以下两种情况下测试速度记录误差：

a) 40 km/h±1 km/h 的恒定车速行驶，同时使用车辆运动测试装置测量与实时时间对应的车辆运动速度，试验时间为 1 min；
b) 车速在 40 km/h～60 km/h 间变化时，同时使用车辆运动测试装置测量与实时时间对应的车辆运动速度，试验时间为 5 min。

5.5.1.2.3 里程记录误差测试

试验条件和试验车辆的准备工作应符合 GB/T 12534 的要求。

将记录仪安装在试验用车上，测试行驶距离为 5 km。测试中同时使用车辆运动测试装置测量与实时时间对应的行驶里程，测试结束后检查记录仪的里程测量值，计算里程记录误差。

5.5.2 定位性能测试

试验条件和试验车辆的准备工作应符合 GB/T 12534 的要求。

定位精度测试设备的 RTK 平面定位精度应不低于：加常数为 1 cm，乘常数为基准站与流动站距离的百万分之一。

将记录仪按使用状态安装在试验车辆上，在完成定位和置信区间不小于 95%条件下，通过载波相位差分(RTK)方式，测试记录仪的最大定位误差，测试时试验车辆以不低于 20 km/h 的速度行驶，连续测试时间不小于 1 h，测试路段无连续弯道，无明显影响连续定位的屏蔽或干扰。

5.6 数据分析软件检查

对记录仪产品配套的数据分析软件进行安装、运行，并测试分析软件的数据采集、查询、统计、图表生成、操作权限管理等各项功能，查看各种图表曲线、数据列表的格式及内容。

5.7 数据安全性检查

从硬件和软件两个方面检查记录仪的原始数据安全性。

目视(必要时使用工具)检查记录仪的主机及数据存储器等重要器件的有无采取可靠防护措施。

将记录仪分析软件安装在通用中文操作系统中，并将测试计算机按使用要求通过通讯接口与记录仪连接，对记录仪进行各种数据读取、查询、统计、参数设置、操作权限设置等功能操作测试。

5.8 气候环境适应性试验

试验参数设置见表 3。

表 3 气候环境试验项目表

试验名称	试验参数	试验条件	工作状态
高温试验	温度	70 ℃	接入 1.25 倍的标称电源电压正常工作，1 h 通电，1 h 断电
	持续时间	72 h	
高温放置试验	温度	85 ℃	试验中不通电，试验后检查功能
	持续时间	8 h	
低温试验	温度	−30 ℃	接入 0.75 倍的标称电源电压正常工作，1 h 通电，1 h 断电
	持续时间	72 h	
低温放置试验	温度	−40 ℃	试验中不通电，试验后检查功能
	持续时间	8 h	
恒定湿热试验	温度	40 ℃±2 ℃	24 h 不通电，24 h 接通标称电压通电工作
	持续时间	48 h	
	相对湿度	90%～95%	

5.8.1 高温试验

5.8.1.1 试验设备

试验设备应符合 GB/T 2423.2 的要求。

5.8.1.2 试验方法

预处理：记录仪按正常工作方式接入信号，接入 1.25 倍的标称电源电压正常工作。

将连接完毕的记录仪整机放入高温试验箱，在 70 ℃±2 ℃的温度下连续放置 72 h，其间记录仪 1 h 接通电源，1 h 断开电源，连续通、断电循环直至试验结束。试验中及试验后检查记录仪外观结构、主要功能和数据记录。

5.8.2 高温放置试验

5.8.2.1 试验设备

试验设备应符合 GB/T 2423.2 中的要求。

5.8.2.2 试验方法

将连接完毕的记录仪整机放入高温试验箱，在 85 ℃±2 ℃的温度下放置 8 h。试验后恢复至室温接通标称电源电压、接入信号正常工作。试验后检查记录仪外观结构、主要功能和数据记录。

5.8.3 低温试验

5.8.3.1 试验设备

试验装置应符合 GB/T 2423.1 的要求。

5.8.3.2 试验方法

预处理:记录仪按正常工作方式接入信号,接入0.75倍的标称电源电压正常工作。

将连接完毕的记录仪整机放入低温试验箱,在−30 ℃±2 ℃的温度下放置72 h,其间记录仪1 h接通电源,1 h断开电源,连续通、断电循环直至试验结束。试验中及试验后检查记录仪外观结构、主要功能和数据记录。

5.8.4 低温放置试验

5.8.4.1 试验设备

试验装置应符合GB/T 2423.1的要求。

5.8.4.2 试验方法

将连接完毕的记录仪整机放入低温试验箱,在−40 ℃±2 ℃的温度下放置8 h。试验结束恢复至室温后接通标称电源电压、接入信号正常工作。试验后检查记录仪外观结构、主要功能和数据记录。

5.8.5 恒定湿热试验

5.8.5.1 试验设备

试验装置应符合GB/T 2423.3的要求。

5.8.5.2 试验方法

预处理:记录仪按正常工作方式接入信号。

将连接完毕并处于不通电状态的记录仪主机(不含显示、打印部分)放入试验箱。记录仪在干球温度为40 ℃±2 ℃,相对湿度为90%～95%环境中保持24 h后,接通记录仪标称电源电压,在正常工作状态再保持24 h。试验中及试验后检查记录仪外观结构、主要功能和数据记录。

5.9 机械环境试验

试验参数设置见表4。

表4 机械环境试验项目表

试验名称	试验参数		工作状态
振动试验	扫频范围	5 Hz～300 Hz	不通电 正常安装状态
	扫频速度	1 oct/min	
	扫频时间	每个方向8 h	
	振幅	5 Hz～11 Hz时10 mm(峰值)	
	加速度	11 Hz～300 Hz时50 m/s^2	
	振动方向	X、Y、Z三方向	
冲击试验	冲击次数	X、Y、Z每方向各3次	不通电 正常安装状态
	峰值加速度	490 m/s^2	
	脉冲持续时间	11 ms	
	方向	X、Y、Z三方向	

5.9.1 振动试验

5.9.1.1 试验设备

试验装置应符合 GB/T 2423.10 的要求。

5.9.1.2 试验方法

预处理：记录仪按正常工作方式接入信号。

将连接完毕处于工作状态的记录仪整机安装在振动试验台上，在上下方向上进行扫频振动试验，扫频速度为 1 oct/min，频率为 5 Hz～300 Hz，其中 5 Hz～11 Hz 频段范围内，振幅为 10 mm；11 Hz～300 Hz 频段范围内时，振动加速度值为 50 m/s^2，X、Y、Z 每个方向试验 8 h。试验后检查记录仪外观结构、主要功能和数据记录。

5.9.2 冲击试验

5.9.2.1 试验设备

试验设备应符合 GB/T 2423.5 的要求。

5.9.2.2 试验方法

预处理：记录仪按正常工作方式接入信号。

将连接完毕并处于工作状态的记录仪整机安装在试验台上，在 X、Y、Z 三方向分别进行峰值加速度为 490 m/s^2，脉冲持续时间为 11 ms 的半正弦波脉冲击 3 次。试验后检查记录仪外观结构、主要功能和数据记录。

5.10 外壳防护等级试验

按 GB 4208 规定的方法进行，试验时记录仪不通电，试验后检查记录仪的数据记录和通信功能。

5.11 抗汽车电点火干扰试验

5.11.1 试验设备

试验设备应符合如下要求：

a) 放电电极间距为 1 cm～1.5 cm；
b) 放电频率为 12 次/s～200 次/s；
c) 放电电压为 10 kV～20 kV。

5.11.2 试验方法

记录仪与试验设备共电源连接，在工作状态置于以放电电极为中心 20 cm 半径的平面范围内，且放电电极距记录仪底面 5 cm～10 cm 时，以 12 次/s～200 次/s 的放电频率扫频，若有异常，在异常频率点持续试验 5 min；若无异常则在 60 次/s 的放电频率上持续试验 10 min。试验中检查记录仪的主要功能。

5.12 静电放电抗扰度试验

5.12.1 试验装置

试验用静电放电发生器应符合 GB/T 19951—2005 中第 4 章的要求。

5.12.2 试验方法

试验时记录仪处于工作状态，机壳按使用要求接地。按 GB/T 19951—2005 中第 5 章规定的方法，对记录仪进行直接接触放电和空气放电试验，试验等级为Ⅱ级。试验中及试验后检查记录仪的主要功能和数据记录。

5.13 瞬态抗扰性试验

5.13.1 试验装置

试验用设备应符合 GB/T 21437.2—2008 中第 5 章的要求。

5.13.2 试验方法

试验时记录仪处于工作状态。试验按 GB/T 21437.2—2008 中第 4 章规定的方法进行，试验脉冲选择 1、2a、3a、3b，试验等级为Ⅳ级，其中试验幅度选取Ⅳ级最高值，试验脉冲 1、2a 各进行 5 000 个脉冲，试验脉冲 3a、3b 试验时间各为 1 h。试验中及试验后检查记录仪的主要功能和数据记录。

6 检验规则

6.1 型式检验

6.1.1 如有下列情况之一时，应进行型式检验：

a) 产品新设计试生产或产品定型鉴定时；

b) 转产或转厂；

c) 停产后复产；

d) 结构、材料或工艺有重大改变，可能影响产品性能时；

e) 结果与上次型式检验结果有明显差异时。

按表 5 的规定进行型式检验，如果有一项试验不符合要求，则判定该型号记录仪型式检验不合格。

表 5 型式检验项目表

序号	检验项目		要求条款	试验方法条款	型式检验[a]			
					1 号样品	2 号样品	3 号样品	4 号样品
1	一般要求		4.1	5.1	√	√	√	√
2	电气部件		4.2	5.2	√	√	√	√
3	电气性能	电源电压适应性	4.3.1	5.3.1				√
		耐电源极性反接性能	4.3.2	5.3.2				√
		耐电源过电压性能	4.3.3	5.3.3				√
		断电保护性能	4.3.4	5.3.4				√
4	自检功能		4.4.1.1	5.4.1.1	√			

表 5（续）

序号	检验项目		要求条款	试验方法条款	型式检验[a]			
					1 号样品	2 号样品	3 号样品	4 号样品
5	数据记录功能	行驶速度记录	4.4.1.2.1	5.4.1.2.1	√			
		事故疑点记录	4.4.1.2.2	5.4.1.2.2	√			
		超时驾驶记录	4.4.1.2.3	5.4.1.2.3	√			
		位置信息记录	4.4.1.2.4	5.4.1.2.4	√			
		驾驶人身份记录	4.4.1.2.5	5.4.1.2.5	√			
		里程记录	4.4.1.2.6	5.4.1.2.6	√			
		安装参数记录	4.4.1.2.7	5.4.1.2.7	√			
		日志记录	4.4.1.2.8	5.4.1.2.8	√			
6	数据通信功能		4.4.1.3	5.4.1.3	√			
7	安全警示功能		4.4.1.4	5.4.1.4	√			
8	显示功能		4.4.1.5	5.4.1.5	√			
9	打印输出功能		4.4.1.6	5.4.1.6	√			
10	定位功能		4.4.2	5.4.2				√
11	行驶记录性能	时间记录误差	4.5.1.1	5.5.1.1				√
		速度记录误差	4.5.1.2	5.5.1.2				√
		里程记录误差	4.5.1.3	5.5.1.3				√
12	定位性能		4.5.2	5.5.2				√
13	数据分析软件		4.6	5.6	√			
14	数据安全性		4.7	5.7		√		
15	气候环境适应性	高温试验	4.8	5.8.1		√		
		高温放置试验	4.8	5.8.2		√		
		低温试验	4.8	5.8.3			√	
		低温放置试验	4.8	5.8.4			√	
		恒定湿热试验	4.8	5.8.5		√		
16	机械环境适应性	振动试验	4.9	5.9.1			√	
		冲击试验	4.9	5.9.2			√	
17	外壳防护等级		4.10	5.10		√		
18	抗汽车电点火干扰		4.11	5.11				√
19	静电放电抗扰度		4.12	5.12				√
20	瞬态抗扰性		4.13	5.13				√

[a] 型式检验时，检验者应提供检验用记录仪 4 套。

6.2 出厂检验

出厂检验由制造商按表5选择，至少选择6、7、8、9、18项进行。

7 安装

7.1 新车

对于新出厂的汽车，记录仪的安装由汽车制造商负责设计、安装、调试。

7.2 在用汽车

对于在用汽车，由记录仪制造商与用户共同设计、决定记录仪安装方式，应不影响汽车的结构强度、电气安全性能。

7.3 安装位置

记录仪安装位置应远离碰撞、过热、阳光直射、废气、水、油和灰尘的位置，应避开安全气囊、ABS系统和其他敏感电子设备的位置。安装位置应便于驾驶人身份登录、按键和数据采集等操作(如车辆仪表中控台)。

7.4 接线要求

记录仪的车速信号输入应取自车速传感器脉冲信号，制动信号输入应取自制动开关量信号。所有导线均应有适当保护，以保证这些导线不会接触到可能会引起导线绝缘损伤的部件。当导线需穿越金属孔时，应装有衬套。金属穿线孔应进行倒角，不得有锋利的边缘。接线要整齐布置，并使用线夹、电缆套、电缆卷固定，线束内的导线要有序编扎。

8 标志、标签和包装

8.1 标志、标签

产品的外包装应包括如下内容：

a) 产品中文名称、规格型号、标称电源电压、结构尺寸等；

b) 制造商名称、详细地址、邮编、电话、产品商标、制造日期、制造地；

c) 产品所执行的标准编号及标准名称。

8.2 产品合格证

每台出厂的记录仪应有产品检验合格证，检验合格证应有如下内容：

a) 出厂检验结论、检验日期；

b) 检验员标识。

8.3 包装

包装箱应符合防潮、防尘、防震、运输的要求。

单个包装箱内应有使用说明书、保修卡、产品合格证或检验标志及附件清单。

附 录 A
（规范性附录）
RS232 串行数据通信协议

A.1 通信传输约定

A.1.1 通信方式

记录仪 RS232 接口的数据传输采用异步串行方式，通信速率为 115 200 bps，以字节为单位，含有 1 个起始位，8 个数据位，1 个停止位，奇校验。

A.1.2 传输约定

记录仪 RS232 数据通信应遵循以下传输约定：

a） 本协议中的数据采用十六进制编码、8421BCD 码、ASCⅡ字符码及 GB2312 字符集（采用 EUC-CN 表示方法）；

b） 通讯机（计算机或数据采集仪）与记录仪的通讯由通讯机发起，通讯机发送一个命令数据帧（以下简称命令帧），记录仪对应返回约定的应答数据帧（以下简称应答帧）；

c） 命令帧有两类：第一类为采集数据命令帧，第二类为设置参数命令帧；

d） 应答帧的数据块长度应不大于 1 000 个字节，较大数据块的采集通过多次发送命令帧来实现。

A.1.3 命令帧数据格式

命令帧由通讯机发送给记录仪，2 个字节的起始字头，1 个字节的命令字，2 个字节的数据块长度，1 个字节的保留（备用）字，若干字节的数据块及 1 个字节的校验字。数据格式见表 A.1。

表 A.1 命令帧数据格式

名 称	数据格式及范围	说 明
起始字头	AAH	数据帧标识位
起始字头	75H	数据帧标识位
命令字	00～FFH	
数据块长度	00～FFH（高字节）	可表示数据长度为 0 k～64 k。数据块长度为 0，表示本帧数据块或参数为空
数据块长度	00～FFH（低字节）	
保留（备用）字		默认为 00H
数据块	命令字对应的数据或参数	与命令字相关的参数或数据，数据长度由数据块长度决定
校验字	00～FFH	校验字节之前的所有字节的异或值

A.1.4 应答帧数据格式

A.1.4.1 接收正确时的应答帧数据格式

当记录仪接收到正确的命令帧时，回复的应答帧数据格式见表 A.2。

表 A.2　接收正确时应答帧数据格式

名　称	数据格式及范围	说　明
起始字头	55H	数据帧标识位
起始字头	7AH	数据帧标识位
命令字	00～FFH	与命令帧的命令字相同
数据块长度	00～FFH(高字节)	可表示数据长度为0 k～64 k。数据块长度为0,表示本帧数据块数据或参数为空
数据块长度	00～FFH(低字节)	
保留(备用)字		默认为00H
数据块	命令字对应的数据或参数	数据长度由数据块长度决定
校验字	00～FFH	校验字节之前的所有字节的异或值

A.1.4.2　接收错误时的应答帧数据格式数据

采集数据命令帧接收出错时,记录仪的应答帧格式见表A.3;设置参数命令帧接收出错时,记录仪的应答帧数据格式见表A.4。

表 A.3　采集数据命令帧接收出错时应答帧格式

起始字头(55H)
起始字头(7AH)
出错标志字(FAH)
保留(备用)字
校验字节(异或值)

表 A.4　设置参数命令帧接收出错时应答帧格式

起始字头(55H)
起始字头(7AH)
出错标志字(FBH)
保留(备用)字
校验字节(异或值)

A.2　采集数据命令字及数据块格式

A.2.1　采集数据命令字列表

采集数据命令字列表见表A.5。

表 A.5 采集数据命令字列表

命令字	功　能	记录仪回送的数据块数据
00H	采集记录仪执行标准版本	记录仪执行标准的年号及修改单号
01H	采集当前驾驶人信息	当前驾驶人的机动车驾驶证号码
02H	采集记录仪实时时间	实时时间
03H	采集累计行驶里程	实时时间、安装时的初始里程及安装后的累计行驶里程
04H	采集记录仪脉冲系数	实时时间及设定的脉冲系数
05H	采集车辆信息	车辆识别代号、机动车号牌号码和机动车号牌分类
06H	采集记录仪状态信号配置信息	状态信号配置信息
07H	采集记录仪唯一性编号	唯一性编号及初次安装日期
08H	采集指定的行驶速度记录	符合条件的行驶速度记录
09H	采集指定的位置信息记录	符合条件的位置信息记录
10H	采集指定的事故疑点记录	符合条件的事故疑点记录
11H	采集指定的超时驾驶记录	符合条件的超时驾驶记录
12H	采集指定的驾驶人身份记录	符合条件的驾驶人登录退出记录
13H	采集指定的外部供电记录	符合条件的供电记录
14H	采集指定的参数修改记录	符合条件的参数修改记录
15H	采集指定的速度状态日志	符合条件的速度状态日志
16H～1FH	预留	预留

A.2.2 采集记录仪执行标准版本(00H)

命令帧数据块数据为空，应答帧数据块格式见表 A.6。

表 A.6 记录仪执行标准版本数据块格式

字节序号	数据范围及格式		数据内容	说　明
1	00～99	BCD 码	记录仪执行标准年号后 2 位	无应答则默认为 03
2	00～FFH		修改单号	无修改单或无应答则默认为 00H

A.2.3 采集当前驾驶人信息(01H)

命令帧数据块数据为空，应答帧数据块格式见表 A.7。

表 A.7 当前驾驶人信息数据块格式

字节序号	数据范围及格式	数据内容	说　明
1～18	ASCⅡ码	机动车驾驶证号码	机动车驾驶证号码为 15 位时，后 3 位以 00H 补齐。驾驶人身份未知时以 00H 表示

A.2.4 采集记录仪的实时时间(02H)

命令帧数据块数据为空,应答帧数据块格式见表 A.8。

表 A.8 记录仪实时时间数据块格式

<table>
<tr><th>字节序号</th><th colspan="2">数据范围及格式</th><th>数据内容</th><th>说　明</th></tr>
<tr><td>1</td><td>00～99</td><td rowspan="6">BCD 码</td><td>时间——年</td><td rowspan="6">表示范围为 2000 年 1 月 1 日 0 时 0 分 0 秒～2099 年 12 月 31 日 23 时 59 分 59 秒</td></tr>
<tr><td>2</td><td>01～12</td><td>时间——月</td></tr>
<tr><td>3</td><td>01～31</td><td>时间——日</td></tr>
<tr><td>4</td><td>00～23</td><td>时间——时</td></tr>
<tr><td>5</td><td>00～59</td><td>时间——分</td></tr>
<tr><td>6</td><td>00～59</td><td>时间——秒</td></tr>
</table>

A.2.5 采集累计行驶里程(03H)

命令帧数据块数据为空,应答帧数据块格式见表 A.9。

表 A.9 累计行驶里程数据块格式

<table>
<tr><th>字节序号</th><th colspan="2">数据范围及格式</th><th>数据内容</th><th>说　明</th></tr>
<tr><td>1～6</td><td colspan="2">见表 A.8</td><td>记录仪实时时间</td><td rowspan="2"></td></tr>
<tr><td>7～12</td><td colspan="2">见表 A.8</td><td>记录仪初次安装时间</td></tr>
<tr><td>13～16</td><td>00～99 999 999</td><td>BCD 码</td><td>初始里程</td><td rowspan="2">表示单位为 0.1 千米每比特</td></tr>
<tr><td>17～20</td><td>00～99 999 999</td><td>BCD 码</td><td>累计行驶里程</td></tr>
</table>

A.2.6 采集记录仪脉冲系数(04H)

命令帧数据块数据为空,应答帧数据块格式见表 A.10。

表 A.10 记录仪脉冲系数数据块格式

字节序号	数据范围及格式	数据内容	说　明
1～6	见表 A.8	记录仪当前时间	
7	00～FFH	记录仪脉冲系数高字节	
8	00～FFH	记录仪脉冲系数低字节	

A.2.7 采集车辆信息(05H)

命令帧数据块数据为空,应答帧数据块格式见表 A.11。

a) 车辆识别代号使用的字符应符合 GB16735－2004 中 4.5 的规定,其构成如下:
车辆识别代号由 17 位代码构成,仅能采用下列阿拉伯数字和大写的罗马字母:
1 2 3 4 5 6 7 8 9 0
A B C D E F G H J K L M N P R S T U V W X Y Z(字母 I、O、Q 不能使用);

b) 机动车号牌号码使用的字符集应符合 GA 36 的规定；

c) 机动车号牌分类应符合 GA 36 的规定。

表 A.11 车辆信息数据块格式

字节序号	数据范围及格式	数据内容	说　明
1～17	符合 GB 16735—2004 规定字符(ASCⅡ码)	车辆识别代号	
18～29	符合 GA 36 规定的汉字(GB 2312 字符集)和字符(ASCⅡ码)	机动车号牌号码	后 3 个字节为备用字
30～41	符合 GA 36 规定的汉字(GB 2312 字符集)	机动车号牌分类	后 4 个字节为备用字

A.2.8 采集记录仪状态信号配置信息(06H)

命令帧数据块数据为空，应答帧数据块格式见表 A.12，单位字节状态信号配置数据块格式定义见表 A.13。

表 A.12 状态信号配置信息数据块格式

字节序号	数据范围及格式	数据内容	说　明
1～6	见表 A.8	记录仪实时时间	
7	01～FFH	状态信号字节个数 N	单位字节的 D7～D0(由高到低)分别对应 8 个状态信号，1 表示有操作，0 表示无操作
8～87	GB 2312 字符集，ASCⅡ码	第 1 字节状态信号配置	第 1 字节的 D7 表示制动，D6 表示左转向，D5 表示右转向，D4 表示远光，D3 表示近光，D2～D0 由用户自定义
…	…	…	

表 A.13 单位字节状态信号配置数据块格式

字节序号	数据范围及格式	数据内容	说　明
1～10	GB 2312 字符集，ASCⅡ码	D0 的状态信号名称	用 10 个字节(5 个汉字或 10 个 ASCⅡ字符)表示状态信号名称，不足部分或未使用以 00H 补齐
11～20	GB 2312 字符集，ASCⅡ码	D1 的状态信号名称	
21～30	GB 2312 字符集，ASCⅡ码	D2 的状态信号名称	
31～40	GB 2312 字符集，ASCⅡ码	D3 的状态信号名称	
41～50	GB 2312 字符集，ASCⅡ码	D4 的状态信号名称	
51～60	GB 2312 字符集，ASCⅡ码	D5 的状态信号名称	
61～70	GB 2312 字符集，ASCⅡ码	D6 的状态信号名称	
71～80	GB 2312 字符集，ASCⅡ码	D7 的状态信号名称	

A.2.9 采集记录仪唯一性编号(07H)

命令帧数据块数据为空,应答帧数据块格式见表 A.14。

表 A.14 记录仪唯一性编号数据格式

<table>
<tr><th>字节序号</th><th colspan="2">数据范围及格式</th><th>数据内容</th><th>说　明</th></tr>
<tr><td>1～7</td><td colspan="2">ASCⅡ码</td><td>生产厂 CCC 认证代码</td><td></td></tr>
<tr><td>8～23</td><td colspan="2">ASCⅡ码</td><td>认证产品型号</td><td></td></tr>
<tr><td>24</td><td>00～99</td><td rowspan="3">BCD 码</td><td>记录仪的生产日期——年</td><td></td></tr>
<tr><td>25</td><td>01～12</td><td>记录仪的生产日期——月</td><td></td></tr>
<tr><td>26</td><td>01～31</td><td>记录仪的生产日期——日</td><td></td></tr>
<tr><td>27～30</td><td colspan="2">0～FFFFFFFFH</td><td>产品生产流水号</td><td></td></tr>
<tr><td>31～35</td><td colspan="2"></td><td>备用</td><td></td></tr>
</table>

A.2.10 采集指定的行驶速度记录(08H)

命令帧数据块格式见表 A.15,应答帧数据块格式定义见表 A.16,单位分钟行驶速度记录数据块格式定义见表 A.17。速度范围为 0 km/h～220 km/h。

表 A.15 采集指定的数据记录命令帧数据块格式

<table>
<tr><th>字节序号</th><th>数据范围及格式</th><th>数据内容</th><th>说　明</th></tr>
<tr><td>1～6</td><td>见表 A.8</td><td>开始时间</td><td rowspan="4">请求发送指定的时间范围内 N 个单位数据块的数据(N≥1)</td></tr>
<tr><td>7～12</td><td>见表 A.8</td><td>结束时间</td></tr>
<tr><td rowspan="2">13～14</td><td>00～FFH</td><td>最大单位数据块个数 N(高字节)</td></tr>
<tr><td>00～FFH</td><td>最大单位数据块个数 N(低字节)</td></tr>
</table>

表 A.16 指定的行驶速度记录数据块格式

<table>
<tr><th>字节序号</th><th>数据范围及格式</th><th>数据内容</th><th>说　明</th></tr>
<tr><td>1～126</td><td>见表 A.17</td><td>指定的结束时间之前最近的第 1 分钟的行驶速度记录</td><td rowspan="3">如在指定的时间范围内无数据记录,则本数据块数据为空</td></tr>
<tr><td>127～252</td><td>见表 A.17</td><td>指定的时间段结束时间之前最近的第 2 分钟的行驶速度记录</td></tr>
<tr><td>…</td><td>…</td><td>…</td></tr>
</table>

表 A.17 单位分钟行驶速度记录数据块格式

字节序号	数据范围及格式	数据内容	说 明
1～6	见表 A.8 (其中时间——秒为 0)	开始时间	1. 本数据块总长度为 126 个字节，不足部分以 FFH 补齐； 2. 如单位分钟内无数据记录，则本数据块无效，数据长度为 0，数据为空
7	00～FAH、FFH	开始时间之后第 1 秒钟的平均速度	
8	00～FFH	开始时间之后第 1 秒钟的状态信号(第 1 字节)	
9	00～FAH、FFH	开始时间之后第 2 秒钟的平均速度	
10	00～FFH	开始时间之后第 2 秒钟的状态信号(第 1 字节)	
…	…	…	
125	00～FAH、FFH	开始时间之后第 60 秒钟的平均速度	
126	00～FFH	起始时间之后第 60 秒钟的状态信号(第 1 字节)	

A.2.11 采集指定的位置信息记录(09H)

命令帧数据块格式见表 A.15，应答帧位置信息数据块格式见表 A.18，单位小时每分钟位置信息数据块格式定义见表 A.19，单位位置信息数据块格式定义见表 A.20。

表 A.18 指定的位置信息记录数据块格式

序 号	数据范围及格式	数据内容	说 明
1～666	见表 A.19	指定的结束时间之前最近的第 1 小时的位置信息记录	指定的时间范围内无数据记录，则本数据块数据为空
667～1 332	见表 A.19	指定的结束时间之前最近的第 2 小时的位置信息记录	
…	…	…	

表 A.19 单位小时位置信息数据块格式

字节序号	数据范围及格式	数据内容	说 明
1～6	见表 A.8	开始时间	时间——分为 0，时间——秒为 0
7～16	见表 A.20	开始时间之后第 1 分钟的位置信息	1. 本数据块总长度为 666 个字节，不足部分以 FFH 补齐；

表 A.19（续）

字节序号	数据范围及格式	数据内容	说明
17	00～FAH、FFH	开始时间之后第 1 分钟的平均速度	2. 单位分钟位置信息取该分钟范围内首个有效的位置信息，如该分钟范围内无有效的位置信息，则该分钟位置信息为 7FFFFFFFH； 3. 如单位小时内无数据记录，则本数据块长度为 0，数据块数据为空
18～27	见表 A.20	开始时间之后第 2 分钟的位置信息	
28	00～FAH、FFH	开始时间之后第 2 分钟的平均速度	
…	…	…	
656～665	见表 A.20	开始时间之后第 60 分钟的位置信息	
666	00～FAH、FFH	开始时间之后第 60 分钟的平均速度	

表 A.20 位置信息数据块格式

字节序号	数据范围及格式	数据内容	说明
1～4	00～FFH	经度高高字节	1. 经度、纬度分别为 4 个字节组成一个 32 位的有符号数，表示经度或纬度，单位为 0.000 1 分每比特； 2. 经度的有效数值范围为－180°～180°(>0 表示东经，<0 表示西经)； 3. 纬度的有效数值范围为－90°～90°(>0 表示北纬，<0 表示南纬)
	00～FFH	经度高字节	
	00～FFH	经度低字节	
	00～FFH	经度低低字节	
5～8	00～FFH	纬度高高字节	
	00～FFH	纬度高字节	
	00～FFH	纬度低字节	
	00～FFH	纬度低低字节	
9～10	00～FFH	海拔高度高字节	海拔高度由 2 个字节组成一个 16 位有符号数，单位为 1 米每比特。有效数值范围为－32 767 m～32 767 m
	00～FFH	海拔高度低字节	

A.2.12 采集指定的事故疑点记录(10H)

命令帧数据块格式见表 A.15，应答帧数据格式定义见表 A.21，单位事故疑点数据块格式定义见表 A.22。速度范围为 0 km/h～220 km/h。

表 A.21 指定的事故疑点数据块格式

字节序号	数据范围及格式	数据内容	说　明
1～234	见表 A.22	指定的结束时间之前最近的第1条事故疑点记录	指定的时间范围内无记录，则本数据块数据为空
235～468	见表 A.22	指定的结束时间之前最近的第2条事故疑点记录	
…	…	…	

表 A.22 单位事故疑点数据块格式

字节序号	数据范围及格式	数据内容	说　明
1～6	见表 A.8	行驶结束时间	本数据块总长度为234个字节，表示行驶结束时间之前20 s内，每0.2 s间隔采集1次，共100组20 s的事故疑点记录，按时间倒序排列
7～24	ASCⅡ码字符	机动车驾驶证号码	
25～26	00～FAH	行驶结束时的速度	
	00～FFH	行驶结束时的状态信号(第1字节)	
27～28	00～FAH	行驶结束时间前0.2 s时的速度	
	00～FFH	行驶结束时间前0.2 s时的状态信号(第1字节)	
…	…	…	
223～224	00～FAH	行驶结束时间前19.8 s时的速度	
	00～FFH	行驶结束时间前19.8 s时的状态信号(第1字节)	
225～234	见表 A.20	行驶结束时间前的最近一次有效位置信息	

A.2.13 采集指定的超时驾驶记录(11H)

命令帧数据块格式见表 A.15，应答帧数据块格式定义见表 A.23，单位超时驾驶记录数据块定义格式见表 A.24。

表 A.23 指定的超时驾驶记录数据块格式

字节序号	数据范围及格式	数据内容	说　明
1～50	见表 A.24	指定的结束时间前最近的第1条超时驾驶记录	如在指定时间范围内无超时驾驶记录，则本数据块数据为空
51～100	见表 A.24	指定的结束时间前最近的第2条超时驾驶记录	
…	…	…	

表 A.24 单位超时驾驶记录数据块格式

字节序号	数据范围及格式	数据内容	说明
1～18	ASCⅡ码	机动车驾驶证号码	
19～24	见表 A.8	连续驾驶开始时间	
25～30	见表 A.8	连续驾驶结束时间	
31～40	见表 A.20	连续驾驶开始时间所在的最近一次有效位置信息	
41～50	见表 A.20	连续驾驶结束时间所在的最近一次有效位置信息	

A.2.14 采集指定的驾驶人身份记录(12H)

命令帧数据块格式见表 A.15,应答帧数据块格式见表 A.25,单位驾驶人身份记录数据块格式定义见表 A.26。

表 A.25 指定的驾驶人身份记录数据块格式

字节序号	数据范围及格式	数据内容	说明
1～25	见表 A.26	指定的结束时间之前最近的第1条驾驶人登录退出记录	如在指定的时间范围内无驾驶人登录退出记录,则本数据块数据为空
26～50	见表 A.26	指定的结束时间之前最近的第2条驾驶人登录退出记录	
…	…	…	

表 A.26 单位驾驶人身份记录数据块格式

字节序号	数据范围及格式	数据内容	说明
1～6	见表 A.8	事件发生时间	事件类型:01H:登录,02H:退出,其他预留
7～24	ASCⅡ码	机动车驾驶证号码	
25	00～FFH	事件类型	

A.2.15 采集指定的记录仪外部供电记录(13H)

命令帧数据块格式见表 A.15,应答帧数据块格式见表 A.27,单位记录仪外部供电记录数据块格式定义见表 A.28。

表 A.27 记录仪外部供电记录数据块格式

序 号	数据范围及格式	数据内容	说 明
1～7	见表 A.28	从指定的结束时间之前最近的第1条外部电源记录	如在指定的时间范围内无外部供电记录,则本数据块为空
8～14	见表 A.28	从指定的结束时间之前最近的第2条外部电源记录	
…	…	…	

表 A.28 单位记录仪外部供电记录数据块格式

字节序号	数据范围及格式	数据内容	说 明
1～6	见表 A.8	事件发生时间	
7	01～02H	事件类型	事件类型定义:01H 表示通电,02H 表示断电

A.2.16 采集指定的记录仪参数修改记录(14H)

命令帧数据块格式见表 A.15,应答帧数据块格式见表 A.29,单位参数修改记录数据块格式定义见表 A.30。

表 A.29 参数修改记录数据块格式

字节序号	数据范围及格式	数据内容	说 明
1～7	见表 A.30	指定的结束时间之前最近的第1条参数修改记录	如在指定的时间范围内无参数修改记录,则本数据块为空
8～14	见表 A.30	指定的结束时间之前最近的第2条参数修改记录	
…	…	…	

表 A.30 单位参数修改记录数据块格式

字节序号	数据范围及格式	数据内容	说 明
1～6	见表 A.8	事件发生时间	
7	00～FFH	事件类型	事件类型为设置参数命令字

A.2.17 采集指定的速度状态日志(15H)

命令帧数据块格式见表 A.15,应答帧数据块格式见表 A.31,单位速度状态日志数据块格式定义见表 A.32。

表 A.31 速度状态日志数据块格式

字节序号	数据范围及格式	数据内容	说明
1～133	见表 A.32	指定的结束时间之前最近的第1条速度状态日志	如在指定的时间范围内无速度状态日志，则本数据块为空
134～266	见表 A.32	指定的结束时间之前最近的第2条速度状态日志	
…	…	…	

表 A.32 单位速度状态日志数据块格式

字节序号	数据范围及格式	数据内容	说明
1	01H、02H	记录仪的速度状态	01H 表示正常，02H 表示异常
2～7	见表 A.8	速度状态判定的开始时间	
8～13	见表 A.8	速度状态判定的结束时间	
14	00～FAH	开始时间对应的记录速度	
15	00～FAH	开始时间对应的参考速度	
16	00～FAH	开始时间后第1 s对应的记录速度	
17	00～FAH	开始时间后第1 s对应的参考速度	
…	…	…	
132	00～FAH	开始时间后第59 s对应的记录速度	
133	00～FAH	开始时间后第59 s对应的参考速度	

A.3 设置参数命令字及数据块格式

A.3.1 设置参数命令字列表

设置参数命令字列表见表 A.33。

表 A.33 设置参数命令字列表

命令字	功能	通讯机发送的数据块数据
82H	设置车辆信息	车辆信息
83H	设置记录仪初次安装日期	初次安装日期
84H	设置状态量配置信息	状态量配置信息
C2H	设置记录仪时间	北京时间的日期、时钟
C3H	设置记录仪脉冲系数	记录仪脉冲系数
C4H	设置初始里程	记录仪初次安装时车辆已行驶的总里程
C5H～CFH	预留	预留

A.3.2　设置车辆信息(82H)

命令帧数据块格式同采集车辆信息应答帧数据块格式，见表 A.11。应答帧数据块数据为空。

A.3.3　设置初次安装日期(83H)

命令帧数据块格式同采集记录仪的实时时间应答帧数据块格式，见表 A.8。应答帧数据块数据为空。

A.3.4　设置状态量配置信息(84H)

命令帧数据块格式同采集记录仪状态量配置信息应答帧数据块格式，见表 A.13。应答帧数据块数据为空。

A.3.5　设置记录仪时间(C2H)

命令帧数据块格式同采集记录仪的实时时间应答帧数据块格式，见表 A.8。应答帧数据块数据为空。

A.3.6　设置记录仪脉冲系数(C3H)

命令帧数据块格式同采集脉冲系数的应答帧数据块格式，见表 A.10。应答帧数据块数据为空。

A.3.7　设置起始里程(C4H)

命令帧数据块格式见采集累计行驶里程的应答帧中数据块格式中的起始里程，见表 A.9。应答帧数据块数据为空。

A.4　检定命令字及数据块格式

A.4.1　检定命令字列表

检定命令字列表见表 A.34。

表 A.34　检定命令字列表

命令字	功　能	工作状态
E0H	进入或保持检定状态	进入或保持检定状态
E1H	进入里程误差测量	通过 DB9 的 7 脚接收标准速度脉冲测量信号(TTL 电平)
E2H	进入脉冲系数误差测量	通过 DB9 的 7 脚输出车速传感器信号(TTL 电平)
E3H	进入实时时间误差测量	通过 DB9 的 7 脚输出实时时钟的秒脉冲信号(TTL 电平)
E4H	返回正常工作状态	返回正常工作状态
E5H～EFH	预留	预留

A.4.2　进入或保持检定状态(E0H)

命令帧数据块数据为空，应答帧数据块数据为空。

在检定状态下，检定装置以不大于 2 s 的时间间隔发送包含本命令字的命令帧，记录仪在 6 s 内未收到该命令帧，则自动返回正常工作状态。

A.4.3 里程误差测量(E1H)

命令帧数据块数据为空,应答帧数据块格式见表 A.35。

在该状态下,记录仪接收 DB9 的 7 脚输入的标准速度脉冲测量信号,并以 1 s 的间隔连续发送应答帧,直到接收到下一个检定命令为止。

表 A.35 里程误差测量数据块格式

序　号	数据范围及格式	数据内容	说　　明
1～35	ASCⅡ码	记录仪唯一性编号	
36	00～FFH	脉冲系数高字节	记录仪脉冲系数
37	00～FFH	脉冲系数低字节	
38	00～FFH	当前速度值高字节	单位为 0.1 千米每小时每比特
39	00～FFH	当前速度值低字节	
40	00～FFH	当前检定的累计里程高高字节	共 4 个字节组成一个 32 位的数据表示累计里程,单位为米
41	00～FFH	当前检定的累计里程高字节	
42	00～FFH	当前检定的累计里程低字节	
43	00～FFH	当前检定的累计里程低低字节	
44	00～FFH	状态信号(第 1 字节)	

A.4.4 脉冲系数误差测量(E2H)

命令帧数据块数据为空,应答帧数据块数据为空。

在该状态下,记录仪通过 DB9 的 7 脚输出车速传感器信号,直到接收到下一个检定命令为止。

A.4.5 实时时间误差测量(E3H)

命令帧数据块数据为空,应答帧数据块数据为空。

在该状态下,记录仪通过 DB9 的 7 脚输出实时时钟的秒脉冲信号,直到接收到下一个检定命令为止。

A.4.6 返回正常工作状态(E4H)

命令帧数据块数据为空,应答帧数据块数据为空。

附　录　B
（规范性附录）
USB（通用串行总线）数据存储格式

B.1　文件命名规范

写入 USB 设备的文件命名格式为“DXXXXXX_XXXX_XXXXXXXX.VDR”，共分 5 段，具体含义如下：

a) 第一段 D，用 1 位英文字母 D 表示数据文件；
b) 第二段 XXXXXX，用 6 位数字表示采集数据时记录仪的年月日，采用 8421BCD 码；
c) 第三段 XXXX，用 4 位数字表示采集数据时记录仪的时分，采用 8421BCD 码；
d) 第四段 XXXXXXXX，用 1 个汉字和 6 个字母或数字表示记录仪中设置的车牌号码，车牌号码使用的字符集应符合 GA 36 的规定。如果车牌号无效，则用“未知车牌”填充；
e) 第五段用 3 个字符 VDR 表示数据文件后缀。

B.2　数据存储约定

记录仪数据写入 USB 设备时，应符合以下存储约定：

a) 本附录中的数据分别采用十六进制编码、8421BCD 码、ASCⅡ字符码及 GB 2312 字符集（采用 EUC-CN 表示方法）；
b) 校验的作用范围为校验字节之前的所有字节，其值为这些字节的异或结果；
c) 本附录要求的 USB 设备存储空间应不小于 1 M 字节；
d) 写入 USB 设备的文件中应至少包含表 B.3 中指定数据块的数据内容。

B.3　存储格式

记录仪写入 USB 设备的文件存储格式见表 B.1，其中数据块个数是指文件中不同类型数据块的个数，以 2 个字节表示，高位在前，低位在后。

表 B.1 中数据块的格式定义见表 B.2，其中数据代码是指数据块的表示代码，以 1 个字节表示。数据记录长度是指该数据块所包含的数据记录的长度，以 4 个字节数表示，高位在前，低位在后。

表 B.2 中数据代码、数据名和数据记录的定义见表 B.3，其中数据名是指数据块的名称。

表 B.1　USB 文件存储格式

数据块个数(2 个字节)
数据块 1
数据块 2
……
数据块 n
校验值(1 个字节)

表 B.2 数据块格式定义

数据代码(1 个字节)
数据名称(18 个字节)
数据长度(4 个字节)
数据记录(字节数根据数据长度确定)

表 B.3 指定数据块的数据代码、数据名和记录格式

数据代码	数据名称	记录格式	说 明
00H	执行标准版本年号	见表 A.6	
01H	当前驾驶人信息	见表 A.7	
02H	实时时间	见表 A.8	
03H	累计行驶里程	见表 A.9	
04H	脉冲系数	见表 A.10	
05H	车辆信息	见表 A.11	
06H	状态信号配置信息	见表 A.12	
07H	记录仪唯一性编号	见表 A.14	
08H	行驶速度记录	见表 A.16	全部记录
09H	位置信息记录	见表 A.18	全部记录
10H	事故疑点记录	见表 A.21	全部记录
11H	超时驾驶记录	见表 A.23	全部记录
12H	驾驶人身份记录	见表 A.25	全部记录
13H	外部供电记录	见表 A.26	全部记录
14H	参数修改记录	见表 A.29	全部记录
15H	速度状态日志	见表 A.31	全部记录

附　录　C
（规范性附录）
驾驶人身份识别 IC 卡数据存储格式

C.1　数据存储约定

本附录中的数据分别采用十六进制编码、8421BCD 码、ASCⅡ字符码。

校验的作用范围为校验字节之前的所有字节，其值为这些字节的异或结果。

本附录要求的 IC 卡存储空间应不小于 128 个字节。

C.2　存储格式

IC 卡数据存储格式应符合表 C.1 要求。

表 C.1　IC 卡信息存储格式定义

逻辑地址	数据范围及格式	数据内容	说　明
0～31		预留	32 个字节，芯片厂商固化信息或用户自定义信息
32～49	ASCⅡ码	机动车驾驶证号码	18 个字节，机动车驾驶证号码为 15 位时后 3 位以 00H 补齐。驾驶人身份未知时以 00H 补齐
50	00～99(BCD 码)	驾驶证有效期-年	3 个字节，使用前写入
51	01～12(BCD 码)	驾驶证有效期-月	
52	01～31(BCD 码)	驾驶证有效期-日	
53～70	ASCⅡ码	从业资格证号	18 个字节，不用时以 00H 补齐
71～126		标准扩展预留	56 个字节，不用时以 00H 补齐
127		校验字	异或校验
…	…	…	…

附 录 D
（资料性附录）
事故疑点数据曲线

记录仪事故疑点曲线图例见图 D.1。

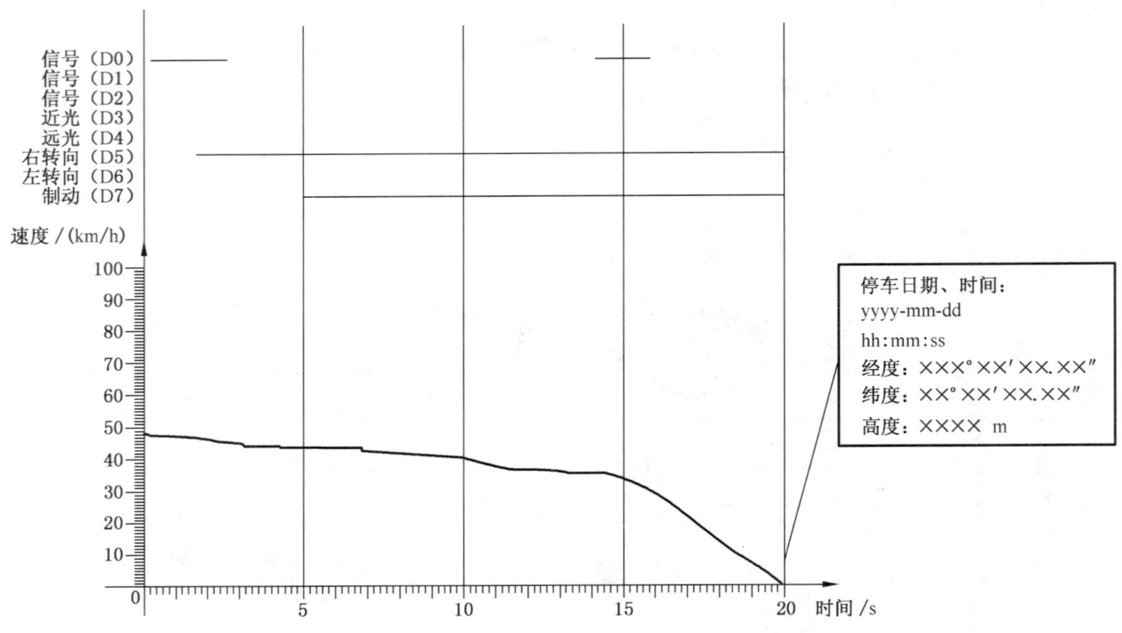

图 D.1 记录仪事故疑点曲线图例

参 考 文 献

[1] GB/T 19392—2003 汽车GPS导航系统通用规范

[2] CJ 5024—1997 电子式出租汽车计价器

[3] JJG 517—2009 出租汽车计价器国家计量检定规程

[4] QC/T 730—2005 汽车用薄壁绝缘低压电线

[5] 中华人民共和国道路交通安全法实施条例

前　　言

本标准的4.13为推荐性的,其余为强制性的。

本标准非等效采用ECE R27《关于批准提前警告三角牌的统一规定》(E/ECE/324/TRANS/505 Rev.1/Add.26/Amend.3 October9,1992)。

本标准与ECER 27的主要差异:

——管理条款没有纳入。

——ECER 27中要求做完一般要求和形状尺寸检验后即对4只样品进行耐温性试验,而本标准把耐温性试验放在了测量CIL值后进行,并且由4只改为2只。

本标准的附录A、附录B、附录C、附录D均为标准的附录。

本标准由国家机械工业局提出。

本标准由全国汽车标准化技术委员会归口。

本标准起草单位:天津神光新技术开发公司、中国汽车技术研究中心。

本标准主要起草人:孙体生、许秀香。

中华人民共和国国家标准

机动车用三角警告牌

GB 19151—2003

Warning triangles for motor vehicle

1 范围

本标准规定了三角警告牌(以下简称警告牌)的技术要求、试验方法、检验规则等。

本标准适用于机动车随车携带的、使用时放置在道路上,能昼夜发出警告信号以表示停驶机动车存在的警告装置。

2 引用标准

下列标准所包含的条文,通过在本标准中引用而构成为本标准的条文。本标准出版时,所示版本均为有效。所有标准都会被修订,使用本标准的各方应探讨使用下列标准最新版本的可能性。

GB/T 3978—1994 标准照明体及照明观测条件

ISO 105-1978 纺织品色牢度试验

3 定义

本标准采用下列定义。

3.1 警告牌 warning triangle

能昼夜发出警告信号以表示停驶机动车存在的等边三角形警告装置。

3.2 同一型式的警告牌 type of warning triangle

指在下列方面没有差异:

——产品型号和商标;

——光学特性;

——特定的几何尺寸和机械性能。

3.3 回复反射器 retro reflecting device

由一个或多个回复反射光学单元组成的具有回复反射功能的光学器件。

3.4 警告牌正面 front face of the warning triangle

含有光学单元的一面。

3.5 警告牌轴线 axis of the warning triangle

通过警告牌中心,且与正面垂直的直线。

3.6 荧光器 fluorescent material

指一种整体或表面由荧光材料构成,经日光激发能产生短暂光致发光的光学器件。

3.7 亮度系数 luminance factor

在相同的照明和观察条件下,被测物体的亮度(包括反射亮度和荧光亮度)与理想漫射体的亮度之比。

3.8 发光强度系数 CIL coefficient of luminous intensity,CIL

中华人民共和国国家质量监督检验检疫总局 2003-05-23 批准 2003-11-01 实施

反射器在一定的照射角(β)、观察角(α)和偏转角(ε)的条件下,反射光强度与反射器垂直照度之比。

4 技术要求

4.1 一般要求

4.1.1 警告牌应是中空的,外侧为红色的回复反射区,内侧邻接的为红色荧光区,均为同心的等边三角形。警告牌由支架支撑在距地面一定高度处。

4.1.2 在正常使用条件下,警告牌应能保持规定的特性和良好的性能。

4.1.3 警告牌的光学部件应不易拆卸,组成警告牌的各部分也应不易拆卸,将警告牌放置在道路上,各部分应具有良好的稳定性。将警告牌放入保护罩内时,其可动部件包括支架应是不可拆的。

4.1.4 当警告牌被放置在使用道路上时,警告牌正面应垂直于地面(如果警告牌轴线与地平面之间的夹角不超过5°,则认为满足要求)。

4.1.5 警告牌正面不得粗糙,应易于清洁;若有凸起不应妨碍清洁。

4.1.6 警告牌及其支架不应有尖角或锐边。

4.1.7 警告牌应带有保护罩,以防止受到侵蚀。如采用其他防护方法,也可以不使用保护罩。

4.2 形状和尺寸

4.2.1 警告牌的形状和尺寸见附录A(标准的附录)。

4.2.1.1 警告牌的理论边长为500 mm±50 mm,反射器宽度为25～50 mm,外边沿宽度不得超过5 mm,且不一定是红色的。

4.2.1.2 回复反射单元可以是连续的,或者是不连续的。如果是不连续的,反射器的非连续区域必须是红色的。

4.2.1.3 荧光器应延伸到反射器,并沿着反射器三角形的三条边对称排列。荧光器面积不得小于315 cm^2。在反射器和荧光器之间的边沿不得大于5 mm,可以连续或不连续,且不一定是红色的。

4.2.1.4 警告牌中空区域的边长最小为70 mm。

4.2.2 支架高度

支撑面与警告牌底边之间的距离应不大于300 mm。

4.3 光度性能

4.3.1 反射器的光度

4.3.1.1 发光强度系数(CIL)

对于一定的观察角α和照射角β,反射器的CIL值应不小于表1中的数值。

表1

单位:mcd/lx

照射角β / 观察角α	垂直角(V)β_1 水平角(H)β_2	0° 0°或±5°	±20° 0°	0° ±30°	0° ±40°
20′ 1°30′	CIL	8 000 600	4 000 200	1 750 100	600 50

4.3.1.2 发光强度系数均匀性

在三角形反射器的三条边上,任取50 mm长样片,在同样测试条件下测得的发光强度系数应满足下列规定:

$$最大值/最小值\leqslant 3$$

4.3.1.3 警告牌形状的视辨性

在大照射角,小观察角和低照度的条件下,警告牌的形状应清晰可辨,但允许有亮度差异。

4.3.2 荧光器的光度

4.3.2.1 亮度系数(反射亮度和荧光亮度之和)应不低于30%。

4.3.2.2 亮度一致性

在日光下，目视比较荧光器和荧光材料样品的亮度应无明显差异。

4.4 色度特性

4.4.1 反射器的色度

4.4.1.1 反射器应由红色材料组成。

4.4.1.2 当观察角为20′，照射角 V＝H＝0°，或 V＝±5°，H＝0°条件下，使用符合 GB/T 3978 规定的标准光源 A 照射反射器时，反射光的色度坐标应位于如下范围内：

趋黄极限 $y \leqslant 0.335$

趋紫极限 $z \leqslant 0.008$

4.4.2 荧光器的色度

4.4.2.1 荧光器为红色，可以整体带色，也可表面着色。

4.4.2.2 当荧光器使用符合 GB/T 3978 规定的标准光源 C 照射[照射角为 45°，在与样品成 90°角的方向上观察(45°/0°测量几何条件)]时，反射光的色坐标应位于表 2 中四点所围成的四边形区域内：

表 2

点	1	2	3	4
x	0.690	0.595	0.569	0.655
y	0.310	0.315	0.341	0.345

4.4.2.3 色度一致性

在日光下，目视比较荧光器和荧光材料样品的色度应无明显差异。

4.5 离地间距

警告牌的所有支撑脚必须能同时落在基准平面上，且在试验设备[见附录 B(标准的附录)]覆盖区内警告牌及其支架与基准平面之间至少相距 50 mm。

4.6 结构稳定性

在警告牌三角形的顶点位置施加 2 N 的力，其顶点位移不得超过 5 cm，试验后其顶点的位置应与初始无明显差异。

4.7 耐温性

警告牌经高、低温试验后，应无可见裂纹或明显畸变；如带有保护罩，保护罩应容易打开，不粘连，不扯裂。

4.8 耐水性

警告牌经 2 h 耐水性试验后，装置各部件应无影响其性能的明显变化。

4.9 耐燃油性

警告牌及其保护罩经耐燃油性试验完全晾干后，警告牌不应与保护罩粘连，表面应无明显变化和变形，但允许表面有微小裂痕。

4.10 抗风稳定性

警告牌经抗风力试验后不得倾倒，支撑脚位移不超过 5 cm，三角形部分绕水平轴或垂直轴的转动不得超过 10°。

4.11 防渗水性

反射器经受防渗水性试验后，反射器内部不得有水渗入。如果有异议，则再次测量 CIL 值应不低于试验前的 60%。

4.12 镜背试验

对于镜背可触摸式警告牌经受镜背试验后，测量其 CIL 值，不得低于试验前的 60%。

4.13 荧光材料的耐候性

将一只荧光材料样品进行温度和辐照试验，试验后，其色度应满足4.4.2规定，亮度系数不低于30%，且较耐候性试验前增加值不得超过5%，样品应无损伤(如裂纹)，荧光材料无脱落、分层。

5 试验方法

5.1 一般要求检验

采用目视法进行检查，应符合4.1的有关规定。

5.2 形状及尺寸检验

用量具及目视法检验警告牌的形状和尺寸，应符合4.2的有关规定。

5.3 光度性能试验

5.3.1 反射器的光度

5.3.1.1 试验条件

a) 采用图1所示的光度测试原理图及图2所示的试样角度旋转系统。

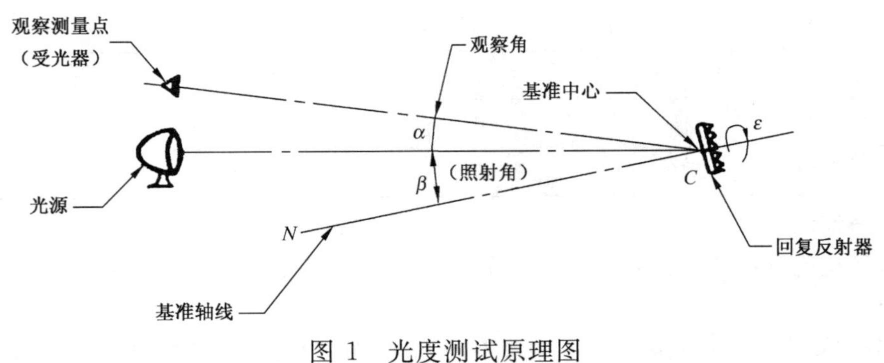

图1 光度测试原理图

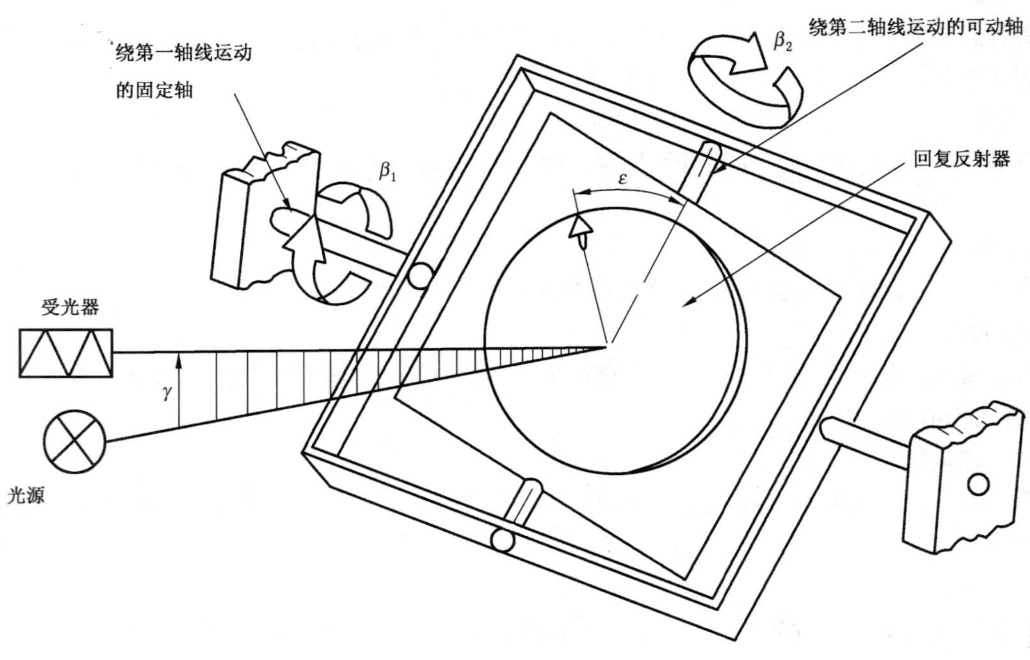

注：图中标明了所有角度和旋转的正方向

图2 试样角度旋转系统

b) 测量距离应考虑图3中对δ,γ和η角的限制，但不得小于10 m或它的光学等效值。

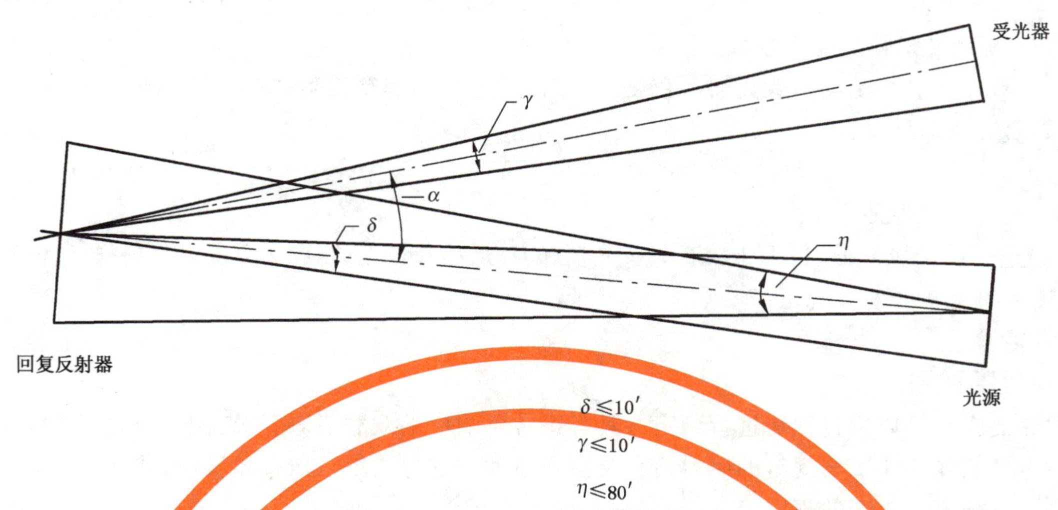

图 3　孔径张角与光源发散角

c)　进行光度测试的光源，应符合 GB/T 3978 规定的标准光源 A。

d)　在反射器整个可用面积上的垂直照度应足够均匀，测量时其光敏面积不大于被检区域的 1/10，测得的照度值的变化应满足：最大值/最小值≤1.05。

e)　当 β 在 V＝H＝0°和小观察角（如 $\alpha=20'$）测试 CIL 时，应在 V 的方向将反射器稍稍转动，以确定有无镜面反射效应。如有，应使 β 在±5°范围内和 H＝0°的条件下进行读数，并采用最小 CIL 值的位置。

f)　测试系统及环境应注意减少杂散光。测量背景及试样旋转台架应为黑色；测量距离远时应设置固定或可变光阑；按试样尺寸调整适宜的孔径光阑；使用探照式光源系统等。

g)　进行 CIL 测量时假设警告牌的使用位置为 H＝V＝0°，光源的照射方向应平行于基座平面，同时垂直于警告牌较低一边的平面。

5.3.1.2　发光强度系数（CIL）

a)　对 4 只样品，先在观察角 $\alpha=20'$，照射角 β 为 H＝±5°，V＝0°条件下测量 CIL 值。

b)　选取 CIL 最小和最大的 2 只样品，按表 1 规定的观察角和照射角测量 CIL，应符合 4.3.1.1规定。

5.3.1.3　发光强度系数均匀性

通过中空三角形反射器的三个顶点向其邻边作垂线，在每两条垂线之间的反射器上随机选取样片 50 mm，在观察角 $\alpha=20'$，照射角 β 为 V＝0°，H＝0°或±5°和 V＝±20°，H＝0°条件下 CIL 测量值的最大与最小比值应符合 4.3.1.2 的规定。

5.3.1.4　警告牌形状的视辨性

在观察角为 20′，照射角为 V＝0°，H＝±30°和 V＝0°，H＝±40°，照度为 1 lx 条件下用目视法观察警告牌，应符合 4.3.1.3 的规定。

5.3.2　荧光器的光度

5.3.2.1　测试条件

采用符合 GB/T 3978 规定的标准光源 C，以与法线成 45°方向照射，并在法线方向上测量反射光和荧光（45°/0°几何条件），然后按下述方法得出亮度系数。

5.3.2.2　亮度系数（β）

a)　在上述 5.3.2.1 相同的测试条件下，分别测量样品的亮度为 L，理想漫射体的亮度为 L_0，则样品的亮度系数 β 可用式（1）计算：

$$\beta = L/L_0 \cdot \beta_0 \quad \cdots\cdots(1)$$

式中：β_0——理想漫射体的亮度系数。

b) 当按 5.4.2 规定测量荧光器的色度特性时，若样品和理想漫射体的三刺激值分别为 Y 和 Y_0，则亮度系数按式(2)计算：

$$\beta = Y/Y_0 \quad \cdots\cdots(2)$$

5.3.2.3 亮度一致性

在日光下距离 30 m 处，目视比较 2 只荧光器(CIL 最小和最大的)和 2 只荧光材料样品[6.1.2e)提供]的亮度应符合 4.3.2.2 规定。

5.4 色度检验

5.4.1 反射器的色度

反射器的颜色可以用目视法进行判定。具有正常色响应的观察者，将它与符合 4.4.1 规定的色度坐标的参考样板在 4.4.1.2 规定的照射角和观察角条件下进行比较。如有异议，则进行色度坐标检验，以确定是否符合 4.4.1.2 的规定。

5.4.2 荧光器的色度

5.4.2.1 可以用目视法评定颜色。具有正常色响应的观察者，将样品与符合 4.4.2.2 色度坐标的参考样板在 4.4.2.2 规定的照射角和观察角条件下进行比较。如有异议，则进行色度坐标检验，以确定是否符合 4.4.2.2 的规定。

5.4.2.2 色度一致性

在日光下，距离 30 m 处，目视比较 5.3.2.3 中 4 只样品，其色度应符合 4.4.2.3 规定。

5.5 离地间距测量

试验设备为一个倒置的中空棱锥体(如附录 B 图示)，放置在一水平的基准平面上。将警告牌各支撑脚逐个放置在试验设备的正方形孔 O 内，在每个支撑脚试验过程中，找出相对于警告牌及其支撑脚合适的试验设备的位置，这个位置应满足 4.5 的规定。

5.6 结构稳定性试验

将警告牌按制造厂要求安装，使底部固牢；在警告牌三角形顶点位置施加垂直于三角形底边平面 2 N的力，其位移应符合 4.6 的规定。

5.7 耐温性

在 60℃±2℃的干燥大气环境下连续放置 12 h。试验后，在 25℃±5℃下连续放置 12 h，而后在 -40℃±2℃的干燥环境下连续放置 12 h。试验后应符合 4.7 的规定。

警告牌如果带有保护罩，使其在保护罩内经受耐温性试验。

5.8 耐水性试验

将警告牌按工作状态打开(支架可不打开)水平地浸在温度为 25℃±5℃的水中 2 h，警告牌反射面朝上并且离水面 5 cm。然后，将警告牌从水中取出干燥，装置各部件应符合 4.8 的规定。

5.9 耐燃油性试验

将警告牌及其保护罩分别浸入含 70%n-庚烷和 30%甲苯的混合液(体积比)中，60 s 后取出，沥去多余的混合液，将警告牌放入保护罩中，水平放置在常温环境中。完全晾干后，应符合 4.9 规定。

5.10 抗风稳定性试验

将警告牌放置在风洞中的一块 1.50 m×1.20 m、几何粗糙度为 HS=0.5 mm+0.05 mm 的路面上[按附录 C(标准的附录)中的“沙滩”方法测定]。将警告牌安置好后，使其经受动态压力为 180 Pa 的气流(相当于 60 km/h)作用 3 min。气流与支撑面平行，作用在稳定性最差的方向上。

试验后，警告牌应符合 4.10 规定。

5.11 防渗水性试验

将警告牌按使用状态浸入温度为 50℃+5℃的水中 10 min，反射面的上部最高点离水面约 20 mm，然后取出立即以同样方式浸入温度为25℃+5℃的水中。

试验后，反射器内部不得有水渗入。如果目视没有渗水，或有异议，则再次测量CIL值(测量前去除外部多余的水分)，应符合4.11规定

5.12 镜背试验(对于镜背可触摸式警告牌)

用硬尼龙刷清刷反射器背面，然后用70%n-庚烷和30%甲苯混合液(体积比)覆盖或完全浸润60 s，然后去除液体，使其干燥。待完全挥发后，再清刷背面，并涂上墨汁，再测量CIL值，应符合4.12规定。

5.13 荧光材料的耐候性试验

a) 取荧光材料样品一只[6.1.2e)提供]，按5.3.2和5.4.2测量其亮度系数和色度应符合4.3.2和4.4.2规定。

b) 将a)中一只荧光材料样品和5号基准标样按ISO 105规定进行温度和辐照试验，直至使5号基准标样达到4级灰卡为止。试验后，荧光材料样品的色度、亮度系数和表面状况应符合4.13规定。

如果荧光材料是胶粘膜，并已通过上述各项认证试验，则不必再重复进行试验。

6 检验规则

警告牌的检验包括型式检验和生产一致性检验。

6.1 型式检验

6.1.1 警告牌同一型式的判定按3.2规定。

6.1.2 产品申请认证者应提供：

a) 足以详细识别其型式的图纸一式二份；

b) 有关警告牌材料的简要技术和使用说明书；

c) 总成使用说明书复制件；

d) 警告牌样品4只，如果使用保护罩，则提供至少2只保护罩样品；

e) 警告牌使用的100 mm×100 mm的荧光材料样品2只。

6.1.3 警告牌型式检验要求如下：

6.1.3.1 按5.1、5.2检验4只样品的一般要求、形状及尺寸应符合4.1、4.2的规定。

6.1.3.2 按5.3.1.2a)测量4只样品的CIL值应符合4.3.1.1的规定。

6.1.3.3 按5.3.2.3和5.4.2.2对CIL最小和最大的两只样品与6.1.2e)提供的两只荧光材料样品，在日光下进行目视比较，4只样品的亮度及色度应符合4.3.2.2和4.4.2.3规定。

6.1.3.4 取CIL最小和最大的两只样品还应进行下列试验：

a) 按5.3.1.2b)测量CIL值应符合4.3.1.1规定。

b) 按5.3.1.3检验发光强度系数均匀性应符合4.3.1.2规定。

c) 按5.3.1.4检验警告牌的形状视辨性应符合4.3.1.3的规定。

d) 按5.3.2.2测量荧光器的亮度系数应符合4.3.2.1的规定。

e) 目视比较选择色度特性最差的样品，进行色度检验。如选不出来，应对CIL值最高的样品进行色度检验。其色度特性应符合4.4.1的规定。

f) 按5.4.2.1测量荧光器的色度特性应符合4.4.2.1和4.4.2.2的规定。

g) 按5.5测试离地间距应符合4.5的规定。

h) 按5.6测量结构稳定性应符合4.6的规定。

i) 按5.7测量耐温性应符合4.7的规定。

6.1.3.5 上述6.1.3.1规定以外的一只样品应进行下列试验：

a) 按5.11测量反射器的防渗水性应符合4.11的规定。

b) 对于镜背可触摸式警告牌按5.12进行反射器镜背试验，试验后样品应符合4.12的规定。

6.1.3.6 上述 6.1.3.1 规定以外的另一只样品应进行下列试验：

a) 按 5.8 进行反射器耐水性试验，试验后样品应符合 4.8 的规定。

b) 按 5.9 进行反射器的耐燃油性试验，试验后样品应符合 4.9 的规定。

c) 按 5.10 进行反射器的抗风稳定性试验，试验后样品应符合 4.10 的规定。

6.1.3.7 样品经过上述试验合格后，将 6.1.2e)提交的两只荧光材料样品中的一只按 5.13 进行耐候性试验，试验后样品应符合 4.13 的规定。

型式检验顺序见附录 D(标准的附录)。

6.2 生产一致性检验

6.2.1 对已经型式检验合格的产品，以在批量产品中随机抽取的样品来判定其生产的一致性。

6.2.2 随机抽取样品的一般要求应符合 4.1 规定，形状和尺寸应符合 6.1.2a)申请认证提供的图纸的规定。

6.2.3 随机抽取样品数量为一只，其 CIL 值和 β 值应至少等于 4.3.1.1 和 4.3.2.1 规定值的 80%；否则再抽取样品 5 只，测得的 CIL 值和 β 值的平均值应至少等于规定值，但任何一个测量值不得低于规定值的 50%。

附 录 A
(标准的附录)
警告牌的形状和尺寸

mm

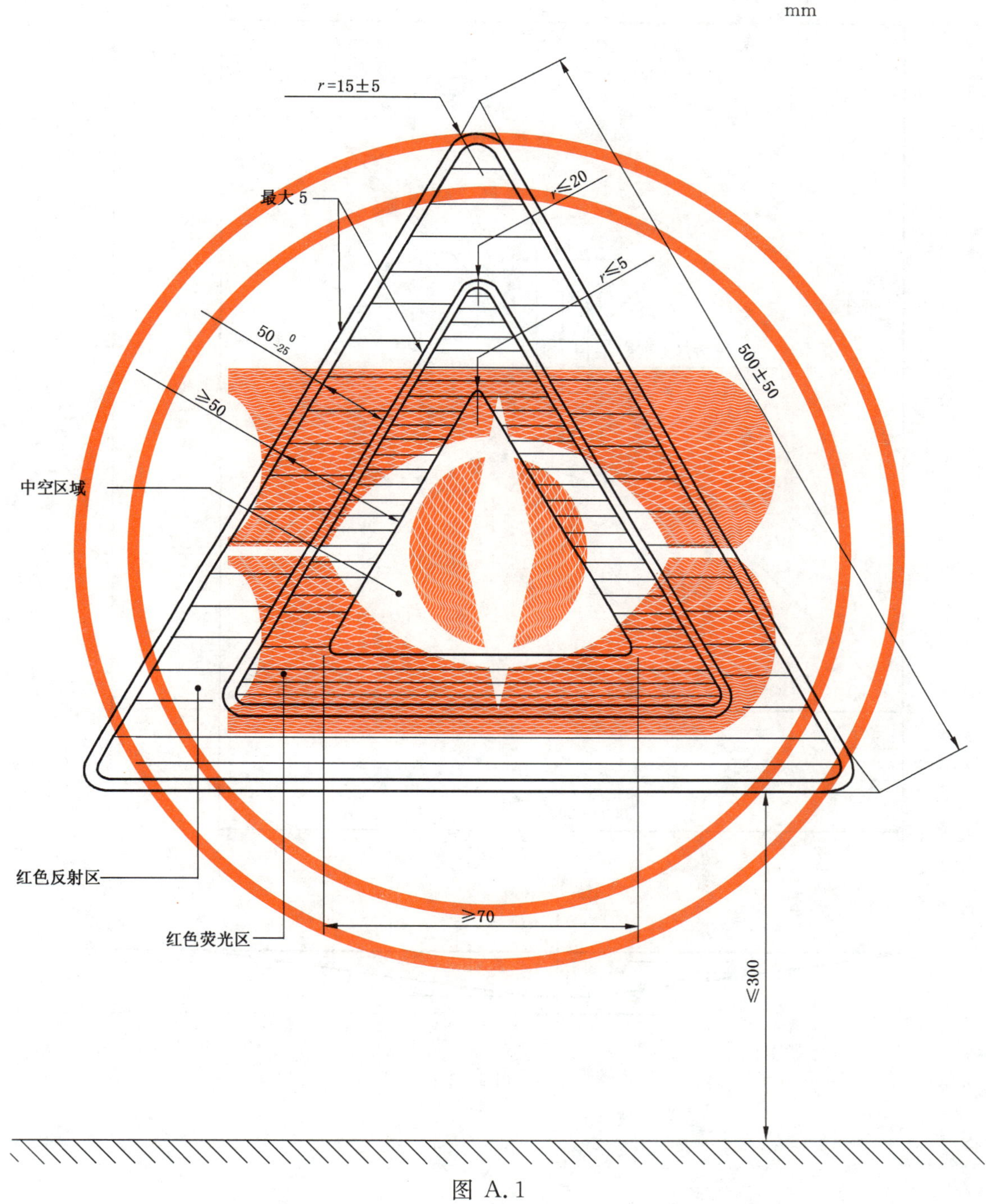

图 A.1

附　录　B
（标准的附录）
测量离地间距用设备

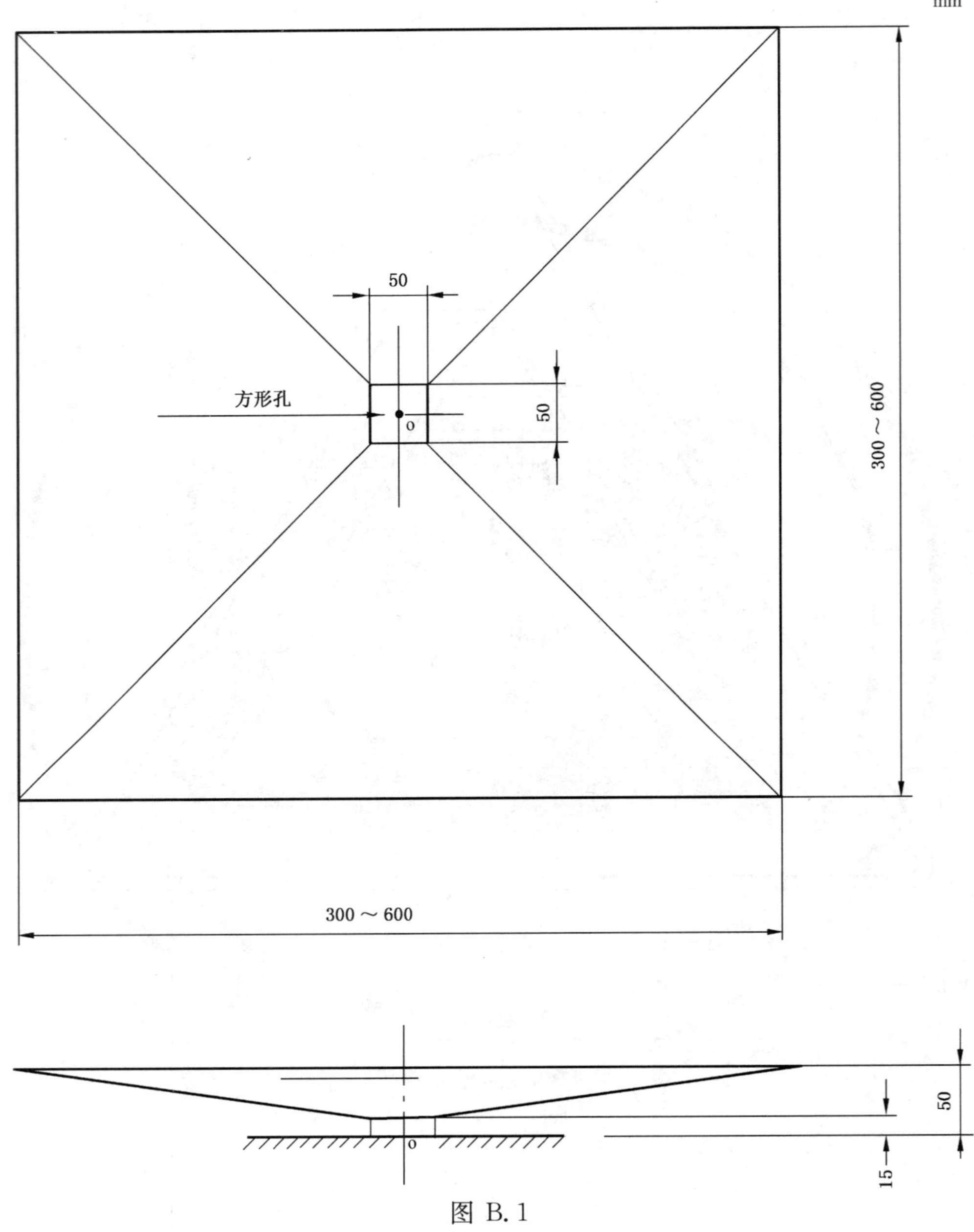

图 B.1

附 录 C
（标准的附录）
用“沙滩”方法确定路面的粗糙度

C.1 目的

本方法目的在于，在进行5.10抗风稳定性试验中，将警告牌安放在具有一定几何粗糙度的路面上。

C.2 方法原理

C.2.1 以一定体积 V 的沙子均匀地撒落在受试路面上，并成圆形。体积 V 与覆盖面积 S 之比为沙子平均深度 HS（单位：mm）。 $HS=V/S$

C.2.2 试验时使用0.160～0.315mm粒度的圆形干燥沙子，体积为25 mL±0.15 mL，利用一直径为65 mm的圆盘为工具，将沙子铺在受试路面上，圆盘的一侧盖有厚度介于1.5～2.5 mm的橡皮板，另一侧安有手柄。

如果沙子覆盖的圆形区域的直径为 D，则可按下式计算沙子的平均深度：

$$HS=\frac{4}{\pi}\cdot\frac{25}{D^2}\cdot 10^3\ \text{mm}$$

C.3 试验操作

C.3.1 被试路面必须干燥，并用软刷子刷去污物或沙砾。

C.3.2 将已经装在一合适容器内的沙子，成堆倾泻到被试路面上，然后利用圆盘反复作圆并移动，小心地将沙子铺在受试路面上，形成尽可能圆的沙子覆盖面，同时使沙子添满路面的洼区和孔穴。

C.3.3 测量沙子覆盖圆的直径时，应在通过圆心互成正交的两条直径上进行，使最大与最小直径相差不得超过5 mm，然后按C2.2公式计算沙子的 HS。

C.3.4 在被试路面上进行6次试验，使沙滩尽可能均匀地分布在被试面上，计算6次的平均值如达到 $HS=0.5$ mm±0.05 mm粗糙度要求，即为放置警告牌的基准路面，否则应重新选择被试路面。

附　录　D
（标准的附录）
警告牌型式试验顺序表

表 D1

序号	依据条款		检验项目	样品					
	技术要求	试验方法		1	2	3	4	a	b
1	4.1、4.2	5.1、5.2	一般要求、形状及尺寸	√	√	√	√		
2	4.3.1.1	5.3.1.2a)	反射器 CIL 值 （仅限 $\alpha=20'$，β 为 $V=0°$，$H=\pm5°$）	√ 小	√	√	√ 大		
3	4.3.2.2 4.4.2.3	5.3.2.3 5.4.2.2	日光下距 30 m 处，目视比较荧光器和荧光材料样品的亮度和色度一致性	√			√	√	√
4	4.3.1.1	5.3.1.2b)	发光强度系数（CIL）	√			√		
5	4.3.1.2	5.3.1.3	发光强度系数均匀性	√			√		
6	4.3.1.3	5.3.1.4	警告牌形状的视辨性	√			√		
7	4.3.2.1	5.3.2.2	亮度系数（β）	√			√		
8	4.4.1.1	5.4.1	目视评定反射器色度				√		
9	4.4.1.2	5.4.1	测量反射器色度				√		
10	4.4.2.1	5.4.2.1	目视评定荧光器色度	√			√		
11	4.4.2.2	5.4.2.1	测量荧光器色度	√			√		
12	4.5	5.5	离地间距	√			√		
13	4.6	5.6	结构稳定性	√			√		
14	4.7	5.7	耐温性	√			√		
15	4.8	5.8	耐水性			√			
16	4.9	5.9	耐燃油性			√			
17	4.10	5.10	抗风稳定性			√			
18	4.11	5.11	防渗水性		√				
19	4.12	5.12	镜背试验（对于镜背可触摸式）		√				
20	4.13	5.13	荧光材料样品耐候性					√	
注：序号 2 假设 1 号和 4 号样品的 CIL 为最小和最大值。									

ICS 43.080.01
T 47

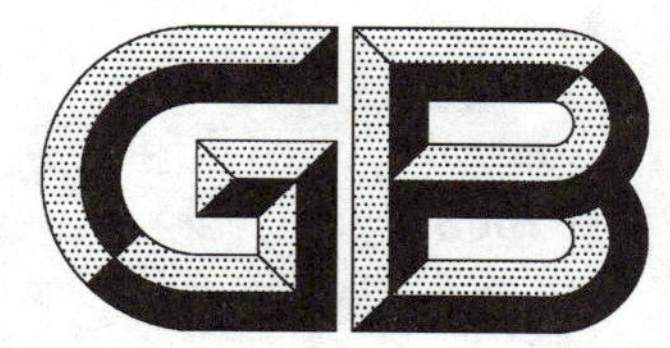

中华人民共和国国家标准

GB 19344—2003

在用燃气汽车燃气供给系统泄漏安全技术要求及检验方法

Technique requirement and test method of leaking-safety of gas supply system on using gas vehicle

2003-10-28 发布

2004-06-01 实施

中华人民共和国
国家质量监督检验检疫总局 发布

前　言

本标准的全部技术性内容为强制性。

本标准由中华人民共和国公安部提出。

本标准由公安部道路交通管理标准化技术委员会归口。

本标准由北京市公共交通研究所、深圳市特安电子有限公司、北京市市政管理委员会、北方交通大学起草。

本标准主要起草人：吴同起、皮静懿、苏怡华、薛明、张欣。

在用燃气汽车燃气供给系统泄漏安全技术要求及检验方法

1 范围

本标准规定了在用燃气汽车燃气供给系统泄漏安全技术要求及检验方法。

本标准适用于以天然气、液化石油气为燃料并具有供给系统的M和N类的所有车辆。

2 规范性引用文件

下列文件中的条款通过本标准的引用而成为本标准的条款。凡是注日期的引用文件，其随后所有的修改单(不包括勘误的内容)或修订版均不适应于本标准，然而，鼓励根据本标准达成协议的各方研究是否可使用这些文件的最新版本。凡是不注日期的引用文件，其最新版本适用于本标准。

GB/T 15089—2001 机动车辆及挂车分类

GB/T 17895—1999 天然气汽车和液化石油气汽车 词汇

GA 127—1996 家用可燃气体报警器技术要求及试验方法

3 术语和定义

下列术语和定义适用于本标准。

3.1

M和N类车辆 M and N kind of vehicle

GB/T 15089—2001中规定的车辆。

3.2

燃气汽车 gas vehicle

GB/T 17895—1999中2.2所有的项。

4 技术要求

4.1 燃气供给系统不得有泄漏。

4.2 用仪器测量时其显示浓度不得大于25×10^{-6}。

5 检验方法

5.1 检验条件

5.1.1 车辆检测时天然气储气瓶内天然气压力不得小于额定工作压力的90%。

5.1.2 车辆检测时液化石油气瓶内液化石油气容量不得少于额定容量的25%。

5.1.3 检测时风速应小于3 m/s。

5.1.4 检测时被检测部位不得有油污等脏物。

5.1.5 车辆检测时，燃气系统中的燃气供给阀应处于开启状态，发动机处于熄火状态。

5.2 测试仪表

检测天然气、液化石油气时应采用相应的仪表，所用仪表应符合GA 127—1996的要求，并具备防爆功能，仪表应用数字显示结果，其反应时间不得大于10 s。

a) 量程：$(0\sim100)\times10^{-6}$；

b) 精度:±5% FS。

5.3 检测部位

检测燃气供给系统连接处及系统的相关部件。

5.4 浓度检测

用仪器检测时将测漏仪的探杆贴着接口连接处移动,每处测量时间不得小于反应时间的要求,检测结果应符合 4.2 的要求。

ICS 43.160
T 59

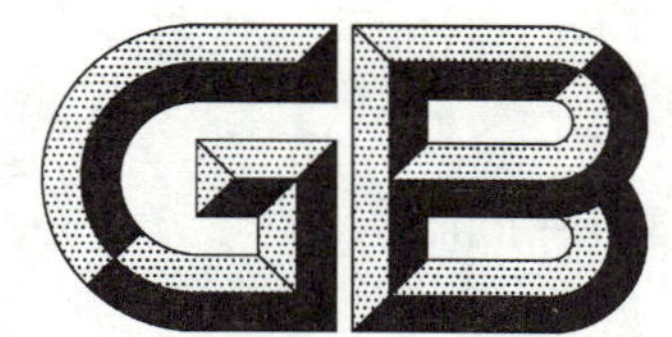

中华人民共和国国家标准

GB 20300—2006

道路运输爆炸品和剧毒化学品车辆安全技术条件

Safety specifications for road transportation vehicle of explosive substance and chemical toxic substance

2006-07-19 发布　　2006-11-01 实施

中华人民共和国国家质量监督检验检疫总局
中国国家标准化管理委员会　发布

前　言

本标准的附录为推荐性的，其余均为强制性的。

本标准是对爆炸品和剧毒化学品运输车辆特殊性制定的安全技术要求。

本标准对新定型产品自标准实施之日起执行，对在生产产品自发布之日起6个月后执行。

本标准的附录A、附录B和附录C是资料性附录。

本标准由国家发展和改革委员会提出。

本标准由全国汽车标准化技术委员会归口。

本标准起草单位：汉阳专用汽车研究所、东莞市永强汽车制造有限公司、中集车辆（集团）有限公司、中国重型汽车集团有限公司、郑州红宇专用汽车有限责任公司、北汽福田汽车股份有限公司、南京航天晨光股份有限公司、哈尔滨建成北方专用车有限公司、上海化工物品汽车运输公司、机械工业专用汽车产品质量检测中心。

本标准主要起草人：吴跃玲、王虎群、马凯、谭秀卿、侯永华、何王俊、邹志强、燕伟华、刘来祥、王焕民。

道路运输爆炸品和剧毒化学品车辆安全技术条件

1 范围

本标准规定了道路运输爆炸品和剧毒化学品车辆的术语和定义、要求、标志和随车文件。

本标准适用于在道路上运输爆炸品和剧毒化学品的汽车和挂车(以下简称车辆)。

2 规范性引用文件

下列文件中的条款通过本标准的引用而成为本标准的条款。凡是注日期的引用文件,其随后所有的修改单(不包括勘误的内容)或修订版均不适用于本标准,然而,鼓励根据本标准达成协议的各方研究是否可使用这些文件的最新版本。凡是不注日期的引用文件,其最新版本适用于本标准。

GB 1589 道路车辆外廓尺寸、轴荷及质量限值

GB/T 1992—1985 集装箱名词术语

GB 4208 外壳防护等级(IP 代码)

GB/T 4606 道路车辆 半挂车牵引座 50 号牵引销的基本尺寸和安装、互换性尺寸(GB/T 4606—2006,ISO 337:1981,IDT)

GB/T 4607 道路车辆 半挂车牵引座 90 号牵引销的基本尺寸和安装、互换性尺寸(GB/T 4607—2006,ISO 4086:2001,IDT)

GB 7258 机动车运行安全技术条件

GB/T 8416—2003 视觉信号表面色

GB 12268 危险货物品名表

GB 13365 机动车排气火花熄灭器性能要求和试验方法

GB 13392 道路运输危险货物车辆标志

GB/T 13594 机动车和挂车防抱制动性能和试验方法

GB/T 18833—2002 公路交通标志反光膜

GB/T 19056 汽车行驶记录仪

AQ 3004 危险化学品汽车运输安全监控车载终端

JT 230 汽车导静电橡胶拖地带

QC/T 518 汽车用螺纹紧固件拧紧扭矩规范

国家安全生产监督管理总局公告 剧毒化学品名录

3 术语和定义

下列术语和定义适用于本标准。

3.1

爆炸品 explosive substance

在外界作用下(如受热、撞击等),能发生剧烈的化学反应,瞬时产生大量的气体和热量,使周围压力急骤上升,发生爆炸,对周围环境造成破坏的物品。本标准中爆炸品是指 GB 12268 规定的爆炸品、民用爆破器材除外。

3.2

剧毒化学品　chemical toxic substance

具有非常剧烈毒性危害的化学品，包括人工合成的化学品及其混合物（含农药）和天然毒素。本标准中剧毒化学品是指列入国家安全生产监督管理总局公告《剧毒化学品名录》中的剧毒化学品。

3.3

罐体有效容积　actual capacity of tank

常温下，罐体装满水时所容纳的水的体积。

4　要求

4.1　底盘要求

4.1.1　发动机

总质量大于2 000 kg的爆炸品运输车辆的发动机应为压燃式。

4.1.2　排气系统

4.1.2.1　车辆发动机燃料系统的安全防护应符合GB 7258的规定。

4.1.2.2　车辆发动机排气装置应具备熄灭排气火花的功能。若装用排气火花熄灭器应符合GB 13365的要求。

4.1.2.3　总质量大于2 000 kg的车辆的发动机排气装置应安装在车身前部，排气管与运输货物的距离至少大于300 mm。其出气口要远离运输货物，距离不得小于500 mm；总质量小于2 000 kg（含2 000 kg）的车辆的发动机排气装置宜安装在车身前部，如安装在货厢底板下部，排气管与货厢底板之间应加装带有反射热辐射材料的隔热板，排气管与运输货物的距离至少大于150 mm。

4.1.3　轮胎

车辆应装用子午线轮胎。

4.1.4　限速器

车辆应配备限速装置。限速装置的调定速度不得大于90 km/h。

4.1.5　防抱制动装置

4.1.5.1　N类车辆必须装备符合GB/T 13594规定的1类防抱制动装置；O类车辆必须装备符合GB/T 13594规定的A类防抱制动装置。

4.1.5.2　汽车列车的牵引车和挂车，其防抱制动性能应相匹配。

4.1.5.3　所有车辆必须装备制动器自动间隙调整臂。

4.1.6　电气装置

4.1.6.1　导线应有足够的截面积以防止过热，且应可靠绝缘。不经过电源总开关而直接接通蓄电池的线路应采取可靠的过热保护措施。

4.1.6.2　驾驶室内应设置用于电源总开关开、闭操作的控制装置，开关盒应符合GB 4208规定的IP65防护等级的要求，开关上的线束接头应符合GB 4208规定的IP54防护等级的要求。

4.1.6.3　蓄电池接线端子应采取可靠的绝缘保护措施或用绝缘的蓄电池箱盖住。

4.2　整车要求

4.2.1　车辆结构

车辆应为罐式车辆或货厢为整体封闭结构的厢式车辆。

4.2.2　尺寸参数

4.2.2.1　车辆的尺寸参数应符合GB 1589的规定。

4.2.2.2　罐式车辆满载时，同一车轴的轮胎接地点外侧间距与质心高度的比值不得小于0.9。

4.2.3　质量参数

4.2.3.1　车辆的质量参数应符合GB 1589的规定，且不得超过该底盘的最大允许总质量。

4.2.3.2 非罐式车辆的最大允许装载质量不得超过10 000 kg。

4.2.4 **罐体有效容积**

运输爆炸品车辆的罐体有效容积不得超过20 m^3，运输剧毒化学品车辆的罐体有效容积不得超过10 m^3。

4.2.5 **罐体防护要求**

4.2.5.1 罐体及罐体上的管路及管路附件不得超出车辆的侧面及后下部防护装置，罐体后封头及罐体后封头上的管路和管路附件与后下部防护装置的纵向距离不得小于150 mm。

4.2.5.2 罐体顶部应设置具有足够强度的倾覆保护装置，该装置应有能将积聚在其内部的液体排出的排放阀。罐体顶部的管接头、阀门及其他附件的最高点必须低于倾覆保护装置的最高点至少20 mm。

4.2.6 **厢体基本要求**

4.2.6.1 货厢结构为封闭式，具有防火、防雨、防盗功能，并具有一定的强度和刚度。货厢内蒙皮应采用有色金属或不易发火的非金属材料。货厢面板内外蒙皮之间采用阻燃隔热材料填充。货厢侧壁或前后壁板应根据需要设置具有防雨功能的通风窗。

4.2.6.2 货厢门应安装密封条。密封条应固定可靠，防雨防尘密封良好。

4.2.6.3 货厢门铰链应固定可靠，旋转自如。锁止结构安全可靠。

4.2.6.4 货厢内不得装设照明灯光，不得敷设电气线路。

4.2.6.5 货厢内应设置货物固定紧固装置，在货厢前壁、侧壁设置一定数量的固定绳钩。

4.2.6.6 货厢内应设置货物起火燃烧报警装置；货厢门上应设置防盗报警装置；总质量大于或等于9 000 kg的车辆驾驶室内应装监视器，其摄像头应设在货厢后部上端，并应有良好的观察效果。

4.2.7 **连接装置的规格强度**

4.2.7.1 罐体或厢体应通过焊接或铆接的支架用螺栓固定在底盘上(符合GB/T 1992规定的罐式集装箱除外)。

4.2.7.2 连接装置所采用的螺栓的强度等级应不低于8.8级，螺栓拧紧力矩应符合QC/T 518的要求，并应采取可靠的防松结构和措施。

4.2.7.3 半挂车牵引销应符合GB/T 4606、GB/T 4607的规定。

4.2.8 **防静电措施**

4.2.8.1 底盘、罐体或厢体、管道及其他相关附件等相关装置任意两点间的电阻值应不大于5 Ω。

4.2.8.2 货厢内底板应铺设阻燃导静电胶板，厚度不小于5 mm，导静电胶板任意一点与拖地带之间的电阻值为10^4 Ω～10^8 Ω。

4.2.8.3 需配置输送泵的车辆，应采用离心泵、叶片泵或其他不易积聚静电的泵，泵送系统应形成导静电通路。

4.2.8.4 装卸软管所用材质应与所装运介质相适应，应采用防静电胶管，装卸软管两端金属件之间的电阻值应不大于5 Ω。

4.2.8.5 车辆必须装设接地线，接地线应柔软，展开、收回灵活，末端应装设弹性“鳄鱼夹”，接地线与车架之间的电阻值应不大于5 Ω。

4.2.8.6 车辆底部必须设置导静电拖地带，其性能应符合JT 230的规定。

4.2.9 **灭火器**

驾驶室内应配备一个干粉灭火器。在车辆两边应配备与所装载介质性能相适应的灭火器各一个，灭火器应固定牢靠、取用方便。

4.2.10 其他要求

驾驶室内部应有放置应急设施的空间和放置应急设施的装置。

5 车辆监控装置

5.1 行驶记录仪

5.1.1 车辆应安装符合 GB/T 19056 规定的行驶记录仪。

5.1.2 行驶记录仪应安装在驾驶室内部并便于使用者查看及提取数据的位置。

5.1.3 行驶记录仪的主电源应为车辆电源。对所有导线均应有适当保护，以保证这些导线不会接触到可能会引起导线绝缘损伤的部件。接线应布置整齐，并固定可靠。

5.2 监控车载终端

5.2.1 车辆应安装符合 AQ 3004 规定的安全监控车载终端。

5.2.2 安全监控车载终端应安装在驾驶室内或根据需要安置在挂车适当位置。

5.2.3 车载终端的主电源应为车辆电源。在无法获得车辆电源时可由车载终端的备用电池组供电，备用电池组可支持正常工作时间不小于 8 h。电源导线应用不同颜色或标号(等距离间隔标出)明确标示。接线应布置整齐，并固定可靠。天线应远离其他敏感的电子设备。车载终端的地线应连接到车辆底盘上。

6 标志

6.1 车辆应安装符合 GB 13392 要求的标志牌(式样见附录 A)和标志灯。

6.2 在车辆后部应安装安全标示牌(式样见附录 B)。安全标示牌为白底黑字，字迹要求清晰完整，安装在车辆后部。安全标示牌为矩形，尺寸为 350 mm×175 mm。

6.3 在车辆的后部和两侧应粘贴橙色反光带以标示车辆的轮廓(式样见附录 C)，橙色反光带的宽度为 150 mm±20 mm。橙色反光材料的亮度因数应符合 GB/T 8416—2003 中表 5 的规定，橙色反光材料色品坐标应符合 GB/T 8416—2003 中表 6 的规定，其逆反射性能应符合 GB/T 18833—2002 中表 3 规定的一级红色反光膜。

6.4 厢式车辆的货厢外部颜色应为浅色。

7 随车文件

车辆应配备车辆使用说明书。使用说明书的编写应包括以下内容：

a) 产品名称与型号；

b) 生产企业名称、详细地址；

c) 技术特点及参数；

d) 装运的危险货物品名和应急措施；

e) 禁止混装与换装的规定；

f) 行驶速度要求；

g) 停车熄火要求；

h) 车辆维修保养的特殊规定。

附 录 A
（资料性附录）
标 志 牌

见图 A.1 和图 A.2。

图 A.1 爆炸品标志牌示例

图 A.2 剧毒化学品标志牌示例

附　录　B
（资料性附录）
安 全 标 示 牌

见图 B.1 和图 B.2。

350 mm

175 mm

品　　名		种　　类	
罐体容积		核载质量	
施救方法			
联系电话			

图 B.1　罐式车辆安全标示牌示例

350 mm

175 mm

品　　名		种　　类	
厢体容积		核载质量	
施救方法			
联系电话			

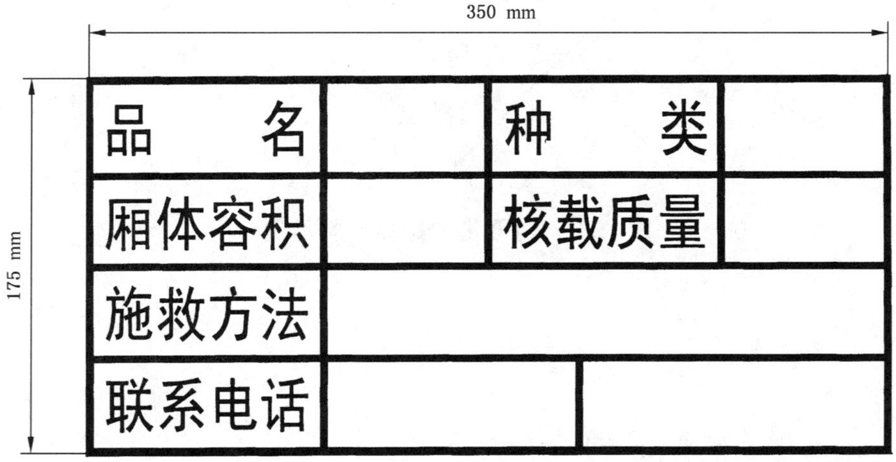

图 B.2　厢式车辆安全标示牌示例

附 录 C
（资料性附录）
反光带、标志牌及安全标示牌位置

见图 C.1 和图 C.2。

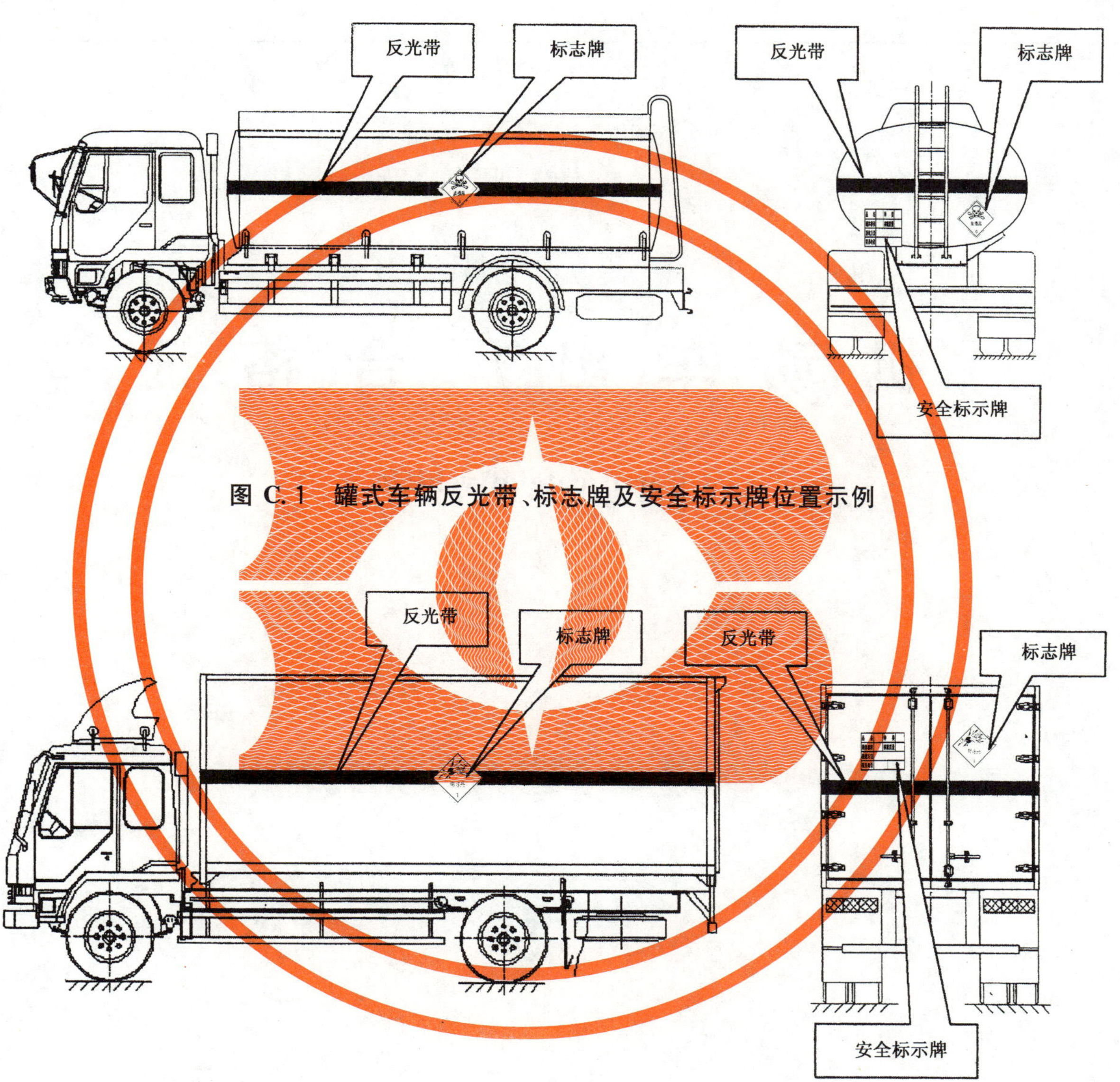

图 C.1 罐式车辆反光带、标志牌及安全标示牌位置示例

图 C.2 厢式车辆反光带、标志牌及安全标示牌位置示例

ICS 01.110
T 01

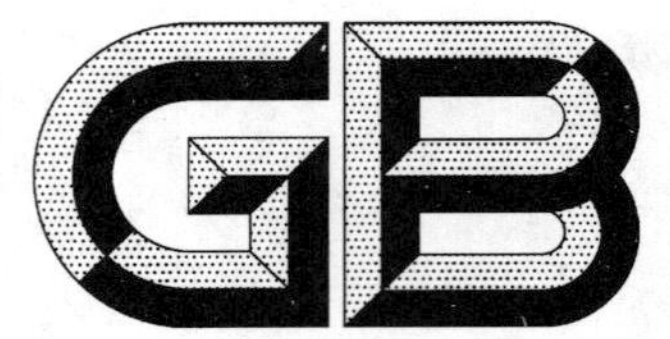

中华人民共和国国家标准

GB/T 21085—2007

机动车出厂合格证

Certificate of vehicle

2007-09-10 发布 2008-04-01 实施

中华人民共和国国家质量监督检验检疫总局
中国国家标准化管理委员会 发布

前　言

本标准的附录A、附录B、附录C为规范性附录。

本标准由国家发展和改革委员会提出。

本标准由全国汽车标准化技术委员会归口。

本标准起草单位：中国汽车技术研究中心、公安部交通管理科学研究所。

本标准主要起草人：耿磊、孙正良、朱彤、陈平、孙晓平、王学平。

机动车出厂合格证

1 范围

本标准规定了《机动车出厂合格证》的样式及项目内容。

本标准适用于各类汽车(含三轮汽车和低速货车)、摩托车(含轻便摩托车)、挂车、轮式专用机械等各类机动车及非完整车辆(包括二类底盘、三类底盘)在制造完毕并检验合格后配发的《机动车出厂合格证》。

2 规范性引用文件

下列文件中的条款通过本标准的引用而成为本标准的条款。凡是注日期的引用文件,其随后所有的修改单(不包括勘误的内容)或修订版均不适用于本标准,然而,鼓励根据本标准达成协议的各方研究是否可使用这些文件的最新版本。凡是不注日期的引用文件,其最新版本适用于本标准。

GB/T 788 图书杂志开本及其幅面尺寸(GB/T 788—1999,neq ISO 6716:1983)

GB/T 3730.1 汽车和挂车类型的术语和定义

GB/T 3730.2 道路车辆 质量 词汇和代码(GB/T 3730.2—1996,idt ISO 1176:1990)

GB/T 5359.1 摩托车和轻便摩托车术语 车辆类型

GB 7258—2004 机动车运行安全技术条件

GB/T 15089 机动车辆及挂车分类

GB 16735 道路车辆 车辆识别代号(VIN)

GB/T 18284—2000 快速响应矩阵码(neq ISO/IEC 18004:2000)

3 术语和定义

GB/T 3730.1、GB/T 3730.2、GB/T 5359.1、GB 7258—2004、GB/T 15089、GB 16735 确立的术语和定义及下列术语和定义适用于本标准。

3.1

机动车出厂合格证 certificate of vehicle

车辆制造企业在车辆制造完毕、检验合格后随车配发的机动车出厂合格证明。

3.2

机动车注册登记技术参数表 vehicle registration technology parameter table

供车辆注册登记使用,用以说明车辆的主要技术特征的规范性技术文件,是《机动车出厂合格证》的组成部分。

3.2.1

机动车整车注册登记技术参数表 completed vehicle registration technology parameter table

用以说明完整车辆的主要技术特征的规范性技术文件,是《机动车整车出厂合格证》的组成部分。

3.2.2

机动车底盘注册登记技术参数表 incomplete vehicle registration technology parameter table

用以说明非完整车辆的主要技术特征的规范性技术文件,是《机动车底盘出厂合格证》的组成部分。

3.3

车辆 vehicle

GB 7258—2004 第 3.1 条定义的机动车及非完整车辆的统称。

3.4

非完整车辆　incomplete vehicle

至少包括车架、动力装置、转向装置、悬架系统和制动系统的车辆。车辆装配到这种程度，除了增添易于安装的部件（如后视镜或轮胎与车轮总成）或进行小的精整作业（如补漆）外，还需要进行制造作业才能成为具有预期功能的车辆。包括二类底盘、三类底盘。其中：

二类底盘是指具有驾驶室、不具有容纳货物的装置或者专用作业装置的非完整车辆。

三类底盘是指不具有车身的非完整车辆。

4　合格证的配发要求

4.1　在中华人民共和国境内制造的车辆，应在车辆制造完毕且检验合格后随车配发《机动车出厂合格证》。

4.1.1　机动车需要配发《机动车整车出厂合格证》。

4.1.2　非完整车辆需要配发《机动车底盘出厂合格证》。

4.2　对于采用非完整车辆后续制造形成的车辆，应保留原非完整车辆配发的《机动车底盘出厂合格证》（采用进口非完整车辆后续制造形成的车辆除外）。

4.3　对于采用完整车辆后续制造形成的车辆，应保留原完整车辆配发的《机动车整车出厂合格证》（采用进口完整车辆后续制造形成的车辆除外）。

5　合格证的样式和一般要求

5.1　《机动车出厂合格证》采用 GB/T 788 规定的 A 系列规格纸张的 A4 幅面（210 mm×297 mm）制作。

5.2　用于制作《机动车出厂合格证》纸张的规格不小于 120 g/m^2。

5.3　《机动车出厂合格证》分为《机动车整车出厂合格证》和《机动车底盘出厂合格证》两种。

5.4　《机动车出厂合格证》正面应按照第 6 章的规定印制；背面应按照第 7 章的规定打印生成《机动车注册登记技术参数表》。

5.5　《机动车出厂合格证》包含车辆制造企业信息、车辆产品技术参数信息、车辆产品质量声明等内容。

6　《机动车出厂合格证》正面要求

6.1　一般要求

6.1.1　《机动车出厂合格证》正面上部 1/3 幅面分两行居中印制“中华人民共和国”和“机动车整车出厂合格证”（或“机动车底盘出厂合格证”），字体采用宋体，字号采用 1 号字，颜色采用红色。

6.1.2　《机动车出厂合格证》正面中部 1/3 幅面居中印制车辆制造企业厂标或车辆产品商标。

6.1.3　《机动车出厂合格证》正面下部 1/3 幅面居中印制车辆制造企业名称，字体、字号、颜色由车辆制造企业自行决定，但必须保证字迹清晰可辨。

6.1.4　车辆制造企业需要在《机动车出厂合格证》正面印制防伪标记。具体的防伪方案由车辆制造企业自行确定。

6.2　其他要求

6.2.1　车辆制造企业在满足 6.1 要求的同时，可以在《机动车出厂合格证》下部 1/3 幅面增加其他信息，例如：《机动车出厂合格证》纸张编号、企业英文名称等内容，但必须保证《机动车出厂合格证》整体样式的相对统一。

6.2.2　车辆制造企业在满足 6.1.4 要求的同时，还可以在《机动车出厂合格证》正面粘贴防伪标识。

6.3　《机动车出厂合格证》正面样式见附录 A。

7 机动车注册登记技术参数表

7.1 一般要求

7.1.1 《机动车注册登记技术参数表》底色采用白色,不能印制其他任何内容、图案、底纹。

7.1.2 使用分辨率 300 dpi 以上的黑白激光打印机打印《机动车注册登记技术参数表》。

7.1.3 《机动车注册登记技术参数表》分为《机动车整车注册登记技术参数表》(见附录 B 的图 B.1),和《机动车底盘注册登记技术参数表》(见附录 B 的图 B.2)两种型式。其中《机动车整车注册登记技术参数表》适用于机动车;《机动车底盘注册登记技术参数表》适用于非完整车辆。

7.1.4 《机动车注册登记技术参数表》中所填写的项目内容是车辆的实际状态或者数值,不能采用可选择项目或区间值等方式填写,不得涂改。填写项目为空时,以“-”占位。

7.2 《机动车注册登记技术参数表》项目要求

7.2.1 合格证编号

为了识别任一《机动车出厂合格证》,由车辆制造企业为该《机动车出厂合格证》指定的一组字码。

合格证编号由 15 位字码构成,第 1 至 4 位为企业或集团代码,第 5 位为检验位,第 6 至 15 位为合格证顺序号。合格证编号 30 年内不得重复。合格证编号中不能使用字母“I、O、Q”。其中:

企业或集团代码用来识别任一车辆制造企业,由国家汽车主管部门或其授权机构统一分配。

检验位用来核对合格证编号记录的准确性。

合格证顺序号是车辆制造企业为其制造完毕且检验合格的车辆配发的《机动车出厂合格证》的流水号。

7.2.2 发证日期

车辆制造企业为其制造完毕且检验合格的车辆配发《机动车出厂合格证》的时间。

发证日期应按照 YYYY 年 MM 月 DD 日格式填写,例如:“2006 年 05 月 08 日”。

7.2.3 车辆制造企业名称

填写车辆制造企业名称全称。例如:“中国第一汽车集团公司四平专用汽车厂”。

7.2.4 车辆品牌

车辆品牌填写格式为:中英文车辆品牌(中英文之间用“/”分隔)或中文车辆品牌。中文车辆品牌必须填写,后面应有“牌”字。英文车辆品牌可不填。例如:“宝来牌/BORA”,“王牌牌”。

7.2.5 车辆名称

填写用于描述车辆类型及车辆用途特征的并经主管部门认定的车辆名称。例如:对于“CDW1050A4 型载货汽车”需填写“载货汽车”。

7.2.6 底盘类别

对于非完整车辆,填写二类底盘或者三类底盘。

7.2.7 车辆型号

完整填写车辆型号。例如:对于 CA1047EL2 型载货汽车需填写“CA1047EL2”。

7.2.8 车辆识别代号/车架号

填写车辆上实际打刻的车辆识别代号或车架号,车辆识别代号应符合 GB 16735 的要求。

7.2.9 车身颜色

填写描述车身颜色的汉字。对于单一颜色车辆,车身颜色宜按照“白、灰、黄、粉、红、紫、绿、蓝、棕、黑”颜色归类填写,也可按照车辆制造企业规定的颜色名称填写;对于多颜色车辆,车身颜色应按照面积较大的三种颜色填写,颜色为上下结构时,从上向下填写,颜色为前后结构时,从前向后填写,颜色与颜色之间加“/”;车身上安装的装饰线、装饰条的颜色,不列入车身颜色。

非完整车辆中的三类底盘,不需填写车身颜色。

7.2.10 底盘型号和底盘 ID

对于整车产品(不包括改装车产品),不填写底盘 ID。对于改装车产品,如果上一阶段为整车产品,填写原整车产品型号,不填写底盘 ID;如果上一阶段为二类或三类底盘,则填写原底盘型号,同时填写底盘 ID。

非完整车辆产品填写底盘 ID。

7.2.11 底盘合格证编号

为了识别任一《机动车底盘出厂合格证》,由车辆制造企业为该《机动车底盘出厂合格证》指定的一组字码。

合格证编号由 15 位字码构成,第 1 至 4 位为企业或集团代码,第 5 位为检验位,第 6 至 15 位为合格证顺序号。合格证编号 30 年内不得重复。合格证编号中不能使用字母“I、O、Q”。其中:

企业或集团代码用来识别任一车辆制造企业,由国家汽车主管部门或其授权机构统一分配。

检验位用来核对合格证编号记录的准确性。

合格证顺序号是车辆制造企业为其制造完毕且检验合格的车辆配发的《机动车底盘出厂合格证》的流水号。

对于整车产品(不包括改装车产品)不填写底盘合格证编号。对于改装车产品,如果上一阶段为整车产品,填写原整车产品合格证编号;如果上一阶段为二类或三类底盘,填写原底盘合格证编号。

7.2.12 发动机型号

完整填写发动机型号。

7.2.13 发动机号

填写车辆发动机的发动机顺序号(不含发动机型号)。

7.2.14 燃料种类

按照车辆实际使用的燃料种类填写相应汉字。燃料种类可分为汽油、柴油、电、混合油、天然气、液化石油气、甲醇、乙醇、太阳能、氢等,对于混合动力车辆填写混合动力。

对于安装有可采用多种燃料分别工作的发动机的车辆,分别填写多种燃料种类,多种燃料种类之间加“/”。

7.2.15 油耗(L/100 km)

对于总质量≤3.5 t 的 M_1 类车辆,无论选装几种发动机只填写一个综合燃料消耗量。对于总质量≤3.5 t 的 M_1 类车辆以外的轻型车仅对实测工况排放的车型填写综合燃料消耗量。对于摩托车及轻便摩托车填写经济车速的燃料消耗量。单位 L/100 km。

7.2.16 排量和功率(mL/kW)

填写发动机的排量和功率,单位分别为毫升(mL)和千瓦(kW)。

对于可采用多种燃料分别工作的发动机,分别填写对应的发动机功率,多个发动机功率之间加“/”。

7.2.17 排放标准

填写车辆满足相应要求的排放标准的标准号及年代号。如满足多个排放标准,多个排放标准之间以半角的“,”隔开,中间不留空格。如果车辆仅满足不同阶段的排放标准要求,需要注明第几阶段,例如:“GB 18352.3—2005(国Ⅲ)”。

7.2.18 外廓尺寸(mm)

填写车辆的外廓长、宽、高,单位为毫米(mm)。

7.2.19 货厢内部尺寸(mm)

具有货箱/货厢的车辆填写车辆的货厢内部长、宽、高,单位为毫米(mm)。其中对于厢式车应填写车厢内部最大尺寸,客厢式货车可不填写货厢内部尺寸,对于仓栅式、篷式车货厢内部高应填写栏板高度。

7.2.20 **钢板弹簧片数(片)**

对于采用钢板弹簧的车辆,按照"前轴钢板弹簧片数/第二轴钢板弹簧片数/第三轴钢板弹簧片数/……"的形式填写单侧钢板弹簧片数,非钢板弹簧用"-"代替。对于采用主副簧钢板弹簧结构的车辆,按照"主簧片数+副簧片数"的形式填写。对于半挂车,按照"-/第一轴钢板弹簧片数/第二轴钢板弹簧片数/第三轴钢板弹簧片数/……"的形式填写。单位为片。

7.2.21 **轮胎数**

填写安装在车辆上的轮胎总数(不包括备胎)。

7.2.22 **轮胎规格**

当各轴轮胎规格相同时,轮胎型号填写一次;当各轴轮胎规格不相同时,应以"第一轴轮胎规格/第二轴轮胎规格/第三轴轮胎规格/……"的形式填写。

7.2.23 **轮距(前/后)(mm)**

按车轴的位置依次填写轮距,中间用"/"分隔;采用轴线结构的车辆情况按照"同线轴距+单轴轮距"的方式填写,对于半挂车牵引销处该值用"-"表示。对于边三轮摩托车,后轮距指边轮中心平面到车辆中心平面的距离;对于正三轮摩托车,后轮距指两个后轮中心平面间的距离。单位为毫米(mm)。

7.2.24 **轴距(mm)**

填写车辆的轴距。对于多轴的车辆,分别填写相邻两轴之间的轴距,之间用"+"隔开,单位为毫米(mm)。对于半挂车,第一个轴距数值为半挂车牵引销与第一轴之间的距离。对于摩托车及轻便摩托车,应填写前后轮间的中心距离。

7.2.25 **轴荷**

填写车辆最大总质量时的轴荷,单位为千克(kg),并且轴荷应与轴数相对应,并以"/"隔开。当为并装轴时应填写该并装轴各轴承载质量的总和,并在数值后注明并装双轴或并装三轴,如:17 500 并装双轴。双转向轴不属于并装双轴,轴荷应分别填写。对于半挂车,牵引销处轴荷用"-"表示,并填写最大总质量时各轴轴荷,并且轴荷应与轴数相对应,当为并装轴时应填写该并装轴各轴承载质量的总和,并在数值后注明并装双轴或并装三轴,如:-/17 500 并装双轴。采用轴线结构的车辆应按轴线填写,如:-/24 000/24 000 二线四轴。

对于底盘填写最大允许总质量时相应轴荷。

7.2.26 **轴数**

填写车辆的轴数。对于采用轴线结构的车辆可填写一线两轴或二线四轴。摩托车、三轮汽车、低速货车填写"2",半挂车的牵引销不计入轴数。

7.2.27 **转向形式**

填写"方向盘"或"方向把"。

7.2.28 **总质量(kg)**

填写车辆的最大允许总质量,单位为千克(kg)。

货车总质量应为额定载质量、整备质量、驾驶室准乘人数(按 65 kg/人核算)之和;半挂牵引车总质量为鞍座最大允许载质量、驾驶室准乘人数(按 65 kg/人核算)、整备质量和牵引车自身最大设计装载质量(若有的话)之和;专用作业车辆总质量为额定载质量(若有的话)、驾驶室准乘人数(按 65 kg/人核算,消防车按 75 kg/人核算)、整备质量之和;乘用车及客车总质量应不小于整备质量与乘员质量之和;清障车总质量为整备质量、驾驶室准乘人数(按 65 kg/人核算)、托举质量之和;两轮摩托车为额定载质量与整备质量之和;三轮载货摩托车为额定载质量与整备质量之和;三轮载客摩托车为整备质量与额定载客人数(按 65 kg/人核算)之和。

对于底盘填写最大允许总质量,单位为千克(kg)。

7.2.29 **整备质量(kg)**

填写整车整备质量,单位为千克(kg)。

7.2.30 **额定载质量(kg)**

填写车辆的最大允许装载质量,单位为千克(kg)。

货车及货车类专用汽车额定载质量为载货质量(不含人);越野货车额定载质量分别填写公路载货质量和越野载货质量,之间以"/"隔开,如没有规定公路载质量用"-"代替。

7.2.31 **载质量利用系数**

填写载质量利用系数,计算公式如下:

$$载质量利用系数=\frac{装载质量(最大允许装载质量+额定乘员质量)(kg)}{整车整备质量(kg)}$$

7.2.32 **准牵引总质量(kg)**

半挂牵引车填写最大允许牵引质量;具有拖挂功能的车辆也应填写最大允许牵引质量,单位为千克(kg)。

7.2.33 **半挂车鞍座最大允许总质量(kg)**

半挂牵引车填写其最大允许静载荷;半挂车填写最大总质量时牵引销处垂直静载荷,单位为千克(kg)。

7.2.34 **驾驶室准乘人数(人)**

按照"驾驶室前排准乘人数+驾驶室其他排准乘人数"的形式填写驾驶室准乘人数(不含卧铺核定人数),单位为人。客厢式货车应填写驾驶区乘坐人数。正三轮载货摩托车填写"1",其他摩托车不填写。

7.2.35 **额定载客(人)**

客车填写允许乘员数(包括驾驶员),单位为人;乘用车、正三轮载客摩托车填写乘坐人数(包括驾驶员);对于城市客车或公共汽车,允许乘员数和座位数分别填写,中间用"/"分隔。客厢式工程车应填写座位数。两轮轻便摩托车填写"1",两轮普通摩托车填写"2",正三轮载货摩托车不填写,其他三轮摩托车必须填写。

7.2.36 **最高设计车速(km/h)**

填写车辆的设计最大车速,单位为千米每小时(km/h)。对于安装有可采用多种燃料分别工作的发动机的车辆,填写各种燃料各自对应的最高设计车速,之间加"/"。

7.2.37 **车辆制造日期**

车辆制造完成时的时间。

车辆制造日期应按照 YYYY 年 MM 月 DD 日格式填写,例如:"2006 年 05 月 06 日"。

7.2.38 **二维条码**

《机动车注册登记技术参数表》中使用的二维条码应符合 GB/T 18284—2000 的规定。

7.2.39 **备注**

a) 罐式汽车填写运输介质名称、密度、总容积、罐体有效容积及罐体外形尺寸。混凝土搅拌车填写搅拌容积。容积单位为立方米(m^3)。

b) 仓栅车、篷式车的车厢底板到顶部高度。

c) 随车起重运输车的起重机型号、质量(kg)、最大起升载荷(kg)。

d) 带盖自卸车的顶盖质量。

e) 车长超过 13 m 的车辆运输半挂车应注明所配半挂牵引车型号。

f) 车长超过 10 m 的二轴罐式半挂车应注明牵引车为三轴。

g) 三轴框架式集装箱半挂车运送大于 12.2 m(40 ft)集装箱时,应注明运送 45(或 48、53)ft 集装箱。

h) 厢式车应注明车厢顶部封闭,不可开启;篷式运输车注明两侧均无门。

i) 净功率值。

j) 清障车的托举质量。

k) 按照要求需要加装行驶记录仪的车辆,应注明“装行驶记录仪”。

l) 客厢式厢式货车注明驾驶区与货仓有效隔离。

m) 低平板半挂车货台离地高度。

n) 对于委托加工产品,应注明“本产品是委托加工产品,生产地址为:××××××××××”。

o) 选装部件名称及其他内容。

备注填写的内容不得超过240个字符。

7.2.40 车辆制造企业信息

7.2.40.1 填写车辆产品所符合的企业标准,格式为:本产品经过检验,符合“企业标准代号”—“年代”“企业标准名称”的要求,准予出厂,特此证明。

7.2.40.2 车辆生产单位名称

填写车辆制造完成的生产单位名称(制造企业、子公司、分公司、分厂)。

对于委托加工生产的产品,填写受托企业的名称全称。

7.2.40.3 车辆生产单位地址

填写车辆制造完成的生产单位(制造企业、子公司、分公司、分厂)地址。

对于委托加工生产的产品,填写受托企业的生产地址。

7.2.40.4 车辆制造企业也可填写其他信息,具体内容由车辆制造企业自行决定。

7.3 车辆分类与填写项目之间的对应关系见附录C。

附　录　A
（规范性附录）
《机动车出厂合格证》正面样式

单位为毫米

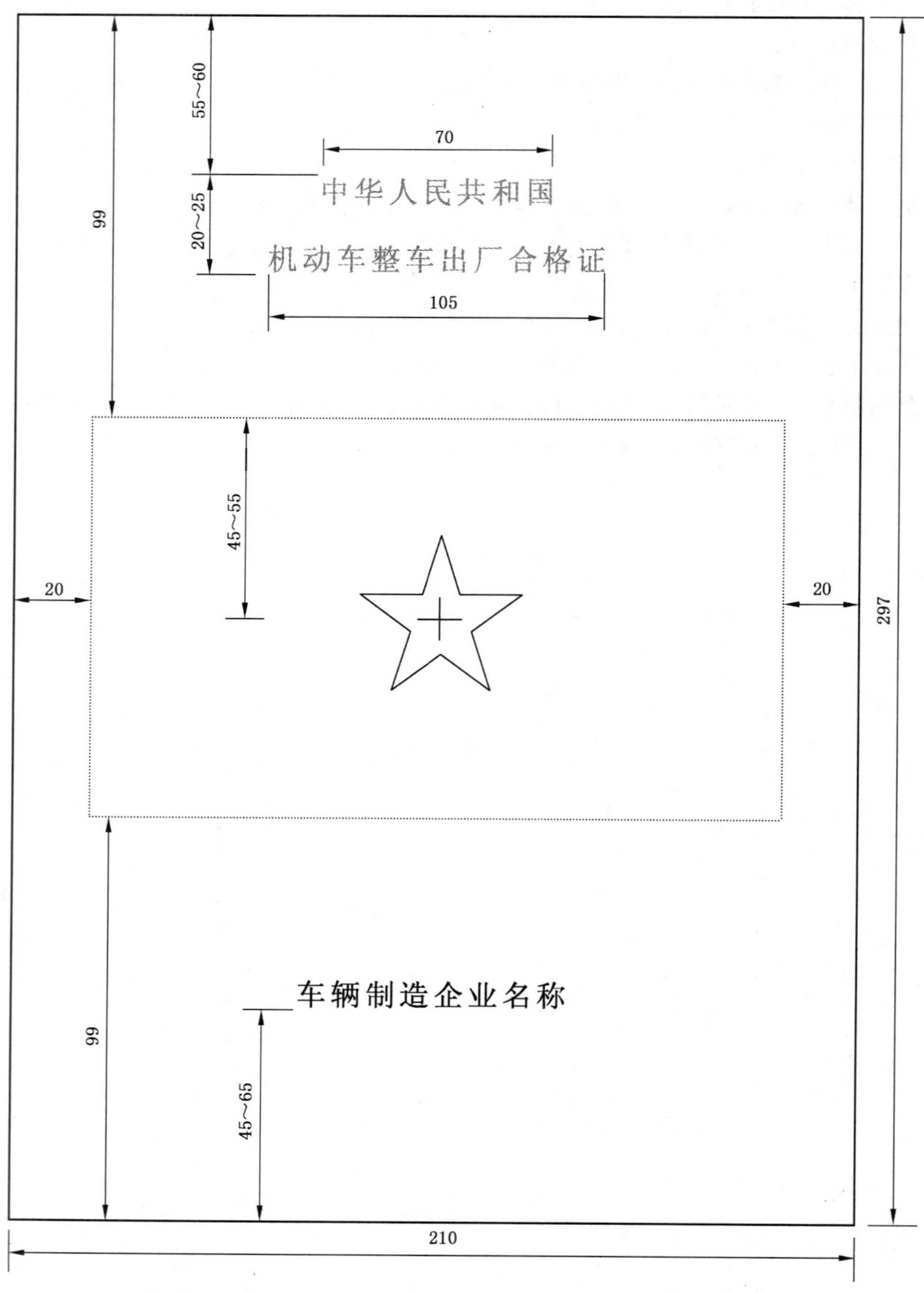

注：图中虚线矩形表示印刷厂标或企标的范围，十字符号表示厂标或企标图案的中心。

图 A.1　机动车整车出厂合格证（正面）尺寸示意图

单位为毫米

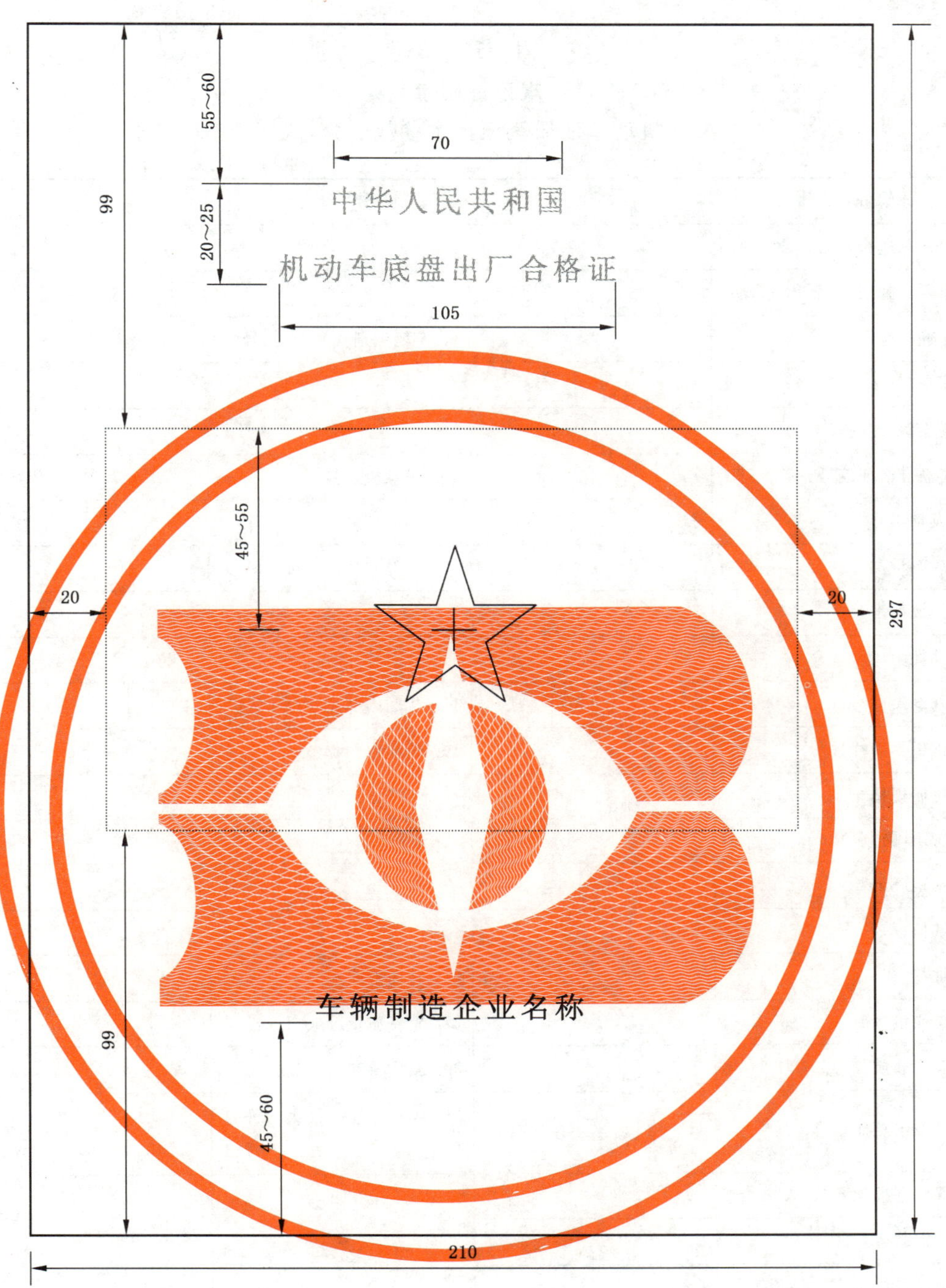

注：图中虚线矩形表示印刷厂标或企标的范围，十字符号表示厂标或企标图案的中心。

图 A.2 机动车底盘出厂合格证(正面)尺寸示意图

附 录 B
（规范性附录）
《机动车注册登记技术参数表》样式

<table>
<tr><td>1. 合格证编号</td><td colspan="3"></td><td>2. 发证日期</td><td colspan="3"></td></tr>
<tr><td>3. 车辆制造企业名称</td><td colspan="7"></td></tr>
<tr><td>4. 车辆品牌/车辆名称</td><td colspan="3"></td><td colspan="4"></td></tr>
<tr><td>5. 车辆型号</td><td colspan="3"></td><td>6. 车辆识别代号/车架号</td><td colspan="3"></td></tr>
<tr><td>7. 车身颜色</td><td colspan="7"></td></tr>
<tr><td>8. 底盘型号/底盘 ID</td><td colspan="7"></td></tr>
<tr><td>9. 底盘合格证编号</td><td colspan="3"></td><td>10. 发动机型号</td><td colspan="3"></td></tr>
<tr><td>11. 发动机号</td><td colspan="7"></td></tr>
<tr><td>12. 燃料种类</td><td colspan="3"></td><td>13. 排量和功率/(mL/kW)</td><td colspan="3"></td></tr>
<tr><td>14. 排放标准</td><td colspan="7"></td></tr>
<tr><td>15. 油耗</td><td colspan="7"></td></tr>
<tr><td>16. 外廓尺寸/mm</td><td></td><td></td><td></td><td>17. 货厢内部尺寸/mm</td><td></td><td></td><td></td></tr>
<tr><td>18. 钢板弹簧片数/片</td><td colspan="3"></td><td>19. 轮胎数</td><td colspan="3"></td></tr>
<tr><td>20. 轮胎规格</td><td colspan="7"></td></tr>
<tr><td>21. 轮距(前/后)/mm</td><td colspan="3"></td><td colspan="4"></td></tr>
<tr><td>22. 轴距/mm</td><td colspan="7"></td></tr>
<tr><td>23. 轴荷/kg</td><td colspan="7"></td></tr>
<tr><td>24. 轴数</td><td colspan="3"></td><td>25. 转向形式</td><td colspan="3"></td></tr>
<tr><td>26. 总质量/kg</td><td colspan="3"></td><td>27. 整备质量/kg</td><td colspan="3"></td></tr>
<tr><td>28. 额定载质量/kg</td><td colspan="3"></td><td>29. 载质量利用系数</td><td colspan="3"></td></tr>
<tr><td>30. 准牵引总质量/kg</td><td colspan="3"></td><td>31. 半挂车鞍座最大允许总质量/kg</td><td colspan="3"></td></tr>
<tr><td>32. 驾驶室准乘人数/人</td><td colspan="3"></td><td rowspan="5">36. 二维条码</td><td rowspan="5" colspan="3"></td></tr>
<tr><td>33. 额定载客/人</td><td colspan="3"></td></tr>
<tr><td>34. 最高设计车速/(km/h)</td><td colspan="3"></td></tr>
<tr><td>35. 车辆制造日期</td><td colspan="3"></td></tr>
<tr><td colspan="4">备注：</td></tr>
<tr><td colspan="8">车辆制造企业信息：
本产品经过检验，符合企业标准代号—年代《企业标准名称》的要求，准予出厂，特此证明。
车辆生产单位名称：
车辆生产单位地址：
车辆制造企业其他信息：</td></tr>
</table>

图 B.1 《机动车整车注册登记技术参数表》示意图

<table>
<tr><td>1. 合格证编号</td><td colspan="3"></td><td>2. 发证日期</td><td></td></tr>
<tr><td>3. 车辆制造企业名称</td><td colspan="5"></td></tr>
<tr><td>4. 车辆品牌/车辆名称</td><td colspan="3"></td><td colspan="2"></td></tr>
<tr><td>5. 底盘类别</td><td colspan="3"></td><td>6. 车辆型号</td><td></td></tr>
<tr><td>7. 底盘 ID</td><td colspan="5"></td></tr>
<tr><td>8. 车身颜色</td><td colspan="5"></td></tr>
<tr><td>9. 车辆识别代号</td><td colspan="3"></td><td>10. 燃料种类</td><td></td></tr>
<tr><td>11. 发动机型号</td><td colspan="3"></td><td>12. 排量和功率/(mL/kW)</td><td></td></tr>
<tr><td>13. 发动机号</td><td colspan="5"></td></tr>
<tr><td>14. 排放标准</td><td colspan="5"></td></tr>
<tr><td>15. 转向形式</td><td colspan="3"></td><td>16. 轮胎数</td><td></td></tr>
<tr><td>17. 轮胎规格</td><td colspan="5"></td></tr>
<tr><td>18. 轮距(前/后)/mm</td><td colspan="3"></td><td colspan="2"></td></tr>
<tr><td>19. 轴距/mm</td><td colspan="5"></td></tr>
<tr><td>20. 轴荷/kg</td><td colspan="5"></td></tr>
<tr><td>21. 轴数</td><td colspan="3"></td><td>22. 钢板弹簧片数/片</td><td></td></tr>
<tr><td>23. 外廓尺寸/mm</td><td></td><td></td><td></td><td>24. 总质量/kg</td><td></td></tr>
<tr><td>25. 整备质量/kg</td><td colspan="3"></td><td>26. 准牵引总质量/kg</td><td></td></tr>
<tr><td>27. 半挂车鞍座最大允许总质量/kg</td><td colspan="3"></td><td rowspan="5">31. 二维条码</td><td rowspan="5"></td></tr>
<tr><td>28. 驾驶室准乘人数/人</td><td colspan="3"></td></tr>
<tr><td>29. 最高设计车速/(km/h)</td><td colspan="3"></td></tr>
<tr><td>30. 车辆制造日期</td><td colspan="3"></td></tr>
<tr><td colspan="4">备注:</td></tr>
<tr><td colspan="6">车辆制造企业信息:
本产品经过检验,符合企业标准代号—年代《企业标准名称》的要求,准予出厂,特此证明。
车辆生产单位名称:
车辆生产单位地址:
车辆制造企业其他信息:</td></tr>
</table>

图 B.2 《机动车底盘注册登记技术参数表》示意图

附　录　C
（规范性附录）
车辆分类与填写项目之间的对应关系

完整车辆产品											非完整车辆产品		
项　目	车　辆　分　类										项　目	车辆分类	
	A	B	C	D	E	F	G	H	I	J		K	L
1. 合格证编号	√	√	√	√	√	√	√	√	√	√	1. 合格证编号	√	√
2. 发证日期	√	√	√	√	√	√	√	√	√	√	2. 发证日期	√	√
3. 车辆制造企业名称	√	√	√	√	√	√	√	√	√	√	3. 车辆制造企业名称	√	√
4. 车辆品牌/车辆名称	√	√	√	√	√	√	√	√	√	√	4. 车辆品牌/车辆名称	√	√
5. 车辆型号	√	√	√	√	√	√	√	√	√	√	5. 底盘类别	√	√
6. 车辆识别代号	√	√	√	√	√	√	√	√	√	—[a]	6. 车辆型号	√	√
车架号	×	×	×	×	×	×	×	×	×	—[a]	7. 底盘 ID	√	√
7. 车身颜色	√	√	√	√	√	√	√	√	√	√	8. 车身颜色	√	×
8. 底盘型号	—	—	—	×	×	×	×	×	—	—	9. 车辆识别代号	√	√
底盘 ID	—	—	—	×	×	×	×	×	—	—	10. 燃料种类	√	√
9. 底盘合格证编号	—	—	—	×	×	×	×	×	—	—	11. 发动机型号	√	√
10. 发动机型号	√	√	√	×	√	√	√	√	—	—	12. 排量	√	—
11. 发动机号	√	√	√	×	√	√	√	√	—	—	功率	√	√
12. 燃料种类	√	√	√	×	√	√	√	√	—	—	13. 发动机号	√	√
13. 排量	—	√	√	×	—	—	—	—	—	—	14. 排放标准	√	—
功率	√	√	√	×	√	√	√	√	—	—	15. 转向形式	√	√
14. 排放标准	—	√	√	×	√	√	√	√	—	—	16. 轮胎数	√	√
15. 油耗	—	—	—	—	—	—	—	—	—	—	17. 轮胎规格	√	√
16. 外廓尺寸长	√	√	√	√	√	√	√	√	√	√	18. 轮距 前	√	√
外廓尺寸宽	√	√	√	√	√	√	√	√	√	√	轮距 后	√	√
外廓尺寸高	√	√	√	√	√	√	√	√	√	√	19. 轴距	√	√
17. 货厢内部尺寸长	—	—	×	—	×	×	√	√	—	—	20.轴荷	—	—
货厢内部尺寸宽	—	—	×	—	×	×	√	√	—	—	21. 轴数	√	√
货厢内部尺寸高	—	—	×	—	×	×	√	√	—	—	22. 钢板弹簧片数	—	—
18. 钢板弹簧片数	—	—	—	—	×	×	—	—	—	—	23. 外廓尺寸长	√	√
19. 轮胎数	√	√	√	√	√	√	√	√	√	—	外廓尺寸宽	√	√
20. 轮胎规格	√	√	√	√	√	√	√	√	√	—	外廓尺寸高	√	×
21. 轮距 前	√	√	√	×	×	×	×	√	√	—	24. 总质量	√	√
轮距 后	√	√	√	√	×	√	√	√	√	—	25. 整备质量	√	√

完整车辆产品											非完整车辆产品		
项　目	车　辆　分　类										项　目	车辆分类	
	A	B	C	D	E	F	G	H	I	J		K	L
22. 轴距	√	√	√	√	√	√	√	√	√	√	26. 准牵引总质量	—	—
23. 轴荷	—	—	—	—	×	×	—	—	—	—	27. 半挂车鞍座最大允许总质量	—	×
24. 轴数	√	√	√	√	√	√	√	√	√	√	28. 驾驶室准乘人数	√	×
25. 转向形式	√	√	√	×	√	√	√	√	—	—	29. 最高设计车速	√	√
26. 总质量	√	√	√	√	√	√	√	√	√	√	30. 车辆制造日期	√	√
27. 整备质量	√	√	√	√	√	√	√	√	√	√	31. 二维条码	√	√
28. 额定载质量	—	√	×	√	√	—	√	√	—	—	备注：	—	—
29. 载质量利用系数	×	—	×	×	×	×	×	×	—	—	企业标准	√	√
30. 准牵引总质量	—	—	√	×	×	×	×	×	—	—	车辆生产单位名称	√	√
31. 半挂车鞍座最大允许总质量	×	×	√	√	×	×	×	×	—	—	车辆生产单位地址	√	√
32. 驾驶室准乘人数	×	√	√	×	×	—	√	√	—	—	其他信息	—	—
33. 额定载客	√	—	×	×	√	—	×	×	—	—			
34. 最高设计车速	√	√	√	×	√	√	√	√	—	—			
35. 车辆制造日期	√	√	√	√	√	√	√	√	√	√			
36. 二维条码	√	√	√	√	√	√	√	√	√	√			
备注：	—	—	—	—	—	—	—	—	—	—			
企业标准	√	√	√	√	√	√	√	√	√	√			
车辆生产单位名称	√	√	√	√	√	√	√	√	√	√			
车辆生产单位地址	√	√	√	√	√	√	√	√	√	√			
其他信息	—	—	—	—	—	—	—	—	—	—			

注 1：车辆分类代号：A——乘用车及客车，B——货车，C——半挂牵引车，D——半挂车，E——两轮摩托车和两轮轻便摩托车，F——三轮摩托车和三轮轻便摩托车，G——三轮汽车，H——低速货车，I——专用汽车，J——轮式专用机械等类未列入《车辆生产企业及产品公告》车辆产品，K——二类底盘，L——三类底盘。

注 2：“√”表示必须填写，“×”表示不得填写，“—”表示根据产品技术状态及生产情况选择填写。

[a] 应该根据 WMI(世界制造厂识别代号)的授予情况，选择填写 VIN 或车架号(必须填写其中之一)。

ICS 43.180
R 80

中华人民共和国国家标准

GB 21861—2014
代替 GB 21861—2008

机动车安全技术检验项目和方法

Items and methods of motor vehicles safety technology inspection

2014-12-22 发布　　2015-03-01 实施

中华人民共和国国家质量监督检验检疫总局
中国国家标准化管理委员会　发布

前　言

本标准中第 4 章、第 6 章、第 7 章为强制性的，其余为推荐性的。

本标准按照 GB/T 1.1—2009 给出的规则起草。

本标准代替 GB 21861—2008《机动车安全技术检验项目和方法》。与 GB 21861—2008 相比，除编辑性修改外，主要技术变化如下：

——修改了范围(见第 1 章，2008 年版的第 1 章)；

——修改了注册登记检验的术语和定义(见 3.1，2008 年版的 3.1)；

——修改了车辆唯一性检查的术语和定义(见 3.3，2008 年版的 3.3)；

——增加了车辆特征参数检查的术语和定义(见 3.4)；

——修改了检验项目要求(见 4.1、表 1，2008 年版的 4.1、表 1、表 2)；

——删除了“检验项目按属性分为否决项和建议维护项。仪器设备检验项目中，排放、制动、前照灯远光光束发光强度、轮偏和底盘输出功率为否决项，其余为建议维护项。人工检查项目的项目属性见附录 B 的表 B.1、表 B.2、表 B.3 和附录 C 的表 C.1 的‘项目属性’栏”的要求(2008 年版的 4.3)；

——删除了“拖拉机运输机组等上道路行驶的拖拉机的安全技术检验项目另行制定”的要求(2008 年版的 4.5)；

——修改了机动车安全技术检验流程图(见图 1，2008 年版的图 1)；

——修改了对送检机动车的基本要求(见 5.1.2.1，2008 年版的 5.2.1)；

——增加了机动车安全技术检验各工位的最少检验时间表(见表 2)；

——增加了机动车安全技术检验方法表(见表 3)；

——增加了“检验要求”(见第 6 章)；

——删除了“(车辆唯一性认定)检验项目和要求”(2008 年版的 6.1.1、6.2.1)；

——删除了“线外检验”(2008 年版的第 8 章)；

——删除了“线内检验”(2008 年版的第 9 章)；

——删除了“路试检验”(2008 年版的第 10 章)；

——删除了“二、三轮机动车检验的补充说明”(2008 年版的第 11 章)；

——修改了检验结果的评判要求(见 7.1，2008 年版的 12.2)；

——修改了检验合格处置要求(见 7.2，2008 年版的 12.4)；

——增加了检验不合格处置要求(见 7.3)；

——修改了异常情形处置要求(见 7.4，2008 年版的 6.1.2、6.2.2)；

——增加了标准实施的过渡期要求(见第 8 章)；

——删除了附录 A　主要特征和技术参数(2008 年版的附录 A)；

——删除了附录 B　车辆外观检查、底盘动态检验和车辆底盘检查　检验项目(2008 年版的附录 B)；

——删除了附录 C　二、三轮机动车人工检验项目(2008 年版的附录 C)；

——删除了附录 D　制动性能参数计算方法(2008 年版的附录 D)；

——增加了附录 A　外廓尺寸测量(见附录 A)；

——增加了附录 B　整备质量测量(见附录 B)；

——增加了附录 C　制动性能检验(见附录 C)；

——增加了附录D　前照灯检验(见附录D);
——增加了附录E　车速表指示误差检验(见附录E);
——增加了附录F　转向轮横向侧滑量检验(见附录F);
——修改了附录G　机动车安全技术检验报告(见附录G,2008年版的附录F、附录H)。
——修改了附录H　机动车安全技术检验表(人工检验部分)(见附录H,2008年版的附录E、附录G);
——增加了附录I　机动车安全技术检验表(仪器设备检验部分)(见附录I)。

本标准由中华人民共和国公安部提出。

本标准由公安部道路交通管理标准化技术委员会归口。

本标准负责起草单位:公安部交通管理科学研究所。

本标准参加起草单位:公安部交通安全产品质量监督检测中心、北京市公安局公安交通管理局车辆管理所、成都市公安局交通管理局车辆管理所、石家庄华燕交通科技有限公司、浙江江兴汽车检测设备有限公司、中国机动车辆安全鉴定检测中心。

本标准主要起草人:孙巍、应朝阳、吴云强、赵卫兴、张军、潘汉中、秦东炜、张昊、陈南峰、包威、罗跃、周申生、田五虎。

本标准所代替标准的历次版本发布情况为:

——GB 21861—2008。

引　　言

本标准是检验机动车安全技术性能的重要技术标准，标准号为GB 21861，于2008年5月26日首次发布。GB 21861—2008自2009年6月1日起实施以来，在规范机动车安全技术检验、保障车辆安全性能、预防和减少道路交通事故、保证人民生命财产安全等方面发挥了重要作用。

近年来，公安部、国家质量技术监督检验检疫总局等有关部委充分考虑到我国汽车工业的发展，特别是私家小汽车迅猛增长的特点，不断调整机动车管理的理念和做法，积极响应人民群众对于改革机动车安全技术检验的新期待、新要求，出台了一系列加强和改进机动车安全技术检验工作的新举措。同时，2012年9月1日起实施的国家标准《机动车运行安全技术条件》(GB 7258—2012)进一步规范和加强了机动车(特别是大中型客货车辆，包括校车)的运行安全技术要求；为贯彻落实《校车安全管理条例》，2012年5月1日起实施的国家标准《专用校车安全技术条件》(GB 24407—2012)进一步提高了专用校车的安全技术要求。鉴于此，有必要对GB 21861进行整体修订，以更好地落实国家关于机动车安全技术检验的有关要求，推动新的机动车国家安全技术标准的实施。

本次GB 21861修订工作的主要原则有：

a) 保证协调性。标准修订坚持依法依规，修订内容符合《校车安全管理条例》及近年来公安部、国家质量技术监督检验检疫总局等部委的有关管理规定，与GB 7258—2012、GB 24407—2012等机动车国家安全技术标准相协调。

b) 提高针对性。标准修订突出重点车辆，强化了校车、大中型客车、重中型货车、挂车的安全技术检验要求，优化了非营运轿车等小型、微型载客汽车的检验项目。

c) 提升可操作性。标准修订细化了检验方法，增加了检验要求，既便于安检机构的检验，也便于政府部门的监管。

d) 倡导先进性。标准修订明确了外廓尺寸等重点项目自动化检验的要求，确保机动车安全技术检验工作科学、准确、高效、先进。

机动车安全技术检验项目和方法

1 范围

本标准规定了机动车安全技术检验的检验项目、检验方法、检验要求和检验结果处置。

本标准适用于机动车安全技术检验机构对机动车进行安全技术检验。本标准也适用于出入境检验检疫机构对入境机动车进行安全技术检验。经批准进行实际道路试验的机动车和临时入境的机动车，可参照本标准进行安全技术检验。

本标准不适用于拖拉机运输机组等上道路行驶的拖拉机的安全技术检验。

2 规范性引用文件

下列文件对于本文件的应用是必不可少的。凡是注日期的引用文件，仅注日期的版本适用于本文件。凡是不注日期的引用文件，其最新版本(包括所有的修改单)适用于本文件。

GB 1589 道路车辆外廓尺寸、轴荷及质量限值

GB/T 3730.2 道路车辆 质量 词汇和代码

GB/T 3730.3 汽车和挂车的术语及其定义 车辆尺寸

GB 4785 汽车及挂车外部照明和光信号装置的安装规定

GB 7258—2012 机动车运行安全技术条件

GB 11567.1 汽车和挂车侧面防护要求

GB 11567.2 汽车和挂车后下部防护要求

GB 13094 客车结构安全要求

GB 13392 道路运输危险货物车辆标志

GB 16735 道路车辆 车辆识别代号(VIN)

GB/T 17676 天然气汽车和液化石油气汽车 标志

GB 18564.1 道路运输液体危险货物罐式车辆 第1部分:金属常压罐体技术要求

GB 18986 轻型客车结构安全要求

GB/T 19056 汽车行驶记录仪

GB 19151 机动车用三角警告牌

GB 20300 道路运输爆炸品和剧毒化学品车辆安全技术条件

GB 24315 校车标识

GB 24407 专用校车安全技术条件

GB 25990 车辆尾部标志板

GB/T 26765 机动车安全技术检验业务信息系统及联网规范

GA 36 中华人民共和国机动车号牌

GA 802 机动车术语 类型和定义

GA 804 机动车号牌专用固封装置

GA 1186 机动车安全技术检验监管系统通用技术条件

3 术语和定义

GB 7258 和 GA 802 界定的以及下列术语和定义适用于本文件。

3.1

注册登记检验　inspection for unregistered vehicle

机动车安全技术检验机构对申请注册登记的机动车进行的安全技术检验。

3.2

在用机动车检验　inspection for in-use vehicle

机动车安全技术检验机构对已注册登记的机动车进行的安全技术检验。

3.3

车辆唯一性检查　inspection for the identify of vehicle

对机动车的号牌号码和类型、车辆品牌和型号、车辆识别代号(或整车出厂编号)、发动机号码(或电动机号码)、车辆颜色和外形进行检查，以确认送检机动车的唯一性。

3.4

车辆特征参数检查　inspection for the characteristic parameters of vehicle

对机动车的外廓尺寸、整备质量、核定载人数等车辆主要特征和技术参数进行检查，以确认与机动车国家安全技术标准、机动车产品公告、机动车出厂合格证、机动车行驶证等技术资料凭证的符合性。

3.5

底盘动态检验　chassis operating inspection

在行驶状态下，定性地判断送检机动车的转向系、传动系、制动系、仪表和指示器是否符合运行安全要求。

4　检验项目

4.1　机动车安全技术检验项目见表1。

4.2　出入境检验检疫机构对需领取机动车牌证方可上道路行驶的入境机动车检验时，应覆盖表1规定的检验项目，并按照注册登记检验要求执行。

4.3　轮式专用机械车、有轨电车的安全技术检验项目按照相关国家标准和行业标准的要求参照表1确定。

表1　机动车安全技术检验项目表

<table>
<tr><th rowspan="3">序号</th><th rowspan="3" colspan="2">检验项目</th><th colspan="6">适用车辆类型</th></tr>
<tr><th colspan="2">载客汽车</th><th rowspan="2">载货汽车(三轮汽车除外)、专项作业车</th><th rowspan="2">挂车</th><th rowspan="2">三轮汽车</th><th rowspan="2">摩托车</th></tr>
<tr><th>非营运小型、微型载客汽车</th><th>其他类型载客汽车</th></tr>
<tr><td rowspan="5">1</td><td rowspan="5">车辆唯一性检查</td><td>号牌号码/车辆类型</td><td>●</td><td>●</td><td>●</td><td>●</td><td>●</td><td>●</td></tr>
<tr><td>车辆品牌/型号</td><td>●</td><td>●</td><td>●</td><td>●</td><td>●</td><td>●</td></tr>
<tr><td>车辆识别代号(或整车出厂编号)</td><td>●</td><td>●</td><td>●</td><td>●</td><td>●</td><td>●</td></tr>
<tr><td>发动机号码(或电动机号码)</td><td>●</td><td>●</td><td>●</td><td></td><td>●</td><td>●</td></tr>
<tr><td>车辆颜色和外形</td><td>●</td><td>●</td><td>●</td><td>●</td><td>●</td><td>●</td></tr>
<tr><td>2</td><td colspan="2">联网查询</td><td>●</td><td>●</td><td>●</td><td>●</td><td>●</td><td>●</td></tr>
</table>

表 1（续）

序号	检验项目		适用车辆类型：载客汽车：非营运小型、微型载客汽车	载客汽车：其他类型载客汽车	载货汽车（三轮汽车除外）、专项作业车	挂车	三轮汽车	摩托车
3	车辆特征参数检查	外廓尺寸		○	○	●	○	○
		轴距			●	●		
		整备质量			●	●	●	○
		核定载人数	●	●	●			○
		栏板高度			○	○		
		后轴钢板弹簧片数			●	●		
		客车应急出口		○				
		客车乘客通道和引道		○				
		货厢			○	○	●	
4	车辆外观检查	车身外观	●	●	●	●	●	●
		外观标识、标注和标牌	●	●	●	●	●	
		外部照明和信号装置	●	●	●	●	●	●
		轮胎	●	●	●	●	●	●
		号牌及号牌安装	●	●	●	●	●	●
		加装/改装灯具	●	●	●	●		
5	安全装置检查	汽车安全带	●	●	●			
		机动车用三角警告牌	●	●	●		○	
		灭火器		○	○			
		行驶记录装置		○	○			
		车身反光标识			●	●	●	
		车辆尾部标志板			○	○		
		侧后防护装置			○	○		
		应急锤		○				
		急救箱		○				
		限速功能或限速装置		○	○			
		防抱死制动装置		○	○	○		
		辅助制动装置		○	○			
		盘式制动器		○	○			
		紧急切断装置			○	○		
		发动机舱自动灭火装置		○				

表 1（续）

序号	检验项目			适用车辆类型					
				载客汽车		载货汽车（三轮汽车除外）、专项作业车	挂车	三轮汽车	摩托车
				非营运小型、微型载客汽车	其他类型载客汽车				
5	安全装置检查	手动机械断电开关			○				
		副制动踏板			○	○			
		校车标志灯和校车停车指示标志牌			○				
		危险货物运输车标志				○	○		
		肢体残疾人操纵辅助装置		○					
6	底盘动态检验	转向系		○	•	•		•	•
		传动系		○	•	•		•	•
		制动系		○	•	•		•	•
		仪表和指示器		○	•	•		•	•
7	车辆底盘部件检查	转向系部件		○	•	•	•	•	
		传动系部件		○	•	•	•	•	
		行驶系部件		○	•	•	•	•	
		制动系部件		○	•	•	•	•	
		其他部件		○	•	•	•	•	
8	仪器设备检验	行车制动[a]	空载制动率	•	•	•	•	•	•
			空载制动不平衡率	•	•	•	•		
			加载轴制动率			○	○		
			加载轴制动不平衡率			○	○		
		驻车制动		○	•	•	•	•	
		前照灯	远光发光强度	•	•	•		•	•
			远近光束垂直偏移		•	•			
		车速表指示误差			•	•			
		转向轮横向侧滑量			○	○			

注 1：车辆唯一性检查、联网查询、车辆特征参数检查、车辆外观检查、安全装置检查、底盘动态检验、车辆底盘部件检查等检验项目属于人工检验项目。

注 2："•"表示该检验项目适用于该类车的全部车型，"○"表示该检验项目适用于该类车的部分车型。

注 3：对于适用车辆类型为"非营运小型、微型载客汽车"的，"○"对应的检验项目适用于面包车、7 座及 7 座以上车辆，以及使用年限超过 10 年的车辆。

注 4：对于适用车辆类型为"摩托车"的，"○"对应的该检验项目适用于带驾驶室的正三轮摩托车。

注 5：适用车辆类型为其他情形的，"○"对应的检验项目所适用的具体车型见第 6 章。

注 6：对于因更换发动机、车身或者车架申请变更登记的机动车检验时，参照在用机动车检验项目；对于因质量问题更换整车申请变更登记的机动车检验时，参照注册登记检验项目。

[a] 三轴及三轴以上的载货汽车、采用并装双轴及并装三轴的挂车，对部分轴还测试加载轴制动率和加载轴制动不平衡率。

5 检验方法

5.1 一般规定

5.1.1 检验流程

机动车安全技术检验流程见图 1,机动车安全技术检验机构可根据实际情况适当调整检验流程。

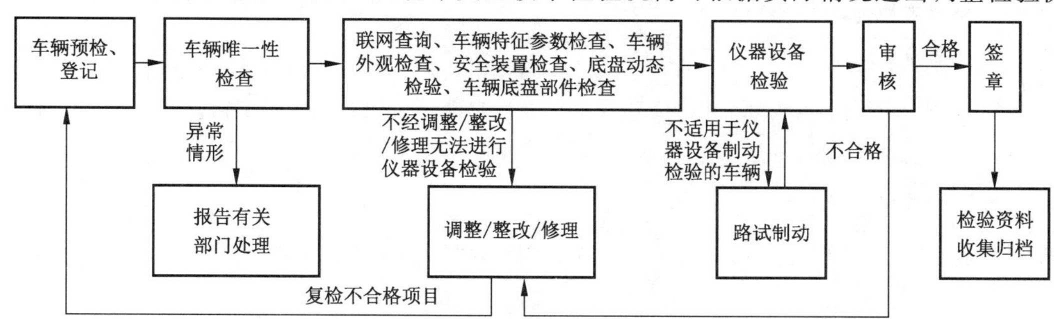

图 1 机动车安全技术检验流程

5.1.2 基本要求

5.1.2.1 送检机动车应清洁,无明显漏油、漏水、漏气现象,轮胎完好,轮胎气压正常且胎冠花纹中无异物,发动机应运转平稳,怠速稳定,无异响;装有车载诊断系统(OBD)的车辆,不应有与防抱死制动系统(ABS)、电动助力转向系统(EPS)及其他与行车安全相关的故障信息。对达不到以上基本要求的送检机动车,机动车安全技术检验机构应告知送检人整改,符合要求后再进行安全技术检验。

5.1.2.2 在用机动车检验时,应提供送检机动车的机动车行驶证和有效的机动车交通事故责任强制保险凭证。

5.1.2.3 机动车安全技术检验时,各检验工位应保证足够的检验时间。机动车安全技术检验各工位的最少检验时间见表 2。

表 2 机动车安全技术检验各工位的最少检验时间

单位为秒

检验工位		最少检验时间		
		非营运小型、微型载客汽车	载客汽车(非营运小型、微型载客汽车除外)、载货汽车(三轮汽车除外)、专项作业车、挂车	摩托车、三轮汽车
人工检验	车辆唯一性检查、车辆特征参数检查、车辆外观检查、安全装置检查	120	240	90
	底盘动态检验	60	60	
	车辆底盘部件检查	40	100	
仪器设备检验	制动[a]	40	60	30
	前照灯	60[b]	60[b]	30
	车速表	—	20	—

[a] 使用平板式制动检验台时,最少检验时间对汽车为 15 s。

[b] 使用左右前照灯检测仪同时检测时,最少检验时间对汽车为 40 s。

5.2 检验方法

机动车安全技术检验方法见表3。

表3 机动车安全技术检验方法

序号	检验项目		检验方法
1	车辆唯一性检查	号牌号码/车辆类型*	目视比对检查，目视难以清晰辨别时使用内窥镜等工具；有条件时，可使用能自动识别车辆识别代号、发动机号码的仪器设备
		车辆品牌/型号	
		车辆识别代号(或整车出厂编号)*	
		发动机号码(或电动机号码)	
		车辆颜色和外形*	
2	联网查询		利用联网信息系统查询车辆事故/违法信息
3	车辆特征参数检查	外廓尺寸	用长度测量工具测量，重中型货车、专项作业车、挂车应使用自动测量装置，见附录A
		轴距	用长度测量工具测量；有条件时，可使用自动测量装置
		整备质量	用地磅或轴(轮)重仪等装置称量，见附录B
		核定载人数*	目视检查，目测座椅宽度、深度及驾驶室内部宽度等参数偏小时使用量具测量相关尺寸
		栏板高度	用钢尺等长度测量工具测量
		后轴钢板弹簧片数*	目视检查
		客车应急出口*	目视检查，目测应急出口尺寸偏小的，使用长度测量工具测量相关尺寸
		客车乘客通道和引道*	目视检查，目测通道、引道偏窄或高度不符合要求时，使用通道、引道测量装置检查
		货厢*	目视检查，目测货厢有超长、超宽、超高嫌疑时，使用长度测量工具测量相关尺寸
4	车辆外观检查	车身外观*	目视检查，对封闭式货厢的货车、挂车应打开车厢门检查，目测有疑问时，使用透光率计、钢尺、手锤、铁钩及照明器具等工具测量相关参数
		外观标识、标注和标牌*	目视检查，目测字高偏小时，使用长度测量工具测量相关尺寸
		外部照明和信号装置	目视检查并操作
		轮胎*	目视检查轮胎规格/型号，目测胎压不正常、轮胎胎冠花纹深度偏小时，使用轮胎气压表、花纹深度计等测量工具测量相关参数
		号牌及号牌安装*	目视检查，目测号牌安装位置、形式，有疑问时使用长度测量工具测量相关尺寸
		加装/改装灯具	目视检查

表 3（续）

序号	检验项目		检验方法
5	安全装置检查	汽车安全带*	目视检查并操作
		机动车用三角警告牌*	目视检查
		灭火器*	目视检查
		行驶记录装置*	目视检查，目测显示功能异常存疑时，使用专用检验仪器
		车身反光标识*	目视检查，目测逆反射系数偏小时，使用专用检验仪器
		车辆尾部标志板*	目视检查，目测逆反射系数偏小时，使用专用检验仪器
		侧后防护装置*	目视检查，目测防护装置单薄、安装不规范时，使用长度测量工具
		应急锤*	目视检查
		急救箱*	目视检查
		限速功能或限速装置	审查机动车产品公告、机动车出厂合格证、产品使用说明书等技术凭证资料
		防抱死制动装置*	打开电源，观察“ABS”指示灯，对于半挂车检查相关装置
		辅助制动装置*	审查机动车产品公告等技术资料凭证并操作驾驶室（区）内操纵开关，有疑问时检查相关装置
		盘式制动器*	目视检查
		紧急切断装置*	目视检查
		发动机舱自动灭火装置*	目视检查
		手动机械断电开关*	目视检查，有疑问时操作开关，观察是否断电
		副制动踏板*	目视检查，有疑问时踩下踏板，判断踏板工作是否正常
		校车标志灯和校车停车指示标志牌*	目视检查
		危险货物运输车标志*	目视检查
		肢体残疾人操纵辅助装置*	目视检查
6	底盘动态检验	制动系	以不低于 20 km/h 的速度正直行驶，双手轻扶方向盘，急踩制动踏板后迅速放松
		转向系	检验员操作车辆，起步并行驶 20 m 以上，利用目视、耳听、操作感知等方式检查。对方向盘最大自由转动量和转向力有疑问时，使用方向盘转向力-转向角检测仪测量相关参数
		传动系	
		仪表和指示器	检验过程中，观察仪表和指示器
7	车辆底盘部件检查*	转向系部件	车辆停放在地沟上方的指定位置，使用专用手锤等工具检查，并由驾驶室操作人员配合；大中型客车、重中型货车、专项作业车、挂车检查时应使用底盘间隙仪
		传动系部件	
		行驶系部件	
		制动系部件	
		其他部件	

表 3（续）

<table>
<tr><th>序号</th><th colspan="3">检 验 项 目</th><th>检 验 方 法</th></tr>
<tr><td rowspan="9">8</td><td rowspan="9">仪器设备检验</td><td rowspan="4">行车制动*</td><td>空载制动率</td><td rowspan="5">采用滚筒反力式制动检验台、平板制动检验台检验，不适宜用制动检验台检验的车辆用便携式制动性能测试仪等路试设备检验，见附录 C</td></tr>
<tr><td>空载制动不平衡率</td></tr>
<tr><td>加载轴制动率</td></tr>
<tr><td>加载轴制动不平衡率</td></tr>
<tr><td colspan="2">驻车制动</td></tr>
<tr><td rowspan="2">前照灯*</td><td>远光发光强度</td><td rowspan="2">采用前照灯检测仪检验，见附录 D</td></tr>
<tr><td>远近光光束垂直偏移</td></tr>
<tr><td colspan="2">车速表指示误差</td><td>采用车速表检验台检验，见附录 E</td></tr>
<tr><td colspan="2">转向轮横向侧滑量</td><td>采用侧滑检验台检验，见附录 F</td></tr>
<tr><td colspan="5">所有检验项目应一次检验完毕，出现不合格项时应继续进行其他项目的检验，但无法继续进行检验的项目除外。
仪器设备检验时，除检验员外可再乘坐一名送检人员或随车人员。
半挂牵引车可与半挂车组合成铰接列车后同时实施检验，也可单独检验。
机动车安全技术检验时，带“*”的项目应采用检验智能终端(PDA)等设备拍摄检验照片(或视频)，其数量、内容和清晰度应能满足检验监管的要求。</td></tr>
</table>

6 检验要求

6.1 车辆唯一性

6.1.1 号牌号码/车辆类型、车辆品牌/型号

6.1.1.1 注册登记检验时，送检机动车的车辆品牌/型号应与机动车出厂合格证(对进口车为海关货物进口证明书)一致。

6.1.1.2 在用机动车检验时，送检机动车的号牌号码/车辆类型、车辆品牌/型号，应与机动车行驶证签注的内容一致。

6.1.2 车辆识别代号(或整车出厂编号)

6.1.2.1 注册登记检验时，送检机动车的车辆识别代号(或整车出厂编号)应与机动车出厂合格证(对进口车为海关货物进口证明书)、车辆识别代号(或整车出厂编号)的拓印膜一致，车辆识别代号的内容和构成应符合 GB 16735 的相关规定；其打刻部位、深度，以及组成字母与数字的字高等应符合 GB 7258 的相关规定，且不应出现被凿改、挖补、打磨、擅自重新打刻等现象。对于 2013 年 3 月 1 日起出厂的乘用车、总质量小于等于 3 500 kg 的货车(低速汽车除外)，从车外应能清晰地识读到靠近风窗立柱位置的车辆识别代号标识。车辆上标识的所有车辆识别代号内容应一致。

6.1.2.2 在用机动车检验时，送检机动车的车辆识别代号(或整车出厂编号)应与机动车行驶证签注的内容一致，且不应出现被凿改、挖补、打磨，擅自重新打刻等现象。

6.1.3 发动机号码(或电动机号码)

6.1.3.1 注册登记检验时，送检机动车的发动机号码(或电动机号码)应与机动车出厂合格证(对进口车

为海关货物进口证明书)一致,并符合 GB 7258 的相关规定。

6.1.3.2 在用机动车检验时,送检机动车的发动机号码(或电动机号码)应与机动车行驶证签注的内容一致。

6.1.4 车辆颜色和外形

6.1.4.1 注册登记检验时,送检机动车的外形应与机动车产品公告照片相符。

6.1.4.2 在用机动车检验时,送检机动车的车辆颜色和外形应与机动车行驶证上的车辆照片相符,且不应出现更改车身颜色、改变车厢形状、改变车辆结构等情形。

6.2 联网查询

联网查询送检机动车事故/违法信息:

a) 对发生过造成人员伤亡交通事故的送检机动车,人工检验时应重点检查损伤部位和损伤情况,属于使用年限在 10 年以内的非营运小型、微型载客汽车的,增加底盘动态检验、车辆底盘部件检查;
b) 对涉及尚未处理完毕的道路交通安全违法行为或道路交通事故的送检机动车,应提醒机动车所有人及时到公安机关交通管理部门处理。

6.3 车辆特征参数

6.3.1 外廓尺寸

6.3.1.1 机动车外廓尺寸不得超出 GB 7258、GB 1589 规定的限值。

6.3.1.2 注册登记检验时,机动车的外廓尺寸应与机动车产品公告、机动车出厂合格证相符,且误差满足:汽车(三轮汽车除外)、挂车不超过±1%或±50 mm,三轮汽车、摩托车不超过±3%或±50 mm。

6.3.1.3 在用机动车检验时,重中型货车、挂车的外廓尺寸应与机动车行驶证签注的内容相符,且误差不超过±2%或±100 mm。

6.3.2 轴距

6.3.2.1 注册登记检验时,机动车的轴距应与机动车产品公告、机动车出厂合格证相符,且误差不超过±1%或±50 mm。

6.3.2.2 在用机动车检验时,机动车的轴距应与机动车登记信息相符,且误差不超过±1%或±50 mm。

6.3.3 整备质量

注册登记检验时,机动车的整备质量应与机动车产品公告、机动车出厂合格证相符,且误差满足:重中型货车、挂车、专项作业车不超过±3%或±500 kg,轻微型货车、专项作业车不超过±3%或±100 kg,低速汽车不超过±5%或±100 kg,摩托车不超过±10 kg。

6.3.4 核定载人数

6.3.4.1 机动车的核定载人数应符合 GB 7258—2012 中 4.5.2~4.5.6、11.6 的核载规定。

6.3.4.2 注册登记检验时,机动车的核定载人数应与机动车产品公告、机动车出厂合格证相符。

6.3.4.3 在用机动车检验时,机动车的座位(铺位)数应与机动车行驶证签注的内容一致。

6.3.5 栏板高度

6.3.5.1 机动车栏板高度不得超出 GB 1589 规定的限值。

6.3.5.2 注册登记检验时，货车、挂车的栏板高度应与机动车产品公告、机动车出厂合格证、驾驶室两侧喷涂的栏板高度数值相符，且误差不超过±1%或±50 mm。

6.3.5.3 在用机动车检验时，货车、挂车的栏板高度应与机动车登记信息、驾驶室两侧喷涂的栏板高度数值相符，且误差不超过±2%或±50 mm。

6.3.6 后轴钢板弹簧片数

6.3.6.1 注册登记检验时，货车、挂车、专项作业车的后轴钢板弹簧片数应与机动车产品公告、机动车出厂合格证一致，且不应有明显“增宽、增厚”情形。

6.3.6.2 在用机动车检验时，货车、挂车、专项作业车的后轴钢板弹簧片数应与机动车登记信息一致，且不应有明显“增宽、增厚”情形。

6.3.7 客车应急出口

6.3.7.1 客车应急出口的数量、标志应符合 GB 7258、GB 13094、GB 18986、GB 24407 的相关规定；且2013 年 9 月 1 日起出厂的设有乘客站立区的公共汽车车身两侧的车窗如面积能达到设置为应急窗的要求，均应设置为推拉式应急窗或外推式应急窗。

6.3.7.2 注册登记检验时，目测应急出口尺寸偏小的，还应测量应急出口的尺寸参数，尺寸参数应符合GB 7258、GB 13094、GB 18986、GB 24407 等相关标准的规定。

6.3.8 客车乘客通道和引道

6.3.8.1 客车的通道应无明显通行障碍，通向应急门的引道宽度应符合 GB 7258 的相关规定。

6.3.8.2 注册登记检验时，目测通道、引道偏窄或高度不符合要求时，还应使用通道、引道测量装置检查，应符合 GB 7258、GB 13094、GB 18986、GB 24407 等相关标准的规定。

6.3.9 货厢

车辆不应有“加长、加高、加宽货厢”、“拆除厢式货车顶盖”、“拆除仓栅式货车顶棚杆”等情形。

6.4 车辆外观检查

6.4.1 车身外观

6.4.1.1 车身外观应满足以下要求：

a) 保险杠、后视镜、下视镜等部件应完好；

b) 风窗玻璃应齐全，驾驶人视野部位应无裂纹、破损，所有风窗玻璃不应张贴镜面反光遮阳膜；

c) 车体应周正，车体外缘左右对称部位高度差应符合 GB 7258 的相关规定；

d) 车身外部不应有明显的镜面反光现象，不应有任何可能触及行人、骑自行车人等交通参与者的部件、构件，不应有任何可能使人致伤的尖角、锐边等凸起物；

e) 车身（车厢）及其漆面不应有明显的锈蚀、破损现象；

f) 喷涂、粘贴的标识或车身广告不应影响安全驾驶。

6.4.1.2 根据车辆类型和使用性质的不同，相应车辆还应满足以下要求：

a) 货车和挂车的货厢安装应牢固，其栏板和底板应规整，强度满足使用要求，装置的安全架应完好无损；

b) 罐式危险货物运输车的罐体顶部应按 GB 7258 要求设置倾覆保护装置；

c) 校车和车长大于 7.5 m 的其他客车不应设置有车外顶行李架；设置有车外顶行李架的客车，其车外顶行李架长度不超过车长的 1/3 且高度不超过 300 mm；

d) 校车和 2012 年 9 月 1 日起出厂的公路客车、旅游客车的所有车窗玻璃不应张贴有不透明和带任何镜面反光材料的色纸或隔热纸，前风窗玻璃及风窗以外玻璃用于驾驶人视区部位的可见光透射比应大于等于 70%，其他车窗玻璃的可见光透射比应不小于 50%；专用校车乘客区侧窗结构应符合 GB 24407 的相关规定。

注： 车窗玻璃包括侧窗玻璃和前、后风窗玻璃，但不包括驾驶人旁侧窗下围的装饰玻璃。

e) 机动车(挂车除外)应在左右至少各设置一面外后视镜，总质量大于 7 500 kg 的货车和货车底盘改装的专项作业车应在右侧设置至少各一面广角后视镜和补盲后视镜，车长大于 6 m 的平头货车和平头客车在车前应至少设置有一面前下视镜或相应的监视装置；教练车(三轮汽车除外)应安装能使教练员有效观察到车辆周围交通状态的辅助后视镜；

f) 货车和挂车的载货部分不应设计成可伸缩的结构或设置有乘客座椅；

g) 乘用车自行加装的前后防撞装置及货运机动车自行加装的防风罩、水箱、工具箱、备胎架，应不影响安全；

h) 三轮汽车和摩托车的前、后减振器、转向上下联板和方向把不应有变形和裂损，左右后视镜应齐全有效，座垫、扶手(或拉带)、脚蹬和挡泥板应齐全，且牢固可靠；对无驾驶室的三轮汽车，货箱前部应安装有高出驾驶员座垫平面至少 800 mm 的安全架。

6.4.1.3 注册登记检验时，送检机动车还应满足以下要求：

a) 车身前部外表面的易见部位上应至少装置一个能永久保持，且与车辆品牌/型号相适应的商标或厂标；

b) 货车货箱(自卸车、装载质量 1 000 kg 以下的货车除外)前部应安装有比驾驶室高至少 70 mm 的安全架；

c) 厢式货车和封闭式货车驾驶室(区)两旁应设置有车窗，货厢部位不得设置车窗(但驾驶室[区]内用于观察货物状态的观察窗除外)；

d) 乘用车、专用校车和车长小于 6 m 的其他客车的前后部应设置有保险杠，货车(三轮汽车除外)应设置有前保险杠；

e) 对无驾驶室的正三轮摩托车，应采用方向把转向；对 2013 年 3 月 1 日起出厂的有驾驶室的正三轮摩托车，若采用方向盘转向，方向盘中心立柱距车辆纵向中心平面的水平距离应不大于 200 mm。

6.4.2 外观标识、标注和标牌

6.4.2.1 根据车辆类型和使用性质的不同，外观标识、标注和标牌应满足以下要求：

a) 所有货车(半挂牵引车除外)和专项作业车，其驾驶室(区)两侧应喷涂有总质量；所有半挂牵引车，其驾驶室(区)两侧应喷涂有最大允许牵引质量；载货部位为栏板结构的货车和自卸车，驾驶室两侧应喷涂有栏板高度；罐式汽车和罐式挂车的罐体上应喷涂有允许装运货物的种类及与机动车产品公告和机动车出厂合格证一致的罐体容积，且罐式危险货物运输车的罐体上喷涂的允许装运货物的名称应与机动车产品公告和机动车出厂合格证一致；载货部位为栏板结构的挂车，其车厢两侧应喷涂有栏板高度；喷涂的中文和阿拉伯数字应清晰，高度应大于等于 80 mm；

b) 总质量大于等于 4 500 kg 的货车(半挂牵引车除外)、挂车，其车身(车厢)后部应喷涂/粘贴有符合规定的放大号，无法喷涂/粘贴的平板挂车应设置有符合规定的放大号；

c) 客车(专用校车和设有乘客站立区的公共汽车除外)其乘客门附近车身外部易见位置，应用高

度大于等于 100 mm 的中文和阿拉伯数字标明该车提供给乘员(包括驾驶人)的座位数;

d) 教练车应在车身两侧及后部喷涂有高度大于等于 100 mm 的"教练车"字样;

e) 气体燃料汽车、两用燃料汽车和双燃料汽车应按 GB/T 17676 的规定标注其使用的气体燃料类型;

f) 消防车、救护车、工程救险车和警车的车身颜色应符合相关国家标准或行业标准,警车、消防车、救护车、工程救险车安装使用的标志灯具应齐全、有效,其他机动车不得喷涂、安装、使用上述车辆专用的或者与其相类似的标志图案、警报器或者标志灯具;

g) 残疾人机动车应在车身前部和后部分别设置残疾人机动车专用标志。

6.4.2.2 注册登记检验时,标牌还应满足以下要求:

a) 标牌应固定可靠、标注的内容应清晰规范,并符合 GB 7258 的规定;

b) 非插电式混合动力汽车的标牌还应标明电动动力系统最大输出功率;纯电动汽车、插电式混合动力汽车、燃料电池汽车还应标明主驱动电机型号和功率,动力电池工作电压和容量,储氢容器形式、容积、工作压力(燃料电池汽车)。

6.4.3 外部照明和信号装置

6.4.3.1 外部照明和信号装置应满足以下要求:

a) 前照灯、前位灯、前转向信号灯、前部危险警告信号灯、示廓灯和牵引杆挂车标志灯等前部照明和信号装置应齐全,工作应正常;前照灯的远、近光光束变换功能应正常;

b) 后位灯、后转向信号灯、后部危险警告信号灯、示廓灯、制动灯、后雾灯、后牌照灯、倒车灯、后反射器应齐全,工作应正常;制动灯的发光强度应明显大于后位灯的发光强度;

c) 侧转向信号灯、侧标志灯和侧反射器应齐全,工作应正常;

d) 对称设置、功能相同灯具的光色和亮度不应有明显差异,转向信号灯的光色应为琥珀色;

e) 除转向信号灯、危险警告信号、紧急制动信号、校车标志灯及消防车、救护车、工程救险车和警车安装使用的标志灯具外,其他外部灯具不应有闪烁的情形;

f) 对 2014 年 9 月 1 日起出厂的总质量大于等于 4 500 kg 的货车、专项作业车和挂车,每一个后位灯、后转向信号灯和制动灯的透光面面积应大于等于一个 80 mm 直径圆的面积;如属非圆形的,透光面的形状还应能将一个 40 mm 直径的圆包含在内;

g) 机动车不应安装遮挡外部照明和信号装置透光面的装置;

h) 机动车设置的喇叭应能有效发声;

i) 发动机舱内目视可见的电器导线应布置整齐、捆扎成束、固定卡紧,并无破损现象。

6.4.3.2 注册登记检验时,车辆外部照明和信号装置的数量、位置、光色还应符合 GB 4785 等相关标准的规定。

6.4.4 轮胎

6.4.4.1 轮胎应满足以下要求:

a) 同轴两侧应装用同一型号、规格和花纹的轮胎,轮胎螺栓、半轴螺栓应齐全、紧固;轮胎规格应与机动车产品公告和机动车出厂合格证(对于在用机动车检验时为机动车登记信息)相符;

b) 轮胎的胎面、胎壁不应有长度超过 25 mm 或深度足以暴露出轮胎帘布层的破裂和割伤及其他影响使用的缺损、异常磨损和变形。

6.4.4.2 根据车辆类型和使用性质的不同,相应车辆还应满足以下要求:

a) 乘用车、摩托车和挂车轮胎胎冠上花纹深度应大于或等于 1.6 mm,其他机动车转向轮的胎冠

花纹深度应大于或等于 3.2 mm;其余轮胎胎冠花纹深度应大于或等于 1.6 mm,轮胎胎面磨损标志应可见;

b) 公路客车、旅游客车和校车的所有车轮及其他机动车的转向轮不应装用翻新的轮胎。

6.4.4.3 注册登记检验时,送检机动车还应满足以下要求:

a) 专用校车应装用无内胎子午线轮胎;

b) 危险货物运输车及车长大于 9 m 的其他客车应装用子午线轮胎;

c) 使用小规格备胎的小型、微型载客汽车,其备胎附近明显位置(或其他适当位置)应装置有能永久保持的、提醒驾驶人正确使用备胎的标识,标识的相关提示内容应有中文说明。

6.4.5 号牌及号牌安装

6.4.5.1 机动车号牌字符、颜色、安装等应符合 GA 36 的规定,机动车号牌专用固封装置应符合GA 804 的规定。

6.4.5.2 号牌及号牌安装应满足以下要求:

a) 机动车号牌应齐全,表面应清晰、整齐、平滑、光洁、着色均匀,不应有明显的皱纹、气泡、颗粒杂质等缺陷或损伤;

b) 机动车应使用机动车号牌专用固封装置固定号牌,固封装置应齐全、安装牢固;

c) 使用号牌架辅助安装时,号牌架内侧边缘距离机动车登记编号字符边缘应大于 5 mm,不应使用可拆卸号牌架和可翻转号牌架;

d) 不应出现影响号牌正常视认的加装、改装等情形。

6.4.5.3 注册登记检验时,号牌及号牌安装还应满足:

a) 车辆应设置能够满足号牌安装要求的前、后号牌板(架),但摩托车只需设置有能满足号牌安装要求的后号牌板(架);前号牌板(架)应设于前面的中部或右侧(按机动车前进方向),后号牌板(架)应设于后面的中部或左侧;

b) 2013 年 3 月 1 日起出厂的车辆,每面号牌板(架)上至少应设有 2 个号牌安装孔,且能保证用 M6 规格的螺栓将号牌直接牢固可靠地安装在车辆上;

c) 2016 年 3 月 1 日起出厂的车辆,每面号牌板(架)[三轮汽车前号牌板(架)、摩托车后号牌板(架)除外]上应设有 4 个号牌安装孔,且能保证用 M6 规格的螺栓将号牌直接牢固可靠地安装在车辆上。

6.4.6 加装/改装灯具

车辆不应有加装或改装强制性标准以外的外部照明和信号装置,不应有后射灯。

6.5 安全装置检查

6.5.1 汽车安全带

6.5.1.1 注册登记检验时,检查汽车安全带应满足:

a) 汽车应按 GB 7258—2012 的 12.1 配备安全带;

b) 对于专用校车,学生座位均应配备两点式汽车安全带,驾驶人座椅、照管人员座椅均应配备汽车安全带。

6.5.1.2 在用机动车检验时,配备的汽车安全带应完好且能正常使用,不得出现“座垫套覆盖遮挡安全带”、“安全带绑定在座位下面”等情形。

6.5.2 机动车用三角警告牌

汽车(无驾驶室的三轮汽车除外)应配备三角警告牌,三角警告牌的外观、形状应符合 GB 19151 的要求。

6.5.3 灭火器

客车和危险货物运输车配备的灭火器应在使用有效期内,不应出现欠压失效等情形,配备数量应符合 GB 7258 等相关标准的要求。

6.5.4 行驶记录装置

6.5.4.1 公路客车、旅游客车、危险货物运输车、校车以及 2013 年 3 月 1 日起注册登记的未设置乘客站立区的公共汽车、半挂牵引车、总质量大于等于 12 000 kg 的货车,应安装有符合要求的行驶记录装置(包括:汽车行驶记录仪或行驶记录功能符合 GB/T 19056 的卫星定位装置等)。

6.5.4.2 行驶记录装置的连接、固定应可靠,显示功能应正常,主机外壳的易见部位应加施有符合规定的 3C 标志。

6.5.4.3 卧铺客车以及 2013 年 5 月 1 日起出厂的专用校车应安装车内外录像监控系统,功能应正常。

6.5.5 车身反光标识

6.5.5.1 货车、货车底盘改装的专项作业车和挂车后部车身反光标识的粘贴要求和材料类型(反光膜型或反射器型)应符合 GB 7258 的规定,反射器型车身反光标识固定应可靠。

6.5.5.2 所有货车(半挂牵引车除外)、货车底盘改装的专项作业车和挂车,侧面粘贴的车身反光标识应符合 GB 7258 的规定。

6.5.5.3 粘贴/安装的车身反光标识应印有符合规定的 3C 标志。

6.5.6 车辆尾部标志板

6.5.6.1 2012 年 9 月 1 日起出厂的总质量大于等于 12 000 kg 的货车(半挂牵引车除外)和车长大于 8.0 m的挂车,以及 2014 年 1 月 1 日起出厂的总质量大于等于 12 000 kg 的货车底盘改装的专项作业车,应安装车辆尾部标志板。

6.5.6.2 车辆尾部标志板的形状、尺寸、布置和固定应符合 GB 25990 的规定。

6.5.7 侧后防护装置

6.5.7.1 侧后防护装置安装应牢固、无变形,且满足以下要求:

a) 总质量大于 3 500 kg 的货车、货车底盘改装的专项作业车和挂车,其装备的侧面及后下部防护装置应正常有效,货车列车的牵引车和挂车之间装备的侧面防护装置应正常有效;

b) 罐式危险货物运输车的罐体及罐体上的管路和管路附件不应超出车辆的侧面及后下部防护装置,罐体后封头及罐体后封头上的管路和管路附件与后下部防护装置的纵向距离应大于等于 150 mm;

c) 货车和挂车的侧面防护装置的下缘离地高度、防护范围和前缘形式及后下部防护装置的离地高度、宽度、横截面宽度应符合 GB 11567.1 和 GB 11567.2 的规定。

6.5.7.2 注册登记检验时,侧后防护装置的外观、结构、尺寸、安装要求还应与机动车产品公告相符。

6.5.8 应急锤

采用密闭钢化玻璃式应急窗的客车，在相应的应急窗邻近应配备一个应急锤以方便击碎车窗玻璃。

6.5.9 急救箱

校车应配备急救箱，急救箱应放置在便于取用的位置并有效适用。

6.5.10 限速功能或限速装置

注册登记检验时，公路客车、危险货物运输车、旅游客车及车长大于 9 m 的未设置乘客站立区的公共汽车，应具有限速功能或配备限速装置；车长大于等于 6 m 的客车，应具有超速报警功能。

6.5.11 防抱死制动装置

6.5.11.1 以下车辆应装备防抱死制动装置：

a) 道路运输爆炸品和剧毒化学品车辆，以及 2012 年 9 月 1 日起出厂的其他危险货物运输车；

b) 2005 年 2 月 1 日起注册登记的总质量大于 12 000 kg 的公路客车和旅游客车、总质量大于 10 000 kg的挂车、总质量大于 16 000 kg 允许挂接总质量大于 10 000 kg 的挂车的货车；

c) 2012 年 9 月 1 日起出厂的半挂牵引车及车长大于 9 m 的公路客车、旅游客车；

d) 2013 年 5 月 1 日起出厂的专用校车；

e) 2013 年 9 月 1 日起出厂的车长大于 9 m 的未设置乘客站立区的公共汽车；

f) 2014 年 9 月 1 日起出厂的总质量大于等于 12 000 kg 的货车和专项作业车。

6.5.11.2 机动车配备的防抱死制动装置自检功能应正常。

6.5.12 辅助制动装置

注册登记检验时，以下车辆应安装缓速器或其他辅助制动装置：

a) 2012 年 9 月 1 日起出厂的车长大于 9 m 的客车(对专用校车为车长大于 8 m)、所有危险货物运输车、总质量大于或等于 12 000 kg 的货车；

b) 2014 年 9 月 1 日起出厂的总质量大于或等于 12 000 kg 的专项作业车。

6.5.13 盘式制动器

注册登记检验时，以下车辆的前轮应装备盘式制动器：

a) 2012 年 9 月 1 日起出厂的危险货物运输车、车长大于 9 m 的客车(未设置乘客站立区的公共汽车除外)；

b) 2013 年 5 月 1 日起出厂的专用校车；

c) 2013 年 9 月 1 日起出厂的车长大于 9 m 的未设置乘客站立区的公共汽车。

6.5.14 紧急切断装置

2015 年 1 月 1 日起，用于运输液体危险货物的罐式危险货物运输车应按 GB 18564.1 等规定安装紧急切断装置。

6.5.15 发动机舱自动灭火装置

以下车辆应装备发动机舱自动灭火装置：

a) 2013 年 5 月 1 日起出厂的专用校车；

b) 2013 年 3 月 1 日起出厂的发动机后置的其他客车。

6.5.16 手动机械断电开关

2013 年 3 月 1 日起出厂的车长大于或等于 6 m 的客车，应设置能切断蓄电池和所有电路连接的手动机械断电开关。

6.5.17 副制动踏板

教练车（三轮汽车除外）装备的副制动踏板应牢固、动作可靠有效。

6.5.18 校车标志灯和校车停车指示标志牌

6.5.18.1 校车配备的校车标志灯和停车指示标志牌应齐全、有效。

6.5.18.2 专用校车以及喷涂或粘贴专用校车车身外观标识的非专用校车应由校车标志、中文字符“校车”、中文字符“核载人数：××人”、校车编号和校车轮廓标识组成，且应符合 GB 24315 的相关规定。

6.5.19 危险货物运输车标志

6.5.19.1 危险货物运输车应设置符合 GB 13392 规定的标志。

6.5.19.2 道路运输爆炸品和剧毒化学品车辆应粘贴符合 GB 20300 规定的橙色反光带并设置安全标示牌。

6.5.20 肢体残疾人操纵辅助装置

加装肢体残疾人操纵辅助装置的汽车，操纵辅助装置铭牌标明的产品型号和产品编号应与操纵辅助装置加装合格证明或机动车行驶证记载的产品型号和产品编号一致。

6.6 底盘动态检验

6.6.1 转向系

车辆的方向盘应转动灵活，操纵方便，无卡滞现象，最大自由转动量应符合 GB 7258 的相关规定；对于使用方向把的三轮汽车、摩托车，转向轮转动应灵活。

6.6.2 传动系

传动系应满足以下要求：

a) 车辆换挡应正常，变速器倒挡应能锁止；

b) 离合器接合应平稳，无打滑、分离不彻底等现象。

6.6.3 制动系

车辆正常行驶时无车轮阻滞、抱死现象；制动时制动踏板动作应正常，响应迅速，方向盘无抖动，无跑偏现象。

6.6.4 仪表和指示器

车辆配备的车速表等各种仪表和指示器不应有异常情形。

6.7 车辆底盘部件

6.7.1 转向系部件

转向系部件应满足以下要求：

a) 各部件不应松动；

b) 横、直拉杆不应有拼焊、损伤、松旷、严重磨损等情况；

c) 转向过程中不应有干涉或摩擦现象。

6.7.2 传动系部件

传动系部件应满足以下要求：

a) 变速器等部件应连接可靠；

b) 传动轴、万向节及中间轴承和支架不应有裂纹和松旷现象，不应有漏油现象。

6.7.3 行驶系部件

行驶系部件应满足以下要求：

a) 车架纵梁、横梁不应有明显变形、损伤，铆钉、螺栓不应缺少或松动；

b) 钢板吊耳及销不应松旷，中心螺栓、U 形螺栓不应松旷；

c) 车桥与悬架之间的拉杆和导杆不应松旷和移位，减振器不应漏油。

6.7.4 制动系部件

制动系部件应满足以下要求：

a) 制动系应无擅自改动，不应从制动系统获取气源作为加装装置的动力源；

b) 制动主缸、轮缸、管路等不应漏气、漏油，制动软管不应有明显老化；

c) 制动系管路与其他部件无摩擦和固定松动现象。

6.7.5 其他部件

其他部件应满足以下要求：

a) 发动机的固定应可靠；

b) 排气管、消声器应安装牢固、不应有漏气现象，排气管口不得指向车身右侧（如受结构限制排气管口必须偏向右侧时，排气管口中心线与机动车纵向中心线的夹角应小于等于 15°）和正下方；专门用于运送易燃和易爆物品的危险货物运输车，排气管应装在罐体/箱体前端面之前、不高于车辆纵梁上平面的区域，并安装机动车排气火花熄灭器，机动车尾部应安装接地装置；

c) 电器导线应布置整齐、捆扎成束、固定卡紧，并无破损现象；

d) 燃料箱应固定可靠，不应漏油；燃料管路与其他部件不应有碰擦，不应有明显老化；

e) 承载式车身底部应完整，不应有影响车身强度的变形和破损；

f) 轮胎内侧不应有严重磨损、割伤、腐蚀。

6.8 仪器设备检验

6.8.1 行车制动

6.8.1.1 台试空载检验行车制动性能时，应符合 GB 7258—2012 中 7.11.1 的相关要求。

6.8.1.2 对于全挂车、半挂车，台试空载制动性能检验时，应同时满足以下要求：

a) 与牵引车组合成的汽车列车检验结果符合 GB 7258—2012 中 7.11.1 的相关要求；

b) 挂车的轴制动力之和与挂车轴荷之和的比值大于或等于 55%；

c) 挂车的轴制动不平衡率符合 GB 7258—2012 中 7.11.1.2 的要求。

6.8.1.3 对于三轴及三轴以上的多轴货车，按照附录 C 的 C.3 方法加载后，加载轴的轴制动率应大于或等于 50%，加载轴制动不平衡率符合 GB 7258—2012 中 7.11.1.2 的要求。

6.8.1.4 对于并装双轴、并装三轴的挂车，组成汽车列车按照附录 C 的 C.3 方法加载后，加载轴的轴制动率应大于等于 45%，加载轴制动不平衡率符合 GB 7258—2012 中 7.11.1.2 的要求。

6.8.1.5 路试检验行车制动性能时，应符合 GB 7258—2012 中 7.10.2 的相关要求。

6.8.2 驻车制动

6.8.2.1 台试检验驻车制动性能时，应符合 GB 7258—2012 中 7.11.2 的相关要求。

6.8.2.2 路试检验驻车制动性能时，应符合 GB 7258—2012 中 7.10.4 的相关要求。

6.8.3 前照灯

6.8.3.1 前照灯远光发光强度应符合 GB 7258—2012 中 8.5.2 的相关要求。

6.8.3.2 前照灯远近光光束垂直偏移应符合 GB 7258—2012 中 8.5.3 的相关要求。

6.8.4 车速表指示误差

注册登记检验时，车速表指示误差应符合 GB 7258—2012 中 4.12 的相关要求。

6.8.5 转向轮横向侧滑量

对前轴采用非独立悬架的汽车(前轴采用双转向轴时除外)，转向轮横向侧滑量应符合 GB 7258—2012 中 6.11 的相关要求。

7 检验结果处置

7.1 检验结果的评判

授权签字人应逐项确认检验结果并签注整车检验结论。检验结论分为合格、不合格。送检机动车所有检验项目的检验结果均合格的，判定为合格；否则判定为不合格。

7.2 检验合格处置

7.2.1 机动车安全技术检验机构应出具《机动车安全技术检验报告》(式样见附录 G)，报告一式三份，一份交机动车所有人(或者由送检人转交机动车所有人)，一份提交车辆管理所作为机动车安全技术检验合格证明，一份留存检验机构。

7.2.2 机动车安全技术检验机构应按 GB/T 26765、GA 1186 的要求传递数据及图像。

7.2.3 机动车安全技术检验机构应妥善保管《机动车安全技术检验报告》、《机动车安全技术检验表(人工检验部分)》(见附录 H)、《机动车安全技术检验表(仪器设备检验部分)》(见附录 I)、车辆识别代号(或整车出厂编号)的拓印膜或照片(注册登记检验时保存拓印膜，在用机动车检验时保存车辆识别代号照片)等资料，保存至本次检验周期届满前，但最短不得少于 2 年。

7.3 检验不合格处置

7.3.1 机动车安全技术检验机构应出具《机动车安全技术检验报告》，并注明所有不合格项目。

7.3.2 机动车安全技术检验机构应通过拍照、摄像或保存数据等方式对不合格项取证留存备查。

7.3.3 机动车安全技术检验机构应按GB/T 26765、GA 1186的要求传递数据及图像。

7.4 异常情形处置

7.4.1 发现送检机动车有拼装、非法改装、被盗抢、走私嫌疑时，机动车安全技术检验机构及其检验员应详细登记该送检机动车的相关信息，拍照、录像固定证据，通过机动车安全技术检验监管系统上报，并告知送检人到当地公安机关交通管理部门处理。

7.4.2 注册登记检验时，发现送检机动车的车辆特征参数、安全装置不符合GB 1589、GB 7258等机动车国家安全技术标准、机动车产品公告、机动车出厂合格证时，应拍照、录像固定证据，详细登记送检机动车的车辆类型、品牌/型号、车辆识别代号(或整车型号和出厂编号)、发动机号码、整车生产厂家、生产日期等信息，通过机动车安全技术检验监管系统上报。

8 标准实施的过渡期要求

8.1 表1中三轴及三轴以上的多轴货车、采用并装双轴及并装三轴的挂车的部分轴还测试加载轴制动率和加载轴制动不平衡率的要求，自本标准实施之日起第25个月开始实施；实施之前，只检验空载制动率和空载制动不平衡率。

8.2 以下要求自本标准实施之日起第25个月开始实施：

a) 表3中重中型货车、专项作业车、挂车使用外廓尺寸自动测量装置的要求；

b) 表3中大中型客车、专项作业车、重中型货车、挂车使用底盘间隙仪的要求；

c) 附录C的C.1.1d)中用于检验多轴及并装轴车辆的滚筒反力式制动检验台的要求。

8.3 本标准8.1、8.2中涉及实施过渡期的要求，有条件的地方可提前实施。

附 录 A
（规范性附录）
外廓尺寸测量

A.1 检验设备、工具要求

A.1.1 人工检验标准器

钢卷尺：不确定度：1 级；标尺、铅垂、水平尺。

A.1.2 外廓尺寸自动测量仪

测量仪应符合计量法规，测量仪最大允许误差：±1%或±20 mm。

A.2 人工检验方法

A.2.1 车辆长度、宽度的测量

将车辆停放在平整、硬实的地面上，在车辆前后和两侧突出位置，使用线锤在地面画出“十”字标记。如图 A.1 所示。

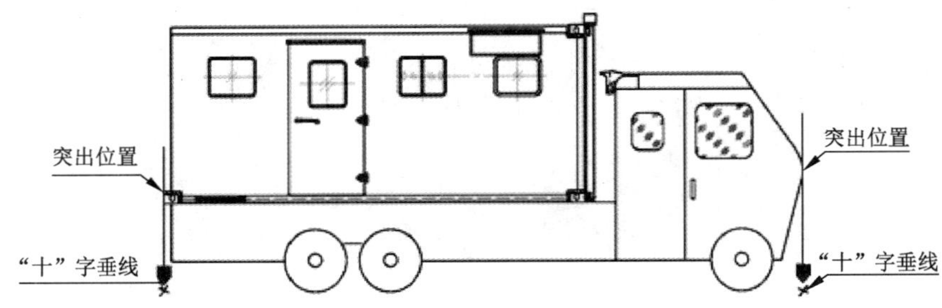

图 A.1 车辆前后突出位置标注示意

为防止车辆前后突出位置不在同一中心线上，影响测试准确度，可将车辆移走，在地面的长宽标记点上分别画出平行线，在地面形成一个长方形框架（可用对角线进行校正）找出车辆中心位置，用钢卷尺分别测出长和宽的直线距离，作为整车的车长和车宽，但 GB/T 3730.3 规定的后视镜、侧面标志灯、示位灯、转向指示灯、挠性挡泥板、折叠式踏板、防滑链以及轮胎与地面接触部分变形，以及法律法规允许加装的其他部件不计入，如图 A.2 所示。

A.2.2 车辆高度的测量

将车辆停放在平整、硬实的地面上，将水平尺放在车辆的最高处并且保持与地面水平。在水平尺一端点放铅垂到地面画出“十”字标记，用钢卷尺测量水平尺该端点与地面“十”字标记之间的距离示值即为该车的实际高度，如图 A.3 所示。

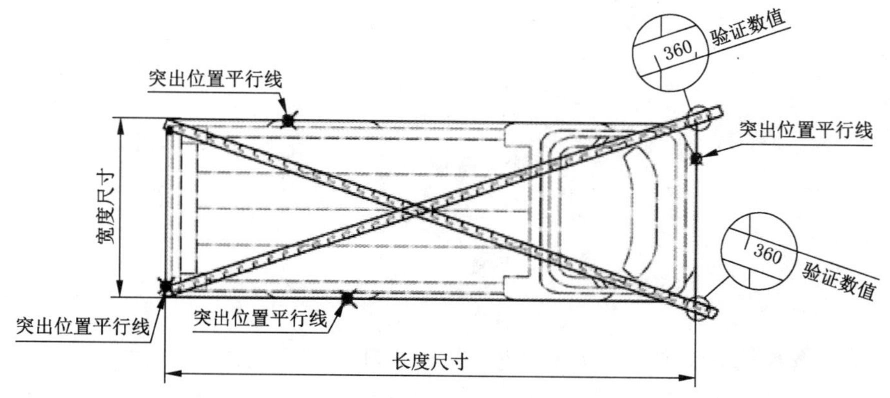

图 A.2 车辆长度、宽度的测量示意

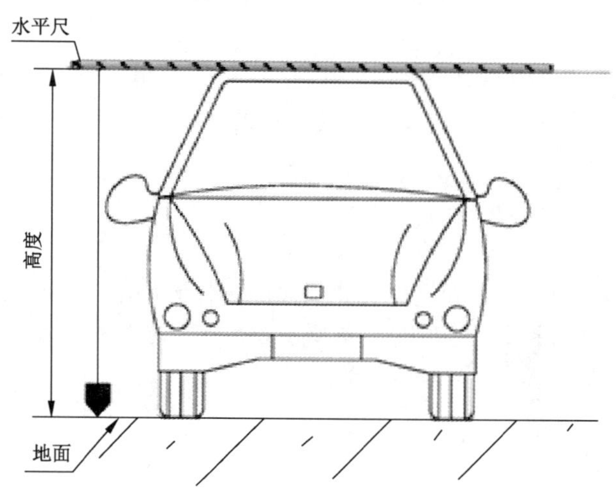

图 A.3 车辆高度的测量示意

A.3 外廓尺寸自动测量仪检验

A.3.1 将车辆正直居中驶进测量仪，按产品使用说明书的要求，测得车辆长度、宽度和高度数值。

A.3.2 测量仪不得具有人工修改测量数据和照片的功能，对于需要人工确认修改不计入车长、车宽的，应记录修改日志。

A.4 测量过程记录

A.4.1 人工测量过程记录

人工检验的整个检验过程应进行全程摄像记录。

A.4.2 外廓尺寸自动测量仪检验过程记录

仪器测量过程中应由仪器实时自动保存测得数据和车身正面、侧面的测量照片并上传至监管系统，照片及数据不能人工修改。

附　录　B
（规范性附录）
整备质量测量

B.1　设备要求

整备质量测量可选择地磅或轴(轮)重仪(包括带称重功能的平板试验台)等方式进行测量。三轴及三轴以上车辆如采用轴(轮)重仪测量时,应保证轴(轮)重仪有足够的有效测量长度,确保双联和三联的各并装轴同侧轮同时停在一块称重板上。

B.2　测试车辆要求

测试车辆应符合 GB/T 3730.2 规定的关于车辆质量的要求。

B.3　应用地磅的测量方法

B.3.1　将车辆平稳缓慢行驶至地磅上,等平稳静止后,测得整备质量。
B.3.2　挂车的整备质量可先测得汽车列车的整备质量、牵引车的整备质量,然后计算得出汽车列车的整备质量与牵引车的整备质量的差值,作为挂车的整备质量。

B.4　应用轴(轮)重仪的测量方法

B.4.1　轴(轮)重仪测量时应保持被测车辆保持水平,将车辆依次逐轴(对并装双轴和并装三轴视为一轴)平稳缓慢行驶至测量台,等平稳静止后,测得该轴轴荷;计算所有轴荷之和,计为该车的整备质量。
B.4.2　对于挂车的整备质量测量方法同 B.3.2。

附 录 C
（规范性附录）
制动性能检验

C.1 台试空载制动检验

C.1.1 检验设备相关要求

检验设备相关要求如下：

a) 机动车制动检验宜采用滚筒反力式制动检验台或平板制动检验台，并应根据所检验车辆的轴荷选择相应承载能力的制动台；

b) 轴（轮）重仪应水平安装，安装时称重台上表面与地平面的高差不得超过±5 mm；

c) 制动台前后地面的附着系数应不小于 0.7；

d) 用于检验多轴及并装轴车辆的滚筒反力式制动检验台，应具有台体举升功能并满足：滚筒中心距为 460 mm、主副滚筒高差为 30 mm 时，副滚筒上母线与地面水平面的高度差为＋40 mm。当滚筒中心距增大或减小 10 mm，副滚筒上母线与地面水平面的高度差相应增大或减小 2 mm；当主副滚筒高差减小 10 mm，副滚筒上母线与地面水平面的高度差相应增大 4 mm。

C.1.2 检验前准备

检验前应准备工作如下：

a) 制动检验台滚筒（或平板）表面应清洁，没有异物及油污；

b) 检验辅助器具应齐全；

c) 气压制动的车辆，贮气筒压力应能保证该车各轴制动力测试完毕时，气压仍不低于起步气压（未标起步气压者，按 400 kPa 计）；

d) 液压制动的车辆，根据需要将踏板力计装在制动踏板上。

C.1.3 滚筒反力式制动检验台检验

检验步骤如下：

a) 被检车辆正直居中行驶，各轴依次停放在轴（轮）重仪上，并按规定时间（不少于 3 s）停放，测出静态轴（轮）荷[轮（轮）重、制动分列式]；

b) 被检车辆正直居中行驶，将被测试车轮停放在制动台滚筒上，变速器置于空挡，松开制动踏板；对于全时四轮驱动车辆，非测试轮应处于附着系数符合要求的辅助自由滚筒组上，变速器置于空挡；采用具有举升功能的滚筒反力式制动检验台时，对于多轴车辆及并装轴车辆，举升台体至规定位置，测出左右轮空载轮荷，计算得出该轴空载轴荷（或直接测得该轴空载轴荷）；

c) 起动滚筒电机，稳定 3 s 后实施制动，将制动踏板逐渐慢踩到底或踩至规定制动踏板力，测得左、右车轮制动力增长全过程的数值及左、右车轮最大制动力，并依次测试各车轴；对驻车制动轴，操纵驻车制动操纵装置，测得驻车制动力数值，并按 C.1.5.1 要求计算轴制动率、不平衡率、驻车制动率、整车制动率；

d) 可采取相关措施防止被检车辆在滚筒反力式制动检验台上后移，以适应制动检测需要。

C.1.4 平板制动检验台检验

检验步骤如下：

a) 检验员将被检车辆以 5 km/h～10 km/h 的速度滑行，置变速器于空挡后(对自动变速器车辆可位于“D”挡)，正直平稳驶上平板；

b) 当被测试车轮均驶上平板时，急踩制动，使车辆停止，测得各车轮的轮荷(对小型、微型载客汽车应为动态轮荷，对于并装双轴、并装三轴车辆的左右两侧可以按照 1 个车轮计)、最大轮制动力、轮制动力增长全过程的数值等，并按照 C.1.5.2 规定计算轴的制动率、不平衡率、整车制动率等指标；

c) 重新起动车辆，待车辆驻车制动轴驶上平板时操纵驻车制动操纵装置，测得驻车制动力数值，按照 C.1.5.2 规定计算驻车制动率；

d) 车辆制动停止时如被测试车轮已离开平板，则此次制动测试无效，应重新测试。

C.1.5 制动性能参数计算

C.1.5.1 用滚筒反力式制动检验台检验时

制动性能参数计算方法如下：

a) 轴制动率为测得的该轴左、右车轮最大制动力之和与该轴(静态)轴荷之百分比；

b) 以同轴左、右轮两个车轮均达到最大制动力(或两个车轮一个达到最大制动力、另一个产生抱死滑移；或两个车轮均产生抱死滑移)时为取值终点，取制动力增长过程中测得的同时刻左右轮制动力差最大值为左右车轮制动力差的最大值，用该值除以左、右车轮最大制动力中的大值(当后轴及其他轴，制动力小于该轴轴荷的 60%时为该轴轴荷)，得到不平衡率；

c) 整车制动率为测得的各轮最大制动力之和与该车各轴(静态)轴荷之和之百分比；

d) 驻车制动率为测得的各驻车轴制动力之和与该车所有车轴(静态)轴荷之和之百分比。

注 1：对多轴车辆及并装轴车辆，采用具有举升功能的滚筒反力式制动检验台，计算轴制动率、不平衡率和整车制动率时，(静态)轴荷按照空载轴荷计算。

注 2：按照本标准 C.3 加载制动检验，计算加载轴制动率、加载轴制动不平衡率时，(静态)轴荷按照加载状态下的轴荷计算。

C.1.5.2 用平板制动检验台检验时

制动性能参数计算方法如下：

a) 轴制动率为测得的该轴左、右车轮最大制动力之和与该轴轴荷之百分比，对小(微)型载客汽车轴荷取左、右轮制动力最大时刻所分别对应的左、右轮荷之和，对其他机动车轴荷取该轴静态轴荷；

b) 不平衡率、整车制动率、驻车制动率等指标的计算同 C.1.5.1。

C.1.6 特殊情形处置

特殊情形按以下方式处置：

a) 在滚筒反力式制动检验台上检验时，被测试车轮在滚筒上抱死但整车制动率未达到合格要求时，应在车辆上增加足够的附加质量或相当于附加质量的作用力(在设备额定载荷以内，附加质量或作用力应在该轴左右车轮之间对称作用，不计入轴荷)后，重新测试；

b) 在滚筒反力式制动检验台上检测受限的车辆或底盘动态检验过程中点制动时无明显跑偏，但左右轮制动力差不合格的车辆，应换用平板制动检验台或采用路试检验。

c) 对加装肢体残疾人操纵辅助装置的汽车，应通过操纵辅助装置检验制动性能。检验行车制动性能时施加在制动和加速迁延手柄表面上的正压力不应大于 300 N,检验驻车制动性能时驻车制动辅助手柄的操纵力应不大于 200 N。

C.2 路试制动检验

C.2.1 行车制动

C.2.1.1 路试制动性能检验应在纵向坡度不大于1%、轮胎与地面间的附着系数不小于 0.7 的硬实、清洁、干燥的水泥或沥青路面上进行。检验时车辆变速器应置于空挡。检验前应对检验场地进行安全检查,并采取必要的防护及封闭措施,确保检验过程的安全。

C.2.1.2 对于不适用于仪器设备制动检验的车辆,用制动距离或者充分发出的平均减速度(*MFDD*)和制动协调时间判定制动性能。有疑问时应安装踏板力计,检查达到规定制动效能时的制动踏板力是否符合标准。

C.2.1.3 在试验路面上,按照 GB 7258 划出规定的试车道的边线,被测车辆沿着试车道的中线行驶。使用便携式制动性能测试仪进行测试时,行驶至规定初速度后,置变速器于空挡,急踩制动,使车辆停止,测量充分发出的平均减速度(*MFDD*)和制动协调时间,并检查车辆有无驶出车道边线;当使用第五轮仪或非接触式速度仪进行测试时,行驶至高于规定的初速度后,置变速器于空挡,滑行到规定的初速度时,急踩制动,使车辆停止,测量车辆的制动距离和检查车辆有无驶出车道边线。

C.2.1.4 对已在制动检验台上检验过的车辆,制动力平衡及前轴制动率符合要求,但整车制动率未达到合格要求时,用便携式制动性能测试仪检测,对于小(微)型载客汽车及其他总质量不大于 4 500 kg 的汽车的制动初速度应不低于 30 km/h,对于其他汽车、汽车列车及无轨电车,制动初速度应不低于 20 km/h,急踩制动后测取 *MFDD* 及制动协调时间。

C.2.2 驻车制动

C.2.2.1 将车辆驶上坡度为 20%(总质量为整备质量的 1.2 倍以下的车辆为 15%),附着系数不小于0.7 的坡道上,按正反两个方向保持固定不动,其时间不少于 5 min,检验车辆的驻车制动是否符合要求。

C.2.2.2 在用机动车检验时,在不具备试验坡道的情况下,可参照相关标准使用符合规定的仪器测试驻车制动性能。

C.3 台式加载制动检验

加载制动检验宜采用具有台体举升功能的滚筒反力式制动检验台进行,多轴货车、由并装轴挂车组成的汽车列车的第一轴和最后一轴不进行加载制动检验。具体方法如下:

a) 被检车辆正直居中行驶,将被测试车的第二轴停放在制动台滚筒上,变速器置于空挡,松开制动踏板;
b) 通过举升台体对测试轴加载,举升至副滚筒上母线离地 100 mm(或轴荷达到 11 500 kg 时),停止举升;测出左右轮轮荷,计算得出该轴加载状况下的轴荷(或直接测得该轴加载状况下的轴荷);
c) 起动滚筒电机,稳定 3 s 后实施制动,将制动踏板逐渐慢踩到底或踩至规定制动踏板力,测得左、右车轮制动力增长全过程的数值及左、右车轮最大制动力;并按 C.1.5.1 要求计算加载轴制动率、加载轴制动不平衡率;
d) 重复 a)、b)、c)步骤,依次测试各车轴。

附　录　D
（规范性附录）
前照灯检验

D.1　设备要求

前照灯光束照射位置检验及前照灯远光光束发光强度测量应使用具备远近光光束照射位置检验功能的前照灯检测仪。

D.2　检验前仪器及车辆准备

检验前，仪器及车辆准备如下：

a) 检测仪受光面应清洁；
b) 对手动式前照灯检测仪应检查其电池电压是否在规定范围内；
c) 轨道内应无杂物，使仪器移动轻便；
d) 前照灯应清洁。

D.3　检验方法

D.3.1　自动式前照灯检测仪检验

D.3.1.1　采用自动式前照灯检测仪检验时，按以下步骤进行：

a) 车辆沿引导线居中行驶至规定的检测距离处停止，车辆的纵向轴线应与引导线平行，如不平行，车辆应重新停放，或采用车辆摆正装置进行拨正；
b) 置变速器于空挡（无级变速二轮、三轮车辆应实施制动），车辆电源处于充电状态，开启前照灯远光灯；
c) 给自动式前照灯检测仪发出启动测量的指令，仪器自动搜寻被检前照灯，并测量其远光发光强度及远光照射位置偏移值；

注：前照灯远光照射位置偏移值检验仅对远光光束能单独调整的前照灯进行；远光光束能单独调整的前照灯是指手工或通过使用专用工具能够在不影响近光光束照射角度的情况下调整远光光束照射角度的前照灯，通常情况下远近光束一体的前照灯其远光光束照射角度不能单独进行调整。

d) 被检前照灯转换为近光光束，自动式前照灯检测仪自动检测其近光光束明暗截止线转角（或中点）的照射位置偏移值；
e) 按上述c)、d)步骤完成车辆所有前照灯的检测；
f) 在对并列的前照灯（四灯制前照灯）进行检验时，应将与受检灯相邻的灯遮蔽；
g) 采用气体放电光源前照灯时，测试前应预热。

D.3.1.2　三轮汽车、摩托车前照灯检验时，按以下步骤进行：

a) 将车辆停止在规定的位置；
b) 保持前照灯正对检测仪，有夹紧装置的将车轮夹紧；
c) 开启前照灯检测仪进行检测，检测过程中车辆应处于充电状态（挡位置于空挡，无级变速的车辆应实施制动）；

d） 对两轮机动车和装用一只前照灯的三轮机动车，记录前照灯远光光束发光强度。对装用两只或两只以上前照灯的三轮机动车，参照 D.3.1.1 的方法进行。

D.3.2 手动式前照灯检测仪检验

用手动式前照灯检测仪检验时，参照 D.3.1 的方法进行。

附　录　E
（规范性附录）
车速表指示误差检验

E.1　设备要求

车速表检验宜在滚筒式车速表检验台上进行。

E.2　检验程序

检验程序如下：

a）将车辆正直居中驶上检验台，驱动轮停放在测速滚筒上；
b）降下举升器或放松滚筒锁止机构，为防止车辆向前驶出该工位，可在非驱动轮前部加止动块（前轮驱动车使用驻车制动）；
c）当车速表指示 40 km/h 时，测取实际车速，检验结束；
d）升起举升器或锁止滚筒，将车辆驶出检验台。

E.3　检验注意事项

注意事项如下：

a）测速时车辆前、后方及驱动轮两旁不准站立人员；
b）检验结束后，检验员不可采取任何紧急制动措施使滚筒停止转动；
c）对于不能在车速表检验台上检验的车辆，只需在底盘动态检验时定性判断其车速表工作是否正常即可。

附 录 F
(规范性附录)
转向轮横向侧滑量检验

F.1 设备要求

转向轮横向侧滑量的检验应在侧滑检验台上进行,侧滑检验台宜具有轮胎侧向力释放功能。

F.2 检验程序

将车辆正直居中驶近侧滑检验台,并使转向轮处于正中位置,在驱动状态以不大于5 km/h的车速平稳、直线通过侧滑检验台,读取最大示值。

F.3 检验注意事项

车辆通过侧滑检验台时,不得转动方向盘;不得在侧滑检验台上制动或停车;应保持侧滑检验台滑板下部的清洁,防止锈蚀或阻滞。

附 录 G
（规范性附录）
机动车安全技术检验报告（式样）

G.1 机动车安全技术检验报告

机动车安全技术检验报告（式样）见表G.1。

表G.1 机动车安全技术检验报告（式样）

<table>
<tr><td colspan="6">一、基本信息</td></tr>
<tr><td>检验报告编号</td><td></td><td>检验机构名称</td><td colspan="3"></td></tr>
<tr><td>号牌号码</td><td></td><td>所有人</td><td colspan="3"></td></tr>
<tr><td>车辆类型</td><td></td><td>品牌/型号</td><td></td><td>使用性质</td><td></td></tr>
<tr><td>注册登记日期</td><td></td><td>出厂年月</td><td></td><td>检验日期</td><td></td></tr>
<tr><td>车辆识别代号
（或出厂编号）</td><td colspan="2"></td><td>发动机号码
（或电动机号码）</td><td colspan="2"></td></tr>
<tr><td colspan="6">二、检验结论</td></tr>
<tr><td>检验结论</td><td colspan="2"></td><td>授权签字人</td><td colspan="2"></td></tr>
<tr><td colspan="6">单位名称（盖章）：××××机动车安全技术检验机构</td></tr>
<tr><td colspan="6">三、人工检验结果</td></tr>
<tr><td>序号</td><td>检验项目</td><td>结果判定</td><td colspan="2">具体不符合项目情况说明</td><td>备注</td></tr>
<tr><td></td><td></td><td></td><td colspan="2"></td><td></td></tr>
<tr><td></td><td></td><td></td><td colspan="2"></td><td></td></tr>
<tr><td></td><td></td><td></td><td colspan="2"></td><td></td></tr>
<tr><td></td><td></td><td></td><td colspan="2"></td><td></td></tr>
<tr><td></td><td></td><td></td><td colspan="2"></td><td></td></tr>
<tr><td></td><td></td><td></td><td colspan="2"></td><td></td></tr>
<tr><td></td><td></td><td></td><td colspan="2"></td><td></td></tr>
<tr><td colspan="6">四、仪器设备检验结果</td></tr>
<tr><td>序号</td><td>检验项目</td><td>检验结果</td><td>标准限值</td><td>结果判定</td><td>备注</td></tr>
<tr><td></td><td></td><td></td><td></td><td></td><td></td></tr>
<tr><td></td><td></td><td></td><td></td><td></td><td></td></tr>
<tr><td></td><td></td><td></td><td></td><td></td><td></td></tr>
<tr><td></td><td></td><td></td><td></td><td></td><td></td></tr>
<tr><td></td><td></td><td></td><td></td><td></td><td></td></tr>
<tr><td></td><td></td><td></td><td></td><td></td><td></td></tr>
</table>

表 G.1（续）

五、建议					
备注					

G.2 机动车安全技术检验报告填表说明

机动车安全技术检验报告填表说明如下：

a) “基本信息”栏为必填项；

b) “检验结论”栏由授权签字人签注“合格”、“不合格”并“签字”，加盖机动车安全技术检验机构印章；

c) “人工检验结果”栏填写实际开展检验合格项目大类，出现不合项目的，填写“具体不合项目情况说明”，例如：

车辆唯一性检查、合格；

联网查询、合格；

车辆特征参数检查、合格……

车身外观、不合格、罐式危险货物运输车未按要求设置倾覆保护装置；

轮胎、不合格、右后轮胎胎面磨损严重，花纹深度不符合要求……

d) “仪器设备检验结果”栏填写实际开展检测的仪器设备检验项目，例如：

一轴制动率/不平衡率、二轴制动率/不平衡率……

整车制动率；

驻车制动率；

路试制动性能；

前照灯左外灯远光发光强度、前照灯左内灯远光发光强度、前照灯右外灯远光发光强度、前照灯右内灯远光发光强度；

前照灯左外灯远近光垂直偏移、前照灯左内灯远近光垂直偏移、前照灯右外灯远近光垂直偏移、前照灯右内灯远近光垂直偏移；

车速表指示误差；

转向轮横向侧滑量。

e) “建议”栏可根据检验结论的不同，分别签注内容：

——当检验结论为“合格”时，可视检验结果，提醒机动车送检人，例如：

“您爱车的制动结果显示：制动力已接近标准限值，建议进一步检查，消除安全隐患”；

“您爱车的制动结果显示：某轴的制动不平衡率接近标准限值，建议进一步检查，消除安全隐患”；

“您爱车的前照灯结果显示：某灯的发光强度接近标准限值，建议进一步检查，消除安全隐患”；

“您爱车的轮胎胎冠上花纹深度已接近标准限值，建议及时消除安全隐患”；

“您爱车的轮胎不规则磨损，建议进一步检查，消除安全隐患”；

“您爱车某某内饰件不宜放置在安全气囊上，建议您消除安全隐患”；

“您爱车某某内饰挂件存在影响驾驶人视线的隐患，建议您消除安全隐患”等。

——当检验结论为“不合格”时，可视不合格项情形，提醒机动车送检人，例如：

“您的爱车某某不合格项目，请及时到修理厂调修，消除安全隐患”或“您的爱车灯光远光/近光垂直偏移量不合格项目，本单位能提供免费调修服务，请及时调修，消除安全隐患”。

f) “备注”栏可填写提示类信息，例如：

“下次检验时间：　　”；

“机动车安全技术检验合格后请及时向公安机关交通管理部门申领检验合格标志”；

“机动车安全技术检验机构地址：　　联系电话：　　”。

附　录　H
（规范性附录）
机动车安全技术检验表（人工检验部分）

机动车安全技术检验表（人工检验部分）见表 H.1。

表 H.1　机动车安全技术检验表（人工检验部分）

<table>
<tr><td colspan="8">一、基本信息</td></tr>
<tr><td colspan="8">号牌号码（编号）：　　车辆类型：　　使用性质：　　里程表读数：　　km
车辆出厂日期：　年　月　日　初次登记日期：　年　月　日　检验日期：　年　月　日</td></tr>
<tr><td colspan="8">二、检验结果</td></tr>
<tr><td>序号</td><td colspan="2">检验项目</td><td>判定</td><td>序号</td><td colspan="2">检验项目</td><td>判定</td></tr>
<tr><td rowspan="7">1</td><td rowspan="7">车辆唯一性检查</td><td>①号牌号码/车辆类型</td><td></td><td rowspan="15">4</td><td rowspan="15">安全装置检查（续）</td><td>㉗车辆尾部标志板</td><td></td></tr>
<tr><td>②车辆品牌/型号</td><td></td><td>㉘侧后防护装置</td><td></td></tr>
<tr><td rowspan="2">③车辆识别代号（或整车出厂编号）</td><td rowspan="2"></td><td>㉙应急锤</td><td></td></tr>
<tr><td>㉚急救箱</td><td></td></tr>
<tr><td rowspan="2">④发动机号码（或电动机号码）</td><td rowspan="2"></td><td>㉛限速功能或限速装置</td><td></td></tr>
<tr><td>㉜防抱死制动装置</td><td></td></tr>
<tr><td>⑤车辆颜色和外形</td><td></td><td>㉝辅助制动装置</td><td></td></tr>
<tr><td rowspan="10">2</td><td rowspan="10">车辆特征参数检查</td><td>⑥外廓尺寸</td><td></td><td>㉞盘式制动器</td><td></td></tr>
<tr><td>⑦轴距</td><td></td><td>㉟紧急切断装置</td><td></td></tr>
<tr><td>⑧整备质量</td><td></td><td>㊱发动机舱自动灭火装置</td><td></td></tr>
<tr><td>⑨核定载人数</td><td></td><td>㊲手动机械断电开关</td><td></td></tr>
<tr><td>⑩核定载质量</td><td></td><td>㊳副制动踏板</td><td></td></tr>
<tr><td>⑪栏板高度</td><td></td><td>㊴校车标志灯和校车停车指示标志牌</td><td></td></tr>
<tr><td>⑫后轴钢板弹簧片数</td><td></td><td>㊵危险货物运输车标志</td><td></td></tr>
<tr><td>⑬客车应急出口</td><td></td><td>㊶肢体残疾人操纵辅助装置</td><td></td></tr>
<tr><td>⑭客车乘客通道和引道</td><td></td><td rowspan="4">5</td><td colspan="2" rowspan="4">联网查询车辆事故/违法信息（对发生过造成人员伤亡交通事故的送检机动车，人工检验时应重点检查损伤部位和损伤情况）
________________</td><td rowspan="4"></td></tr>
<tr><td>⑮货厢</td><td></td></tr>
<tr><td rowspan="6">3</td><td rowspan="6">车辆外观检查</td><td>⑯车身外观</td><td></td></tr>
<tr><td>⑰外观标识、标注和标牌</td><td></td></tr>
<tr><td>⑱外部照明和信号灯具</td><td></td><td rowspan="4">6</td><td rowspan="4">底盘动态检验</td><td>㊷转向系</td><td></td></tr>
<tr><td>⑲轮胎</td><td></td><td>㊸传动系</td><td></td></tr>
<tr><td>⑳号牌及号牌安装</td><td></td><td>㊹制动系</td><td></td></tr>
<tr><td>㉑加装/改装灯具</td><td></td><td>㊺仪表和指示器</td><td></td></tr>
<tr><td rowspan="5">4</td><td rowspan="5">安全装置检查</td><td>㉒汽车安全带</td><td></td><td rowspan="5">7</td><td rowspan="5">车辆底盘部件检查</td><td>㊻转向系部件</td><td></td></tr>
<tr><td>㉓机动车用三角警告牌</td><td></td><td>㊼传动系部件</td><td></td></tr>
<tr><td>㉔灭火器</td><td></td><td>㊽行驶系部件</td><td></td></tr>
<tr><td>㉕行驶记录装置</td><td></td><td>㊾制动系部件</td><td></td></tr>
<tr><td>㉖车身反光标识</td><td></td><td>㊿其他部件</td><td></td></tr>
</table>

表 H.1（续）

<table>
<tr><td>序号</td><td>不合格项(填写编号和名称)</td><td>不合格项目说明</td><td>备注</td></tr>
<tr><td></td><td></td><td></td><td></td></tr>
<tr><td></td><td></td><td></td><td></td></tr>
<tr><td colspan="4">车辆外廓尺寸(mm×mm×mm)：　　　　整备质量(kg)：</td></tr>
<tr><td colspan="4">机动车所有人：　　　　手机电话：　　　　地址/邮编：</td></tr>
<tr><td colspan="4">检验员建议：

检验员签字：</td></tr>
<tr><td colspan="4">注 1：判定栏中填“○”为合格，“╳”为不合格，“—”表示不适用于送检车。
注 2：当车辆外廓尺寸、整备质量检验项目使用仪器自动测量并打印在仪器设备检验表格中时，本表相应参数可不填。</td></tr>
</table>

附 录 I
（规范性附录）
机动车安全技术检验表（仪器设备检验部分）

I.1 机动车（三轮汽车、摩托车除外）安全技术检验表（仪器设备检验部分）

I.1.1 机动车（三轮汽车、摩托车除外）安全技术检验表（仪器设备检验部分）见表 I.1。

表 I.1 机动车（三轮汽车、摩托车除外）安全技术检验表（仪器设备检验部分）

一、基本信息					
检验流水号		引车员		检验日期	
检验类别		检验项目		登录员	
号牌（自编）号		所有人			
号牌种类		车辆类型		品牌/型号	
车辆识别代号				发动机号	
初次登记日期		出厂年月		燃料类别	
驱动型式		驻车轴		转向轴悬架形式	
整备质量（kg）		前照灯制		前照灯远光束能否单独调整	

二、检验结果																		
台试检测项目		轮荷（kg）		最大行车制动力（10N）		过程差最大差值点（10N）		空载制动				加载制动			项目判定	单项次数
		左	右	左	右	左	右	行车制动率（%）	不平衡率（%）	驻车制动力（10 N）	驻车制动率（%）	加载轴荷（kg）	轴制动率（%）	不平衡率（%）		
制动B	一轴															
	二轴															
	三轴															
	四轴															
	五轴															
	整车															
	驻车															
	动态轮荷（左/右）（kg）		1 轴 /					2 轴 /								

前照灯H	项目	远光发光强度（cd）	远光垂直偏移量（mm/10 m）	近光垂直偏移量（mm/10 m）	远光灯中心高（mm）	近光灯中心高（mm）	远光垂直偏移	近光垂直偏移	项目判定	单项次数
	左外灯									
	左内灯									
	右内灯									
	右外灯									

表 I.1（续）

车速表 S	km/h				
侧滑 A	m/km				
路试制动性能		路试检验员			
车辆外廓尺寸（mm×mm×mm）：	整备质量（kg）：				
主车制动检验结果（对于主车和挂车一起检验，在打印挂车报告时）		总检次数			
备注					

I.1.2 机动车（除摩托车、三轮汽车外）安全技术检验表填表说明如下：

a) 路试制动性能中，按选择的如下路试检测项目打印项目名称（单位）、数据：
   制动初速度，制动距离（m），制动稳定性；
   制动初速度，*MFDD*（m/s^2），协调时间（s），制动稳定性；
b) 制动动态轮荷仅在使用平板制动检验台检测小（微）型载客汽车时需打印，按"左/右"格式打印；
c) 远近光垂直偏移量栏按照上偏差为正"+"，下偏差为负"－"计；
d) 远（近）光垂直偏移按照远（近）光垂直偏移量与远（近）光灯中心高的比值计，单位取 *.H。
e) 单项次数栏打印本检验周期内单项检测的次数（含初复检）、以便明确该数据是第几次检测结果。制动各轴单项次数以该轴上检验设备次数为准；
f) 总检次数栏打印本检验周期内该车上线检测的总次数（含初复检）；
g) 挂车检测时与主车（牵引车）一起上线检测的，主车与挂车均按本表格式打印；
h) 当车辆外廓尺寸、整备质量检验项目使用仪器自动测量时，可一并在此表中打印。

I.2 三轮汽车、摩托车安全技术检验表（仪器设备检验部分）

I.2.1 三轮汽车、摩托车安全技术检验表（仪器设备检验部分）见表 I.2。

表 I.2 三轮汽车、摩托车安全技术检验表（仪器设备检验部分）

一、基本信息					
检验流水号		引车员		检验日期	
检验类别		检验项目		登录员	
号牌（自编）号		所有人			
号牌种类		车辆类型		品牌/型号	
车辆识别代号		发动机号		燃料类别	
初次登记日期		出厂年月		里程表读数	
整备质量（kg）		前照灯制		前照灯远光束能否单独调整	

表 I.2（续）

<table>
<tr><td colspan="11">二、检验结果</td></tr>
<tr><td colspan="2" rowspan="2">台试检测
项目</td><td colspan="2">轮荷(kg)</td><td colspan="2">制动力(10N)</td><td rowspan="2">制动率(%)</td><td colspan="2" rowspan="2">项目
判定</td><td colspan="2" rowspan="2">单项
次数</td></tr>
<tr><td>左</td><td>右</td><td>左</td><td>右</td></tr>
<tr><td rowspan="3">制
动
B</td><td>前轮</td><td></td><td></td><td></td><td></td><td></td><td colspan="2"></td><td colspan="2"></td></tr>
<tr><td>后轮(轴)</td><td></td><td></td><td></td><td></td><td></td><td colspan="2"></td><td colspan="2"></td></tr>
<tr><td>驻车</td><td></td><td></td><td></td><td></td><td></td><td colspan="2"></td><td colspan="2"></td></tr>
<tr><td rowspan="3">前
照
灯
H</td><td>项目</td><td colspan="5">远光发光强度(cd)</td><td colspan="2">项目
判定</td><td colspan="2">单项
次数</td></tr>
<tr><td>左(单)灯</td><td colspan="5"></td><td colspan="2"></td><td colspan="2"></td></tr>
<tr><td>右灯</td><td colspan="5"></td><td colspan="2"></td><td colspan="2"></td></tr>
<tr><td colspan="2">路试制动性能</td><td colspan="2"></td><td colspan="2">路试检验员</td><td></td><td colspan="2"></td><td colspan="2"></td></tr>
<tr><td colspan="4">车辆外廓尺寸(mm×mm×mm)：</td><td colspan="3">整备质量(kg)：</td><td></td><td></td><td></td><td></td></tr>
<tr><td colspan="6">备注</td><td>总 检 次 数</td><td colspan="4"></td></tr>
</table>

I.2.2 三轮汽车、摩托车安全技术检验表(仪器设备检验部分)填表说明如下：

a) 路试制动性能中，按选择的如下路试检测项目打印项目名称(单位)、数据：
制动初速度，制动距离(m)，制动稳定性；
制动初速度，$MFDD$(m/s^2)，协调时间(s)，制动稳定性；

b) 单项次数栏打印本检验周期内单项检测的次数(含初复检)、以便明确该数据是第几次检测结果，制动各轴单项次数以该轴上检验设备次数为准；

c) 总检次数栏打印本检验周期内该车上线检测的总次数(含初复检)；

d) 当车辆外廓尺寸、整备质量检验项目使用仪器自动测量时，可一并在此表中打印。

参 考 文 献

[1] 《中华人民共和国道路交通安全法》.

[2] 《中华人民共和国道路交通安全法实施条例》.

[3] 国家标准 GB 7258—2012《机动车运行安全技术条件》实施指南.北京:中国质检出版社,2012.

[4] 俄联邦国家标准 GOST R 5109—2004《汽车安全行驶对技术状况的要求 检测方法》.

[5] 货车验车员手册(中华人民共和国香港特别行政区运输署验车部).

[6] 私家车轻型货车(车辆总质量不超过 1.9 公吨)验车员手册.

[7] 美国联邦机动车安全法规 49CFR570《Vehicle In Use Inspection Standards》.

[8] 《Roadworthiness tests for motor vehicles and their trailers》(2009/40/EC).

[9] 《Adapting to technical progress Directive 2009/40/EC of the European Parliament and of the Council on roadworthiness tests for motor vehicles and their trailers》(2010/48/EU).

[10] 《Vermont periodic inspection manual》(TA-VN-112 03/01 INTERNET CAL Reprinted: March 2001).

[11] 《Inspection standard for exported used cars》(JAAI 6-30B,March 23,1995).

ICS 43.040.20
T 38

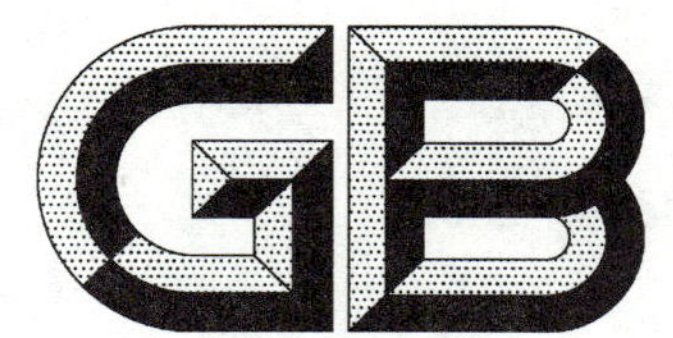

中华人民共和国国家标准

GB 23254—2009

货车及挂车　车身反光标识

Retro-reflective markings for trucks and trailers

2009-03-06 发布　　　　2009-07-01 实施

中华人民共和国国家质量监督检验检疫总局
中国国家标准化管理委员会　发布

前　言

本标准第4章、第5章、第6章为强制性的，其余内容为推荐性的。

本标准的主要技术指标充分考虑了国内目前产品的技术水平。其中，产品分类参考了美国联邦机动车安全运行法规FMVSS 571.108，附录A参考了联合国欧洲经济委员会法规ECE R104。

本标准的附录A为规范性附录。

本标准由国家发展和改革委员会提出。

本标准由全国汽车标准化技术委员会归口。

本标准负责起草单位：公安部交通管理科学研究所、中国汽车技术研究中心。

本标准参加起草单位：国家道路交通安全产品质量监督检验中心、汉阳专用汽车研究所、东风商用车技术中心、中国重型汽车集团有限公司、中集车辆（集团）有限公司、合肥百瑞得反光材料有限公司、3M（中国）有限公司。

本标准主要起草人：应朝阳、耿磊、王军华、何云堂、吴跃玲、余博英、吴志宏、张研威、赵彬冰、王思豹。

本标准为首次制定。

货车及挂车　车身反光标识

1　范围

本标准规定了车身反光标识的要求(包括材料要求和粘贴要求)、试验方法、检验规则、包装、标志和贮存。

本标准适用于货车和挂车,不适用于道路运输爆炸品和剧毒化学品的车辆。

2　规范性引用文件

下列文件中的条款通过本标准的引用而成为本标准的条款。凡是注日期的引用文件,其随后所有的修改单(不包括勘误的内容)或修订版均不适用于本标准,然而,鼓励根据本标准达成协议的各方研究是否可使用这些文件的最新版本。凡是不注日期的引用文件,其最新版本适用于本标准。

GB/T 2423.17　电工电子产品环境试验　第2部分:试验方法　试验Ka:盐雾(GB/T 2423.17—2008,IEC 60068-2-11:1981,Basic environmental testing procedures—Part 2:tests—Test Ka:Salt mist,IDT)

GB/T 3681　塑料大气暴露试验方法(GB/T 3681—2000,neq ISO 877:1994)

GB/T 3730.1　汽车和挂车类型的术语和定义

GB/T 3978　标准照明体和几何条件

GB/T 3979　物体色的测量方法

GB 4785　汽车及挂车外部照明和光信号装置的安装规定

GB 11564　机动车回复反射器

GB/T 18833—2002　公路交通标志反光膜

3　术语和定义

GB/T 3730.1、GB 11564 和 GB/T 18833—2002 确立的以及下列术语和定义适用于本标准。

3.1

车身反光标识　retro-reflective markings of carriage

为增强车辆的可识别性而安装或粘贴在车身表面的反光材料的组合。

3.2

亮度因子　luminance factor

在相同的照明和观察条件下,样品的亮度与理想漫射体的亮度之比。

4　要求

4.1　材料要求

4.1.1　分类

按组成车身反光标识材料的不同,分为反射器型车身反光标识(以下简称反射器型)和反光膜型车身反光标识(以下简称反光膜型)。

按逆反射系数的不同,反光膜分为一级(Class Ⅰ)和二级(Class Ⅱ)。

4.1.2　反射器型

反射器分为白色和红色单元,所有性能应符合 GB 11564 中ⅣA 类的要求。

4.1.3 反光膜型

4.1.3.1 形状和外观要求

反光膜由白色、红色单元相间的条状材料组成。

反光膜的白色单元上，应有印刷、水印、激光刻印、模压或其他适当方式加施的制造商标识、材料等级标识和国家有关部门规定的其他标识，标识应易于识别。采用印刷方式加施的标识应在反光面的次表面。

反光膜表面应平滑、光洁，无明显的划痕、气泡、裂纹、颜色不均匀等缺陷或损伤。

4.1.3.2 尺寸要求

任何一种颜色单元的连续长度不应大于 450 mm，也不应小于 150 mm，两种颜色单元长度比例不应大于 2，也不应小于 0.5。

反光膜的宽度应从以下数值中选取：50 mm、75 mm、100 mm。在无法粘贴 50 mm 宽度尺寸反光膜的情况下，反光膜的宽度可为 25 mm。

4.1.3.3 色度性能

白色、红色反光膜的色品坐标和亮度因子应在表 1 规定的范围内，色品图见图 1。

表 1 反光膜颜色各角点的色品坐标及亮度因子(D_{65} 光源)

颜色	色品坐标								亮度因子 Y
	①		②		③		④		
	x	y	x	y	x	y	x	y	
白色	0.350	0.360	0.300	0.310	0.285	0.325	0.335	0.375	≥0.15
红色	0.690	0.310	0.658	0.342	0.569	0.341	0.595	0.315	0.03～0.15

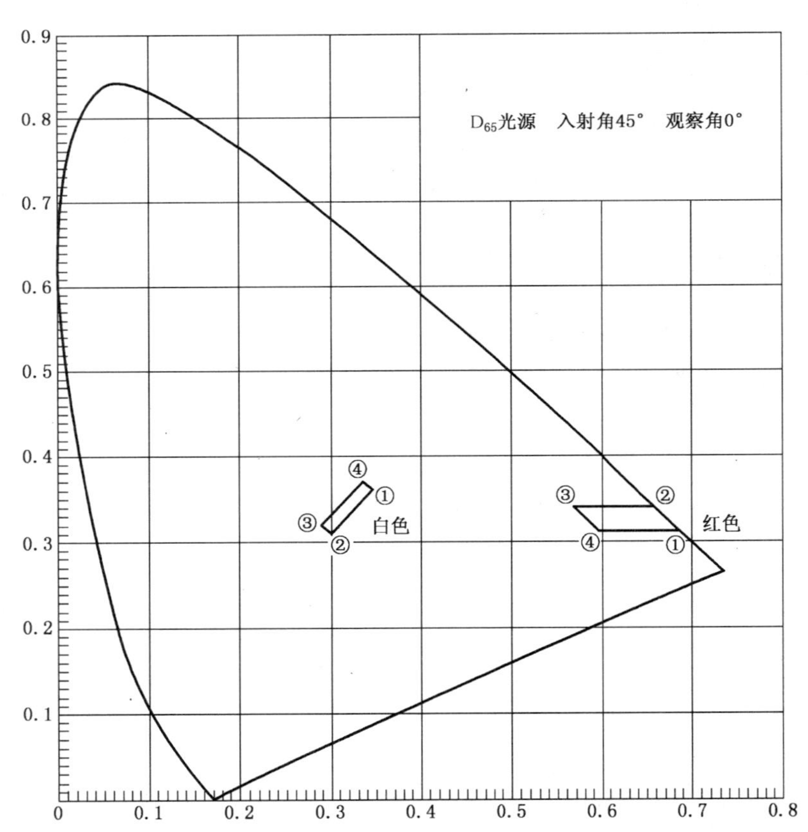

图 1 反光膜颜色色品图(D_{65} 光源)

4.1.3.4 反光性能

4.1.3.4.1 逆反射系数 R'

反光膜(0°和90°方向)的逆反射系数 R' 不应低于表2规定的值。

表2 反光膜的最小逆反射系数

项目		一级(Class Ⅰ) cd/(lx·m²)				二级(Class Ⅱ) cd/(lx·m²)			
观察角		12′		30′		12′		30′	
颜色		白色	红色	白色	红色	白色	红色	白色	红色
入射角	−4°	500	120	130	30	250	60	65	15
	30°	375	90	100	25	250	60	65	15
	45°	90	25	30	8	60	15	15	4

4.1.3.4.2 逆反射性能均匀性

任意选取红、白单元各5个,其中同一颜色的任何一个单元的逆反射系数 R',既不应大于同一颜色所有单元逆反射系数平均值的120%,也不应小于所有单元逆反射系数平均值的80%。

4.1.3.4.3 湿状态下的逆反射

在观察角为12′、入射角为−4°条件下,湿状态下反光膜的逆反射系数 R' 应不小于表2规定值的80%。

4.1.3.5 耐候性能

自然暴露试验或人工气候加速老化试验后,反光膜表面不应有明显的开裂、刻痕、凹陷、气泡、皱纹、侵蚀、剥离、粉化或变形,从任何一边均不应出现超过1 mm的收缩或膨胀,也不应出现从底板边缘的脱胶现象,在观察角为12′、入射角为−4°条件下,逆反射系数 R' 不应小于表2相应数值的70%,而且色品坐标仍应在表1规定的范围内。

当自然暴露试验的结果与人工气候加速老化试验的结果发生冲突时,以自然暴露试验的结果为准。

4.1.3.6 附着性能

附着性试验后,反光膜背胶的180°剥离强度不应小于25 N。

4.1.3.7 耐盐雾腐蚀性能

盐雾试验后,反光膜不应有软化、气泡、皱纹、溶解、掉色、变色或被侵蚀的痕迹,在观察角为12′、入射角为−4°条件下,逆反射系数 R' 不应小于表2中相应数值的70%,按5.2.7规定的方法测得的背胶180°剥离强度不应小于20 N。

4.1.3.8 抗溶剂性能

抗溶剂试验后,反光膜表面不应出现软化、皱纹、气泡、掉色、变色、开裂或表面边缘被溶解的痕迹,在观察角为12′、入射角为−4°条件下,逆反射系数 R' 不应小于表2相应数值的80%,色品坐标仍应在表1规定的范围内。

4.1.3.9 抗冲击性能

冲击试验后,反光膜表面在以冲击点为圆心、半径为6 mm的圆形区域以外,不应出现裂缝、层间脱离或其他损坏。

4.1.3.10 耐温性能

耐温试验后,反光膜不应有皱纹、气泡、裂缝、剥落、碎裂或翘曲的痕迹,在观察角为12′、入射角为−4°条件下,逆反射系数 R' 不应小于表2相应数值的80%,色品坐标仍应在表1规定的范围内。

4.1.3.11 耐弯曲性能

弯曲试验后,反光膜不应出现裂缝、剥落、层间分离的痕迹。

4.1.3.12 耐水性能

试验后不能用手剥开产品各组成部分。如目测观察没有发现或不能肯定有水进入，则在观察角为12′、入射角为−4°条件下测量其逆反射系数R'，不应小于表2相应的规定值。

4.1.3.13 耐冲洗性能

冲洗试验后，反光膜不应有破损、颜色脱落、起皱以及边缘翘曲、剥落等现象。

4.2 安装和粘贴要求

4.2.1 通用要求

4.2.1.1 按车身反光标识在车辆上安装部位的不同，分为后部车身反光标识和侧面车身反光标识。

4.2.1.2 车身反光标识应安装或粘贴在无遮挡且易见的车身后部、侧面外表面。

4.2.1.3 车身反光标识不应替代GB 4785要求安装的机动车回复反射器。

4.2.1.4 车身后部和侧面可以安装或粘贴不同类型或等级的车身反光标识，但后部车身反光标识和侧面车身反光标识应分别选用同一类型或等级的车身反光标识。

4.2.1.5 安装或粘贴时，车身后部和侧面的车身反光标识均应由白色单元开始、白色单元结束。

4.2.1.6 车辆安装或粘贴车身反光标识后，不应影响车辆其他照明及信号装置的性能。

4.2.1.7 车辆安装或粘贴车身反光标识后，不得在车身反光标识上钻孔、开槽。

4.2.2 后部车身反光标识安装和粘贴要求

4.2.2.1 基本要求

在结构允许的条件下，后部车身反光标识应左右对称分布并尽可能地体现车辆后部宽度和轮廓，横向水平安装或粘贴总长度(不含间隔部分)不应小于车辆后部宽度的80%，厢式货车在满足前述要求后，应使用车身反光标识勾勒车厢后部的轮廓。其他车辆粘贴面积达不到规定要求时，首先应体现车辆后部宽度，再采用勾勒轮廓的方法进行补偿。

车身反光标识离地面的高度最低为380 mm。

4.2.2.2 反光膜型

采用一级反光膜时，其与后反射器的面积之和不应小于0.1 m^2；采用二级反光膜时，其与后反射器的面积之和不应小于0.2 m^2。

粘贴允许中断，但每一连续段长度不应小于300 mm、且包含红、白色车身反光标识至少各一个单元。特殊情况下，允许红、白单元分开粘贴，但应保持红、白相间，每一连续段长度不应小于150 mm。

4.2.2.3 反射器型

采用反射器时，反射器应横向水平布置，红、白单元相间并且数量相当，相邻反射器的边缘距离不应大于100 mm。

4.2.2.4 车身反光标识被遮挡的，应在被遮挡的车身后部至少水平固定一块2 000 mm×150 mm的柔性反光标识。

4.2.3 侧面车身反光标识安装和粘贴要求

4.2.3.1 基本要求

侧面车身反光标识应尽可能的连续安装或粘贴，采用断续安装或粘贴时，其总长度(不含间隔部分)不应小于车长的50%，安装或粘贴长度达不到规定要求时，可采用勾勒轮廓的方法进行补偿。

4.2.3.2 反光膜型

采用反光膜时，侧面车身反光标识允许中断，但每一连续段长度不应小于300 mm，且包含红、白色车身反光标识至少各一个单元，粘贴间隔不应大于100 mm，粘贴应尽可能纵向均匀分布。特殊情况下，允许红、白单元分开粘贴，但应保持红、白相间，每一连续段长度不应小于150 mm。

4.2.3.3 反射器型

采用反射器时，反射器应横向均匀布置，红、白单元相间并且数量相当，相邻反射器的边缘距离不应大于150 mm。

4.2.3.4 车身反光标识被遮挡的，应在被遮挡的车身侧面至少水平固定一块 2 000 mm×150 mm 的柔性反光标识。

4.2.4 专用作业车安装和粘贴的补充要求

部分专用作业类车辆除驾驶室外的车身结构无连续平面，不满足 4.2.2 的要求时，车辆后部安装或粘贴的车身反光标识总长度可小于车辆后部宽度的 80%，但应能体现车辆后部宽度；不满足 4.2.3 的要求时，车身反光标识的粘贴总长度可以小于车辆长度的 50%，但不应少于车辆长度的 30%，断开间隔不受限制。

这类车辆的车身反光标识应尽可能粘贴在防护装置或车身的固定构件上。

4.2.5 其他安装和粘贴要求

尽可能选取平整的车身表面粘贴反光膜，粘贴前，应对粘贴部位作清洁处理。

反光膜应与车身表面牢固、可靠地粘结。粘贴后应与车辆外观协调，结构允许时尽可能采用水平方向或垂直方向粘贴。车身表面无法直接粘贴反光膜时，应将反光膜先粘贴在具有一定刚度、强度、抗老化的条形衬板上，再将条形衬板牢固地粘贴或铆接到车身上。固定条形衬板的铆钉孔必须采取防水、防尘措施。

粘贴后，反光膜边缘应作防水、防尘处理。

4.2.6 粘贴示例

附录 A 给出了部分典型车型的反光膜粘贴样式，反射器的安装或粘贴可参照执行。

5 试验方法

5.1 反射器型

反射器的性能测试按 GB 11564 的规定进行。

5.2 反光膜型

5.2.1 测试的准备

反光膜的测试样品按下述方法制作：撕去反光膜的防粘纸，粘贴在同样尺寸的底板上，压实后即为测试样品。底板为铝合金板，厚度为 2 mm，铝合金板表面应经酸脱脂处理。一般情况下，裁取 50 mm×150 mm 的反光膜制作样品，特殊尺寸要求见具体的试验项目。样品编号及样品分布详见表 3。

测试样品在试验前，应在温度 23 ℃±5 ℃、相对湿度不大于 75%的环境中放置 24 h，然后再进行各项试验。

除非特别指明，一般的试验应在温度 23 ℃±5 ℃、相对湿度不大于 75%的环境中进行。

5.2.2 外观检查

在照度大于 150 lx 的室内(或室外)环境中，距离测试样品表面 0.3 m～0.5 m 处，面对测试样品，目测样品。

5.2.3 尺寸测量

用精度为 1 mm 的长度测量器具测量车身反光标识的尺寸。

5.2.4 色度性能测试

采用 GB/T 3978 规定的标准照明 D_{65} 光源(色温 6 500 K)照射时，在 45°/0°或 0°/45°几何条件下，按 GB/T 3979 规定的方法，测得各种颜色的色品坐标和亮度因子。

5.2.5 反光性能测试

5.2.5.1 测试原理和装置

测试原理和装置见 GB/T 18833—2002 中图 1 和图 5 所示，其中：

a) 光源采用 GB/T 3978 规定的标准 A 光源，试样整个受照区域的垂直照度的不均匀性不应大于 5%。

b) 光探测器是经光谱光视效率曲线校正的照度计。

c) 光探测器应能移动，以保证观察角在一定范围内变化。

5.2.5.2 测试方法

按表1规定的照明观测几何条件和GB/T 18833—2002中7.4.1规定的方法测量反光膜0°和90°方向的逆反射系数R'。每个颜色单元均匀选取至少5个测量区域或测量点，其平均值即为该颜色单元0°或90°方向的逆反射系数值R'。

5.2.5.3 逆反射均匀性测试

按前述方法，在观察角为12′、入射角为−4°条件下，测试5个红、白单元的逆反射系数R'，计算同一颜色的所有单元的逆反射系数平均值。

5.2.5.4 湿状态下逆反射测试

按GB/T 18833—2002中7.4.2规定的装置和方法进行测试。

5.2.6 耐候性能试验

5.2.6.1 自然暴露试验

按GB/T 3681，把红色、白色单元各2块测试样品安装在至少高于地面1 m的暴晒架上，测试样品面朝正南方，与水平面的夹角为45°。测试样品表面不应被其他物体遮挡阳光，不应积水，暴露地点的选择尽可能近似实际使用环境或代表某一气候类型最严酷的地方。

自然暴露试验的时间为2年。测试样品开始暴晒后，每个月作一次表面检查，一年后，每三个月检查一次，直至最后。自然暴露试验结束后，检查并记录试验结果。

5.2.6.2 人工气候加速老化试验

将红色、白色单元各2块测试样品放入老化箱内，老化箱采用氙灯作为光源，测试样品正面受到波长为300 nm～800 nm光线的辐射，其辐射强度为1 000 W/m^2±50 W/m^2，光波波长低于300 nm光线的辐射强度不应大于1 W/m^2。整个测试样品面积内，辐射强度的偏差不应大于10%。在试验过程中，采用连续光照，黑板温度为63 ℃±3 ℃，相对湿度为(50±5)%，喷水周期为18 min/102 min(喷水时间/不喷水时间)。人工气候加速老化试验的时间为1 200 h。

人工气候加速老化试验结束后，用浓度为5%的盐酸溶液清洗样品表面45 s，然后用清水彻底冲洗，接着用干净软布擦干，在温度20 ℃±5 ℃、相对湿度不大于65%的环境中放置24 h后，再进行检查并记录试验结果。

5.2.7 附着性试验

5.2.7.1 试验用样品

将红色、白色单元的反光膜各裁取50 mm×150 mm，撕去100 mm长的防粘纸，粘贴在符合5.2.1要求的底板上。按5.2.1要求处置后进行试验。

5.2.7.2 试验方法

在拉伸试验机上固定好测试样品，用拉伸试验机的夹头夹住未撕去防粘纸部分的反光膜，使之与底板成180°。在试样宽度上负荷应均匀分布，然后在300 mm/min的速率下测量反光膜背胶的剥离强度。

5.2.8 盐雾腐蚀试验

5.2.8.1 试验样品

按5.2.1要求红色、白色单元各制作2块样板。

另外裁取红色、白色单元的反光膜各50 mm×150 mm，撕去100 mm长的防粘纸，粘贴在符合5.2.1要求的底板上。

5.2.8.2 试验要求

按GB/T 2423.17的要求，把化学纯的氯化钠溶于蒸馏水，配制成(5±0.1)%(质量百分比)的氯化钠溶液，pH值在6.5～7.2之间(35 ℃±2 ℃)，使该溶液在盐雾箱内连续雾化，盐雾沉降量为(1.0～2.0)mL/(h·80 cm^2)，箱内温度保持35 ℃±2 ℃。将测试样品放入盐雾箱内，其受试面与垂直方向成30°角，相邻两样品保持一定的间隙，行间距不小于10 cm，测试样品在盐雾空间连续暴露，应经历10个循环试验，每个循环连续喷雾 23 h，干燥 1 h。试验应在干燥阶段结束。试验结束后，用流动水轻轻洗掉样品表面的盐沉积物，再用蒸馏水漂洗，洗涤水温不应超过 35 ℃，然后置于室温下恢复 2 h，检查并记录试验结果。

5.2.9 抗溶剂试验

将测试样板分别浸没在 93# 无铅汽油、0# 柴油和汽车发动机润滑油中，15 min 后取出，擦干，在室温下恢复 2 h 后，检查并记录试验结果。

5.2.10 冲击试验

将红色、白色单元各 1 块测试样品的正面朝上，水平放置在厚度为 20 mm 的钢板上，在样品上方 2 m 处，用一个质量为 0.25 kg 的实心钢球自由落下，撞击测试样品的中心部位，检查并记录试验结果。

5.2.11 耐温试验

将红色、白色单元各 1 块测试样品放入 70 ℃±2 ℃环境中 24 h。然后取出样品在 20 ℃±5 ℃条件下恢复 2 h，接着将测试样品放入 −40 ℃±3 ℃的环境中 24 h。取出样品，在 20 ℃±5 ℃条件下恢复 2 h，检查并记录试验结果。

5.2.12 弯曲试验

红色、白色单元的反光膜各裁取 25 mm×150 mm，撕去防粘纸，在背胶表面撒上足够的滑石粉，将样品成 90°围绕在一直径为 3.2 mm 的圆棒上，使样品的背胶与圆棒外表面接触，放开样品，检查并记录试验结果。

5.2.13 水浸试验

将红色、白色单元各 1 块测试样品浸入 50 ℃±5 ℃的水中 24 h，其反光表面上部的最高点应在水面下 20 mm 处，然后将测试样品反转 180°，再浸 24 h，取出，检查并记录试验结果。

5.2.14 耐冲洗性能试验

5.2.14.1 试验样品

将 50 mm×1 000 mm 的红、白相间的反光膜粘贴在钢板油漆表面中间位置，钢板尺寸为 1 200 mm×500 mm×2 mm，钢板上漆膜厚度为 45 μm~55 μm。在 5.2.1 规定的环境中放置 24 h 后进行试验。

5.2.14.2 试验方法

用高压水枪从任意角度冲洗样品，水枪喷水压力为 5 MPa，喷水距离为 1 m，喷水时间 10 min。试验后检查样品。

6 检验规则

6.1 检验分类

车身反光标识的检验分为型式检验和生产一致性检验。

反射器的型式检验和生产一致性检验按 GB 11564 的规定进行，反光膜的型式检验和生产一致性检验按下述规定进行。

6.2 型式检验

6.2.1 型式检验的条件

型式检验在以下几种情况下进行：

——产品新设计试生产；

——转产或转厂；

——停产后复产；

——结构、材料或工艺有重大改变；

——正常生产后每隔两年；

——合同规定等。

6.2.2 样品要求

在产品型号和商标、光度和色度特性以及特定的材料、几何尺寸、产品结构等方面没有差异的车身反光标识为同一型式的车身反光标识。

选取同一型式的 50 mm×5 000 mm 的反光膜作为样品,样品应包含红色和白色单元。

6.2.3 检验项目、方法

型式检验的项目、要求、试验方法、样品编号和分布见表 3。

表 3 反光膜型式检验项目、要求和方法

序号	检验项目		要求条款	试验方法条款	样品编号
1	外观检测		4.1.3.1	5.2.2	#1～#13
2	尺寸测量		4.1.3.2	5.2.3	#1
3	色度性能测试		4.1.3.3	5.2.4	#1
4	反光性能测试	逆反射系数	4.1.3.4.1	5.2.5	#1
		逆反射均匀性	4.1.3.4.2		#1
		湿状态逆反射	4.1.3.4.3		#1
5	人工气候加速老化试验		4.1.3.5	5.2.6	#1、#2
6	附着性试验		4.1.3.6	5.2.7	#3
7	盐雾腐蚀试验		4.1.3.7	5.2.8	#4、#5
8	抗溶剂试验		4.1.3.8	5.2.9	#6、#7、#8
9	冲击试验		4.1.3.9	5.2.10	#9
10	耐温试验		4.1.3.10	5.2.11	#10
11	弯曲试验		4.1.3.11	5.2.12	#11
12	水浸试验		4.1.3.12	5.2.13	#12
13	耐冲洗性能试验		4.1.3.13	5.2.14	#13
注:每个编号的样品均包括白色和红色单元。					

6.3 生产一致性检验

对已经型式检验合格的产品,以批量产品中随机抽取的样品来判定其生产的一致性。样品的材料、结构和尺寸应符合申请检验提供的图纸的规定。

应至少在 50 mm×10 000 m(应包含红色和白色单元)的反光膜中随机抽取不少于 50 mm×5 000 mm(应包含红色和白色单元)的样品。生产一致性检验的项目至少包括外观、色度、反光性能、附着性能、抗溶剂性能、耐温性能等,每 4 年应检验 1 次耐候性能。检验结果应符合第 4 章的相应要求。

7 包装和标志

7.1 包装

车身反光标识材料的包装箱应符合防潮、防尘的要求。

7.2 标志

包装箱上应标明以下内容:

1) 产品名称、产品标准编号、商标;

2) 生产企业名称、详细地址;

3) 产品的规格、型号、等级和数量;

4) 生产日期、批号。

7.3 说明书和合格证书

单个包装箱内应有中文使用说明书、合格证书。

附 录 A
（规范性附录）
部分典型车型反光膜材料粘贴示例

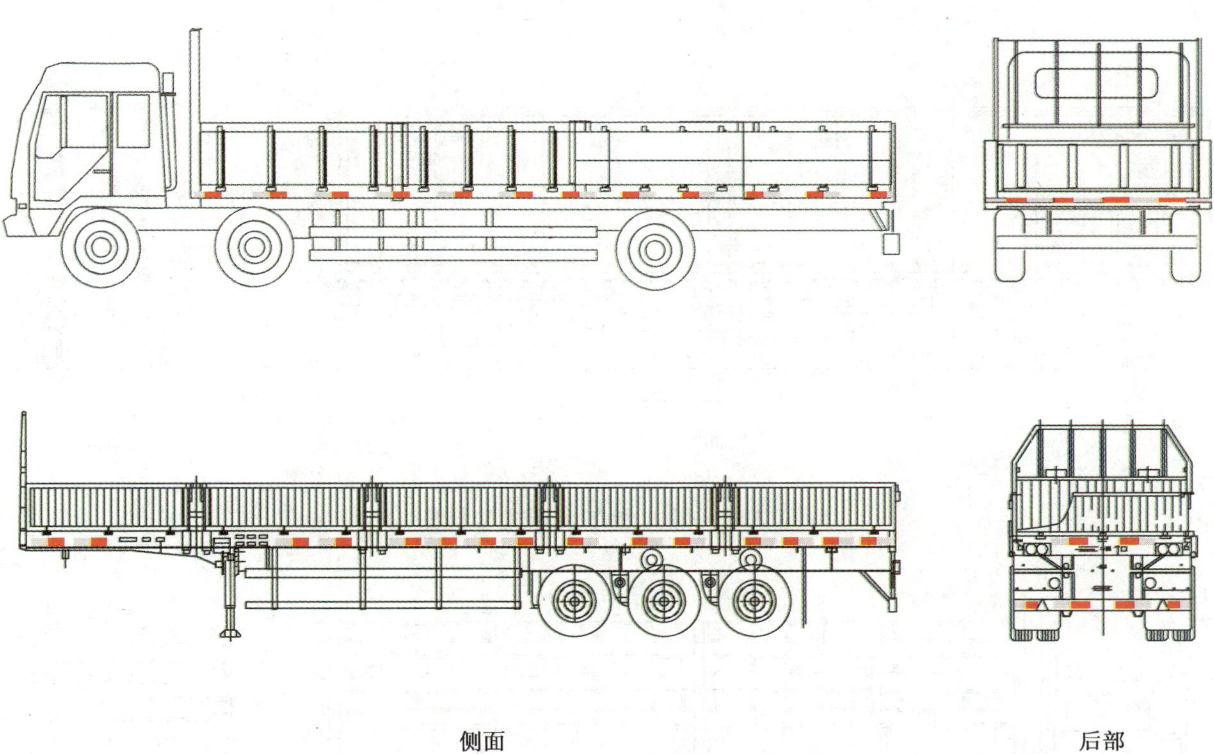

如因后部粘贴达不到规定面积，建议在货厢栏板的轮廓边缘进行补偿，勾勒出轮廓，如下所示。

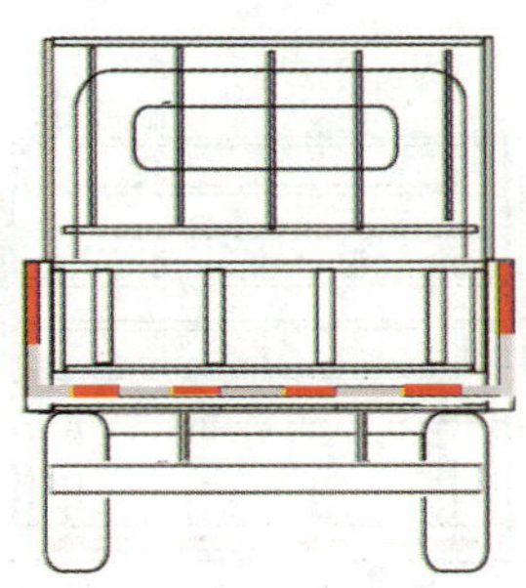

图 A.1 栏板式货车及栏板式半挂车

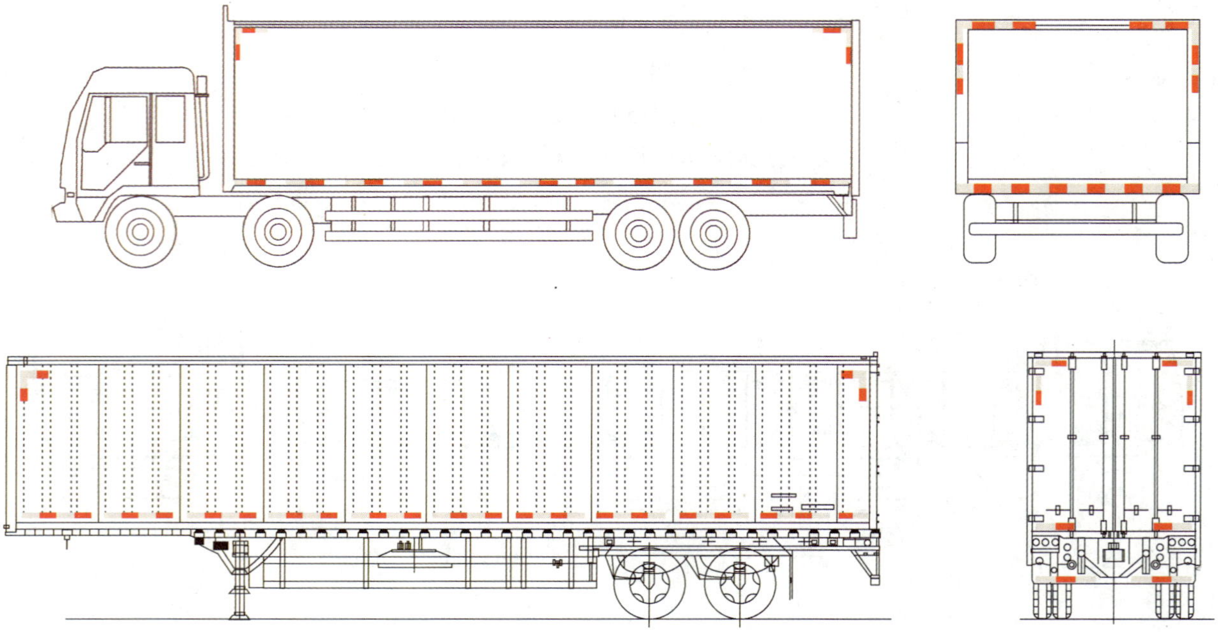

侧面　　后部

图 A.2　厢式货车及厢式半挂车

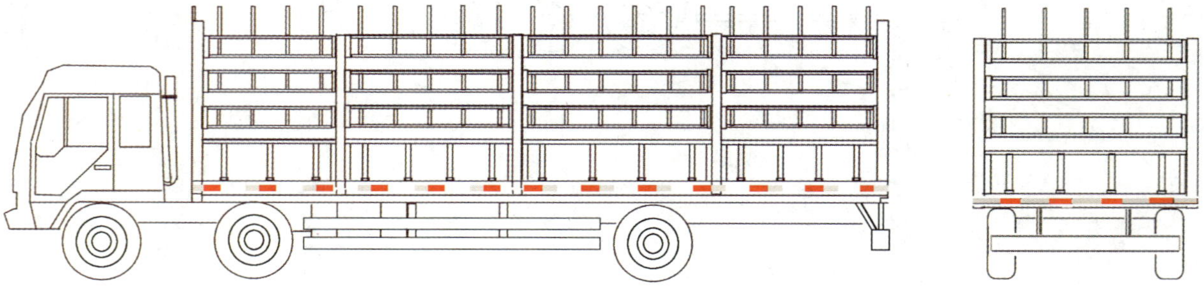

侧面　　后部

当后部粘贴面积达不到规定面积时，建议在车厢的轮廓边缘进行补偿，勾勒出轮廓，如下所示。

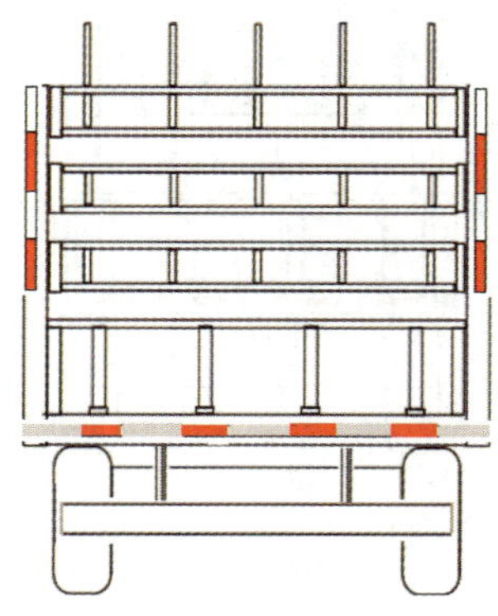

图 A.3　仓栅式货车及仓栅式半挂车

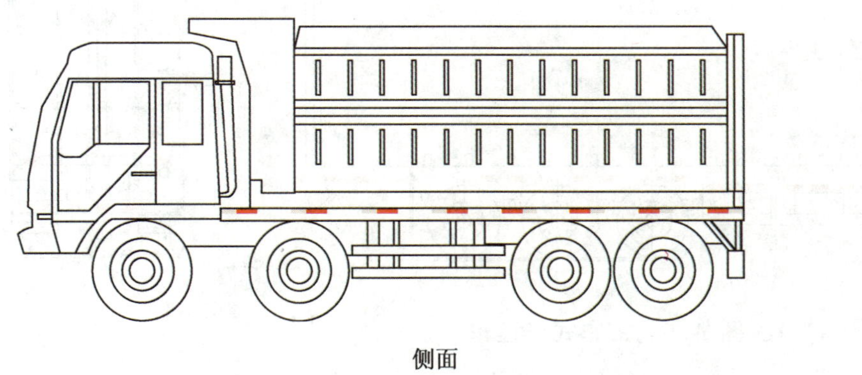

侧面

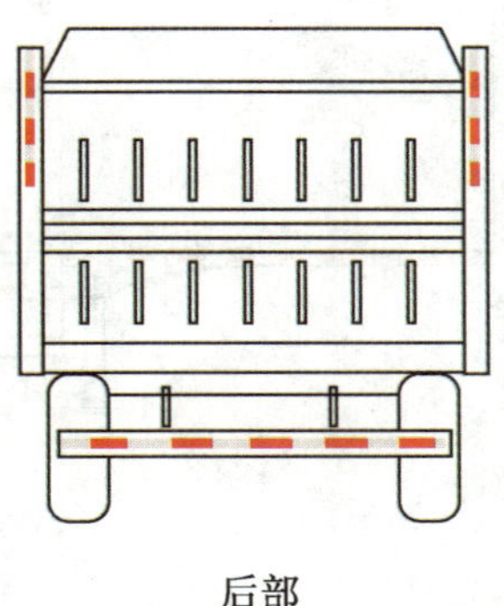

后部

图 A.4　自卸货车及自卸半挂车

图 A.5　罐式货车及罐式半挂车

这类车辆的车身反光标识粘贴应尽可能粘贴于罐体中部最宽处以增加夜间视认效果。如底盘承载面宽度和罐体宽基本一致，也可粘贴在底盘的承载面边缘。

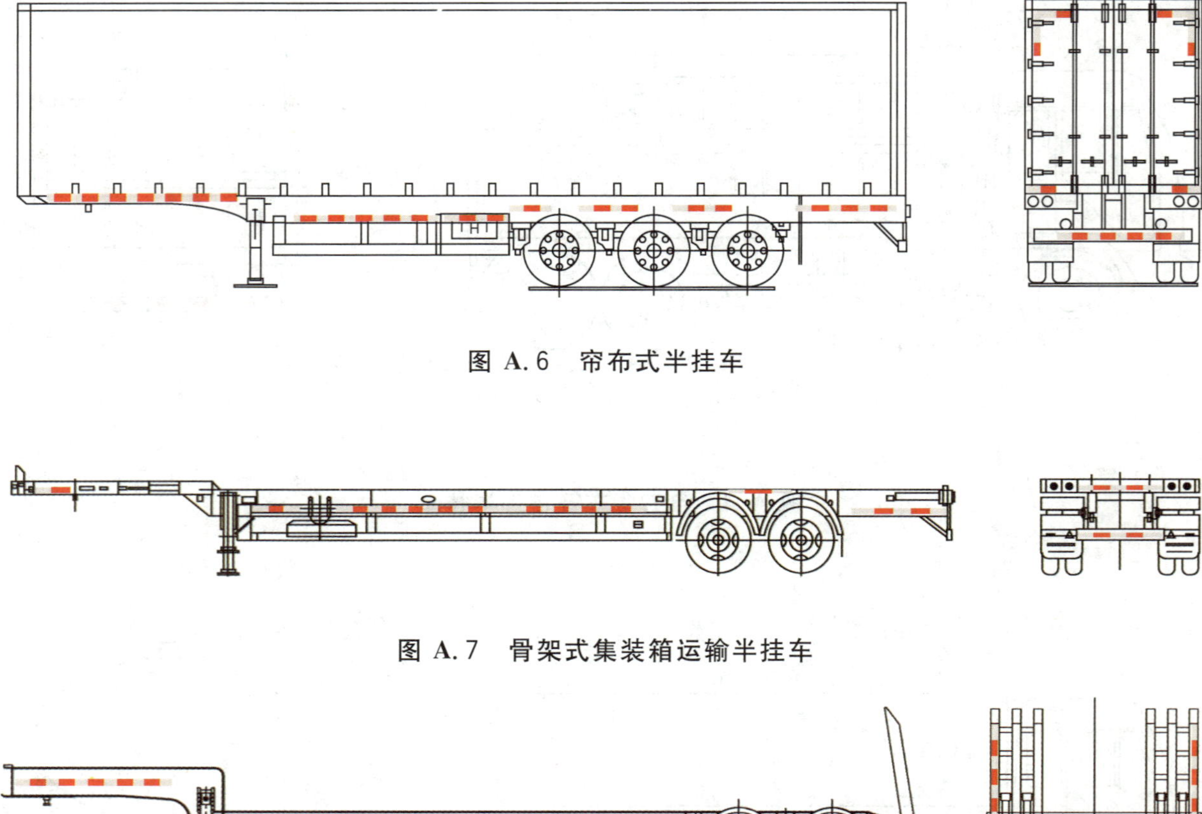

图 A.6 帘布式半挂车

图 A.7 骨架式集装箱运输半挂车

注：对尾部安装有爬梯的低平板运输半挂车，建议按图示要求进行粘贴，如无爬梯可在尾部适当位置粘贴以体现车辆尾部宽度；侧面粘贴时应尽可能体现半挂车整车长度。

图 A.8 低平板半挂车

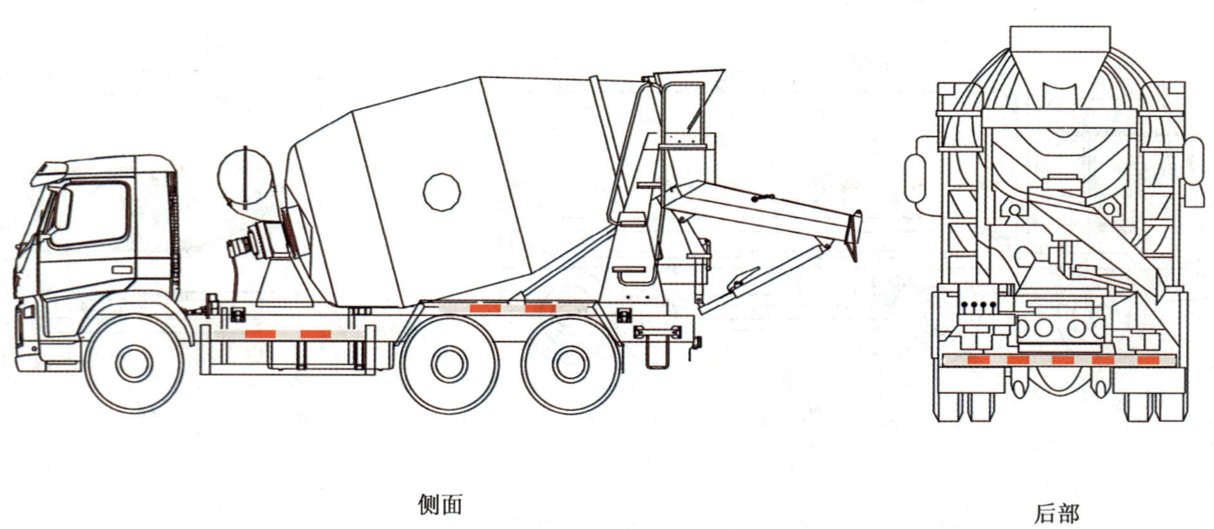

注：这类车辆粘贴时应尽可能沿底盘承载面位置粘贴，如特殊需要可在侧防撞护栏处补充粘贴。

图 A.9 混凝土搅拌运输车

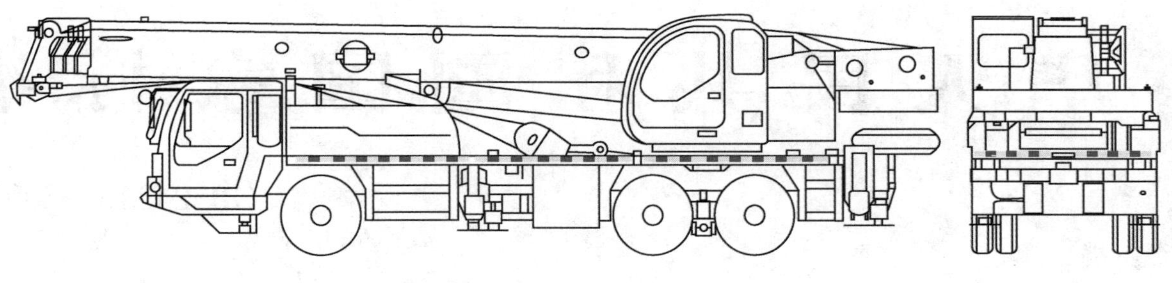

图 A.10　汽车起重机

ICS 43.160
T 59

中华人民共和国国家标准

GB 24315—2009

校 车 标 识

The marker for school bus

2009-09-30 发布　　2010-01-01 实施

中华人民共和国国家质量监督检验检疫总局
中国国家标准化管理委员会　发布

前　言

本标准的第 5 章(5.1.3.1.2 和 5.1.7 除外)、第 6 章、第 7 章(7.5 除外)、第 8 章(8.3.1 除外)为强制性,其余为推荐性。

本标准的附录 A 和附录 B 为规范性附录。

本标准由中华人民共和国公安部提出并归口。

本标准负责起草单位:公安部交通管理科学研究所。

本标准参加起草单位:交通部公路科学研究院、教育部基础教育司、3M 中国有限公司、金龙联合汽车工业(苏州)有限公司、广州新晖汽车零部件有限公司。

本标准主要起草人:虞力英、邵咏秋、孙正良、张赟、俞伟跃、高建刚、张建军、吴云强、刘兴良、严则进、毕玉龙。

校 车 标 识

1 范围

本标准规定了校车标识的组成、式样、专用校车车身外观标识涂装、校车标牌、校车停靠预告标志、校车停靠站点标志、校车停靠站标线、更换和试验方法等。

本标准适用于校车及其相关设施的标识。

2 规范性引用文件

下列文件中的条款通过本标准的引用而成为本标准的条款。凡是注日期的引用文件，其随后所有的修改单(不包括勘误的内容)或修订版均不适用于本标准，然而，鼓励根据本标准达成协议的各方研究是否可使用这些文件的最新版本。凡是不注日期的引用文件，其最新版本适用于本标准。

GB/T 3181—2008 漆膜颜色标准

GB 5768(所有部分) 道路交通标志和标线

GB 7258—2004 机动车运行安全技术条件

GB/T 18833 公路交通标志反光膜

GA 522 警车车徽

GA 523 警车外观制式涂装用定色漆

JT/T 693 荧光反光膜和荧光反光标记材料昼间色度性能测试方法

QB/T 3523 白卡纸

3 术语和定义

GB 7258—2004 中确立的以及下列术语和定义适用于本标准。

3.1

校车 school bus

用于运送不少于5名幼儿园、小学、中学等教育机构的学生及其照管人员上下学的客车和乘用车。按乘坐对象分为幼儿校车、小学生校车和其他校车，按车辆属性分为专用校车和非专用校车。

[GB 7258—2004 第2号修改单，定义3.2.10]

3.2

校车标志 school bus stick

粘贴于专用校车上的标志性标贴。

3.3

校车轮廓标识 contour marks of school bus

用于显示校车外形轮廓和应急门轮廓的反光标识。

3.4

校车标牌 school bus plate

校车随车携带的、签注校车信息的标志牌。

3.5

校车停靠站点标志 school bus stop signs

校车规定行经路线上停靠的站点标志。

3.6

校车停靠预告标志 signs in advance for school bus stop

提供校车停靠站点标志距离的标志。

4 组成

校车标识包括专用校车车身外观标识、校车标牌、校车停靠预告标志、校车停靠站点标志和校车停靠站标线。

5 式样

5.1 专用校车车身外观标识

5.1.1 组成

专用校车车身外观标识由校车标志、中文字符“校车”、中文字符“核载人数:××人”、校车编号和校车轮廓标识组成。

5.1.2 校车标志

5.1.2.1 颜色和式样

校车标志颜色为红色和白色,其中中文字符“校车”为红色,式样见图1a)。

5.1.2.2 规格尺寸

5.1.2.2.1 7 m及以上长度的校车采用规格为460 mm×460 mm的校车标志,具体尺寸见图1b)。其中中文字符“校车”字体为华文琥珀,字符“校”和“车”高为90 mm,宽为102 mm。

a) 校车标志式样

单位为毫米

b) 校车标志尺寸

图1 校车标志

5.1.2.2.2 7 m以下长度的校车采用规格为380 mm×380 mm的校车标志，具体尺寸按5.1.2.2.1的要求同比例缩小。

5.1.2.3 位置

校车标志位于车身两侧前部四分之一处到三分之一处之间。7 m及以上长度校车的校车标志涂装粘贴位置见附录A的侧视图。

5.1.3 中文字符

5.1.3.1 校车

5.1.3.1.1 中文字符“校车”颜色为红色白边，字体为华文琥珀，字符“校”和“车”高为300 mm，宽为300 mm，白边宽为12 mm，式样见图2。中文字符“校车”位于车身前风窗玻璃下空白处中央，字符间距不大于校车宽度的五分之二。涂装位置见附录A的前视图。

图2 中文字符“校车”式样

5.1.3.1.2 中文字符“校车”的大小和间距可根据车身尺寸和部件进行调整。

5.1.3.2 核载人数：××人

中文字符“核载人数：××人”字体为黑体，字高为75 mm，颜色为黑色。中文字符“核载人数：××人”位于车身右侧校车标志右下方，涂装位置见附录A的右侧侧视图。

5.1.4 校车编号

校车编号为4位数字字符，颜色为黑色，字体为Arial，字高为100 mm，式样见图3。校车编号有两组，位于车身两侧最后部，涂装位置见附录A的侧视图。

图3 校车编号式样

5.1.5 校车轮廓标识

校车轮廓标识高度为50 mm，长度为300 mm，间隔不大于300 mm。校车轮廓标识颜色为荧光黄绿色。校车轮廓标识贯通车身侧围中部、后围中部和应急门轮廓，涂装位置见附录A的侧视图和后视图。

5.1.6 涂装式样

5.1.6.1 车身通体底色为黄色。

5.1.6.2 专用校车涂装应符合附录A的要求。

5.1.7 其他

除上述规定涂装元素外，可在车身侧面中部或后部涂装学校名称或英文“SCHOOL BUS”，车身不应涂装其他内容。

5.2 校车标牌

5.2.1 颜色和式样

校车标牌颜色为黄色、红色和白色。校车标牌有两块，分别置于前风窗玻璃右下角和后风窗玻璃适当位置。置于前风窗玻璃右下角的校车标牌有正面和背面，式样见图 4a)和图 4b)。背面英文字符“No.”为红色，其他中文字符为黑色。置于后风窗玻璃的校车标牌正面式样见图 4a)，背面为空白。

a) 校车标牌正面式样

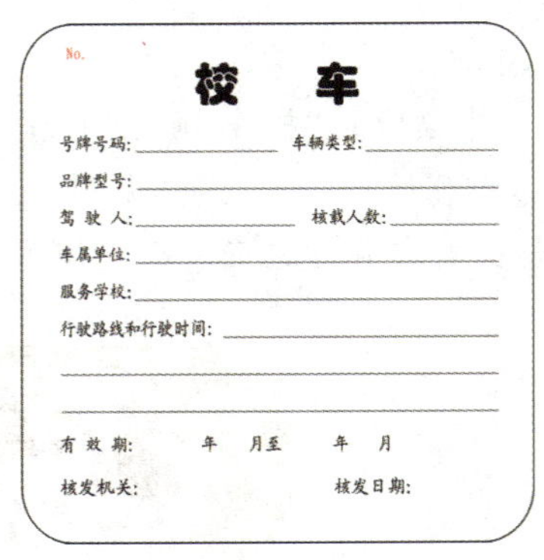

No.

校　车

号牌号码:＿＿＿＿＿＿　车辆类型:＿＿＿＿＿＿

品牌型号:＿＿＿＿＿＿＿＿＿＿＿＿＿＿

驾 驶 人:＿＿＿＿＿＿　核载人数:＿＿＿＿＿＿

车属单位:＿＿＿＿＿＿＿＿＿＿＿＿＿＿

服务学校:＿＿＿＿＿＿＿＿＿＿＿＿＿＿

行驶路线和行驶时间:＿＿＿＿＿＿＿＿＿＿

有 效 期:　　年　月至　　年　月

核发机关:　　　　　　　核发日期:

b) 校车标牌背面式样

图 4　校车标牌

5.2.2 规格尺寸

5.2.2.1　校车前风窗玻璃右下角放置的校车标牌规格为 300 mm×300 mm，具体尺寸见图 5。正面中文字符“校车”字体为华文琥珀，字高为 60 mm，白边宽为 2.5 mm。校车标牌背面英文字符“No.”为 10 mm 楷体；中文字符“校车”字体为华文琥珀，字高为 25 mm；“号牌号码：”、“车辆类型：”、“品牌型号：”、“驾驶人：”、“核载人数：”、“车属单位：”、“服务学校：”、“行驶路线和行驶时间：”、“有效期：　　年　　月至　　年　　月”、“核发机关：”和“核发日期：”等中文字符字体为楷体，字高为10 mm。放置式样见附录 A 的前视图。

单位为毫米

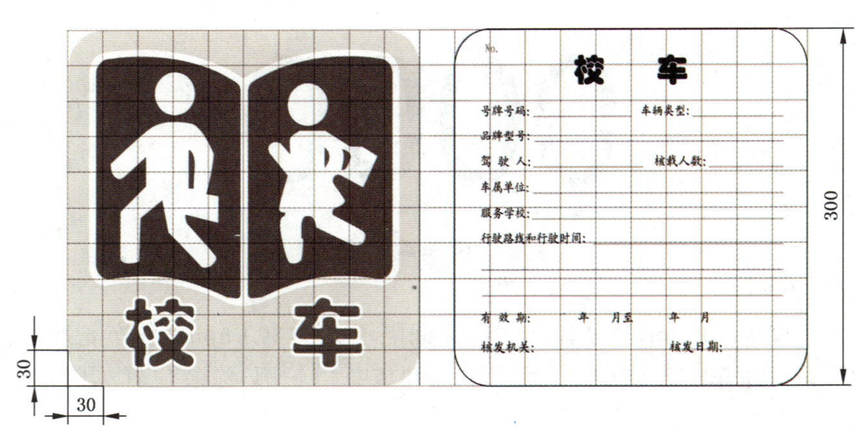

图 5　校车标牌尺寸

5.2.2.2　校车后风窗玻璃放置的校车标牌规格为 400 mm×400 mm，具体尺寸按 5.2.2.1 的要求同比例放大。放置式样见附录 A 的后视图。

5.3 校车停靠预告标志和校车停靠站点标志

5.3.1　校车停靠预告标志为上下组合标志，颜色为荧光黄绿色和黑色。式样见图 6。

图 6 校车停靠预告标志式样

5.3.2 校车停靠预告标志上下组合标志的规格尺寸见图 7a)和图 7b)。下标志中文字符为黑体，数字和英文字符为 Arial，字符高度见表 1。

单位为毫米

a) 上标志尺寸

单位为毫米

b) 下标志尺寸

图 7 标志尺寸

表 1 下标志字符高度

字 符	高 度/mm
“校车站点”	90
数字	110
英文“m”	40

5.3.3 校车停靠站点标志分为指示组合标志和告示标志两种，指示组合标志中注意儿童标志颜色为荧光黄绿色和黑色，告示标志中注意儿童图案背景颜色为荧光黄绿色。标志式样和其他颜色应符合GB 5768(所有部分)的要求。

5.4 校车停靠站标线

校车停靠站标线的式样应符合 GB 5768(所有部分)的要求。

6 专用校车车身外观标识涂装

6.1 涂装方式

专用校车车身外观涂装分为喷漆和贴膜两种，涂装方式见表 2。

表 2 涂装方式

涂装要素	涂装方式
车身通体底色	喷漆
中文字符“校车”、校车编号、中文字符“核载人数：××人”	喷漆
车身轮廓标识	贴膜(反光材料)
校车标志	贴膜(反光材料)

6.2 喷漆外观

喷漆外观应符合以下要求：

a) 车身通体底色采用 GB/T 3181—2008 中的 Y08(深黄)；

b) 校车编号和中文字符“核载人数：××人”采用黑色；

c) 喷漆漆面应颜色均匀，平整光滑，边缘线没有锯齿，无流挂露底。

6.3 贴膜外观

贴膜应和车身表面贴附粘牢，没有气泡、皱褶、翘角等缺陷。

6.4 材料

6.4.1 喷漆材料

喷漆除颜色外，其他性能应符合 GA 523 的规定。

6.4.2 校车标志贴膜材料

6.4.2.1 材料及颜色

校车标志采用柔韧性反光膜粘贴，颜色应符合附录 B 中 B.1 的要求。

6.4.2.2 反射性能

按 11.4.1 规定的方法测量校车标志贴膜材料的逆反射系数，应不小于表 3 的规定值。

表 3 校车标志贴膜材料的逆反射系数

观察角	入射角	白色/($cd \cdot lx^{-1} \cdot m^{-2}$)	红色/($cd \cdot lx^{-1} \cdot m^{-2}$)
0.2°	−4°	80	14
	30°	30	6
0.5°	−4°	30	9
	30°	15	3
1.0°	−4°	5	1.8
	30°	2	0.7

6.4.2.3 色度性能

校车标志贴膜材料的色度性能，包括丝网印刷后的颜色，按照 11.4.2 规定的方法测试，各颜色的色品坐标和总体亮度因数应在表 4 规定的范围内。

表 4 校车标志贴膜材料颜色各角点的色品坐标

颜色	坐标点(x,y)					总体亮度因数 Y 值
		1	2	3	4	
白色	x	0.350	0.300	0.285	0.335	≥0.27
	y	0.360	0.310	0.325	0.375	
红色	x	0.690	0.658	0.569	0.595	0.03～0.10
	y	0.310	0.342	0.341	0.315	

6.4.2.4 其他性能

校车标志贴膜材料其他性能,除图案和尺寸外,应符合 GA 522 的要求。

6.4.3 校车轮廓标识贴膜材料

6.4.3.1 材料及颜色

校车轮廓标识贴膜材料为反光材料,颜色应符合附录 B 中 B.2 的要求。

6.4.3.2 反射性能

正常状态下,校车轮廓标识贴膜材料的反射性能应不低于表 5 的规定值。湿状态的校车轮廓标识贴膜材料在观察角为 0.2°,入射角为 −4°时的逆反射系数值不应该低于表 5 的相应规定值的 80%。

表 5 校车轮廓标识贴膜材料的逆反射系数

观察角	入射角	荧光黄绿色/($cd \cdot lx^{-1} \cdot m^{-2}$)
0.2°	−4°	460
	30°	170
0.5°	−4°	200
	30°	92
1.0°	−4°	28
	30°	15

6.4.3.3 色度性能

按 11.4.2 规定的方法测试,反光膜的颜色的色品坐标和总体亮度因数应在表 6 规定的范围内。

表 6 校车轮廓标识贴膜材料颜色各角点的色品坐标

颜色	坐标点(x,y)					总体亮度因数 Y 值
		1	2	3	4	
荧光黄绿	x	0.387	0.369	0.428	0.460	≥50%
	y	0.610	0.546	0.496	0.540	

6.4.3.4 其他性能

校车轮廓标识贴膜材料的其他性能,除图案和尺寸外,应符合 GB/T 18833 中一级反光膜的要求。

7 校车标牌

7.1 材质

校车标牌采用 250 g/m² 的白卡纸。白卡纸的各项性能应符合 QB/T 3523 的要求。

7.2 颜色

校车标牌的黄色和红色采用 GB/T 3181—2008 中的 Y08(深黄)和 R03(大红)。

7.3 印刷

校车标牌的正面和背面印刷套印位置上下允许偏差 1 mm，左右允许偏差 1 mm。印刷无缺色，无透印，版面整洁，无脏、花、糊，无缺笔划。

7.4 签注

校车标牌背面信息由计算机打印或手工签注，应加盖公章。

7.5 塑封

塑封应封接牢固，外观平整，封口均匀，不起泡，不出皱。

7.6 放置

专用校车和非专用校车运送学生时都应放置校车标牌，从车外应能清楚识别。

8 校车停靠预告标志、校车停靠站点标志

8.1 材质

校车停靠预告标志应使用荧光黄绿色反光材料，校车停靠站点标志中指示组合标志的注意儿童标志和告示标志的注意儿童图案背景应使用荧光黄绿色反光材料，其他材料应符合 GB/T 18833 的要求。

8.2 性能

校车停靠预告标志和校车停靠站点标志使用的荧光黄绿色反光材料的颜色应符合附录 B 中 B.2 的要求，反射性能和色度性能应符合 6.4.3.2 和 6.4.3.3 的要求，其他性能应符合 GB/T 18833 中一级反光膜的要求。

8.3 设置

8.3.1 宜在距离校车停靠位置 50 m 和 100 m 处设置校车停靠预告标志。

8.3.2 专用的校车临时停靠位置设置校车停靠站点标志的指示组合标志，与公交车辆或班车等车辆共用的校车停靠位置设置校车停靠站点标志的告示标志。

8.3.3 校车停靠预告标志和校车停靠站点标志的安装应符合 GB 5768(所有部分)的要求。

9 校车停靠站标线

校车停靠站标线的设置应符合 GB 5768(所有部分)的要求。

10 更换

校车标识应保持清晰完整，出现以下情形之一应进行更换：

——信息识别不完整；

——校车标志有明显褪色难以辨认，不符合 6.4.2.1 的要求；

——校车轮廓标识、校车停靠站点标志和校车停靠预告标志的荧光黄绿色有明显褪色，不符合 6.4.3.1和 8.2 中颜色的要求；

——反光材料逆反射系数下降 50%以上。

11 试验方法

11.1 专用校车车身外观标识

11.1.1 颜色

用附录 B 中颜色样板对比观察。

11.1.2 外观

目测。

11.1.3 尺寸

用精度为 1 mm 的长度测量工具测量。

11.2 校车标牌

11.2.1 外观

采用目测法对标志的外观、印刷、颜色和图案进行检查。

11.2.2 尺寸

用精度为 1 mm 的长度测量工具测量。

11.3 校车停靠预告标志和校车停靠站点标志

11.3.1 颜色

用附录 B 中颜色样板对比观察。

11.3.2 尺寸

用精度为 1 mm 的长度测量工具测量。

11.4 反光材料性能

11.4.1 反射性能测试

按 GB/T 18833 规定的方法，对校车轮廓标识、校车停靠预告标志和校车停靠站点标志用反光材料的反射性能进行测试。采用逆反射系数测量仪器和附录 B 的颜色样板对校车轮廓标识、校车停靠预告标志和校车停靠站点标志用反光材料进行对比测量。

11.4.2 色度性能测试

按 JT/T 693 规定的方法，对校车轮廓标识、校车停靠站点标志和校车停靠预告标志用荧光黄绿色反光材料的色度性能进行测试。

附 录 A
（规范性附录）
专用校车车身外观标识涂装图

A.1 专用校车外观标识涂装右侧侧视图

专用校车外观标识涂装右侧侧视图见图 A.1。

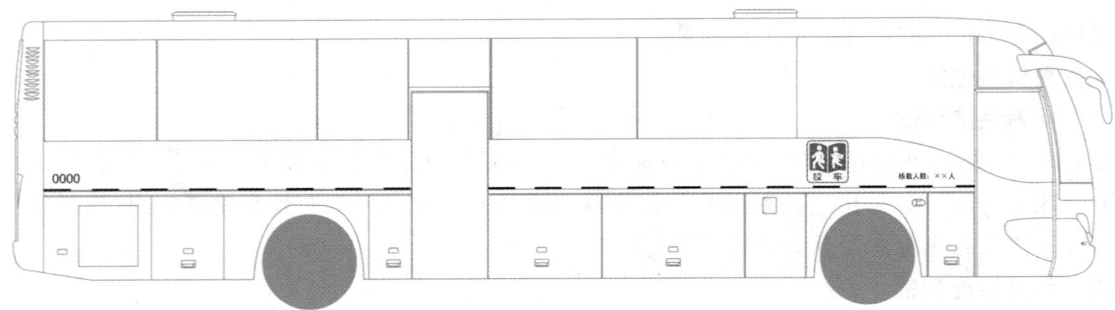

图 A.1 专用校车外观标识涂装右侧侧视图

A.2 专用校车外观标识涂装左侧侧视图

专用校车外观标识涂装左侧侧视图见图 A.2。

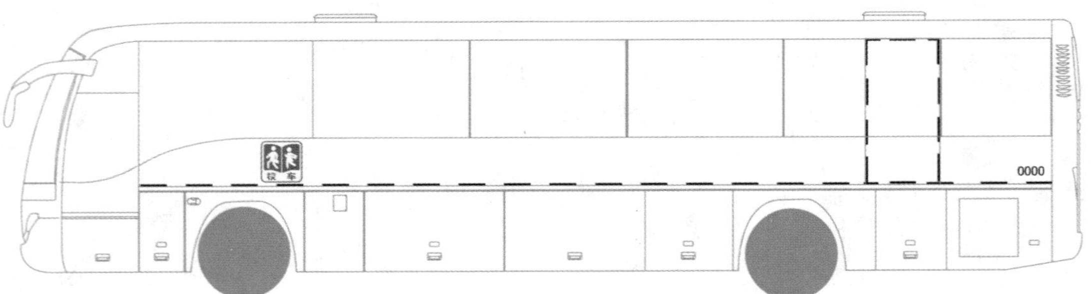

图 A.2 专用校车外观标识涂装左侧侧视图

A.3 专用校车外观标识涂装前视图

专用校车外观标识涂装前视图见图 A.3。

图 A.3 专用校车外观标识涂装前视图

A.4 专用校车外观标识涂装后视图

专用校车外观标识涂装后视图见图 A.4。

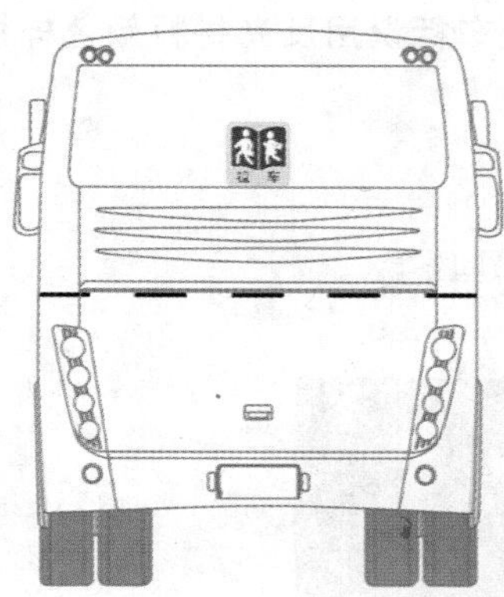

图 A.4 专用校车外观标识涂装后视图

附　录　B
（规范性附录）
校车标识用反光材料颜色样板

B.1　校车标志用反光材料颜色样板

校车标志用反光材料颜色样板见图 B.1。

图 B.1　校车标志用反光材料颜色样板

B.2　校车轮廓标识、校车停靠预告标志和校车停靠站点标志用荧光黄绿色反光材料颜色样板

校车轮廓标识、校车停靠预告标志和校车停靠站点标志用荧光黄绿色反光材料颜色样板见图 B.2。

图 B.2　校车轮廓标识、校车停靠预告标志和校车停靠站点标志用荧光黄绿色反光材料颜色样板

GB 24315—2009《校车标识》
国家标准第1号修改单

本修改单经国家标准化管理委员会于2012年12月25日批准，自2013年1月1日起实施。

一、第2章中“GB 7258—2004 机动车运行安全技术条件”修改为“GB 7258—2012 机动车运行安全技术条件”。

二、第3.1条修改为：

校车　school bus

用于有组织地接送3周岁以上学龄前幼儿或接受义务教育的学生上下学的7座以上的载客汽车。

[GB 7258—2012，定义3.2.1.3]

三、第5.2.1条图4a)和图4b)修改为：

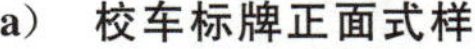
a）　校车标牌正面式样

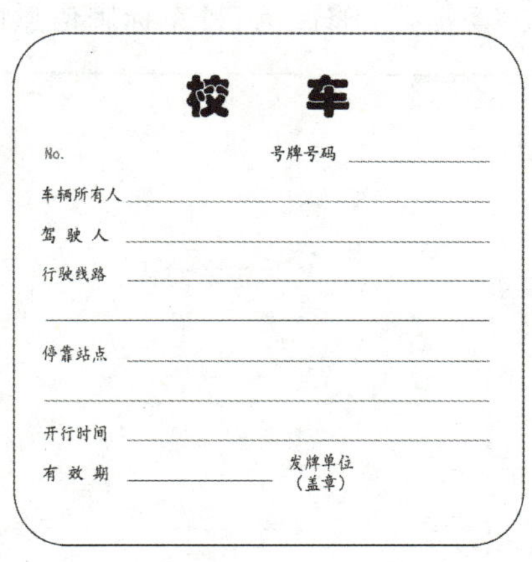

b）　校车标牌背面式样

图4　校车标牌

四、第5.2.2.1条修改为：校车前风窗玻璃右下角放置的校车标牌外廓尺寸为300 mm×300 mm，其他尺寸见图5。校车标牌正面中文字符“校车”字体为方正魏碑简体，字高为60 mm，白边宽为1 mm，中文字符“号牌号码”为楷体，字高为10 mm。校车标牌背面英文字符“No.”为10 mm楷体，中文字符“校车”字体为华文琥珀，字高为25 mm，“号牌号码”、“车辆所有人”、“驾驶人”、“行驶线路”、“停靠站点”、“开行时间”、“有效期”和“发牌单位（盖章）”等中文字符字体为楷体，字高为10 mm。放置式样见附录A的前视图。

单位为毫米

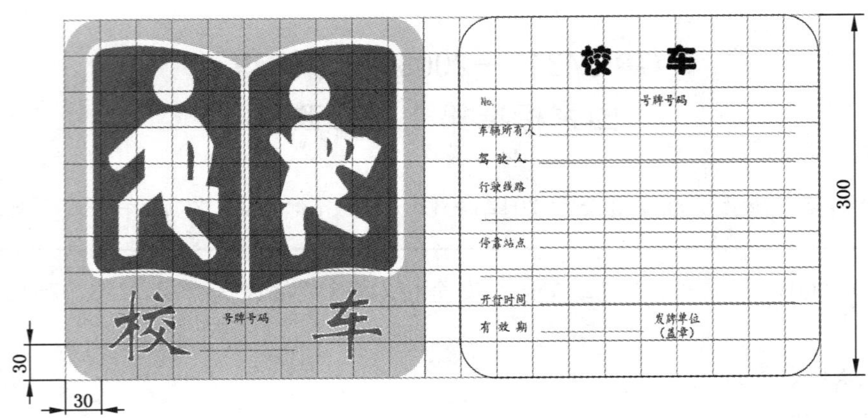

图 5　校车标牌尺寸

五、第 5.2.2.2 条修改为：校车后风窗玻璃放置的校车标牌，正面式样见图 4a)，但无中文字符“号牌号码”和下方横线。背面为空白。外廓尺寸为 400 mm×400 mm，其他尺寸按 5.2.2.1 的要求同比例放大。放置式样见附录 A 的后视图。

六、第 7.4 条修改为：校车标牌信息由计算机打印签注，应加盖公章。

ICS 43.040.60
T 26

中华人民共和国国家标准

GB 24406—2012
代替 GB 24406—2009

专用校车学生座椅系统及其车辆固定件的强度

The strength of student seat systems and their anchorages of special school bus

2012-04-10 发布 2012-05-01 实施

中华人民共和国国家质量监督检验检疫总局
中国国家标准化管理委员会 发布

前言

本标准的第4章、第5章为强制性的，其余为推荐性的。

本标准按照GB/T 1.1—2009给出的规则起草。

本标准代替GB 24406—2009《专用小学生校车座椅及其车辆固定件的强度》。

本标准与GB 24406—2009的主要差异有：

a) 标准名称修改为《专用校车学生座椅系统及其车辆固定件的强度》；

b) 修改了标准适用范围，由专用小学生校车座椅扩展为专用校车学生座椅，并增加了校车上安装于座椅前方的约束隔板；

c) 为便于使用，增加了GB 13057中的相关术语(见3.3、3.4、3.5、3.7、3.8)，还增加了“座椅系统”(见3.1)、“学生座椅系统”(见3.2)、“固定件”(见3.6)、“基准平面”(见3.9)、“座椅间距”(见3.10)及“约束隔板”(见3.11)的术语及定义；

d) 将验证前倾性能和座椅靠背后部的吸能特性的静态试验方法修改为动态试验方法(见5.1，2009年版4.2.1和4.2.5)；

e) 由于试验方法的修改，相应修改了抗前倾性能要求(见4.1.2，2009年版3.1.1和3.1.5)；

f) 删除了车辆固定件试验(2009年版4.2.6)；

g) 增加了与动态试验方法相关的检测仪器要求(见附录A)和允许伤害指标的确定方法(见附录B)。

本标准参照ECE R80法规《就座椅及其固定点方面批准大型客车座椅和车辆的统一规定》及FMVSS 222《学童客车乘员座椅和碰撞保护》的内容修订。

本标准由中华人民共和国工业和信息化部提出。

本标准由全国汽车标准化技术委员会(SAC/TC 114)归口。

本标准负责起草单位：中国汽车技术研究中心、郑州宇通客车股份有限公司。

本标准参加起草单位：中国公路车辆机械有限公司、国家客车质量监督检验中心、南京依维柯汽车有限公司、丹东黄海汽车有限责任公司、江苏省公路学会、中国第一汽车股份有限公司、金龙联合汽车工业(苏州)有限公司、厦门金龙联合汽车工业有限公司、北汽福田汽车股份有限公司、安徽安凯汽车股份有限公司、成都客车股份有限公司、柳州五菱汽车有限责任公司。

本标准主要起草人：李维菁、袁健、赵伟丽、周慧慈、李弢、王欣、孙鹰、刁薇、金明新、白红、李桂兰。

本标准于2009年首次发布，本次为第一次修订。

专用校车学生座椅系统及其车辆固定件的强度

1 范围

本标准规定了专用校车的学生座椅系统(以下简称"座椅")及其车辆固定件的术语和定义、要求及试验方法。

本标准适用于专用校车上的学生座椅以及用于安装该座椅的车辆固定件,也适用于专用校车上安装于座椅前方的约束隔板。

2 规范性引用文件

下列文件对于本文件的应用是必不可少的。凡是注日期的引用文件,仅注日期的版本适用于本文件。凡是不注日期的引用文件,其最新版本(包括所有的修改单)适用于本文件。

GB 13057—2003 客车座椅及其车辆固定件的强度

GB 14166 机动车成年乘员用安全带和约束系统

GB 14167 汽车安全带安装固定点

GB 24407—2012 专用校车安全技术条件

GB 27887 机动车儿童乘员用约束系统

ISO 6487 道路车辆 碰撞试验测量技术 检测仪器(Road vehicles—Measurement techniques in impact tests—Instrumentation)

3 术语和定义

GB 24407—2012 界定的以及下列术语和定义适用于本文件。为了便于使用,以下重复列出了 GB 13057—2003 中的某些术语和定义。

3.1

座椅系统 seat system

安装在车辆上可供一个或多个乘员乘坐的设施,包括完整的装饰及配件。

3.2

学生座椅系统 student seat system

专用校车上专门供幼儿和学生乘坐的座椅系统。

3.3

调整系统 adjustment system

一种可将座椅或其部件调节到适合乘客乘坐的装置。

[GB 13057—2003,定义 3.2]

3.4

位移系统 displacement system

在没有固定的中间位置情况下,一种可使座椅或某个部件横向或纵向移动、以方便乘客进出的装置。

[GB 13057—2003,定义 3.3]

3.5

锁止系统　locking system

一种保证座椅或其部件保持在其使用位置的装置。

[GB 13057—2003,定义 3.4]

3.6

固定件　anchorage

车辆车身上可用于固定座椅的部件。

3.7

连接件　attachment fittings

用来将座椅安装到车辆固定件上的螺栓等零件。

[GB 13057—2003,定义 3.5]

3.8

辅助座椅　auxiliary seat

动态试验中被试座椅后面安装假人的座椅,代表着车辆上使用的位于被试座椅后面的座椅。

[GB 13057—2003,定义 3.7]

3.9

基准平面　reference plane

假人两脚跟与地板接触点的平面。

3.10

座椅间距　seat spacing

后方座椅靠背前部凸起部分至前方座椅靠背后部凸起部分之间的距离,在座垫上表面最高点所处平面与其上方 200 mm 高度范围内水平测量。

3.11

约束隔板　restraining barrier

安装在车身结构上,用于在前方碰撞事故或紧急制动过程中约束位于其后方乘员的装置。

4　要求

4.1　座椅要求

4.1.1　总体要求

所有座椅应前向安装。所提供的每种调整系统和位移系统都应配备自动锁止装置,试验后座椅的调整系统和锁止系统允许产生变形、部分断裂,但不允许失效。

4.1.2　抗前倾性能

4.1.2.1　按照 5.1 的规定进行动态试验,应满足以下 4.1.2.2～4.1.2.6 的要求。

4.1.2.2　乘坐的乘客能被其前方座椅和(或)安全带恰当地约束住。即:对于幼儿专用校车座椅、小学生专用校车座椅,假人躯干和头部的任何部分向前位移不应超过位于辅助座椅 G 点前 1.1 m 的横向垂面;对于中小学生专用校车座椅,假人躯干和头部的任何部分向前位移不应超过位于辅助座椅 G 点前 1.2 m 的横向垂面。

4.1.2.3　乘坐的乘客未受严重伤害。按附录 A 和附录 B 确定的允许伤害指标应满足:

a)　头部允许指标(HIC) 小于 500;

b)　胸部允许指标(ThAC) 小于 30 g(总时间小于 3 ms 者除外)(g=9.81 m/s^2);

c) 在使用混合Ⅲ型第5百分位人体模型进行试验时，腿部允许指标(FAC)小于10 kN。

4.1.2.4 座椅系统及其固定件足够牢固。若满足以下要求，则认为满足本条规定：

a) 座椅、座椅连接件或配件不应在试验过程中完全脱离；

b) 即使车身上一个或几个固定点有部分脱离或其周边区域产生永久变形，座椅也不应与车身完全脱开；

c) 座椅靠背的装饰件或配件不应出现可能给乘员带来伤害的危险尖角。

4.1.2.5 在试验中，形成座椅靠背的所有配件不应对乘员造成伤害。头型接触的区域的曲率半径不应小于5 mm。

4.1.2.6 若安装在刚性靠背上的装饰件或配件材料的硬度小于邵氏A50，则4.1.2.5的要求仅对刚性部分适用。

4.1.2.7 紧临其后的座椅的G点与该座椅G点的高度差应不大于72 mm，如果大于72 mm，应按照实际装车位置关系进行试验。

4.1.2.8 当座椅后部不会被未约束的乘客所撞击时(即无前向座椅直接在被试座椅后面)，可不做5.1.2和5.1.3规定的试验。

4.1.3 抗后倾性能

4.1.3.1 按照5.2的规定进行静态加载试验，应满足以下4.1.3.2～4.1.3.6的要求。

4.1.3.2 座椅靠背所受的力不应超过9 786 N。

4.1.3.3 座椅靠背的位移不应超过254 mm。

4.1.3.4 变形后的座椅不应进入相距其他座椅原始安装位置102 mm的范围内。

4.1.3.5 座椅、座椅连接件或配件不应在试验过程中完全脱离。

4.1.3.6 即使车身上一个或几个固定点有部分脱离或其周边区域产生永久变形，座椅也不应与车身完全脱开。

4.2 座垫要求

有座垫的座椅，在1 s～5 s内对座垫施加向上的大小相当于座垫重量5倍的力，保持5 s，任何安装点都不应分离。

4.3 座椅固定件要求

4.3.1 按照5.1和5.2的规定进行试验，应分别满足4.1.2.4、4.1.3.5、4.1.3.6的要求。

4.3.2 如果一种车型上有多于一种形式的固定件，每种形式的固定件都应进行试验。

4.3.3 如果几种形式的座椅其前后椅脚脚端之间的距离不等，且都能安装在相同的固定件上，试验应用脚端距离最短的座椅进行。

4.3.4 如果相应座椅位置的安全带固定点直接固定在座椅上，且这些安全带固定点符合GB 14167的要求，应认为座椅固定件符合4.3.1和4.3.2的要求。

5 试验方法

5.1 座椅动态试验

5.1.1 试验座椅或约束隔板的准备

5.1.1.1 试验座椅或约束隔板应安装在代表车身的试验平台上。

5.1.1.2　试验平台上试验座椅或约束隔板的固定件应与安装该座椅的车辆固定件相同，或具有相同的特性。

5.1.1.3　试验座椅或约束隔板的装饰件和附件应齐全，如座椅配有小桌，则应处于收起位置。

5.1.1.4　如座椅可横向调整，应处于最大伸开位置。

5.1.1.5　如座椅靠背可调整，应调整到尽可能接近制造厂推荐的正常使用值，如无制造厂特定的推荐值，应尽可能向垂线后方倾斜25°。

5.1.1.6　如座椅靠背装有可调节高度的头枕，头枕应处于最低位置。

5.1.1.7　安装在辅助座椅和被试座椅上的安全带应符合GB 14166的规定。

5.1.2　试验1

5.1.2.1　试验平台

试验平台应安装在模拟滑车上。

5.1.2.2　辅助座椅

辅助座椅可以与被试座椅型式相同，并应直接放置在被试座椅后面，两座椅高度相同，调整状态一致。对于幼儿专用校车座椅、小学生专用校车座椅，辅助座椅与被试座椅或约束隔板间距为690 mm；对于中小学生专用校车座椅，辅助座椅与被试座椅或约束隔板间距为780 mm。

5.1.2.3　假人

5.1.2.3.1　对于幼儿专用校车座椅，使用符合GB 27887中规定的6岁人体模型进行动态试验。对于小学生专用校车座椅、中小学生专用校车座椅，使用符合GB 27887中规定的6岁人体模型和国际通用的混合Ⅲ型第5百分位人体模型各进行一次动态试验。

5.1.2.3.2　假人应无约束地放在辅助座椅上，使其对称面同所述乘坐位置的对称面相一致。

5.1.2.3.3　假人的手应放在大腿上，肘部接触到靠背，腿处于最大伸展位置，如可能时应平行，脚跟接触地板。

5.1.2.3.4　每个所使用的假人应按下列程序安置在座椅上：

a)　以尽可能接近所要求的位置将假人安放在座椅上；
b)　将一块76 mm×76 mm的刚性平面尽可能低地放置在假人躯干的前面；
c)　以250 N～350 N的水平力将此平面压向假人躯干；拉动假人的肩部，将躯干向前拉到垂直位置，然后再放回到靠背上，该动作做两次；躯干不移动时，头部应处于使头内支承测量仪器的平台为水平的位置，并保持头部中心平面平行于车辆的对称平面；
d)　将该刚性平面小心地移去；
e)　将座椅上的假人向前移动，重复上述安装步骤；
f)　如果需要，下部肢体的位置应调整；
g)　碰撞时，所装仪器应对假人的运动无任何影响；
h)　试验前，测量仪器系统的温度应稳定，并尽可能保持在19 ℃～26 ℃范围内。

5.1.2.4　碰撞模拟

5.1.2.4.1　模拟滑车的碰撞速度应为30 km/h～32 km/h。

5.1.2.4.2　模拟滑车的减速度或加速度-时间的曲线，见图1。

5.1.2.4.3　平均减速度或加速度应为6.5g～8.5g。

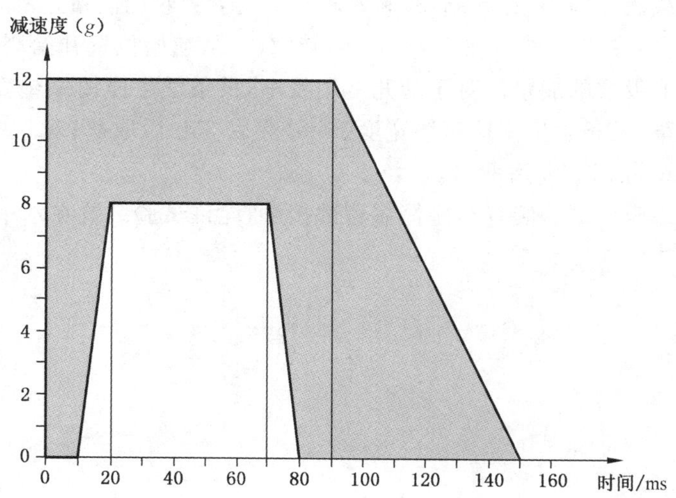

图 1　减速度或加速度-时间的曲线

5.1.3　试验 2

用坐在辅助座椅上的假人重复进行 5.1.2 规定的试验，假人佩戴安全带，并按制造厂的说明安装和调整。

5.2　静态加载试验

5.2.1　试验装置

5.2.1.1　静态试验装置模板的示意图见图 2，其曲率半径为 76 mm，加载模板的长度比每次试验中靠背宽度短 102 mm。

单位为毫米

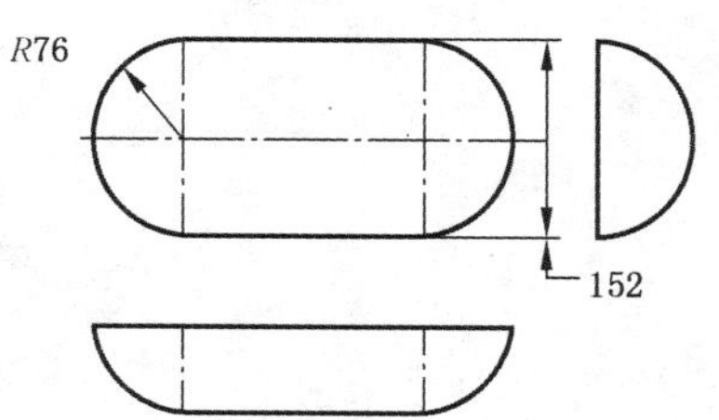

图 2　静态加载试验装置

5.2.1.2　与座椅部件接触的表面材料的硬度应不小于邵氏 A80。

5.2.1.3　每个圆柱面应至少安装一个力传感器，以测定 4.1.3.2 规定的力。

5.2.2　试验程序

5.2.2.1　试验座椅应安装在代表车身的试验平台上。

5.2.2.2　试验平台上试验座椅的固定件应与安装该座椅的车辆固定件相同，或具有相同的特性。

5.2.2.3　用 5.2.1 规定的试验装置对座椅靠背前部施力。其纵向中心轴在车辆横向平面内，施力方向水平且位于相应乘坐位置的垂直中心面内，从座椅背部向后，施力高度在座椅 R 点以上 343 mm 的水平面内。向后移动模板，直至力达到 222 N，确定模板的初始位置。

5.2.2.4　继续通过加载装置施力，在 5 s～30 s 内使座椅变形吸收的能量达到 316 J 与长条座椅座位数的乘积，在此位置保持 5 s～10 s，然后在 5 s～30 s 内卸载。从初始位置开始测量加载装置的力-位移曲线，由曲线计算座椅变形吸收的能量。对于幼儿专用校车，长条学生座椅座垫宽度(mm)除以 330 后取整；对于小学生专用校车，长条学生座椅座垫宽度(mm)除以 350 后取整；对于中小学生专用校车，长条学生座椅座垫宽度(mm)除以 380 后取整。

5.2.2.5　在加载过程中应使试验装置与座椅靠背部接触，允许试验装置在水平面内转动。

附　录　A
（规范性附录）
应做的检测

A.1　总体要求

对所有应做的检测，其测量系统应符合 ISO 6487 的规定。

A.2　动态试验

A.2.1　在模拟滑车上做的测定

模拟滑车的减速度特性应通过其刚性结构件，用 CFC60 测量系统测得的减速度来确定。

A.2.2　在假人上做的测定

测量装置的读数应通过下列 CFC 独立数据通道记录：

a)　假人头部重心的三维合减速度（γ_r）应用 CFC600 测量；

b)　假人胸部重心的合减速度应用 CFC180 测量；

c)　假人腿部轴向压力应用 CFC600 测量。

附 录 B
（规范性附录）
允许伤害指标的确定

B.1 头部允许指标(HIC)

此指标应按附录 A 中 A.2.2a)测量的三维合减速度来计算，公式如下：

$$\mathrm{HIC}=(t_2-t_1)\left[\frac{1}{t_2-t_1}\int_{t_1}^{t_2}\gamma_{\mathrm{r}}\mathrm{d}t\right]^{2.5}$$

$$\gamma_{\mathrm{r}}{}^{2}=\gamma_{\mathrm{l}}{}^{2}+\gamma_{\mathrm{v}}{}^{2}+\gamma_{\mathrm{t}}{}^{2}$$

式中：

t_1——试验期间时间的任意值，单位为秒(s)；

t_2——试验期间时间的任意值，单位为秒(s)；

γ_{r}——头部合成加速度，g(9.81 m/s^2)；

γ_{l}——纵向瞬时加速度，g；

γ_{v}——垂直瞬时加速度，g；

γ_{t}——横向瞬时加速度，g。

B.2 胸部允许指标(ThAC)

此指标由合减速度(g)的绝对值和减速度持续时间(单位为 ms)确定，减速度按附录 A 中 A.2.2b)的规定测量。

B.3 腿部允许指标(FAC)

此指标由人体模型每条腿轴向传递的压载(按附录 A 中 A.2.2c)的规定测量，单位为 kN)和压载持续时间(单位为 ms)确定。

ICS 43.020
T 59

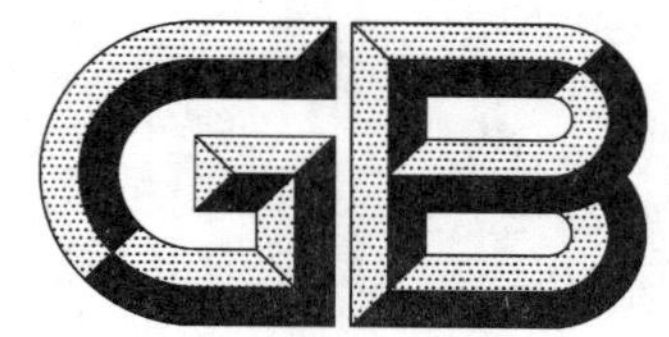

中华人民共和国国家标准

GB 24407—2012
代替 GB 24407—2009

专用校车安全技术条件

The safety technique specifications of special school

2012-04-10 发布　　2012-05-01 实施

中华人民共和国国家质量监督检验检疫总局
中国国家标准化管理委员会　发布

前　言

本标准的全部技术内容为强制性的。

本标准按照 GB/T 1.1—2009 给出的规则起草。

本标准代替 GB 24407—2009《专用小学生校车安全技术条件》。与 GB 24407—2009 相比，除编辑性修改外主要技术变化如下：

——标准名称修改为《专用校车安全技术条件》；

——标准范围（见第 1 章）进行了修改，修改为“本标准适用于幼儿园阶段 3 周岁以上及九年制义务教育阶段受教育的群体所乘坐的专用校车。”；

——修改了术语和定义（见第 3 章）：删除了 GB 24407—2009 中的 4 个术语“校车 school bus”、“小学生校车 school bus for schoolchildren”、“专用小学生校车 special school bus for schoolchildren”、“护板 fender”；修改了“专用校车 special school bus”；增加了“幼儿专用校车 special school buses for infants”、“小学生专用校车 special school buses for primary students”、“中小学生专用校车 special school buses for primary and junior middle school students”、“停车指示牌 stopping signal plate”；

——增加了“专用校车类型划分”（见第 4 章）；

——修改了前碰撞结构的要求和外观标识、车高限值、行李舱体顶部离地高度限值（见 5.1）；

——增加了动力性要求（见 5.2）；

——增加了幼儿专用校车的幼儿质量和中小学生专用校车的学生质量，修改了照管人员的质量，新增了各类专用校车的最大乘员数（见 5.3）；

——增加了转向系统（见 5.4）、制动系统（见 5.5）、传动系统（见 5.6）、行驶系统（见 5.7）、前后保险杠（见 5.8）、侧倾稳定性（见 5.9）、车身结构（见 5.10.1）、顶部结构强度（见 5.10.2）的要求；

——修改了上部结构强度的要求（见 5.10.3）；

——修改了出口的种类、位置、数量和尺寸的规定（见 5.10.4.1.1）：重新规定了乘客门的数量和位置，乘客门尺寸按照轻型和大中型分别进行了规定；增加了“应急门和应急窗不应位于排气管出口的上方，应急窗也不应位于停车指示牌的上方。”的要求；重新规定应急出口的种类和最少数量，其中应急门为基本应急出口；应急门、应急窗和撤离舱口的最小尺寸按 GB 13094 规定；

——修改了侧窗的结构要求（见 5.10.4.1.2）：增加了侧窗透明度的要求；

——修改了出口的技术要求（见 5.10.4.1.3）：增加了车辆后围上的应急门开启方式；乘客门和应急门上装玻璃窗的要求；高度小于 1 700 mm 的乘客门和应急门对乘员的安全防护要求；出口技术要求按轻型和大中型分别规定；加严了大中型专用校车对乘客门的要求；

——修改了踏步的要求（见 5.10.4.2）：补充了踏步的其他要求和伸缩踏步的要求；

——修改了乘客门引道（见 5.10.4.3.1）的要求：删除了 GB 24407—2009 图 1 中铅垂平板 2 对应的模型；删除了 GB 24407—2009 中 4.6.1.5 中对安装在轮罩上座椅前方范围的要求；删除了 GB 24407—2009 中 4.6.1.8 和 4.6.1.9；增加了引道处地板的坡度要求；

——修改了应急门引道（见 5.10.4.3.2）的要求：删除了 GB 24407—2009 中 4.6.2.2 的要求；

——修改了应急窗的通过性（见 5.10.4.3.3）：删除了 GB 24407—2009 中 4.6.3.3 中关于乘员数小于 33 人的车辆的应急出口的规定；

——修改了撤离舱口的通过性（见 5.10.4.3.4）：删除了地板出口的要求（见 GB 24407—2009 中 4.6.4.2）；

——修改了通道的要求(见 5.10.4.4):修改通道内对台阶的要求,要求车内通道内无台阶;要求 8 m 及以上专用校车通道测量装置下圆柱直径加大到 350 mm(GB 24407—2009 规定为 300 mm);要求大中型专用校车的通道高度不小于 1 800 mm;增加了通道坡度的要求;删除了GB 24407—2009 中 4.6.5.4 的规定;
——增加了驾驶员安全带及其固定点的要求(见 5.10.5.1.1.1 和 5.10.5.1.1.3);
——修改了照管人员座椅的要求(5.10.5.1.2):增加了幼儿专用校车和中小学生专用校车照管人员座位数量的要求,修改了照管人员座位位置的要求,修改了小学生专用校车上照管人员座位数量的要求;
——增加了幼儿座椅的要求,并修改了学生座椅的要求(见 5.10.5.1.3):修改了小学生安全带及其车辆固定点的要求,要求必须为 2 点式安全带,要求最多采用 2+3 座椅布置形式,增加了靠背厚度、靠背最大高度、靠背宽度的要求,调整了座椅扶手高度范围,要求驾驶员座椅 R 点所处的横向垂直平面以前不得设置幼儿及学生座椅,要求座椅必须软化处理;调整了单人座椅的宽度要求;增加了幼儿和中小学生座椅的相关项目要求;单人座椅的座垫宽度最小值由 400 mm 调整为 380 mm;删除了行动不便乘客的相应要求(GB 24407—2009 中 4.3.6);
——修改了就坐乘客空间的要求(见 5.10.5.1.4):增加了幼儿专用校车座椅座间距、中小学生专用校车座椅座间距、照管人员座椅座间距的要求,修改了座间距测量示意图;新增了位于隔离物或其他非座椅的刚性结构后面的乘客座椅座垫前沿到前部障碍物的水平距离最小限值;新增了幼儿座椅、中小学生专用校车座椅和照管人员座椅的就坐乘客的上方空间的要求;轮罩处的自由空间由1 200 mm 修改为 1 250 mm,外侧座椅椅脚靠近侧围处删除了一组尺寸;
——修改了座椅前方约束隔板的要求(见 5.10.5.2):约束隔板的位置确定由 GB 24407—2009 中的 R 点确定修改为根据 G 点确定,G 点按比 R 点靠后 100 mm;增加了幼儿专用校车座椅的约束隔板位置、中小学生专用校车座椅的约束隔板位置、照管人员座椅的约束隔板位置;增加了约束隔板软化的要求;修改细化了约束隔板下缘离地的高度要求;修改了约束隔板的要求;
——增加了适用于幼儿和小学生的扶手,完善细化了扶手的要求(见 5.10.5.3);
——增加了急救箱(见 5.10.5.5)、内装饰件(见 5.10.5.7)、信号系统(见 5.11)的要求;
——修改了火灾预防和火灾控制措施的要求(见 5.12):修改了导线耐高温和阻燃性的要求;修改了发动机舱、电涡流缓速器旁的材料阻燃性要求;增加了缓速器旁的温度报警装置配置要求;增加了电源总开关的布置要求;增加了应急开关;增加了排气系统、油路、电路的相对位置要求;增加了发动机舱灭火装备和报警装置配备要求;增加了乘员舱灭火器的要求;
——修改了驾驶员视野的要求(见 5.13):增加了乘客门关闭后驾驶员应能观察到车外乘客门附近情况的要求;增加了辅助倒车装置和前风窗除霜雾装置的要求;修改了车内视野装置的要求;
——修改了车内空气质量的要求(见 5.14):增加了车内空气成分的要求;
——修改了行车信息记录及处理系统的要求(见 5.15):增加了对行驶记录仪功能的要求和车内外录像监控系统的要求;
——增加了专用校车后围板上的停车提醒标示的要求(见 5.16);
——删除了 GB 24407—2009 中 4.10 视觉娱乐装置的位置要求;
——增加了标准实施的过渡期要求(见第 6 章);
——增加了“附录 A　顶部结构强度试验方法”、“附录 B　停车指示牌”。

本标准由中华人民共和国工业和信息化部提出。

本标准由全国汽车标准化技术委员会(SAC/TC 114)归口。

本标准负责起草单位:郑州宇通客车股份有限公司、中国汽车技术研究中心、中国公路学会客车分会。

本标准参加起草单位：国家客车质量监督检验中心、东风襄樊旅行车有限公司、南京依维柯汽车有限公司、丹东黄海汽车有限责任公司、金华青年汽车制造有限公司、扬州亚星客车股份有限公司、保定长安客车制造有限公司、中国第一汽车股份有限公司、金龙联合汽车工业（苏州）有限公司、厦门金龙联合汽车工业有限公司、北汽福田汽车股份有限公司、安徽安凯汽车股份有限公司、成都客车股份有限公司、泰乐玛汽车制动系统（上海）有限公司、江苏旷达汽车织物集团有限公司。

本标准主要起草人：周慧慈、汤望、吴晓光、马春新、张长庚、李维菁、董晓坤、张喆、卢长军、司俊德、王向阳、乔慧琳、孙鹰、刁薇、曹飞、李骏、邝勇、邓玉林、李桂兰、陈新弟、周建国、苏亮、赵天红、邓海。

本标准于2009年首次发布，本次为第一次修订。

专用校车安全技术条件

1 范围

本标准规定了专用校车术语和定义、类型划分、要求及试验方法。

本标准适用于幼儿园阶段3周岁以上及九年制义务教育阶段受教育的群体所乘坐的专用校车。

2 规范性引用文件

下列文件对于本文件的应用是必不可少的。凡是注日期的引用文件，仅注日期的版本适用于本文件。凡是不注日期的引用文件，其最新版本(包括所有的修改单)适用于本文件。

GB/T 2406.2 塑料 用氧指数法测定燃烧行为 第2部分:室温试验

GB/T 2408—2008 塑料 燃烧性能的测定 水平法和垂直法

GB 4351.1 手提式灭火器 第1部分:性能和结构要求

GB/T 5454 纺织品 燃烧性能试验氧指数法

GB 5768.2—2009 道路交通标志和标线 第2部分:道路交通标志

GB 8410—2006 汽车内饰材料的燃烧特性

GB/T 8627—2007 建筑材料燃烧或分解的烟密度试验方法

GB/T 12428—2005 客车装载质量计算方法

GB 12676 汽车制动系统 结构、性能和试验方法

GB 13057 客车座椅及其车辆固定件的强度

GB 13094—2007 客车结构安全要求

GB/T 13594 机动车和挂车防抱制动性能和试验方法

GB 13954—2009 警车、消防车、救护车、工程救险车标志灯具

GB 14166 机动车乘员用安全带、约束系统、儿童约束系统和 ISOFIX 儿童约束系统

GB 14167 汽车安全带安装固定点、ISOFIX 固定点及上固定点系统

GB/T 14172 汽车静侧翻稳定性台架试验方法

GB 15083 汽车座椅、座椅固定装置及头枕强度要求和试验方法

GB 15084 机动车辆后视镜的性能和安装要求

GB 17578 客车上部结构强度要求

GB/T 17729 长途客车内空气质量要求

GB/T 18833 公路交通标志反光膜

GB 18986 轻型客车结构安全要求

GB/T 19056 汽车行驶记录仪

GB/T 19596—2004 电动汽车术语

GB 24315 校车标识

GB 24406 专用校车学生座椅系统及其车辆固定件的强度

GB/T 24545 车辆车速限制系统技术要求

GB/T 28370 长途客车内空气质量检测方法

JT/T 782 营运客车爆胎应急安全装置技术要求

3 术语和定义

GB/T 12428—2005 和 GB 13094—2007 中界定的以及下列术语和定义适用于本文件。为了便于使用，以下重复列出了 GB/T 12428—2005 和 GB 13094—2007 中的某些术语和定义。

3.1

专用校车 special school buses

设计和制造上专门用于运送幼儿或学生的校车。

3.2

幼儿专用校车 special school buses for infants

运送 3 周岁以上学龄前幼儿上下学的专用校车。

3.3

小学生专用校车 special school buses for primary school students

运送小学生上下学的专用校车。

3.4

中小学生专用校车 special school buses for primary and junior middle school students

运送九年制义务教育阶段学生(小学生和初中生)上下学的专用校车。

3.5

停车指示牌 stopping signal plate

用于警示其他车辆不得超越已停驻、待学生上下车的校车的标牌。

3.6

出口 exit

乘客门或应急出口。

[GB 13094—2007，定义 3.6]

3.7

应急出口 emergency exit

应急门、应急窗或撤离舱口。

[GB 13094—2007，定义 3.7]

3.8

应急门 emergency door

仅在异常、紧急情况下作为乘客出口的车门。

[GB 13094—2007，定义 3.8]

3.9

应急窗 emergency window

仅在紧急情况下作为乘员出口的车窗，该车窗可以不装玻璃。

[GB 13094—2007，定义 3.9]

3.10

撤离舱口 escape hatch

仅在紧急情况下供乘客作为应急出口的车顶或地板上的开口，即安全顶窗和地板出口。

[GB 13094—2007，定义 3.11]

3.11

“前”和“后” ‘front’ and ‘rear’

按正常行驶方向的车辆的前或后，“向前”、“最前”、“向后”、“最后”等应作相应解释。

[GB 13094—2007，定义 3.26]

3.12

乘员 passengers and crew

客车上乘客、驾驶员和车组人员的总称。

[GB/T 12428—2005,定义 3.1]

4 专用校车类型划分

专用校车按车辆结构和用途划分的分类见表 1。

表 1 专用校车分类及基本特征

结构类型	用 途	基本特征
轻型专用校车	幼儿专用校车	车长大于 5 m 且小于等于 6 m
	小学生专用校车	
	中小学生专用校车	
大中型专用校车	幼儿专用校车	车长大于 6 m 且小于等于 12 m
	小学生专用校车	
	中小学生专用校车	

5 要求和试验方法

5.1 外观标识和主要结构尺寸

5.1.1 专用校车应喷涂符合 GB 24315 要求的专用校车外观标识。

5.1.2 专用校车前部应设置碰撞安全结构。若为前横置发动机,则发动机曲轴中心线应位于前风窗玻璃最前点以前;若为前纵置发动机,则发动机第一缸和第二缸的中心线应位于前风窗玻璃最前点以前;若大中型专用校车其前部碰撞性能不低于前两种结构,可以不限定发动机布置形式。

注:发动机第一缸和第二缸的中心线指发动机第一缸和第二缸缸心距的中心线。

5.1.3 铰接客车和双层客车不应作为专用校车。

5.1.4 专用校车车高不得大于 3.7 m。

5.1.5 如果有侧围行李舱体,则行李舱体顶部离地面高度应小于 1.0 m。

5.1.6 专用校车不得设置车外行李架。

5.1.7 车内外不得有容易卡住幼儿和小学生手指的孔洞,并不应存在可能致人员受伤的突起、凹陷、尖角等缺陷。

5.2 动力性

专用校车(电动专用校车除外)的比功率应不小于 9.0 kW/t。

注 1:电动专用校车指 GB/T 19596—2004 中所定义的电动汽车种类:纯电动汽车、混合动力(电动)汽车、燃料电池电动汽车。

注 2:比功率为发动机最大净功率(或 0.9 倍的发动机额定功率或 0.9 倍的发动机标定功率)与机动车最大允许总质量之比。

5.3 乘员质量和最大乘员数

5.3.1 幼儿专用校车的每个幼儿的质量按 30 kg 计算,小学生专用校车的每个学生的质量按 48 kg 计算，中小学生专用校车的每个学生的质量按 53 kg 计算，每个照管人员的质量按 68 kg 计算，驾驶员的质量按 75 kg 计算。

5.3.2 幼儿专用校车的最大乘员数应不超过 45 人；小学生专用校车和中小学生专用校车的最大乘员数应不超过 56 人。

5.4 转向系统

专用校车应采用助力转向装置。

5.5 制动系统

5.5.1 专用校车应安装符合 GB/T 13594 规定的防抱制动装置。

5.5.2 前轮应安装盘式制动器。

5.5.3 长度大于 8 m 的专用校车应安装缓速器或其他辅助制动装置，辅助制动装置性能应符合 GB 12676 规定的ⅡA 型试验要求。

5.6 传动系统

5.6.1 专用校车应安装符合 GB/T 24545 规定的限速装置，出厂时调定的最高车速应不大于 80 km/h。

5.6.2 传动轴应有防止因传动轴滑动连接（花键或其他类似装置）脱离或断裂等故障而引起危险的防护装置。

5.7 行驶系统

5.7.1 专用校车应使用无内胎子午线轮胎。

5.7.2 总质量大于 4.5 t 的专用校车，后轮应安装双轮胎。

5.7.3 若安装轮胎爆胎应急安全装置，应符合 JT/T 782 的要求。

5.8 前后保险杠

5.8.1 专用校车应安装前、后保险杠。

5.8.2 保险杠应连接到车架或车身骨架上。前保险杠应向前伸出到散热器格栅、前照灯、引擎盖部分等的前面，向外延伸到轮罩的外缘，以提供最大的保护；后保险杠应包住车身后角。

5.8.3 保险杠上不应存在可能致人员受伤的突起、凹陷、尖角。

5.9 侧倾稳定性

按 GB/T 14172 规定的方法测试，在每个座椅的座垫上平面按 5.3.1 规定的乘员质量加载（若有行李舱，行李舱不应加载），且载荷要牢固固定到座椅上，测得的侧倾稳定角应不小于 32°；同时在空载状态下测量，测得的侧倾稳定角应不小于 35°。

5.10 车身结构、强度、出口及车内布置

5.10.1 车身结构

5.10.1.1 大中型专用校车应为车身骨架结构，同一横截面上的顶梁、立柱和底架主横梁应形成封闭环（轮罩与顶风窗处除外），从侧窗上纵梁到底横梁之间的车身立柱应采用整体结构，中间不得通过拼焊连接。若轻型专用校车车身结构未采用上述结构，则应采用覆盖件与加强梁共同承载的结构。

5.10.1.2 幼儿专用校车乘客区应采用平地板结构，除轮罩、检修口盖等的局部结构凸起外，地板上不

得有台阶。

5.10.1.3 乘坐区、过道区和引道区域的地板覆盖层应防滑、耐磨。

5.10.2 顶部结构强度

顶部结构强度按附录A进行试验,应满足以下要求:

a) 试验中,车身结构应能够承受规定的载荷,车门没有开启,车身与底架没有分离;

b) 试验中和试验后,每一座垫上方应有不小于900 mm的净高度(从未下陷座垫的最高点所在平面向上测量);就座乘客搁脚的地板处向上应有不小于1 350 mm的净高度(对于轮罩处和质量小于等于3.5 t和座椅数小于等于12个的专用校车,地板处向上应有不小于1 200 mm的净高度);轻型专用校车的通道高度应不小于1 440 mm,大中型专用校车的通道净高度应不小于1 670 mm;乘客门、应急门、应急窗和撤离舱口应能正常打开,位于车顶的撤离舱口不要求在试验过程中打开。

5.10.3 上部结构强度

在每个座椅上的乘员质量按5.3.1的规定,并按GB 17578的规定进行加载和测试,侧翻过程中和侧翻后的乘员生存空间均应符合GB 17578的规定。

5.10.4 出口、踏步、引道、通道

5.10.4.1 出口

5.10.4.1.1 出口的种类、位置、数量和尺寸

5.10.4.1.1.1 专用校车应只有一个乘客门并位于右侧前后轮之间。轻型专用校车的乘客门尺寸应符合GB 18986的规定。大中型专用校车的乘客门尺寸应符合GB 13094的规定。

5.10.4.1.1.2 车辆的左侧、右侧应至少各有一个出口。乘客区的前半部和后半部应至少各设一个出口。后围应至少有一个出口。

5.10.4.1.1.3 为满足紧急情况下的乘员撤离和车外救助,应急出口的种类、位置、最少数量应符合表2的规定。若车顶或地板上设有一个撤离舱口,应位于车辆中部范围内(该范围的长度等于车长的1/2);若设有两个撤离舱口,二者相邻两边之间的距离(平行于车辆纵轴线测量)应至少为2 m。应急门和应急窗不应位于排气管出口的上方,应急窗也不应位于停车指示牌的上方。应急门、应急窗和撤离舱口的最小尺寸应符合GB 13094的规定。

表2 应急出口的种类、位置和最少数量

车长 L/m	基本应急出口	基本应急出口对应的附加应急出口
$L<6$	"后围应急门",或者"左侧应急门+后围应急窗"	1个左侧应急窗+1个右侧应急窗
$6\leqslant L<9$	"后围应急门",或者"左侧应急门+后围应急窗"	1个左侧应急窗+1个右侧应急窗+1个顶部撤离舱口
$9\leqslant L<12$	"后围应急门",或者"左侧应急门+后围应急窗"	2个左侧应急窗+2个右侧应急窗+2个顶部撤离舱口

5.10.4.1.2 侧窗的结构

专用校车乘客区侧窗的结构应为高度方向上至少下部1/2封闭。所有车窗玻璃的可见光透射比均

应不小于50%，且不得张贴有不透明和带任何镜面反光材料的色纸或隔热纸。

5.10.4.1.3　出口的技术要求

5.10.4.1.3.1　车辆后围上的应急门应铰接于侧面并向外开启。

5.10.4.1.3.2　乘客门和应急门上应装玻璃窗，玻璃窗应采用安全玻璃。

5.10.4.1.3.3　乘客门和应急门的高度小于1 700 mm时，门洞顶部内侧整个宽度范围内应安装宽度不小于75 mm、厚度不小于20 mm、邵氏硬度不大于50的防撞垫。

5.10.4.1.3.4　应急出口的锁止装置应能从车内和车外手动解锁开启，解锁力和开启力应不超过178 N。

5.10.4.1.3.5　出口的其他技术要求，对轻型专用校车应符合GB 18986的相关规定，对大中型专用校车应符合GB 13094的相关规定。

5.10.4.2　踏步

5.10.4.2.1　乘客门踏步

在车辆整备质量状态下，从地面至乘客门的第一级踏步高度D(图1)应不大于350 mm，允许使用伸缩踏步达到要求，其他各级踏步的高度E应不大于250 mm。一级踏步深度F，对轻型专用校车应不小于230 mm，对大中型专用校车应不小于300 mm。踏步的其他要求应符合GB 13094的规定。

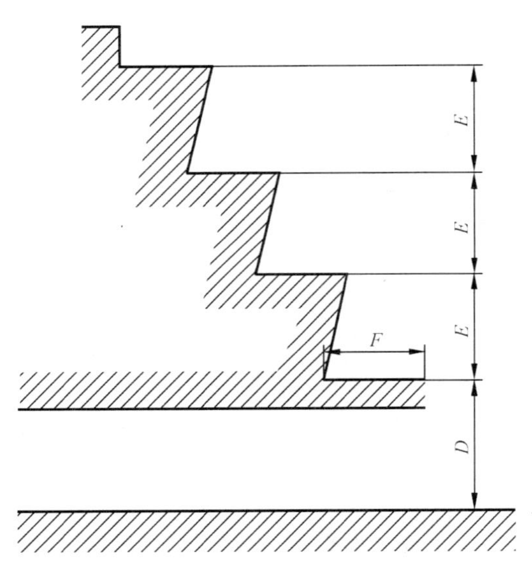

图1　乘客门踏步尺寸

5.10.4.2.2　伸缩踏步的技术要求

轻型专用校车的伸缩踏步的技术要求应符合GB 18986的规定；大中型专用校车的伸缩踏步的技术要求应符合GB 13094的规定。

5.10.4.3　引道

5.10.4.3.1　乘客门引道

5.10.4.3.1.1　从乘客门向车内的延伸空间应允许厚度20 mm的垂直平板1(见图2)自由通过。垂直平板1在起始位置时，靠近车辆内侧的板面应切于车门开口的最外边缘，移动时板面应保持与乘客的出入方向垂直,移动方向与乘客的出入方向一致。

单位为毫米

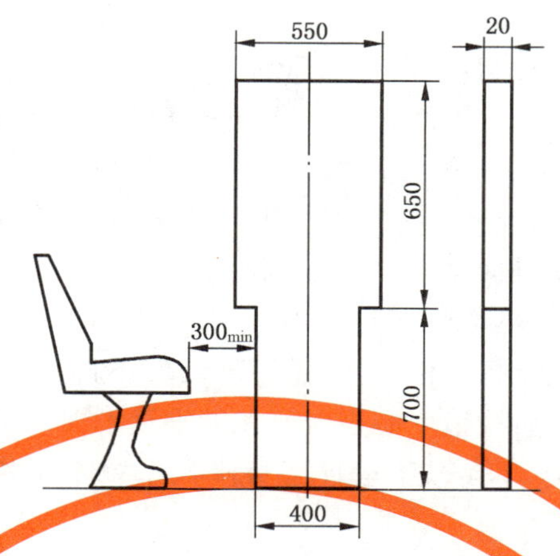

图 2 乘客门引道和垂直平板 1 图示

5.10.4.3.1.2 当垂直平板 1 的中心线从起始位置移过 300 mm 时,将平板底部接触踏步表面并保持在此位置。

5.10.4.3.1.3 用来检查通道空间的圆柱体(见图 5 和表 3)从通道开始沿乘客离开车辆的运动方向移动,直到其中心线达到最上一级踏步外边缘所在的垂直平面或上圆柱接触垂直平板 1 并保持在此位置(见图 3)。

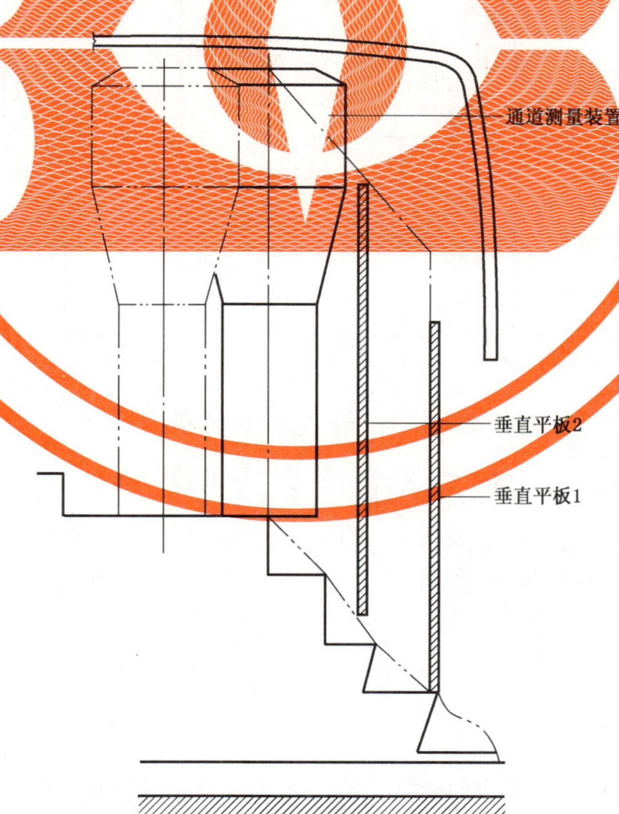

图 3 乘客门引道图示

5.10.4.3.1.4　在上述位置的圆柱体同5.10.4.3.1.2所述位置的垂直平板1之间应允许垂直平板2自由通过(见图3)。垂直平板2的形状和尺寸与5.10.4.4.1所述的圆柱体的中心截面相同,其厚度不大于20 mm。垂直平板2从与圆柱体相切的位置移动到其外侧板面与垂直平板1接触,其底部触及由踏步外边缘形成的平面,移动方向与乘客出入乘客门的方向一致。

5.10.4.3.1.5　上述测量装置自由通过的净空间,不应包括前向座椅未压缩座垫前300 mm的范围内,高度从地板至座垫最高点的空间。

5.10.4.3.1.6　对照管人员专用的折叠座椅,若符合下列要求,则允许在其折叠位置测量:

a)　在车上清楚地标示,此座椅仅供照管人员使用;

b)　座椅不使用时应能自动折叠,以便满足5.10.4.3.1.1～5.10.4.3.1.5的要求;

c)　无论该座椅处于使用位置或折叠位置,其任何部位均不得位于驾驶员座椅(处于最后位置时)座垫上表面中心与车外右后视镜中心连线所在的垂直平面的前方。

5.10.4.3.1.7　当车辆处于整车运行状态质量且车身降低系统不工作时,引道处地板的坡度不应超过5%。

5.10.4.3.2　应急门引道

5.10.4.3.2.1　在通道和应急门之间的自由空间应允许叠加圆柱(见图4)自由通过。

单位为毫米

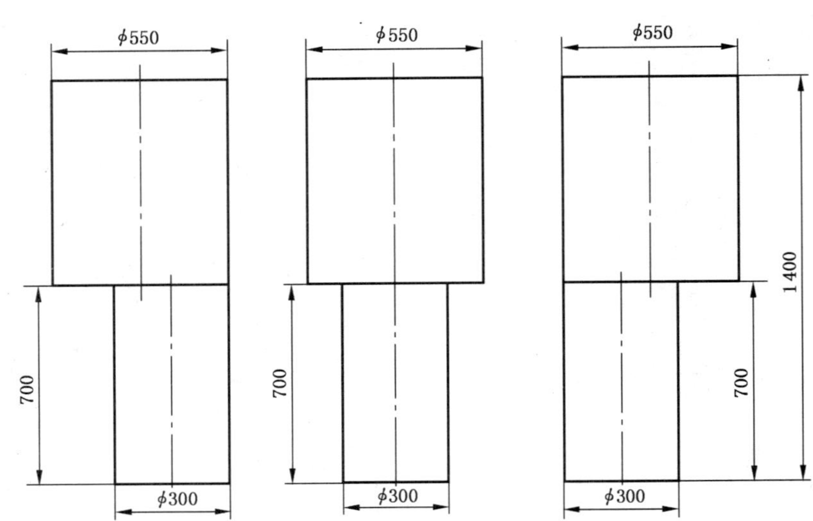

注:上圆柱直径可在顶部减为400 mm,其过渡斜面与水平面夹角不超过30°。

图4　应急门引道测量装置

5.10.4.3.2.2　下圆柱体的底部应在上圆柱体的投影内,二者可以相对位移。

5.10.4.3.2.3　沿引道侧面设有折叠座椅时,叠加圆柱通过的自由空间应在该座椅打开位置时测量。如该座椅在不使用时能自动折叠,则允许在其折叠位置测量。

5.10.4.3.2.4　可用5.10.4.4.1规定的圆柱体(见图5)替代叠加圆柱。

5.10.4.3.3　应急窗的通过性

5.10.4.3.3.1　每个应急窗应能使相应的测试量具从通道经应急窗移到车外。

5.10.4.3.3.2　测试量具的运动方向应与乘客从车内撤出的方向一致,其正面(最大端面)应与运动方向保持垂直。

5.10.4.3.3.3　测试量具是尺寸为600 mm×400 mm、圆角半径200 mm的薄板,但若应急窗在车辆后围,其尺寸可改为1 400 mm×350 mm、圆角半径175 mm。

5.10.4.3.4 **撤离舱口的通过性**

大中型专用校车撤离舱口的通过性应符合 GB 13094 的规定。

5.10.4.4 **通道**

5.10.4.4.1 对于轻型专用校车，通道应允许Ⅰ型通道测量装置自由通过；对于长度小于 8 m 的大中型专用校车，通道应允许Ⅱ型通道测量装置自由通过；对于长度大于或等于 8 m 的专用校车，通道应允许Ⅲ型通道测量装置自由通过(通道测量装置见图 5 和表 3)。通道内不应有台阶，通道应防滑，通道内的盖板高出通道表面应不大于 8 mm。

单位为毫米

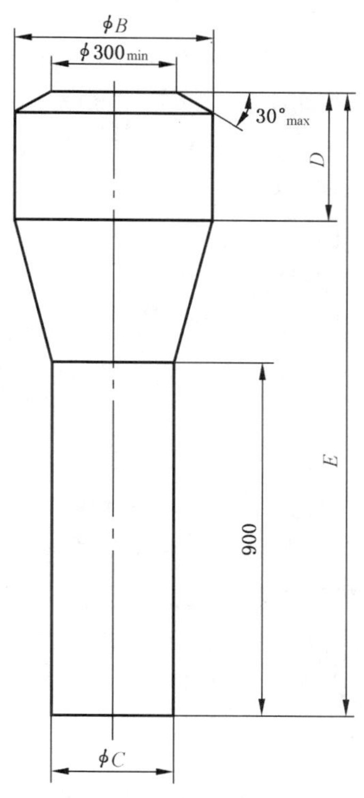

图 5 通道测量装置

表 3 通道测量装置尺寸

项　　目	Ⅰ型通道测量装置	Ⅱ型通道测量装置	Ⅲ型通道测量装置
下圆柱直径 C/mm	300	300	350
上圆柱直径 B/mm	450	450	550
上圆柱高度 D/mm	300	300	300
总高 E/mm	1 500	1 800	1 800

5.10.4.4.2 当车辆处于整车运行状态质量且车身降低系统不工作时，通道纵向坡度不应大于 8%，横向坡度(垂直于车辆纵向轴线的平面上)不应大于 5%。

5.10.5 车内布置

5.10.5.1 座椅

5.10.5.1.1 驾驶员座椅

5.10.5.1.1.1 驾驶员座椅应配备3点式安全带。
5.10.5.1.1.2 驾驶员座椅及其车辆固定件的强度应符合GB 15083的规定。
5.10.5.1.1.3 驾驶员座椅的安全带及其固定点应分别符合GB 14166和GB 14167的规定。

5.10.5.1.2 照管人员座椅

5.10.5.1.2.1 专用校车应至少安装一个照管人员座椅。当幼儿专用校车上的幼儿座椅数大于等于20个且小于40个时应安装2个或3个照管人员座椅，大于等于40个时应安装3个或4个照管人员座椅。当小学生专用校车、中小学生专用校车上的学生座椅数大于等于40个时应安装2个或3个照管人员座椅。当只有1个照管人员座椅时，照管人员座椅应位于车辆通道前端并靠近乘客门；当照管人员座椅超过1个时，应至少有1个照管人员座椅靠近应急门。
5.10.5.1.2.2 照管人员座椅应有标识。
5.10.5.1.2.3 照管人员座椅应配备安全带。
5.10.5.1.2.4 前向安装的照管人员座椅及其车辆固定件的强度应符合GB 13057的规定。
5.10.5.1.2.5 照管人员座椅的安全带及其固定点应分别符合GB 14166和GB 14167的规定。

5.10.5.1.3 幼儿及学生座椅

5.10.5.1.3.1 幼儿及学生座椅应前向布置。幼儿及学生座椅不应是折叠座椅，驾驶员座椅R点所处的横向垂直平面以前不得设置幼儿及学生座椅。幼儿及学生座椅在车辆横向上最多采用“2+3”布置。
5.10.5.1.3.2 幼儿及学生座椅及其车辆固定件的强度应符合GB 24406的要求。
5.10.5.1.3.3 每个幼儿及学生座椅应配备满足GB 14166规定的两点式安全带。
5.10.5.1.3.4 单人幼儿及学生座椅的座垫宽度应不小于380 mm。若为长条幼儿及学生座椅，应符合表4的规定。

表4 幼儿及学生座椅的尺寸

车　　型	幼儿专用校车	小学生专用校车	中小学生专用校车
每人座垫宽/mm	≥330	≥350	≥380
座垫深/mm	≥300	≥350	≥350
座垫高/mm	220～300	280～380	300～450
靠背厚度/mm	≥40	≥40	≥40
靠背高度 H/mm	600≤H≤710	710≤H≤860	710≤H≤860

5.10.5.1.3.5 每个幼儿及学生座椅应带有靠背，靠背高度和厚度按表4的规定，靠背宽不应小于座垫宽度，座椅靠背在座垫上平面与座垫上方510 mm处的水平面之间的部分在车身横向垂直平面内的投影面积不应小于0.9×510 mm×座垫宽。幼儿及学生座椅应软化。
5.10.5.1.3.6 靠近通道的幼儿及学生座椅应在通道一侧设置平行于椅垫面的座椅扶手，扶手距离座垫上平面150 mm～230 mm，并应软化处理，扶手应有足够的强度，并应使乘坐幼儿及学生易于抓握，

且每个扶手的表面应防滑。幼儿及学生座椅靠背后不应有扶手等硬质物品。

5.10.5.1.4 就坐乘客空间

5.10.5.1.4.1 座间距

座间距为座椅靠背的前面与前排座椅靠背后面之间的距离(H),在座垫上表面最高点所处水平面与其上方 200 mm 高度范围内水平测量(见图 6),幼儿专用校车座椅的座间距应不小于 500 mm,小学生专用校车座椅的座间距应不小于 550 mm,中小学生专用校车座椅的座间距应不小于 650 mm,照管人员座椅的座间距应不小于 650 mm。所有数据均在通过(单人)座椅中心线的垂直平面内测量,且座垫和靠背都未被压陷。

单位为毫米

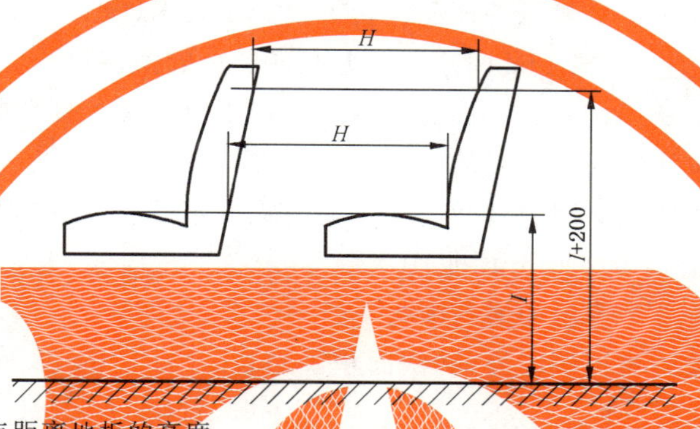

注:I 为座垫上平面最高点距离地板的高度。

图 6 座间距的测量方法示意图

5.10.5.1.4.2 就坐乘客的前方空间

位于隔离物或其他非座椅的刚性结构后面的乘客座椅座垫前沿到前部障碍物的水平距离为 L(见图 7),幼儿专用校车就坐乘客的前方空间不小于 220 mm,小学生专用校车就坐乘客的前方空间不小于 250 mm,中小学生专用校车就坐乘客的前方空间不小于 280 mm。

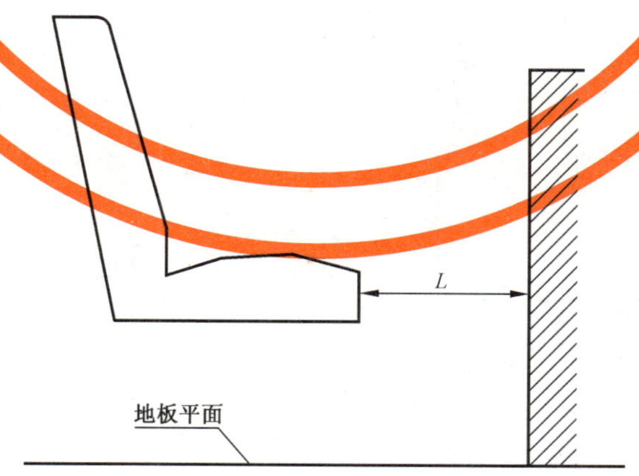

图 7 就坐乘客前方的自由空间

5.10.5.1.4.3 座椅上方的自由空间

每个座位上方的自由空间:

a) 每个座椅均应有一垂直净空间,从未压陷座垫的最高点所处平面向上应不小于 900 mm,从就坐乘客搁脚的地板处向上应不小于 1 350 mm(见图 8),对于轮罩处和后排座椅处,可减小为 1 250 mm。

b) 这个净空间应包括下述的全部水平区域:
   1) 横向区域:幼儿专用校车学生座椅中心垂直平面两侧各 165 mm 处的纵向垂直平面之间;小学生专用校车学生座椅中心垂直平面两侧各 175 mm 处的纵向垂直平面之间;中小学生专用校车学生座椅中心垂直平面两侧各 190 mm 处的纵向垂直平面之间;照管人员座椅中心垂直平面两侧各 200 mm 处的纵向垂直平面之间;
   2) 纵向区域:幼儿专用校车通过座椅靠背上部最后点的横向垂直平面和通过未压缩座垫前端向前 200 mm 的横向垂直平面之间;小学生专用校车通过座椅靠背上部最后点的横向垂直平面和通过未压缩座垫前端向前 200 mm 的横向垂直平面之间;中小学生专用校车通过座椅靠背上部最后点的横向垂直平面和通过未压缩座垫前端向前 280 mm 的横向垂直平面之间;通过照管人员座椅靠背上部最后点的横向垂直平面和通过未压缩座垫前端向前 280 mm 的横向垂直平面之间。测量在座椅中心垂直平面进行。

c) 该净空间可以不包括下列区域:
   1) 靠窗座椅上方邻靠侧围的横截面为一个倒置直角三角形的区域,三角形顶点位于地板上方 650 mm,底边宽 100 mm(见图 8)。
   2) 靠窗座椅上方邻靠侧围的横截面为 150 mm 高、100 mm 宽的矩形区域(见图 9)。
   3) 靠窗座椅的椅脚靠近侧围处,横截面积不超过 3×10^4 mm^2、最大宽度不超过 150 mm 的区域(见图 9)。

d) 该净空间应允许另一座椅靠背的侵入。

单位为毫米

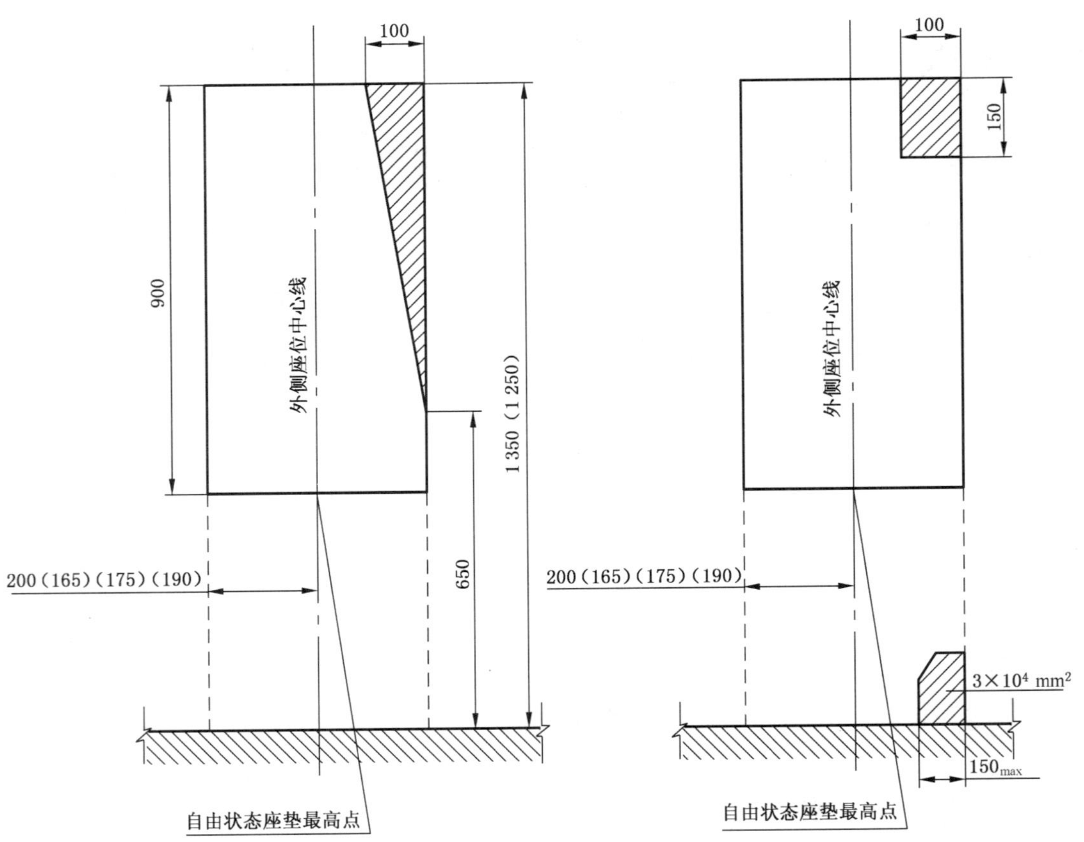

图 8 座椅上方的自由空间

图 9 外侧座椅空间的允许侵入

5.10.5.2 座椅前方约束隔板

5.10.5.2.1 从座椅G点沿纵向水平方向向前一定距离(该距离对幼儿专用校车和小学生专用校车座椅为710 mm,对中小学生专用校车座椅为800 mm,对照管人员座椅为850 mm)内没有另一座椅的后表面时,应在该座椅前安装约束隔板,约束隔板应使用外敷厚度不小于20 mm且邵氏硬度不大于50的软化材料。

5.10.5.2.2 约束隔板上缘距地板高度应不小于其后座椅高度,幼儿专用校车约束隔板下缘应紧贴地板,小学生专用校车和中小学生专用校车约束隔板下缘距离地板高度应不大于200 mm并避免卡住脚部,宽度应不小于前排此类座椅靠背对应的宽度。

5.10.5.2.3 按GB 24406规定的试验方法进行试验后,约束隔板应满足:

a) 隔板的变形不应影响车门正常开关;

b) 隔板的任何安装固定点不得脱开;

c) 隔板的任何部件不得分离。

5.10.5.3 乘客门扶手

专用校车乘客门处应安装高、低扶手,扶手上不应存在可能致伤的凸起、毛刺。

大中型专用校车高扶手应符合GB 13094的规定,轻型专用校车高扶手应符合GB 18986的规定。

低扶手应符合图10的规定,要求:

a) 在垂直方向:位于地面或每一级踏步(不包括伸缩踏步)上方600 mm~800 mm之间;

b) 在水平方向:

   1) 对地面上的乘客:由第一级踏步板(不包括伸缩踏步)向里不超过250 mm;

   2) 对任一级踏步板(不包括伸缩踏步)上的乘客:由踏步板外缘向里不超过450 mm。

单位为毫米

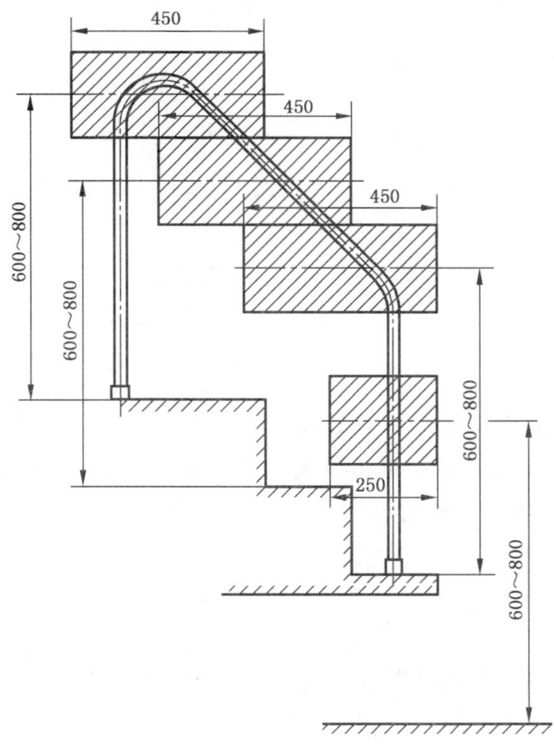

图10 低扶手位置示意图

5.10.5.4 地板上的活动盖板

车辆地板上如果设置活动盖板(如用于检修的口盖),但不是作为撤离舱口的地板出口,应安装紧固,需借助工具或钥匙方能移动或开启,提升或关闭装置凸出于地板平面以上不应超过 8 mm(若处于乘客不使用的位置,可不满足此项要求),突出的边缘应圆角过渡。

5.10.5.5 急救箱

专用校车内应设计至少一个急救箱的安装位置和安装支架。急救箱外形尺寸应不小于 240 mm×200 mm×200 mm,其安装位置处应清晰标示"急救箱"或国际通用符号,安装支架应保证医药箱安装牢靠,且便于取用。安装支架上不应存在可能使人致伤的尖角、锐边、毛刺。

5.10.5.6 车内照明

5.10.5.6.1 车内照明应覆盖如下区域:

——全部乘客区、车组人员区;

——所有踏步;

——所有出口的引道和靠近乘客门的区域;

——所有出口的内部标志和内部控制件;

——所有存在障碍物之处。

5.10.5.6.2 至少应有两条内部照明线路,当一条线路出故障时不应影响另一条线路的照明。用于进出口处常规照明的线路可作为其中之一。

5.10.5.6.3 应采取防护措施,避免驾驶员受车内照明和反射光的影响。

5.10.5.7 内装饰件

内装饰件应牢固固定在车辆上,并不应存在可能使人致伤的尖角、锐边、毛刺。

5.11 信号系统

5.11.1 停车指示牌

专用校车应按附录 B 的规定安装停车指示牌,当上、下学生时,停车指示牌应伸出以提醒后方车辆停车等候。

5.11.2 专用校车标志灯

5.11.2.1 安装位置和数量

专用校车应在车外顶部前后各安装 2 个黄色专用校车标志灯,前标志灯与车顶前部最边缘的距离应不大于 400 mm;后标志灯与车顶后部最边缘的距离应不大于 400 mm。左右两个标志灯应尽量靠近车身左右侧外缘,并与车辆纵向中心线对称。

专用校车标志灯安装后不应高出车顶蒙皮上表面 200 mm。

5.11.2.2 技术要求

5.11.2.2.1 灯具应有一个圆形透明灯罩且绕其垂直轴线 360°发光。

5.11.2.2.2 发光强度应符合 GB 13954—2009 的 5.7 中规定的二级发光强度要求。

5.11.2.2.3 外观、光源、电气性能、色度特性、闪烁特性、电源适应性、防水性能、防尘性能、耐高温性能、耐低温性能、耐盐雾腐蚀性能、耐碰撞性能、耐振动性能、机械强度、表面硬度、耐人工加速老化性能应符合 GB 13954—2009 的要求。

5.11.2.3 电路控制

专用校车标志灯由驾驶员通过手动或脚动进行控制，当处于开启状态时应通过声觉或视觉对驾驶员进行报警，以提示标志灯处于工作状态。

5.11.3 倒车信号

专用校车应有倒车语音提示系统。

5.12 火灾预防和火灾控制措施

5.12.1 燃油箱及燃油供给系统

燃油箱及燃油供给系统应符合 GB 13094 的规定。

5.12.2 电器系统

5.12.2.1 电器及导线

电器设备及导线应能耐受其环境温度和湿度，尤其能耐受发动机舱内的温度和各种污染物可能带来的损害。导线应满足负荷要求、绝缘良好并具有阻燃性能，发动机舱内和其他热源附近的线束应采用耐温不低于 125 ℃ 的阻燃导线，其他部位应采用耐温不低于 105 ℃ 的阻燃导线，波纹管应达到 GB/T 2408—2008 中表 1 规定的 V-0 级，所有电器导线均应捆扎成束、布置整齐、固定卡紧、接头牢固并在接头处有绝缘套，在导线穿越孔洞时应装设阻燃耐磨绝缘套管，电器元件应连接可靠，乘员舱外部的接插件应有防水要求。导线应妥善防护，安全地固定在不会被划伤、磨损、腐蚀的位置，除非提供专门的绝缘和保护（例如对控制排气阀的电磁线圈），否则不应与油管、排气系统接触或承受过高温度。蓄电池安装应符合 GB 13094 的规定。

5.12.2.2 电路保护

除起动机、点火线圈（强制点火）、电热塞、发动机停机装置、充电线路和蓄电池地线外，每个电气设备的供电线路都应有熔断器或断路器。但对于低耗电设备的供电线路，如额定电流总和不超过 16 A，可设置公共熔断器或公共断路器来保护。

5.12.2.3 电源总开关

专用校车应设置电源总开关，但如在蓄电池端对所有供电线路均设置了保险装置，或车辆用电设备由电子控制单元直接驱动且具有负载监控功能、电子控制单元供电线路和个别直接供电的线路均设置有保险装置时，可不设电磁式电源总开关。车长不小于 6 m 的专用校车，还应设置能切断蓄电池和所有电路连接的手动机械断电开关。

5.12.2.4 应急开关

为降低火灾发生后造成的损失，应在驾驶员座椅附近安装有安全应急开关，可使驾驶员在其座椅上进行操作，并应采用保护盖或其他方式避免误操作，将操作方法清晰标示在应急开关处，例如“移开罩盖，打开开关！仅当车辆停稳后操作！”。

启动应急开关后，应能同时实现以下功能：

——发动机迅速停止工作；

——加热器的冷却风扇能够延时关闭；

——乘客门开启和关闭的控制系统能够正常工作；
——起动车内应急照明(部分厢灯和乘客门踏步灯)；
——接通车辆危险警告信号；
——切断电磁式电源总开关，如果没有电磁式电源总开关，在满足 5.12.2.4 上述要求的功能外所有电路都应该切断；
——以上功能的实现不仅可以通过应急开关实现，而且还可以通过独立的操作来完成，但在紧急状态下这些操作不能影响应急开关功能的实现。

5.12.3 电涡流缓速器

若安装电涡流缓速器，则电涡流缓速器与车辆其他部分之间应安装隔热材料，使用的隔热材料、用于联接隔热材料的固定夹、垫圈等的燃烧特性应达到 GB 8410—2006 中 4.6 规定的 A 级要求；安装部位应设置温度报警系统或自动灭火装置。

5.12.4 排气系统

在排气系统周围 100 mm 内不应有可燃材料，除非将其有效屏蔽。排气系统不应布置在燃油系统下方，且排气系统和燃油系统之间应适当屏蔽。排气尾管不应从加油口下面伸出。

5.12.5 发动机舱

5.12.5.1 发动机舱油路

应合理布置发动机舱并采取设置泄油孔等预防措施，尽可能避免燃料、润滑油或其他易燃物积聚在发动机舱内。

5.12.5.2 发动机舱隔热材料

发动机舱应安装隔热材料，并不应使用易浸吸燃料、润滑油或其他易燃而又无防渗透覆盖层的材料；使用的隔热材料、用于联接隔热材料的固定夹、垫圈等的燃烧特性应达到 GB 8410—2006 中 4.6 规定的 A 级要求。

5.12.5.3 发动机舱灭火装备

发动机舱应安装自动灭火装置，其灭火剂喷射范围应包括发动机舱至少两处具有着火隐患的热源(如增压器、排气管等)，启动工作时应能通过视觉或声觉信号向驾驶员报警。

5.12.6 乘员舱内饰材料及灭火器

5.12.6.1 内饰材料

5.12.6.1.1 按 GB 8410—2006 规定的方法进行试验时，材料的最大水平燃烧速度应不大于 70 mm/min。

5.12.6.1.2 内饰材料的氧指数 OI≥22%，对于不同材料的试验方法按以下执行：

a) 针对纺织品及塑料、橡胶类涂附织物，试样应从距离布边 1/10 幅宽的部位剪取，每个试样的尺寸为 150 mm×58 mm。对因尺寸太小无法按照规定尺寸制样的产品不做此条要求。试验方法按 GB/T 5454 的规定执行。
b) 其他塑料材料，试样应按照表 5 规定取样。对因尺寸太小无法按照规定尺寸制样的产品不做此要求。试验方法按 GB/T 2406.2 的规定执行。

表 5 其他塑料材料取样要求

<table>
<tr><th rowspan="2">类型</th><th rowspan="2">型式</th><th colspan="2">长/mm</th><th colspan="2">宽/mm</th></tr>
<tr><th>基本尺寸</th><th>极限偏差</th><th>基本尺寸</th><th>极限偏差</th></tr>
<tr><td rowspan="4">自撑材料</td><td>Ⅰ</td><td rowspan="3">80～150</td><td rowspan="4">—</td><td rowspan="3">10</td><td rowspan="5">±0.5</td></tr>
<tr><td>Ⅱ</td></tr>
<tr><td>Ⅲ</td></tr>
<tr><td>Ⅳ</td><td>70～150</td><td>6.5</td></tr>
<tr><td>非自撑材料</td><td>Ⅴ</td><td>140</td><td>−5</td><td>52</td></tr>
</table>

5.12.6.1.3 塑料类内饰材料烟密度等级(SDR)≤75,试验方法按 GB/T 8627—2007 的规定执行。

5.12.6.2 灭火器

乘员舱内应配备灭火器,应保证至少一个照管人员座椅附近和驾驶员座椅附近各有 1 只至少 2 kg 重的 ABC 型干粉灭火器,其要求应符合 GB 4351.1 的规定。灭火器的安装位置应清晰或清楚标识,在紧急情况易于取用。灭火器的压力表应在不移动灭火器的条件下能观察到压力情况。

5.13 驾驶员视野

5.13.1 车外视野装置

按 GB 15084 的规定确定驾驶员视野的眼点位置。驾驶员视野应满足附录 C 的要求。不应设置影响驾驶员车外视野的装置;乘客门关闭后,驾驶员应能观察到乘客门车外附近的情况。

5.13.2 辅助倒车装置

专用校车应安装后视系统,以保证驾驶员在正常驾驶状态下能看清后风窗玻璃后缘正下方地面上长 3.6 m、宽 2.5 m 范围内的情况。

5.13.3 车内视野装置

驾驶员在正常驾驶状态下,应能通过内视镜观察到所有乘客区。内视镜边缘无尖角、锐边。

5.13.4 前风窗除霜雾装置

专用校车应安装前风窗除霜雾装置。

5.14 车内空气质量

如果不能自然通风,则应安装强制通风装置。车内空气中的成分应符合 GB/T 17729 的规定,测试方法按 GB/T 28370 的规定。允许采用具有杀菌、消除有害气体功能的空气净化装置达到空气质量的要求。

5.15 行车信息记录及处理系统

专用校车应安装具有卫星定位功能并符合 GB/T 19056 规定的行驶记录仪;行驶记录仪的显示部分应易于观察,数据接口应便于移动存储介质的插拔。

专用校车应安装车内和车外录像监控系统。车内监控系统应能监控到驾驶员行为和车内通道的状况;车外监控系统应能监控到车辆前方和乘客门外的状况。

5.16 专用校车后围板上的停车提醒标示

专用校车应在车后围板外表面、后方车辆接近时可以看到的区域,清晰标示"请停车等候"及"当停车指示牌伸出时"红色字样。

"当停车指示牌伸出时"字样应在"请停车等候"字样的下方;"请停车等候"字样高度至少应为200 mm。"当停车指示牌伸出时"字样高度至少为130 mm,见图11。

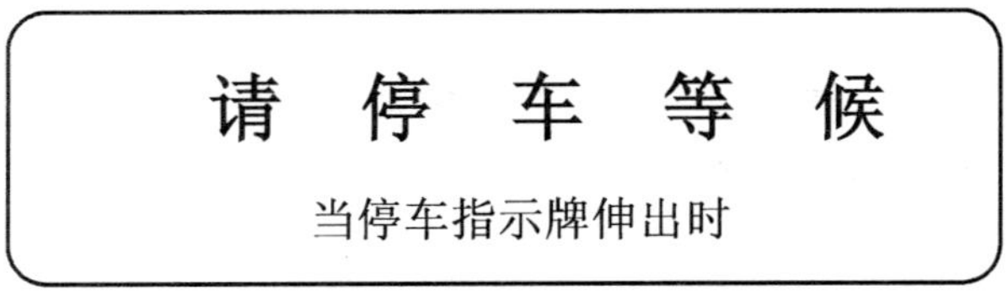

请 停 车 等 候
当停车指示牌伸出时

图 11 后围板上的停车提醒标示示意图

6 标准实施的过渡期要求

已获得许可或通过认证的产品自本标准实施之日起第13个月开始执行。

附 录 A
（规范性附录）
顶部结构强度试验方法

A.1 试验条件

A.1.1 环境温度

环境温度介于 0 ℃～40 ℃之间。

A.1.2 车辆条件

车窗、车门和应急出口处于完全关闭，且为拴上而不是锁住的状态。

A.2 试验装备

试验设备应能以不超过 13 mm/s 的加载速度自动完成加载及载荷保持。

A.3 试验过程

A.3.1 试验样品为整车，或按实车结构焊装在底架上并包含有车门和地板的车身骨架（骨架结构的车辆可不装内外蒙皮、附件等）。

A.3.2 试验载荷通过一个长度和宽度不小于试验车身长度和宽度的刚性平板均匀、垂直地施加在试验样品顶部结构上。

A.3.3 将施力板置于车顶，使其刚性面与垂直纵平面垂直，且与车顶的接触点不少于两处，且若从车顶向下投影观察，其纵向中心线应与车辆纵向中心线重合，施力板投影应覆盖所有乘员区。

A.3.4 试验样品安装：试验样品为整车时，应通过多处刚性支撑车辆底（车）架下平面的方式消除悬架和轮胎的变形，试验车辆的安装应保证底（车）架固定牢固；试验样品为骨架车身时，样品的安装应保证底（车）架固定牢固。

A.3.5 试验时，以不超过 13 mm/s 的加载速度沿垂直向下方向进行加载，直至达到整备质量 1.5 倍的试验载荷，并保持不少于 5 s 直至变形稳定为止。

A.3.6 检查试验期间车身结构变形状态，车门状态，车身与底架联接状态等。

附 录 B
（规范性附录）
停车指示牌

B.1 安装要求

在车辆左侧应装有一个停车指示牌。停车指示牌伸出时应在如下位置：

a） 垂直于车辆侧边，其安装允差为±5°。

b） 停车指示牌上边缘平行于与驾驶员后面乘员窗下边缘相切的水平面并位于其下方，且相距不超过 150 mm。停车指示牌的纵向安装位置，应在驾驶员能观察到的区域内。

c） 停车指示牌伸出时，其外边缘距离车辆与停车指示牌安装接触处不大于 610 mm。

d） 停车指示牌收起时，其外边缘距离车辆与停车指示牌安装接触处不大于 160 mm，且应该往车辆的后方收起。

B.2 停车指示牌技术要求

B.2.1 停车指示牌的颜色、形状、字符、图形按 GB 5768.2—2009 的图 71 执行，外接圆直径为 500 mm 或 450 mm，白边宽度为 20 mm，表面不应有可能导致伤害的尖锐凸起或拐角。

B.2.2 停车指示牌的两面应一致，其使用的逆反射材料符合 GB/T 18833 规定的二级或一级反光膜的要求。

B.2.3 在停车指示牌的外边缘沿旋转轨迹相切处施加 50 N 的力时，停车指示牌应该沿施加力的方向旋转，当旋转到与车辆平行时，停车指示牌应停止旋转；外力消除后应该能够通过电动或手动操作使停车指示牌回到正常位置。

B.2.4 如果停车指示牌出现损坏或控制系统失效，则可以通过手动使其回到收起位置。

B.2.5 停车指示牌伸出或收起时间应不超过 10 s。

B.3 控制要求

B.3.1 停车指示牌的伸出和收起由驾驶员通过手动或脚动进行控制，操作机构应在驾驶员坐在驾驶员座椅上可触及的位置。当停车指示牌伸出时，应能通过视觉或声觉信号向驾驶员报警。

B.3.2 若车辆起步时停车指示牌未收起，当车速超过 5 km/h 时，停车指示牌应能自动收起。

附 录 C
(规范性附录)
驾驶员视野的试验方法

C.1 试验条件

C.1.1 专用校车应保证驾驶员能看清图 C.1 所示圆柱体的整个顶面。

C.1.2 圆柱体 A～O 的高度和直径均为 0.3 m;圆柱体 P 的直径为 0.3 m,高度为 0.91 m。

C.1.3 圆柱体的颜色应与车辆所停靠路面形成强烈的对比。

C.2 试验步骤

将圆柱体放置在 C.2.1～C.2.7 规定的位置上,如图 C.1 所示。图 C.1 中所示距离为一个圆柱体到另一个圆柱体的俯视图的中心距离。

C.2.1 放置圆柱体 G、H 和 I,使它们与一个横向垂直平面相切,该横向垂直平面是与车辆前保险杠最前方表面相切的平面。放置圆柱体 D、E 和 F,使它们的中心位于一个横向垂直平面内,该横向垂直平面在穿过圆柱体 G、H 和 I 中心的横向垂直平面前方 1.8 m 处。放置圆柱体 A、B 和 C,使它们的中心位于一个横向垂直平面内,该横向垂直平面在穿过圆柱体 G、H 和 I 中心的横向垂直平面前方 3.6 m 处。

C.2.2 放置圆柱体 B、E 和 H,使它们的中心位于一个纵向垂直平面上,该纵向垂直平面穿过车辆纵向中心线。

C.2.3 放置圆柱体 A、D 和 G,使它们的中心位于一个纵向垂直平面上,该纵向垂直平面与汽车前保险杠左侧最外侧边缘相切。

C.2.4 放置圆柱体 C、F 和 I,使它们的中心位于一个纵向垂直平面上,该纵向垂直平面与汽车前保险杠右侧最外侧边缘相切。

C.2.5 放置圆柱体 J,使它的中心在一个纵向垂直平面上,该纵向垂直平面在穿过圆柱体 A、D 和 G 的纵向垂直平面的左方 0.3 m 处,且 J 的中心在穿过车辆前轮轴中心线的横向垂直平面上。

C.2.6 放置圆柱体 K,使它的中心在一个纵向垂直平面上,该纵向垂直平面在穿过圆柱体 C、F 和 I 的纵向垂直平面的右方 0.3 m 处,且 K 的中心在穿过车辆前轮轴中心线的横向垂直平面上。

C.2.7 放置圆柱体 L、M、N、O 和 P,使它们的中心位于通过车辆后轴中心线的横向垂直平面上。放置圆柱体 L,使它的中心在距离相切于车辆左边最外侧表面(包括后视镜系统)的纵向垂直平面 1.8 m 的纵向垂直平面上。放置圆柱体 M,使它的中心在距离相切于车辆左边最外侧表面的纵向垂直平面 0.3 m 的纵向垂直平面上。放置圆柱体 N,使它的中心在距离相切于车辆右边最外侧表面的纵向垂直平面 0.3 m 的纵向垂直平面上。放置圆柱体 O,使它的中心在距离相切于车辆右边最外侧表面的纵向垂直平面 1.8 m 的纵向垂直平面上。放置圆柱体 P,使它的中心在距离相切于车辆右边最外侧表面的纵向垂直平面 3.6 m 的纵向垂直平面上。

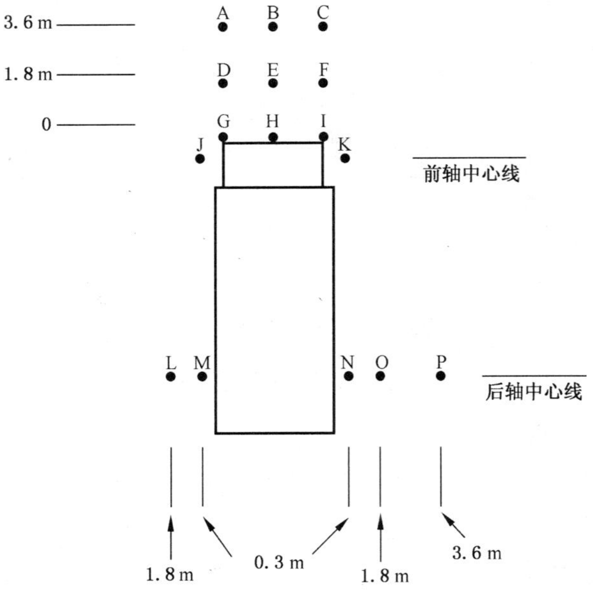

说明：

●——试验圆柱。

图 C.1 视野检验中检验圆柱体的位置

ICS 43.040.20
T 38

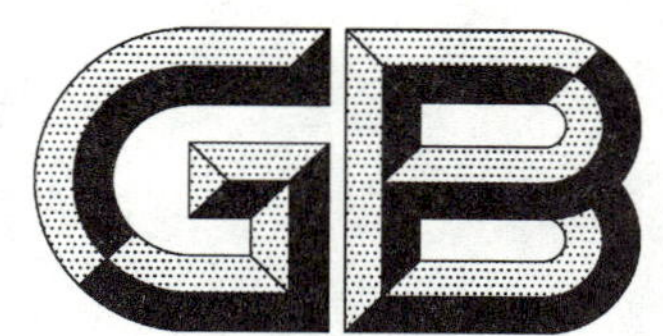

中华人民共和国国家标准

GB 25990—2010

车辆尾部标志板

Rear-marking plates for vehicles and their trailers

2011-01-10 发布　　　　2012-01-01 实施

中华人民共和国国家质量监督检验检疫总局
中国国家标准化管理委员会　发布

前　言

本标准的第3章、附录E的E.1以及附录F的F.1为推荐性的，其余为强制性的。

本标准对应于联合国欧洲经济委员会(ECE)ECE R69—2007《关于低速车辆(结构上)及其挂车尾部标志板认证的统一规定》和ECE R70—2007《关于重型和长型车辆尾部标志板认证的统一规定》，本标准与ECE R69—2007和ECE R70—2007一致性程度为非等效，与上述两个法规的主要差异如下：

——在范围中删除了T类车以及可移动部件，明确不适用于三轮摩托车和低速载货车；

——删除了管理条款；

——删除了"检验员抽样的最低要求"附件；

——由于上述两个法规在红色回复反射器的色度要求并不一致，本标准采用了69号法规中的数值要求；

——耐候性试验采用GB/T 8427—1998《纺织品　色牢度试验　耐人造光色牢度：氙弧》(eqv ISO 105-B02:1994)；

——明确耐候性试验后的淋雨试验，采用GB/T 10485—2007中第12章规定的方法A和方法B；

——上述两个法规对于标志板的定义不同，本标准中对定义进行了更改。

本标准的附录B、附录C、附录D、附录E、附录F是规范性附录，附录A是资料性附录。

本标准由中华人民共和国国家发展和改革委员会提出。

本标准由全国汽车标准化技术委员会(SAC/TC 114)归口。

本标准起草单位：上海汽车灯具研究所、国家道路交通安全产品质量监督检验中心、中国汽车技术研究中心。

本标准主要起草人：费音、王华、王军华、赵斌、高尚。

车辆尾部标志板

1 范围

本标准规定了为增加重型和长型车辆、低速车辆及其挂车后部可见度而使用的标志板的技术要求、试验方法和检验规则等。

本标准适用于：

a) 重型和长型车辆包括：

1) 铰接式的Ⅱ级和Ⅲ级 M 类车辆；

2) 除半挂牵引车外的 N_3 类车辆；

3) 长度超过 8.0 m 的 O_1、O_2 和 O_3 类车辆；

4) 以及 O_4 类车辆；

b) 低速车辆：由于结构原因，其最高设计车速不大于 40 km/h 的 M、N、O 类车。

2 规范性引用文件

下列文件中的条款，通过本标准的引用而成为本标准的条款。凡是注日期的引用文件，其随后所有的修改单（不包括勘误的内容）或修订版均不适用于本标准，然而，鼓励根据本标准达成协议的各方研究是否可使用这些文件的最新版本。凡是不注日期的引用文件，其最新版本适用于本标准。

GB/T 3978 标准照明体和几何条件

GB 4785 汽车及挂车外部照明和光信号装置的安装规定

GB/T 8427—1998 纺织品 色牢度试验 耐人造光色牢度：氙弧（eqv ISO 105-B02：1994）

GB/T 10485—2007 道路车辆 外部照明和光信号装置 环境耐久性

GB 11564 机动车回复反射器

3 术语和定义

GB 4785 和 GB 11564 确立的以及下列术语和定义适用于本标准。

3.1 基础术语

3.1.1

样品 sample unit

现行生产的一种完整的可供车辆安装的标志板成品。

3.1.2

标志板 rear marking plate

具有特定形状和图样，且表面具有回复反射和/或荧光材料或装置，为了增加相应车辆的可见度以易于被识别的平板。

3.1.3

回复反射材料 retroreflective material

当受到方向性照射时，大部分入射光被回复反射的一种表面或装置。

3.1.4

回复反射装置 retroreflecting device

由一个或多个回复反射光学单元组成的，可供使用的组合件。

3.1.5

荧光 fluorescence

当某些材料靠近紫外或蓝色光源时，经常会发出比激发光波长更长的光的现象。由于这些材料可反射部分入射光，并且还能发射荧光，所以在昼间和微光条件下，荧光色比正常色更为明亮；而在夜间，荧光色不比正常色明亮。

3.2 标志板的类别

3.2.1

1类低速车辆标志板 SMV rear marking plate (class 1)

具有回复反射和荧光材料或装置，形状为截去顶角的三角形，低速车辆用的标志板。

3.2.2

2类低速车辆标志板 SMV rear marking plate (class 2)

只具有回复反射材料或装置，形状为截去顶角的三角形，低速车辆用的标志板。

3.2.3

1类重型车辆标志板 rear marking plate for heavy vehicles (class 1)

由红色荧光材料和黄色回复反射材料带交替构成，形状为矩形的标志板。

3.2.4

2类长型车辆标志板 rear marking plate for long vehicles (class 2)

边框由红色荧光材料构成，中心由黄色回复反射材料构成的，形状为矩形的标志板。

3.2.5

3类重型车辆标志板 rear marking plate for heavy vehicles (class 3)

由红色和黄色回复反射材料带交替构成，形状为矩形的标志板。

3.2.6

4类长型车辆标志板 rear marking plate for long vehicles (class 4)

边框由红色回复反射材料构成，中心由黄色回复反射材料构成的，形状为矩形的标志板。

3.3 几何定义

注：参见附录A图A.1。

3.3.1

基准中心 reference centre

回复反射表面上或其邻近的一点，作为规定装置性能的中心。

3.3.2

照射轴线 illumination axis

基准中心与光源之间的连接线。

3.3.3

观察轴线 observation axis

基准中心与光度探头之间的连接线。

3.3.4

观察角 observation angle (symbol α)

α

照射轴线与观察轴线间的夹角，通常为正的。对于回复反射情况，观察角限于小角度。最大范围为$0\leqslant\alpha\leqslant80°$。

3.3.5

观察半平面 observation half-plane

始于照射轴线，并包含观察轴线的半平面。

3.3.6

基准轴线 reference axis

始于基准中心,用来描述回复反射器角度位置的轴线。

3.3.7

照射角 entrance angle (symbol $\boldsymbol{\beta}$)

β

照射轴线与基准轴线间的夹角,通常不大于 90°,但为了完整性,定义其整个范围为 $0 \leqslant \beta \leqslant 180°$。$\beta$ 角的取向由 β_1 和 β_2 两个分量确定。

3.3.8

第一轴线 first axis

通过基准中心,且垂直于观察半平面的轴线。

3.3.9

照射角的第一分量 first component of the entrance angle (symbol $\boldsymbol{\beta_1}$)

β_1

照射轴线与包含有基准轴线和第一轴线平面间的夹角,其范围为 $-180° < \beta_1 \leqslant 180°$。

3.3.10

照射角的第二分量 second component of the entrance angle (symbol $\boldsymbol{\beta_2}$)

β_2

包含观察半平面的平面与基准轴线间的夹角,其范围为 $-90° \leqslant \beta_2 \leqslant 90°$。

3.3.11

第二轴线 second axis

通过基准中心,且垂直于第一轴线和基准轴线两者的轴线。如附录 A 图 A.1 所示,当 $-90° < \beta_1 < 90°$ 时,第二轴线的正方向位于观察半平面内。

3.3.12

转动角 angle of rotation $\boldsymbol{\varepsilon}$

ε

样品环绕其垂直轴线,从任何任意位置起转动的角度。当从照射方向观察时,逆时针方向为正($+\varepsilon$),顺时针方向为负($-\varepsilon$)。若回复反射材料或装置上具有 TOP 标志,则该标志即为起始位置。转动角 ε 的范围为 $-180° < \varepsilon \leqslant 180°$。

3.4 光度

3.4.1

回复反射系数 coefficient of retroreflection ($\boldsymbol{R'}$)

R'

由观察方向上回复反射区域的发光强度 I、在回复反射面位置上垂直于入射光方向的照度 $E_{\perp}$ 以及样品被照面积 A 给出,即 $R' = I/(E_{\perp} \cdot A)$,系数 R' 的单位为 $cd/(lx \cdot m^2)$。

3.4.2

回复反射器样品的角直径 angular diameter of the retroreflector sample (symbol $\boldsymbol{\eta}$)

η

回复反射样品的最大尺寸对照明光源中心,或对接收器中心的张角。

3.4.3

亮度系数 luminance factor

在相同的照明和观察条件下,被研究物体的亮度与理想漫射体的亮度之比。

4 标志板的不同型式

在以下主要方面有差异的标志板：

a) 商标名称或商标；

b) 回复反射材料的特性；

c) 荧光材料的特性；

d) 影响回复反射材料或装置性能的部件。

但是，对于重型和长型车辆使用的标志板，形状和尺寸不同，不构成不同的型式。

5 要求

5.1 一般要求

5.1.1 标志板在正常使用条件下，应保持其应有的功能，并连续工作。此外，应无任何影响其功能发挥的设计或制造方面的缺陷。

5.1.2 标志板的部件应不易拆卸。

5.1.3 标志板固定在车辆后部的方式应稳定、持久，例如使用螺钉或铆合。

5.1.4 标志板的外表面应易于清洁，表面应不粗糙，其任何突出物应无碍于清洁。

5.2 形状、尺寸和结构的规定

5.2.1 低速车辆的标志板形状和尺寸见附录 B。

5.2.1.1 低速车辆的标志板的形状为一个截去顶角的等边三角形，其中一个顶角端朝上。

5.2.1.2 低速车辆的标志板(1 类)的边缘为红色回复反射材料，中央为红色荧光材料；低速车辆的标志板(2 类)中央为回复反射材料。回复反射材料允许是回复反射膜、回复反射层或塑料三直角锥反射器。

5.2.1.3 低速车辆的标志板中央的红色荧光材料或回复反射材料三角形的底边长度应为：最小 350 mm，最大 365 mm。边缘的红色回复反射材料发光面的宽度应为：最小 45 mm，最大 48 mm。

5.2.2 重型和长型车辆的标志板形状和尺寸见附录 B。

5.2.2.1 重型和长型车辆的标志板形状为矩形。

5.2.2.2 安装在挂车和半挂车上的标志板，为黄色回复反射标志板，具有红色荧光或回复反射边框；安装在非铰接车辆(牵引车或载货车)上的标志板，由黄色回复反射和红色荧光或回复反射材料或装置的交替斜条纹组成。

5.2.2.3 一组标志板由一块、两块或四块具有回复反射和荧光材料的标志板组成，其总长度应不小于 1 130 mm，不大于 2 300 mm。

5.2.2.3.1 成组的标志板的形状应是成对的。

5.2.2.3.2 安装在挂车和半挂车上的标志板高度为 200^{+30}_{-5} mm，红色边框的宽度应为 40 mm±1 mm；安装在牵引车或载货车上的标志板高度为 140 mm±10 mm，斜条纹带的斜度应为 45°±5°，带宽应为 100 mm±2.5 mm。

5.2.2.3.3 如附录 B 图 B.2 和图 B.3 中的示例 2 和示例 3 所示，如果增加矩形标志板的高度，每块标志板的面积不小于 735 cm^2，不大于 1 725 cm^2，则两块一组的每块标志板的最小长度允许减小至 130 mm。

5.3 标志板的色度性能

5.3.1 回复反射材料或装置

5.3.1.1 使用相当于 GB/T 3978 规定的 D_{65} 光源照射，以照射角为 45°，法线方向测量(45/0 照明和观测条件)，反射光的色坐标应位于表 1 中 4 点所围成的四边形区域内：

表 1 色坐标 *x* 和 *y*

颜色	坐标	1	2	3	4
黄色	x	0.545	0.487	0.427	0.465
	y	0.454	0.423	0.483	0.534
红色	x	0.690	0.595	0.560	0.650
	y	0.310	0.315	0.350	0.350

5.3.1.2 使用符合 GB/T 3978 规定的 A 光源照射，以 $\beta_1=\beta_2=0°$照射和法线方向测量，如果有镜面反射效应，则以 $\beta_1=\pm5°$，$\beta_2=0°$照射，以 20′观察角测量，反射光的色坐标应位于表 2 中 4 点所围成的四边形区域内：

表 2 色坐标 *x* 和 *y*

颜色	坐标	1	2	3	4
黄色	x	0.585	0.610	0.520	0.505
	y	0.385	0.390	0.480	0.465
红色	x	0.720	0.735	0.665	0.643
	y	0.258	0.265	0.335	0.335

5.3.2 红色的荧光材料

5.3.2.1 使用相当于 GB/T 3978 规定的 D_{65} 光源照射，以照射角为 45°，法线方向测量(45/0 照明和观测条件)，反射光的色坐标应位于表 3 中 4 点所围成的区域内：

表 3 色坐标 *x* 和 *y*

颜色	坐标	1	2	3	4
红色	x	0.690	0.595	0.569	0.655
	y	0.310	0.315	0.341	0.345

5.4 标志板的光度性能

5.4.1 回复反射材料或装置的回复反射系数 R'(单位：$cd/lx \cdot m^2$)，应至少如表 4 所示。

表 4 回复反射系数 R'

单位为坎德拉每勒克斯平方米

照射角 β	β_1	0°	0°	0°	0°	0°
	β_2	5°	20°	30°	40°	60°
观察角 α 20′	黄色回复反射材料	300	—	180	75	10
	红色回复反射材料[a]	120	60	30	10	—
	红色回复反射材料[b]	10	7	4	—	—

a 仅应用于低速车辆的标志板边缘使用的回复反射材料。

b 除低速车辆的标志板边缘使用的回复反射材料外。

5.4.2 回复反射材料和荧光材料的亮度系数应至少如表 5 所示。

表 5 亮度系数

颜色和材料	亮度系数
红色荧光材料	≥0.30
红色回复反射材料	≥0.03
黄色回复反射材料	≥0.16

5.5 **标志板的环境试验**

标志板应经受下列环境试验：

——耐候性试验(色牢度试验)；

——耐腐蚀性试验；

——耐燃油性试验；

——粘接强度试验(适用于粘贴材料)；

——防水性试验；

——耐碰撞性试验(塑料三直角锥反射器除外)；

——耐清洗性试验；

——耐温性试验；

——坚固性试验。

6 试验方法

6.1 一般要求及形状、尺寸和结构试验

对 5.1 和 5.2 的规定以目视法进行判定。

6.2 标志板色度试验

6.2.1 以标准色度样板和被测样品或样块，在相当于 GB/T 3978 规定的标准光源的照射下进行目视比较，定性地判断是否符合光色规定。

6.2.2 如对目视比较的定性判断有异议，则取最有异议的样品，按 5.3 要求，使用定量方法测定色度坐标，确定其是否符合规定。

6.3 标志板光度试验

6.3.1 标志板的光度测试实验条件如附录 A 图 A.2 所示。

6.3.2 光源对样品的张角应不大于 80′。

6.4 反射器的环境试验

6.4.1 耐温性试验

样品长度不小于 300 mm。

6.4.1.1 低速车辆的标志板样品应在 65 ℃±2 ℃的干燥大气环境中连续放置 48 h；重型和长型车辆的标志板样品应在 65 ℃±2 ℃的干燥大气环境中连续放置 12 h(对于模制塑料回复反射器为 48 h)。

6.4.1.2 之后，在温度 23 ℃±2 ℃的环境条件下冷却 1 h。

6.4.1.3 之后，在温度−20 ℃±2 ℃的环境条件下放置 12 h。

6.4.1.4 试验后，在正常实验室条件下放置 4 h，对样品表面进行目视检验，特别是光学单元表面应无裂痕或明显变形。

6.4.2 耐候性试验(色牢度试验)

6.4.2.1 每次试验取 2 只样品，其中 1 只样品作为基准样品存放在暗处的干燥容器内。

6.4.2.1.1 按 GB/T 8427—1998 中 4.2.1 和 6.2 规定，应经受照射源照射。对于第 2 只样品为回复反射器材料，应曝露至经受相同条件照射的 7 号蓝色标准羊毛的照射部分和未照射部分的色差达到灰色样卡 4 级为止。

6.4.2.1.2 按 GB/T 8427—1998 中 4.2.1 和 6.2 规定，应经受照射源照射。对于第 2 只样品为荧光材料，应曝露至经受相同条件照射的 5 号蓝色标准羊毛的照射部分和未照射部分的色差达到灰色样卡 4 级为止。

6.4.2.2 用稀释的中性洗涤液清洗样品，干燥后符合 6.4.2.3～6.4.2.5 规定要求。

6.4.2.3 外观检验：目视检验样品受照射区应无任何裂痕，封缝，凹痕，起泡，分层，变形，粉化，发暗或

侵蚀。在任何直线方向上的收缩量应不超过0.5%,应无粘贴失效的迹象,例如边缘从衬底上翘起。

6.4.2.4 不褪色性:受照样品的色度仍应满足表1,表2和表3的要求。

6.4.2.5 对回复反射材料的影响

6.4.2.5.1 按6.3规定,在照射角为5°和观察角为20′时,测量样品的回复反射系数,测量值应不小于表4规定值的80%。

6.4.2.5.2 样品按GB/T 10485—2007中第12章规定方法A和方法B进行淋雨试验。试验后,复测样品的回复反射系数应至少达到6.4.2.5.1中测量值的90%。

6.4.3 耐腐蚀性试验

6.4.3.1 样品应经受50 h盐雾试验,其中喷雾24 h,间隔2 h,再喷雾24 h(2 h间隔期间允许样品在试验箱内自然干燥)。其试验温度为35 ℃±2 ℃,盐雾浓度重量百分比:盐∶水(杂质不超过0.02%)为5∶95。

6.4.3.2 试验后,样品应无有损装置效率的腐蚀。样品放置48 h后,去除样品表面的盐沉积,按6.3规定,在照射角为5°和观察角为20′时,测量回复反射系数,测量值应不小于表4的规定值。

6.4.4 耐燃油性试验

长度不小于300 mm的样品,浸入到体积百分比为70%*n*-庚烷和30%甲苯混合液中,1 min试验后,表面用软布擦干,目视检验应无影响性能的变化。

6.4.5 粘接强度试验(适用于粘贴材料)

6.4.5.1 应确定回复反射和荧光材料是分层还是涂层粘贴的。

6.4.5.2 对于涂层材料,不使用工具,或不损坏材料,应无法去除。

6.4.5.3 对于分层材料,将粘贴膜从其衬底上去除,应至少在每25 mm的宽度上施加10 N的力,且撕去速度为300 mm/min。

6.4.6 防水性试验

长度不小于300 mm的样品,浸入温度23 ℃±5 ℃的蒸馏水中18 h;之后取出,在正常实验室条件下干燥24 h。目视检验,离样品边缘10 mm内的部分,应无影响其有效性的变化。

6.4.7 耐碰撞性试验(塑料三直角锥反射器除外)

在环境温度23 ℃±5 ℃条件下,从高度2 m,以一直径为25 mm的光滑实心钢球垂直自由落到带有支撑板的样品上,样品材料应无裂痕,并且距离碰撞区大于5 mm处的材料不与其衬底分离。

6.4.8 耐清洗性试验

对于被清洗润滑油和石墨混合物污染的样品,如果使用一种温和的脂类溶剂(例如:*n*-庚烷)擦拭,并用中性洗涤剂清洗后,污染物应被清除,且不损坏样品回复反射面或荧光面。

6.4.9 坚固性试验

6.4.9.1 对于低速车辆的标志板

6.4.9.1.1 用夹具固定三角牌的一边,夹具对样品的支撑长度不超过20 mm。垂直于样品平面,在与固定边相反的顶角位置施加10 N的力,顶角位移不应超过40 mm。

6.4.9.1.2 试验后顶角的位置与初始位置距离不应大于5 mm。

6.4.9.2 对于重型和长型车辆的标志板

6.4.9.2.1 样品安放在两个支撑架上,支撑架与标志板的短边平行,且与样品边缘的距离应不大于$L/10$(L是牌的长边尺寸)。然后利用细粒或干沙子袋进行加载,直至均匀分布的压强为1.5 kN/m^2。测量位于两个支撑点中间位置处的偏移距离。

6.4.9.2.2 在加载情况下,标志板的最大位置偏移应不大于6.4.9.2.1两支撑间距离的1/20。将重量卸载后,残留的位置偏移应不大于加载情况下偏移值的1/5。

7 检验规则

7.1 型式判定

标志板的不同型式按第 4 章规定判定。

7.2 标志板检验

标志板应进行型式检验和生产一致性检验。

7.3 型式检验

7.3.1 制造商应提供以下材料。

7.3.1.1 足以识别该标志板型式的图纸一式三份，图上应标明标志板相对车辆的安装位置。

7.3.1.2 有关回复反射材料和荧光材料的一份简明的技术说明书。

7.3.1.3 低速车辆的标志板，应提交 5 只标志板样品，试验顺序见附录 C；载重车和牵引车应提交两块大的人字纹型标志板，对于挂车和半挂车应提交两块大的标志板或者等面积的较小的标志板，试验顺序见附录 D。

7.3.2 按照 6.1 目视法检验样品，均应符合 5.1 和 5.2 的规定。

7.3.3 取 1 只完整的样品，按照 6.4.9 试验方法进行坚固性试验，应符合相应规定。

7.3.4 对所有样品进行 6.4.1 的耐温性试验，样品长度应不小于 300 mm，试验结果应符合其规定，对于低速车辆的标志板，应保留第 5 只样品作为试验期间的基准。

7.3.5 按照 6.2 色度试验方法对其他所有样品进行检验，均应符合 5.3 的规定。

7.3.6 按照 6.3 光度试验方法对其他所有样品进行检验，均应符合 5.4 的规定。

7.3.7 按照 6.4.1～6.4.8 规定的环境试验方法对样品进行检验，均应符合相应规定。

7.4 生产一致性检验

7.4.1 对型式检验合格的产品，用从批量产品中随机抽取的样品来判定其生产的一致性。

7.4.2 随机抽取的样品，应符合 7.3.1 规定。

7.4.3 随机抽取的样品数量规定为 1 只，回复反射系数 R' 的值应至少等于 5.4 规定值的 80%，否则再随机抽取样品 5 只，测得的回复反射系数 R' 的平均值应至少等于 5.4 规定值，但任何一个测量值不应低于规定值的 50%。

附　录　A
（资料性附录）
光学坐标系统图示

光学坐标系统图示见图 A.1。

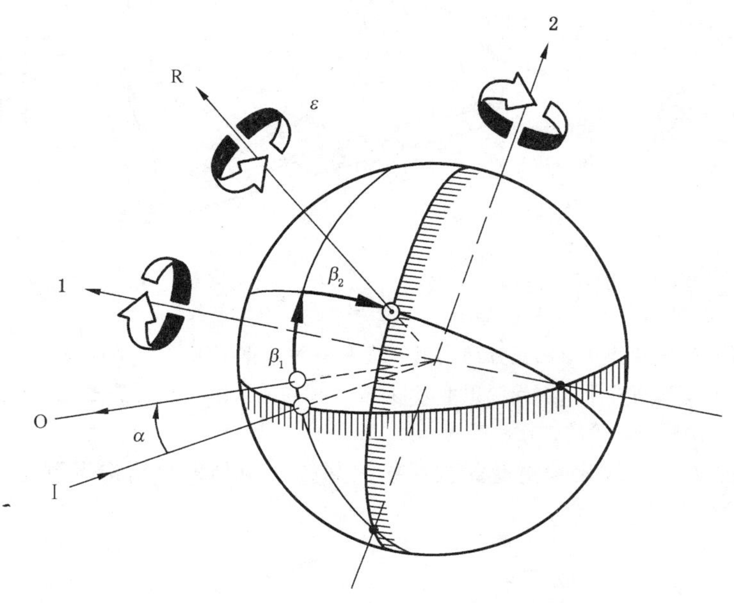

1——第一轴线，是固定的，且垂直于包含观察轴线和照射轴线的平面；

2——第二轴线，垂直于第一轴线和基准轴线两者。

I——照射轴线，是主要的固定轴线；

R——基准轴线，基准轴线固定在回复反射器中，且允许随 β_1 和 β_2 移动；

O——观察轴线；

α——观察角；

β_1、β_2——照射角；

ε——转动角。

注：图中标出所有轴线、角度和转动的正方向。

图 A.1　说明和测量回复反射器的光学系统

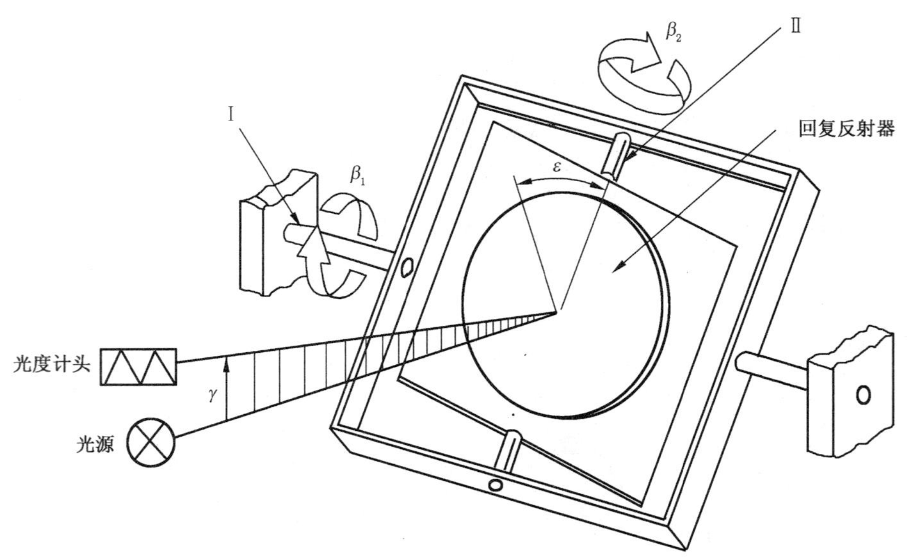

Ⅰ——固定轴线，提供环绕第一轴线的运动；

Ⅱ——可移动的轴线，提供环绕第二轴线的运动。

注：图 A.2 中标注了所有角度和转动的正方向。图 A.2 是一种依据 CIE 几何结构进行回复反射测量的测角计的图示。图 A.2 中光度探头位于入射光源正上方，只是一种示例。第一轴线是固定的，呈水平方向，且垂直于观察半平面。也允许使用与之等效的任何布局。

图 A.2　规定和测量回复反射器用的一种测角计结构示意图

附 录 B
（规范性附录）
后标志板布置示例

单位为毫米

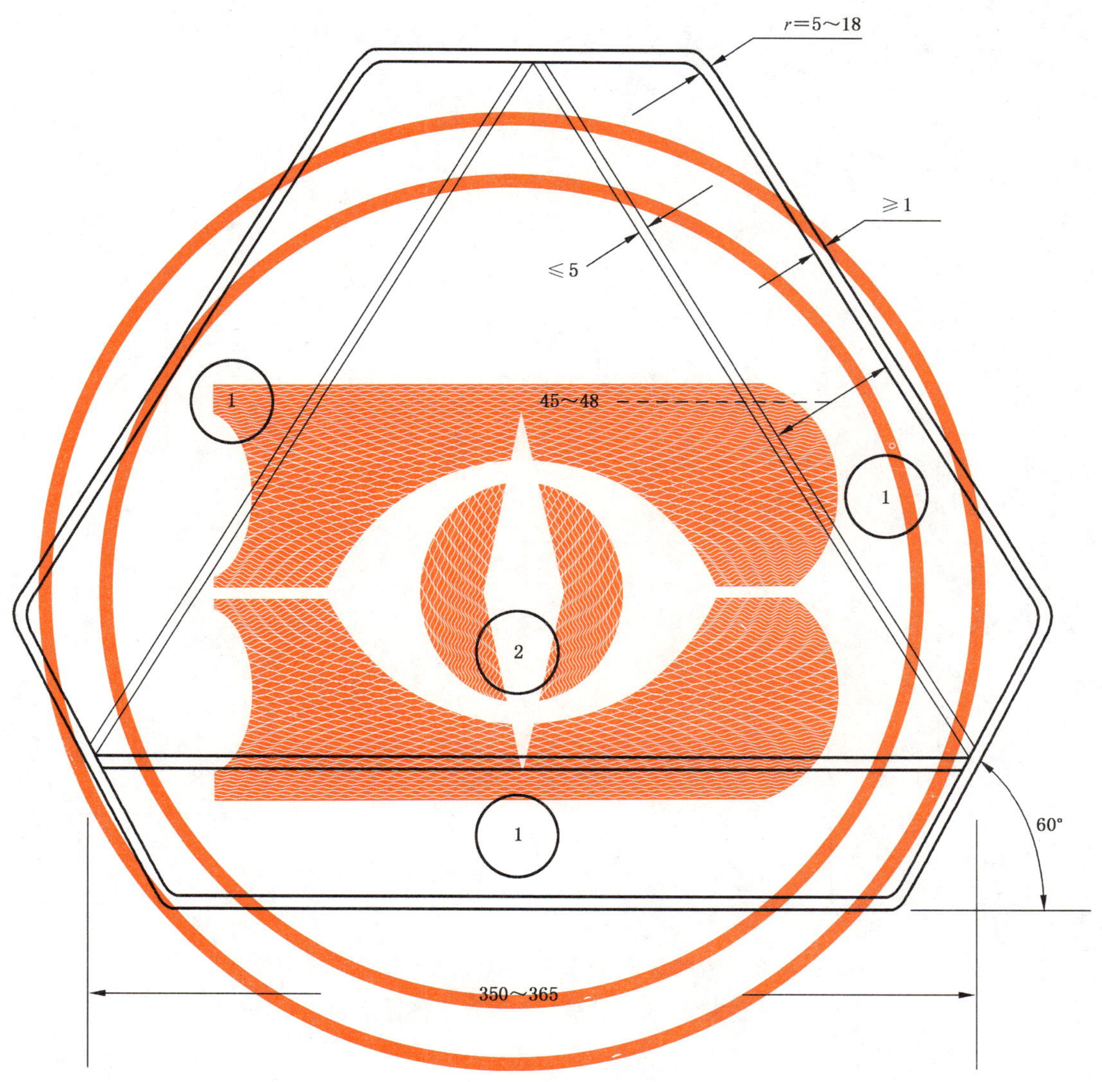

1——红色回复反射材料或直角型回复反射器(1 类或 2 类)；
2——红色荧光材料(1 类)或回复反射材料(2 类)。

图 B.1 低速车辆的标志板布置示例

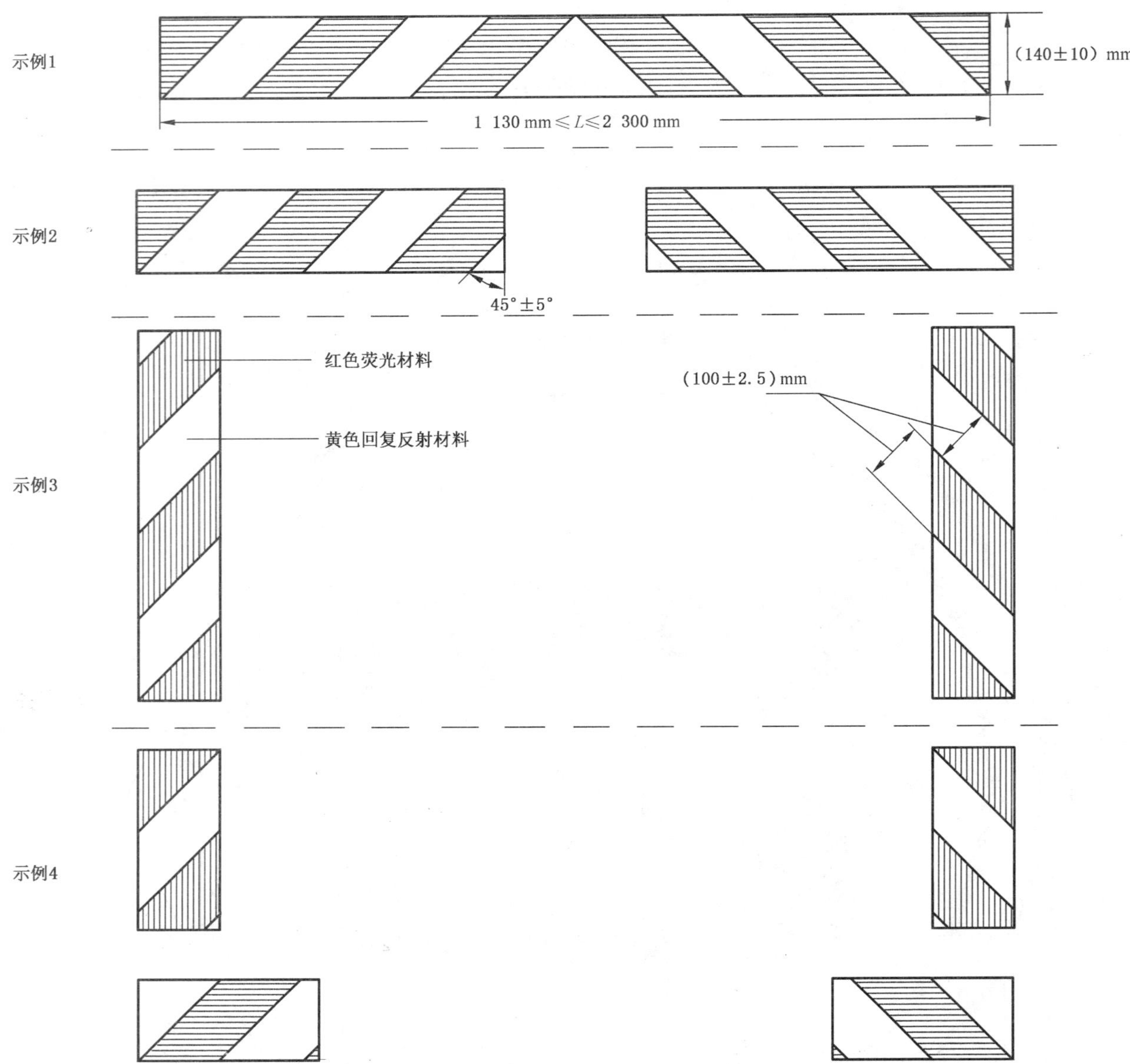

图 B.2 重型和长型车辆的标志板(1类和3类)
(载货车和牵引车用)标志板布置示例

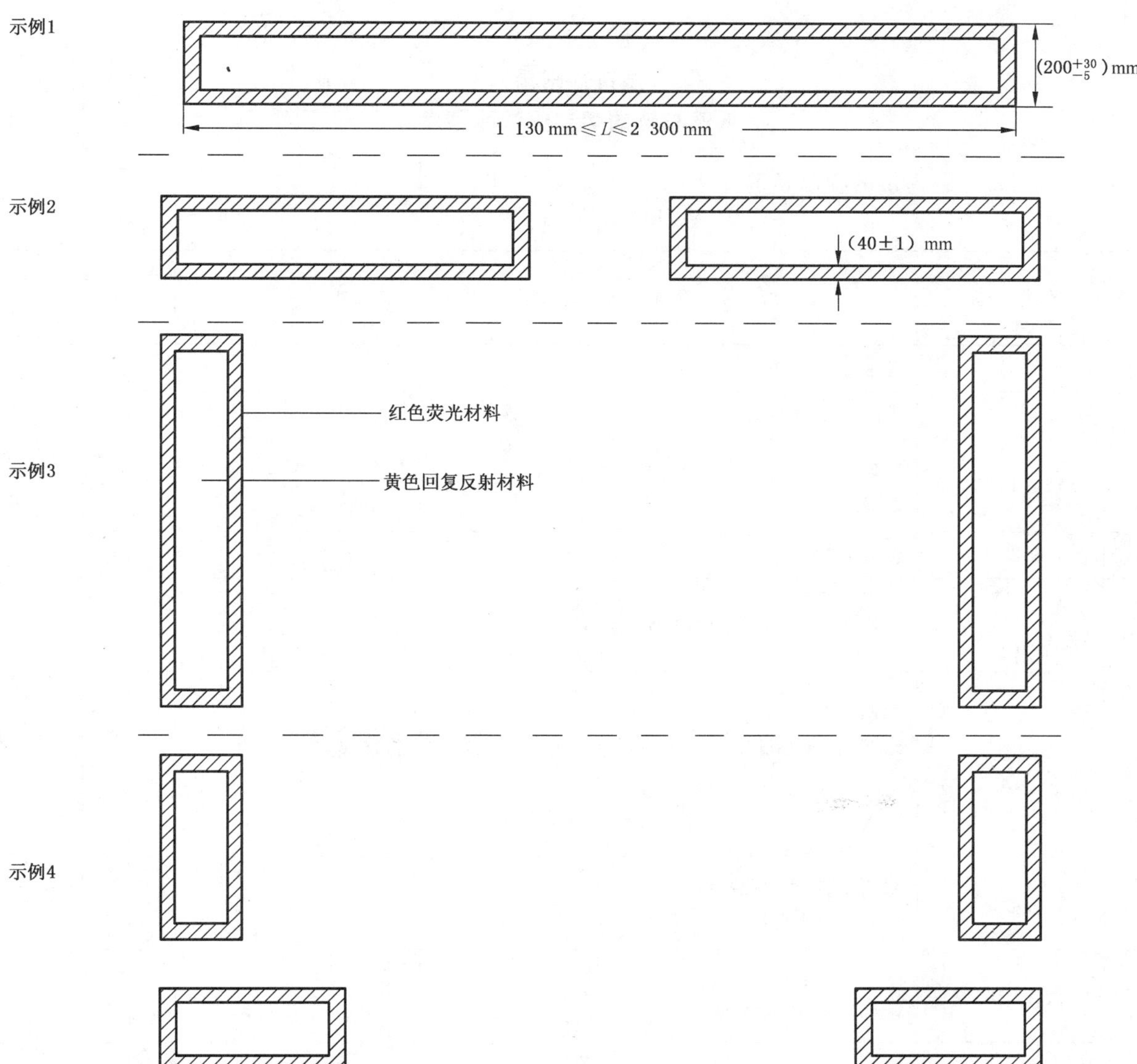

图 B.3 重型和长型车辆的标志板(2 类和 4 类)
(挂车和半挂车用)标志板布置示例

附　录　C
（规范性附录）
低速车辆的标志板试验顺序

按 7.3.1.3 规定提供的样品试验见表 C.1

表 C.1

序号	依据条款	试验项目及试验简述	样品				
			1	2	3	4	5
1	5.1、6.1	一般技术要求	√	√	√	√	√
2	5.2、6.1	形状和尺寸规定	√	√	√	√	√
3	5.5、6.4.1	耐温性：(65 ℃±2 ℃)/(48 h)→(23 ℃±2 ℃)/1 h→(−20 ℃±2 ℃)/12 h	√	√	√	√	留存
4	5.3、6.2	色度规定	√	√	√	√	
5	5.4、6.3、附录 A	光度规定(回复反射系数 R')	√	√	√	√	
6	5.5、6.4.2	耐候性： 辐照：试验后进行外观、不褪色性检验，回复反射系数 R' 测量($\alpha=20'$，$\beta=5°$；$R'\geqslant 80\%$)。 淋雨：试验后，$R'\geqslant 72\%(80\%\times 90\%)$	√				
7	5.5、6.4.3	耐腐蚀性(48 h 盐雾)： 试验后，测量 $R'(\alpha=20',\beta=5°)$		√			
8	5.5、6.4.4	耐燃油性： 试样长度不小于 300 mm		√			
9	5.5、6.4.5	粘接强度(适用于粘贴材料)：应至少是加 10 N/25 mm(宽度)的力，且速度(撕去)为 300 mm/min，才应除去分层材料			√		
10	5.5、6.4.6	防水性：试件长度不小于 300 mm。试验后，目视检验离切边 10 mm 内的部分应无影响有效性的变化			√		
11	5.5、6.4.7	耐碰撞性(直角型塑料回复反射器除外)：直径 25 mm 的钢球，跌落高度 2 m				√	
12	5.5、6.4.8	耐清洗性：使用软性脂族溶液擦拭以及中性洗涤剂，清洗润滑油和石墨混合物污染的试样				√	
13	5.5、6.4.9.1	坚固性：用夹具固定三角牌的一边，垂直于样品平面，在与固定边相反的顶角位置施加 10 N 的力，顶角位移不应超过 40 mm。试验后顶角的位置与初始位置距离不应大于 5 mm					

附 录 D
(规范性附录)
重型和长型车辆的标志板试验顺序

按 7.3.1.3 规定提供的样品试验见表 D.1

表 D.1

序号	依据条款	试验项目及试验简述	样品	
			1	2
1	5.1、6.1	一般技术要求	√	√
2	5.2、6.1	形状和尺寸规定	√	√
3	5.5、6.4.1	耐温性:(65 ℃±2 ℃)/(12 h,48 h)→(23 ℃±2 ℃)/1 h→(−20 ℃±2 ℃)/12 h	√	√
4	5.3、6.2	色度规定	√	√
5	5.4、6.3、附录 A	光度规定(回复反射系数 R')	√	√
6	5.5、6.4.2	耐候性: 辐照:试验后进行外观、不褪色性检验,回复反射系数 R' 测量($\alpha=20'$,$\beta=5°$;$R'\geqslant80\%$)。 淋雨:试验后,$R'\geqslant72\%$(80%×90%)	√	√
7	5.5、6.4.3	耐腐蚀性(48 h 盐雾): 试验后,测量 R'($\alpha=20'$,$\beta=5°$)	√	√
8	5.5、6.4.4	耐燃油性: 试样长度不小于 300 mm	√	√
9	5.5、6.4.5	粘接强度(适用于粘贴材料):应至少是加 10 N/25 mm(宽度)的力,且速度(撕去)为 300 mm/min,才应除去分层材料	√	√
10	5.5、6.4.6	防水性:试件长度不小于 300 mm。试验后,目视检验离切边 10 mm 内的部分应无影响有效性的变化	√	√
11	5.5、6.4.7	耐碰撞性(直角型塑料回复反射器除外):直径 25 mm 的钢球,跌落高度 2 m	√	√
12	5.5、6.4.8	耐清洗性:使用软性脂族溶液擦拭以及中性洗涤剂,清洗润滑油和石墨混合物污染的试样	√	√
13	5.5、6.4.9.2	坚固性:施加 15 kN/m² 的压强后,最大位置偏移不大于两支撑间距的 1/20。卸载后,残留偏移不大于加载条件下测量值的 1/5		

附　录　E
（规范性附录）
低速车辆尾部标志板安装规定

E.1　配备

速度不大于 40 km/h 的 M、N、O 类车选装。

E.2　数量

至少 1 块。

E.3　布局

尾部标志板的顶端应朝上，每个部件应在 5°内，位于一横向垂直平面内，后者垂直于车辆纵向轴线，尾部标志板的每一个部件应朝后。

E.4　安装位置

横向：若只有 1 块尾部标志板，则应位于车辆纵向对称平面与行驶方向相反的一侧。

高度：离地高度不小于 250 mm（下边缘），不大于 2 100 mm（上边缘）。

纵向：位于车后。

E.5　几何可见度

水平方向角：向内，向外各 30°。尾部标志板表面允许被车辆必不可少的结构部件覆盖 10%。

垂直方向角：水平面上、下各 15°。

方向：朝后。

附　录　F
（规范性附录）
重型和长型车辆尾部标志板安装规定

F.1　配备

Ⅱ级和Ⅲ级 M 类车辆，除半挂牵引车外的 N_3 类车辆，长度超过 8.0 m 的 O_1、O_2 和 O_3 类车辆，O_4 类车辆选装。

F.2　数量

1 块、2 块或 4 块。

F.3　布局

每块尾部标志板固定时，其较低的边缘应呈水平。尾部标志板的每个部件应在 5°内，位于一横向垂直平面内，后者垂直于车辆纵向轴线，并且朝后。一组尾部标志板应相对于车辆纵向中平面对称布置。

F.4　安装位置

F.4.1　横向：无单独规定。

F.4.2　高度：离地高度不小于 250 mm（下边缘），不大于 2 100 mm（上边缘）。

F.5　几何可见度

水平方向角：向内，向外各 30°。
垂直方向角：水平面上、下各 15°。
方向：朝后。

ICS 43.020
R 80

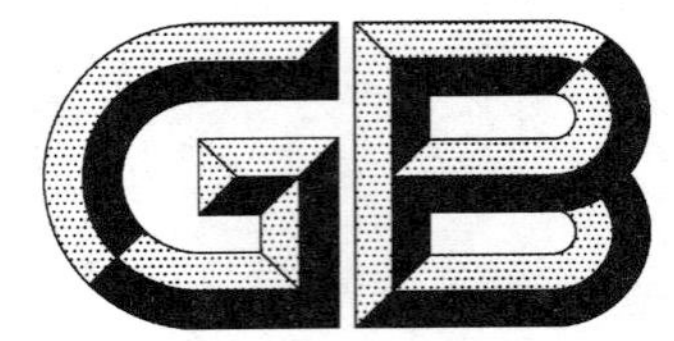

中华人民共和国国家标准

GB/T 26765—2011

机动车安全技术检验业务信息系统及联网规范

Specifications for power-driven vehicle safety inspection business information system and networking

2011-07-20 发布　　2012-02-01 实施

中华人民共和国国家质量监督检验检疫总局
中国国家标准化管理委员会　发布

前　　言

本标准按照 GB/T 1.1—2009 给出的规则起草。

本标准由中华人民共和国国家质量监督检验检疫总局提出。

本标准由中华人民共和国国家质量监督检验检疫总局产品质量监督司归口。

本标准负责起草单位:公安部交通管理科学研究所。

本标准参加起草单位:深圳市安车检测技术有限公司、成都成保股份有限公司、石家庄华燕交通科技有限公司、深圳市公安局交通警察支队车辆管理所。

本标准主要起草人:孙正良、张捷、吴晓东、包勇强、黄金、是建荣、罗伟国、潘康、贺宪宁、高建国、郝庆温、沈继春。

机动车安全技术检验业务信息系统及联网规范

1 范围

本标准规定了机动车安全技术检验业务信息系统的检验业务办理、检验过程控制、检验过程监控、系统管理等模块功能要求和联网技术要求。

本标准适用于机动车安全技术检验机构的机动车安全技术检验业务信息系统的开发、建设和应用。

2 规范性引用文件

下列文件对于本文件的应用是必不可少的。凡是注日期的引用文件,仅注日期的版本适用于本文件。凡是不注日期的引用文件,其最新版本(包括所有的修改单)适用于本文件。

GB 7258 机动车运行安全技术条件

GB 14050 系统接地的型式及安全技术要求

GB/T 20271 信息安全技术 信息系统通用安全技术要求

GB 21861 机动车安全技术检验项目和方法

GA 24.2 机动车登记信息代码 第2部分:定期检验情况代码

GA 24.7 机动车登记信息代码 第7部分:号牌种类代码

GA 24.8 机动车登记信息代码 第8部分:车身颜色基本色调代码

GA 24.9 机动车登记信息代码 第9部分:燃料(能源)种类代码

GA 36 中华人民共和国机动车号牌

GA/T 134 机动车安全检测站条件

GA 329.2 全国道路交通管理信息数据库规范 第2部分:机动车登记信息数据结构

GA 380 全国公安机关机构代码编制规则

GA 408.1 道路交通违法管理信息代码 第1部分:交通违法行为分类与代码

GA/T 708 信息安全技术 信息系统安全等级保护体系框架

GA 801 机动车查验工作规程

GA 811 机动车检验合格标志

ISO/IEC 15444.1 信息技术 JPEG 2000图像编码系统:核心编码系统(Information technology—JPEG 2000 image coding system:Core coding system)

IEEE 802.3 信息技术标准 系统间通信和信息交换 局域和城域网 专门要求 第3部分:带碰撞探测的载波侦听多通路访问(CSMA/CD)访问方法和物理层规范(Standard for Information Technology—Telecommunications and Information Exchange Between Systems—Local and Metropolitan Area Networks—Specific Requirements—Part 3:Carrier Sense Multiple Access with Collision Detection (CSMA/CD) Access Method and Physical Layer Specifications)

IEEE 802.11 信息技术标准 系统间的远程通讯和信息交换 局域网和城域网 特殊要求 第11部分:无线局域网媒体访问控制(MAC)和物理层(PHY)规范(Standard for Information Technology—Telecommunications and Information Exchange Between Systems—Local and Metropolitan Area Networks—Specific Requirements—Part 11:Wireless LAN Medium Access Control (MAC) and Physical Layer (PHY) Specifications)

3 术语和定义

下列术语和定义适用于本文件。

3.1

工位 station

检验通道上的一段可以容纳一辆受检机动车进行一个或多个项目检验的区域。

3.2

工位控制计算机 station computer

控制一个或多个工位的检验设备进行检验的计算机。

3.3

总控计算机 center computer

与工位控制计算机连接，对机动车安全技术检验业务过程进行总体控制的计算机。

3.4

检验业务信息系统 inspection business information system

对机动车安全技术检验业务全过程进行管理的信息系统，由检验业务办理、检验过程控制、检验过程监控和系统管理等四个模块组成。

3.4.1

检验业务办理模块 inspection business transact module

具有检验业务信息登录、联网查询、检验结果处理、机动车外观远程查验信息采集和数据交换等功能的模块。

3.4.2

检验过程控制模块 inspection process control module

具有控制检验设备进行项目检验、检验设备校准、检验结果数据存储等功能的模块。

3.4.3

检验过程监控模块 inspection process monitoring module

具有机动车安全技术检验过程视频监控和图片监控等功能的模块。

3.4.4

系统管理模块 system manager module

具有检验业务信息系统用户管理、参数管理、日志记录、内部查询和统计分析等功能的模块。

3.5

一般故障 general failure

需要重新启动检验业务信息系统部分软/硬件并在 30 min 内能恢复正常工作的故障。

3.6

重大故障 major failure

任何导致机动车安全技术检验工作停顿 30 min 以上的软/硬件故障。

4 检验业务信息系统架构

检验业务信息系统总体架构见图 1。检验业务信息系统通过规定的接口，与行政管理部门信息系统实现机动车注册登记、机动车交通违法、机动车检验结果、机动车安全技术检验图片、机动车安全技术检验机构信息、机动车交通事故责任强制保险等信息的交换。其中，检验过程监控模块用于传输机动车安全技术检验过程监控视频信息到行政管理部门信息系统；检验过程控制模块用于控制检验设备完成项目检验，获取并存储检验结果数据。

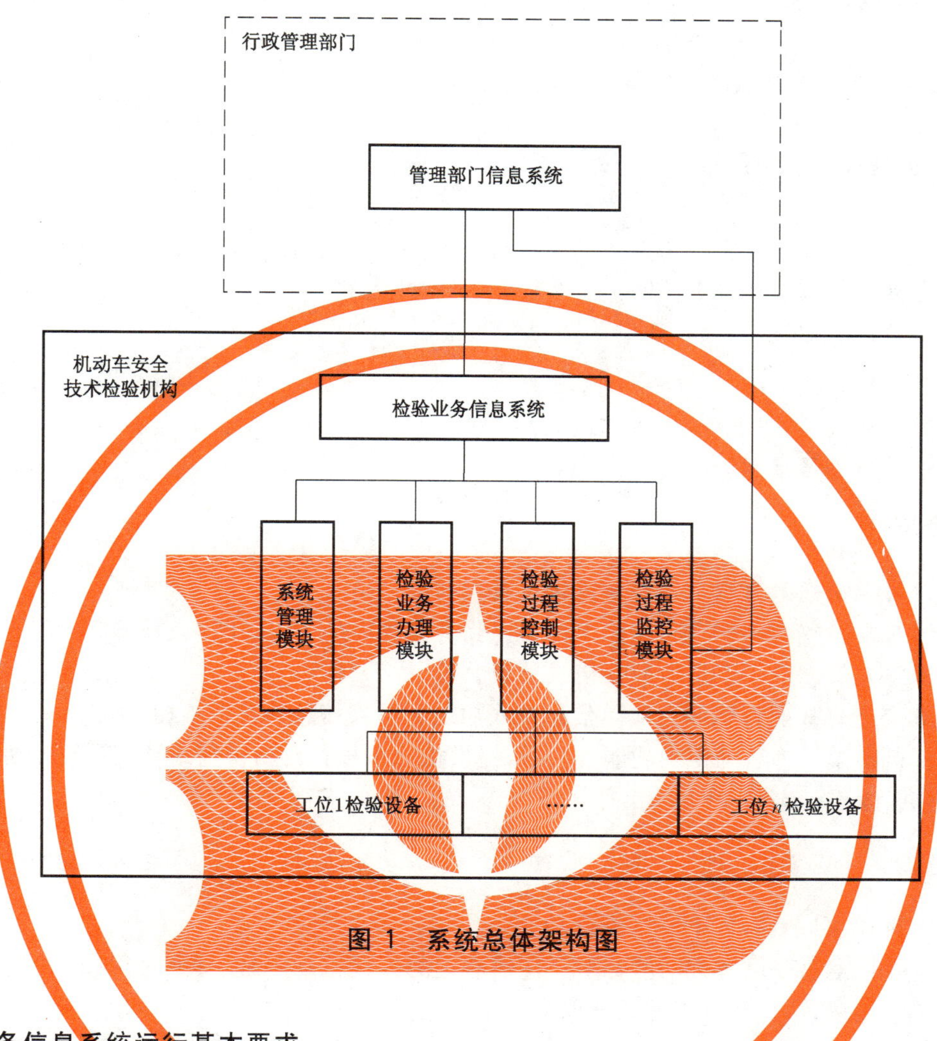

图1 系统总体架构图

5 检验业务信息系统运行基本要求

5.1 网络

采用基于IEEE 802.3标准的快速以太网或基于IEEE 802.11标准的无线通信网络。

5.2 操作系统

采用Windows、Unix操作系统或专用系统。

5.3 数据库管理系统软件

数据库管理系统软件应满足以下要求：

a） 应支持SQL和ODBC两种工业标准；

b） 应具有C2级安全性。

5.4 其他

检验业务信息系统运行还应满足以下要求：

a） 检验业务信息系统采集的所有数据应存储到机动车安全技术检验机构，数据保存时间不得小于 2 年；

b) 检验业务信息系统每年发生的一般故障不得多于 12 次；

c) 检验业务信息系统每年发生的重大故障不得多于 4 次。

6 检验业务信息系统功能要求

6.1 检验业务办理模块

6.1.1 功能

检验业务办理模块应包括以下功能：

a) 信息登录；

b) 联网查询；

c) 检验结果处理；

d) 机动车外观远程查验信息采集。

6.1.2 信息登录

检验业务办理模块应具有以下检验业务信息登录功能：

a) 机动车技术参数、检验类别、检验项目和检验人员等信息录入功能，能够随机分配引车员、外检员等检验人员。录入信息的数据格式见表 A.1。

b) 机动车交通事故责任强制保险单信息录入功能。录入信息的数据结构见表 B.3。

c) 宜具备机动车号牌自动识别功能。同时，提供机动车号牌自动识别结果人工修改功能，并记录人工修改操作日志。

6.1.3 联网查询

检验业务办理模块应具有以下联网查询功能：

a) 机动车登记信息联网查询功能。对已注册登记的检验机动车，能够通过附录 D 中机动车注册信息关联接口，从行政管理部门获取机动车登记信息。

b) 机动车道路交通违法信息联网查询功能。对已注册登记的检验机动车，能够通过附录 D 中机动车道路交通违法信息查询接口，从行政管理部门确认机动车有无尚未处理完毕的道路交通违法行为。

c) 缺陷机动车召回信息查询功能。能够通过附录 D 中缺陷机动车信息查询接口，从行政管理部门确认机动车是否属于缺陷召回机动车，对属于缺陷召回机动车的，获取缺陷召回原因。

6.1.4 检验结果处理

检验业务办理模块应具有以下检验结果处理功能：

a) 路试结果录入功能。录入信息存储数据格式见表 A.5。

b) 检验结果自动判定功能。能够按照 GB 7258、GB 21861 和 GA 801 要求，对每个检验项目的检验结果自动进行合格性判定。

c) 检验结果自动判定信息上传功能。能够通过附录 B 中的机动车单项检验结果上传接口，实时将机动车每个检验项目的检验结果判定信息上传到行政管理部门。

d) 检验结果总体判定信息上传功能。全部检验项目完成、授权签字人签署总体判定意见后，能够通过附录 B 中的机动车安全技术检验判定结果上传接口，实时将检验结果总体判定信息上传到行政管理部门。

e) 机动车安全技术检验报告单打印功能。全部检验项目完成后，能够打印符合 GB 21861 要求的机动车安全技术检验报告单。同时，应在机动车安全技术检验报告单右上角增加打印包含号牌号码、号牌种类等信息的一维条码。

f) 机动车检验合格标志打印功能。代办核发检验合格标志的，应使用专用打印机和计算机设备打印符合 GA 811 要求的机动车检验合格标志。

g) 检验结果详细信息和制动力检验曲线信息上传功能。能够通过附录 B 中的机动车安全技术检验结果上传接口和机动车安全技术检验制动力曲线上传接口，实时将每个检验项目的检验结果详细信息和制动力检验曲线信息上传到行政管理部门。

h) 机动车交通事故责任强制保险信息上传功能。能够通过附录 B 中的机动车交通事故责任强制保险记录上传接口，将机动车交通事故责任强制保险信息上传到行政管理部门。

i) 机动车安全技术检验资料图片采集功能。机动车安全技术检验总体判定合格后，能够人工采集机动车行驶证、机动车牌证申请表(申请检验合格标志)、机动车交通事故责任强制保险凭证、机动车安全技术检验报告单和查验单等凭证的图片信息，并通过附录 B 中的机动车安全技术检验图片上传接口把信息上传到行政管理部门。图片采用符合 ISO/IEC 15444.1 编码要求的 JPEG 格式，图片存储数据结构见表 A.4。

6.1.5 机动车外观远程查验图片采集

检验业务办理模块应具有机动车外观远程查验图片采集功能。按照附录 E 要求采集机动车外观远程查验图片，并通过附录 B 中的机动车安全技术检验图片上传接口，把机动车外观远程查验图片上传到行政管理部门。图片采用符合 ISO/IEC 15444.1 编码要求的 JPEG 格式，图片存储数据结构见表A.4。

6.2 检验过程控制模块

6.2.1 功能

检验过程控制模块应包括以下功能：

a) 项目检验；

b) 系统校准。

6.2.2 项目检验

检验过程控制模块应具有以下项目检验功能：

a) 检验设备控制功能。能够控制检验设备进入检验工况，并通过指示器引导检验人员完成相关检验项目的检验工作。控制过程中不应改变检验设备的测试原理、分辨力、测量数据的有效位数和检验结果数据。检验项目和检验方法应符合 GB 21861 要求。

b) 检验结果数据自动采集功能。能够采集测量对象有效状态的全过程数据，但不提供人工输入或修改检验结果的功能。对于模拟量输出检验设备，能够自动去除零点漂移对检验结果造成的误差。在采集制动力曲线信息时，采集点时间间隔不大于 10 ms，左右轮制动力采集点同步误差不超过 0.5 ms，制动力曲线信息存储数据结构见表 A.3。

c) 标准的检验结果数据自动换算功能。能够将采集到检验结果数据按照 GB 7258、GB 21861 和 GA 801 要求自动换算成标准的检验结果数据。

d) 人工检验结果输入功能。能够输入外观检验、底盘动态检验和底盘检查等人工检验项目的检验结果。

6.2.3 系统校准

检验过程控制模块应具有对检验设备进行系统校准的功能。对模拟量输出检验设备进行校准时，能够显示检验设备各模拟输入通道的零点输出、AD值和校准值；对数字量输出检验设备进行校准时，能够显示检验设备的检验结果数字值。

6.3 检验过程监控模块

6.3.1 功能

检验过程监控模块包括以下功能模块：

a) 视频监控；

b) 图片监控。

6.3.2 视频监控

检验过程监控模块应具有以下视频监控功能：

a) 检验过程视频实时采集功能。能够通过视频监控制设备实时采集各工位在检机动车的检验过程视频信息。视频清晰度应能满足人工认定各工位检验过程的要求。

b) 机动车外观查验视频实时采集功能。能够通过视频监控设备实时采集检验员对机动车进行外观查验过程的视频信息。视频清晰度应能满足人工认定机动车外观查验过程和查验部位拍摄过程的要求。

c) 检验合格标志打印视频实时采集功能。具有检验合格标志打印功能的，能够实时采集检验合格标志打印过程的视频信息。视频清晰度应能满足人工认定打印过程的要求。

d) 监控视频上传功能。能够将监控信息实时上传到行政管理部门。

6.3.3 图片监控

检验过程监控模块应具有以下图片监控功能。监控图片采用符合ISO/IEC 15444.1编码要求的JPEG格式，图片存储数据结构见表A.4。

a) 灯光检验和制动检验图片自动采集功能。在灯光检验时，应具有在检机动车左前方图片的自动采集功能；在制动检验时，应具有在检机动车右后方图片的自动采集功能。图片清晰度应能满足人工对机动车类型、颜色和号牌号码等进行认定的要求。

b) 机动车外观查验和查验部位拍摄的工作场景图片采集功能。图片清晰度应能满足人工对工作人员外观查验和拍摄动作、机动车类型和颜色等进行认定的要求。

c) 监控图片上传功能。能够通过附录B中的机动车安全技术检验图片上传接口将监控图片信息传送至行政管理部门。

6.4 系统管理模块

6.4.1 功能

系统管理模块应包括以下功能：

a) 用户管理；

b) 参数管理；

c) 日志记录；

d) 内部查询；

e) 统计分析。

6.4.2 用户管理

系统管理模块应具有以下用户管理功能：

a) 增加、删除和编辑检验业务信息系统管理员、信息登录员、引车员、外检员、底盘检验员、动态检验员等用户的功能；
b) 检验业务信息系统用户密码修改功能；
c) 检验业务信息系统用户权限管理功能。

6.4.3 参数管理

系统管理模块应具有以下参数管理功能：

a) 检验合格标准、系统运行等参数增加、删除和编辑功能。
b) 机动车安全技术检验机构信息增加、删除和编辑功能。机动车安全技术检验机构信息存储数据格式见表 A.6。同时，能够通过附录 B 中的机动车安全技术检验机构信息上传接口将信息上传到行政管理部门。
c) 机动车安全技术检测线检验设备等信息增加、删除和编辑功能。机动车安全技术检测线检验设备等信息存储数据格式见表 A.7。同时，能够通过附录 B 中的机动车安全技术检测线信息上传接口将信息上传到行政管理部门。

6.4.4 日志记录

系统管理模块应具有检验业务信息系统的系统管理、检验业务办理、检验设备校准等操作日志记录功能。

6.4.5 内部查询

系统管理模块应具有检验业务信息系统用户、参数、日志、检验过程等信息的查询功能。

6.4.6 统计分析

系统管理模块应具有初检机动车总数、初检合格率、上线检验总次数、分项初检次数、分项合格率、分项检验总次数、人员工作量和检验合格率等信息的统计功能。统计报表样式见附录 C。

7 检验业务信息系统资料要求

检验业务信息系统应具有以下资料：

a) 检验业务信息系统安装介质；
b) 用户手册；
c) 安装手册；
d) 软件设计文档；
e) 软件测试文档；
f) 其他必备的文件资料。

8 验证要求

8.1 验证一般要求

8.1.1 验证条件

应在符合 5.1、5.2、5.3 要求的机动车安全技术检验机构实际环境中进行验证。

8.1.2 验证设备

a) 机动车安全技术检验设备；
b) 视频监控和图片采集设备；
c) 打印设备；
d) 终端计算机；
e) 服务器；
f) 机动车。

8.1.3 验证方法

验证方法包括以下方法：

a) 演示法：通过操作检验业务信息系统，查看检验业务办理、检验过程控制、检验过程监控和系统管理等模块实际运行情况及检验数据，验证功能是否达到规定的要求；
b) 审查法：对检验业务信息系统资料进行可视化检查，以确定有关功能是否达到规定的要求；
c) 实际运行法：将通过演示法和审查法验证合格的检验业务信息系统投入实际运行，在一定周期内检查系统运行情况，以确定有关功能及稳定性是否达到规定的要求。

8.2 验证详细过程

8.2.1 检验业务办理模块

8.2.1.1 信息登录

按照以下步骤对信息登录功能进行验证，结果应符合 6.1.2 要求：

a) 对按照第 7 章要求提供的资料，采用审查法检查信息登录功能内容；
b) 采用演示法，进行机动车技术参数、检验类别、检验项目和检验人员、机动车交通事故责任强制保险单等的信息登录操作。

8.2.1.2 联网查询

按照以下步骤对联网查询功能进行验证，结果应符合 6.1.3 要求：

a) 对按照第 7 章要求提供的资料，采用审查法检查联网查询功能内容；
b) 采用演示法，在信息登录操作时，查看机动车登记信息、机动车交通违法信息和缺陷机动车召回信息联网查询结果。

8.2.1.3 检验结果处理

按照以下步骤对检验结果处理功能进行验证，结果应符合 6.1.4 要求：

a) 对按照第 7 章要求提供的资料，采用审查法检查检验结果处理功能内容；
b) 采用演示法，进行路试结果录入和机动车安全技术检验资料图片采集操作；
c) 采用演示法，在机动车安全技术检验过程中，查看检验结果自动判定、检验结果自动判定信息上传、机动车安全技术检验报告单打印、检验结果详细信息和制动力检验曲线信息上传、检验结果总体判定信息上传、机动车交通事故责任强制保险信息上传、机动车安全技术检验资料图片上传结果。

8.2.1.4 机动车外观远程查验图片采集

按照以下步骤对机动车外观远程查验图片采集功能进行验证，结果应符合 6.1.5 要求：

a) 对按照第7章要求提供的资料,采用审查法检查机动车外观远程查验图片采集功能内容;
b) 采用演示法,进行机动车外观远程查验图片采集操作;
c) 采用演示法,查看机动车外观远程查验图片上传结果。

8.2.2 检验过程控制模块

8.2.2.1 项目检验

按照以下步骤对项目检验功能进行验证,结果应符合6.2.2要求:
a) 对按照第7章要求提供的资料,采用审查法检查项目检验功能内容;
b) 采用演示法,进行机动车安全技术检验操作。

8.2.2.2 系统校准

按照以下步骤对系统校准功能进行验证,结果应符合6.2.3要求:
a) 对按照第7章要求提供的资料,采用审查法检查系统校准功能内容;
b) 采用演示法,进行检验设备系统校准操作。

8.2.3 检验过程监控模块

8.2.3.1 视频监控

按照以下步骤对视频监控功能进行验证,结果应符合6.3.2要求:
a) 对按照第7章要求提供的资料,采用审查法检查视频监控功能内容;
b) 采用演示法,在机动车安全技术检验过程中,查看检验过程、机动车外观查验视频监控采集和监控视频上传结果。

8.2.3.2 图片监控

按照以下步骤对图片监控功能进行验证,结果应符合6.3.3要求:
a) 对按照第7章要求提供的资料,采用审查法检查图片监控功能内容;
b) 采用演示法,在机动车安全技术检验过程中,查看灯光检验、制动检验、机动车外观查验和查验部位拍摄的工作场景图片采集及图片上传结果。

8.2.4 系统管理模块

8.2.4.1 用户管理

按照以下步骤对用户管理功能进行验证,结果应符合6.4.2要求:
a) 对按照第7章要求提供的资料,采用审查法检查用户管理功能内容;
b) 采用演示法,进行用户增加、用户删除、用户编辑、密码修改和权限管理等操作。

8.2.4.2 参数管理

按照以下步骤对参数管理功能进行验证,结果应符合6.4.3要求:
a) 对按照第7章要求提供的资料,采用审查法检查参数管理功能内容;
b) 采用演示法,进行检验合格标准、系统运行参数、机动车安全技术检验机构信息和检测线检验设备信息等的增加、删除和编辑操作。

8.2.4.3 日志记录

按照以下步骤对日志记录功能进行验证,结果应符合6.4.4要求:

a) 对按照第 7 章要求提供的资料,采用审查法检查日志记录功能内容;

b) 采用演示法,进行系统管理、检验业务办理、检验设备校准等操作,并查看操作日志记录信息。

8.2.4.4 内部查询

按照以下步骤对内部查询功能进行验证,结果应符合 6.4.5 要求:

a) 对按照第 7 章要求提供的资料,采用审查法检查内部查询功能内容;

b) 采用演示法,进行系统用户、参数、日志、检验过程等信息的查询操作。

8.2.4.5 统计分析

按照以下步骤对统计分析功能进行验证,结果应符合 6.4.6 要求:

a) 对按照第 7 章要求提供的资料,采用审查法检查统计分析功能内容;

b) 采用演示法,进行初检机动车总数、初检合格率、上线检验总次数、分项初检次数、分项合格率、分项检验总次数、人员工作量和检验合格率等信息的统计分析操作。

8.2.5 其他

采用实际运行法对检验业务信息系统的数据保存时间、一般故障和重大故障发生情况等进行检查,结果应符合 5.4 要求。

附 录 A
（规范性附录）
机动车安全技术检验业务信息系统数据结构

A.1 机动车安全技术检验登录信息表

机动车安全技术检验登录信息见表 A.1。

表 A.1 机动车安全技术检验登录信息

序号	名 称	类型	长度	是否可空	说 明
1	检验流水号	字符	17	可空	6 位行政区划+YYMMDD+5 位顺序号
2	检测线代号	字符	11	不可空	9 位安检机构许可证号+2 位代号
3	机动车序号	字符	14	可空	
4	号牌种类	字符	2	可空	按 GA 24.7。在用车不可空
5	号牌号码	字符	15	可空	在用车不可空
6	车辆识别代号	字符	25	不可空	填写完整的 VIN 号或车架号
7	发动机/电动机号码	字符	30	可空	
8	车身颜色	字符	5	不可空	按 GA 24.8
9	使用性质	字符	1	不可空	按 GA 24.3
10	初次登记日期	日期	8	可空	按"YYYYMMDD"格式填写
11	最近定检日期	日期	8	可空	按"YYYYMMDD"格式填写
12	检验有效期止	日期	8	不可空	按"YYYYMMDD"格式填写
13	保险终止日期	日期	8	可空	按"YYYYMMDD"格式填写
14	燃料种类	字符	3	不可空	可同时输入三种，每种按 GA 24.9
15	功率	数值	5	可空	单位为千瓦(kW)，四位整数，一位小数
16	轴数	数值	1	不可空	
17	轴距	数值	5	不可空	单位为毫米(mm)
18	前轮距	数值	4	可空	单位为毫米(mm)
19	后轮距	数值	4	可空	单位为毫米(mm)
20	总质量	数值	8	不可空	单位为千克(kg)
21	整备质量	数值	8	不可空	单位为千克(kg)
22	出厂日期	日期	8	不可空	按"YYYYMMDD"格式填写
23	驱动形式(驱动轴位)	字符	5	不可空	组合串：如 1234(1 表示一轴……)
24	驻车轴数	数值	1	不可空	
25	驻车轴位	字符	5	不可空	组合串：如 1234(1 表示一轴……)
26	主轴数	数值	1	不可空	

表 A.1（续）

序号	名　　称	类型	长度	是否可空	说　　明
27	制动力源	字符	1	不可空	0——气压制动，1——液压制动，2——气推油制动
28	前照灯制	字符	2	不可空	01——四灯远近光，02——四灯远光，03——二灯远近光，04——二灯近光，05——一灯远光
29	远光单独调整	字符	1	不可空	0——不能单独调整，1——单独调整
30	转向轴(前轴)悬架形式	字符	1	不可空	0——独立悬架，1——非独立悬架
31	里程表读数	数值	8	不可空	单位为千米(km)
32	检验项目[a]	字符	100	不可空	
33	检验类别	字符	2	不可空	00——注册登记检验； 01——在用车检验； 02——临时检验； 03——特殊检验。对肇事车和特殊用车等的检验。
34	不合格项	字符	50	可空	
35	初次登录时间	日期	8	不可空	
36	登录时间	日期	8	不可空	
37	检验次数	数值	2	不可空	
38	登录员	字符	30	可空	
39	引车员	字符	30	可空	
40	外检员	字符	30	可空	
41	动态检验员	字符	30	可空	
42	底盘检验员	字符	30	可空	
43	收费标志	字符	1	不可空	
44	检验状态	字符	1	不可空	

[a] 检验项目说明：项目代码1项目代码2……；各项目代码为：B1——一轴制动，B2——二轴制动，B3——三轴制动，B4——四轴制动，B0——驻车制动，H1——左外灯或二三轮机动车的左灯，H2——左内灯，H3——右内灯，H4——右外灯或二三轮机动车的右灯，X1——高怠速排放，X2——怠速排放，X3——烟度，S1——车速表，A1——侧滑或二三轮汽车的轮偏，P1——功率检验，R1——路试，F1——车辆外观检验，C1——底盘检验，DC——动态底盘检验。

A.2　机动车安全技术检验结果信息表

机动车安全技术检验结果信息见表 A.2。

表 A.2 机动车安全技术检验结果信息

序号	名称	类型	长度	是否可空	说明
1	检验流水号	字符	17	可空	6 位行政区划＋YYMMDD＋5 位顺序号
2	检测线代号	字符	11	不可空	9 位安检机构许可证号＋2 位代号
3	机动车序号	字符	14	可空	
4	号牌种类	字符	2	可空	按 GA 24.7。在用车不可空
5	号牌号码	字符	15	可空	在用车不可空
6	车辆品牌	字符	32	不可空	
7	车辆型号	字符	32	不可空	
8	车辆识别代号	字符	25	不可空	填写完整的 VIN 号或车架号
9	发动机/电动机码	字符	30	可空	
10	机动车所有人	字符	128	不可空	
11	燃料种类	字符	3	不可空	可同时输入三种，每种按 GA 24.9
12	出厂日期	日期	8	不可空	按“YYYYMMDD”格式填写
13	初次登记日期	日期	8	可空	按“YYYYMMDD”格式填写
14	驱动形式(驱动轴位)	字符	5	可空	组合串：如 1234(1 表示一轴……)，摩托车无此参数
15	驻车轴数	字符	2	可空	摩托车无此参数
16	驻车轴位	字符	5	可空	组合串：如 1234(1 表示一轴……)，摩托车无此参数
17	前照灯制	字符	2	不可空	01——四灯远近光，02——四灯远光，03——二灯远近光，04——二灯近光，05——一灯远光
18	前照灯远光光束能否单独调整	字符	1	不可空	0——不能，1——能
19	转向轴(前轴)悬架形式	字符	1	可空	0——独立悬架，1——非独立悬架，摩托车无此参数
20	里程表读数	数值	8	可空	
21	检验类别	字符	2	不可空	00——注册登记检验； 01——在用车检验； 02——临时检验； 03——特殊检验。对肇事车和特殊用车检验
22	检验项目	字符	100	不可空	
23	登录员	字符	30	可空	
24	引车员	字符	30	可空	
25	一轴左轮重值	数值	6	可空	单位为千克(kg)
26	一轴右轮重值	数值	6	可空	单位为千克(kg)
27	一轴求和时左制动力值	数值	6	可空	单位为 daN

表 A.2（续）

序号	名　　称	类型	长度	是否可空	说　　明
28	一轴求和时右制动力值	数值	6	可空	单位为 daN
29	一轴求差时左制动力值	数值	6	可空	单位为 daN
30	一轴求差时右制动力值	数值	6	可空	单位为 daN
31	一轴制动率	数值	4	可空	包括一位小数(百分比)
32	一轴不平衡率	数值	4	可空	包括一位小数(百分比)
33	一轴左阻滞力值	数值	6	可空	单位为 daN
34	一轴右阻滞力值	数值	6	可空	单位为 daN
35	一轴左阻滞比值	数值	4	可空	包括一位小数(百分比)
36	一轴右阻滞比值	数值	4	可空	包括一位小数(百分比)
37	一轴制动判定	字符	1	可空	0——未检,1——合格,2——不合格
38	检验一轴制动次数	数值	2	可空	
39	二轴左轮重值	数值	6	可空	单位为千克(kg)
40	二轴右轮重值	数值	6	可空	单位为千克(kg)
41	二轴求和时左制动力值	数值	6	可空	单位为 daN
42	二轴求和时右制动力值	数值	6	可空	单位为 daN
43	二轴求差时左制动力值	数值	6	可空	单位为 daN
44	二轴求差时右制动力值	数值	6	可空	单位为 daN
45	二轴制动率	数值	4	可空	包括一位小数(百分比)
46	二轴不平衡率	数值	4	可空	包括一位小数(百分比)
47	二轴左阻滞力值	数值	6	可空	单位为 daN
48	二轴右阻滞力值	数值	6	可空	单位为 daN
49	二轴左阻滞比值	数值	4	可空	包括一位小数(百分比)
50	二轴右阻滞比值	数值	4	可空	包括一位小数(百分比)
51	二轴制动判定	字符	1	可空	0——未检,1——合格,2——不合格
52	检验二轴制动次数	数值	2	可空	
53	三轴左轮重值	数值	6	可空	单位为千克(kg)
54	三轴右轮重值	数值	6	可空	单位为千克(kg)
55	三轴求和时左制动力值	数值	6	可空	单位为 daN
56	三轴求和时右制动力值	数值	6	可空	单位为 daN
57	三轴求差时左制动力值	数值	6	可空	单位为 daN
58	三轴求差时右制动力值	数值	6	可空	单位为 daN
59	三轴制动率	数值	4	可空	包括一位小数(百分比)
60	三轴不平衡率	数值	4	可空	包括一位小数(百分比)
61	三轴左阻滞力值	数值	6	可空	单位为 daN

表 A.2（续）

序号	名　称	类型	长度	是否可空	说　明
62	三轴右阻滞力值	数值	6	可空	单位为 daN
63	三轴左阻滞比值	数值	4	可空	包括一位小数(百分比)
64	三轴右阻滞比值	数值	4	可空	包括一位小数(百分比)
65	三轴制动判定	字符	1	可空	0——未检,1——合格,2——不合格
66	检验三轴制动次数	数值	2	可空	
67	四轴左轮重值	数值	6	可空	单位为千克(kg)
68	四轴右轮重值	数值	6	可空	单位为千克(kg)
69	四轴求和时左制动力值	数值	6	可空	单位为 daN
70	四轴求和时右制动力值	数值	6	可空	单位为 daN
71	四轴求差时左制动力值	数值	6	可空	单位为 daN
72	四轴求差时右制动力值	数值	6	可空	单位为 daN
73	四轴制动率	数值	4	可空	包括一位小数(百分比)
74	四轴不平衡率	数值	4	可空	包括一位小数(百分比)
75	四轴左阻滞力值	数值	6	可空	单位为 daN
76	四轴右阻滞力值	数值	6	可空	单位为 daN
77	四轴左阻滞比值	数值	4	可空	包括一位小数(百分比)
78	四轴右阻滞比值	数值	4	可空	包括一位小数(百分比)
79	四轴制动判定	字符	1	可空	0——未检,1——合格,2——不合格
80	检验四轴制动次数	数值	2	可空	
81	驻车左制动力值	数值	6	可空	单位为 daN
82	驻车右制动力值	数值	6	可空	单位为 daN
83	驻车制动率	数值	4	可空	包括一位小数(百分比)
84	驻车制动判定	字符	1	可空	0——未检,1——合格,2——不合格
85	检验驻车次数	数值	2	可空	
86	整车制动率	数值	4	可空	包括一位小数(百分比)
87	整车制动判定	字符	1	可空	0——未检,1——合格,2——不合格
88	制动判定	字符	1	可空	0——未检,1——合格,2——不合格
89	检验制动次数	数值	2	可空	
90	一轴左轮动态轮荷	数值	6	可空	单位为千克(kg)
91	一轴右轮动态轮荷	数值	6	可空	单位为千克(kg)
92	二轴左轮动态轮荷	数值	6	可空	单位为千克(kg)
93	二轴右轮动态轮荷	数值	6	可空	单位为千克(kg)
94	三轴左轮动态轮荷	数值	6	可空	单位为千克(kg)
95	三轴右轮动态轮荷	数值	6	可空	单位为千克(kg)

表 A.2(续)

序号	名　　称	类型	长度	是否可空	说　　明
96	四轴左轮动态轮荷	数值	6	可空	单位为千克(kg)
97	四轴右轮动态轮荷	数值	6	可空	单位为千克(kg)
98	最大功率时速度	数值	4	可空	单位为千米/小时(km/h),包括一位小数
99	定速时平均输出功率	数值	5	可空	单位为千瓦(kW),四位整数,一位小数
100	左灯高	数值	4	可空	单位为毫米(mm)
101	右灯高	数值	4	可空	单位为毫米(mm)
102	左外远光强度值	数值	5	可空	单位为坎德拉(cd)
103	左外远光水平偏差值	数值	3	可空	单位为 mm/10 m
104	左外远光垂直偏差值	数值	3	可空	单位为 mm/10 m
105	左近光水平偏差值	数值	3	可空	单位为 mm/10 m
106	左近光垂直偏差值	数值	3	可空	单位为 mm/10 m
107	左内远光强度值	数值	5	可空	单位为坎德拉(cd)
108	左内远光水平偏差值	数值	3	可空	单位为 mm/10 m
109	左内远光垂直偏差值	数值	3	可空	单位为 mm/10 m
110	左外灯判定	字符	1	可空	0——未检,1——合格,2——不合格
111	左内灯判定	字符	1	可空	0——未检,1——合格,2——不合格
112	检验左外灯次数	数值	2	可空	
113	检验左内灯次数	数值	2	可空	
114	右外远光强度值	数值	5	可空	单位为坎德拉(cd)
115	右外远光水平偏差值	数值	3	可空	单位为 mm/10 m
116	右外远光垂直偏差值	数值	3	可空	单位为 mm/10 m
117	右近光水平偏差值	数值	3	可空	单位为 mm/10 m
118	右近光垂直偏差值	数值	3	可空	单位为 mm/10 m
119	右内远光强度值	数值	5	可空	单位为坎德拉(cd)
120	右内远光水平偏差值	数值	3	可空	单位为 mm/10 m
121	右内远光垂直偏差值	数值	3	可空	包括二位小数
122	右外灯判定	字符	1	可空	0——未检,1——合格,2——不合格
123	右内灯判定	字符	1	可空	0——未检,1——合格,2——不合格
124	检验左外灯次数	数值	2	可空	
125	检验左内灯次数	数值	2	可空	
126	前照灯判定	字符	1	可空	0——未检,1——合格,2——不合格
127	高怠速 CO 值	数值	3	可空	包括一位小数(百分比)
128	高怠速 HC 值	数值	5	可空	
129	高怠速 λ 值	数值	3	可空	两位小数,一位整数

表 A.2（续）

序号	名　称	类型	长度	是否可空	说　明
130	低怠速 CO 值	数值	3	可空	包括一位小数(百分比)
131	低怠速 HC 值	数值	5	可空	
132	低怠速 λ 值	数值	3	可空	两位小数,一位整数
133	稳态工况法 CO 值	数值	3	可空	包括一位小数(百分比)
134	稳态工况法 HC 值	数值	5	可空	
135	稳态工况法 λ 值	数值	3	可空	两位小数,一位整数
136	尾气判定	字符	1	可空	0——未检,1——合格,2——不合格
137	检验尾气次数	数值	2	可空	
138	平均烟度值	数值	3	可空	包括一位小数
139	烟度值 1	数值	3	可空	包括一位小数
140	烟度值 2	数值	3	可空	包括一位小数
141	烟度值 3	数值	3	可空	包括一位小数
142	烟度判定	字符	1	可空	0——未检,1——合格,2——不合格
143	检验烟度次数	数值	2	可空	
144	平均光吸收系数	数值	3	可空	包括一位小数
145	光吸收系数值 1	数值	3	可空	包括一位小数
146	光吸收系数值 2	数值	3	可空	包括一位小数
147	光吸收系数值 3	数值	3	可空	包括一位小数
148	光吸收系数判定	字符	1	可空	0——未检,1——合格,2——不合格
149	检验光吸收系数次数	数值	2	可空	
150	车速表实测值	数值	4	可空	单位为千米/小时(km/h),包括一位小数
151	车速表判定	字符	1	可空	0——未检,1——合格,2——不合格
152	检验车速表次数	数值	2	可空	
153	侧滑量	数值	3	可空	单位为 m/km,对二、三轮车表示轮偏值,单位为毫米(mm)
154	侧滑判定	字符	1	可空	0——未检,1——合格,2——不合格
155	检验侧滑次数	数值	2	可空	
156	路试制动性能	字符	1	可空	0——未检,1——合格,2——不合格
157	路试员姓名	字符	100	可空	
158	外检不合格项——否决	字符	300	可空	外检(每项用三位标识)
159	外检不合格项——维护	字符	300	可空	外检(每项用三位标识)
160	外检员	字符	30	可空	
161	底盘动态检验不合格项——否决	字符	200	可空	外检(每项用三位标识)
162	底盘动态检验不合格项——维护	字符	200	可空	外检(每项用三位标识)

表 A.2（续）

序号	名　　称	类型	长度	是否可空	说　　明
163	动态检验员	字符	30	可空	
164	底盘检验不合格项——否决	字符	200	可空	底盘检验(每项用三位标识)
165	底盘检验不合格项——维护	字符	200	可空	底盘检验(每项用三位标识)
166	底盘检验员	字符	30	可空	
167	检验结论	字符	1 024	可空	
168	批准人	字符	30	可空	
169	总检验次数	数值	2	可空	
170	检验的整车整备质量	数值	8	可空	
171	标准的整车整备质量	数值	8	可空	
172	整车整备质量百分比	数值	5	可空	第 170 项减去第 171 项的绝对值除以第 171 项，包括两位小数
173	检验时间	日期	8	不可空	按“YYYYMMDD”格式填写
174	备注	字符	1 024	可空	

A.3　机动车制动力曲线表

机动车制动力曲线信息见表 A.3。

表 A.3　机动车制动力曲线

序号	名　　称	类型	长度	是否可空	说　　明
1	检验流水号	字符	17	可空	6 位行政区划＋YYMMDD＋5 位顺序号
2	检测线代号	字符	11	不可空	9 位安检机构许可证号＋2 位代号
3	机动车序号	字符	14	可空	
4	号牌号码	字符	15	可空	
5	号牌种类	字符	2	可空	
6	车辆识别代号	字符	25	不可空	填 VIN 号或车架号
7	检验次数	字符	2	不可空	
8	检验时间	日期	8	不可空	
9	被检轴数	数值	1	不可空	表示被检机动车的轴数
10	一轴制动力曲线	二进制数据流		可空	曲线数据存储格式：“[左制动力]#[右制动力]$[左制动力]#[右制动力]…”，制动力单位为 daN
11	二轴制动力曲线	二进制数据流		可空	同上
12	三轴制动力曲线	二进制数据流		可空	同上
13	四轴制动力曲线	二进制数据流		可空	同上

A.4 在检机动车照片表

在检机动车照片信息见表A.4。

表A.4 机动车照片表

序号	名　　称	类型	长度	是否可空	说　　明
1	检验流水号	字符	17	可空	6位行政区划+YYMMDD+5位顺序号
2	检测线代号	字符	11	不可空	9位安检机构许可证号+2位代号
3	机动车序号	字符	14	可空	
4	号牌号码	字符	15	可空	在用车不可空
5	号牌种类	字符	2	可空	在用车不可空
6	车辆识别代号	字符	25	不可空	填VIN号或车架号
7	照片序号	数字	2	不可空	
8	照片	二进制数据流		不可空	图片分辨率至少300DPI
9	拍摄时间	日期	8	不可空	
10	照片种类	字符	2	不可空	01——机动车行驶证，02——检验合格标志申请表，03——机动车交通事故责任强制保险凭证，04——机动车安全技术检验报告单，05——机动车查验单； 11——车前斜视45度照片，12——车后斜视45度照片，13——车辆识别代号照片，14——机动车侧面照片，15——车内最前方向后照片，16——灭火器照片，17——安全手锤照片，18——行驶记录仪照片； 21——灯光工位拍摄照片，22——制动工位拍摄照片； 99——其他

A.5 机动车安全技术检验路试结果表

机动车安全技术检验路试结果信息见表A.5。

表A.5 机动车安全技术检验路试结果表

序号	名　　称	类型	长度	是否可空	说　　明
1	检验流水号	字符	17	不可空	6位行政区划+YYMMDD+5位顺序号
2	检测线代号	字符	11	不可空	9位安检机构许可证号+2位代号
3	机动车序号	字符	14	可空	

表 A.5（续）

序号	名　　称	类型	长度	是否可空	说　　明
4	号牌号码	字符	15	可空	在用车不可空
5	号牌种类	字符	2	可空	在用车不可空
6	车辆识别代号	字符	25	不可空	即 VIN 号或车架号
7	发动机号	字符	30	不可空	
8	记录状态	字符	1	不可空	
9	最近定检日期	日期	8	不可空	按“YYYYMMDD”格式填写
10	初次检验时间	日期	8	不可空	
11	检验时间	日期	8	可空	
12	检验项目	字符	40	可空	初次检验时确定的检验项目
13	不合格项	字符	40	可空	
14	登录员	字符	30	可空	
15	引车员	字符	30	可空	
16	外检员	字符	30	可空	
17	动态检验员	字符	30	可空	
18	检验次数	数值	2	可空	填整数
19	外检不合格项	字符	200	可空	外检项目(每项用两位标识)
20	行车空载制动距离	数值	4	可空	包括一位小数
21	行车满载制动距离	数值	4	可空	包括一位小数
22	行车空载 MFDD	数值	3	可空	包括一位小数
23	行车满载 MFDD	数值	3	可空	包括一位小数
24	路试驻车制动判定	字符	1	可空	0——未检，1——合格，2——不合格
25	应急制动距离	数值	4	可空	包括一位小数
26	应急 MFDD	数值	3	可空	包括一位小数
27	路试制动判定	字符	1	可空	0——未检，1——合格，2——不合格
28	路试结果	字符	1	可空	0——未检，1——合格，2——不合格

A.6　机动车安全技术检验机构信息表

机动车安全技术检验机构信息表见表 A.6。

表 A.6　机动车安全技术检验机构信息表

序号	名　　称	类型	长度	是否可空	说　　明
1	机动车安全技术检验机构编号	字符	10	不可空	由各省(直辖市、自治区)级管理机关对辖区内机动车安全技术检验机构进行编号 6 位序号头，4 位顺序号

表 A.6（续）

序号	名　　称	类型	长度	是否可空	说　　明
2	机动车安全技术检验机构名称	字符	128	不可空	
3	资格许可证书编号	字符	32	不可空	
4	资格许可有效期始	日期	8	不可空	按“YYYYMMDD”格式填写
5	资格许可有效期止	日期	8	不可空	按“YYYYMMDD”格式填写
6	设计日检验能力	数字	4	不可空	
7	实际日检验能力	数字	4	不可空	
8	检验人员总数	数字	3	不可空	
9	外检工位人数	数字	3	不可空	
10	录入工位人数	数字	3	不可空	
11	引车员人数	数字	3	不可空	
12	底盘工位人数	数字	3	不可空	
13	总检工位人数	数字	3	不可空	
14	其他工位人数	数字	3	不可空	
15	通过省级质检部门考核人数	数字	3	不可空	
16	未通过省级质检部门考核人数	数字	3	不可空	
17	备注	字符	128	可空	

A.7　机动车检测线信息表

机动车检测线信息表见表 A.7。

表 A.7　机动车检测线信息表

序号	名　　称	类型	长度	是否可空	说　　明
1	机动车安全技术检验机构编号	字符	10	不可空	由各省(直辖市、自治区)级管理机关对辖区内机动车安全技术检验机构进行编号 6 位序号头，4 位顺序号
2	检测线代号	字符	11	不可空	9 位安检机构许可证号+2 位代号
3	机动车安全技术检验机构名称	字符	128	不可空	
4	检测线名称	字符	128	可空	
5	检测线类别	字符	1	不可空	1——汽车，2——摩托车
6	检测线控制方式	字符	1	不可空	1——全自动，2——单工位检验，9——其他
7	制动检验设备名称	字符	128	可空	
8	汽油车尾气测量范围	字符	32	可空	按照设备设计的测量气值填写，如：HC、CO 等

表 A.7（续）

序号	名　　称	类型	长度	是否可空	说　　明
9	汽油车尾气检验设备启用时间	日期	8	可空	
10	汽油车尾气检验设备检定有效期止	日期	8	可空	
11	汽油车尾气检验设备状态	字符	1	可空	1——正常，2——故障维修，3——报废
12	柴油车尾气检验设备名称	字符	128	可空	
13	柴油车尾气检验设备型号	字符	32	可空	
14	柴油车尾气检验设备生产厂家	字符	128	可空	
15	柴油车尾气检验最少时间	数字	4	可空	单位为秒(s)
16	柴油车烟度测量范围	字符	32	可空	按照设备设计的测量气值填写，如：烟度、光吸收系数等
17	柴油车烟度检验设备启用时间	日期	8	可空	按“YYYYMMDD”格式填写
18	柴油车烟度检验设备检定有效期止	日期	8	可空	按“YYYYMMDD”格式填写
19	柴油车烟度检验设备状态	字符	1	可空	1——正常，2——故障维修，3——报废
20	速度检验设备名称	字符	128	可空	
21	速度检验设备型号	字符	32	可空	
22	速度检验设备生产厂家	字符	128	可空	
23	速度检验最少时间	数字	4	可空	单位为秒(s)
24	速度检验设备启用时间	日期	8	可空	按“YYYYMMDD”格式填写
25	速度检验设备检定有效期止	日期	8	可空	按“YYYYMMDD”格式填写
26	速度检验设备状态	字符	1	可空	1——正常，2——故障维修，3——报废
27	侧滑检验设备名称	字符	128	可空	
28	侧滑检验设备型号	字符	32	可空	
29	侧滑检验设备生产厂家	字符	128	可空	
30	侧滑检验最少时间	数字	4	可空	单位为秒(s)
31	侧滑检验设备启用时间	日期	8	可空	按“YYYYMMDD”格式填写
32	侧滑检验设备检定有效期止	日期	8	可空	按“YYYYMMDD”格式填写
33	侧滑检验设备状态	字符	1	可空	1——正常，2——故障维修，3——报废
34	称重设备名称	字符	128	可空	
35	称重检验设备型号	字符	32	可空	
36	称重检验设备生产厂家	字符	128	可空	
37	称重检验最少时间	数字	4	可空	单位为秒(s)
38	制动检验设备型号	字符	32	可空	
39	制动检验设备生产厂家	字符	128	可空	
40	制动检验最少时间	数字	4	可空	单位为秒(s)
41	制动检验方式	字符	1	可空	1——平板，2——滚筒

表 A.7（续）

序号	名　　称	类型	长度	是否可空	说　　明
42	平板制式	字符	1	可空	1——二板式,2——四板式
43	单平板长度	数字	5	可空	单位为毫米(mm)
44	平板间距	数字	5	可空	单位为毫米(mm)
45	滚筒式制动台制式	字符	1	可空	1——齿槽式,2——粘砂式
46	滚筒式制动台制式	字符	1	可空	1——第三滚筒,2——时间停机
47	制动检验设备启用时间	日期	8	可空	按“YYYYMMDD”格式填写
48	制动检验设备检定有效期止	日期	8	可空	按“YYYYMMDD”格式填写
49	制动检验设备状态	字符	1	可空	1——正常,2——故障维修,3——报废
50	灯光检测设备名称	字符	128	可空	
51	灯光检测设备型号	字符	32	可空	
52	灯光检测设备生产厂家	字符	128	可空	
53	灯光检测最少时间	数字	4	可空	单位为秒(s)
54	灯光检测方式	字符	1	可空	1——双灯同检,2——单灯检测
55	灯光检验是否有车身偏移修正功能	字符	1	可空	1——有,2——无
56	灯光检测设备启用时间	日期	8	可空	按“YYYYMMDD”格式填写
57	灯光检测设备检定有效期止	日期	8	可空	按“YYYYMMDD”格式填写
58	灯光检测设备状态	字符	1	可空	1——正常,2——故障维修,3——报废
59	汽油车尾气检验设备名称	字符	128	可空	
60	汽油车尾气检验设备型号	字符	32	可空	
61	汽油车尾气检验设备生产厂家	字符	128	可空	
62	汽油车尾气检验最少时间	数字	4	可空	单位为秒(s)
63	汽油车尾气检验方式	字符	1	可空	1——怠速法,2——工况法
64	称重范围	数字	6	可空	填写设备设计最大承受车辆轴重范围,单位为千克(kg)
65	称重检验设备检定有效期止	日期	8	可空	按“YYYYMMDD”格式填写
66	称重检验设备启用时间	日期	8	可空	按“YYYYMMDD”格式填写
67	称重检验设备状态	字符	1	可空	1——正常,2——故障维修,3——报废
68	测功检验设备名称	字符	128	可空	
69	测功检验设备型号	字符	32	可空	
70	测功检验设备生产厂家	字符	128	可空	
71	测功检验最少时间	数字	4	可空	单位为秒(s)
72	测功检验设备启用时间	日期	8	可空	按“YYYYMMDD”格式填写
73	测功检验设备检定有效期止	日期	8	可空	按“YYYYMMDD”格式填写
74	测功检验设备状态	字符	1	可空	1——正常,2——故障维修,3——报废

表 A.7（续）

序号	名　　称	类型	长度	是否可空	说　　明
75	全线检验时间	数字	4	可空	单位为秒(s)
76	项目1	字符	16	可空	
77	项目2	字符	16	可空	
78	项目3	字符	16	可空	
79	项目4	字符	16	可空	
80	项目5	字符	16	可空	
81	项目6	字符	16	可空	
82	项目7	字符	16	可空	
83	项目8	字符	16	可空	
84	项目9	字符	16	可空	
85	备注	字符	128	可空	

附 录 B
（规范性附录）
机动车安全技术检验业务信息系统上传数据接口

B.1 机动车单项检验结果上传接口

B.1.1 输出过程

机动车安全技术检验机构通过调用行政管理部门提供的WebService接口，将机动车单项检验结果信息（各单项检验是否合格）上传到行政管理部门。

B.1.2 接口数据格式

系统应将机动车安全检验各项目具体检验结果信息实时上传到行政管理部门。信息存储格式见表B.1。

表B.1 机动车安全技术检验记录表

序号	名称	类型	长度	是否可空	说明
1	检验流水号	字符	17	可空	6位行政区划＋YYMMDD＋5位顺序号
2	检测线代号	字符	11	不可空	9位安检机构许可证号＋2位代号
3	机动车序号	字符	14	可空	
4	号牌号码	字符	15	不可空	
5	号牌种类	字符	2	不可空	按GA 24.7
6	车辆识别代号	字符	25	可空	即VIN号或车架号
7	检验日期	日期	8	不可空	按“YYYYMMDD”格式填写
8	检验有效期止	日期	8	不可空	按“YYYYMMDD”格式填写
9	承检单位	字符	64	不可空	
10	经办人	字符	30	不可空	
11	检验综合结果	字符	1	不可空	按GA 24.2。以下为分项判定结果
12	外检判定	字符	1	可空	0——未检，1——合格，2——不合格，3——建议维护
13	底盘动态判定	字符	1	可空	0——未检，1——合格，2——不合格，3——建议维护
14	车速表判定	字符	1	可空	0——未检，1——合格，2——不合格，3——建议维护
15	汽油车尾气判定	字符	1	可空	0——未检，1——合格，2——不合格，3——建议维护
16	柴油车烟度判定	字符	1	可空	0——未检，1——合格，2——不合格，3——建议维护

表 B.1（续）

序号	名　称	类型	长度	是否可空	说　明
17	制动判定	字符	1	可空	0——未检，1——合格，2——不合格，3——建议维护
18	灯光发光强度判定	字符	1	可空	0——未检，1——合格，2——不合格，3——建议维护
19	灯光偏移判定	字符	1	可空	0——未检，1——合格，2——不合格，3——建议维护
20	功率判定	字符	1	可空	0——未检，1——合格，2——不合格，3——建议维护
21	侧滑判定	字符	1	可空	0——未检，1——合格，2——不合格，3——建议维护
22	底盘判定	字符	1	可空	0——未检，1——合格，2——不合格，3——建议维护
23	路试判定	字符	1	可空	0——未检，1——合格，2——不合格，3——建议维护
24	整车整备质量判定	字符	1	可空	0——未检，1——合格，2——不合格，3——建议维护

B.1.3 接口定义

Public String　writeObjectOut (String xtlb,String jkxlh,String jkid,String WriteXmlDoc)。

B.1.4 接口参数说明

xtlb：系统类别，“01”；

jkxlh：接口序列号，由行政管理部门信息系统授权生成下发；

jkid：接口标识，为"01C71"；

WriteXmlDoc：封装写入数据的 XML 格式文档。

WriteXmlDoc 的文档格式要求如下：

```
〈? xml version = "1.0" encoding = "GBK"?〉
〈root〉
〈vehInspection〉
    ……
    〈jclsh〉-〈/jclsh〉
    ……
    〈! -附表 B.1 的 1 到 24 项内容--〉
〈/vehInspection〉
〈/root〉
```

结果返回类 XML 文档定义：

```
〈? xml version = "1.0" encoding = "GBK"?〉
〈root〉
```

```
<head>
  <code>1</code>                          <! --0:写入失败,1:写入成功-->
  <message>数据保存成功</message>        <! --如果失败,表示失败描述-->
</head>
</root>
```

B.2 机动车安全技术检验判定结果上传接口

B.2.1 输出过程

机动车安全技术检验机构通过调用行政管理部门提供的 WebService 接口,将机动车安全技术检验判定结果(该车检验是否合格)记录上传到行政管理部门。

B.2.2 接口数据格式

机动车安全技术检验结果见表 B.2。

表 B.2 机动车安全技术检验结果表

序号	名 称	类型	长度	是否可空	说 明
1	号牌号码	字符	15	不可空	
2	号牌种类	字符	2	不可空	按 GA 24.7
3	车辆识别代号	字符	25	可空	即 VIN 号或车架号
4	检验结果	字符	1	不可空	1——合格,2——不合格,3——建议维护
5	检验日期	日期	8	不可空	按"YYYYMMDD"格式填写
6	承检单位	字符	64	不可空	

B.2.3 接口定义

Public String writeObjectOut (String xtlb,String jkxlh,String jkid,String WriteXmlDoc)。

B.2.4 接口参数说明

xtlb:系统类别,"01";

jkxlh:接口序列号,由行政管理部门信息系统授权生成下发;

jkid:接口标识,为"01C72";

WriteXmlDoc:封装写入数据的 XML 格式文档。

WriteXmlDoc 的文档格式要求如下:

```
<?xml version="1.0" encoding="GBK"?>
<root>
<vehInspection>
  ……
  <hphm>-</hphm>
```

……

〈! -附表 B.2 的 1 到 6 项内容--〉

〈/vehInspection〉

〈/root〉

结果返回类 XML 文档定义：

〈? xml version = "1.0" encoding = "GBK"?〉

〈root〉

〈head〉

〈code〉1〈/code〉 〈! --0:写入失败,1:写入成功--〉

〈message〉数据保存成功〈/message〉 〈! --如果失败,表示失败描述--〉

〈/head〉

〈/root〉

上传机动车安全技术检验判定信息时,根据根据“输入参数 clsbdh”或“输入参数 hpzl 和 hphm”可以唯一确定该机动车安全技术检验判定结果信息,实际调用该接口时,只需输入其中一个条件即可。

B.3 机动车安全技术检验机构信息上传接口

B.3.1 输出过程

机动车安全技术检验机构通过调用行政管理部门提供的 WebService 接口,把新增或更新后的机动车安全技术检验机构信息上传到行政管理部门。

B.3.2 接口定义

Public String writeObjectOut (String xtlb,String jkxlh,String jkid,String WriteXmlDoc)。

B.3.3 接口参数说明

xtlb:系统类别,“01”;

jkxlh:接口序列号,由行政管理部门信息系统授权生成下发;

jkid:接口标识,为“01C73”;

WriteXmlDoc:封装写入数据的 XML 格式文档。

WriteXmlDoc 的文档格式要求以下：

〈? xml version = "1.0" encoding = "GBK"?〉

〈root〉

〈InspectionStation〉

……

〈jczdh〉-〈/jczdh〉

……

〈! -附表 A.6 的所有内容--〉

〈/InspectionStation 〉

〈/root〉

结果返回类 XML 文档定义：

```
〈? xml version = "1.0" encoding = "GBK"?〉
〈root〉
〈head〉
  〈code〉1〈/code〉                          〈! --0:写入失败,1:写入成功--〉
  〈message〉数据保存成功〈/message〉         〈! --如果失败,表示失败描述--〉
〈/head〉
〈/root〉
```

B.4 机动车检测线信息上传接口

B.4.1 输出过程

机动车安全技术检验机构通过调用行政管理部门提供的 WebService 接口,把新增或更新后的机动车安全检测线信息上传到行政管理部门。

B.4.2 接口定义

Public String writeObjectOut (String xtlb,String jkxlh,String jkid,String WriteXmlDoc)。

B.4.3 接口参数说明

xtlb:系统类别,“01”;

jkxlh:接口序列号,由行政管理部门信息系统授权生成下发;

jkid:接口标识,为“01C74”;

WriteXmlDoc:封装写入数据的 XML 格式文档。

WriteXmlDoc 的文档格式要求如下:

```
〈? xml version = "1.0" encoding = "GBK"?〉
〈root〉
〈InspectionLine〉
    ……
    〈jczdh〉-〈/jczdh〉
    ……
    〈! -附表 A.7 的所有内容--〉
〈/InspectionLine 〉
〈/root〉
```

结果返回类 XML 文档定义:

```
〈? xml version = "1.0" encoding = "GBK"?〉
〈root〉
〈head〉
  〈code〉1〈/code〉                          〈! --0:写入失败,1:写入成功--〉
  〈message〉数据保存成功〈/message〉         〈! --如果失败,表示失败描述--〉
〈/head〉
〈/root〉
```

B.5　机动车交通事故责任强制保险记录上传接口

B.5.1　输出过程

机动车安全技术检验机构通过调用行政管理部门提供的 WebService 接口，将可以采集到的机动车交通事故责任强制保险记录上传到行政管理部门。

B.5.2　接口数据格式

对于已经采集的机动车交通事故责任强制保险记录信息，机动车安全技术检验业务信息系统应将该信息上传到行政管理部门。信息存储格式见表 B.3。

表 B.3　机动车交通事故责任强制保险信息表

序号	名　　称	类型	长度	是否可空	说　　明
1	机动车序号	字符	14	可空	
2	号牌种类	字符	2	可空	按 GA 24.7。在用车不可空
3	号牌号码	字符	15	可空	
4	车辆识别代号	字符	25	不可空	即 VIN 号或车架号
5	保险凭证号	字符	20	可空	
6	保险金额	数字	10	可空	
7	保险公司	字符	64	可空	保险公司名称
8	生效日期	日期	8	不可空	按“YYYYMMDD”格式填写
9	终止日期	日期	8	不可空	按“YYYYMMDD”格式填写

B.5.3　接口定义

Public String writeObjectOut (String xtlb,String jkxlh,String jkid,String WriteXmlDoc)。

B.5.4　接口参数说明

xtlb：系统类别，“01”；

jkxlh：接口序列号，由行政管理部门信息系统授权生成下发；

jkid：接口标识，为“01C75”；

WriteXmlDoc：封装写入数据的 XML 格式文档。

WriteXmlDoc 的文档格式要求如下：

```
〈? xml version = "1.0" encoding = "GBK"?〉
〈root〉
〈vehInspection〉
    ……
    〈bxpzbh〉-〈/bxpzbh〉
    ……
    〈! -附表 B.3 的 1 到 9 项内容--〉
〈/vehInspection〉
```

```
〈/root〉
```

结果返回类 XML 文档定义：

```
〈? xml version = "1.0" encoding = "GBK"?〉
〈root〉
〈head〉
  〈code〉1〈/code〉                          〈! --0:写入失败,1:写入成功--〉
  〈message〉数据保存成功〈/message〉          〈! --如果失败,表示失败描述--〉
〈/head〉
〈/root〉
```

B.6 机动车安全技术检验结果上传接口

B.6.1 输出过程

机动车安全技术检验机构调用行政管理部门提供的 WebService 接口，实时上传机动车的整个检验详细结果记录。

B.6.2 接口定义

Public String writeObjectOut(String xtlb, String jkxlh, String jkid, String WriteXmlDoc)。

B.6.3 接口参数说明

xtlb：系统类别，“01”；

jkxlh：接口序列号，由行政管理部门信息系统授权生成下发；

jkid：接口标识，为“01C81”；

WriteXmlDoc：封装写入数据的 XML 格式文档。

WriteXmlDoc 的文档格式要求如下：

```
〈? xml version = "1.0" encoding = "GBK"?〉
〈root〉
〈vehInspection〉
    ……
    〈jclsh〉-〈/jclsh〉
    ……
    〈! -附表 A.2 的 1 到 174 项内容--〉
〈/vehInspection〉
〈/root〉
```

结果返回类 XML 文档定义：

```
〈? xml version = "1.0" encoding = "GBK"?〉
〈root〉
〈head〉
  〈code〉1〈/code〉                          〈! --0:写入失败,1:写入成功--〉
  〈message〉数据保存成功〈/message〉          〈! --如果失败,表示失败描述--〉
〈/head〉
```

```
〈/root〉
```

B.7 机动车安全技术检验制动力曲线上传接口

B.7.1 输出过程

机动车安全技术检验机构调用行政管理部门提供的 WebService 接口，实时上传机动车的制动力曲线记录。

B.7.2 接口定义

Public String writeObjectOut(String xtlb,String jkxlh,String jkid,String WriteXmlDoc)。

B.7.3 接口参数说明

xtlb:系统类别,“01”;
jkxlh:接口序列号,由行政管理部门信息系统授权生成下发;
jkid:接口标识,为“01C82”;
WriteXmlDoc:封装写入数据的 XML 格式文档。
WriteXmlDoc 的文档格式要求如下:

```
〈? xml version = "1.0" encoding = "GBK"?〉
〈root〉
〈vehBrake〉
    ……
    〈jclsh〉-〈/jclsh〉
    ……
    〈! -附表 A.3 的 1 到 13 项内容,其中 1 到 4 轴的制动力曲线是对二进制数据流经 Base64 编码后的字符串--〉
〈/vehBrake〉
〈/root〉
```

结果返回类 XML 文档定义:

```
〈? xml version = "1.0" encoding = "GBK"?〉
〈root〉
〈head〉
  〈code〉1〈/code〉                          〈! --0:写入失败,1:写入成功--〉
  〈message〉数据保存成功〈/message〉          〈! --如果失败,表示失败描述--〉
〈/head〉
〈/root〉
```

B.8 机动车安全技术检验图片上传接口

B.8.1 输出过程

机动车安全技术检验机构通过调用行政管理部门提供的 WebService,上传保存的机动车资料和机动车安全技术检验的图片信息。

B.8.2 接口定义

Public String writeObjectOut (String xtlb,String jkxlh,String jkid,String WriteXmlDoc)。

B.8.3 接口参数说明

xtlb:系统类别,“01”;

jkxlh:接口序列号,由行政管理部门信息系统授权生成下发;

jkid:接口标识,为“01C83”;

WriteXmlDoc:封装写入数据的 XML 格式文档。

WriteXmlDoc 的文档格式要求如下:

〈? xml version = "1.0" encoding = "GBK"?〉
〈root〉
〈vehPhoto〉
　　……
　　〈jclsh〉-〈/jclsh〉
　　……
　　〈! -附表 A.4 的 1 到 9 项内容,其中照片是对二进制数据流经 Base64 编码后的字符串--〉
〈/vehPhoto〉
〈/root〉

结果返回类 XML 文档定义:

〈? xml version = "1.0" encoding = "GBK"?〉
〈root〉
〈head〉
　〈code〉1〈/code〉　　〈! --0:写入失败,1:写入成功--〉
　〈message〉数据保存成功〈/message〉　　〈! --如果失败,表示失败描述--〉
〈/head〉
〈/root〉

附　录　C
（资料性附录）
机动车安全技术检验业务信息系统统计报表

C.1　车辆类型分类合格率汇总表

机动车车辆类型分类合格率统计表样式见表 C.1。

表 C.1　车辆类型分类合格率汇总表

机动车安全技术检验机构名称：　　　　　　　　　　　　　　　　统计范围：　年　月　日—　年　月　日

序号	车辆类型	总　检					一次合格		复检合格	
		车辆数	合格数	合格率	不合格数	不合格率	车辆数	合格率	车辆数	合格率
合　计										

C.2　检验类别分类合格率汇总表

机动车安全技术检验类别分类合格率统计表样式见表 C.2。

表 C.2　检验类别分类合格率汇总表

机动车安全技术检验机构名称：　　　　　　　　　　　　　　　　统计范围：　年　月　日—　年　月　日

序号	检验类别	总　检					一次合格		复检合格	
		车辆数	合格数	合格率	不合格数	不合格率	车辆数	合格率	车辆数	合格率
合　计										

C.3　区县分类合格率汇总表

机动车区县分类合格率统计表样式见表 C.3。

表 C.3　区县分类合格率汇总表

机动车安全技术检验机构名称：　　　　　　　　　　　　　　　　统计范围：　年　月　日—　年　月　日

序号	区县名称	总　检					一次合格		复检合格	
		车辆数	合格数	合格率	不合格数	不合格率	车辆数	合格率	车辆数	合格率
合　计										

C.4 检验项目分类合格率汇总表

机动车安全技术检验项目分类合格率统计表样式见表 C.4。

表 C.4 检验项目分类合格率汇总表

机动车安全技术检验机构名称：　　　　　　　　　　统计范围：　年　月　日—　年　月　日

序号	检验项目	总　检					一次合格		复检合格	
		车辆数	合格数	合格率	不合格数	不合格率	车辆数	合格率	车辆数	合格率
合　计										

C.5 客车和危货车辆检验情况月报表

客车和危货车辆检验情况统计月报表式样见表 C.5。

表 C.5 客车和危货车辆检验情况月报表

机动车安全技术检验机构名称：　　　　　　　　　　统计范围：　年　月　日—　年　月　日

车辆类别	检验车辆数量(辆)	复检一次合格数	复检率最高外检项目	复检率(%)
客车(座椅)				
客车(卧铺)				
危货(易燃易爆)				
危货(非易燃易爆)				
校车				
合计				

C.6 各检测线车辆数分布统计表

检测线车辆数分布统计报表式样见表 C.6。

表 C.6 检测线车辆数分布统计表

机动车安全技术检验机构名称：　　　　　　　　　　统计范围：　年　月　日—　年　月　日

线号	初检(辆)	合格(辆)	合格率	一次复检(辆)	合格率	二次复检(辆)	合格率	三次以上复检(辆)	合格率

附 录 D
（规范性附录）
机动车安全技术检验业务信息系统关联数据接口

D.1 机动车注册信息关联接口

D.1.1 输入过程

机动车安全技术检验机构通过调用行政管理部门提供的 WebService 接口，从行政管理部门获取机动车注册信息。

D.1.2 接口数据格式

行政管理部门提供的机动车注册信息见表 D.1。

表 D.1 机动车注册信息表

序号	名 称	类型	长度	是否可空	说 明
1	机动车序号	字符	14	不可空	按 GA 24.7
2	号牌种类	字符	2	不可空	
3	号牌号码	字符	15	不可空	
4	车辆识别代号	字符	25	不可空	即 VIN 号或车架号
5	发动机/电动机码	字符	30	可空	按 GA 24.8
6	车身颜色	字符	5	不可空	
7	使用性质	字符	1	不可空	按 GA 24.3
8	初次登记日期	日期	8	可空	按“YYYYMMDD”格式填写
9	车辆型号	字符	32	不可空	按 GA 24.9
10	燃料种类	字符	3	可空	
11	功率	数值	5	可空	单位为千瓦(kW)
12	轴数	数值	1	不可空	
13	轴距	数值	5	不可空	单位为毫米(mm)
14	前轮距	数值	4	可空	单位为毫米(mm)
15	后轮距	数值	4	可空	单位为毫米(mm)
16	总质量	数值	8	可空	单位为千克(kg)
17	整备质量	数值	8	可空	单位为千克(kg)
18	出厂日期	日期	8	可空	按“YYYYMMDD”格式填写
19	强制报废期止	日期	8	可空	按“YYYYMMDD”格式填写

D.1.3 接口定义

Public String queryObjectOut(String xtlb,String jkxlh,String jkid,String QueryXmlDoc)。

D.1.4 接口参数说明

xtlb:系统类别,“01”;

jkxlh:接口序列号,由行政管理部门信息系统授权生成下发;

jkid:接口标识。为“01C01”;

QueryXmlDoc:封装查询条件的 XML 格式文档。

QueryXmlDoc 的文档格式要求如下:

```
〈? xml version = "1.0" encoding = "GBK"?〉
〈root〉
〈QueryConditon〉
    〈hpzl〉-〈/hpzl〉〈! —号牌种类--〉
    〈hphm〉-〈/hphm〉〈! —号牌号码,包含汉字,发证机关身份头,如“京”、“津”等--〉
    〈clsbdh〉-〈/clsbdh 〉〈! —车辆识别代号--〉
    〈fdjh〉-〈/fdjh〉〈! —发动机号--〉
〈/QueryConditon〉
〈/root〉
```

查询返回结果 ResultXML 文档格式如下:

```
〈? xml version = "1.0" encoding = "GBK"?〉
〈root〉
〈head〉
〈code〉1〈/code〉〈! --0:未查询到结果,1:已查询到结果--〉
〈message〉数据下载成功〈/message〉〈! --如果失败,表示失败描述--〉
〈rownum〉1〈/rownum〉
〈/head〉
〈body〉
〈veh id = "0"〉
        〈xh〉51010000000002〈/xh〉
        ......
        〈! --如果查询成功,则输出附表 D.1 的 1 到 19 项内容--〉
〈/veh〉
〈/body〉
〈/root〉
```

D.2 机动车交通违法信息查询接口

D.2.1 输入过程

机动车安全技术检验机构通过调用行政管理部门提供的 WebService 接口,从行政管理部门查询机动车有无尚未处理完毕道路交通安全违法行为。

D.2.2 接口定义

Public String queryObjectOut(String xtlb,String jkxlh,String jkid,String QueryXmlDoc)。

D.2.3 接口参数说明

xtlb:系统类别,“04”;
jkxlh:接口序列号,由行政管理部门信息系统授权生成下发;
jkid:接口标识,为“04C01”;
QueryXmlDoc:封装查询条件的 XML 格式文档。
QueryXmlDoc 的文档格式要求如下:

〈? xml version = "1.0" encoding = "GBK"?〉
〈root〉
〈QueryConditon〉
　　〈hpzl〉-〈/hpzl〉〈! —号牌种类--〉
　　〈hphm〉-〈/hphm〉〈! —号牌号码,包含汉字,发证机关身份头,如“京”、“津”等--〉
〈/QueryConditon〉
〈/root〉

查询结果 ResultXML 文档格式

〈? xml version = "1.0" encoding = "GBK"?〉
〈root〉
〈head〉
〈code〉1〈/code〉〈! --0:未查询到结果,1:已查询到结果--〉
〈message〉数据查询成功〈/message〉〈! --如果失败,表示失败描述--〉
〈rownum〉1〈/rownum〉
〈/head〉
〈body〉
〈vio id = "0"〉
　　〈wfbj〉0〈/wfbj〉〈! --1-有未处理完毕道路交通安全违法行为,0-没有--〉
〈/vio〉
〈/body〉
〈/root〉

D.3 缺陷机动车信息查询接口

D.3.1 输入过程

机动车安全技术检验机构通过调用行政管理部门提供的 WebService 接口,从行政管理部门查询机动车是否属于缺陷召回机动车。

D.3.2 接口定义

Public String queryObjectOut(String xtlb,String jkxlh,String jkid,String QueryXmlDoc)。

D.3.3 接口参数说明

xtlb:系统类别,“01”;
jkxlh:接口序列号,由行政管理部门信息系统授权生成下发;
jkid:接口标识,为“01C84”;

QueryXmlDoc:封装查询条件的 XML 格式文档。

QueryXmlDoc 的文档格式要求如下：

```
<? xml version = "1.0" encoding = "GBK"?>
<root>
<QueryConditon>
    <zzcmc>-</zzcmc><! —制造厂名称-->
    <clpp>-</clpp><! —车辆中文品牌-->
    <clxh>-</clxh><! —车辆型号-->
    <clzzrq>-</clzzrq><! —车辆制造日期-->
</QueryConditon>
</root>
```

查询结果 ResultXML 文档格式：

```
<? xml version = "1.0" encoding = "GBK"?>
<root>
<head>
<code>1</code><! --0:未查询到结果,1:已查询到结果-->
<message>数据查询成功</message><! --如果失败,表示失败描述-->
<rownum>1</rownum>
</head>
<body>
<veh id = "0">
    <zhcl>1</zhcl><! --0:不属于召回车辆,1:属于召回车辆-->
<zhyy> </zhyy><! --如果属于召回车辆,表示召回原因-->
</veh>
</body>
</root>
```

附 录 E
（规范性附录）
机动车外观远程查验拍照要求

E.1 各车型外观远程查验拍照要求

表 E.1 机动车外观远程查验拍照要求

序号	车辆类型	拍摄照片	要求
1	所有车辆	车左前斜视 45°拍照	能清晰显示车辆的前外观、车辆号牌和轮胎；对三轮汽车以外的车辆同时拍摄三角警告牌；对货车和挂车应能清晰辨别车身反光标识；除半挂牵引车外的总质量大于 3 500 kg 的载货汽车和挂车，能清晰辨别侧面防护装置；对危险化学品运输车、专用校车、燃气汽车能清晰辨别外部标识、文字；对警车、消防车、救护车和工程救险车，能清晰辨别车辆外观制式、标志灯具和车用电子警报器
		车右后斜视 45°拍照	能清晰显示车辆的后外观、车辆号牌、轮胎；对货车和挂车应能清晰辨别车身反光标识；除半挂牵引车外的总质量大于 3 500 kg 的载货汽车和挂车，能清晰辨别侧面及后下部防护装置；对危险化学品运输车、专用校车、燃气汽车能清晰辨别外部标识、文字；对警车、消防车、救护车和工程救险车，能清晰辨别车辆外观制式、标志灯具和车用电子警报器
		车辆识别代号拍照	能清晰显示车辆识别代号，对于无法清晰拍摄的机动车，允许拍摄车辆识别代号的拓印膜
2	微、小型载客汽车	侧面拍照	能清晰显示侧窗完整性和车内安全带
3	中型载客汽车	车内最前方向后拍照	能清晰显示车内座位数；对于公路客运载客汽车和旅游客运载客汽车能辨别汽车安全带
		灭火器拍照	能清晰显示灭火器的安装情况及器身表明的有效期限
4	大型载客汽车	车内最前方向后拍照	能清晰显示车厢内座位数和汽车安全带；车长大于 6 000 mm 的，应能清晰显示车辆的安全出口；车长大于 7 000 mm 的，应清晰显示车顶安全出口
		灭火器拍照	能清晰显示灭火器的安装情况及器身表明的有效期限
		安全手锤拍照	能清晰显示安全手锤及安装情况
		行驶记录仪拍照	对 2005 年 2 月 1 日起注册登记且车长大于 9 000 mm 的公路客运载客汽车和旅游客运载客汽车进行拍照，能清晰显示行驶记录装置及安装情况
5	载货汽车（包括半挂牵引车）	侧面拍照	对最大设计车速大于 100 km/h 的车辆进行拍照，能清晰辨别车内安全带
6	危险化学品运输车	灭火器拍照	能清晰显示灭火器的安装情况及器身表明的有效期限
		行驶记录仪拍照	对 2006 年 11 月 1 日起出厂的道路运输爆炸品和剧毒化学品车辆进行拍照，能清晰显示行驶仪装置及安装情况

参 考 文 献

[1] GB/T 2260 中华人民共和国行政区划代码
[2] GB 9245 信息技术设备的无线电骚扰限值和测量方法
[3] GB 9361 计算站场地安全要求
[4] GA 648 交通技术监控信息数据规范

ICS 43.040.50
T 23

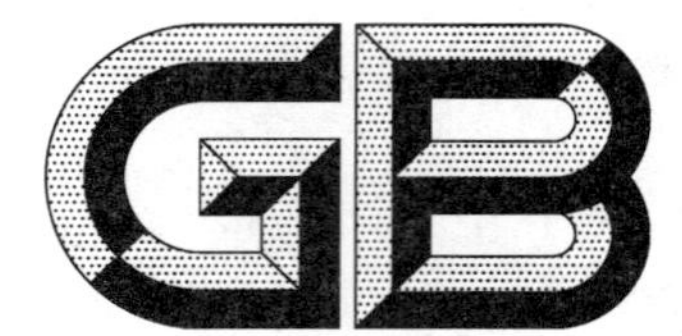

中华人民共和国国家标准

GB/T 6323—2014
代替 GB/T 6323.1～6323.6—1994

汽车操纵稳定性试验方法

Controllability and stability test procedure for automobile

2014-02-19 发布

2014-06-01 实施

中华人民共和国国家质量监督检验检疫总局
中国国家标准化管理委员会
发布

前言

本标准按照 GB/T 1.1—2009 和 GB/T 20000.2—2009 给出的规则起草。

本标准替代 GB/T 6323.1—1994《汽车操纵稳定性试验方法　蛇行试验》，GB/T 6323.2—1994《汽车操纵稳定性试验方法　转向瞬态响应试验（转向盘转角阶跃输入）》，GB/T 6323.3—1994《汽车操纵稳定性试验方法　转向瞬态响应试验（转向盘转角脉冲输入）》，GB/T 6323.4—1994《汽车操纵稳定性试验方法　转向回正性能试验》，GB/T 6323.5—1994《汽车操纵稳定性试验方法　转向轻便性试验》，GB/T 6323.6—1994《汽车操纵稳定性试验方法　稳态回转试验》。

本标准是对 GB/T 6323.1～6323.6—1994 的修订，与 GB/T 6323.1～6323.6—1994 相比主要变化如下：

——将 GB/T 6323.1～6323.6—1994 整合成一个标准。

——根据 GB/T 3730.1—2001，将机动车辆类别由原来的轿车、客车、货车、越野车等，定义为 M、N、G 类车辆。

——将原标准规定的试验方法及新增试验方法中的主体内容、适应范围、引用标准、仪器设备、试验条件等进行统一说明，并对测量仪器及记录系统的最大误差进行了统一规定。

——对曲线图坐标都改用文字说明并对单位进行了统一。

——增加了名词术语。

——增加了转向盘中心区操纵稳定性试验方法。增加的试验方法采用 ISO 13674-1 Road vehicles—Test method for the quantification of on-centre handling—Part 1：Weave test，但内容按统一格式进行了编排，增加了曲线图及数据表。

——增加了对标分析试验用数据表——附录 B 和附录 C。

本标准的附录 A 为规范性附录，附录 B、附录 C、附录 D 为资料性附录。

本标准由中华人民共和国工业和信息化部提出。

本标准由全国汽车标准化技术委员会（SAC/TC 114）归口。

本标准负责起草单位：中国第一汽车集团公司技术中心、吉林大学汽车动态模拟国家重点实验室。

本标准主要起草人：郭孔辉、黄朝胜、吴振昕、管欣、刘明辉、凌启胜、应国增、王文彬。

本标准所代替标准的历次版本发布情况为：

——GB/T 6323.1～6323.6—1986、GB/T 6323.1～6323.6—1994。

汽车操纵稳定性试验方法

1 范围

本标准规定了汽车操纵稳定性蛇行试验方法、转向瞬态响应试验方法(转向盘转角阶跃输入、转向盘转角脉冲输入)、转向回正性能试验方法、转向轻便性试验方法、稳态回转试验方法、转向盘中心区操纵稳定性试验方法。

汽车操纵稳定性蛇行试验方法、转向瞬态响应试验方法(转向盘转角阶跃输入、转向盘转角脉冲输入)、转向回正性能试验方法、转向轻便性试验方法适用于 M 类、N 类、G 类车辆,稳态回转试验方法适用于二轴的 M 类、N 类、G 类车辆,转向盘中心区操纵稳定性试验方法适用于 M_1、N_1 类车辆,其他类型汽车可参照执行。

2 规范性引用文件

下列文件对于本文件的应用是必不可少的。凡是注日期的引用文件,仅注日期的版本适用于本文件。凡是不注日期的引用文件,其最新版本(包括所有的修改单)适用于本文件。

GB/T 3730.1 汽车和挂车类型的术语和定义

GB/T 3730.2 道路车辆 质量 词汇和代码

GB/T 12534—1990 汽车道路试验方法通则

GB/T 12549 汽车操纵稳定性术语及其定义

GB/T 15089 机动车辆及挂车分类

3 仪器设备

3.1 试验所需仪器如下:

a) 车速仪;

b) 转向盘力矩、转向盘转角测量仪;

c) 汽车操纵稳定性测试仪;

d) 秒表;

e) 多通道数据采集系统。

3.2 试验仪器设备应符合 GB/T 12534—1990 中 3.5 的规定。

3.3 各测量用仪器的测量范围及最大误差满足表 1 的要求。

表 1 测量仪器测量范围及最大误差

测量变量	测量范围	测量仪器及记录系统的最大误差
转向盘转角	±1 080°	±0.1°(转向盘转角±50°内) ±2°(转向盘转角±180°内) ±4°(转向盘转角±360°内) ±10°(转向盘转角绝对值±1 080°内)

表 1（续）

测量变量	测量范围	测量仪器及记录系统的最大误差
横摆角速度	±50°/s	±0.1°/s（横摆角速度的绝对值±10°/s 内） ±0.5°/s（横摆角速度±50°/s 内）
车身侧倾角	±15°	±0.15°
侧向加速度	±9.8 m/s²	±0.15 m/s²
汽车前进速度	0 m/s～50 m/s	±0.5 m/s
质心侧偏角	±15°	±0.5°
转向盘力矩	±150 N·m	±0.1 N·m（转向盘力矩±10 N·m 内） ±1 N·m（转向盘力矩±50 N·m 内） ±3 N·m（转向盘力矩±150 N·m 内）
转向盘直径	1 m	±1 mm
转向盘角速度	±360°/s	±1°/s(转向盘角速度±100°/s 内) ±2°/s（转向盘角速度±360°/s 内）

3.4 包括传感器及记录系统在内的整个测量系统的频带宽度不小于 3 Hz。

3.5 各种传感器按各自使用说明书进行安装，其中车速仪应安装于汽车纵向对称面上，汽车操纵稳定性测试仪应尽量接近整车质心位置。

4 试验条件

4.1 试验汽车

4.1.1 试验前，测定车轮定位参数。对转向系、悬架系进行检查、调整和紧固，按规定进行润滑。只有认定试验汽车已符合厂方规定的技术条件，方可进行试验。测定及检查的有关参数的数值，记入附录A、附录 B 中。

4.1.2 采用新轮胎试验，试验前至少应经过 200 km 正常行驶的磨合；若用旧轮胎，试验终了时残留轮胎胎冠花纹深度不小于 1.6 mm。轮胎气压应符合汽车出厂技术要求。

4.1.3 试验前，以试验车速直线行驶 10 km，或者沿半径 15 m 的圆周、以侧向加速度达 3 m/s^2 的相应车速行驶 500 m(左转与右转各进行一次)，使轮胎升温。

4.1.4 蛇形试验汽车载荷状态为汽车最大设计总质量，转向瞬态响应试验（转向盘转角阶跃输入、转向盘转角脉冲输入）、转向回正性能试验、转向轻便性试验、稳态回转试验及转向盘中心区操纵稳定性试验汽车载荷状态为最大设计总质量和轻载两种状态。轻载状态是指汽车整备质量状态除驾驶员、试验员及仪器外，没有其他加载物的状态。对于承载能力小的汽车，如果轻载质量已超过最大总质量的 70%，则不必进行轻载状态的试验。N 类车辆的装载物(推荐用砂袋)均匀分布于货箱内；M 类车辆的装载物(或假人)分布于座椅和地板上，其比例应符合汽车出厂技术要求。轴载质量必须符合厂方规定。

4.2 试验场地与环境

4.2.1 试验场地应为干燥、平坦而清洁的，用水泥混凝土或沥青铺装的路面，任意方向的坡度不应大于

2%。对于转向盘中心区操纵稳定性试验，坡度应不大于1%。

4.2.2 风速应不大于5 m/s。

4.2.3 大气温度在0 ℃～40 ℃范围内。

4.2.4 试验场地及环境的数据记入附录A或附录C中。

5 蛇行试验

5.1 测试仪器

a) 转向盘力矩、转向盘转角测量仪；
b) 汽车操纵稳定性测试仪；
c) 秒表；
d) 多通道数据采集系统。

5.2 测量参数

a) 转向盘转角；
b) 横摆角速度；
c) 车身侧倾角；
d) 通过有效标桩区时间；
e) 侧向加速度。

5.3 试验方法

5.3.1 在试验场地上按图1及表2的规定，布置标桩10根。

5.3.2 接通仪器电源，使之预热到正常工作温度。

5.3.3 试验驾驶员应具有较丰富的驾驶经验。在正式试验前，按图1所示路线，练习五个往返。

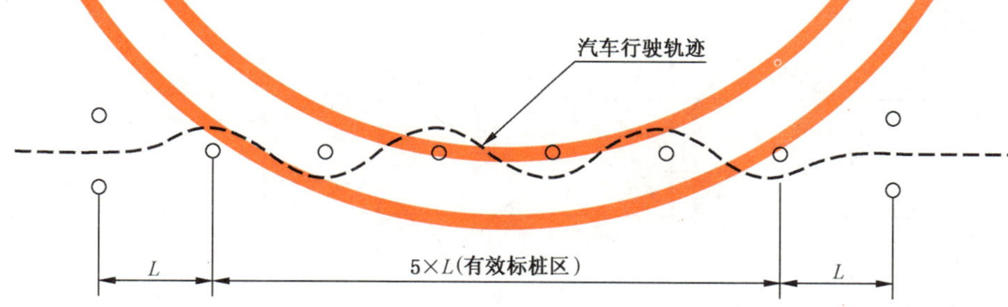

图1 标桩布置

5.3.4 首次试验时，试验车速为表2所规定的基准车速二分之一并四舍五入为10的整数倍，以该车速稳定直线行驶，在进入试验区段之前，记录各测量变量的零线，然后按图1所示路线蛇行通过试验路段，同时记录各测量变量的时间历程曲线及通过有效标桩区的时间。

5.3.5 逐步提高试验车速（车速间隔自行选择），重复5.3.4的过程，共进行10次（撞倒标桩的次数不计在内）。最高车速不超过80 km/h。

表 2 标桩间距及基准车速

汽车类型	标桩间距 L m	基准车速 km/h
M_1 类、N_1 类和 M_1G、N_1G 类车辆	30	65
M_2 类、N_2 类和 M_2G、N_2G 类车辆		50
M_3 类及最大总质量小于或等于 15 t 的 N_3 类和 M_3G、N_3G 类车辆	50	60
M_3 类(铰接客车)及最大总质量大于 15 t 的 N_3 类和 M_3G、N_3G 类车辆		50

5.4 蛇行试验数据处理

5.4.1 试验车速

第 i 次试验的蛇行车速按式(1)确定：

$$v_i = 18 \cdot L/t_i \quad \cdots\cdots(1)$$

式中：

v_i——第 i 次试验的蛇行车速，km/h；

L——标桩间距，m；

t_i——第 i 次试验通过有效标桩区时间，s。

5.4.2 平均转向盘转角

第 i 次试验平均转向盘转角按式(2)确定：

$$\bar{\delta}_{swi} = \frac{1}{4}\sum_{j=1}^{4}|\delta_{swij}| \quad \cdots\cdots(2)$$

式中：

$\bar{\delta}_{swi}$——第 i 次试验平均转向盘转角，(°)；

δ_{swij}——在有效标桩区内，转向盘角时间历程曲线峰值(见图 2)，(°)。

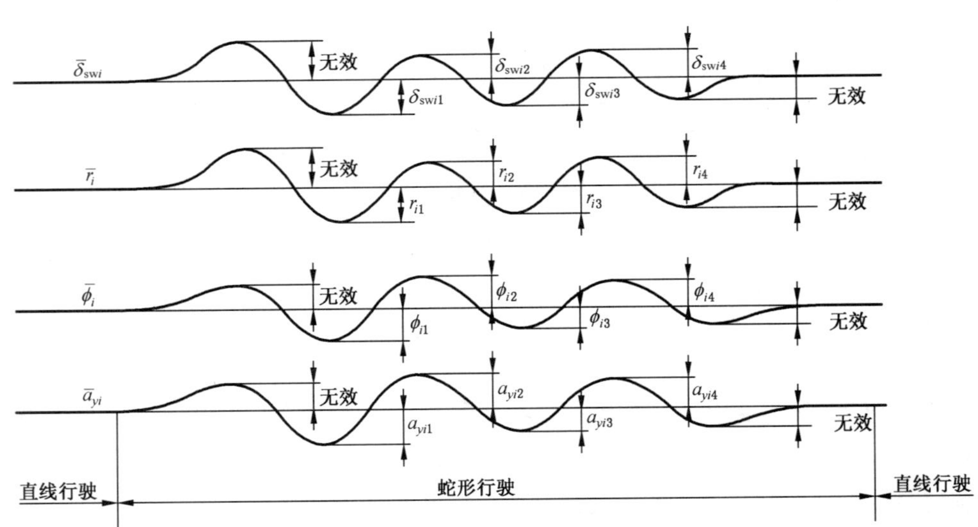

图 2 试验数据处理

5.4.3 平均横摆角速度

第 i 次试验平均横摆角速度按式(3)确定：

$$\bar{r}_i = \frac{1}{4}\sum_{j=1}^{4}|r_{ij}| \qquad (3)$$

式中：

$\bar{r}_i$ ——第 i 次试验平均横摆角速度，(°)/s；

r_{ij} ——在有效标桩区内，横摆角速度时间历程曲线峰值(见图 2)，(°)/s。

5.4.4 平均车身侧倾角

第 i 次试验平均车身侧倾角按式(4)确定：

$$\bar{\phi}_i = \frac{1}{4}\sum_{j=1}^{4}|\phi_{ij}| \qquad (4)$$

式中：

$\bar{\phi}_i$ ——第 i 次试验平均车身侧倾角，(°)；

ϕ_{ij} ——在有效标桩区内，车身侧倾角时间历程曲线峰值(见图 2)，(°)。

5.4.5 平均侧向加速度

5.4.5.1 按下述二种方法之一确定侧向加速度真实值：

a) 侧向加速度测量，其输出轴应与 Y 轴对正或平行，如加速度传感器随车身一起侧倾时应按式(5)加以修正：

$$a_y = \frac{a'_y - g \cdot \sin\phi}{\cos\phi} \qquad (5)$$

式中：

a_y ——真实的侧向加速度值，m/s^2；

a'_y ——加速度传感器指示的侧向加速度值，m/s^2；

g ——重力加速度，9.81 m/s^2；

ϕ ——车身侧倾角，(°)。

b) 瞬时横摆角速度(单位，rad/s)乘以汽车前进瞬时速度(单位，m/s)。

5.4.5.2 按式(6)确定第 i 次试验平均侧向加速度：

$$\bar{a}_{yi} = \frac{1}{4}\sum_{j=1}^{4}|a_{yij}| \qquad (6)$$

式中：

$\bar{a}_{yi}$ ——第 i 次试验平均侧向加速度，m/s^2；

a_{yij} ——在有效标桩区内，侧向加速度真实值时间历程曲线峰值(见图 2)，m/s^2。

5.5 蛇行试验结果表达

5.5.1 将有效标桩区内各测量变量时间历程曲线峰值数据及驾驶员主观评价填入表 3。

5.5.2 以图 3 的形式，拟合画出平均横摆角速度与车速的关系图。

5.5.3 以图 4 的形式，拟合画出平均转向盘转角与车速的关系图。

5.5.4 以图 5 的形式，拟合画出平均车身侧倾角与车速的关系图。

5.5.5 以图 6 的形式，拟合画出平均侧向加速度与车速的关系图。

5.5.6 将图 3、图 4、图 5、图 6 中基准车速下的平均横摆角速度、平均转向盘转角、平均车身侧倾角及平均侧向加速度的数值填入表 4 中。

注：图 6 为建议获取的关系图。

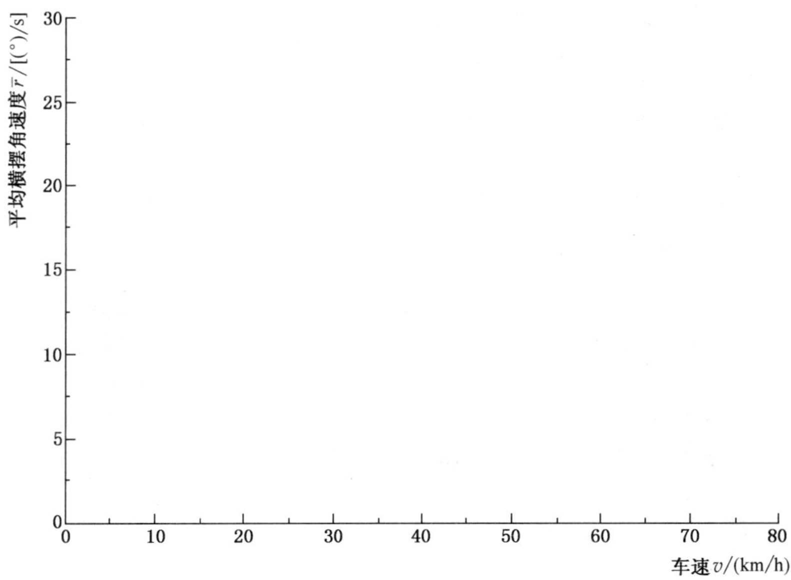

图 3　平均横摆角速度与车速

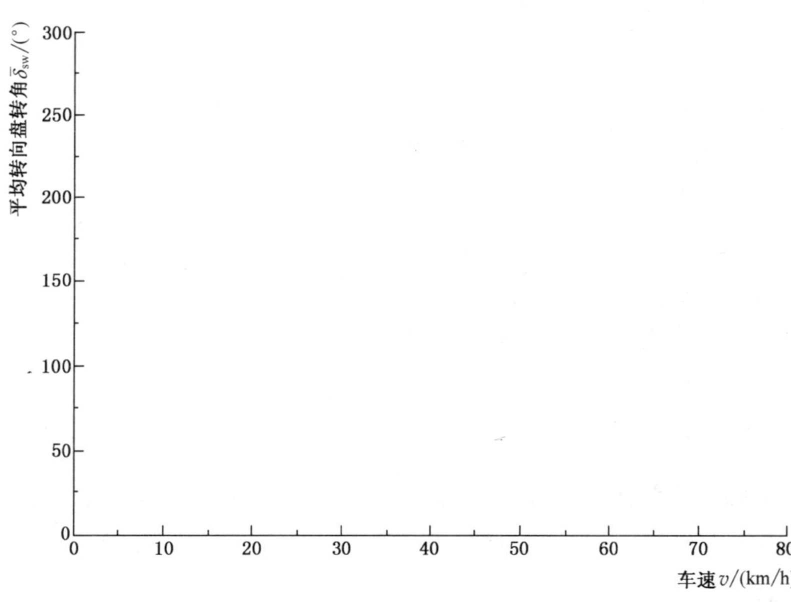

图 4　平均转向盘转角与车速

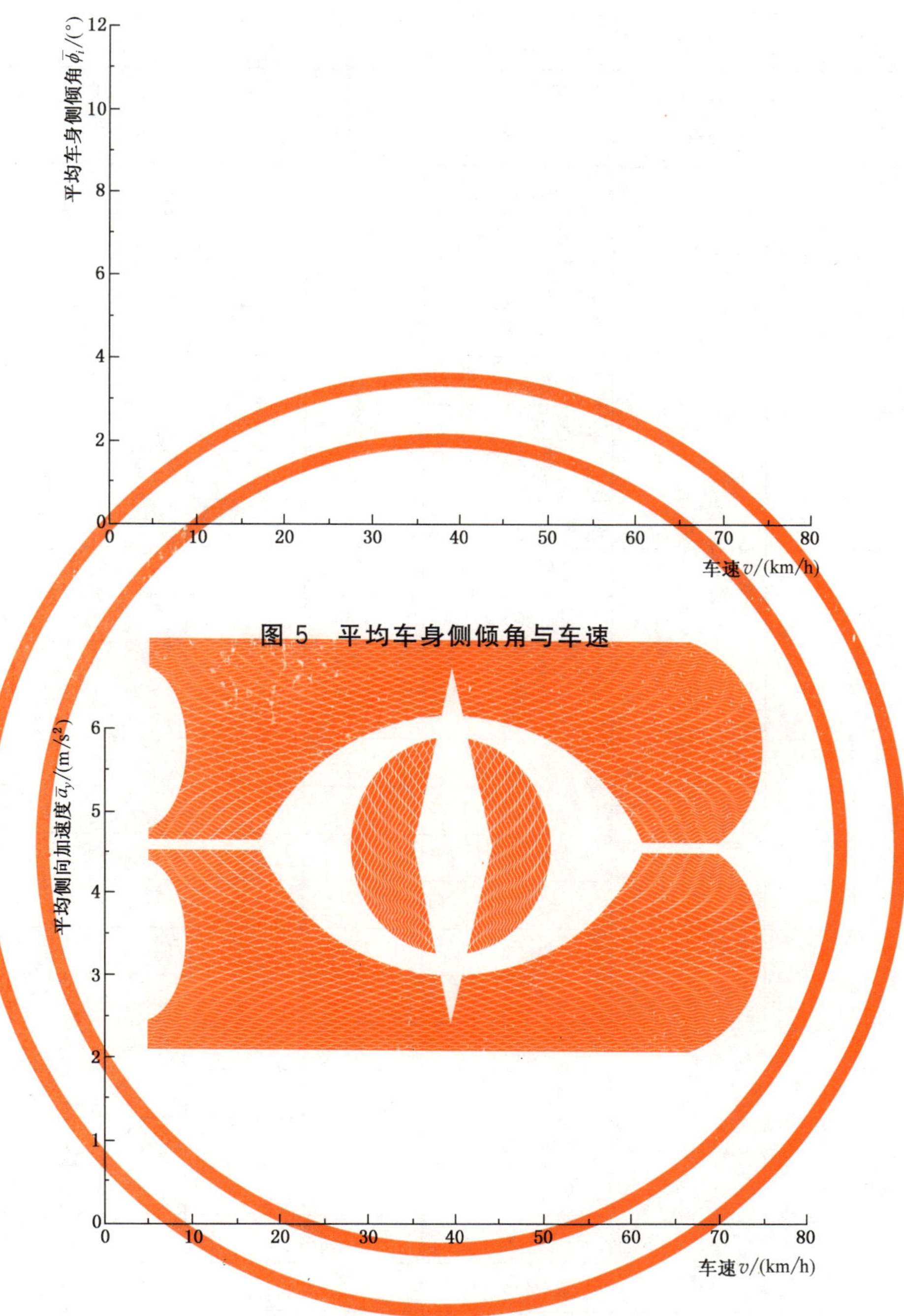

图 5 平均车身侧倾角与车速

图 6 平均侧向加速度与车速

表 3 试验数据

试验次数	通过时间 s	蛇行车速 km/h	参数	试验数据				
				1	2	3	4	平均
1			δ_{swi}/(°)					
			r_i/[(°)/s]					
			ϕ_i/(°)					
			a_{yi}/(m/s²)					

表 3（续）

试验次数	通过时间 s	蛇行车速 km/h	参数	试验数据				
				1	2	3	4	平均
2			δ_{swi}/(°)					
			r_i/[(°)/s]					
			ϕ_i/(°)					
			a_{yi}/(m/s^2)					
3			δ_{swi}/(°)					
			r_i/[(°)/s]					
			ϕ_i/(°)					
			a_{yi}/(m/s^2)					
4			δ_{swi}/(°)					
			r_i/[(°)/s]					
			ϕ_i/(°)					
			a_{yi}/(m/s^2)					
5			δ_{swi}/(°)					
			r_i/[(°)/s]					
			ϕ_i/(°)					
			a_{yi}/(m/s^2)					
6			δ_{swi}/(°)					
			r_i/[(°)/s]					
			ϕ_i/(°)					
			a_{yi}/(m/s^2)					
7			δ_{swi}/(°)					
			r_i/[(°)/s]					
			ϕ_i/(°)					
			a_{yi}/(m/s^2)					
8			δ_{swi}/(°)					
			r_i/[(°)/s]					
			ϕ_i/(°)					
			a_{yi}/(m/s^2)					
9			δ_{swi}/(°)					
			r_i/[(°)/s]					
			ϕ_i/(°)					
			a_{yi}/(m/s^2)					

表 3(续)

<table>
<tr><td rowspan="2">试验
次数</td><td rowspan="2">通过时间
s</td><td rowspan="2">蛇行车速
km/h</td><td rowspan="2">参数</td><td colspan="5">试验数据</td></tr>
<tr><td>1</td><td>2</td><td>3</td><td>4</td><td>平均</td></tr>
<tr><td rowspan="4">10</td><td rowspan="4"></td><td rowspan="4"></td><td>δ_{swi}/(°)</td><td></td><td></td><td></td><td></td><td></td></tr>
<tr><td>r_i/[(°)/s]</td><td></td><td></td><td></td><td></td><td></td></tr>
<tr><td>ϕ_i/(°)</td><td></td><td></td><td></td><td></td><td></td></tr>
<tr><td>a_{yi}/(m/s^2)</td><td></td><td></td><td></td><td></td><td></td></tr>
<tr><td colspan="4">驾驶员主观评价</td><td colspan="5"></td></tr>
</table>

表 4 试验数据处理结果

参数	数值
标桩间距离 L/m	
基准车速 v/(km/h)	
平均转向盘转角 $\overline{\delta}_{sw}$/(°)	
平均横摆角速度 $\overline{r}$/[(°)/s]	
平均车身侧倾角 $\overline{\phi}$/(°)	
平均侧向加速度 $\overline{a}_y$/(m/s^2)	

6 转向瞬态响应试验(转向盘转角阶跃输入)

6.1 测试仪器

a) 车速仪;
b) 转向盘力矩、转向盘转角测量仪;
c) 汽车操纵稳定性测试仪;
d) 多通道数据采集系统。

6.2 测量参数

a) 汽车前进速度;
b) 转向盘转角;
c) 横摆角速度;
d) 车身侧倾角;
e) 侧向加速度;
f) 汽车侧偏角。

6.3 试验方法

6.3.1 试验车速按被试汽车最高车速的70%并四舍五入为10的整数倍确定,但最高试验车速不宜超过120 km/h。

6.3.2 试验前,以试验车速行驶10 km,使轮胎升温。

6.3.3 接通仪器电源,使之达到正常工作温度。在停车状态进行信号零位标定。

6.3.4 按稳态侧向加速度值为1.0 m/s^2、1.5 m/s^2、2.0 m/s^2、2.5 m/s^2 和3.0 m/s^2,预选转向盘转角的位置(输入角)。

6.3.5 汽车以试验车速直线行驶,先按输入方向轻轻靠紧转向盘,消除转向盘自由行程并开始记录各测量变量的零线,经过(0.2～0.5)s,以尽快的速度(起跃时间不大于0.2 s或起跃速度不低于200°/s)转动转向盘,使其达到预先选好的位置并固定数秒钟(直至测量变量过渡到新稳态值),停止记录。记录过程中保持车速不变。

6.3.6 试验按向左转与向右转两个方向进行。可两个方向交替进行,也可连续进行一个方向试验,然后再进行另一个方向试验。

6.4 试验数据处理

6.4.1 各测量变量的稳态值,采用进入稳态后的均值。若汽车前进速度的变化率大于5%或转向盘转角的变化超出平均值的10%,则本次试验无效。

6.4.2 采用5.4.5.1a)或5.4.5.1b)规定的方法,获取侧向加速度时间历程,确定稳态加速度值。

6.4.3 按图7所示确定横摆角速度与侧向加速度的响应时间。

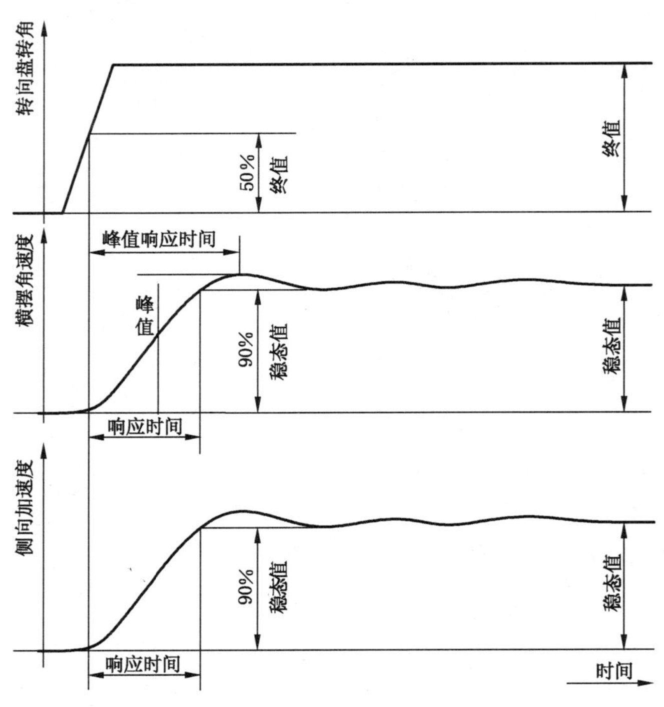

图7 横摆角速度与侧向加速度响应时间

6.4.4 如图7所示确定横摆角速度峰值响应时间。如未出现峰值,应在附录A的备注中加以说明。

6.4.5 横摆角速度超调量按式(7)确定:

$$\sigma = \frac{r_{max} - r_0}{r_0} \times 100\% \qquad \cdots\cdots(7)$$

式中：

σ ——横摆角速度超调量，%；

r_0 ——横摆角速度响应稳态值(见图7)，(°)/s；

r_{max}——横摆角速度响应峰值(见图7)，(°)/s。

6.4.6 横摆角速度总方差按式(8)确定：

$$E_r = \sum_{k=0}^{n}\left(\frac{\delta_{swk}}{\delta_{sw0}} - \frac{r_k}{r_0}\right)^2 \times \Delta t \qquad \cdots\cdots(8)$$

式中：

E_r ——横摆角速度总方差，s；

δ_{swk}——转向盘转角输入的瞬时值，(°)；

r_k ——汽车横摆角速度输出的瞬时值，(°)/s；

δ_{sw0}——转向盘转角输入终值，(°)；

r_0 ——汽车横摆角速度响应稳态值，(°)/s；

n ——采样点数，取至汽车横摆角速度响应达新稳态值为止；

Δt ——采样时间间隔，s；不应大于0.2 s。

6.4.7 侧向加速度总方差按式(9)确定：

$$E_{ay} = \sum_{k=0}^{n}\left(\frac{\delta_{swk}}{\delta_{sw0}} - \frac{a_{yk}}{a_{y0}}\right)^2 \times \Delta t \qquad \cdots\cdots(9)$$

式中：

E_{ay}——侧向加速度总方差，s；

a_{yk}——侧向加速度响应的瞬时值，m/s^2；

a_{y0}——侧向加速度响应的稳态值，m/s^2。

6.4.8 “汽车因素”(TB)，由横摆角速度峰值响应时间乘以稳态汽车侧偏角求得。

6.5 试验结果表达

6.5.1 试验车速下，侧向加速度为2 m/s^{2}时的下列数据记入表5中：

a) 横摆角速度响应时间；

b) 横摆角速度峰值响应时间；

c) 横摆角速度超调量；

d) 侧向加速度响应时间；

e) 横摆角速度总方差；

f) 侧向加速度总方差；

g) “汽车因素”(TB)。

注： a)为基本评价指标；b)、c)、d)、e)、f)、g)为建议获取指标。

表5 试验数据指标

参数	左转	右转	平均
横摆角速度响应时间 t_r/s			
横摆角速度峰值响应时间 t_{rp}/s			
横摆角速度超调量 σ/%			

表 5（续）

参数	左转	右转	平均
侧向加速度响应时间 t_{ay}/s			
横摆角速度总方差 E_r/s			
侧向加速度总方差 E_{ay}/s			
“汽车因素”TB/[(°)·s]			

6.5.2 按以下曲线形式表达不同侧向加速度下的试验数据：

a） 以图 8 的形式，拟合画出横摆角速度响应时间与稳态侧向加速度的关系；

b） 以图 9 的形式，拟合画出侧向加速度稳态响应与转向盘转角的关系；

c） 以图 10 的形式，拟合画出横摆角速度稳态响应与转向盘转角的关系；

d） 以图 11 的形式，拟合画出侧向加速度响应时间与稳态侧向加速度的关系；

e） 以图 12 的形式，拟合画出汽车侧偏角与稳态侧向加速度的关系；

f） 以图 13 的形式，拟合画出“汽车因素”与稳态侧向加速度的关系；

g） 以图 14 的形式，拟合画出横摆角速度总方差与稳态侧向加速度的关系；

h） 以图 15 的形式，拟合画出侧向加速度总方差与稳态侧向加速度的关系。

注： a)为基本关系图；b)、c)、d)、e)、f)、g)、h)为建议获取的关系图。

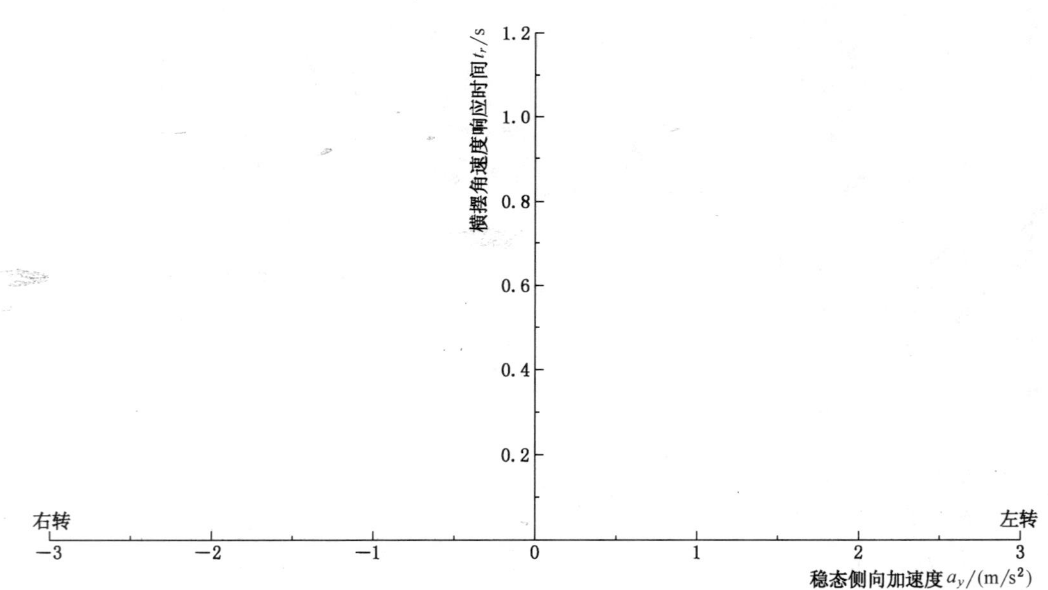

图 8 横摆角速度响应时间与稳态侧向角速度

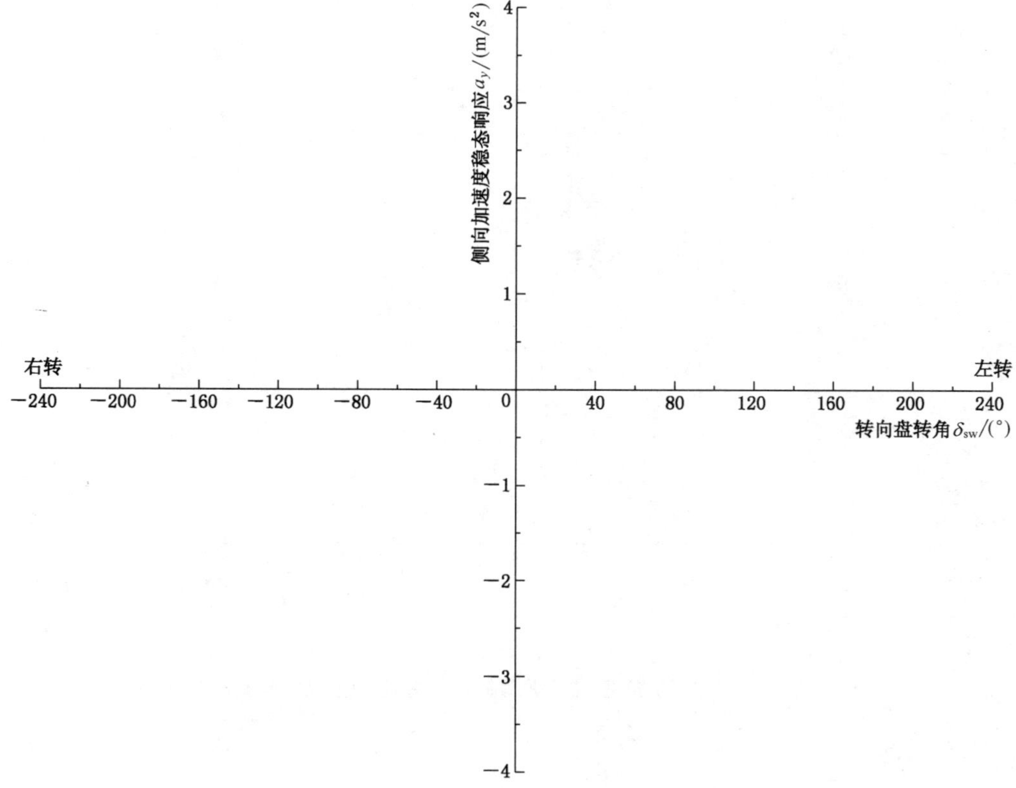

图 9 侧向加速度响应时间与转向盘转角

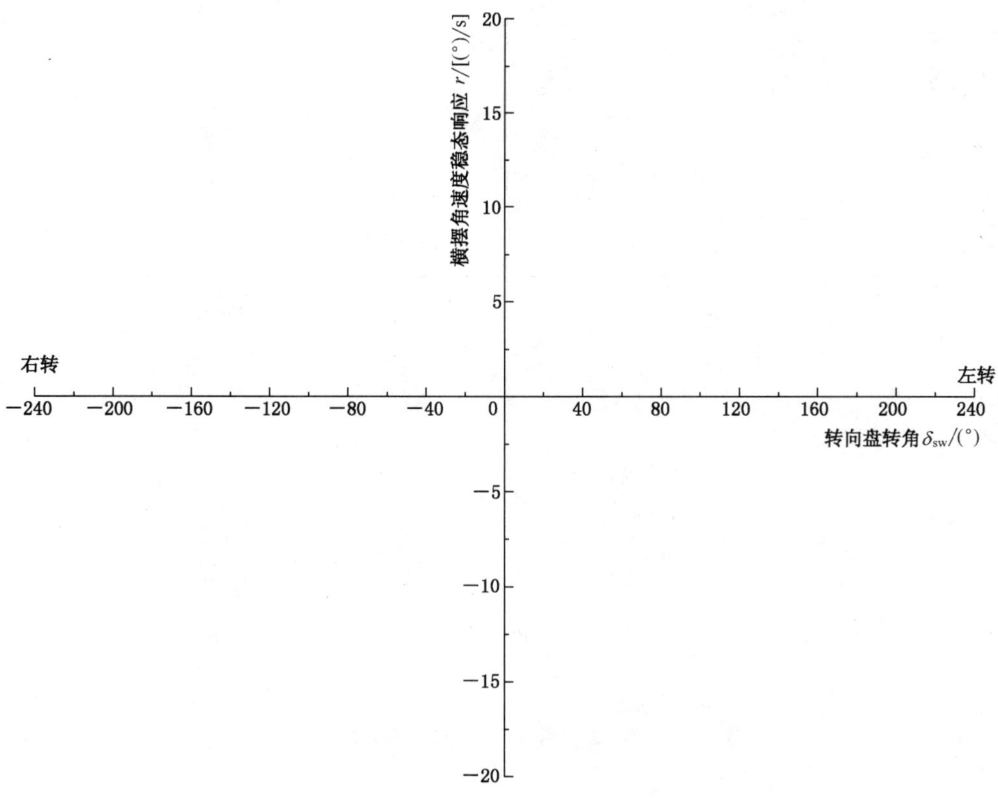

图 10 横摆角速度稳态响应与转向盘转角

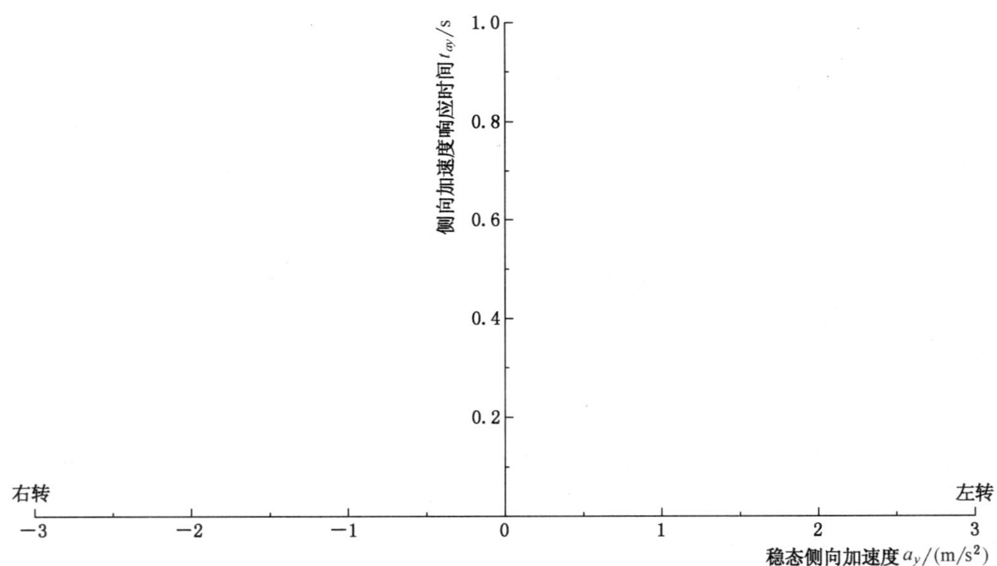

图 11 侧向加速度响应时间与稳态侧向加速度

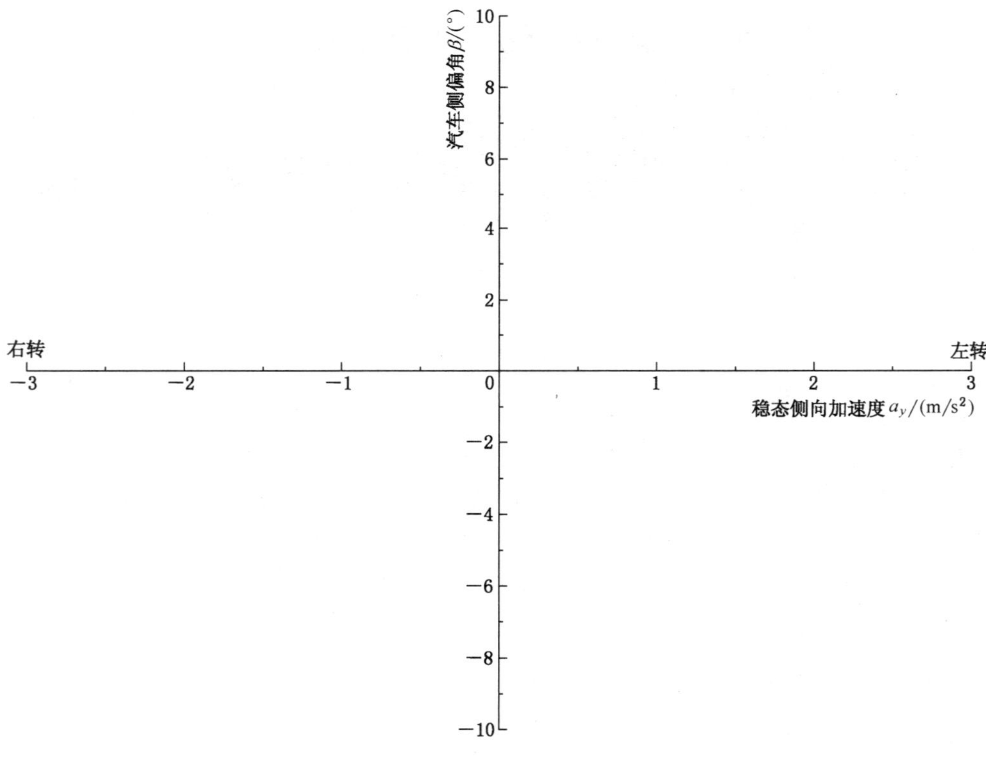

图 12 汽车侧偏角与稳态侧向加速度

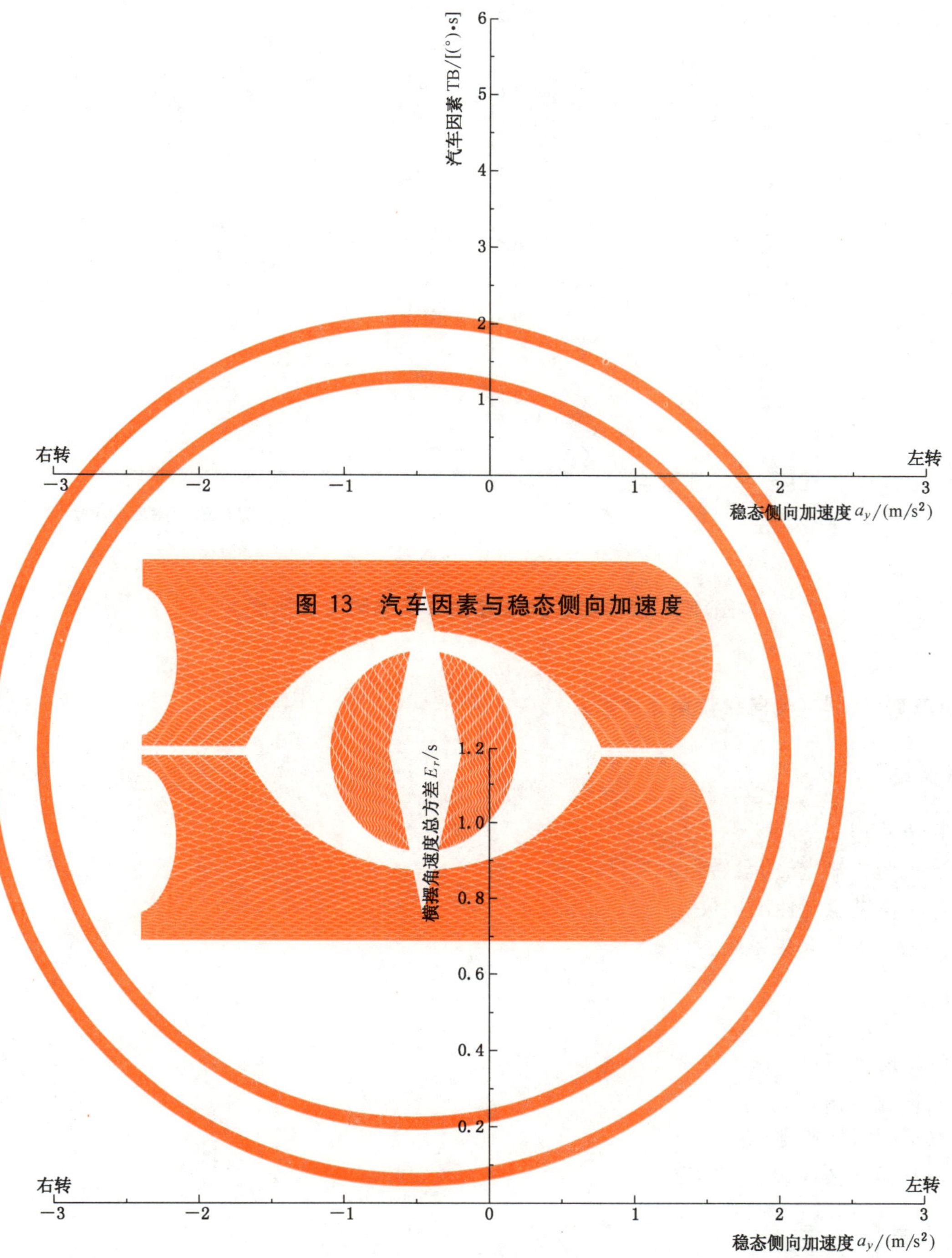

图 13　汽车因素与稳态侧向加速度

图 14　横摆角速度总方差与稳态侧向加速度

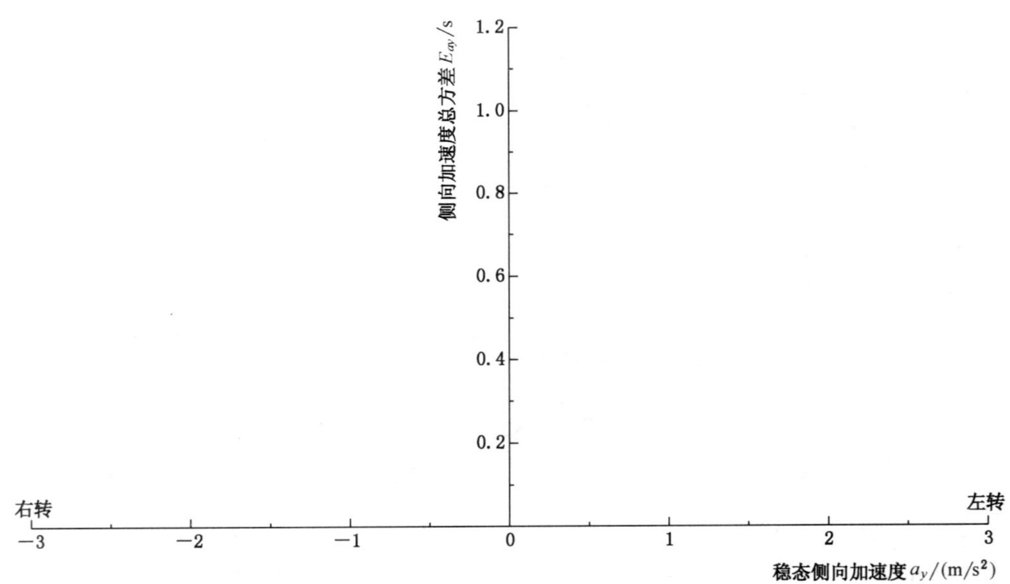

图 15 侧向加速度总方差与稳态侧向加速度

7 转向瞬态响应试验(转向盘转角脉冲输入)

7.1 测试仪器

a) 车速仪;

b) 转向盘力矩、转向盘转角测量仪;

c) 汽车操纵稳定性测试仪;

d) 多通道数据采集系统。

7.2 测量参数

a) 汽车前进车速;

b) 转向盘转角;

c) 汽车侧向加速度;

d) 汽车横摆角速度。

7.3 试验方法

7.3.1 试验车速应为试验汽车最高设计车速70%并四舍五入为10的整数倍。

7.3.2 试验前以试验车速行驶10 km,使轮胎升温。

7.3.3 接通仪器电源,使之达到正常工作温度。

7.3.4 汽车以试验车速直线行驶,使其横摆角速度为0±0.5°/s。作一标记,记下转向盘中间位置(直线行驶位置)。然后给转向盘一个三角脉冲转角输入(见图16)。试验时向左(或向右)转动转向盘,并迅速转回原处(允许及时修正)保持不动,记录全部过程,直至汽车回复到直线行驶状态。转向盘转角输入脉宽为(0.3~0.5)s,其最大转角应使本试验过渡过程中最大侧向加速度为4 m/s²。转动转向盘时应尽量使其转角的超调量达到最小。记录时间内,保持加速踏板位置不变。

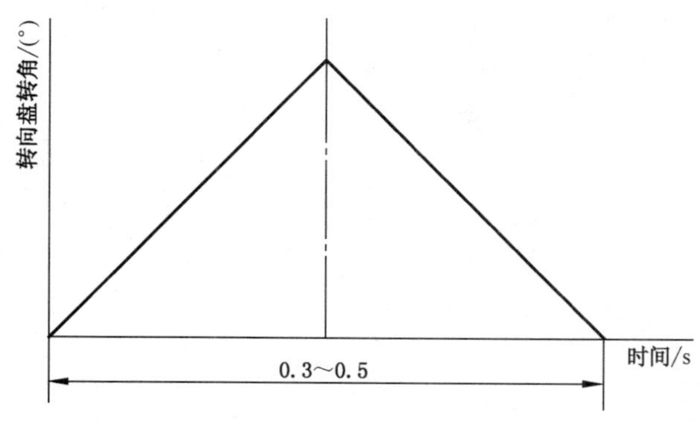

图 16 转向盘三角脉冲输入

7.3.5 试验时至少按图 16 所示三角脉冲曲线左、右方向转动转向盘(转角脉冲输入)各三次。每次输入的时间间隔不得少于 5 s。

7.4 试验数据处理

7.4.1 试验中记录的汽车车速和转向盘转角时间历程(v-t 和 θ-t 曲线)应在计算机上显示,实际车速变化不应超过规定车速的±5%。转向盘转角的零线在转动转向盘进行脉冲输入的前后应一致。当其差别不大于转向盘转角最大值的±10%时,应将转向盘脉冲输入的起点和终点的连线作为参考零线;若车速变化超过 10%,则本次试验记录无效。

7.4.2 在专门的信号处理设备上或按式(10)在通用计算机上计算分析转向盘转角脉冲输入和横摆角速度响应的幅频特性和相频特性。

$$G(jk\omega_0 t)=\frac{\int_0^T r(t)\cos(k\omega_0 t)\mathrm{d}t-j\int_0^T r(t)\sin(k\omega_0 t)\mathrm{d}t}{\int_0^T \delta_{\mathrm{sw}}(t)\cos(k\omega_0 t)\mathrm{d}t-j\int_0^T \delta_{\mathrm{sw}}(t)\sin(k\omega_0 t)\mathrm{d}t} \quad\cdots\cdots\cdots\cdots(10)$$

式中:

$r(t)$ ——横摆角速度时间历程;

$\delta_{\mathrm{sw}}(t)$——转向盘转角时间历程;

ω_0 ——计算时选用的最小圆频率,一般取为 0.2π。

$k=1,2,3,\cdots n$　　$n\times\omega_0/(2\pi)=3$ Hz

7.5 试验结果表达

7.5.1 根据试验数据处理结果的平均值,按向左与向右转动转向盘,分别绘制出汽车的幅频相频特性图,如图 17 所示(图 17 横坐标为对数坐标,也可以采用线性坐标。横坐标应为 0 Hz～3 Hz)。

7.5.2 谐振频率 f_{p}为幅频特性谐振峰所对应的频率。当不存在明显的谐振峰时,按 70%横摆角速度增益的通频带除以$\sqrt{2}$计算 f_{p}值。

7.5.3 谐振峰水平 D 按式(11)确定,

$$D=20\cdot\lg\frac{A_{\mathrm{p}}}{A_0} \quad\cdots\cdots\cdots\cdots(11)$$

式中:

D ——谐振峰水平,dB;

A_{p}——$f=f_{\mathrm{p}}$处的横摆角速度增益,1/s;

A_0——$f=0$ 处的横摆角速度增益,1/s。

7.5.4 相位滞后角 α 为相应频率下相位滞后角的试验值。对于最大设计总质量小于等于 6 t 的汽车,频率为 1 Hz；大于 6 t 的汽车，频率为 0.5 Hz。

7.5.5 数据处理结果应填入表 6 和表 7 中。

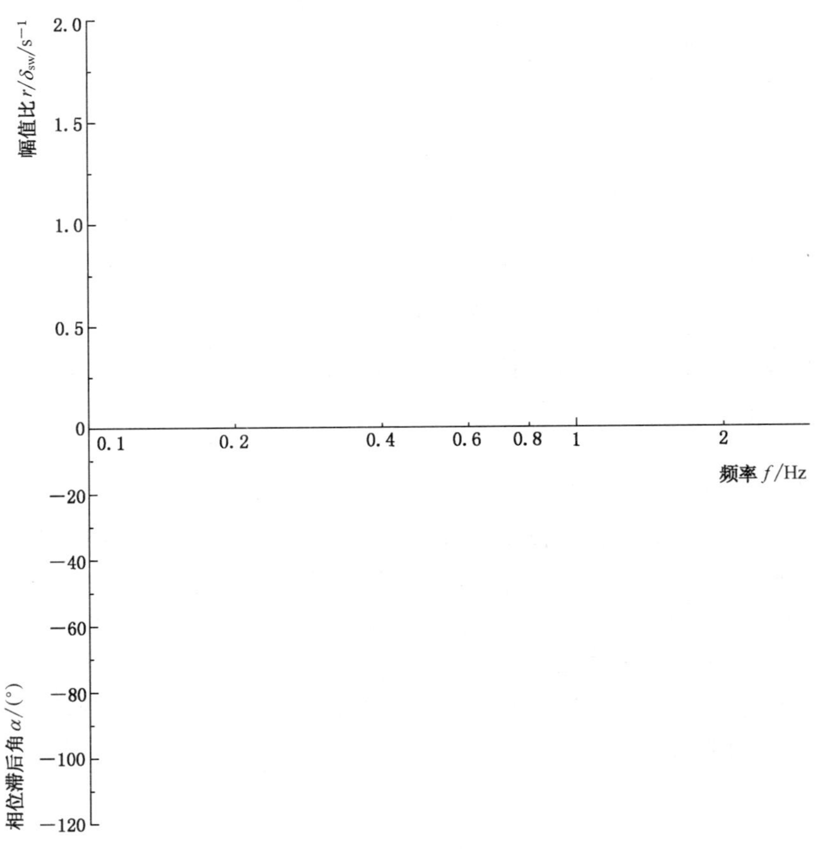

图 17 汽车相频特性与幅频特性

表 6 数据处理结果

方向盘转动方向	次数	参数	频率/Hz					
			0.5	1.0	1.5	2.0	2.5	3.0
左转	1	幅值比 $r/\delta_{sw}/s^{-1}$						
		相位滞后角 α/(°)						
	2	幅值比 $r/\delta_{sw}/s^{-1}$						
		相位滞后角 α/(°)						
	3	幅值比 $r/\delta_{sw}/s^{-1}$						
		相位滞后角 α/(°)						
右转	1	幅值比 $r/\delta_{sw}/s^{-1}$						
		相位滞后角 α/(°)						
	2	幅值比 $r/\delta_{sw}/s^{-1}$						
		相位滞后角 α/(°)						
	3	幅值比 $r/\delta_{sw}/s^{-1}$						
		相位滞后角 α/(°)						

表 7 相频特性与幅频特性结果

参数	数值	备注
谐振频率 f_p/Hz		
相位滞后角 α/(°)		
谐振峰水平 D/dB		

8 转向回正性能试验

8.1 测试仪器

a) 车速仪；

b) 转向盘力矩、转向盘转角测量仪；

c) 汽车操纵稳定性测试仪；

d) 多通道数据采集系统。

8.2 测量参数

a) 汽车前进速度；

b) 横摆角速度；

c) 侧向加速度。

8.3 试验方法

8.3.1 低速回正性能试验

8.3.1.1 在试验场地上用醒目的颜色画出半径不小于 15 m 的圆周。

8.3.1.2 接通仪器电源，使其达到正常工作温度。

8.3.1.3 试验汽车直线行驶，记录各测量变量零线，然后调整转向盘转角，使汽车沿半径为 15 m 的圆周行驶，调整车速，使侧向加速度达到(4±0.2)m/s^2，固定转向盘转角，稳定车速并开始记录，待 3 s 后，迅速松开转向盘并做一标记(建议用一微动开关和一个信号通道同时记录)，至少记录松手后 4 s 的汽车运动过程。记录时间内加速踏板位置保持不变。

8.3.1.4 对于侧向加速度达不到(4±0.2)m/s^2 的汽车，按试验汽车所能达到的最高侧向加速度进行试验，并在试验报告中(表 8 备注)加以说明。

8.3.1.5 试验按向左转与向右转两个方向进行，每个方向三次。

8.3.2 高速回正性能试验

8.3.2.1 最高车速超过 100 km/h 的汽车应进行本项试验。

8.3.2.2 试验车速应为被试汽车最高车速的 70%并四舍五入为 10 的整数倍。

8.3.2.3 接通仪器电源，使其达到正常的工作温度。

8.3.2.4 试验汽车沿试验路段以试验车速直线行驶，记录各测量变量的零线。随后转动转向盘使侧向加速度达到(2±0.2)m/s^2，待稳定并开始记录后，迅速松开转向盘并做一标记(建议用一微动开关和一个信号通道同时记录)，至少记录松手后 4 s 内的汽车运动过程。记录时间内加速踏板位置保持不变。

8.3.2.5 试验按向左转与向右转两个方向进行，每个方向三次。

8.4 转向回正性能试验数据处理

横摆角速度时间历程曲线分两大类:收敛型(如图 18 中曲线 1～4 所示)与发散型(如图 18 曲线 5～6所示)。对于发散型,不进行数据处理;对于收敛型,按向左转与向右转分别确定下述指标。

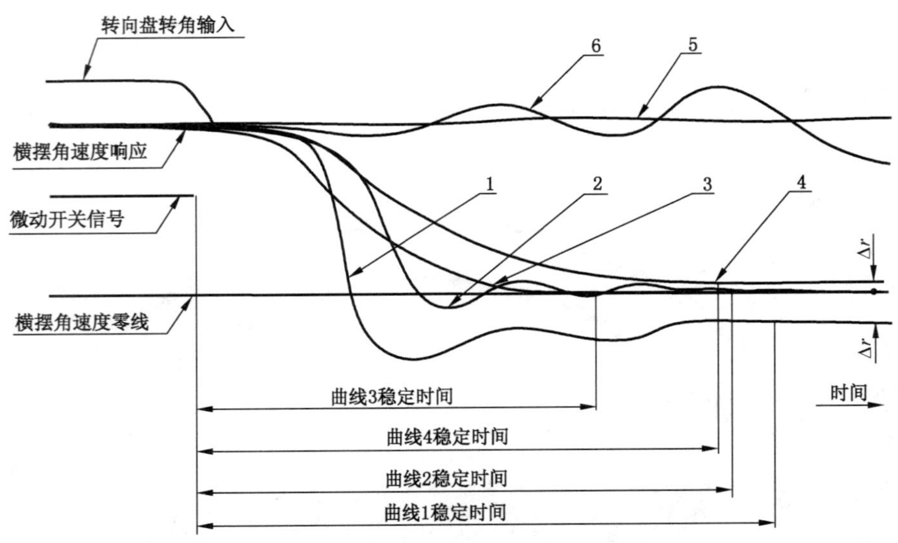

图 18 横摆角速度时间历程

8.4.1 时间坐标原点

在微动开关时间历程曲线上,松开转向盘时微动开关所做的标记。

8.4.2 稳定时间

从时间坐标原点开始,至横摆角速度达到新稳态值(包括零值)为止的一段时间间隔。其均值按式(12)确定:

$$\bar{t}_s = \frac{1}{3}\sum_{i=1}^{3} t_{si} \qquad \cdots\cdots (12)$$

式中:

$\bar{t}_s$——稳定时间均值,s;

t_{si}——第 i 次试验的稳定时间,s。

8.4.3 残留横摆角速度

在横摆角速度时间历程曲线上,松开转向盘 3 s 时的横摆角速度值(包括零值)。按式(13)确定:

$$\Delta\bar{r} = \frac{1}{3}\sum_{i=1}^{3} \Delta r_i \qquad \cdots\cdots (13)$$

式中:

$\Delta\bar{r}$——残留横摆角速度均值,(°)/s;

Δr_i——第 i 次试验的残留横摆角速度值,(°)/s。

8.4.4 横摆角速度超调量

在横摆角速度时间历程曲线上,横摆角速度响应第一个峰值超过新稳态值的部分与初始值之比(见图 19),横摆角速度超调量均值按式(14)确定:

$$\overline{\sigma} = \frac{1}{3}\sum_{i=1}^{3}\sigma_i \qquad \cdots\cdots(14)$$

式中：

$\overline{\sigma}$ ——横摆角速度超调量均值，%；

σ_i ——第 i 次试验横摆角速度超调量，%。

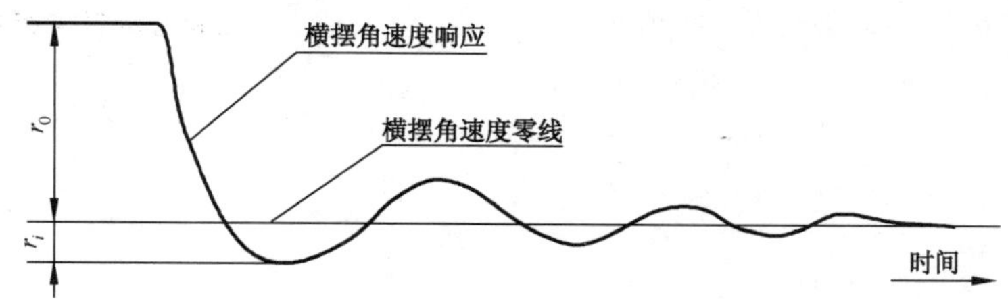

图 19 横摆角速度响应

8.4.5 横摆角速度自然频率

第 i 次试验横摆角速度自然频率 f_{oi} 按式(15)确定：

$$f_{oi} = \frac{\sum_{j=1}^{m} A_{ij}}{2\sum_{j=1}^{m} A_{ij} \times \Delta t_{ij}} \qquad \cdots\cdots(15)$$

式中：

f_{oi} ——第 i 次试验横摆角速度自然频率，Hz；

A_{ij} ——横摆角速度响应时间历程曲线的峰值，(°)/s(见图 20)；

Δt_{ij}——横摆角速度响应时间历程曲线上，两相邻波峰的时间间隔，s(见图 20)；

m ——横摆角速度响应时间历程曲线的波峰数。

横摆角速度自然频率均值按式(16)确定：

$$\overline{f}_o = \frac{1}{3}\sum_{i=1}^{3} f_{oi} \qquad \cdots\cdots(16)$$

式中：

$\overline{f}_o$——横摆角速度自然频率均值，Hz。

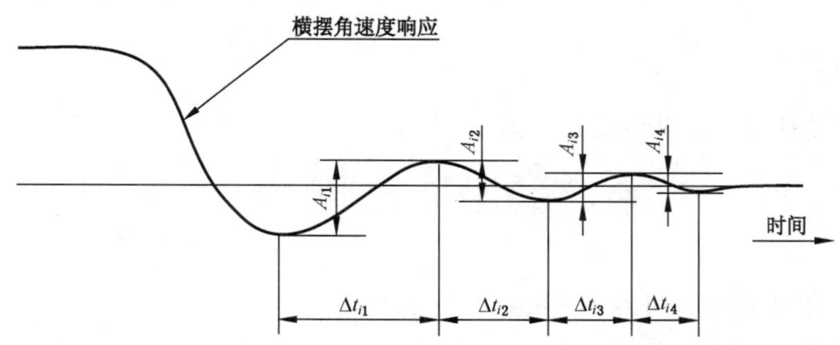

图 20 横摆角速度自然频率

8.4.6 相对阻尼系数与相对阻尼系数均值

8.4.6.1 相对阻尼系数应按以下步骤确定：

a) 由式(17)计算得出衰减率：

$$D'_i = \frac{A_{i1}}{\sum_{j=1}^{m} A_{ij}} \qquad \cdots\cdots(17)$$

式中：

D'_i——衰减率；

A_{i1}——横摆角速度第一个波峰值(见图 20)。

b) 按式(18)计算或按图 21 查得相对阻尼系数。

$$\zeta_i = \frac{1}{\sqrt{\left[\frac{\pi}{\ln(1-D'_i)}\right]^2 + 1}} \qquad \cdots\cdots(18)$$

式中：

ζ_i——第 i 次试验相对阻尼系数。

8.4.6.2 按式(19)确定相对阻尼系数均值：

$$\bar{\zeta} = \frac{1}{3}\sum_{i=1}^{3}\zeta_i \qquad \cdots\cdots(19)$$

式中：

$\bar{\zeta}$——相对阻尼系数均值。

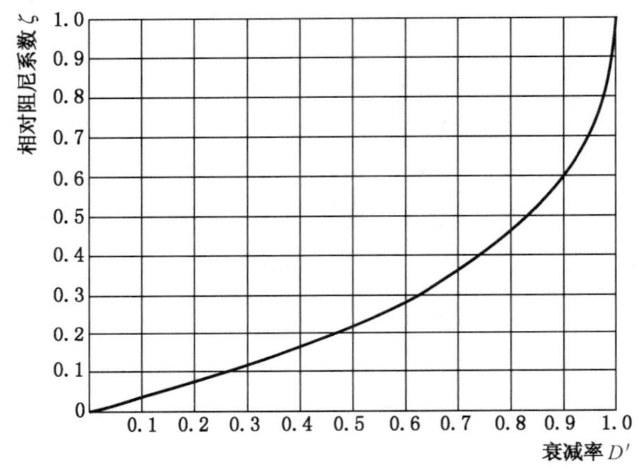

图 21 相对阻尼系数

8.4.7 横摆角速度总方差

第 i 次试验横摆角速度总方差按式(20)确定：

$$E_{ri} = \left[\sum_{k=0}^{n}\left(\frac{r_{ik}}{r_{0i}}\right)^2 - 0.5\right] \times \Delta t \qquad \cdots\cdots(20)$$

式中：

E_{ri}——第 i 次试验横摆角速度总方差，s；

r_{ik}——横摆角速度响应时间历程曲线瞬时值，(°)/s；

r_{0i}——横摆角速度响应初始值，(°)/s；

n——采样点数，按 $n \times \Delta t = 3$ s 选取；

Δt——采样时间间隔，s；一般不大于 0.2 s。

横摆角速度总方差均值按式(21)确定：

$$\bar{E}_r = \frac{1}{3}\sum_{i=1}^{3}E_{ri} \qquad \cdots\cdots(21)$$

式中：

$\overline{E}_r$——横摆角速度总方差均值，s。

注：8.4.3，8.4.7 为基本评价指标，其余为建议获得的指标。

8.5 试验结果表达

8.5.1 以图 22、图 23 的形式分别绘出向左转与向右转各三次的横摆角速度时间历程曲线。低速与高速分别画出。

8.5.2 按表 8 格式依次填入测量结果。

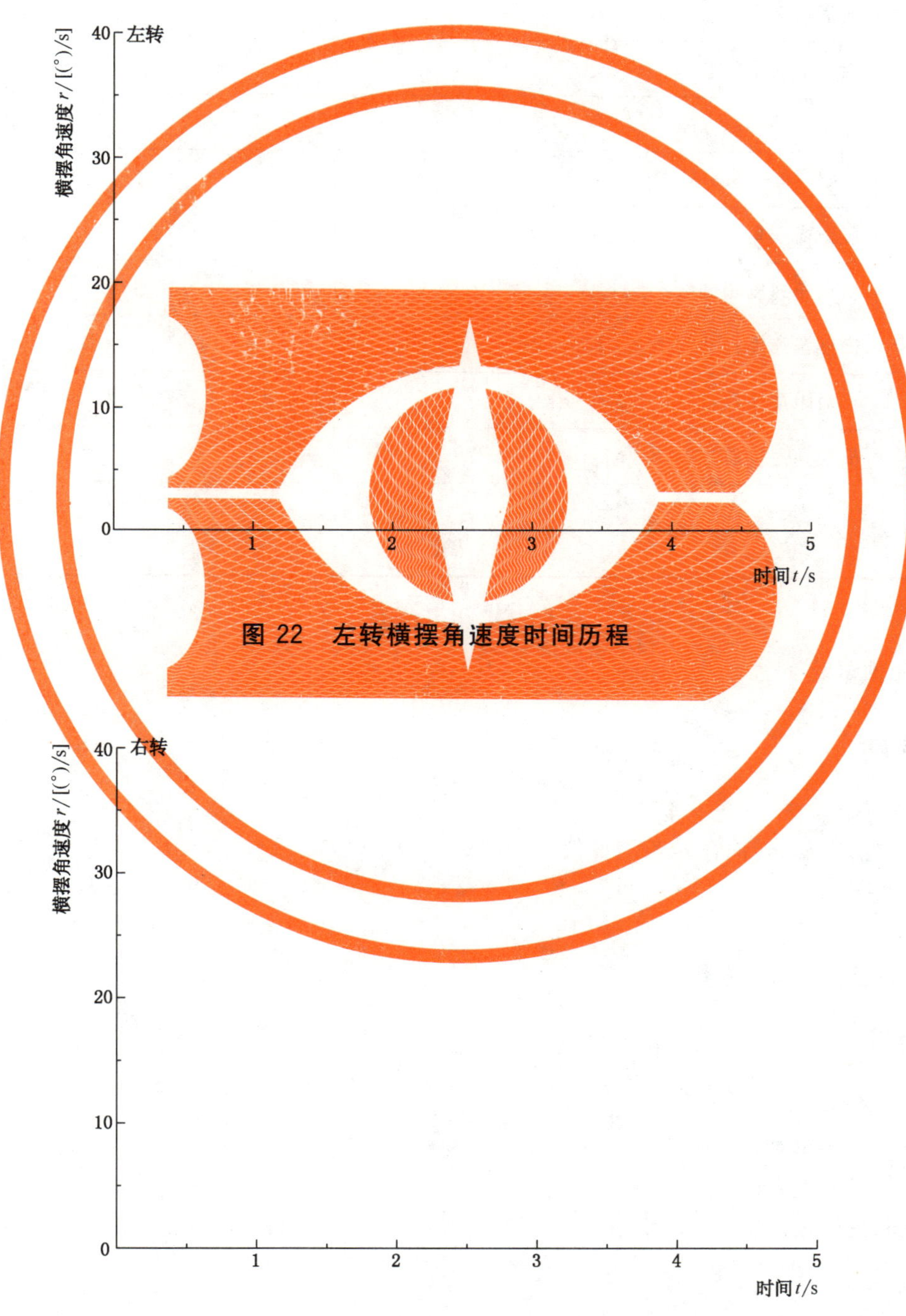

图 22 左转横摆角速度时间历程

图 23 右转横摆角速度时间历程

表 8 试验结果

转向盘转动方向	参　数	低(高)速			
		第一次	第二次	第三次	平均
左转	稳定时间 t_s/s				
	残留横摆角速度 Δr/[(°)/s]				
	横摆角速度超调量 σ/%				
	横摆角速度自然频率 f_0/Hz				
	相对阻尼系数 ζ				
	横摆角速度总方差 E_r/s				
右转	稳定时间 t_s/s				
	残留横摆角速度 Δr/[(°)/s]				
	横摆角速度超调量 σ/%				
	横摆角速度自然频率 f_0/Hz				
	相对阻尼系数 ζ				
	横摆角速度总方差 E_r/s				
备注					

9 转向轻便性试验

9.1 测试仪器

a) 车速仪；
b) 转向盘力矩、转向盘转角测量仪；
c) 钢卷尺；
d) 标桩；
e) 多通道数据采集系统。

9.2 测量参数

a) 转向盘力矩；
b) 转向盘转角；
c) 汽车前进车速；
d) 转向盘直径。

9.3 试验方法

9.3.1 在试验场地上，以醒目的颜色画出双纽线路径(见图 24)。

双纽线轨迹的极坐标方程按式(22)确定，式中符号定义见图 24：

$$l = d\sqrt{\cos(2\psi)} \tag{22}$$

轨迹上任意点的曲率半径 R 按式(23)确定:

$$R = \frac{d}{3\sqrt{\cos(2\psi)}} \tag{23}$$

当 $\psi=0°$时,双纽线顶点的曲率半径为最小值,即

$$R_{\min} = \frac{d}{3} \tag{24}$$

双纽线的最小曲率半径(单位:m)应按试验汽车前外轮的最小转弯半径(单位:m)乘以 1.1 倍,并据此画出双纽线,在双纽线最宽处、顶点和中点(即结点)的路径两侧各放置两个标桩,共计放置 16 个标桩(见图 24)。标桩与试验路径中心线的距离,为车宽一半加 50 cm,或按转弯通道圆宽二分之一加 50 cm。

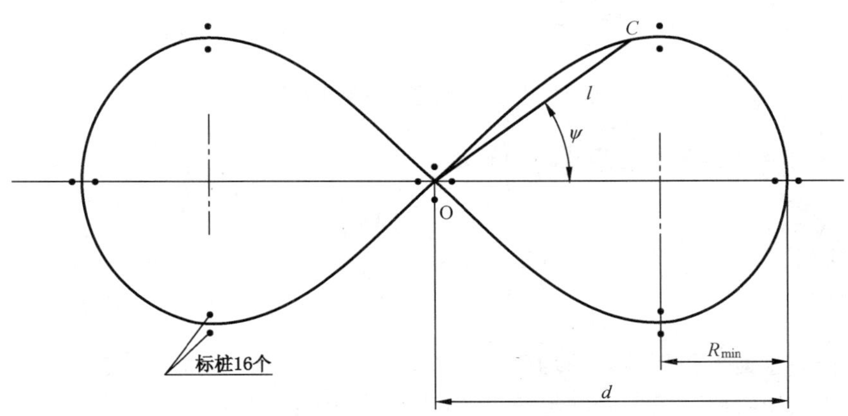

图 24 双纽线路径

9.3.2 接通仪器电源,使之预热到正常工作温度。

9.3.3 试验开始之前可操纵汽车沿双纽线路径行驶若干周以熟悉路径和相应操作。随后,使汽车沿双纽线中点"O"处的切线方向作直线滑行,并停车于"O"点处,停车后注意观察车轮是否处于直行位置,必要时应调整转向盘使车轮处于直行位置。然后双手松开转向盘,记录转向盘中间位置和作用力矩的零线。

9.3.4 试验时,驾驶员操纵转向盘,使汽车以(10±2)km/h 的车速沿双纽线行驶;待车速稳定后,开始记录转向盘转角和作用力矩,并记录行驶车速作为监控参数。汽车沿双纽线绕行一周至记录起始位置,即完成一次试验;全部试验应进行三次。在测量记录的过程中,应保持车速稳定,平稳地、不停顿地连续转动转向盘;不应同时松开双手或来回转动转向盘修正行驶方向,也不应撞倒标桩。

9.4 试验数据处理

9.4.1 根据记录的转向盘转角和作用力矩,按每一周双纽线路径整理成图 25 所示的 M_{sw}-δ_{sw} 曲线,或者直接采用计算机采样所得的上述参数,确定出汽车转向轻便性的各项参数。

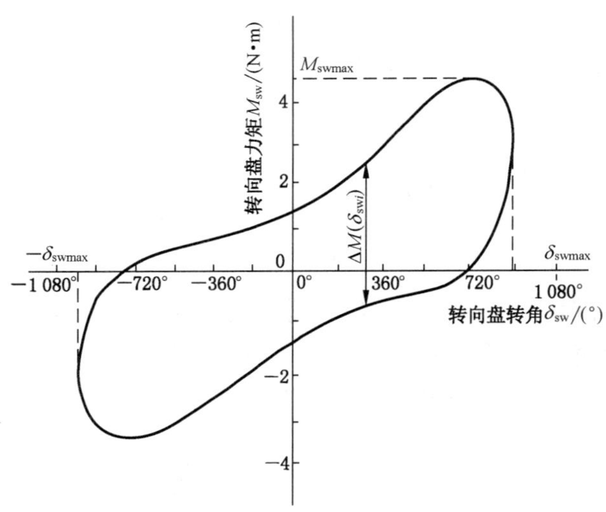

图 25 转向盘转角与力矩

9.4.2 转向盘最大作用力矩的均值用式(25)确定：

$$\overline{M}_{swmax}=\frac{\sum_{i=1}^{3}|M_{swmaxi}|}{3} \qquad \cdots\cdots(25)$$

式中：

$\overline{M}_{swmax}$——转向盘最大作用力矩的均值，N·m；

M_{swmaxi}——绕双纽线路径第 i 周($i=1\sim3$)的转向盘最大作用力矩，N·m。

9.4.3 转向盘最大作用力均值按式(26)确定：

$$\overline{F}_{max}=\frac{2M_{swmax}}{D} \qquad \cdots\cdots(26)$$

式中：

$\overline{F}_{max}$——转向盘最大作用力矩均值，N；

D ——试验汽车原有转向盘直径，m。

9.4.4 转向盘的作用功

9.4.4.1 绕双纽线路径每一周的作用功按式(27)确定：

$$W_i=\frac{1}{57.3}\sum_{j=1}^{n_i-1}M_{swij}\cdot(\delta_{swi(j+1)}-\delta_{swij}) \qquad \cdots\cdots(27)$$

式中：

W_i ——绕双纽线路径第 i 周($i=1\sim3$)的转向盘作用功，J；

M_{swij} ——绕双纽线路径第 i 周($i=1\sim3$)的第 j($j=1\sim n_i-1$)个采样点处转向盘作用力矩，N·m；

n_i ——绕双纽线路径第 i 周采样点数；

$\delta_{swi(j+1)}$——绕双纽线路径第 i 周($i=1\sim3$)的第 $j+1$($j=1\sim n_i-1$)个采样点处转向盘转角，(°)；

δ_{swij} ——绕双纽线路径第 i 周($i=1\sim3$)的第 j($j=1\sim n_i-1$)个采样点处转向盘转角，N·m。

9.4.4.2 转向盘的作用功均值按式(28)确定：

$$\overline{W}=\frac{\sum_{i=1}^{3}W_i}{3} \qquad \cdots\cdots(28)$$

式中：

$\overline{W}$——转向盘作用功的均值，J。

9.4.5 转向盘平均摩擦力矩和平均摩擦力

9.4.5.1 绕双纽线路径每一周的转向盘平均摩擦力矩可按式(29)确定：

$$\overline{M}_{swfi}=\frac{57.3W_i}{2(|-\delta_{swmax}|+|+\delta_{swmax}|)} \quad\cdots\cdots(29)$$

式中：

$\overline{M}_{swfi}$——绕双纽线路径第 i 周($i=1\sim3$)的转向盘平均作用摩擦力矩，N·m。

9.4.5.2 转向盘平均摩擦力，用式(30)确定：

$$\overline{F}_{swfi}=\frac{2\overline{M}_{swfi}}{D} \quad\cdots\cdots(30)$$

式中：

$\overline{F}_{swfi}$——绕双纽线路径第 i 周($i=1\sim3$)转向盘平均摩擦作用力，N。

9.4.6 转向盘平均摩擦力矩均值和平均摩擦力均值

9.4.6.1 转向盘平均摩擦力矩均值按式(31)确定：

$$\overline{M}_{swf}=\frac{\sum_{i=1}^{3}\overline{M}_{swfi}}{3} \quad\cdots\cdots(31)$$

9.4.6.2 转向盘平均摩擦力均值按式(32)确定：

$$\overline{F}_{swf}=\frac{2\overline{M}_{swf}}{D} \quad\cdots\cdots(32)$$

9.5 试验结果表达

将测定和计算结果记入表9、表10中。

表9 试验结果

	转向盘最大作用力矩 M_{swmaxi} N·m	转向盘最大作用力 F_{swmaxi} N	转向盘右转最大转角 δ_{swmaxi} (°)	转向盘左转最大转角 δ_{swmaxi} (°)	转向盘作用功 W_i J	转向盘平均摩擦力矩 $\overline{M}_{swfi}$ N·m	转向盘平均摩擦力 $\overline{F}_{swfi}$ N	平均车速 $\overline{v}_i$ km/h
第一周								
第二周								
第三周								

表10 计算结果

性能参数	数值	备注
转向盘最大作用力矩均值 $\overline{M}_{swmax}$/(N·m)		
转向盘最大作用力均值 $\overline{F}_{swmax}$/N		
转向盘作用功均值 $\overline{W}$/J		

表 10（续）

性能参数	数 值	备 注
转向盘平均摩擦力矩均值 $\overline{M}_{swf}$/(N·m)		
转向盘平均摩擦力均值 $\overline{F}_{swf}$/N		

10 稳态回转试验

10.1 测试仪器

a) 车速仪；
b) 转向盘力矩、转向盘转角测量仪；
c) 汽车操纵稳定性测试仪；
d) 多通道数据采集系统。

10.2 测量参数

10.2.1 必须测量变量包括：
a) 汽车横摆角速度；
b) 汽车前进车速；
c) 车身侧倾角。

10.2.2 希望测量变量包括：
a) 汽车侧偏角；
b) 汽车纵向加速度；
c) 汽车侧向加速度。

10.3 试验方法

10.3.1 可采用10.3.2～10.3.6规定的固定转向盘转角连续加速的方法进行试验，也可采用附录D所规定的试验方法进行试验。

10.3.2 在试验场地上，以醒目的颜色画出半径不小于15 m的圆周。

10.3.3 接通仪器电源，使之预热到正常工作温度。

10.3.4 试验开始之前，汽车应以侧向加速度为3 m/s^2 的相应车速沿画定的圆周行驶五圈以使轮胎升温。

10.3.5 操纵汽车以最低稳定速度沿所画圆周行驶，待安装于汽车纵向对称面上的车速传感器在半圈内都能对准地面所画圆周时，固定转向盘不动，停车并开始记录，记录各变量的零线。然后，汽车起步，缓慢而均匀地加速(纵向加速度不超过0.25 m/s^2)，直至汽车的侧向加速度达到6.5 m/s^2(或受发动机功率限制而所能达到的最大侧向加速度、或汽车出现不稳定状态)为止。记录整个过程。

10.3.6 试验按向左转和向右转两个方向进行，每个方向试验三次。每次试验开始时，应保证车身纵向对称面处于所画圆周线正中位置。

10.4 试验数据处理

10.4.1 侧向加速度

各点的侧向加速度值按5.4.5.1b)规定的方法确定。

10.4.2 转弯半径比

根据记录的横摆角速度及汽车前进速度，各点的转弯半径按式(33)确定。

$$R_k=\frac{57.3\cdot v_k}{r_k} \qquad \cdots\cdots(33)$$

式中：

R_k——第 k 点转弯半径，m；

v_k——第 k 点车速瞬时值，m/s；

r_k——第 k 点横摆角速度瞬时值，(°)/s；

进而计算出各点的转弯半径比 R_k/R_0。其中 R_0 为初始半径，即侧向加速度与转弯半径拟合曲线侧向加速度为零处的值，m。

10.4.3 汽车前后轴侧偏角差值

根据计算出的各点转弯半径 R_k 按式(34)计算出汽车前后轴侧偏角差值 $\delta_1-\delta_2$。

注：在数据处理时，为了计算及阅读方便，各变量不严格按坐标系规定，左转及右转均取正。

汽车前后轴侧偏角差 $\delta_1-\delta_2$ 按式(34)确定：

$$\delta_1-\delta_2=57.3\cdot L\cdot\left(\frac{1}{R_0}-\frac{1}{R_k}\right) \qquad \cdots\cdots(34)$$

式中：

δ_1——前轴侧偏角，(°)；

δ_2——后轴侧偏角，(°)；

L——汽车轴距，m。

10.5 试验结果表达

10.5.1 以图26、图27、图28的形式分别绘出转弯半径比、前后轴侧偏角差、车身侧倾角与侧向加速度的关系曲线。

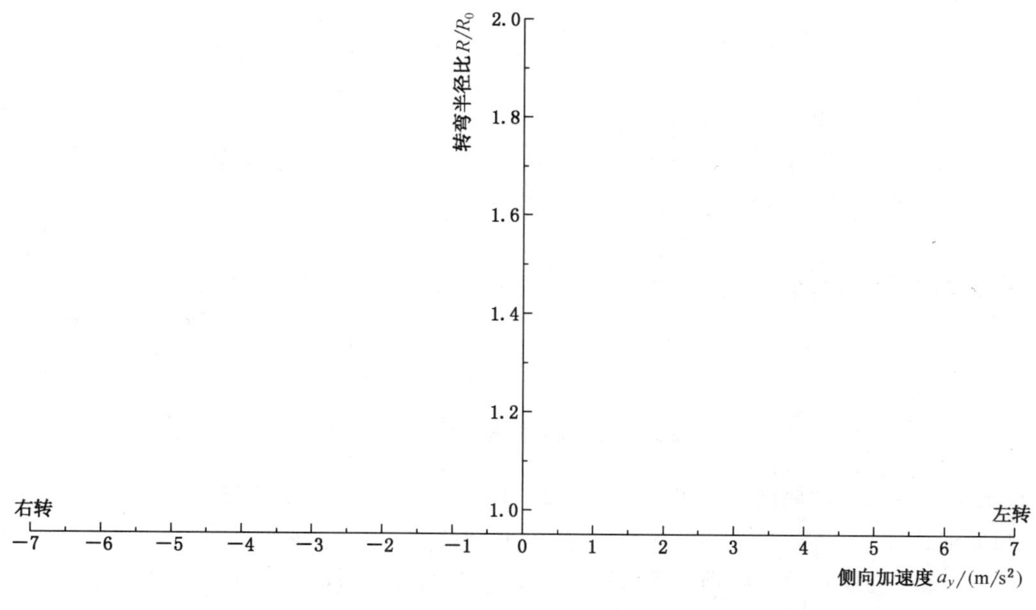

图 26 转弯半径与侧向加速度

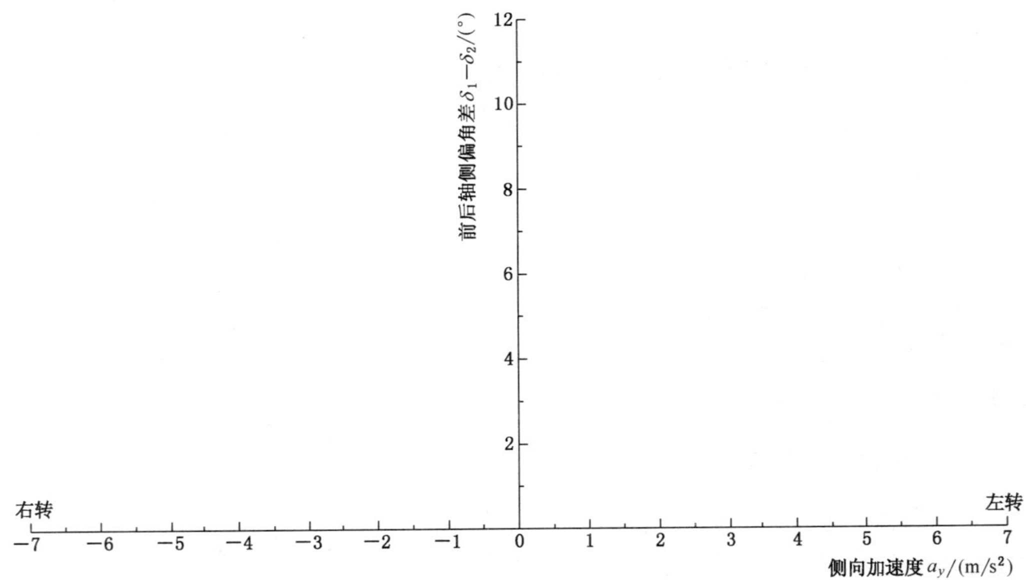

图 27 前后轴侧偏角差与侧向加速度

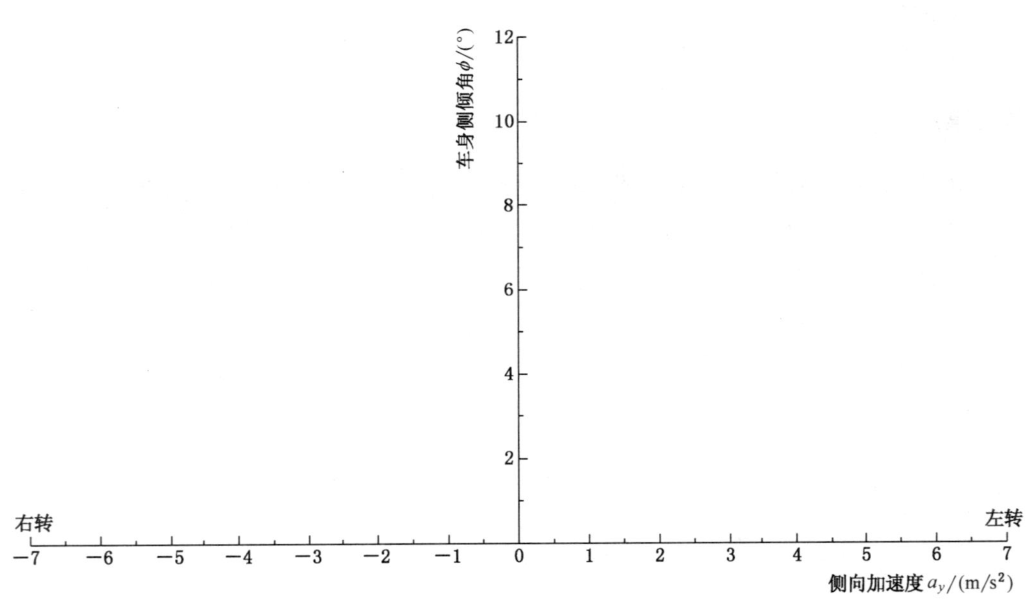

图 28 车身侧倾角与侧向加速度

10.5.2 找出中性转向点的侧向加速度 a_n，即图 27 中为前、后轴侧偏角差与侧向加速度关系曲线上斜率为零处侧向加速度。

10.5.3 找出不足转向度 U，即前、后轴侧偏角差与侧向加速度关系曲线上侧向加速度值为 2 m/s^2 处的平均斜率(纵坐标值除以横坐标值计算)。

10.5.4 找出车身侧倾度 K_Φ，即车身侧倾角与侧向加速度关系曲线上侧向加速度为 2 m/s^2 处的平均斜率(纵坐标值除以横坐标值计算)。

10.5.5 按表11格式依次填入测量结果。

表11 试验结果

		左转				右转			
		第一次	第二次	第三次	均值	第一次	第二次	第三次	均值
载荷状态									
初始半径 R_0/m									
中性转向点的侧向加速度 a_n/(m/s²)									
a_y=2 m/s² 时	不足转向度 U/[(°)/(m/s²)]								
	车身侧倾度 K_Φ/[(°)/(m/s²)]								

11 转向盘中心区操纵稳定性试验

11.1 测试仪器

a) 车速仪；

b) 转向盘力矩、转向盘转角测量仪；

c) 汽车操纵稳定性测试仪；

d) 多通道数据采集系统。

11.2 测量参数

11.2.1 必须测量变量包括：

a) 汽车前进车速；

b) 转向盘转角；

c) 转向盘力矩；

d) 汽车横摆角速度。

11.2.2 希望测量变量包括：

a) 汽车侧向加速度；

b) 转向盘角速度。

11.3 试验方法

11.3.1 接通仪器电源，使之达到正常工作温度。

11.3.2 试验的初始状态为等速直线行驶，试验标准车速为100 km/h，也可以100 km/h车速为基准，提高或降低试验车速(车速间隔为20 km/h)。

11.3.3 试验时转向盘输入为振荡型转角输入，首选输入形式为正弦波，也可采用其他输入(如三角形波输入)。转向盘输入频率的基准值为0.2 Hz，频率偏差不应超过±10%。输入转角的幅值应足以使车辆的侧向加速度峰值达到基准值，允许的峰值偏差为±10%。为在侧向加速度1 m/s² 时获取良好的试验数据，并保证车辆及其子系统运行范围超出迟滞区，侧向加速度峰值的基准值为2 m/s²，也可采用较小的值或不超过4 m/s² 的其他值。

11.3.4 整个试验过程中，转向盘转角幅度和通过中心区时的角速度应尽量保持一致。在确保车辆的纵向速度在处于规定范围的前提下，加速踏板位置的变动应尽可能小。用于数据分析的数据段内纵向车速变动量不应当超过试验车速的±3%。

11.3.5　在整个试验过程当中记录所有测量参数，包括初始驾驶状态下的各测量变量。为保证试验不受仪器使用的影响，数据记录应在全部试验结束之后持续 1 s 以上。

11.3.6　试验过程中的转向输入可通过人工或转向机器人来实现。当采用人工输入转向信号时，试验应当至少持续 40 s，以保证至少获取 8 个输入周期的数据。当受试验场地的限制不能获得足够长的一致性良好连续数据时，允许把一系列短数据进行组合用于试验分析。在这种情况下，至少应当保证有 20 个周期的数据并采用适当的数理统计方法处理试验数据，并将统计方法计入试验报告中。当采用转向机器人输入转向信号时，试验应当至少持续 20 s，以保证至少获取 4 个输入周期的数据。

11.4　试验数据处理

11.4.1　侧向加速度值按 5.4.5.1a)或 5.4.5.1b)规定的方法确定。

11.4.2　对 11.2 所列变量的时间历程尤其是转向盘转角、转向盘角速度、车辆纵向速度和车辆侧向加速度进行仔细分析，至少应选出四个控制指标良好的周期用于数据分析。

11.4.3　如图 29 所示，将按 11.5.1～11.5.5 要求筛选出的数据绘制于直角坐标系中，图形为多条迟滞回线叠加形成的回线组，回线的数量等同于筛选出的循环数。

11.4.4　回线组应以适当的方式进行平均，推荐的方法是在图 29 所示区间 A 内的试验曲线上下两部分分别进行多项式拟合，拟合阶次值为 3。数据处理时，首先确定数据横坐标区间，在该区间内按一定比例选取区间 A，选取时应确保区间 A 足够大以覆盖所关心的数据区域，但应避免两端的滞回效应的影响，其所占横坐标区间的比例推荐值为 50%～70%。

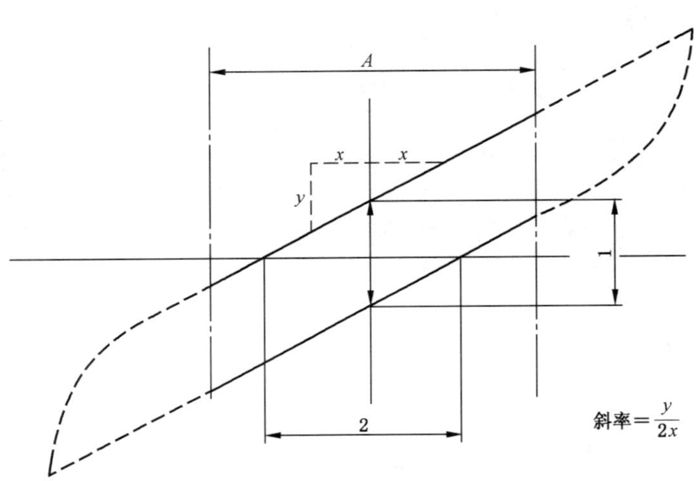

说明：

1——纵坐标迟滞区；

2——横坐标迟滞区；

A——多项式拟合区。

图 29　迟滞回线示意图

11.4.5　推荐在关心的数据区域对 11.4.4 所述拟合多项式进行线性拟合以进行斜率估计。其中，平均斜率应按规定的区域进行拟合，对于瞬态斜率应在关注点附近较小区域内进行。典型的区域值为对应侧向加速度变化 $\pm 0.1\ m/s^2$ 的范围。每条迟滞回线可单独分析，将各回线的特征参数进行平均以获取最终结果。也可采用其他数据处理方法，但应在试验报告中加以说明。

通过迟滞回线组的多项式拟合，可获取以下参数：

a) 纵坐标迟滞区；

b) 横坐标迟滞区；

c) 斜率。

11.5 试验结果表达

11.5.1 转向盘力矩与转向盘转角关系曲线

在图30中绘制转向盘力矩与转向盘转角关系曲线，并按11.4.4、11.4.5所述方法获取如下参数：

a) 平均转向刚度——图30中转向盘转角峰值±10%区间内曲线的平均斜率；

b) 转向盘中心区转向刚度——图30中转向盘转角为零处的斜率；

c) 转向摩擦力矩——图30中转向盘转角为零处的纵坐标迟滞区；

d) 转向盘转角迟滞——图30中转向盘力矩为零处的横坐标迟滞区。

11.5.2 横摆角速度与转向盘转角关系曲线

在图31中绘制横摆角速度与转向盘转角关系曲线，并获取以下参数：

a) 横摆角速度增益——按11.4.4、11.4.5所述方法获取的图31中转向盘转角峰值±20%区间内曲线的平均斜率；

b) 横摆角速度响应滞后时间——图31中各回线对应的时域曲线中横摆角速度响应相对于转向盘转角输入的滞后时间。

11.5.3 横摆角速度与转向盘力矩关系曲线

在图32中绘制横摆角速度与转向盘力矩关系曲线，并按11.4.4、11.4.5所述方法获取横摆角速度响应迟滞，即纵坐标迟滞区。

11.5.4 侧向加速度与转向盘转角关系曲线

在图33中绘制侧向加速度与转向盘转角关系曲线，并按11.4.4、11.4.5所述方法获取如下参数：

a) 平均转向灵敏度——图33中转向盘转角峰值±20%区间内曲线的平均斜率；

b) 最小转向灵敏度——图33中侧向加速度±1 m/s^2 区间内曲线的最小斜率；

c) 侧向加速度为±1 m/s^2 时转向灵敏度——图33中侧向加速度1 m/s^2 处曲线斜率；

d) 侧向加速度迟滞——图33中纵坐标迟滞区；

e) 转向盘转角迟滞——图33中横坐标迟滞区；

f) 转向迟滞——图33中侧向加速度±1 m/s^2 区间内回线面积除以2 m/s^2。

11.5.5 转向盘力矩与侧向加速度关系曲线

在图34中绘制转向盘力矩与侧向加速度关系曲线，并按11.4.4、11.4.5所述方法获取如下参数：

a) 侧向加速度为0时的转向盘力矩——图34中侧向加速度为0处正负转向盘力矩；

b) 侧向加速度为±1 m/s^2 时的转向盘力矩——图34中转向盘远离中心位置方向侧向加速度为±1 m/s^2 处正负转向盘力矩；

c) 转向盘力矩为0时的侧向加速度——图34中转向盘力矩为0处正负侧向加速度；

d) 侧向加速度为0时的转向盘力矩梯度——图34中侧向加速度为0处曲线斜率；

e) 侧向加速度为±1 m/s^2 时的转向盘力矩梯度——图34中转向盘转离中心位置方向侧向加速度为±1 m/s^2 处曲线斜率；

f) 转向盘力矩迟滞——图34中纵坐标迟滞区；

g) 侧向加速度迟滞——图34中横坐标迟滞区。

11.5.6 将试验车速、转向盘输入波形类型和侧向加速度幅值填入表12中，将11.5.1～11.5.5中获取的参数填入表13中。不同输入波形或不同侧向加速度幅值试验获取的特征参数不能进行比较。

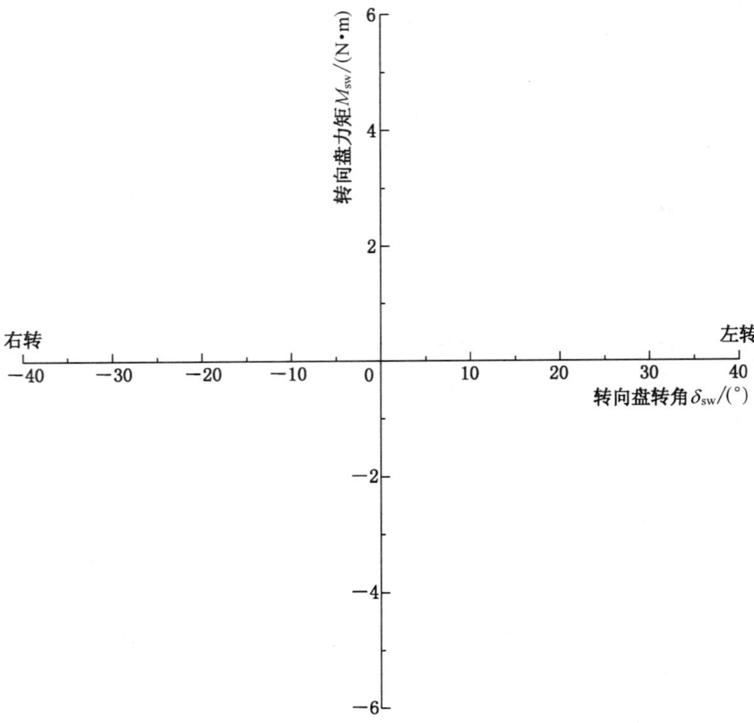

图 30 转向盘力矩与转向盘转角

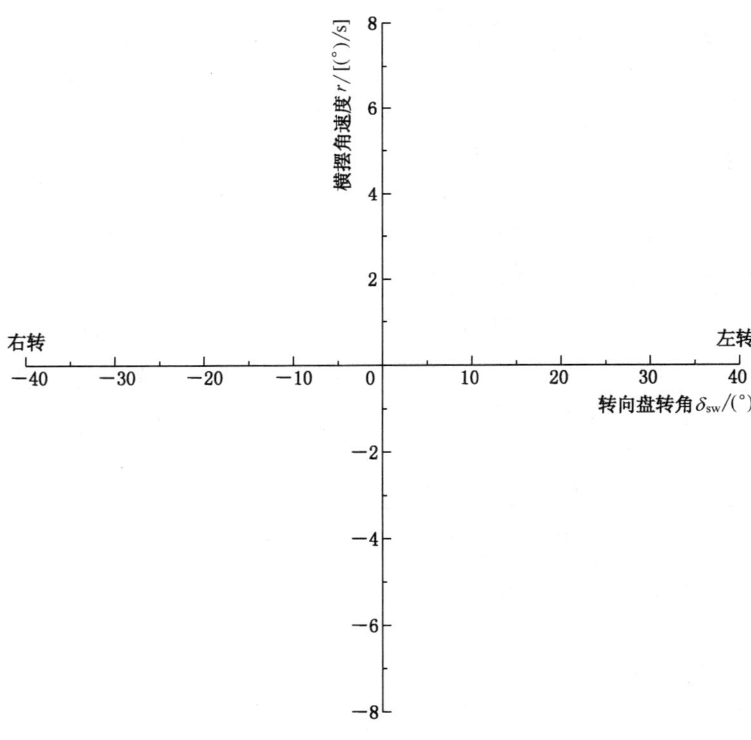

图 31 横摆角速度与转向盘转角

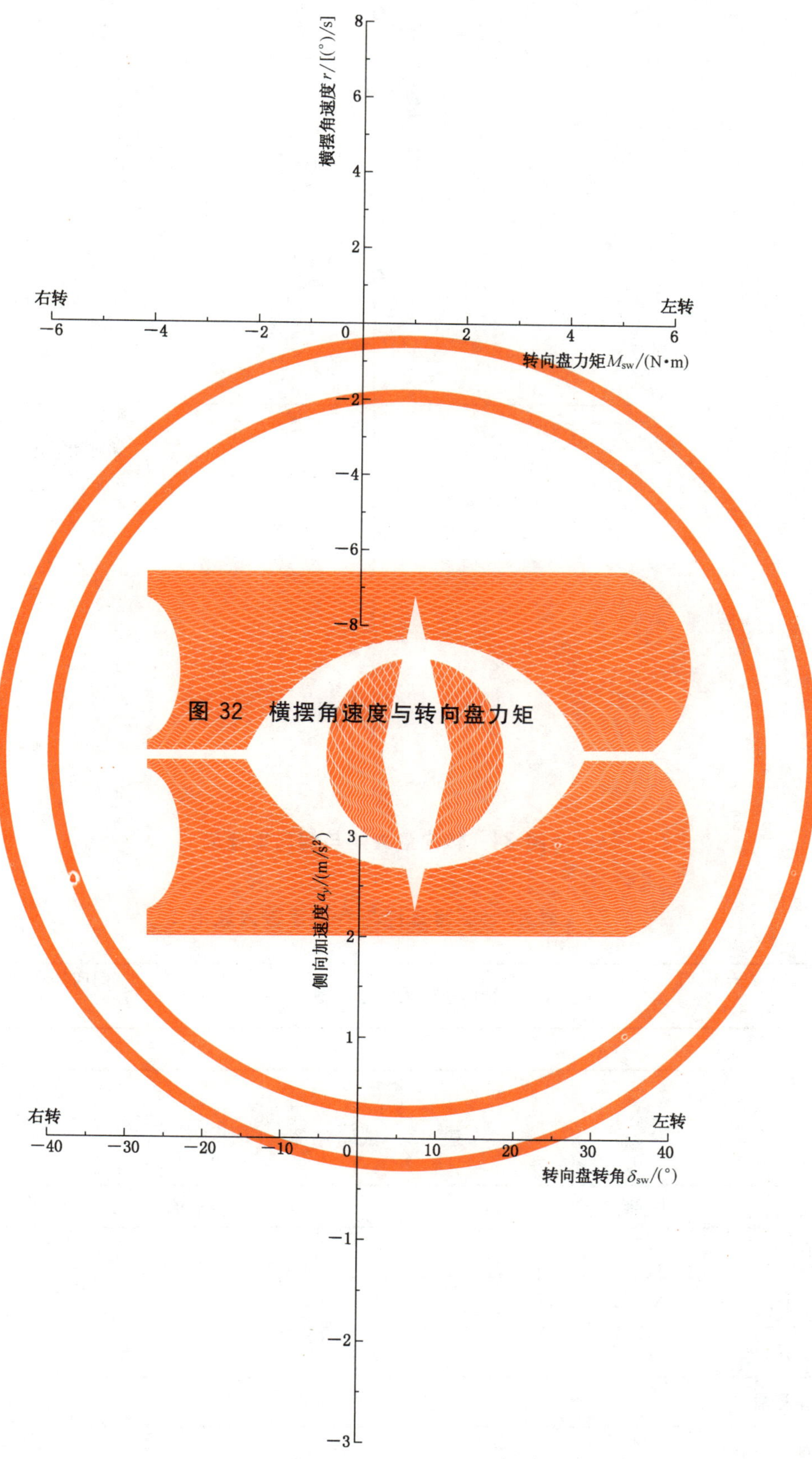

图 32 横摆角速度与转向盘力矩

图 33 侧向加速度与转向盘转角

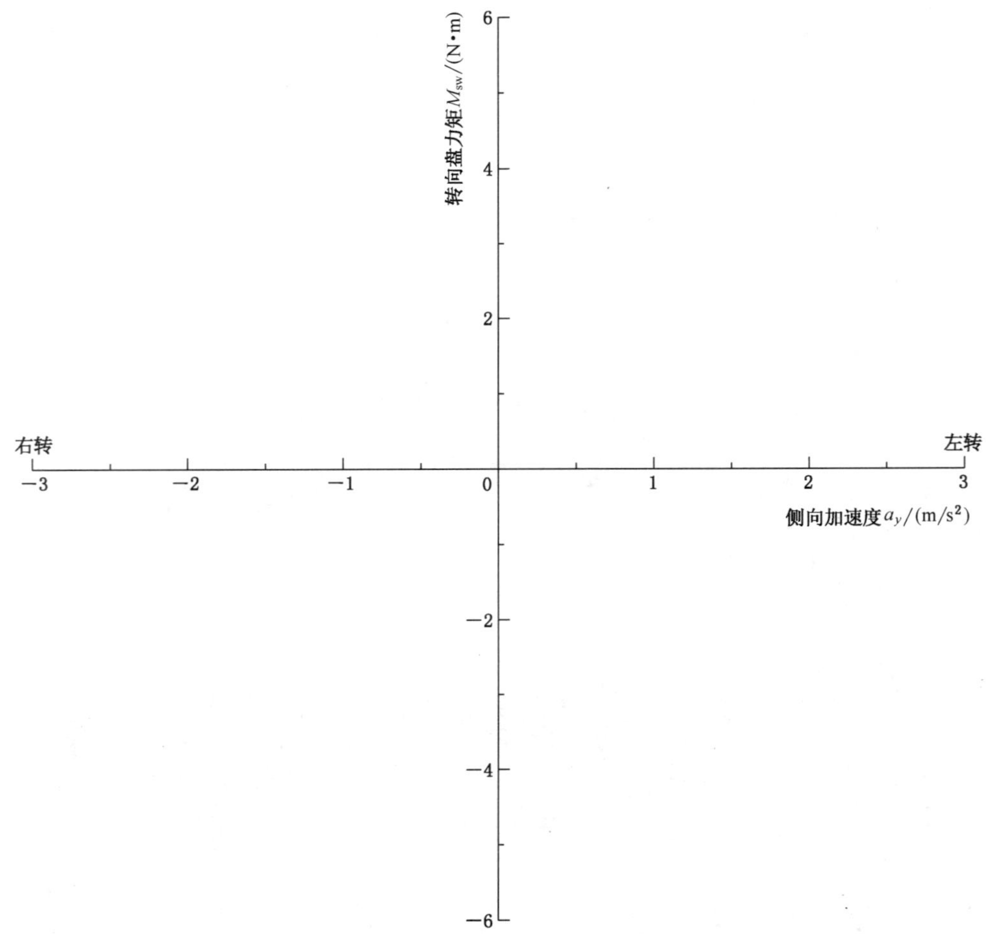

图 34 转向盘力矩与侧向加速度

表 12 试验车速与转向盘输入波形

试验车速 km/h	转向盘输入波形类型	侧向加速度幅值 m/s²

表 13 试验结果

性能参数	数值	备注
平均转向刚度/[N·m/(°)]		
转向盘中心区转向刚度/[N·m/(°)]		
转向摩擦力矩/(N·m)		
转向盘转角迟滞/(°)		
横摆角速度增益/(1/s)		
横摆角速度响应滞后时间/s		
横摆角速度响应迟滞/(N·m)		

表 13（续）

性能参数	数值	备注
平均转向灵敏度/[m/s²/(°)]		
最小转向灵敏度/[m/s²/(°)]		
侧向加速度为±1 m/s² 时转向灵敏度/[m/s²/(°)]		
侧向加速度迟滞/(m/s²)		
转向盘转角迟滞/(°)		
转向迟滞/(°)		
侧向加速度为 0 时转向盘力矩/(N·m)		
侧向加速度为±1 m/s² 时转向盘力矩/(N·m)		
转向盘力矩为 0 时侧向加速度/(m/s²)		
侧向加速度为 0 时转向盘力矩梯度/[N·m/(m/s²)]		
侧向加速度为±1 m/s² 时转向盘力矩梯度/[N·m/(m/s²)]		
转向盘力矩迟滞/(N·m)		
侧向加速度迟滞/(m/s²)		

12 试验报告

试验报告的内容根据需要可包括下列全部或部分内容：

a) 试验依据、目的、要求；

b) 试验条件；

c) 试验项目、方法；

d) 试验结果；

e) 附录 A 的全部内容和附录 B、附录 C 的全部或部分内容；

f) 报告日期；

g) 试验执行单位和参试人员。

附 录 A
（规范性附录）
数据表——基本评价试验

车辆型号________________

试验汽车编号________________

制造厂名________________

出厂日期________________

发动机号________________

底盘号________________

行驶里程________________km

轴距________________mm

前轮距________________mm

后轮距________________mm

轻载质量________________kg

前轴载质量________________kg

后轴载质量________________kg

最大设计总质量________________kg

前轴载质量________________kg

后轴载质量________________kg

前轮胎型号________________

前轮辋型号________________

前左轮气压

冷态________________kPa

前右轮气压

冷态________________kPa

轮胎胎冠花纹深度

前左轮________________mm

前右轮________________mm

后轮胎型号________________

后轮辋型号________________

后左轮气压

冷态________________kPa

后右轮气压

冷态________________kPa

轮胎胎冠花纹深度

后左轮________________mm

后右轮________________mm

车轮定位参数

主销内倾

左轮________________(°)

右轮________________(°)

主销后倾

左轮________________(°)

右轮________________(°)

车轮外倾

前左轮________________(°)

前右轮________________(°)

后左轮________________(°)

后右轮________________(°)

车轮前束

前轮________________mm

后轮________________mm

转向盘直径________________mm

转向盘自由行程________________(°)

所用仪器

测量转向盘力矩________________

测量横摆角速度________________

测量汽车前进速度________________

测量车身侧倾角________________(°)

测量侧向加速度________________

试验地点________________

路面状况________________

场地坡度________________

大气温度________________℃

风速________________m/s

试验日期________________

试验参加人员________________

驾驶员________________

数据处理人员________________

备注____

附 录 B
（资料性附录）
数据表——对标分析试验

B.1 汽车类型

B.2 汽车标识

汽车单元码(汽车列车)

汽车类型：________________

汽车标识代码：________________

制造厂家、年份、型号、类型：________________

里程表读数：________________

B.3 发动机

发动机号：________________

发动机类型： □ 汽油机 □ 柴油机

最大功率________kW 在________r/min

最大扭矩________kN 在________r/min

B.4 变速器

变速器号：________________

类型/前进档数 手动________档

自动档________档

液力变距器

主减速比________________

B.5 一轴(前轴)

悬架类型：________________

前轴类型：________________

型号：________________

额定载荷：________________kg

稳定杆类型：________________

车轮个数：________________

轮距：________________

轮辋尺寸：________________

B.5.1 轮胎

类型：________________

制造厂家：________________

日期：________________

尺寸：________________

序列号：________________

B.5.2 减振器

类型：________________

标识码：________________

号码：________________

B.5.3 转向系

类型：________________

总转向速比：________________

B.5.4 驱动形式

B.5.5 制动系

制动器数量：________________

制造厂家：________________

制动器形式：________________

型号：________________

ABS： □有　　□无

依据标准：________________

制动性能(静载下转鼓测试结果)：

单轴制动力随踏板力或管路压力增长特性：________________ kN/N(kN/kPa)

按 GB 12676 获取的行车制动反应时间：________________ s

B.6 第 n 轴

悬架类型：________________

轴类型：________________

型号：________________

额定载荷：________________ kg

横向稳定杆：________________

车轮数：________________

轮距：________________

轮辋尺寸：________________

B.6.1 轮胎

类型：________________

厂家：________________

日期：________________

尺寸：________________

系列号：________________

B.6.2 减振器

型号：________________

标识码：________________

代号：________________

B.6.3 转向系

类型：________________

总转向速比：________________

B.6.4 驱动形式________________

B.6.5 制动系统

制动器数量：________________

制造厂家：________________

制动器形式：________________

型号：________________

ABS：□有　　　　□无

认证标准：______________________________

制动性能(静载下转鼓测试结果)：

单轴制动力随踏板力或管路压力增长特性：______________ kN/N(kN/kPa)

按 GB 12676 获取的行车制动反应时间：______________________ s

B.7　轮胎胎冠花纹深度及充气压力见表 B.1。

表 B.1

		一轴				第 n 轴			
		左		右		左		右	
		内侧	外侧	内侧	外侧	内侧	外侧	内侧	外侧
轮胎胎冠花纹深度 mm	原始胎面								
	试验前								
	试验后								
轮胎充气压力 kPa	冷态								
	热态，暖车之后								
	热态，试验之后								

B.8　汽车单元尺寸

距离参考点的距离：

一轴______________________________ mm

第 n 轴______________________________ mm

前铰接______________________________ mm

后铰接______________________________ mm

总长______________________________ mm

总宽______________________________ mm

试验质量状况下总高______________________________ mm

前铰接点离地高度(试验状态下)______________________________ mm

后铰接点离地高度(试验状态下)______________________________ mm

B.9　铰接类型

前______________________________

后______________________________

B.10　汽车载荷状况

汽车试验质量

一轴：左轮______________ kg　右轮______________ kg

第 n 轴：左轮______________ kg　右轮______________ kg

汽车单元前铰接点处静态垂直力______________________________ kN

质心高度______________________________ mm

横摆惯性矩______________________________ kg·m²

侧向加速度传感器安装位置：

离地高度______________________________

离参考点距离______________________________

有效载荷描述____

其他数据(特别是与悬架、转向装置相关的数据)

____

____

____

____

附 录 C
（资料性附录）
试验条件——对标分析试验

C.1 试验方法____________________ 标题____________________

C.2 场地

名称和位置____________________

道路半径：____________________ m

侧向坡度：____________________ %

纵向坡度：____________________ %

道路路面：____________________

类型：____________________

状况：____________________

摩擦状况/测量方法：____________________

表面温度：____________________ ℃

C.3 大气状况

空气温度：____________________ ℃

相对湿度：____________________ %

风速：____________________ m/s

试验时风向相对汽车行驶方向的夹角：____________________ (°)

C.4 试验人员

驾驶员：____________________

试验工程师：____________________

数据分析员：____________________

C.5 试验日期

日期：____________________

时间：从：____________________ 到：____________________

C.6 基本评价：

____

____

____

附 录 D
（资料性附录）
汽车稳态回转试验方法——定转弯半径法

D.1 测试仪器

a) 车速仪；
b) 转向盘力矩、转向盘转角测量仪；
c) 汽车操纵稳定性测试仪；
d) 多通道数据采集系统。

D.2 测量参数

必须测量变量：
a) 汽车横摆角速度；
b) 汽车前进车速；
c) 车身侧倾角。
希望测量变量：
a) 汽车侧偏角；
b) 汽车纵向加速度；
c) 汽车侧向加速度。

D.3 试验方法

D.3.1 在试验场地上，用醒目的颜色画出半径为 30 m 的圆弧试验路径（见图 D.1）。路径两侧沿圆弧中心线每隔 5 m 放置标桩，两侧标桩至圆弧中心线的距离为 1/2 车宽加 b，b 值按表 D.1 确定。

表 D.1

试验汽车轴距/mm	标桩距离 b/mm
轴距≤2 500	300
2 500<轴距≤4 000	500
轴距>4 000	700

D.3.2 接通仪器电源，使之预热到正常工作温度。
D.3.3 试验开始之前，汽车应以侧向加速度为 3 m/s^2 的相应车速沿画定的圆周行驶五圈以使轮胎升温。
D.3.4 汽车以最低稳定车速行驶，调整转向盘转角，使汽车沿圆弧行驶。在进入圆弧路径并达到稳定状态后，开始记录并保持加速踏板位置和转向盘位置在 3 s 内不动（允许转向盘转角在±10°范围内调整）。逐步提高车速，使车辆侧向加速度以不大于 0.5 m/s^2 的幅度增加，直至侧向加速度达到 6.5 m/s^2，或受发动机功率限制所能达到最大侧向加速度，或汽车出现不稳定状态。当汽车通过试验路径时，如撞到标桩，则本次试验无效。

D.3.5 试验按向左转和向右转两个方向进行，每个方向试验三次。

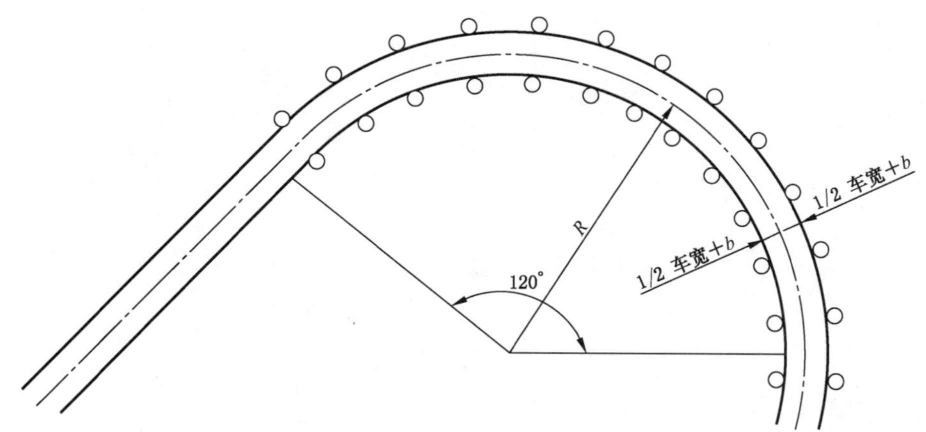

图 D.1 标桩布置

D.4 试验数据处理

D.4.1 侧向加速度

侧向加速度的值可按下述方法取得：

a) 按 5.4.5.1a)或 5.4.5.1b)规定的方法确定；

b) 用前进车速(单位，m/s)的平方除以圆弧路径中心线的半径(单位，m)。

D.4.2 汽车前后轴侧偏角差值

根据计算出的各点转弯半径 R_k 按式(D.1)计算出汽车前后轴侧偏角差值 $\delta_1-\delta_2$。

注：在数据处理时，为了计算及阅读方便，各变量不严格按坐标系规定，左转及右转均取正。

汽车前后轴侧偏角差 $\delta_1-\delta_2$ 按式(D.1)确定：

$$\delta_1-\delta_2=57.3\cdot\frac{L}{R}\cdot\left(\frac{\theta_k}{\theta_0}-1\right) \qquad \text{(D.1)}$$

式中：

δ_1——前轴侧偏角，(°)；

δ_2——后轴侧偏角，(°)；

θ_0——汽车最低稳定车速通过圆弧路径时转向盘转角，(°)；

θ_k——汽车以某一车速通过圆弧路径时转向盘转角，(°)；

L——汽车轴距，m；

R——圆弧路径半径，30 m。

D.5 试验结果表达

D.5.1 以图 D.2、D.3、D.4 的形式分别绘出转向盘转角、前后轴侧偏角差、车身侧倾角与侧向加速度的关系曲线。

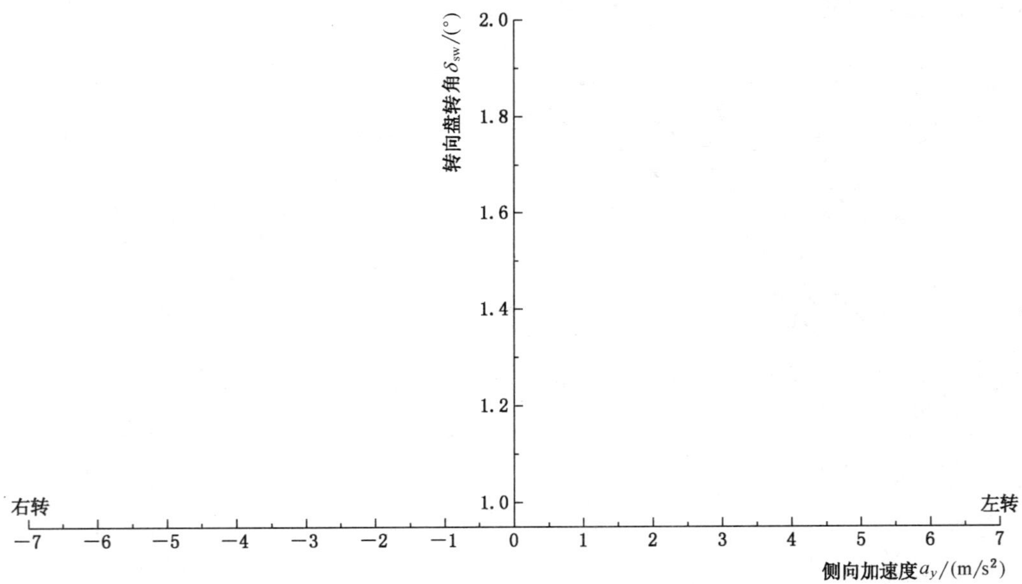

图 D.2　转向盘转角与侧向加速度

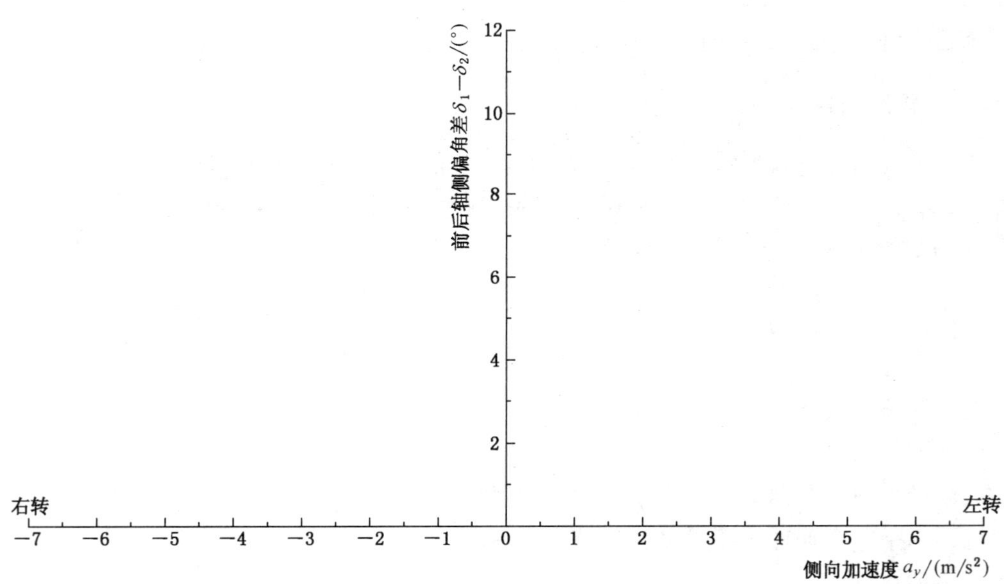

图 D.3　前后轴侧偏角与侧向加速度

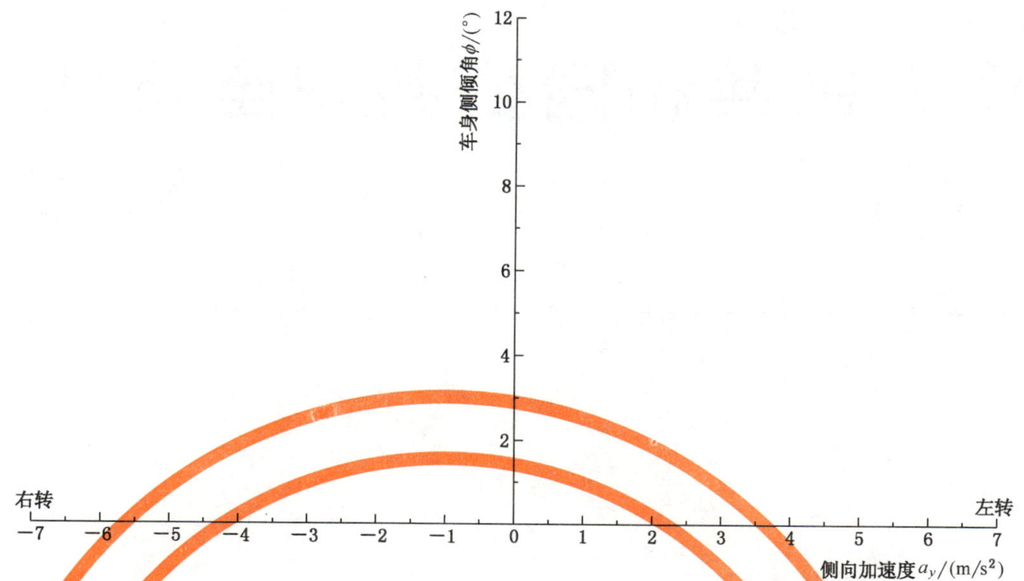

图 D.4 车身侧倾角与侧向加速度

D.5.2 找出中性转向点的侧向加速度 a_n，即为前、后轴侧偏角差与侧向加速度关系曲线上斜率为零处侧向加速度。

D.5.3 找出不足转向度 U，按前、后轴侧偏角差与侧向加速度关系曲线上侧向加速度值为 2 m/s² 处的平均斜率(纵坐标值除以横坐标值计算)。

D.5.4 找出车身侧倾度 K_Φ，按车身侧倾角与侧向加速度关系曲线上侧向加速度为 2 m/s² 处的平均斜率(纵坐标值除以横坐标值计算)。

D.5.5 稳态回转试验结果填入表 D.2 中。

表 D.2 稳态回转试验结果

		左转				右转			
		第一次	第二次	第三次	均值	第一次	第二次	第三次	均值
载荷状态									
圆弧路径半径 R/m									
中性转向点的侧向加速度 a_n/(m/s²)									
a_y=2 m/s² 时	不足转向度 U/[(°)/(m/s²)]								
	车身侧倾度 K_Φ/[(°)/(m/s²)]								

ICS 43.020
R 04

中华人民共和国公共安全行业标准

GA 801—2014
代替 GA 801—2013

机动车查验工作规程

Code of practice for motor vehicle inspection

2014-09-15 发布　　　　2014-12-01 实施

中华人民共和国公安部　发布

前　言

本标准中第2章、第3章及6.19、6.20、8.6为推荐性的，其余为强制性的。

本标准按照GB/T 1.1—2009给出的规则起草。

本标准代替GA 801—2013《机动车查验工作规程》。与GA 801—2013相比，除编辑性修改外主要技术变化如下：

——修改了标准的适用范围(见第1章，2013年版的第1章)；

——修改了“查验员”的术语和定义(见3.2，2013年版的3.2)；

——增加了“所有从事机动车查验工作的人员均应具有查验员资格证书，并获得设区的市公安机关交通管理部门授权”的要求(见4.1)；

——增加了查验员的分类及各级查验员可以查验的机动车类型和工作职责(见4.2)；

——修改了查验员的培训、考试和核发查验员资格证书的要求(见4.3，2013年版的4.1)；

——增加了查验员资格证书的有效期要求及有效期内应每年审验一次的要求(见4.4)；

——增加了省级公安机关交通管理部门的职责(见4.5)；

——增加了对申请注册登记的所有货车、货车底盘改装的专项作业车、挂车和带驾驶室的正三轮摩托车应查验整备质量的要求[见5.1.2 c)]；

——删除了核发机动车检验合格标志时的查验项目要求(见2013年版的5.2)；

——修改了对申请转移登记或者变更迁出的机动车的查验项目(见5.3.1，2013年版的5.4.1)；

——修改了申领、补领机动车登记证书环节的查验项目(见5.3.2，2013年版的5.4.2)；

——修改了需要监督解体的报废机动车的具体车辆类型(见5.3.3，2013年版的5.4.3)；

——修改了查验场地和设施的要求(见6.1，2013年版的6.1)；

——增加了专门查验区的要求(见6.2)；

——增加了查验员随身查验工具和装备要求，以及查验员查验机动车的基本要求(见6.3、6.4)；

——增加了公安机关交通管理部门车辆管理所查验机动车时应视频录像或拍摄照片的要求(见6.6)；

——增加了确定车辆类型的要求(见6.9)；

——修改了查验车辆外廓尺寸的要求(见6.12、2013年版的6.5)；

——增加了查验车辆整备质量的要求(见6.13)；

——修改了查验安全装置的要求(见6.14，2013年版的6.11)；

——修改了审核安全技术检验合格证明的要求(见6.15，2013年版的6.6)；

——增加了“使用便携式查验智能终端时，《机动车查验记录表》应通过计算机软件打印生成”的要求[见6.17 g)]；

——增加了“监督报废机动车解体时，应现场或远程视频监督车辆的五大总成解体”的要求(见6.18)；

——增加了“申请转移登记或者变更迁出的已注册登记机动车，不方便回机动车号牌核发地公安机关交通管理部门车辆管理所查验的，转入/迁入地公安机关交通管理部门车辆管理所按照5.3.1的规定查验机动车”的要求(见6.19)；

——增加了机动车查验监督管理的相关要求(见6.21、6.22和6.23)；

——删除了“更换车身或者车架时不属于打刻原车辆识别代号的，在《机动车查验记录表》的备注栏内记录新的车辆识别代号”的要求(见2013年版的6.3)；

——删除了“省、自治区、直辖市和设区的市公安机关交通管理部门，可以根据 GB 7258 等机动车国家安全技术标准增加查验项目，根据地方性法规或地方政府规章扩大安全装置的配置和查验范围”的要求(见 2013 年版的 6.8)；

——修改了《违规机动车产品通报表》的上报要求(见 7.2,2013 年版的 7.2)；

——增加了检验监督工作要求(见第 8 章)；

——修改了表 A.1 中“车辆外观形状”“核定载人数”“车辆外廓尺寸”“安全技术检验合格证明”等项目的查验合格要求(见附录 A,2013 年版的附录 A)；

——增加了表 A.1 中“整备质量”项目的查验合格要求(见附录 A)；

——修改了“表 C.1 违规机动车产品通报表”(见附录 C,2013 年版的附录 C)；

——增加了附录 D(见附录 D)。

本标准由公安部道路交通管理标准化技术委员会提出并归口。

本标准负责起草单位：公安部交通管理科学研究所。

本标准参加起草单位：北京市公安局公安交通管理局车辆管理所、沈阳市公安局交警支队车辆管理所、成都市公安局交通管理局车辆管理所。

本标准主要起草人：应朝阳、吴云强、孙巍、张军、李健、赵卫兴、是建荣、罗跃、包威、张宝文。

本标准所代替标准的历次版本发布情况为：

——GA 801—2008、GA 801—2013。

机动车查验工作规程

1 范围

本标准规定了机动车查验员资格管理、查验项目和查验工作要求以及公安机关交通管理部门对机动车安全技术检验进行监督的工作要求。

本标准适用于公安机关交通管理部门和经公安机关交通管理部门考核合格并取得认可的单位对机动车进行查验,本标准也适用于公安机关交通管理部门对机动车查验员进行资格管理及对机动车安全技术检验进行监督。

2 规范性引用文件

下列文件对于本文件的应用是必不可少的。凡是注日期的引用文件,仅注日期的版本适用于本文件。凡是不注日期的引用文件,其最新版本(包括所有的修改单)适用于本文件。

GB 1589 道路车辆外廓尺寸、轴荷及质量限值

GB 7258—2012 机动车运行安全技术条件

GA 802 机动车类型 术语和定义

机动车登记规定(公安部令第102号)

3 术语和定义

GB 7258 界定的以及下列术语和定义适用于本文件。

3.1

查验 inspection

办理机动车业务时,查验员依据道路交通安全法律法规和相关标准确认机动车。

3.2

查验员 inspector

具有相应的知识和技能,经公安机关交通管理部门培训考试合格并获得查验员资格证书,根据公安机关交通管理部门授权从事机动车查验工作的人员。

4 查验员资格管理

4.1 所有从事机动车查验工作的人员均应具有查验员资格证书,并获得设区的市公安机关交通管理部门授权。

4.2 查验员分为初级查验员、中级查验员和高级查验员。各级查验员可以查验的机动车类型及工作职责如下:

a) 初级查验员可以对摩托车、小型和微型载客汽车、轻型和微型载货汽车、低速汽车(包括三轮汽车和低速货车)进行查验;

b) 中级查验员可以对所有类型机动车进行查验,进行嫌疑车辆调查取证、违规机动车产品上报初审,指导初级查验员的查验工作;

c) 高级查验员可以对所有类型机动车进行查验，进行嫌疑车辆调查取证、违规机动车产品上报审查，指导中级和初级查验员工作，对中级和初级查验员进行培训。

4.3 公安部交通管理局负责组织对全国高级查验员进行培训、考试并核发查验员资格证书，省级公安机关交通管理部门负责对本省（自治区、直辖市）范围内的中级查验员和初级查验员进行培训、考试、核发查验员资格证书。

4.4 查验员资格证书有效期为三年，有效期内应每年审验一次。

4.5 省级公安机关交通管理部门，应结合本地实际细化查验员资格管理规定，明确查验员培训考试、查验员资格证书年度审验及查验员日常管理等要求。

5 查验项目

5.1 注册登记

5.1.1 对申请注册登记的机动车，应核对机动车标准照片，确定车辆类型、车身颜色及核定载人数，并查验以下项目：

a) 基本信息：车辆识别代号（或整车出厂编号，下同）、发动机（电动机）号码[包括发动机（电动机）型号和出厂编号，下同]、车辆品牌和型号；

b) 主要特征：车辆号牌板（架）、车辆外观形状、轮胎完好情况。

5.1.2 根据申请注册登记机动车的车辆类型和使用性质的不同，还应查验以下项目：

a) 对汽车（无驾驶室的三轮汽车除外），查验机动车用三角警告牌；

b) 对乘用车、公路客车、旅游客车、未设置乘客站立区的公共汽车和旅居车的所有座椅及其他汽车（低速汽车除外）的驾驶人座椅和前排乘员座椅，查验汽车安全带；

c) 对总质量大于或等于 4 500 kg 的（即中型和重型）货车和货车底盘改装的专项作业车及所有低速汽车、挂车、危险货物运输车，查验外廓尺寸、轴数、轴距和轮胎规格，对所有货车和货车底盘改装的专项作业车、挂车、带驾驶室的正三轮摩托车，查验整备质量；其他类型的机动车在有疑问时查验；

d) 对所有货车、货车底盘改装的专项作业车和挂车，查验车身反光标识；对总质量大于或等于 12 000 kg 的（即重型）货车（半挂牵引车除外）和货车底盘改装的专项作业车，车长大于 8.0 m 的挂车，查验车辆尾部标志板；

e) 对除半挂牵引车外的总质量大于 3 500 kg 的货车、货车底盘改装的专项作业车和挂车，查验侧面及后下部防护装置；

f) 对危险货物运输车、客车[即中型（含）以上载客汽车]，查验灭火器；

g) 对公路客车、旅游客车、未设置乘客站立区的公共汽车、危险货物运输车、半挂牵引车和总质量大于或等于 12 000 kg 的货车，查验行驶记录装置；

h) 对车长大于或等于 6 m 的客车，查验应急出口和应急锤；对车长大于 9 m 的公路客车、旅游客车和未设置乘客站立区的公共汽车，还应查验乘客门数量；

i) 对危险货物运输车、燃气汽车（包括气体燃料汽车、两用燃料汽车和双燃料汽车，下同），查验外部标识、文字；对货车和专项作业车，查验是否喷涂了总质量（或最大允许牵引质量）、栏板高度、罐体容积和允许装运货物的种类或名称；对客车（专用校车和设有乘客站立区的公共汽车除外），查验是否喷涂了该车提供给乘员（包括驾驶人）的座位数；对教练车，查验是否在车身两侧及后部喷涂了“教练车”等字样；对残疾人专用汽车（即残疾人专用自动挡载客汽车），查验是否设置了残疾人机动车专用标志；

j) 对警车、消防车、救护车和工程救险车，查验车辆外观制式、标志灯具和车用电子警报器；

k) 对残疾人专用汽车，查验操纵辅助装置加装合格证明及操纵辅助装置的产品型号和产品编号；

l) 对专用校车,查验车身外观标识、校车标志灯和停车指示标志(停车指示牌)、具有行驶记录功能的卫星定位装置、干粉灭火器、急救箱和车内外录像监控系统、辅助倒车装置、学生座椅(位)和照管人员座椅(位)、汽车安全带、应急出口和应急锤(逃生锤);
m) 对公路客车、旅游客车、专用校车,危险货物运输车和车长大于 9 m 的未设置乘客站立区的公共汽车,查验是否具有限速功能或装备限速装置,以及限速功能或限速装置调定的最大车速对公路客车、旅游客车和未设置乘客站立区的公共汽车是否超过 100 km/h,对专用校车、危险货物运输车是否大于 80 km/h;
n) 对车长大于 8 m 的专用校车和车长大于 9 m 的其他客车、总质量大于或等于 12 000 kg 的货车和专项作业车、所有危险货物运输车,查验辅助制动装置。对专用校车、车长大于 9 m 的其他客车及所有危险货物运输车,查验前轮是否装备了盘式制动器;
o) 对专用校车,车长大于 9 m 的公路客车、旅游客车和未设置乘客站立区的公共汽车,所有危险货物运输车和半挂牵引车,总质量大于或等于 12 000 kg 的货车和专项作业车及总质量大于 10 000 kg 的挂车,查验防抱死制动装置;
p) 对专用校车及发动机后置的其他客车,查验发动机舱自动灭火装置;
q) 对校车和公路客车、旅游客车,查验车窗玻璃的可见光透射比是否大于或等于 50%及是否张贴有不透明和带任何镜面反光材料的色纸或隔热纸。

5.1.3 对按照《机动车登记规定》在申请注册登记前应进行安全技术检验的机动车,还应审核安全技术检验合格证明。

5.2 变更登记和变更备案

5.2.1 对因变更车身颜色或使用性质申请变更登记的机动车,核对变更颜色(或使用性质)后的机动车标准照片,查验车辆识别代号、车辆号牌(包括号牌放大号)、车辆外观形状和轮胎完好情况,确认车身颜色,并按 5.1.2 d)、5.1.2 e)、5.1.2 i)、5.1.2 j)的规定查验机动车。对因变更使用性质申请变更登记的机动车,还应按 5.1.2 g)、5.1.2 h)、5.1.2 m)~5.1.2 q)的规定查验机动车。

5.2.2 对因更换车身或者车架申请变更登记的机动车,核对变更后的机动车标准照片,查验车辆识别代号、发动机号码、车身颜色、车辆号牌(包括号牌放大号)、车辆外观形状和轮胎完好情况,审核安全技术检验合格证明,并按 5.1.2 d)、5.1.2 e)、5.1.2 g)、5.1.2 h)、5.1.2 i)、5.1.2 j)、5.1.2 m)~5.1.2 q)的规定查验机动车;有疑问时还应查验核定载人数及外廓尺寸、整备质量。

5.2.3 对因更换发动机申请变更登记的机动车,查验车辆识别代号、发动机号码、车辆号牌,审核安全技术检验合格证明。

5.2.4 对因质量问题更换整车申请变更登记的,按 5.1 的规定查验机动车。

5.2.5 对转入的机动车进行查验时,按 5.1 的规定查验机动车;对属于卧铺客车的,还应查验车内外录像监控装置。

5.2.6 对因重新打刻车辆识别代号申请变更备案的机动车,查验车辆识别代号、发动机号码,车身颜色、车辆号牌(包括号牌放大号)、车辆外观形状和轮胎完好情况,并按 5.1.2 d)、5.1.2 e)、5.1.2 i)、5.1.2 j)的规定查验机动车;有疑问时还应查验核定载人数及外廓尺寸、整备质量。

5.2.7 对因重新打刻发动机号申请变更备案的机动车,查验车辆识别代号、发动机号码和车辆号牌。

5.2.8 对自动挡乘用车加装肢体残疾人操纵辅助装置申请变更备案的,查验车辆识别代号、车辆号牌、操纵辅助装置加装合格证明、操纵辅助装置的产品型号和产品编号及安全技术检验合格证明。对残疾人专用汽车拆除肢体残疾人操纵辅助装置申请变更备案的,查验车辆识别代号、车辆号牌,确认是否已拆除操纵辅助装置。

5.3 其他业务

5.3.1 对申请转移登记或者变更迁出的机动车,按 5.1 的规定查验机动车;属于卧铺客车的,还应查验车内外录像监控装置。对非专用校车，还应查验校车标志灯、停车指示标志是否已拆除，以及是否已消除喷涂粘贴的专用校车车身外观标识，但办理转移登记的非专用校车，现机动车所有人为辖区内学校或者已取得县级或者设区的市级人民政府校车使用许可的校车服务提供者的除外。

5.3.2 对申领、补领机动车登记证书的机动车，查验车辆识别代号、发动机号码、车身颜色、车辆号牌（包括号牌放大号）、车辆外观形状及 5.1.2 d)、5.1.2 e)、5.1.2 i)、5.1.2 j)、5.1.2 q)规定的项目；对车辆外廓尺寸、整备质量、轮胎规格等主要特征和技术参数存在疑问时，应增加查验。

5.3.3 监督解体报废的大型客车、中型(含)以上货车、其他营运机动车和校车时，应查验被解体报废机动车的车辆识别代号，确认车辆发动机、方向机、变速器、前后桥、车架(车身)等五大总成。

5.3.4 教育行政部门征求申请校车使用许可审查意见阶段查验机动车时，应查验车辆识别代号、车辆号牌、校车标志灯和停车指示标志、具有行驶记录功能的卫星定位装置、应急锤、干粉灭火器、急救箱和安全技术检验合格证明；对专用校车和喷涂粘贴有专用校车车身外观标识的非专用校车，还应查验车身外观标识、照管人员座椅和汽车安全带；对专用校车，还应查验车内外录像监控系统、辅助倒车装置；对非专用校车，应分别核定乘坐幼儿、小学生、中小学生和初中生时的学生数和成人数。

5.3.5 对不再作为校车使用的非专用校车，应查验车辆识别代号、车辆号牌，确认校车标志灯、停车指示标志是否已拆除，以及是否已消除专用校车车身外观标识。

6 查验工作要求

6.1 公安机关交通管理部门车辆管理所查验机动车应在专门查验区进行，但特殊情况下不能在专门查验区进行查验并经省级公安机关交通管理部门批准的除外。

6.2 专门查验区的视线应良好，其场地应平坦、硬实，长度、宽度和高度应能满足查验车型的实际需要。专门查验区应施划有标志标线，安装有视频监控系统，配备有查验工具柜(箱)，工具柜(箱)内应包括铅锤、轮胎花纹深度计、透光率计、探伤仪、铁钩、轮胎气压表、逆反射系数检测仪(或反光标识检测仪)等常用查验工具。

6.3 公安机关交通管理部门车辆管理所的查验员应配备查验工具包(内配钢尺、强光电筒、手锤等随身查验工具)、便携式智能查验终端和执法记录仪。便携式查验智能终端应具有远程比对《道路机动车辆生产企业及产品公告》(以下简称《公告》)照片和数据、向机动车查验监管系统无线上传数据及生成《机动车查验记录表》(见附录 A)的功能；执法记录仪应符合相关标准及规定。

6.4 查验员在查验机动车时，应佩带全省统一式样的证卡，按照规定使用便携式查验智能终端和执法记录仪，依法依规履行相关法律法规、技术标准赋予的职责。

6.5 查验员应按照规定的项目查验机动车，按照相关法律法规和 GB 1589、GB 7258 等机动车国家安全技术标准确认所查验项目是否符合规定(查验合格的主要要求参见附录 B)。与车辆结构或安全装置相关的查验项目，应按照机动车出厂时所执行版本的机动车国家安全技术标准确认是否符合规定，但法律法规和强制性国家标准另有规定的除外。

6.6 公安机关交通管理部门车辆管理所查验机动车时应进行视频录像或拍摄照片。视频或照片应能确认查验是否在专门查验区进行并识别车辆特征(对申请注册登记的机动车应能确认车辆识别代号，对已注册登记机动车应能识别号牌号码)。

注：一张照片能同时确认查验是否在专门查验区进行并识别车辆特征的，视为满足要求。

6.7 机动车登记服务站查验机动车时应通过视频录像或拍摄照片等方式记录查验过程，并通过计算机网络实时向公安机关交通管理部门上传关键项目查验照片(或视频)和查验结果。

6.8 进口机动车、校车、危险货物运输车、专项作业车、挂车、中型(含)以上载客汽车、中型(含)以上载货汽车的注册登记、变更登记、申领和补领机动车登记证书及校车使用许可、报废机动车法定监督解体、嫌疑车辆调查取证等业务的机动车查验应由民警查验员负责；其他车辆类型和业务种类的机动车查验由非民警查验员独立承担时，公安机关交通管理部门车辆管理所或民警查验员应进行监督。

注：民警查验员是指具有公安机关人民警察身份的查验员；非民警查验员是指不具有公安机关人民警察身份的查验员，如汽车品牌销售商、二手车交易市场、机动车报废回收企业等单位的查验员，也包括公安机关交通管理部门车辆管理所不具有人民警察身份的查验员。

6.9 确定车辆类型时，机动车实车车长符合 GB 1589 等机动车国家安全技术标准的规定且实车车长与《公告》、机动车整车出厂合格证明记载的名义车长的偏差在允许范围内时，按照《公告》、机动车整车出厂合格证明记载的名义车长核定车辆类型。

6.10 查验车辆识别代号时，应实车查看车辆识别代号的号码，核对是否与机动车整车出厂合格证明、货物进口证明书或者机动车行驶证等凭证一致，确认车辆识别代号有无被凿改等嫌疑。办理机动车注册登记、转入、转移登记、变更迁出、更换车身或者车架、更换整车、申领机动车登记证书业务及重新打刻车辆识别代号变更备案时，还应核对车辆识别代号拓印膜。

6.11 查验发动机（电动机）号码时，应实车查看打刻（或铸出）的发动机（电动机）型号和出厂编号，核对是否与机动车整车出厂合格证明、货物进口证明书或机动车行驶证等凭证一致，确认发动机（电动机）号码有无被凿改等嫌疑。如打刻（或铸出）的发动机型号和出厂编号不易见，则只查看发动机易见部位或电动机覆盖件上能永久保持的标有发动机（电动机）型号和出厂编号的标识。对 2004 年 4 月 30 日前注册登记的机动车，有疑问时可核对发动机出厂编号拓印膜。更换发动机时不属于打刻原发动机号码的，在《机动车查验记录表》的备注栏内记录新的发动机型号和出厂编号。

6.12 查验车辆外廓尺寸时，应使用量具测量相关尺寸参数；使用机动车外廓尺寸自动测量装置的，测得的外廓尺寸数值应实时上传至计算机管理系统并自动判别是否合格；对侧面及后下部防护装置离地高度、车身反光标识和车辆尾部标志板尺寸、面积等参数有疑问时，也应使用量具测量相关尺寸。机动车查验所使用的量具应按照规定进行计量检定或校准。

6.13 查验整备质量时，应采用具备资质的机构按照规定测得的整备质量，并与《公告》、机动车整车出厂合格证明等凭证和技术资料记载的数值进行比对，确认是否在允许的误差范围内。

6.14 查验安全装置时，应：

a) 查看《公告》、机动车整车出厂合格证明、产品使用说明书、安全技术检验合格证明等技术资料凭证，确认机动车是否具有限速功能或限速装置；
b) 查看驾驶室（区）内的辅助制动装置操纵开关及车辆相关凭证和技术资料，有疑问时实车操作检查，确认机动车是否安装了辅助制动装置；
c) 实车查看机动车前轮（实车无法查看时只查看车辆相关凭证和技术资料），确认机动车前轮是否安装了盘式制动器；
d) 打开机动车电源，观察“ABS”指示灯并判断 ABS 自检功能是否正常，有疑问时查看车辆相关凭证和技术资料、实车查看半挂车，确认机动车是否安装了防抱死制动装置；
e) 打开发动机盖并目视检查，确认机动车是否安装了发动机自动灭火装置。

6.15 审核机动车安全技术检验合格证明时，应审查安全技术检验合格证明上是否有本市行政辖区内具有资质的机动车安全技术检验机构的签章和授权签字人的签字，确认安全技术检验的项目是否齐全。

6.16 除按照规定应查验的项目外，查验过程中发现机动车有不符合 GB 1589、GB 7258 等机动车国家安全技术标准和相关法律法规的其他情形时，应在《机动车查验记录表》的“备注”栏内记录相关情况。

6.17 《机动车查验记录表》的填写要求如下：

a) 《机动车查验记录表》所列查验项目查验合格的，在对应的判定栏内签注“√”；查验不合格的，在对应的判定栏内签注“×”，必要时还应在备注栏简要说明不合格的情形；对按照规定不须查验的项目，在对应的判定栏内签注“—”。
b) 安全装置查验结果表明按照规定应安装的安全装置均已安装时，在“备注”栏中记录“安全装置符合要求”；安全装置查验结果表明至少有一种安全装置未按规定安装，或者发现实车未按规定安装安全装置的，在“备注”栏中记录“安全装置不符合要求”并说明具体情形。

c) 对申请注册登记的机动车进行查验时，查验员应在对应的判定栏内签注确定的“车身颜色”“核定载人数”及根据 GA 802 核定的“车辆类型”。

d) 对申请变更车身颜色的机动车进行查验时，查验员应在对应的判定栏内签注确定的“车身颜色”。

e) 对残疾人专用汽车进行查验时，操纵辅助装置加装合格证明、操纵辅助装置的产品型号和产品编号的查验结果在“备注”栏中签注。

f) 按规定应查验的项目全部合格且未发现其他不合格情形时，查验员应在《机动车查验记录表》对应的位置签注“合格”、签字并签注日期；按照规定查验的项目具有不合格情形时，查验员应签注“不合格”、签字并签注日期；发现其他不合格情形时，查验员应签注“不合格”、签字和签注日期，并在“备注”栏中说明不合格情形。查验不合格的机动车复检合格时，查验员在《机动车查验记录表》对应的位置签字并签注日期；复检仍不合格的，不签注。

g) 使用便携式查验智能终端时，《机动车查验记录表》应通过计算机软件打印生成。

h) 办理校车使用许可相关业务查验机动车时，查验结果应填写在《校车查验记录表》中，备注栏中应注明提交校车日期。非专用校车申请校车使用许可查验时，应按照幼儿校车、小学生校车、中小学生校车、初中生校车四种情形分别核定乘坐的学生数和成人数，并签注在“备注”栏中。

i) 教育行政部门征求申请校车使用许可审查意见时，机动车查验结束后，应将填写完毕(或通过计算机软件打印生成)的《校车查验记录表》交机动车所有人或申请人(或被委托的经办人)签字。

6.18 监督报废机动车解体时，应现场或远程视频监督车辆的五大总成解体；如发现车辆的五大总成不齐全，应要求机动车所有人出具相应的书面材料予以说明，但车架(车身)缺失时应认定为车辆缺失。

6.19 申请转移登记或者变更迁出的已注册登记机动车，不方便回机动车号牌核发地公安机关交通管理部门车辆管理所查验的，转入/迁入地公安机关交通管理部门车辆管理所按照 5.3.1 的规定查验机动车。

6.20 省、自治区、直辖市和设区的市公安机关交通管理部门，可以根据需要对在辖区内首次注册登记的新车型进行技术参数确认，建立新车型的技术参数库。

6.21 设区的市公安机关交通管理部门，应建设完善机动车查验监管系统，严格对查验机动车工作的监督和管理。

6.22 公安机关交通管理部门车辆管理所应通过现场或视频监管、拍摄照片、核查智能查验终端或执法记录仪、事后抽查复核等方式对机动车查验工作进行监督，定期对查验照片(或视频)进行审查，监督查验员是否按照规定的项目进行查验、查验结果是否符合规定。

6.23 省级公安机关交通管理部门应结合本地实际制定实施机动车查验监督管理的具体要求。

7 特殊情形的处理

7.1 查验中发现机动车存在被盗抢嫌疑、走私嫌疑、非法改装、拼装等情形时，应详细记录机动车基本信息并在计算机系统中注明。属于被盗抢嫌疑和走私嫌疑的，进入嫌疑车辆调查程序；属于非法改装的，应责令机动车车主将机动车恢复原状；属于拼装的，应按照相关规定移交有关部门予以拆解、报废。

7.2 查验申请注册登记的机动车时，发现机动车不符合 GB 1589、GB 7258 等机动车国家安全技术标准或与《公告》、机动车整车出厂合格证明的数据不一致时，或发现《公告》、机动车整车出厂合格证明的技术参数不符合 GB 1589、GB 7258 等机动车国家安全技术标准时，车辆管理所应做好取证工作，在计算机系统中详细记录机动车的基本信息及整车生产厂家、生产日期、公告批次(对进口机动车为进口证明凭证名称、编号)及违规原因初步调查等信息，填写《违规机动车产品通报表》(见附录 C)，向当地质量技术监督部门通报并通过网络逐级上报至省级公安机关交通管理部门。省级公安机关交通管理部门应定期组织高级查验员审核后上报至公安部交通管理局。

7.3 7.1 和 7.2 所述情形中，属于办理业务前经机动车安全技术检验机构安全技术检验合格的，应按规定对机动车安全技术检验机构予以处罚，并将相关信息通报给当地质量技术监督部门。

8 检验监督工作要求

8.1 公安机关交通管理部门车辆管理所应通过计算机联网核查机动车安全技术检验数据、审核机动车安全技术检验机构上传的检验照片（包括检验项目照片和检验资料照片）或视频，以及现场或远程视频抽查安全技术检验过程、查阅原始检验记录和报告等方式对机动车安全技术检验机构的安全技术检验行为进行监督。

8.2 设区的市公安机关交通管理部门车辆管理所应建设机动车安全技术检验远程视频监管中心，安排专门的工作人员，统一使用机动车安全技术检验监管系统对机动车安全技术检验机构上传的检验照片（或视频）、检验数据和结果进行审核：

a） 机动车安全技术检验远程视频监管中心的面积及从事审核的工作人员的数量应与需审核的检验业务量相适应；

b） 从事审核的工作人员应具备相应机动车车型的查验员资格，其负责人应为民警中级查验员或民警高级查验员；

c） 机动车安全技术检验监管系统应具备检验备案信息下载、转发和下发、机动车检验登录信息和复检登录信息接收、检验过程信息接收和转发、检验异常情况预警和报警、检验结果和检验照片（或视频）接收、检验审核、远程核发机动车检验合格标志等功能；能对检验数据和结果进行分析和统计，确认机动车安全技术检验项目是否齐全、所有人工检验项目的检验结果是否均为合格、所有仪器设备检验项目的检验结果是否均符合 GB 7258 的规定，及时核查多车检测数据雷同、重点车辆检验合格率异常等综合统计分析及异常情况预警功能。

8.3 审核机动车安全技术检验机构上传的检验照片（或视频）时，工作人员应确认检验照片（或视频）的数量及要求是否符合附录 D 的规定。检验照片（或视频）的审核结果为合格且机动车安全技术检验监管系统无检验异常情况预警或报警提示的，应远程核发机动车检验合格标志。

8.4 审核机动车安全技术检验机构上传的检验照片（或视频）时，发现检验照片（或视频）的数量及要求不符合附录 D 的规定的，应通过机动车安全技术检验监管系统告知机动车安全技术检验机构不符合规定的具体情形，并要求机动车安全技术检验机构重新上传整改后的检验照片（或视频）；目测能确认检验照片（或视频）所反映检验项目不符合 GB 7258 及其他相关规定的，审核结果为不合格，经调查核实机动车安全技术检验机构存在不按机动车国家安全技术标准进行检验的行为的，应按规定对机动车安全技术检验机构予以处罚。

8.5 机动车安全技术检验监管系统出现检验异常情况预警报警提示时，应及时分析原因，告知机动车安全技术检验机构预警报警提示信息的具体内容并要求机动车安全技术检验机构查清核实；属于机动车安全技术检验机构不按机动车国家安全技术标准和国家机动车安全技术检验标准检验、出具虚假检验报告等情形的，应按规定对机动车安全技术检验机构予以处罚。

8.6 对申请核发机动车检验合格标志的摩托车和非营运小型、微型载客汽车（面包车及 7 座和 7 座以上的除外），在机动车安全技术检验监管系统无检验异常情况预警和报警提示时，可先行核发机动车检验合格标志，但机动车安全技术检验远程视频监管中心应在检验照片（或视频）上传后的 24 h 内将检验照片（或视频）审核完毕。审核结果表明检验项目不符合 GB 7258 及其他相关规定的，应要求机动车安全技术检验机构通知送检的机动车重新进行检验，并按规定对机动车安全技术检验机构予以处罚。先行核发机动车检验合格标志，应经省级公安机关交通管理部门根据机动车安全技术检验机构的检验业务量和规范化程度批准后实施。

8.7 审核中发现机动车存在被盗抢嫌疑、走私嫌疑、非法改装、拼装等情形时，按 7.1 和 7.3 的规定执行。

8.8 设区的市公安机关交通管理部门车辆管理所应定期分析本地机动车安全技术检验情况，每月将参检率、检验合格率、异地检验率等数据及机动车安全技术检验机构违规信息上报省级公安机关交通管理部门；省级公安机关交通管理部门应每月分析机动车安全技术检验异常数据，每季度向公安部交通管理局上报本省机动车安全技术检验情况。数据分析发现异常的，公安机关交通管理部门应及时组织核查；发现机动车安全技术检验机构存在违规情形的，应按规定对机动车安全技术检验机构予以处罚并通报。

8.9 省级公安机关交通管理部门，应结合本地实际细化机动车安全技术检验监督相关规定，明确机动车安全技术检验远程视频监管中心的建设和运行要求。

9 标准实施的过渡期要求

6.1 中公安机关交通管理部门车辆管理所查验机动车应在专门查验区进行的要求，以及 6.3 中公安机关交通管理部门车辆管理所的查验员应配备便携式智能查验终端的要求，自本标准实施之日起第 7 个月开始实施。

附 录 A
（规范性附录）
机动车查验记录表

机动车查验记录表见表 A.1，校车查验记录表见表 A.2。

表 A.1 机动车查验记录表

号牌号码（流水号或其他与车辆能对应的号码）： 号牌种类： 使用性质：

<table>
<tr><td colspan="8">业务类型：□注册登记 □转入 □转移登记 □变更迁出 □变更车身颜色 □更换车身或者车架
□更换整车 □更换发动机 □变更使用性质 □重新打刻 VIN □重新打刻发动机号
□加装/拆除操纵辅助装置 □申领登记证书 □补领登记证书 □监督解体 □其他</td></tr>
<tr><td>类别</td><td>序号</td><td>查验项目</td><td>判定</td><td>类别</td><td>序号</td><td>查验项目</td><td>判定</td></tr>
<tr><td rowspan="9">通用项目</td><td>1</td><td>车辆识别代号</td><td></td><td rowspan="4">大中型客车、危险化学品运输车等</td><td>15</td><td>灭火器</td><td></td></tr>
<tr><td>2</td><td>发动机型号/号码</td><td></td><td>16</td><td>行驶记录装置、车内外录像监控装置</td><td></td></tr>
<tr><td>3</td><td>车辆品牌/型号</td><td></td><td>17</td><td>应急出口/应急锤、乘客门</td><td></td></tr>
<tr><td>4</td><td>车身颜色</td><td></td><td>18</td><td>外部标识/文字、喷涂</td><td></td></tr>
<tr><td>5</td><td>核定载人数</td><td></td><td rowspan="2">其他</td><td>19</td><td>标志灯具、警报器</td><td></td></tr>
<tr><td>6</td><td>车辆类型</td><td></td><td>20</td><td>检验合格证明</td><td></td></tr>
<tr><td>7</td><td>号牌/车辆外观形状</td><td></td><td colspan="4" rowspan="3">查验结论：</td></tr>
<tr><td>8</td><td>轮胎完好情况</td><td></td></tr>
<tr><td>9</td><td>安全带、三角警告牌</td><td></td></tr>
<tr><td rowspan="5">货车挂车</td><td>10</td><td>外廓尺寸、轴数、轴距</td><td></td><td colspan="4" rowspan="3">查验员：
年 月 日</td></tr>
<tr><td>11</td><td>整备质量</td><td></td></tr>
<tr><td>12</td><td>轮胎规格</td><td></td></tr>
<tr><td>13</td><td>侧后部防护装置</td><td></td><td rowspan="2">复检合格</td><td colspan="3" rowspan="2">查验员：
年 月 日</td></tr>
<tr><td>14</td><td>车身反光标识和车辆尾部标志板、喷涂</td><td></td></tr>
<tr><td colspan="4">机动车照片
（注册登记、转移登记、需要制作照片的变更登记、转入、监督解体）</td><td colspan="4">备注：
年 月 日</td></tr>
<tr><td colspan="8">车辆识别代号（车架号）拓印膜
（注册登记、转移登记、转出、转入、更换车身或者车架、更换整车、
申领登记证书、重新打刻 VIN）</td></tr>
</table>

说明：1）填表时在对应的业务类型名称上划“√”；2）对按照规定不须查验的项目，在对应的判定栏内划“—”；3）表 A.1 所列查验项目判定合格时在对应栏划“√”，判定不合格时在对应栏划“×”，表 A.1 以外的查验项目不合格时，在备注栏内注明情况，查验结论签注为“不合格”；所有查验项目合格，查验结论签注为“合格”；4）复检合格时，查验员签字并签注日期；复检仍不合格的，不签注；5）注册登记查验时，“车身颜色”“核定载人数”“车辆类型”判定栏内签注查验确定的相应内容；变更车身颜色查验时签注车身颜色。

表 A.2　校车查验记录表

号牌号码(流水号或其他与车辆能对应的号码)：　　　　车种类：□专用校车　□非专用校车

<table>
<tr><td colspan="8">业务类型：□注册登记　□转入　□更换整车　□转移登记　□变更迁出　□更换车身或者车架
□申请校车使用许可　□期满换发校车标牌　□非专用校车不再作为校车使用</td></tr>
<tr><td>类别</td><td>序号</td><td>查验项目</td><td>判定</td><td>类别</td><td>序号</td><td>查验项目</td><td>判定</td></tr>
<tr><td rowspan="9">通用项目</td><td>1</td><td>车辆识别代号</td><td></td><td rowspan="6">校车专用项目</td><td>16</td><td>车身外观标识</td><td></td></tr>
<tr><td>2</td><td>发动机型号/号码</td><td></td><td>17</td><td>照管人员座位</td><td></td></tr>
<tr><td>3</td><td>车辆品牌/型号</td><td></td><td>18</td><td>汽车安全带</td><td></td></tr>
<tr><td>4</td><td>车身颜色</td><td></td><td>19</td><td>车内外录像监控系统</td><td></td></tr>
<tr><td>5</td><td>核定载人数(学生/成人)</td><td>/</td><td>20</td><td>辅助倒车装置</td><td></td></tr>
<tr><td>6</td><td>车辆类型</td><td></td><td>21</td><td>校车标牌</td><td></td></tr>
<tr><td>7</td><td>号牌/车辆外观形状</td><td></td><td>其他</td><td>22</td><td>检验合格证明</td><td></td></tr>
<tr><td>8</td><td>轮胎完好情况</td><td></td><td colspan="4" rowspan="4">查验结论：</td></tr>
<tr><td>9</td><td>三角警告牌</td><td></td></tr>
<tr><td rowspan="6">校车专用项目</td><td>10</td><td>校车标志灯</td><td></td></tr>
<tr><td>11</td><td>停车指示标志</td><td></td></tr>
<tr><td>12</td><td>具有行驶记录功能的卫星定位装置</td><td></td><td colspan="4" rowspan="2">查验员：
年　月　日</td></tr>
<tr><td>13</td><td>应急出口/应急锤</td><td></td></tr>
<tr><td>14</td><td>干粉灭火器</td><td></td><td rowspan="2">复检合格</td><td colspan="3" rowspan="2">查验员：
年　月　日</td></tr>
<tr><td>15</td><td>急救箱</td><td></td></tr>
<tr><td colspan="5">机动车照片
(期满换发校车标牌及专用校车变更迁出除外)</td><td colspan="3">备注：
机动车所有人/申请人：
年　月　日</td></tr>
<tr><td colspan="8">车辆识别代号(车架号)拓印膜
(注册登记、转入、更换整车、转移登记、变更迁出、更换车身或者车架)</td></tr>
</table>

说明：1)填表时在对应的校车类型和业务类型名称上划"√"；2)对按照规定不须查验的项目，在对应的判定栏内划"—"；3)表 A.2 所列查验项目判定合格时在对应栏划"√"，判定不合格时在对应栏划"×"，表 A.2 以外的查验项目不合格时，在备注栏内注明情况，查验结论签注为"不合格"；所有查验项目合格，查验结论签注为"合格"；4)复检合格时，查验员签字并签注日期；复检仍不合格的，不签注；5)专用校车注册登记查验时，"车身颜色、核定载人数、车辆类型"判定栏内签注查验确定的相应内容；6)非专用校车申请校车使用许可查验时，按照幼儿校车、小学生校车、中小学生校车、初中生校车四种情形分别核定乘坐的学生数和成人数，并签注在备注栏内。

附 录 B
（资料性附录）
机动车查验合格主要要求

机动车查验合格的主要要求见表B.1。

表B.1 机动车查验合格主要要求

序号	项目	合格要求
1	车辆识别代号（整车出厂编号）	汽车、摩托车、半挂车和2012年9月1日起出厂的中置轴挂车应具有唯一的车辆识别代号，应至少有一个车辆识别代号打刻在车架（无车架的机动车为车身主要承载且不能拆卸的部件）能防止锈蚀、磨损的部位上，2013年3月1日起出厂的乘用车和总质量小于或等于3 500 kg的货车（低速汽车除外）还应在靠近风窗玻璃立柱的位置设置能永久保持的、从车外能清晰识读的车辆识别代号标识；其他机动车应打刻整车型号和出厂编号，型号在前，出厂编号在后，出厂编号两端应打刻起止标记。2007年4月1日起出厂的低速汽车，应按照规定打刻车辆识别代号。 同一辆车上不允许既打刻车辆识别代号，又打刻整车型号和出厂编号。同一辆车上标识的所有车辆识别代号（或整车出厂编号，下同）内容应相同。2004年10月1日前出厂的改装汽车，可能有两个不同内容的车辆识别代号，此时应有一个车辆识别代号的内容与相关凭证相同。 打刻的车辆识别代号应易见且易于拓印，其内容应与相关凭证（机动车整车出厂合格证明、货物进口证明书或《机动车行驶证》）记载及整车产品标牌标明的车辆识别代号内容一致，并且不应有明显的更改、变动、凿改、挖补、打磨痕迹或垫片、擅自另外打刻等异常情形。2014年9月1日起出厂的汽车、摩托车、半挂车和中置轴挂车，打刻的车辆识别代号从上（前）方观察时打刻区域周边足够大面积的表面不应有任何覆盖物；如有覆盖物，覆盖物的表面应明确标示“车辆识别代号”或“VIN”字样，且覆盖物在不使用任何专用工具的情况下能直接取下（或揭开）及复原
2	发动机（电动机）型号和出厂编号	发动机型号和出厂编号应打刻（或铸出）在气缸体上且应能永久保持；打刻的发动机出厂编号不应有明显的凿改、挖补、打磨痕迹或擅自另外打刻等异常情形。若打刻（或铸出）的发动机型号和出厂编号不易见，则应在发动机易见部位增加能永久保持的发动机型号和出厂编号的标识。 2013年3月1日起出厂的纯电动汽车、插电式混合动力汽车、燃料电池汽车和电动摩托车，应在主驱动电动机壳体上打刻电动机型号和编号；如打刻的电动机型号和编号被覆盖，应留出观察口，或在覆盖件上增加应永久保持的电动机型号和编号的标识。 相关凭证上记载的“发动机型号和出厂编号”应与发动机缸体上打刻或铸出（或标识上标明）及整车产品标牌上标明的发动机型号和出厂编号一致。 **注**：2004年10月1日前出厂的机动车打刻的发动机型号和出厂编号不易见时，其发动机的易见部位不一定有发动机标识
3	车辆品牌/型号	注册登记查验时，机动车整车出厂合格证明（对国产机动车）、海关货物进口证明书（对进口机动车）等凭证上记载的“车辆品牌”和“车辆型号”与整车产品标牌上标明的车辆品牌、型号应相符
4	车身颜色	注册登记查验时，按照实车核定车身颜色；变更车身颜色时，按照实车填写车身颜色。 其他情况下，车身颜色应与《机动车行驶证》记载的车身颜色一致

表 B.1（续）

序号	项目	合格要求
5	核定载人数	注册登记查验时，按照 GB 7258—2012 中 4.5.2～4.5.6 及 11.6 核定载客人数/驾驶室乘坐人数。对实行《公告》管理的国产机动车，载货汽车和专项作业车核定的驾驶室乘坐人数、载客汽车核定的乘坐人数与机动车整车出厂合格证明标明的数值应一致且符合《公告》管理的相关规定。其他情况下，座位/铺位数应与《机动车行驶证》记载的内容一致
6	号牌板(架)/车辆号牌	注册登记查验时，检查机动车号牌板(架)：前号牌板(架)(摩托车除外)应设于前面中部或右侧(按机动车前进方向)，后号牌板(架)应设于后面中部或左侧，号牌板(架)应能安装符合 GA 36 要求的机动车号牌。2013 年 3 月 1 日起出厂的机动车每面号牌板(架)上应设有 2 个号牌安装孔，2016 年 3 月 1 日起出厂的机动车每面号牌板(架)[三轮汽车前号牌板(架)、摩托车后号牌板(架)除外]上应设有 4 个号牌安装孔；号牌安装孔应保证能用 M6 规格的螺栓将号牌直接牢固可靠地安装在车辆上。 其他情况下，检查车辆号牌：号牌应安装在号牌板(架)处，号牌应正置、横向水平、纵向基本垂直且使用符合 GA 804 的专用固封装置固封，号牌应无变形、遮盖和破损、涂改，号牌号码和种类应与《机动车行驶证》的记录一致，其汉字、字母和数字应清晰可辨、颜色应无明显色差。不允许使用可拆卸号牌架和可翻转号牌架
7	车辆外观形状	外部照明灯具的透光面均应齐全，对称设置、功能相同的外部照明灯具的透光面颜色不应有明显差异。机动车配备的后视镜和下视镜应完好。所有车窗玻璃应完好且未粘贴镜面反光遮阳膜。前风窗玻璃及风窗以外玻璃用于驾驶人视区部位的可见光透射比应大于或等于 70%，公路客车、旅游客车和校车(包括专用校车和非专用校车)所有车窗玻璃的可见光透射比均应大于 50%，且不得张贴有不透明和带任何镜面反光材料之色纸或隔热纸。 车辆上装备的商标、厂标等整车标志应与车辆品牌/型号相适应。 注册登记查验时，对实行《公告》管理的国产机动车，车辆外观形状应与《公告》的机动车照片一致，但装有公告允许选装的部件时除外；2012 年 9 月 1 日起出厂的厢式货车和封闭式货车，驾驶室(区)两旁应设置车窗，货厢部位不得设置车窗[但驾驶室(区)内用于观察货物状态的观察窗除外]。其他情况下，车辆外观形状应与《机动车行驶证》上机动车标准照片记载的车辆外观形状一致，但装有允许自行加装的部件时除外；机动车标准相片如悬挂有机动车号牌，其号牌号码和类型应与《机动车行驶证》记载的内容一致。 **注 1**：查验员可以通过采集机动车标准照片信息核对机动车标准照片。 **注 2**：2012 年 9 月 1 日前出厂的公路客车和旅游客车，侧窗玻璃的可见光透射比若小于 50%，不视为不符合标准规定
8	轮胎完好情况	轮胎胎冠花纹深度应符合 GB 7258—2012 中 9.1.6 中要求，轮胎胎面及胎壁应无影响使用的破裂、缺损、异常磨损和割伤，轮胎胎面不得因局部磨损而暴露出轮胎帘布层。轮胎螺母应完整齐全。公路客车、旅游客车和校车的所有车轮及其他机动车的转向轮不得装用翻新的轮胎。 注册登记查验时，轮胎数应与机动车整车出厂合格证明等相关凭证记载的数据一致；其他情况下，轮胎数应与《机动车行驶证》上机动车标准照片记载的轮胎数一致
9	机动车用三角警告牌	汽车(无驾驶室的三轮汽车除外)应配备机动车用三角警告牌，三角警告牌在车上应妥善放置，式样及尺寸应符合相关规定
10	汽车安全带	装备的汽车安全带应齐全且能正常使用。卧铺客车每一个铺位均应安装两点式汽车安全带。 注册登记查验时，2012 年 9 月 1 日起出厂的乘用车、公路客车、旅游客车、未设置乘客站立区的公共汽车、旅居车的所有座椅，其他汽车(低速汽车除外)的驾驶人座椅和前排乘员座椅

表 B.1（续）

序号	项目	合格要求
10	汽车安全带	均应装置汽车安全带；所有驾驶人座椅、前排乘员座椅（货车前排乘员的中间位置及设有乘客站立区的公共汽车除外）、客车位于踏步区的车组人员座椅以及乘用车除第二排及第二排以后的中间位置座椅外的所有座椅，装置的汽车安全带均应为三点式（或四点式）安全带
11	车辆外廓尺寸	汽车及汽车列车、挂车的实际外廓尺寸不得超出 GB 1589 规定的限值，摩托车的实际外廓尺寸不得超出 GB 7258—2012 中表 2 规定的限值。 注册登记查验时，车辆的长、宽、高应与机动车整车出厂合格证明等相关凭证上记载的数值一致；其他情况下，应与《机动车行驶证》上记载的数值一致。外廓尺寸参数公差允许范围对汽车（低速汽车除外）、挂车为±1%或±50 mm，对其他机动车为±3%或±50 mm。 测量外廓尺寸参数时，应考虑允许自行加装的部件及变更使用性质拆除标志灯具对测量结果的影响。判定车辆外廓尺寸参数是否在公差允许范围内时，应考虑测量误差
12	整备质量	对所有货车、货车底盘改装的专项作业车和挂车，以及带驾驶室的正三轮摩托车，实车整备质量与《公告》、机动车整车出厂合格证明等凭证、技术资料记载的整备质量的误差符合管理规定；误差符合管理规定且总质量也符合 GB 1589 的，按照相关凭证、技术资料核定载质量。判定整备质量误差是否符合管理规定时，应考虑测量误差
13	轴数/轴距	注册登记查验时，轴数、轴距应与机动车整车出厂合格证明等相关凭证上记载的数据一致；其他情况下，轴数应与《机动车行驶证》上机动车照片记载的轴数一致
14	轮胎规格	同一轴上的轮胎规格和花纹应相同，轮胎规格应与机动车整车出厂合格证明等相关凭证（或资料）记载的内容一致
15	车身反光标识和车辆尾部标志板	货车和货车底盘改装的专项作业车、最大设计车速小于或等于 40 km/h 的其他汽车、所有挂车应按照 GB 7258—2012 中 8.4.1 和 8.4.2 及其他相关规定设置后部车身反光标识和车辆尾部标志板、侧面车身反光标识。 反光膜型车身反光标识为红白单元相间的条状反光膜材料，表面应完好、无破损；红白单元每一单元的长度应不小于 150 mm 且不大于 450 mm，宽度可为 50 mm、75 mm 或 100 mm；白色单元上应加施有符合规定的“3C”标识。 后部车身反光标识应能体现机动车后部宽度和高度，其离地高度应不小于 380 mm。后部反光膜型车身反光标识与后反射器的面积之和，使用一级车身反光标识材料时应不小于 0.1 m^2，使用二级车身反光标识材料时应不小于 0.2 m^2。 侧面反光膜型车身反光标识允许分隔粘贴，但应保持红白单元相间；总长度（不含间隔部分）应不小于车长的 50%，但侧面车身结构无连续表面的混凝土搅拌运输车和专项作业车的侧面车身反光标识长度应不小于车长的 30%；三轮汽车的侧面车身反光标识长度不应小于 1 200 mm，货厢长度不足车长 50% 的载货汽车的侧面车身反光标识长度应为货厢长度。 厢式货车和厢式挂车后部、侧面的车身反光标识应能体现货厢轮廓。2012 年 9 月 1 日起出厂的厢式货车和厢式挂车，装备的车身反光标识应为由红白相间的反射器单元组成的反射器型车身反光标识。反射器型车身反光标识的反射器单元应横向水平布置、固定可靠，红白单元相间且数量相当；相邻反射器的边缘距离对后部反射器型车身反光标识不应大于 100 mm，对侧面反射器型车身反光标识不应大于 150 mm。 车辆尾部标志板的形状、尺寸和结构应符合 GB 25990 的规定，部件应不易拆卸，其固定在车辆后部的方式应稳定、持久，例如使用螺钉或者铆合。 道路运输爆炸品和剧毒化学品车辆，还应在车辆的后部和两侧粘贴能标示车辆轮廓的、宽度为 150 mm±20 mm 的橙色反光带

表 B.1（续）

序号	项目	合格要求
16	侧面及后下部防护装置	所有总质量大于 3 500 kg 的货车（半挂牵引车除外）、货车底盘改装的专项作业车和挂车应按规定装备侧面及后下部防护装置。 侧面及后下部防护装置应固定可靠，与车架或车体的可靠部位有效连接。 后下部防护装置的宽度不可大于车辆后轴两侧车轮最外点之间的距离（不包括轮胎的变形量），并且后下部防护装置任一端的最外缘与这一侧车辆后轴车轮最外端的横向水平距离应不大于 100 mm；后下部防护装置整个宽度上的下边缘离地高度对于后下部防护装置状态可调整的车辆应不大于 450 mm，对后下部防护装置状态不可调整的车辆应不大于 550 mm；后下部防护装置的横向构件的截面高度（对格构式圆钢结构的后下部防护装置，截面高度为横向布置圆钢的直径之和）应不小于 100 mm，端部不应有尖锐边缘。 侧面防护装置的下缘任何一点的离地高度应不大于 550 mm，前缘和后缘应处在最靠近它的轮胎周向切面之后（前）300 mm 的范围之内；但全挂车前缘位于 500 mm 的范围之内即可，半挂车前缘与支腿中心横截面距离小于或等于 250 mm 即可，长头货车前缘与驾驶室后壁板件的间隙小于或等于 100 mm 即可。 罐式危险货物运输车的罐体及罐体上的管路和管路附件不得超出侧面及后下部防护装置，罐体后封头及罐体后封头上的管路和管路附件与后下部防护装置的纵向距离应大于或等于 150 mm
17	灭火器	客车、危险货物运输车应配备处于有效期内的灭火器，灭火器在车身应安装牢靠并便于使用。 客车仅有一个灭火器时，应设置在驾驶人座椅附近；当有多个灭火器时，应在客厢内按前、后，或前、中、后分布，其中一个应靠近驾驶人座椅
18	行驶记录、车内外录像监控装置	公路客车、旅游客车、危险货物运输车及 2013 年 3 月 1 日起注册登记的未设置乘客站立区的公共汽车、半挂牵引车和总质量大于或等于 12 000 kg 的货车应安装符合规定的行驶记录仪、具有行驶记录功能的卫星定位装置等行驶记录装置。卧铺客车还应安装车内外录像监控系统。 行驶记录装置及其连接导线在车上应固定可靠。行驶记录装置应能正常显示；如使用行驶记录仪作为行驶记录装置，其显示部分应易于观察、数据接口应便于移动存储介质的插拔。2006 年 12 月 1 日起出厂汽车安装的汽车行驶记录仪，其主机外表面的易见部位应模压或印有符合规定的“3C”标识
19	应急出口/应急锤、乘客门	车长小于 6 m 的客车，在乘坐区的两侧应具有紧急时乘客易于逃生或救援的侧窗。车长大于或等于 6m 的客车，应按照 GB 7258、GB 13094、GB 18986 等标准的规定设置相应数量的应急出口。2012 年 9 月 1 日起出厂的车长大于 7 m 的客车均应设置撤离舱口；2013 年 9 月 1 日起出厂的设有乘客站立区的公共汽车，车身两侧的车窗如面积能达到设置为应急窗的要求，均应设置为推拉式或外推式应急窗；2014 年 9 月 1 日起出厂的车长大于或等于 6 m 的客车，如车身右侧仅有一个乘客门且在车身左侧未设置驾驶人门，应在车身左侧或后部设置应急门。 使用应急窗时，应采用易于迅速从车内、外开启的装置；或在钢化玻璃上标明易击碎的位置，并在每个应急窗的邻近处提供一个应急锤以方便击碎车窗玻璃。安全顶窗应易于从车内、外开启或用应急锤击碎。应急门应有锁止机构且锁止可靠，当车辆停止时不用工具即能从车内外方便地打开，并设有车门开启声响报警装置。 每个应急出口（包括应急门、应急窗和撤离舱口）应在其附近设有“安全出口”或“应急出口”字样。应急出口的应急控制器应在其附近标有清晰的符号或字样并注明其操作方法，字体高度应不小于 10 mm。

表 B.1（续）

序号	项目	合格要求
19	应急出口/应急锤、乘客门	2012 年 9 月 1 日起出厂的车长大于 9 m 的公路客车、旅游客车和未设置乘客站立区的公共汽车，应设置两个乘客门；但如其车身两侧所有应急窗均为外推式应急窗，也可只设一个乘客门。 客车除驾驶人门和应急门外，不应在车身左侧开设车门，但在沿道路中央车道设置的公共汽车专用道上运营使用的公共汽车除外。客车采用动力开启的乘客门，其车门应急控制器应能让临近车门的乘客容易看见并清楚识别，并应有醒目的标志和使用方法。公共汽车和 2013 年 3 月 1 日起出厂的车长大于或等于 6 m 的其他客车，还应在驾驶人座位附近驾驶人易于操作部位设置乘客门应急开关
20	外部标识/文字、喷涂	总质量大于或等于 4 500 kg 的货车（半挂牵引车除外）、所有挂车，均应在车身后部喷涂或粘贴放大的号牌号码（对无法喷涂或粘贴的平板挂车应设置有放大的号牌号码），放大的号牌号码字样应清晰。 所有货车和专项作业车均应在驾驶室（区）两侧喷涂总质量（半挂牵引车为最大允许牵引质量），栏板式货车和自卸车还应在驾驶室两侧喷涂栏板高度；罐式汽车和罐式挂车应在罐体上喷涂罐体容积及装运货物的种类，栏板挂车应在车厢两侧喷涂栏板高度；喷涂的中文和阿拉伯数字应清晰，高度应大于或等于 80 mm。 客车（专用校车和设有乘客站立区的公共汽车除外）应在乘客门附近车身外部易见位置，用高度大于或等于 100 mm 的中文和阿拉伯数字标明该车提供给乘员（包括）驾驶人的座位数。 危险货物运输车应装置符合 GB 13392 规定的标志（包括标志灯和标志牌）及规定的矩形安全标示牌。罐式危险货物运输车在罐体上喷涂的罐体容积和允许装运货物的名称应与《公告》及机动车整车出厂合格证明一致。 燃气汽车（包括气体燃料汽车、两用燃料汽车和双燃料汽车）应按规定在车辆前端和后端醒目位置分别设置标注其使用的气体燃料类型的识别标志，标志图形为有边框的菱形，在方框中分别居中匀称地布置有大写印刷体英文字母“CNG”（压缩天然气汽车）、“LNG”（液化天然气汽车）、“ANG”（吸附天然气汽车）、“LPG”（液化石油气汽车）。 教练车应在车身两侧及后部喷涂高度大于或等于 100 mm 的“教练车”等字样。 残疾人专用汽车应在车身前部和后部分别设置残疾人机动车专用标志
21	外观制式、标志灯具、电子警报器	警车外观制式应符合 GA 524 等公共安全行业标准的规定；消防车车身颜色应符合相关标准的规定；救护车车身颜色主体应为白色，左、右侧及车后正中应喷涂符合规定的图案；工程救险车车身颜色应为中黄色，车身两侧应喷“工程救险”字样；其他机动车不允许喷涂上述车辆专用的或与其类似的标志图案。 警车、消防车、救护车和工程救险车应安装符合规定的标志灯具和车用电子警报器，标志灯具和警报器应固定可靠；其他车辆不允许安装上述车辆专用的标志灯具和警报器
22	安全技术检验合格证明	安全技术检验合格证明应有本市行政辖区内具备资质的机动车安全技术检验机构的印章及已备案授权签字人的签字，其内容应包括人工检验项目（车辆外观检查、底盘动态检验和车辆底盘检查等）的检查结果、仪器设备检验项目（制动、灯光等）的检验结果（无法进行仪器设备检验的除外）、路试数据和判定结果（如进行）及整车检验结论，且所有检验项目及整车检验结论均应为合格。 机动车安全技术检验机构与车辆管理所已联网且车辆管理所通过机动车安全技术检验监管系统自动比对上述项目和数据的，查验员可不审核安全技术检验合格证明

表 B.1(续)

序号	项目	合格要求
23	校车	校车应按照GB 24407—2012及其他相关规定配备统一的校车标牌(教育行政部门征求申请校车使用许可审查意见阶段查验机动车时除外)、校车标志灯、停车指示标志,配备具有行驶记录功能的卫星定位装置、应急锤、干粉灭火器、急救箱等安全设备,设置照管人员座椅(座位)。 专用校车应喷涂粘贴符合GB 24315规定的专用校车车身外观标识,每一个座椅(包括驾驶人座椅、照管人员座椅和学生座椅)均应安装汽车安全带,照管人员座椅的数量和位置应符合GB 24407—2012中5.10.5.1.2.1的规定,每一个照管人员座椅均应有明显标识。2013年5月1日起出厂的所有专用校车,还应安装符合GB 24407—2012中5.15规定的车内外录像监控系统和符合GB 24407—2012中5.13.2的辅助倒车装置。 非专用校车如喷涂粘贴有专用校车车身外观标识,车身外观标识应符合GB 24315关于专用校车车身外观标识的规定,每一个学生座椅应安装汽车安全带
24	安全装置	限速功能或限速装置:2012年9月1日起出厂的公路客车、旅游客车和危险货物运输车及车长大于9 m的未设置乘客站立区的公共汽车应具有限速功能,否则应配备限速装置。限速功能或限速装置调定的最大车速对公路客车、旅游客车和未设置乘客站立区的公共汽车不得大于100 km/h,对危险货物运输车不得大于80 km/h。2013年5月1日起出厂的专用校车应安装限速装置,且限速装置调定的最大车速不得大于80 km/h。 辅助制动装置:2013年5月1日起出厂的车长大于8 m的专用校车,2012年9月1日起出厂的车长大于9 m的其他客车、总质量大于或等于12 000 kg的货车、所有危险货物运输车,以及2014年9月1日起出厂的总质量大于或等于12 000 kg的专项作业车,应装备缓速器或其他辅助制动装置。 盘式制动器:2013年5月1日起出厂的专用校车,2012年9月1日起出厂的所有危险货物运输车和车长大于9 m的其他客车(未设置乘客站立区的公共汽车除外),以及2013年9月1日起出厂的车长大于9 m的未设置乘客站立区的公共汽车,其前轮应装备盘式制动器。 防抱死制动装置:半挂牵引车,总质量大于10 000 kg的挂车,专用校车,车长大于9 m的公路客车和旅游客车,2012年9月1日起出厂的所有危险货物运输车和2013年9月1日起出厂的车长大于9 m的未设置乘客站立区的公共汽车,以及2014年9月1日起出厂的总质量大于或等于12 000 kg的货车和专项作业车,均应安装符合规定的防抱死制动装置,且防抱死制动装置的自检功能应正常。 发动机舱自动灭火装置:2013年5月1日起出厂的专用校车,2013年3月1日起出厂的发动机后置的其他客车,应装备发动机舱自动灭火装置
25	残疾人专用汽车的操纵辅助装置	应根据驾驶人的残疾类型,在采用自动变速器的乘用车上,加装相应类型的、符合相关规定的驾驶操纵辅助装置。 汽车加装操纵辅助装置应到正规车辆生产、销售、维修企业进行,并由加装企业出具加装合格证明。驾驶操纵辅助装置加装后,不应改变原车结构的完整性和安全性及影响原车操纵件的电器功能、机械性能,且不应使驾驶人驾驶时受到视野内产品部件的反光眩目。 加装的驾驶操纵辅助装置安装应牢固可靠,位置应适宜操纵,且不应与车辆的其他操纵指示系统冲突或妨碍车辆其他操纵指示系统的操作。加装的驾驶操纵辅助装置的各部件应完好有效,表面不应有影响使用的凹凸、划伤、返锈等,在接触人体的表面部位不得有毛刺、刃口、棱角或其他有害使用者的缺陷。 驾驶操纵辅助装置的产品型号和产品编号应与加装合格证明或《机动车行驶证》上记载的产品型号和产品编号相符

附　录　C
（规范性附录）
违规机动车产品通报表

违规机动车产品通报表见表 C.1。

表 C.1　违规机动车产品通报表

编号：

<table>
<tr><td rowspan="2">通报单位</td><td colspan="4">1.(当地质量技术监督部门)</td></tr>
<tr><td colspan="4">2.(通过网络上级公安机关交通管理部门)</td></tr>
<tr><td rowspan="4">机动车
基本信息</td><td>车辆品牌</td><td>车辆型号</td><td>车辆识别代号</td><td>发动机号码</td></tr>
<tr><td></td><td></td><td></td><td></td></tr>
<tr><td>车辆生产厂家</td><td>生产日期</td><td>机动车整车出厂合格证编号(国产车)
/进口凭证名称、编号(进口车)</td><td>是否已整改合格
并注册登记</td></tr>
<tr><td></td><td></td><td></td><td>是□　否□</td></tr>
<tr><td rowspan="3">机动车
违规信息</td><td colspan="4">(一) 违规类型：
1)　主要特征和技术参数、技术指标不符合 GB 7258 等机动车国家安全技术标准；
2)　主要特征和技术参数、技术指标与公告数据不一致；
3)　公告数据不符合 GB 7258 等机动车国家安全技术标准；
4)　主要特征、技术参数与出厂合格证或进口凭证不一致；
5)　其他</td></tr>
<tr><td colspan="4">(二) 违规情形(详细准确描述违规项目涉及的参数、尺寸、特征等信息及判定违规的依据，并附相关资料和照片)</td></tr>
<tr><td colspan="4">(三) 违规原因初步调查</td></tr>
<tr><td>发现单位</td><td colspan="4"></td></tr>
<tr><td rowspan="3">填报信息</td><td>填报单位</td><td colspan="3"></td></tr>
<tr><td>填报人/电话</td><td colspan="3"></td></tr>
<tr><td>填报时间</td><td colspan="3"></td></tr>
<tr><td rowspan="2">省交警总队
审核信息</td><td>审核人</td><td colspan="3"></td></tr>
<tr><td>审核时间</td><td colspan="3"></td></tr>
</table>

(一式两份，加盖填报单位公章)

附　录　D
（规范性附录）
机动车安全技术检验机构需上传检验照片要求

机动车安全技术检验机构需上传的检验项目照片要求见表 D.1，检验资料照片要求见表 D.2。

表 D.1　检验项目照片要求

序号	照片内容	要　求	适用车辆类型
1	车辆左前方斜视 45°拍照	能清晰显示车辆前外观、前号牌和轮胎。根据车辆类型，还应能： 1）对所有货车、货车底盘改装的专项作业车和挂车，能清晰辨别（左）侧面车身反光标识； 2）对总质量大于 3 500 kg 的货车（半挂牵引车除外）、货车底盘改装的专项作业车和挂车，能清晰辨别（左）侧面防护装置； 3）对所有货车和专项作业车，能清晰辨别驾驶室（区）左侧喷涂的总质量（半挂牵引车为最大允许牵引质量）； 4）对栏板货车和自卸车，能清晰辨别在驾驶室（区）左侧喷涂的栏板高度，对栏板挂车，能清晰识别在车厢（左）侧面喷涂的栏板高度； 5）对危险货物运输车，能清晰辨别道路运输危险货物车辆标志（包括标志灯和标志牌）； 6）对专用校车和专门用于接送学生上下学的非专用校车，能清晰辨别专用校车车身外观标识； 7）对燃气汽车，能清晰辨别在车辆前端标注的其使用的气体燃料类型的识别标志； 8）对教练车，能清晰辨别在车身（左）侧面喷涂的“教练车”字样； 9）对警车、消防车、救护车和工程救险车，能清晰辨别车辆外观制式、标志灯具； 10）对残疾人专用汽车，能清晰辨别在车辆前部设置的残疾人机动车专用标志	所有类型机动车
2	车辆右后方斜视 45°拍照	能清晰显示车辆后外观、后号牌和轮胎。根据车辆类型，还应能： 1）对汽车（无驾驶室的三轮汽车除外），能清晰辨别机动车用三角警告牌（三角警告牌放置于车顶或车辆后部适当位置时拍照）； 2）对所有货车、货车底盘改装的专项作业车和挂车，能清晰辨别后部车身反光标识、车辆尾部标志板及（右）侧面车身反光标识； 3）对总质量大于 3 500 kg 的货车（半挂牵引车除外）、货车底盘改装的专项作业车和挂车，能清晰辨别（右）侧面及后下部防护装置； 4）对总质量大于或等于 4 500 kg 的货车（半挂牵引车除外）、所有挂车（无法喷涂或粘贴放大的号牌号码的平板挂车除外），能清晰辨别在车厢后部喷涂或粘贴的放大的号牌号码； 5）对罐式汽车和罐式挂车，能清晰辨别在罐体右侧喷涂的罐体容积及允许装运货物的种类或名称； 6）对危险货物运输车，能清晰识别道路运输危险货物车辆标志牌； 7）对 2012 年 9 月 1 日起出厂的车长大于 9 m 的公路客车、旅游客车和未设置乘客站立区的公共汽车，能清晰显示两个处于开启状态的乘客门；或处于开启状态下的外推式应急窗和一个处于开启状态的乘客门； 8）对专用校车和专门用于接送学生上下学的非专用校车，能清晰辨别专用校车车身外观标识； 9）对燃气汽车，能清晰辨别在车辆后端标注的其使用的气体燃料类型的识别标志； 10）对教练车，能清晰辨别在车身后部喷涂的“教练车”字样； 11）对警车、消防车、救护车和工程救险车，能清晰辨别外观制式； 12）对残疾人专用汽车，能清晰辨别在车辆后部设置的残疾人机动车专用标志	所有类型机动车

表 D.1（续）

序号	照片内容	要 求	适用车辆类型
3	车辆识别代号拍照	能清晰显示车辆识别代号，对于无法清晰拍摄的机动车，允许拍摄车辆识别代号的拓印膜	所有类型机动车
4	驾驶人座椅汽车安全带拍照	能清晰显示驾驶人座椅汽车安全带处于扣紧状态。 **注：**对小型、微型载客汽车和轻型、微型载货汽车，车辆左前方斜视 45°拍照能清晰显示驾驶人座椅汽车安全带处于扣紧状态时，无须单独拍摄本照片	汽车（低速汽车除外）
5	行驶记录装置拍照	对公路客车、旅游客车、危险货物运输车，校车，2013 年 3 月 1 日起注册登记的未设置乘客站立区的公共汽车、半挂牵引车和总质量大于或等于 12 000 kg的货车，能清晰显示行驶记录装置在车辆上的安装情况；对使用行驶记录仪作为行驶记录装置的，能确认其显示部分是否易于观察、主机外表面的易见部位是否模压或印有符合规定的“3C”标识。 对专用校车和卧铺客车，还应能清晰确认其安装的车内外录像监控装置的摄像头数量和安装位置	应安装行驶记录装置的汽车
6	灭火器拍照	能清晰显示灭火器在车辆上的安装固定情况及数量，能确认灭火器是否有效。 **注：**车厢内部拍照能清晰显示本照片要求的信息时，可不单独拍摄本照片	客车、危险货物运输车
7	车厢内部拍照	从车厢前部往后拍摄，能清晰显示车内座位数及布置形式。对校车，应能显示照管人员座位的位置和标识；对公路客车、旅游客车和专用校车的能观察到座垫平面的座椅（位），应能识别是否配备了汽车安全带；对厢式、棚式货车和挂车，打开车厢门从后向前拍摄，应能清晰显示货厢内部和顶部状况及确认货厢是否改装、顶部是否开启	客车、校车、厢式、棚式货车和挂车
8	车辆正后方拍照	能清晰显示车辆后部外观情况和车辆号牌。根据车辆类型，还应能： 1） 对货车、货车底盘改装的专项作业车和挂车，能清晰显示后部车身反光标识、车辆尾部标志板、放大的号牌号码； 2） 对道路运输爆炸品和剧毒化学品车辆，能清晰显示安全标示牌； 3） 对专用校车，能清晰显示后围板上的停车提醒标示。 **注：**车辆右后方斜视 45°拍照能清晰显示本照片要求的信息时，可不单独拍摄本照片	货车、挂车、专项作业车、校车
9	校车标牌拍照	能清晰显示校车标牌在前风窗玻璃右下角和后风窗玻璃适当位置的放置状态，以及校车标牌背面的签注内容。 **注：**车辆左前方斜视 45°拍照和车辆右后方斜视 45°拍照能清晰显示校车标牌在前、后风窗玻璃的放置状态时，可只拍摄校车标牌背面的签注内容	校车
10	校车标志灯拍照	能清晰显示校车标志灯打开状态下的车辆状态。 **注：**车辆左前方斜视 45°拍照和车辆右后方斜视 45°拍照能清晰显示本照片要求的信息时，可不单独拍摄本照片	校车
11	校车停车指示标志牌拍照	能清晰显示校车停车指示标志牌打开状态下的车辆状态。 **注：**车辆左前方斜视 45°拍照能清晰显示本照片要求的信息时，可不单独拍摄本照片	校车
12	操纵辅助装置拍照	能清晰显示残疾人操纵辅助装置在车辆上的安装固定情况，能确认操纵辅助装置的产品型号和出厂编号	残疾人专用汽车

表 D.2 检验资料照片要求

序号	照片内容	要 求	适用车辆类型
1	机动车行驶证	资料摆放端正，能清晰显示文字、印章	所有类型机动车
2	交通事故责任强制保险单		
3	车船税纳税或者免税证明		
4	安全技术检验合格证明		

参 考 文 献

[1] GB 13094—2007 客车结构安全要求
[2] GB 13392—2005 道路运输危险货物车辆标志
[3] GB 18986—2003 轻型客车结构安全要求
[4] GB 20300—2006 道路运输爆炸品和剧毒化学品车辆安全技术条件
[5] GB 24315—2009 校车标识
[6] GB 24407—2012 专用校车安全技术条件
[7] GB 25990—2010 车辆尾部标志板
[8] GA 36—2014 中华人民共和国机动车号牌
[9] GA 37—2008 中华人民共和国机动车行驶证
[10] GA 524—2004 2004式警车汽车类外观制式涂装规范
[11] GA 804—2008 机动车号牌专用固封装置
[12] 关于进一步加强车辆公告管理和注册登记有关事项的通知(国经贸产业[2002]768号)
[13] 关于切实做好残疾人驾驶汽车相关工作的通知(残联发[2010]29号)
[14] 关于进一步加强道路机动车辆生产一致性监督管理和注册登记工作的通知(工信部联产业[2010]453号)
[15] 关于进一步提高大中型客货车安全技术性能加强车辆〈公告〉管理和注册登记管理工作的通知(工信部联产业[2011]632号)
[16] 关于印发〈加强和改进机动车检验工作的意见〉的通知(公交管[2014]138号)
[17] 关于严格重中型货车和挂车注册登记的通知(公交管[2014]196号)
[18] 关于贯彻实施〈加强和改进机动车检验工作的意见〉的通知(公交管[2014]219号)
[19] 公安部交通管理科学研究所,公安部道路交通管理标准化技术委员会.国家标准GB 7258—2012《机动车运行安全技术条件》实施指南.北京:中国质检出版社,2012

ICS 43.020
R 04

中华人民共和国公共安全行业标准

GA 802—2014
代替 GA 802—2008

机动车类型　术语和定义

Types of motor vehicle—Terms and definitions

2014-07-24 发布　　2014-09-01 实施

中华人民共和国公安部　发布

前　言

本标准的第4章、第6章、第7章为强制性的,其余为推荐性的。

本标准按照GB/T 1.1—2009给出的规则起草。

本标准代替GA 802—2008《机动车类型　术语和定义》。与GA 802—2008相比,除编辑性修改外,主要技术变化如下:

——增加了规范性引用文件(见第2章);

——增加了“道路车辆”的术语和定义(见3.1);

——修改了“机动车”的术语和定义(见3.2,2008年版的2.1);

——修改了“汽车”的术语和定义(见3.3,2008年版的2.2);

——修改了“载客汽车”“载货汽车”和“专项作业车”的术语和定义(见3.3.1、3.3.2、3.3.3,2008年版的2.2.1、2.2.2、2.2.3);

——增加了“中置轴挂车”的术语和定义(见3.4.2);

——修改了“半挂车”的术语和定义(见3.4.3,2008年版的2.5.2);

——增加了“汽车列车”“乘用车列车”“货车列车”“全挂汽车列车”“中置轴挂车列车”“半挂汽车列车”的术语和定义(见3.5、3.5.1、3.5.2、3.5.2.1、3.5.2.2、3.5.3);

——修改了“摩托车”的术语和定义(见3.6,2008年版的2.4);

——修改了“有轨电车”的术语和定义(见3.8,2008年版的2.3);

——修改了“特型机动车”的术语和定义(见3.9,2008年版的2.8);

——增加了“拼装车”“非法改装车”的术语和定义(见3.12、3.13);

——修改了机动车规格术语分类表中三轮汽车和低速货车的说明(见表1,2008年版的表1);

——增加了“机动车实车的车长与《道路机动车辆生产企业及产品公告》或者其他技术资料记载的机动车车长的公差应符合相关管理规定”的规定(见表1的注c);

——增加了“面包车”“专用校车”“车辆运输车”“无载货功能的专项作业车”“有载货功能的专项作业车”“中置轴挂车”“车辆运输半挂车”等机动车结构术语的说明(见表2);

——修改了“普通客车”“专用客车”“厢式货车”“仓栅式货车”“集装箱车”“特殊结构货车”“自卸货车”“厢式全挂车”“仓栅式全挂车”“自卸全挂车”“厢式半挂车”“仓栅式半挂车”“自卸半挂车”“低平板半挂车”等机动车结构术语的说明(见表2,2008年版的表2);

——增加了“货车、全挂车和半挂车的载货部位为非栏板结构时,若载货部位具有自动倾卸装置,结构术语确定为‘载货部位的结构特征+自卸’,如‘平板自卸’”的规定(见表2的注c);

——修改了机动车的使用性质分类(见6.1,2008年版的第5章);

——机动车使用性质细类表中,修改了“运送幼儿”“运送小学生”的说明,增加了“运送中小学生”“运送初中生”的说明,删除了“其他校车”的说明(见表3,2008年版的表3);

——增加了“生产经营性车辆”的说明(见表3的注a)。

本标准由公安部道路交通管理标准化技术委员会提出并归口。

本标准负责起草单位:公安部交通管理科学研究所。

本标准参加起草单位:公安部交通管理局。

本标准主要起草人:应朝阳、刘雪梅、张军、李毅、孙巍。

本标准的历次版本发布情况为:

——GA 802—2008。

机动车类型　术语和定义

1　范围

本标准规定了机动车类型分类的规格术语、结构术语及机动车使用性质术语。

本标准适用于道路交通管理。

2　规范性引用文件

下列文件对于本文件的应用是必不可少的。凡是注日期的引用文件，仅注日期的版本适用于本文件。凡是不注日期的引用文件，其最新版本(包括所有的修改单)适用于本文件。

GB 1589　道路车辆外廓尺寸、轴荷及质量限值

3　术语和定义

下列术语和定义适用于本文件。

3.1

道路车辆　road vehicle

设计和制造上用于在道路上载运人员、运送物品或进行专项作业，法律允许上道路行驶的车辆，包括机动车和非机动车。

3.2

机动车　motor vehicle

以动力装置驱动或者牵引，上道路行驶的供人员乘用或者用于运送物品以及进行工程专项作业的轮式车辆，包括汽车及汽车列车、摩托车、轮式专用机械车、挂车、有轨电车、特型机动车和上道路行驶的拖拉机，但不包括虽有动力装置但最大设计车速、整备质量、外廓尺寸符合有关国家标准的残疾人机动轮椅车、电动自行车。

3.3

汽车　automobile

由动力驱动，具有四个或四个以上车轮的非轨道承载的车辆，主要用于：

——载运人员和/或货物(物品)；

——牵引载运货物(物品)的车辆或特殊用途的车辆；

——专项作业。

本术语还包括：

a)　与电力线相联的车辆，如无轨电车；

b)　整车整备质量超过 400 kg 的不带驾驶室的三轮车辆；

c)　整车整备质量超过 600 kg 的带驾驶室的三轮车辆。

[GB 7258—2012，定义 3.2]

3.3.1

载客汽车　passenger vehicle

设计和制造上主要用于载运人员的汽车，包括装置有专用设备或器具但以载运人员为主要目的的汽车。

[GB 7258—2012,定义 3.2.1]

3.3.2

载货汽车 goods vehicle

设计和制造上主要用于载运货物或牵引挂车的汽车,包括装置有专用设备或器具但以载运货物为主要目的的汽车。

[GB 7258—2012,定义 3.2.2]

3.3.3

专项作业车 special motor vehicle

装置有专用设备或器具,在设计和制造上用于专项作业的汽车,如汽车起重机、消防车、混凝土泵车、清障车、高空作业车、扫路车、吸污车、钻机车、仪器车、检测车、监测车、电源车、通信车、电视车、采血车、医疗车、体检医疗车等,但不包括以载运人员或货物为主要目的的汽车。

[GB 7258—2012,定义 3.2.3]

3.4

挂车 trailer

设计和制造上需由汽车或拖拉机牵引,才能在道路上正常使用的无动力道路车辆,用于:

——载运货物;

——特殊用途。

注:改写 GB 7258—2012,定义 3.3。

3.4.1

全挂车 draw-bar-trailer

牵引杆挂车 draw-bar-trailer

至少有两根轴的挂车,具有:

——一轴可转向;

——通过角向移动的牵引杆与牵引车联结;

——牵引杆可垂直移动,联结到底盘上,因此不能承受任何垂直力。

[GB 7258—2012,定义 3.3.1]

3.4.2

中置轴挂车 centre axle trailer

均匀受载时挂车质心紧靠车轴位置,牵引装置相对于挂车不能垂直移动、与牵引车连接时只有较小的垂直载荷作用于牵引车的挂车。

[GB 7258—2012,定义 3.3.2]

3.4.3

半挂车 semi-trailer

均匀受载时挂车质心位于车轴前面,装有可将垂直力和/或水平力传递到牵引车的联结装置的挂车。

[GB 7258—2012,定义 3.3.3]

3.5

汽车列车 combination vehicles

由汽车(低速汽车除外)牵引挂车组成的机动车,包括乘用车列车、货车列车和铰接列车。

[GB 7258—2012,定义 3.4]

3.5.1

乘用车列车 passenger/car trailer combination

乘用车和中置轴挂车的组合。

[GB 7258—2012,定义 3.4.1]

3.5.2

货车列车 goods road train

货车和牵引杆挂车或中置轴挂车的组合。

[GB 7258—2012,定义 3.4.2]

3.5.2.1

全挂汽车列车 draw-bar trailer combination

牵引杆挂车列车 draw-bar trailer combination

全挂拖斗车 draw-bar trailer combination

货车和牵引杆挂车的组合。

[GB 7258—2012,定义 3.4.2.1]

3.5.2.2

中置轴挂车列车 centre axle trailer combination

货车和中置轴挂车的组合。

[GB 7258—2012,定义 3.4.2.2]

3.5.3

半挂汽车列车 articulated vehicle

铰接列车 articulated vehicle

半挂牵引车和半挂车的组合。

[GB 7258—2012,定义 3.4.3]

3.6

摩托车 motorcycle and moped

由动力装置驱动的,具有两个或三个车轮的道路车辆,但不包括:

a) 整车整备质量超过 400 kg 的不带驾驶室的三轮车辆;

b) 整车整备质量超过 600 kg 的带驾驶室的三轮车辆;

c) 最大设计车速、整车整备质量、外廓尺寸等指标符合相关国家标准和规定的,专供残疾人驾驶的机动轮椅车;

d) 电驱动的,最大设计车速不大于 20 km/h,具有人力骑行功能,且整车整备质量、外廓尺寸、电动机额定功率等指标符合相关国家标准规定的两轮车辆。

[GB 7258—2012,定义 3.5]

3.7

轮式专用机械车 wheeled mobile machinery for special purpose

轮式自行机械车 wheeled mobile machinery for special purpose

有特殊结构和专门功能,装有橡胶车轮可以自行行驶,最大设计车速大于 20 km/h 的轮式机械,如装载机、平地机、挖掘机、推土机等,但不包括叉车。

[GB 7258—2012,定义 3.7]

3.8

有轨电车 tram

以电动机驱动,有轨道承载的机动车。

3.9

特型机动车 special size vehicle

质量参数和/或尺寸参数超出 GB 1589 规定的汽车、挂车和汽车列车。

[GB 7258—2012,定义 3.8]

3.10

上道路行驶的拖拉机　road tractor

手扶拖拉机等最大设计车速小于或等于 20 km/h 的轮式拖拉机和最大设计车速小于或等于 40 km/h、牵引挂车方可从事道路运输的轮式拖拉机。

3.11

车辆类型　vehicle type

根据机动车规格术语和机动车结构术语确定的机动车分类。

3.12

拼装车　illegally assembled vehicle

未经国家机动车产品主管部门许可生产的机动车；或者使用了报废机动车的发动机(电动机)、方向机、变速器、前后桥、车架等五大总成之一组装的机动车。

3.13

非法改装车　illegally retrofitted vehicle

未经国家有关部门批准，改变了已认证或者已登记的结构、构造或者特征的机动车。

4　机动车规格术语

机动车规格术语见表 1。

表 1　机动车规格术语分类表

分类			说　明[c]
汽车	载客汽车[a]	大型	车长大于或等于 6 000 mm 或者乘坐人数大于或等于 20 人的载客汽车
		中型	车长小于 6 000 mm 且乘坐人数为 10 人～19 人的载客汽车
		小型	车长小于 6 000 mm 且乘坐人数小于或等于 9 人的载客汽车，但不包括微型载客汽车
		微型	车长小于或等于 3 500 mm 且发动机气缸总排量小于或等于 1 000 mL 的载客汽车
	载货汽车	重型	最大允许总质量(以下简称“总质量”)大于或等于 12 000 kg 的载货汽车
		中型	车长大于或等于 6 000 mm 或者总质量大于或等于 4 500 kg 且小于 12 000 kg 的载货汽车，但不包括低速货车
		轻型	车长小于 6 000 mm 且总质量小于 4 500 kg 的载货汽车，但不包括微型载货汽车和低速汽车(三轮汽车和低速货车的总称，下同)
		微型	车长小于或等于 3 500 mm 且总质量小于或等于 1 800 kg 的载货汽车，但不包括低速汽车
		三轮 (三轮汽车)	以柴油机为动力，最大设计车速小于或等于 50 km/h，总质量小于或等于 2 000 kg，长小于或等于 4 600 mm，宽小于或等于 1 600 mm，高小于或等于 2 000 mm，具有三个车轮的货车。其中，采用方向盘转向、由传递轴传递动力、有驾驶室且驾驶人座椅后有物品放置空间的，总质量小于或等于 3 000 kg，车长小于或等于 5 200 mm，宽小于或等于 1 800 mm，高小于或等于 2 200 mm。三轮汽车不应具有专项作业的功能
		低速 (低速货车)	以柴油机为动力，最大设计车速小于 70 km/h，总质量小于或等于 4 500 kg，长小于或等于6 000 mm，宽小于或等于 2 000 mm，高小于或等于 2 500 mm，具有四个车轮的货车。低速货车不应具有专项作业的功能
		专项作业车	专项作业车的规格术语分为重型、中型、轻型、微型，具体参照载货汽车的相关规定确定

表 1（续）

分类		说明[c]
有轨电车		有轨电车的规格术语参照载客汽车的相关规定确定
摩托车	普通	最大设计车速大于 50 km/h 或者发动机气缸总排量大于 50 mL 的摩托车
	轻便	最大设计车速小于或等于 50 km/h，且若使用发动机驱动，发动机气缸总排量小于或等于 50 mL 的摩托车
挂车[b]	重型	总质量大于或等于 12 000 kg 的挂车
	中型	总质量大于或等于 4 500 kg 且小于 12 000 kg 的挂车
	轻型	总质量小于 4 500 kg 的挂车

[a] 对《道路机动车辆生产企业及产品公告》记载的乘坐人数为区间的国产载客汽车（包括以载运人员为主要目的的专用汽车），以《道路机动车辆生产企业及产品公告》上记载的乘坐人数上限确定其规格术语。乘坐人数包括驾驶人。

[b] 不适用于设计和制造上需由拖拉机牵引的挂车。

[c] 机动车实车的车长与《道路机动车辆生产企业及产品公告》或者其他技术资料记载的机动车车长的公差应符合相关管理规定。

5 机动车结构术语

机动车结构术语见表 2。

表 2 机动车结构术语分类表

分类			说明
汽车	载客汽车	普通客车	车身为长方体或近似长方体，单层地板，一厢或两厢式结构，安装座椅的载客汽车，但不包括面包车
		双层客车	车身为长方体或近似长方体，双层地板，一厢或两厢式结构，安装座椅的载客汽车
		卧铺客车	车身为长方体或近似长方体，单层地板，一厢或两厢式结构，安装卧铺的载客汽车
		铰接客车	车身为长方体或近似长方体，单层地板，由铰接装置连接两个车厢且连通，安装座椅的载客汽车
		轿车	车身结构为两厢式且乘坐人数不超过 5 人，或者车身结构为三厢式且乘坐人数小于或等于 9 人的载客汽车
		面包车	平头或短头车身结构，单层地板，发动机中置（指发动机缸体整体位于汽车前后轴之间的布置形式），宽高比（指整车车宽与车高的比值）小于或等于 0.90，乘坐人数小于或等于 9 人，安装座椅的载客汽车
		专用校车	设计和制造上专门用于运送 3 周岁以上学龄前幼儿或义务教育阶段学生的载客汽车
		专用客车	需经特殊布置安排后才能载运人员（通常为特定人员）的载客汽车，如囚车、殡仪车、救护车、客车整车改装的运钞车等，包括旅居车、乘坐人数大于 6 人的专用汽车（如电力工程车），但不包括专用校车
		无轨电车[a]	以电动机驱动，与电力线相连，具有四个或四个以上车轮的非轨道承载道路车辆
		越野客车[a]	车身结构为一厢式或者两厢式，所有车轮能够同时驱动，接近角、离去角、纵向通过角、最小离地间隙等技术参数按照高通过性设计的载客汽车

表 2（续）

分类			说明
汽车	载货汽车[b]	普通货车	载货部位的结构为栏板的载货汽车(包括具有随车起重装置的栏板载货汽车)，但不包括具有自动倾卸装置的载货汽车
		厢式货车	载货部位的结构为厢体且与驾驶室各自独立的载货汽车；厢体的顶部应封闭、不可开启
		仓栅式货车	载货部位的结构为仓笼式或栅栏式且与驾驶室各自独立的载货汽车；载货部位的顶部应安装有与侧面栅栏固定的、不能拆卸和调整的顶棚杆
		封闭货车	载货部位的结构为封闭厢体且与驾驶室联成一体，车身结构为一厢式或两厢式的载货汽车
		罐式货车	载货部位的结构为封闭罐体的载货汽车
		平板货车	载货部位的地板为平板结构且无栏板的载货汽车
		集装箱车	载货部位为框架结构，专门运输集装箱的载货汽车
		车辆运输车	载货部位经过特殊设计和制造，专门用于运输商品车的载货汽车
		特殊结构货车	载货部位为特殊结构、专门运输特定物品的载货汽车，但不包括车辆运输车。如：混凝土搅拌运输车
		自卸货车[c]	载货部位的结构为栏板且具有自动倾卸装置的载货汽车
		半挂牵引车	不具有载货结构，专门用于牵引半挂车的载货汽车
		全挂牵引车	不具有载货结构，专门用于牵引全挂车的载货汽车
	专项作业车	无载货功能的专项作业车(非载货专项作业车)	不具有载货结构，或者虽具有载货结构但核定载质量小于 1 000 kg 的专项作业车
		有载货功能的专项作业车(载货专项作业车)	核定载质量大于或等于 1 000 kg 的专项作业车
摩托车	二轮摩托车		装有两个车轮的摩托车
	正三轮载客摩托车		装有与前轮对称分布的两个后轮，具有载客装置的摩托车
	正三轮载货摩托车		装有与前轮对称分布的两个后轮，具有载货装置的摩托车
	侧三轮摩托车		在二轮摩托车的右侧装有边车的摩托车
全挂车	普通全挂车		载货部位为栏板结构的全挂车
	厢式全挂车		载货部位为封闭厢体结构的全挂车；厢体的顶部应封闭、不可开启
	仓栅式全挂车		载货部位的结构为仓笼式或栅栏式的全挂车；载货部位的顶部安装有与侧面栅栏固定的、不能拆卸和调整的顶棚杆
	罐式全挂车		载货部位为封闭罐体结构的全挂车
	平板全挂车		载货部位的地板为平板结构且无栏板的全挂车
	集装箱全挂车		载货部位为框架结构且无地板，专门运输集装厢的全挂车
	自卸全挂车[c]		载货部位的结构为栏板且具有自动倾卸装置的全挂车
	旅居全挂车		装备有必要的生活设施，用于旅游和野外工作人员宿营的全挂车
	专项作业全挂车		装置有专用设备或器具，用于专项作业的全挂车

表 2（续）

分类		说明
中置轴挂车	中置轴旅居挂车	装备有必要的生活设施，用于旅游和野外工作人员宿营的中置轴挂车
	中置轴车辆运输车	设计和制造上专门用于运输商品车的并装双轴框架式中置轴挂车
	中置轴普通挂车	中置轴旅居挂车和中置轴车辆运输车以外的其他中置轴挂车
半挂车	普通半挂车	载货部位为栏板结构的半挂车
	厢式半挂车	载货部位为封闭厢体结构的半挂车；厢体的顶部应封闭、不可开启
	仓栅式半挂车	载货部位的结构为仓笼式或栅栏式的半挂车；载货部位的顶部应安装有与侧面栅栏固定的、不能拆卸和调整的顶棚杆
	罐式半挂车	载货部位为封闭罐体结构的半挂车
	平板半挂车	载货部位的地板为平板结构且无栏板的半挂车
	集装箱半挂车	载货部位为框架结构且无地板，专门运输集装箱的半挂车
	自卸半挂车[c]	载货部位的结构为栏板且具有自动倾卸装置的半挂车
	低平板半挂车	采用低货台（货台承载面离地高度不大于 1 150 mm）、轮胎规格最大为 8.25-20（8.25R20）、与牵引车的连接为鹅颈式，且车长大于或等于 13 m 时车轴为轴线结构（一线二轴或二线四轴等）的半挂车
	车辆运输半挂车	载货部位经过特殊设计和制造，专门用于运输商品车的半挂车
	特殊结构半挂车	载货部位为特殊结构，专门运输特定物品的半挂车，但不包括车辆运输半挂车
	旅居半挂车	装备有必要的生活设施，用于旅游和野外工作人员宿营的半挂车
	专项作业半挂车	装置有专用设备或器具，用于专项作业的半挂车
轮式专用机械车	轮式装载机械	具有装卸设备的轮胎式自行机械
	轮式挖掘机械	具有挖掘设备的轮胎式自行机械
	轮式平地机械	具有平地设备的轮胎式自行机械

[a] 符合无轨电车或越野客车结构术语定义的汽车，即使同时符合其他客车结构术语的定义，也应确定为无轨电车或越野客车；同时符合两者结构术语定义的汽车，应确定为无轨电车。

[b] 邮政车、冷藏车、保温车等以载运货物为主要目的的专用汽车，以及非客车整车改装的运钞车，根据其载货部位的结构特征确定为相对应的载货汽车。

[c] 货车、全挂车和半挂车的载货部位为非栏板结构时，若载货部位具有自动倾卸装置，结构术语确定为“载货部位的结构特征＋自卸”，如“平板自卸”。

6　机动车使用性质术语

6.1　机动车按使用性质分为营运、非营运和运送学生。营运机动车是指个人或者单位以获取利润为目的而使用的机动车，非营运机动车是指个人或者单位不以获取利润为目的而使用的机动车；运送学生机动车是指用于有组织地接送3周岁以上学龄前幼儿或义务教育阶段学生上下学的7座及7座以上的载客汽车，即校车。

6.2 机动车使用性质细类见表3。

表3 机动车使用性质细类表

分类		说　明[a]
营运	公路客运	专门从事公路旅客运输的机动车
	公交客运	城市内专门从事公共交通客运的机动车
	出租客运	以行驶里程和时间计费，将乘客运载至其指定地点的机动车
	旅游客运	专门运载游客的机动车
	租赁	专门租赁给其他单位或者个人使用，以租用时间或者租用里程计费的机动车
	教练	专门从事驾驶技能培训的机动车
	货运	专门从事货物(危险货物除外)运输的机动车
	危化品运输	专门用于运输剧毒化学品、爆炸品、放射性物品、腐蚀性物品等危险货物的机动车
非营运	警用	公安机关、国家安全机关、监狱、劳动教养管理机关和人民法院、人民检察院用于执行紧急职务的机动车
	消防	公安消防部队和其他消防部门用于灭火的专用机动车和现场指挥机动车
	救护	急救、医疗机构和卫生防疫部门用于抢救危重病人或处理紧急疫情的专用机动车
	工程救险	防汛、水利、电力、矿山、城建、交通、铁道等部门用于抢修公用设施、抢救人民生命财产的专用机动车和现场指挥机动车
	营转非	原为营运机动车，现改为非营运机动车
	出租转非	原为出租客运机动车，现改为非营运机动车
运送学生	运送幼儿(幼儿校车)	用于有组织地接送3周岁以上学龄前幼儿上下学的7座及7座以上载客汽车
	运送小学生(小学生校车)	用于有组织地接送小学生上下学的7座及7座以上载客汽车
	运送中小学生(中小学生校车)	用于有组织地接送义务教育阶段学生(小学生和初中生)上下学的7座及7座以上载客汽车
	运送初中生(初中生校车)	用于有组织地接送初中生上下学的7座及7座以上载客汽车

[a] 非营运机动车没有对应细类的，使用性质确定为“非营运”。除使用性质确定为“非营运”“营转非”“出租转非”以外的机动车，为生产经营性车辆。

7 车辆类型

7.1 车辆类型根据机动车规格术语和机动车结构术语相加确定，规格术语在前，结构术语在后，如“大型普通客车”“中型罐式货车”“重型专项作业车”“重型集装箱半挂车”“普通二轮摩托车”等。但低速货车的结构术语在前，规格术语在后，如“普通低速货车”“厢式低速货车”“罐式低速货车”等。轿车按照其规格术语确定为“大型轿车”“小型轿车”和“微型轿车”。

7.2 无对应的规格术语时，车辆类型按照结构术语确定，如“轮式装载机械”。

7.3 三轮汽车无对应的结构术语，其车辆类型统一为“三轮汽车”。除三轮汽车外的其他汽车，其结构特征无对应的结构术语时，车辆类型按照机动车规格术语及最相近的结构术语相加确定。

7.4 有轨电车无对应的结构术语，其车辆类型根据规格术语确定，如“大型有轨电车”。

参 考 文 献

[1] GB 7258—2012 机动车运行安全技术条件

ICS 43.020
R 80

中华人民共和国公共安全行业标准

GA/T 1050—2013

汽车安全驾驶教育模拟装置

Automobile driving simulator for road safety education

2013-02-22 发布　　2013-05-01 实施

中华人民共和国公安部　发布

前　言

本标准按照 GB/T 1.1—2009 给出的规则起草。

本标准由公安部道路交通管理标准化技术委员会提出并归口。

本标准负责起草单位：公安部交通管理科学研究所。

本标准参加起草单位：西南交通大学、成都合纵连横数字科技有限公司、南京多伦科技股份有限公司。

本标准主要起草人：高岩、王长君、刘东波、苏虎、尤志栋、秦东炜、张苗青、黄艳、周穆雄、钱嵘山。

汽车安全驾驶教育模拟装置

1 范围

本标准规定了汽车安全驾驶教育模拟装置的术语和定义、组成、功能要求、技术要求及试验方法等。

本标准适用于汽车安全驾驶教育模拟装置的设计、生产、检验等。

2 规范性引用文件

下列文件对于本文件的应用是必不可少的。凡是注日期的引用文件，仅注日期的版本适用于本文件。凡是不注日期的引用文件，其最新版本(包括所有的修改单)适用于本文件。

GB 5768.2 道路交通标志和标线 第2部分：道路交通标志

GB 5768.3 道路交通标志和标线 第3部分：道路交通标线

GB 14886 道路交通信号灯设置与安装规范

GB 14887 道路交通信号灯

GB/T 18411 道路车辆 产品标牌

GB/T 25000.51 软件工程 软件产品质量要求与评价(SQuaRE) 商业现货(COTS)软件产品的质量要求和测试细则

CJJ 37 城市道路工程设计规范

JTG B01 公路工程技术标准

JTG D81 公路交通安全设施设计规范

3 术语和定义

下列术语和定义适用于本文件。

3.1

汽车安全驾驶教育模拟装置 automobile driving simulator for road safety education

用于教育、训练汽车驾驶人增强交通安全意识和提高安全驾驶技能的汽车驾驶仿真装置。

3.2

动感仿真系统 motion simulation system

模拟车辆在道路上运动时动态感觉的系统。

3.3

视景仿真 visual simulation

应用计算机图形学等技术从视觉上模拟车辆运行环境。

3.4

交通事件 traffic incident

车辆行驶过程中发生的可能造成交通事故或影响安全驾驶的外界干扰情况。

4 组成

汽车安全驾驶教育模拟装置(以下简称模拟装置)主要包括：驾驶座舱系统、视景系统、声效系统、动感仿真系统、数据采集处理系统、运行管理系统。

5 功能要求

5.1 基本要求

5.1.1 模拟装置应能实现实时人机交互。
5.1.2 模拟的车辆运行过程应与实际行车相符。
5.1.3 驾驶座舱系统的结构布局、操控部件的操作方式和响应、仪表显示等应与所模拟车辆一致。

5.2 仿真功能

5.2.1 视景系统应能模拟道路环境、交通流、景观、气象条件等，满足通过视觉观察正确判断交通环境、相对距离、车辆速度等要求。
5.2.2 声效系统应能模拟道路交通环境声场，满足通过声音正确判断交通环境、车辆状态等要求。
5.2.3 动感仿真系统应能模拟车辆运动过程中的姿态变化，满足通过运动感受判断车辆状态、道路状况等要求。

5.3 模拟安全驾驶教育功能

5.3.1 模拟内容

模拟装置的模拟内容包括：

a) 复杂交通环境；
b) 典型突发险情；
c) 恶劣天气条件；
d) 典型交通违法行为危害体验。

5.3.2 复杂交通环境

5.3.2.1 模拟城市道路、高速公路、国省干道、山区公路等典型道路，重点模拟车流密集、干扰因素多的复杂交通环境，通过预设交通事件，教育和训练驾驶人作出正确的判断与应急处置。
5.3.2.2 每种道路长度不少于 5 km，应包含以下交通元素：

a) 城市道路应包含主干路、次干路、支路、单行道、灯控交叉路口、非灯控交叉路口、公交站台、学校区域等；
b) 高速公路应包含收费站、匝道、主线、出入口、立交枢纽、隧道、桥梁等；
c) 国省干道应包含单幅路、双幅路、三幅路、四幅路、十字交叉路口、T 型交叉路口、环岛、隧道、桥梁、施工路段等；
d) 山区公路应包含上陡坡、下陡坡、连续急弯、临水临崖路段、窄路、隧道、桥梁等。

5.3.2.3 应针对不同道路交通环境设置典型的交通事件，每个交通事件应有明确的教育和训练目的。交通事件应与道路环境、交通流等要素相匹配，触发自然，运行流畅。交通事件的平均密度不少于每公里 1 个。

5.3.3 典型突发险情

5.3.3.1 模拟易发的典型突发危险状况包括：

a) 车辆制动失效；
b) 车轮爆胎；
c) 车辆侧滑；
d) 其他突发危险状况。

5.3.3.2 各种典型突发险情应单独模拟，配置相适应的道路交通环境，设置触发条件。

5.3.3.3 驾驶人处置突发险情不当的，应通过视频、动画、文字、语音等形式提示驾驶人该突发险情如何合理处置。

5.3.4 恶劣天气条件

5.3.4.1 模拟常见恶劣天气条件包括：

a) 雨天；
b) 雾天；
c) 雪天；
d) 大风；
e) 其他恶劣天气。

5.3.4.2 模拟的道路通行和车辆运行状态应符合恶劣天气条件特征。

5.3.4.3 恶劣天气条件模拟可单独设置，也可与5.3.2组合设置。

5.3.5 典型交通违法行为危害体验

5.3.5.1 模拟典型交通违法行为的严重危害后果包括：

a) 酒后驾驶；
b) 超速驾驶；
c) 超载行驶；
d) 疲劳驾驶。

5.3.5.2 各种典型交通违法行为应单独模拟，配置相适应的道路交通环境，设置触发条件。

5.3.5.3 体验结束后，应通过视频、动画、文字、语音等形式对驾驶人进行典型交通违法行为危害的教育。

5.4 评判管理功能

5.4.1 安全驾驶评判

5.4.1.1 对驾驶人的模拟驾驶操作进行实时记录、自动评判，至少评判以下扣分项目：

a) 未系安全带驾驶；
b) 违反道路交通信号灯；
c) 超速行驶；
d) 通过人行横道线未减速让行或未停车让行；
e) 跨越道路中心实线；
f) 未按规定车道行驶或者未按规定变更车道；
g) 未按规定使用车辆灯光；
h) 禁停区域停车；
i) 禁鸣区域鸣号；
j) 与其他车辆、行人发生碰撞；
k) 与道路设施、树木等发生碰撞；
l) 其他交通违法行为及不安全驾驶操作。

5.4.1.2 评判结果包括得分、主要交通违法行为(含次数)等，并提供打印成绩单功能。

5.4.2 过程回放

5.4.2.1 自动记录模拟驾驶全过程，并可回放。

5.4.2.2 回放视角至少包括：

a) 本车驾驶人视角；
b) 本车正上方俯视视角；
c) 本车后上方45°俯视视角。

5.4.3 系统管理

5.4.3.1 应记录驾驶人身份、模拟驾驶时间、模拟驾驶内容、评判结果等信息。

5.4.3.2 应具备开机自检功能，检查主要部件启动状态；自检正常的，应显示正常结论；自检发现故障的，应进行故障提示。

6 技术要求

6.1 驾驶座舱系统

6.1.1 驾驶座舱应为全封闭或半封闭结构，主要包括主体骨架、外壳、仪表、操控部件、单驾驶座椅、安全带等。

6.1.2 主体骨架应具有高结构强度，在使用过程中不发生变形、异响等。

6.1.3 外壳应全部或部分包裹座舱空间，坚固、耐久、便于维修；外壳造型、喷涂等应美观。

6.1.4 仪表应为实物仪表，能够动态、准确显示车辆实时运行信息。

6.1.5 应配置模拟驾驶操作必需的操控部件，包括方向盘、启动开关、组合式灯光控制杆、组合式刮水器控制杆、变速器操纵杆、离合器踏板、制动踏板、加速踏板、安全带、驻车制动器操纵杆及必要的内饰件等；可为实车操控部件改造或仿制品。

6.1.6 方向盘应配置电动力反馈系统，实现不同工况下方向盘回正力矩、阻尼力、振动等模拟；应限定方向盘最大旋转角度与所模拟车辆一致。

6.1.7 应配置模拟手动变速器或自动变速器：

a） 模拟手动变速器，应设置至少 5 个前进挡 1 个后退挡，变速器操纵杆与离合器踏板之间应实现连锁：踏下离合器踏板至结合处，方可进挡；否则锁止，无法进挡；

b） 模拟自动变速器，应设置 P 挡、R 挡、N 挡、D 挡，并正确模拟变速器操纵杆与制动踏板的连锁关系。

6.1.8 驾驶座椅前后位置和靠背倾角应可以调节，前后位置调节范围不小于 20 cm，倾角不小于 5°。

6.1.9 应配置三点式安全带，具有自动卷收功能；不系安全带或中途解开安全带，通过声音提示，仪表中的安全带指示灯闪烁。

6.1.10 若驾驶座舱内底板距离地面大于 30 cm，应设置踏步，供驾驶人进出座舱。

6.2 视景系统

6.2.1 应采用高清显示屏或投影系统。采用高清显示屏的，显示屏分辨率不低于(1 920×1 080)像素，亮度不低于 300 cd/m^2，对比度不低于 800：1，可视角度不低于 160°，具备数字视频接口。采用投影系统的，投影机分辨率不低于(1 024×768)像素，亮度不低于 3 000 lm。

6.2.2 采用高清显示屏的，可使用单显示屏或拼接式多显示屏。驾驶人处于正常驾驶位置时，显示屏水平视场角不低于 120°，垂直视场角不低于 25°。若使用拼接式多显示屏，相邻两块显示屏的有效显示边界间隔不大于 10 cm。

6.2.3 采用投影系统的，可使用单通道或多通道显示方式。驾驶人处于正常驾驶位置时，画面的水平视场角不低于 120°，垂直视场角不低于 25°。若使用多通道显示方式时，可采用柱面、球面或平面折角投影幕。投影幕表面应平整、光洁，不应观测到物理拼缝。

6.2.4 采用拼接式多显示屏或多通道投影显示方式的，应实现多通道视景仿真，各通道间过渡自然、同步渲染。

6.2.5 应实现前向视景仿真及内、外后视镜视景仿真，正确反映道路交通环境以及其他机动车、非机动车、行人等动态对象的状态。

6.2.6 应实现不同自然光照条件、夜间车辆灯光以及雨、雪、雾等气象条件下的视景仿真效果。

6.2.7 道路场景三维模型应基于实景建模，道路沿途的自然环境景观、人文建筑等应与道路类型相匹配；机动车、非机动车、行人等动态对象模型应真实、自然。同一场景中，不应出现重复的建筑物、机动车、非机动车、行人等模型。

6.2.8 道路元素设计应符合相关技术标准：

a) 公路设计参数应符合 JTG B01 的要求，城市道路应符合 CJJ 37 的要求；

b) 道路交通标志应符合 GB 5768.2 的要求，道路交通标线应符合 GB 5768.3 的要求；

c) 道路交通信号灯应符合 GB 14886 和 GB 14887 的要求；

d) 交通安全设施应符合 JTG D81 的要求。

6.2.9 应保证视景仿真画面的质量与运行流畅性，帧速率不低于 30 f/s，画面出现跳动、抖动、停滞的频率不高于每小时 6 次，不得出现闪烁现象。采用多通道视景仿真的，应保持各通道同步渲染，最大画面延迟不大于 50 ms。

6.3 声效系统

6.3.1 应配置不低于 4 声道的立体声声效系统，环绕扬声器或音箱安装固定在驾驶座椅周围的合适位置，保证立体声效果。

6.3.2 扬声器组频率响应为 100 Hz～20 000 Hz，信噪比大于等于 75 dB，额定功率大于等于 40 W。

6.3.3 应模拟车辆行驶过程中的声音环境：

a) 本车声音，包括不同工况下发动机声音、行驶噪声、制动声、转向灯声、鸣笛声、碰撞声、变速器声等；

b) 他车声音，包括他车行驶声、他车喇叭声等；

c) 环境声音，包括刮风、雨声等气象声、周围环境噪声等；

d) 系统提示声音，包括行驶路线提示声、操作提示声等。

6.4 动感仿真系统

6.4.1 可采用二自由度、三自由度或六自由度运动系统，可采用电驱动缸、齿轮齿轨、凸轮等作动伺服机构。

6.4.2 不同自由度运动系统应采用以下自由度组合方案：

a) 二自由度：仰俯、侧倾；

b) 三自由度：仰俯、侧倾、升降；

c) 六自由度：仰俯、侧倾、偏航、升降、纵向平移、横向平移。

6.4.3 运动能力应符合表 1 要求。

表 1 动感仿真系统运动能力列表

自由度	幅度	速度	加速度
仰俯	≥±6°	≥20°/s	100°/s²
侧倾	≥±6°	≥20°/s	100°/s²
偏航	≥±6°	≥20°/s	100°/s²
升降	≥±100 mm	≥200 mm/s	≥0.3 g
纵向平移	≥±100 mm	≥200 mm/s	≥0.3 g
横向平移	≥±100 mm	≥200 mm/s	≥0.3 g

6.4.4 应设置围挡、护板、柔性包裹材料等，不可直接暴露作动伺服机构，以免造成人身伤害。

6.4.5 应单独设置动感仿真系统紧急停止按钮，颜色醒目，使用方便。按下紧急停止按钮，动感仿真系统立即停止运动，锁止于当前位置和姿态，并具有手动复位功能。

6.4.6 应实现以下运动和状态的动感仿真：

a) 起步、加减速、制动、后退、急停等车辆运动姿态；

b) 上坡、下坡、弯道等不同路面条件的车辆运动姿态；

c) 车身低频震动、颠簸、闯动、抖动等效果；

d) 车轮爆胎、碰撞等特殊效果；

e) 采用六自由度动感仿真系统的应具有侧滑仿真功能。

6.5 数据采集处理系统

6.5.1 应实时采集操控部件动作信息，包括：离合器踏板行程、制动踏板行程、加速踏板行程、方向盘转动角度、启动开关状态、挡位状态、驻车制动器操纵杆状态、灯光开关状态、刮水器开关状态、安全带状态等。各传感器的采样频率不低于 200 Hz，模拟量采样误差小于等于 2.5‰。

6.5.2 应根据采集得到的操控部件动作信息及道路模型信息等计算并输出车辆状态信息，包括：发动机转速、行驶速度、车身姿态、前照灯状态、转向灯状态、驻车制动器状态、安全带状态等。更新频率不低于 50 Hz。

6.5.3 应能正确仿真车辆运行的基本过程与性能，包括发动机启动过程、车辆加速性能、制动性能、转向特性等。

6.5.4 应能正确仿真不正确驾驶操作所引起的特殊效果，包括：

a) 启动发动机时，变速器操纵杆未置于空挡；

b) 发动机启动后，未及时松开启动开关；

c) 起步时离合器操作不正确，车辆发生闯动。

6.5.5 应对路面高程、障碍物、道路边界、周边车辆或行人等进行实时检测，并做出正确的响应。

6.5.6 系统响应时间不大于 100 ms。

6.6 运行管理系统

6.6.1 应具有良好的用户界面，包括系统参数设定、模拟内容选择、过程回放控制、评判结果打印、安全保护、使用帮助等模块。

6.6.2 应能方便地对模拟训练信息进行查询、统计。

6.7 安装要求

6.7.1 所有设备和部件应布局合理、安装牢固，方便使用和维护，并进行安全防护、防尘、防震等处理，在使用过程中不应发生变形、松动、异响。所有部件及其附件不应有任何可能使人致伤的尖锐凸出物。

6.7.2 部件外表面应光洁、平整，不应有凹痕、划伤、裂缝、变形等缺陷，所有金属部件表面不应有锈蚀，应有防锈、防腐蚀涂镀层，涂镀层不应有起泡、龟裂、脱落和磨损现象。

6.7.3 电源线、信号线等应具备有效保护，保证导线不会接触到易引起导线绝缘部分损伤的部件。当导线需穿越金属孔时，应进行倒角，不得有锋利的边缘，导线应装有护线套。线缆的插接头应进行有效处理，防止使用过程中损坏、松脱。

6.7.4 应在易见部位设置产品标牌，标牌应符合 GB/T 18411 的要求。

6.8 环境适应性

贮藏及使用环境要求如下：

a) 贮藏温度:0 ℃～40 ℃,工作温度:10 ℃～30 ℃;
b) 相对湿度:≤ 85%;
c) 供电电源:AC 220 V/380 V(1±15%),50 Hz ±2 Hz。

7 试验方法

7.1 试验环境

如未标明特殊要求,所有试验均在下述条件下进行:

a) 环境温度:10 ℃～30 ℃;
b) 相对湿度:≤ 85%;
c) 供电电源:AC 220 V/380 V,50 Hz。

7.2 组成

目测检查模拟装置的组成。

7.3 功能要求

7.3.1 基本要求

目测并操作运行模拟装置,检查模拟装置的人机交互、模拟运行过程及结构布局、操作响应等。

7.3.2 仿真功能

目测并操作运行模拟装置,检查视景系统、声效系统及动感仿真系统的仿真效果是否满足视觉、听觉及动感判断的要求,与实际驾驶操作的感受是否相符等。

7.3.3 模拟安全驾驶教育功能

运行模拟装置软件,按 GB/T 25000.51 的测试方法对软件模拟的复杂交通环境、典型突发险情、恶劣天气条件、典型交通违法行为危害体验等逐项进行测试,检查模拟内容是否符合要求,所模拟场景是否与实际相符,交通事件是否运行流畅、触发自然等。

7.3.4 评判管理功能

运行模拟装置软件,按 GB/T 25000.51 的测试方法对软件的安全驾驶评判、过程回放、系统管理等逐项进行测试,检查扣分项目评判是否准确,能否打印成绩单,能否记录模拟驾驶全过程并多视角回放,是否具备自检功能等。

7.4 技术要求

7.4.1 驾驶座舱系统

目测检查驾驶座舱系统的组成、结构、布局、外观和操控部件等,是否符合相关要求。对各操控部件进行实际操作,是否与所模拟车辆一致。用转向角测量工具测量方向盘的转角,并检查是否有力矩。用长度测量工具、角度测量工具测量驾驶座椅的可调节范围。

7.4.2 视景系统

查看显示屏、投影系统的技术资料,核查各项性能参数、接口等是否符合要求。用经纬仪等测量工具检查屏幕画面的视场角。操作运行模拟装置,观察前向视景及内、外后视镜视景,检查模拟的视景能否正确反映道路交通环境中路、车、人的动态状态,不同自然光照的仿真效果是否符合实际,道路场景建模、道路元素设计等是否符合要求。观察画面质量,计数画面出现跳动、抖动、停滞的次数。

7.4.3 声效系统

目测检查声效系统的布置。操作运行模拟装置,检查模拟的声音效果是否合理、完整。

7.4.4 动感仿真系统

目测检查动感仿真系统的部件组成,检查安全防护措施。分别运行到各自由度的最大限界,用长度测量工具测量位移行程,用角度测量工具测量倾角范围;用秒表、加速度仪等测量各自由度的速度、角速度、加速度、角加速度等运动指标。操作检查紧急停止按钮功能,检查各种运动状态下的动感仿真效果与实际状况是否相符。

7.4.5 数据采集处理系统

操作运行模拟装置,逐项进行系安全带、启动、加速、转向、离合、换挡、制动、开关灯光、开关刮水器等操作,并模拟不正确的驾驶操作行为,检查采集到的信息是否齐全,与实际驾驶操作的情形是否相符,反应是否及时。

7.4.6 运行管理系统

操作运行模拟装置,检查用户界面各功能模块是否完整,查询、统计功能是否符合要求。

7.4.7 安装要求

目测检查模拟装置的安装情况以及外观、标牌、布线等。操作运行模拟装置,检查安装的牢固性和平稳性。

7.4.8 环境适应性

7.4.8.1 低温工作

将模拟装置或主要部件放入低温试验室,在 10 ℃±2 ℃的温度下连续通电工作 8 h,检查工作情况。

7.4.8.2 高温工作

将模拟装置或主要部件放入高温试验室,在 30 ℃±2 ℃的温度下连续通电工作 8 h,检查工作情况。

7.4.8.3 低温贮藏

将模拟装置或主要部件在不通电的状态下放入低温试验室,在 0 ℃±2 ℃的温度下连续放置 24 h。试验后恢复至室温,检查外观并通电检查工作情况。

7.4.8.4 高温贮藏

将模拟装置或主要部件在不通电的状态下放入高温试验室,在 40 ℃±2 ℃的温度下连续放置 24 h。试验后恢复至室温,检查外观并通电检查工作情况。

7.4.8.5 恒定湿热

将模拟装置或主要部件在不通电状态下放入试验室,在干球温度为 30 ℃±2 ℃,相对湿度为 80%~85%环境中放置 12 h 后,连续通电工作 12 h,试验中及试验后检查模拟装置的外观和工作情况。

7.4.8.6 电源适应性

按表 2 设置供电电源及工作时间，检查模拟装置的电源适应性。

表 2 电源适应性试验

序号	供电电源		工作时间
	额定电源:220 V、50 Hz	额定电源:380 V、50 Hz	
1	253 V、48 Hz	437 V、48 Hz	1 h
2	253 V、52 Hz	437 V、52 Hz	1 h
3	187 V、48 Hz	323 V、48 Hz	1 h
4	187 V、52 Hz	323 V、52 Hz	1 h

ICS 35.240
R 80

中华人民共和国公共安全行业标准

GA 1186—2014

机动车安全技术检验监管系统通用技术条件

General technical specifications for monitoring system of vehicle safety inspection

2014-09-15 发布　　2014-12-01 实施

中华人民共和国公安部　发布

前　言

本标准的第1章、第5章、附录C为强制性的，其余为推荐性的。

本标准按照GB/T 1.1—2009给出的规则起草。

本标准由公安部道路交通管理标准化技术委员会提出并归口。

本标准起草单位：公安部交通管理科学研究所。

本标准主要起草人：是建荣、孙晓平、吴晓东、江海龙、王健峰、王显飞、张捷、潘康。

机动车安全技术检验监管系统通用技术条件

1 范围

本标准规定了机动车安全技术检验监管系统功能、技术要求和试验方法。

本标准适用于机动车安全技术检验监管系统建设及使用。

2 规范性引用文件

下列文件对于本文件的应用是必不可少的。凡是注日期的引用文件，仅注日期的版本适用于本文件。凡是不注日期的引用文件，其最新版本(包括所有的修改单)适用于本文件。

GB 7258 机动车运行安全技术条件

GB/T 26765—2011 机动车安全技术检验业务信息系统及联网规范

GB/T 28452—2012 信息安全技术 应用软件系统通用安全技术要求

3 术语和定义

下列术语和定义适用于本文件。

3.1

检验监管系统 monitoring system of vehicle safety inspection

与机动车安全技术检验机构的检验业务信息系统对接，对机动车安全技术检验进行监督的计算机信息系统。

4 检验监管系统组成

4.1 检验监管系统由检验机构信息备案、边界数据交换、检验过程监督、检验合格标志远程核发等子系统组成。

4.2 与其他系统关系见图1。

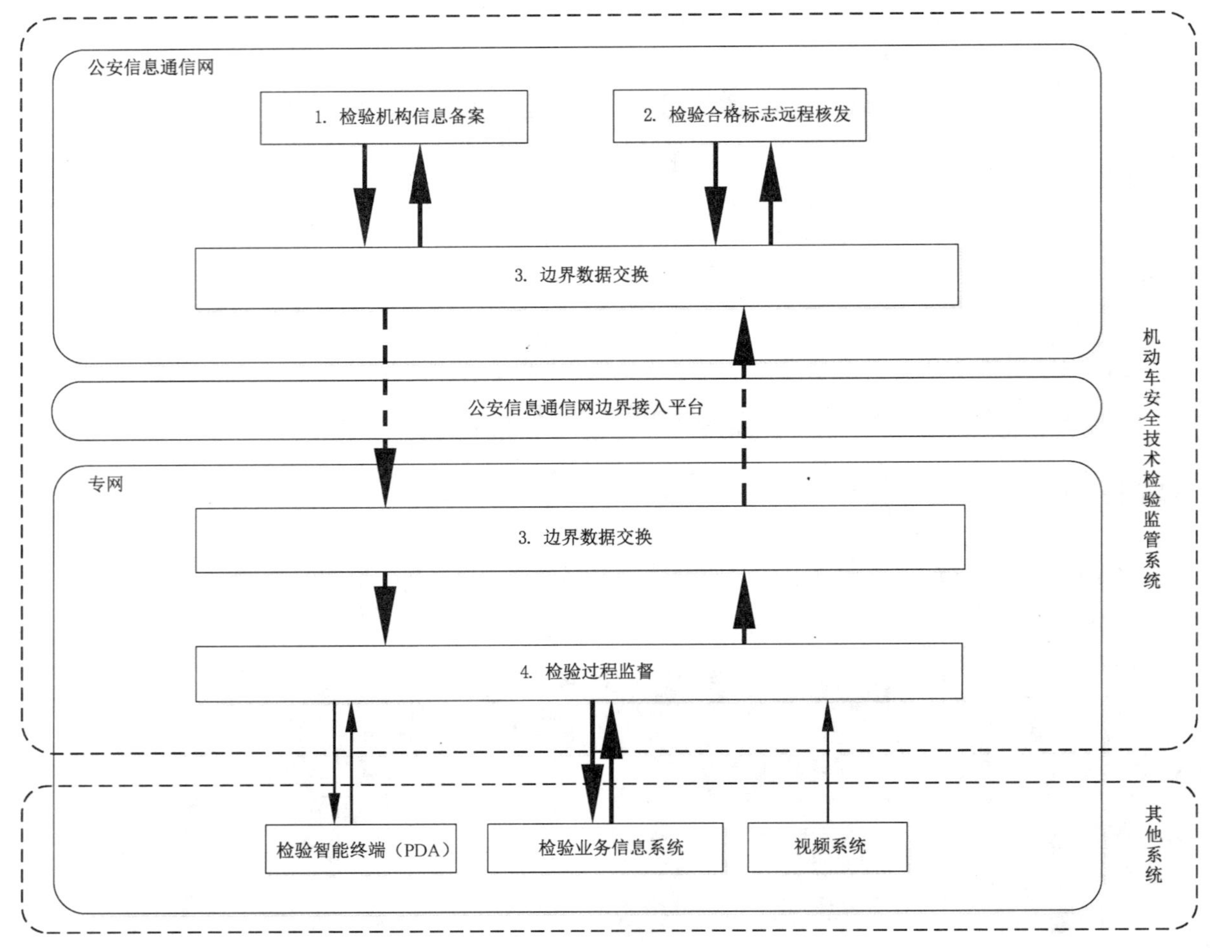

图 1 检验监管系统与其他系统关系图

5 要求

5.1 一般要求

5.1.1 检验机构信息备案、检验合格标志远程核发、公安网边界数据交换子系统应部署在公安信息通信网内；检验过程监督、专网边界数据交换子系统应部署在专网内；专网与公安信息通信网信息交换应符合边界接入的要求。

5.1.2 检验监管系统用户应实行分级管理，系统管理员、监督人员、机动车安全技术检验机构（以下简称检验机构）人员应授予不同的权限。

5.1.3 检验监管系统用户密码策略管理应符合以下要求：

a) 所有用户的缺省密码或空密码应更改后使用；

b) 系统管理员密码应由大写英文字母、小写英文字母、数字和特殊字符中三类以上组成，至少 10 位，不应包含用户名；

c) 其他用户密码应由大写英文字母、小写英文字母、数字和特殊字符中两类以上组成，至少 6 位，不应包含用户名。

5.1.4 检验监管系统日志采集功能应符合公安信息系统应用日志安全审计平台日志采集规范。

5.1.5 检验监管系统软件应能在 Windows、Unix、Linux 等操作系统正常运行。

5.1.6 检验监管系统采用的数据库管理系统应支持 SQL 和 ODBC 两种工业标准，并具有 C2 级以上安全性。

5.1.7 检验监管系统运行环境应安装网络防火墙和防病毒软件。

5.2 安全性

检验监管系统安全性应符合 GB/T 28452—2012 中 6.1 的规定。

5.3 检验机构信息备案子系统

5.3.1 功能

检验机构信息备案子系统应具备以下功能：

a) 信息录入；
b) 信息审核；
c) 信息管理。包括撤销、修改、查询、统计等。

5.3.2 备案信息

备案信息应包括以下内容：

a) 检验机构信息，参见附录 A 中 A.1；
b) 检测线信息，参见 A.2；
c) 工作人员信息，参见 A.3；
d) 检验业务信息系统信息，参见 A.4。

5.4 边界数据交换子系统

系统应具备以下功能：

a) 机动车基本信息查询请求、查询结果数据交换；
b) 检验监管软件核发检验合格标志业务数据交换；
c) 检验监管软件接口定义数据下载；
d) 检验监管软件接口使用申请、接口授权信息交换；
e) 备案信息交换；
f) 检验监管软件统计结果数据交换；
g) 检验监管软件检验异常预警数据交换；
h) 违规机动车产品数据交换；
i) 交换数据自动清理功能。

5.5 检验过程监管子系统

5.5.1 功能

系统应具备以下功能：

a) 备案信息预录入；
b) 备案信息下载；
c) 备案信息下发；
d) 时间同步；
e) 检验登录信息接收；
f) 检验过程信息接收；

g) 检验照片和资料照片信息接收；

h) 检验结果信息接收；

i) 复检登录信息接收；

j) 异常情况预警和报警；

k) 检验数据研判分析；

l) 与公安交通管理综合应用平台数据交换；

m) 检验审核；

n) 检验合格标志申请及打印；

o) 违规机动车产品上报；

p) 检验数据信息、照片信息等存储；

q) 视频监督。

5.5.2 功能要求

5.5.2.1 备案信息预录入

备案信息录入应符合以下要求：

a) 备案信息应符合 5.3.2 的要求；

b) 对预录入信息进行合规性检查，上传至检验机构备案子系统。

5.5.2.2 备案信息下载

每日进行检查，有更新的下载新信息。

5.5.2.3 备案信息下发

每日进行检查，有更新的下发新信息，下发接口如下：

a) 检验机构备案信息下发接口参数参见附录 B 中 B.1；

b) 检测线备案信息下发接口参数参见 B.2；

c) 检验机构工作人员备案信息下发接口参数参见 B.3；

d) 检验业务信息系统备案信息下发接口参数参见 B.4。

5.5.2.4 时间同步

检验业务信息系统与检验过程监管子系统每日同步一次，时间同步接口参数参见 B.5。

5.5.2.5 检验登录信息接收

检验登录信息接收符合以下要求：

a) 提供机动车检验登录信息接口，信息接收接口参数参见 B.6；

b) 比对道路交通违法、交通事故情况，以及嫌疑车辆信息，显示道路交通违法、交通事故比对结果并下发给检验业务信息系统，对有嫌疑的车辆预警；

c) 注册登记检验的，还应比对《道路机动车辆生产企业及产品公告》和机动车违规产品信息，存在问题的，下发给检验业务信息系统；

d) 在用车检验的，还应将机动车登记信息下发给检验业务信息系统。

5.5.2.6 检验过程信息接收

应接收以下检验过程信息：

a） 检验过程开始信息，接口参数参见 B.7；
b） 检验项目开始信息，接口参数参见 B.8；
c） 人工检验项目检验结果详细信息，接口参数参见 B.9；
d） 仪器设备检验项目检验详细信息，接口参数参见 B.10；
e） 路试检验信息，接口参数参见 B.11；
f） 检验项目结束信息，接口参数参见 B.12；
g） 检验过程结束信息，接口参数参见 B.13。

5.5.2.7 检验项目照片和检验资料照片信息接收

由检验智能终端拍摄的检验项目照片应拍摄后立即自动上传，检验项目照片和检验资料照片信息接收要求如下：

a） 人工检验项目照片拍摄项目及要求见附录 C 中 C.1.1、C.2.1；
b） 检验资料照片项目及要求见 C.1.2；
c） 仪器设备检验工位照片、视频要求见 C.2.2；
d） 照片信息接收接口参数参见 B.14。

5.5.2.8 检验结果信息接收

检验结果信息接收要求如下：

a） 机动车检验结果信息内容和接口参数参见 B.15；
b） 机动车交通事故责任强制保险信息内容和接口参数参见 B.16；
c） 检验判定结果信息，接口参数参见 B.17；
d） 机动车检验结果资料申请审核信息，接口参数参见 B.18；
e） 检验视频异常信息，接口参数参见 B.19。

5.5.2.9 复检登录信息接收

复检登录信息接收接口参数参见 B.20。

5.5.2.10 异常情况预警及处置

检验监督项目预警和处置见附录 D。

5.5.2.11 检验数据研判分析

检验数据研判分析应包括以下内容：

a） 检验过程信息查询；
b） 检验审核信息查询、抽查；
c） 检验机构、检验工作人员检验情况；
d） 多车检验数据雷同情况；
e） 综合统计分析及异常情况预警。

5.5.2.12 检验审核

检验审核应符合以下要求：

a） 随机分配检验审核任务；
b） 按车型和查验员资质分配检验审核任务；
c） 超时重新随机分配检验审核任务。

5.5.2.13 违规机动车产品上报

违规机动车产品上报功能应符合以下要求：

a) 违规机动车产品信息采集和上传；

b) 违规证据照片采集和上传。

5.5.2.14 检验数据信息和照片信息存储

至少保存最近两个检验周期的检验信息。

5.5.2.15 视频监督

视频监督应符合以下要求：

a) 调取的视频应符合 GB/T 26765—2011 中 6.3.2 a)～6.3.2 c)的要求；

b) 实时点播检验过程视频信息；

c) 按应能调取检验车辆点播检验过程历史视频信息；

d) 应能调取近 2 年内的检验过程视频信息。

5.6 检验合格标志远程核发子系统

系统应具备以下功能：

a) 接收检验合格标志核发申请；

b) 检验有效期、强制报废日期等自动检查；

c) 校车使用许可有效期、状态等自动检查；

d) 道路交通违法、交通事故自动核查；

e) 被盗抢车辆自动核查；

f) 交通事故责任强制保险信息有效性自动检查；

g) 核查通过的，自动生成核发检验合格标志指令；

h) 核查未通过的信息提示。

5.7 检验监管系统资料要求

检验监管系统资料应包括以下内容：

a) 软件安装介质；

b) 用户手册；

c) 安装手册；

d) 系统设计文档；

e) 系统测试文档；

f) 其他必备的文件资料。

6 试验方法

6.1 基本方法

试验方法如下：

a) 演示法：通过操作检验监管系统，查看备案登记子系统、检验监管子系统和检验过程视频监控子系统实际运行情况及检验数据，验证功能是否达到规定的要求；

b) 审查法：对检验监管系统进行可视化检查，以确定有关功能是否达到规定的要求。

6.2 备案登记子系统

按照以下试验步骤检查备案登记子系统：

a） 依据5.7要求提供的资料，采用审查法检查备案登记子系统功能内容；

b） 采用演示法，操作检查备案登记子系统各项功能。

6.3 检验过程监管子系统

按照以下试验步骤检查检验监管软件：

a） 依据5.7要求提供的资料，采用审查法检查检验监管软件基本要求内容；

b） 采用演示法，操作检查检验监管软件各项基本要求。

附 录 A
（资料性附录）
检验监管系统数据表结构

A.1 检验机构

检验机构信息备案数据结构表见表 A.1。

表 A.1 检验机构信息备案数据结构表

序号	名 称	类型	长度	是否可空	说 明
1	检验机构编号	字符	20	不可空	
2	检验机构名称	字符	128	不可空	
3	是否与公安网联网	字符	1	不可空	1——是;2——否
4	资格许可证书编号	字符	32	不可空	
5	资格许可有效期始	日期		不可空	
6	资格许可有效期止	日期		不可空	
7	设计日汽车检测能力	数字	4	不可空	单位为辆
8	实际日汽车检测能力	数字	4	不可空	单位为辆
9	设计日摩托车检测能力	数字	4	不可空	单位为辆
10	实际日摩托车检测能力	数字	4	不可空	单位为辆
11	检测人员总数	数字	4	可空	
12	外检工位人数	数字	4	可空	
13	录入工位人数	数字	4	可空	
14	引车员人数	数字	4	可空	
15	底盘工位人数	数字	4	可空	
16	总检工位人数	数字	4	可空	
17	其他工位人数	数字	4	可空	
18	通过省级质检部门考核人数	数字	4	可空	
19	未通过省级质检部门考核人数	数字	4	可空	
20	发证机关	字符	10	不可空	
21	管理部门	字符	12	不可空	
22	更新日期	日期		可空	
23	传输标记	字符	1	不可空	
24	备注	字符	4 000	可空	
25	审核标记	字符	1	可空	
26	使用管理部门	字符	4 000	可空	

表 A.1（续）

序号	名 称	类型	长度	是否可空	说 明
27	校验位	字符	4 000	不可空	
28	审核意见	字符	4 000	可空	
29	状态标记	字符	1	不可空	0——撤销；1——正常；2——停用；3——首次备案申请；4——已过有效期
30	部级传输标记	字符	1	可空	
31	暂停原因	字符	512	可空	
32	单位地址	字符	300	可空	
33	邮政编码	字符	6	可空	
34	许可检验范围	字符	100	可空	
35	资格许可发放单位	字符	300	可空	
36	法人代表	字符	30	可空	
37	法人代表身份证号	字符	18	可空	
38	法人代表联系电话	字符	15	可空	
39	负责人	字符	30	可空	
40	负责人身份证号	字符	18	可空	
41	负责人联系电话	字符	15	可空	
42	日常联系人	字符	30	可空	
43	日常联系人身份证号	字符	18	可空	
44	日常联系人联系电话	字符	15	可空	

A.2 检测线

检验线信息备案数据结构表见表 A.2。

表 A.2 检验线信息备案数据结构表

序号	名 称	类型	长度	是否可空	说 明
1	检验机构编号	字符	20	不可空	
2	检测线代号	字符	11	不可空	
3	检验机构名称	字符	128	不可空	
4	检测线名称	字符	128	不可空	
5	检测线类别	字符	1	不可空	1——汽车；2——摩托车
6	检测线控制方式	字符	1	不可空	1——全自动；2——单工位检测；9——其他
7	制动检测设备名称 1	字符	128	可空	

表 A.2（续）

序号	名　称	类型	长度	是否可空	说　明
8	制动检测设备型号 1	字符	32	可空	
9	制动检测设备生产厂家 1	字符	128	可空	
10	制动检测最少时间 1	数字	4	不可空	单位为秒(s)
11	制动检测设备名称 2	字符	128	可空	
12	制动检测设备型号 2	字符	32	可空	
13	制动检测设备生产厂家 2	字符	128	可空	
14	制动检测最少时间 2	数字	4	不可空	单位为秒(s)
15	制动检测方式	字符	1	可空	1——平板；2——滚筒； 3——平板及滚筒
16	平板制式	字符	32	可空	1——二板式；2——四板式
17	单平板长度	数字	5	可空	单位为毫米(mm)
18	平板间距	数字	5	可空	单位为毫米(mm)
19	滚筒式制动台制式	字符	1	可空	1——开槽式；2——粘砂式
20	滚筒式制动台制式	字符	1	可空	1——第三滚筒；2——时间停机
21	制动检测设备启用时间	日期		可空	
22	制动检测设备检定有效期止	日期		不可空	
23	制动检测设备状态	字符	1	不可空	1——正常；2——故障维修；3——报废
24	灯光检测设备名称	字符	128	可空	
25	灯光检测设备型号	字符	32	可空	
26	灯光检测设备生产厂家	字符	128	可空	
27	灯光检测最少时间	数字	4	可空	单位为秒(s)
28	灯光检测方式	字符	1	可空	1——双灯同检；2——单灯检测
29	灯光检测是否有车身偏移修正功能	字符	1	可空	1——有；2——无
30	灯光检测设备启用时间	日期		可空	
31	灯光检测设备检定有效期止	日期		不可空	
32	灯光检测设备状态	字符	1	不可空	1——正常；2——故障维修；3——报废
33	速度检测设备名称	字符	128	可空	
34	速度检测设备型号	字符	32	可空	
35	速度检测设备生产厂家	字符	128	可空	
36	速度检测最少时间	数字	4	可空	单位为秒(s)
37	速度检测设备启用时间	日期		可空	
38	速度检测设备检定有效期止	日期		不可空	
39	速度检测设备状态	字符	1	不可空	1——正常；2——故障维修；3——报废

表 A.2（续）

序号	名　称	类型	长度	是否可空	说　明
40	侧滑检测设备名称	字符	128	可空	
41	侧滑检测设备型号	字符	32	可空	
42	侧滑检测设备生产厂家	字符	128	可空	
43	侧滑检测最少时间	数字	4	可空	单位为秒(s)
44	侧滑检测设备启用时间	日期		可空	
45	侧滑检测设备检定有效期止	日期		不可空	
46	侧滑检测设备状态	字符	1	不可空	1——正常；2——故障维修；3——报废
47	称重设备名称	字符	128	可空	
48	称重检测设备型号	字符	32	可空	
49	称重检测设备生产厂家	字符	128	可空	
50	称重检测最少时间	数字	4	可空	单位为秒(s)
51	称重范围	数字	6	可空	填写设备设计最大承受车辆轴重范围，单位为千克(kg)
52	称重检测设备检定有效期止	日期		可空	
53	称重检测设备启用时间	日期		不可空	
54	称重检测设备状态	字符	1	不可空	1——正常；2——故障维修；3——报废
55	底盘间隙仪名称	字符	128	可空	
56	底盘间隙仪型号	字符	32	可空	
57	底盘间隙仪生产厂家	字符	128	可空	
58	底盘间隙检测最少时间	数字	4	可空	单位为秒(s)
59	底盘间隙仪启用时间	日期		可空	
60	底盘间隙仪检定有效期止	日期		不可空	
61	底盘间隙仪状态	字符	1	不可空	1——正常；2——故障维修；3——报废
62	全线检测时间	数字	4	可空	单位为秒(s)
63	工位 1	字符	16	可空	
64	工位 2	字符	16	可空	
65	工位 3	字符	16	可空	
66	工位 4	字符	16	可空	
67	工位 5	字符	16	可空	
68	工位 6	字符	16	可空	
69	工位 7	字符	16	可空	
70	工位 8	字符	16	可空	
71	工位 9	字符	16	可空	
72	备注	字符	128	可空	

表 A.2（续）

序号	名　称	类型	长度	是否可空	说　明
73	发证机关	字符	10	不可空	
74	管理部门	字符	12	不可空	
75	更新日期	日期		可空	
76	传输标记	字符	1	可空	
77	部级传输标记	字符	1	可空	
78	制动检验设备编号	字符	30	可空	
79	制动检验设备检定/校准证书编号	字符	30	可空	
80	灯光检验设备编号	字符	30	可空	
81	灯光检测设备检定/校准证书标号	字符	30	可空	
82	速度检验设备编号	字符	30	可空	
83	速度检验设备检定/校准证书标号	字符	30	可空	
84	侧滑检验设备编号	字符	30	可空	
85	侧滑检验设备检定/校准证书编号	字符	30	可空	
86	称重检验设备编号	字符	30	可空	
87	称重检验设备检定/校准证书编号	字符	30	可空	
88	状态标记	字符	1	不可空	0——撤销；1——正常；2——停用；3——首次备案申请；4——已过有效期
89	暂停原因	字符	512	可空	

A.3　检验机构工作人员

检验机构工作人员信息备案数据结构表见表 A.3。

表 A.3　检验机构工作人员信息备案数据结构表

序号	名　称	类型	长度	是否可空	说明
1	身份证明号码	字符	18	不可空	
2	姓名	字符	30	可空	符合 GA/T 543.1 公安数据元 DE00002
3	人员类别	字符	300	不可空	
4	管理部门	字符	12	可空	
5	发证机关	字符	10	可空	

表 A.3（续）

序号	名　称	类型	长度	是否可空	说　明
6	检验机构编号	字符	20	不可空	
7	更新日期	日期		可空	
8	传输标记	字符	1	可空	
9	备注	字符	4 000	可空	
10	审核标记	字符	1	可空	
11	校验位	字符	4 000	可空	
12	审核意见	字符	4 000	可空	
13	状态标记	字符	1	不可空	0——撤销；1——正常；2——停用
14	部级传输标记	字符	1	可空	
15	上岗证编号	字符	32	可空	
16	上岗证有效期止	日期		可空	
17	上岗证发放单位	字符	300	可空	
18	使用管理部门	字符	1 024	可空	

A.4　检验业务信息系统

检验业务信息系统信息备案数据结构表见表 A.4。

表 A.4　检验业务信息系统信息备案数据结构表

序号	名　称	类型	长度	是否可空	说　明
1	备案编号	字符	10	不可空	
2	检验系统名称	字符	64	不可空	
3	检验系统说明	字符	256	不可空	
4	版本编号	字符	64	不可空	
5	开发单位	字符	256	不可空	
6	数据库版本	字符	128	不可空	
7	系统架构描述	字符	2 048	不可空	
8	检验机构编号	字符	10	不可空	
9	检测线代号	字符	100	不可空	
10	检测时间	日期		可空	
11	验收时间	日期		可空	
12	使用状态	字符	1	不可空	A——正常，B——停用
13	暂停原因	字符	512	可空	
14	经办人	字符	30	可空	

表 A.4（续）

序号	名　称	类型	长度	是否可空	说　明
15	审核标记	字符	2	不可空	0——未审批；1——审批通过；2——审批未通过
16	审核意见	字符	4 000	可空	
17	审核人	字符	30	可空	
18	审核时间	日期		可空	
19	发证机关	字符	10	不可空	
20	管理部门	字符	12	可空	
21	校验位	字符	256	不可空	
22	更新日期	日期		可空	
23	传输标记	字符	1	可空	
24	部级传输标记	字符	1	可空	
25	使用管理部门	字符	1 024	可空	

附　录　B
（资料性附录）
检验监管系统数据接口

B.1　检验机构备案信息下载

B.1.1　输出过程

根据检验机构编号、更新日期等信息下载检验机构备案信息。

B.1.2　接口标识

接口标识 ID 为 18C01。

B.1.3　传入参数

查询文档 QueryXmlDoc，节点标签 QueryCondition，传入参数见表 B.1。

表 B.1　传入参数数据

序号	参数项	参数描述	类型	长度	是否可空	备　注
1	jczbh	检验机构编号	varchar2	10	不可空	
2	gxrq	更新日期	date		可空	

B.1.4　返回结果

返回结果文档 ResultXML，节点标签 vehispara，查询结果数据字段见表 B.2。

表 B.2　返回结果

序号	参数项	参数描述	类型	长度	是否可空	备　注
1	jczbh	检验机构编号	varchar2	20	不可空	
2	jczmc	检验机构名称	varchar2	128	不可空	
3	sflw	是否与公安网联网	char	1	不可空	1——是；2——否
4	rdsbh	资格许可证书编号	varchar2	32	不可空	
5	rdyxqs	资格许可有效期始	date		不可空	
6	rdyxqz	资格许可有效期止	date		不可空	
7	shejirjcnl	设计日汽车检测能力	number	4	不可空	
8	shijirjcnl	实际日汽车检测能力	number	4	不可空	
9	shejirjcmtsl	设计日摩托车检测能力	number	4	不可空	
10	shijirjcmtsl	实际日摩托车检测能力	number	4	不可空	
11	jcryzs	检测人员总数	number	4	不可空	
12	wjgwrs	外检工位人数	number	4	不可空	

表 B.2（续）

序号	参数项	参数描述	类型	长度	是否可空	备注
13	lrgwrs	录入工位人数	number	4	不可空	
14	ycyrs	引车员人数	number	4	不可空	
15	dpgwrs	底盘工位人数	number	4	不可空	
16	zjgwrs	总检工位人数	number	4	不可空	
17	qtgwrs	其他工位人数	number	4	不可空	
18	tgszjbmkhrs	通过省级质检部门考核人数	number	4	不可空	
19	wtgszjbmkhrs	未通过省级质检部门考核人数	number	4	不可空	
20	fzjg	发证机关	varchar2	10	不可空	
21	glbm	管理部门	varchar2	12	不可空	
22	gxrq	更新日期	date		不可空	
23	bz	备注	varchar2	4 000	可空	
24	shbj	审核标记	varchar2	2	可空	0——待审核；1——同意；2——不同意
25	syglbm	使用管理部门	varchar2	4 000	可空	
26	shyj	审核意见	varchar2	4 000	可空	
27	zt	状态标记	char	1	不可空	0——撤销；1——正常；2——停用；3——首次备案申请；4——过有效期
28	ztyy	暂停原因	varchar2	512	可空	
29	dwdz	单位地址	varchar2	300	不可空	
30	yzbm	邮政编码	varchar2	6	不可空	
31	xkjyfw	许可检验范围	varchar2	100	不可空	
32	rdsffdw	资格许可发放单位	varchar2	300	不可空	
33	frdb	法人代表	varchar2	30	不可空	
34	frdbsfzh	法人代表身份证号	varchar2	18	不可空	
35	frdblxdh	法人代表联系电话	varchar2	15	不可空	
36	fzr	负责人	varchar2	30	不可空	
37	fzrsfzh	负责人身份证号	varchar2	18	不可空	
38	fzrlxdh	负责人联系电话	varchar2	15	不可空	
39	rclxr	日常联系人	varchar2	30	不可空	
40	rclxrsfzh	日常联系人身份证号	varchar2	18	不可空	
41	rclxrlxdh	日常联系人联系电话	varchar2	15	不可空	

B.2 检测线备案信息下载

B.2.1 输出过程

根据检验机构编号、更新日期等信息下载检测线备案信息。

B.2.2 接口标识

接口标识 ID 为 18C02。

B.2.3 传入参数

查询文档 QueryXmlDoc，节点标签 QueryCondition，传入参数见表 B.3。

表 B.3 传入参数数据

序号	参数项	参数描述	类型	长度	是否可空	备注
1	jczbh	检验机构编号	varchar2	10	不可空	
2	gxrq	更新日期	date		可空	

B.2.4 返回结果

返回结果文档 ResultXML，节点标签 vehispara，查询结果数据字段见表 B.4。

表 B.4 返回结果

序号	参数项	参数描述	类型	长度	是否可空	备注
1	jczbh	检验机构编号	varchar2	20	不可空	
2	jcxxh	检测线代号	varchar2	2	不可空	
3	jczmc	检验机构名称	varchar2	128	不可空	
4	jcxmc	检测线名称	varchar2	128	不可空	
5	jcxlb	检测线类别	char	1	不可空	1——汽车;2——摩托车
6	jcxczfs	检测线控制方式	char	1	不可空	1——全自动;2——单工位检测;9——其他
7	zdsbmc	制动检测设备名称	varchar2	128	可空	
8	zdsbxh	制动检测设备型号	varchar2	32	不可空	
9	zdsbsccj	制动检测设备生产厂家	varchar2	128	不可空	
10	zdjcsj	制动检测最少时间	number	4	不可空	
11	zdjcfs	制动检测方式	char	1	可空	1——平板;2——滚筒
12	pbzs	平板制式	varchar2	32	可空	1——二板式;2——四板式
13	dpbcd	单平板长度	number	5	可空	
14	pbjj	平板间距	number	5	可空	
15	gtszdtzs	滚筒式制动台制式	char	1	可空	1——开槽式;2——粘砂式

表 B.4（续）

序号	参数项	参 数 描 述	类型	长度	是否可空	备 注
16	gtszdttjfs	滚筒式制动台停机方式	char	1	可空	1——第三滚筒；2——时间停机；9——其他
17	zdsbqysj	制动检测设备启用时间	date		可空	
18	zdsbjdyxqz	制动检测设备检定有效期止	date		不可空	
19	zdsbzt	制动检测设备状态	char	1	不可空	1——正常；2——故障维修；3——报废
20	dgsbmc	灯光检测设备名称	varchar2	128	可空	
21	dgsbxh	灯光检测设备型号	varchar2	32	可空	
22	dgsbsccj	灯光检测设备生产厂家	varchar2	128	可空	
23	dgjcsj	灯光检测最少时间	number	4	可空	
24	dgjcfs	灯光检测方式	char	1	可空	1——双灯同检；2——单灯检测
25	dgcspyxz	灯光检测是否有车身偏移修正功能	char	1	可空	1——有；2——无
26	dgsbqysj	灯光检测设备启用时间	date		可空	
27	dgsbjdyxqz	灯光检测设备检定有效期止	date		不可空	
28	dgsbzt	灯光检测设备状态	char	1	不可空	1——正常；2——故障维修；3——报废
29	sdsbmc	速度检测设备名称	varchar2	128	可空	
30	sdsbxh	速度检测设备型号	varchar2	32	可空	
31	sdsbsccj	速度检测设备生产厂家	varchar2	128	可空	
32	sdjcsj	速度检测最少时间	number	4	可空	
33	sdsbqysj	速度检测设备启用时间	date		可空	
34	sdsbjdyxqz	速度检测设备检定有效期止	date		不可空	
35	sdsbzt	速度检测设备状态	char	1	不可空	1——正常；2——故障维修；3——报废
36	chsbmc	侧滑检测设备名称	varchar2	128	可空	
37	chsbxh	侧滑检测设备型号	varchar2	32	可空	
38	chsbsccj	侧滑检测设备生产厂家	varchar2	128	可空	
39	chjcsj	侧滑检测最少时间	number	4	可空	
40	chsbqysj	侧滑检测设备启用时间	date		可空	
41	chsbjdyxqz	侧滑检测设备检定有效期止	date		不可空	

表 B.4（续）

序号	参数项	参数描述	类型	长度	是否可空	备注
42	chsbzt	侧滑检测设备状态	char	1	不可空	1——正常；2——故障维修；3——报废
43	czsbmc	称重设备名称	varchar2	128	可空	
44	czsbxh	称重检测设备型号	varchar2	32	可空	
45	czsbsccj	称重检测设备生产厂家	varchar2	128	可空	
46	czjcsj	称重检测最少时间	number	4	可空	
47	czjb	称重范围	number	6	可空	设备设计最大承受车辆轴重范围，单位为千克(kg)
48	czsbjdyxqz	称重检测设备检定有效期止	date		可空	
49	czsbqysj	称重检测设备启用时间	date		不可空	
50	czsbzt	称重检测设备状态	char	1	不可空	1——正常；2——故障维修；3——报废
51	qxjcsj	全线检测时间	number	4	可空	
52	gw1	工位 1	varchar2	16	可空	
53	gw2	工位 2	varchar2	16	可空	
54	gw3	工位 3	varchar2	16	可空	
55	gw4	工位 4	varchar2	16	可空	
56	gw5	工位 5	varchar2	16	可空	
57	gw6	工位 6	varchar2	16	可空	
58	gw7	工位 7	varchar2	16	可空	
59	gw8	工位 8	varchar2	16	可空	
60	gw9	工位 9	varchar2	16	可空	
61	bz	备注	varchar2	128	可空	
62	fzjg	发证机关	varchar2	10	不可空	
63	glbm	管理部门	varchar2	12	不可空	
64	gxrq	更新日期	date		可空	
65	zdsbbh	制动检验设备编号	varchar2	30	可空	
66	zdsbjdzsbh	制动检验设备检定/校准证书编号	varchar2	30	可空	
67	dgsbbh	灯光检验设备编号	varchar2	30	可空	
68	dgsbjdzsbh	灯光检测设备检定/校准证书标号	varchar2	30	可空	
69	sdsbbh	速度检验设备编号	varchar2	30	可空	
70	sdsbjdzsbh	速度检验设备检定/校准证书标号	varchar2	30	可空	

表 B.4（续）

序号	参数项	参数描述	类型	长度	是否可空	备注
71	chsbbh	侧滑检验设备编号	varchar2	30	可空	
72	chsbjdzsbh	侧滑检验设备检定/校准证书编号	varchar2	30	可空	
73	czsbbh	称重检验设备编号	varchar2	30	可空	
74	czsbjdzsbh	称重检验设备检定/校准证书编号	varchar2	30	可空	
75	zt	状态标记	varchar2	1	不可空	0——撤销；1——正常；2——停用；3——首次备案申请；4——过有效期
76	ztyy	暂停原因	varchar2	512	可空	

B.3 检验机构工作人员备案信息下载

B.3.1 输出过程

根据身份证明号码、姓名、检验机构编号、更新日期等信息下载检验机构工作人员的基本信息。

B.3.2 接口标识

接口标识 ID 为 18C05。

B.3.3 传入参数

查询文档 QueryXmlDoc，节点标签 QueryCondition，传入参数见表 B.5。

表 B.5 传入参数数据

序号	参数项	参数描述	类型	长度	是否可空	备注
1	sfzmhm	身份证明号码	varchar2	30	可空	
2	xm	姓名	varchar2	30	可空	
3	jczbh	检验机构编号	varchar2	10	不可空	
4	gxrq	更新时间	date		可空	

B.3.4 返回结果

返回结果文档 ResultXML，节点标签 vehispara，查询结果数据字段见表 B.6。

表 B.6　返回结果

序号	参数项	参数描述	类型	长度	是否可空	备注
1	sfzmhm	身份证明号码	varchar2	18	不可空	
2	xm	姓名	varchar2	30	不可空	
3	rylb	人员类别	varchar2	300	不可空	
4	glbm	管理部门	varchar2	12	不可空	
5	fzjg	发证机关	varchar2	10	不可空	
6	jczbh	检验机构编号	varchar2	20	不可空	
7	gxrq	更新日期	date		可空	
8	bz	备注	varchar2	4 000	可空	
9	shbj	审核标记	varchar2	1	可空	0——待审核；1——同意；2——不同意
10	shyj	审核意见	varchar2	4 000	可空	
11	zt	状态标记	char	1	不可空	0——撤销；1——正常；2——停用；3——首次备案申请；4——过有效期
12	sgzbh	上岗证编号	varchar2	32	不可空	
13	sgzyxqz	上岗证有效期止	date		不可空	
14	sgzffdw	上岗证发放单位	varchar2	300	不可空	
15	syglbm	使用管理部门	varchar2	1 024	可空	

B.4　检验业务信息系统备案信息下载

B.4.1　输出过程

根据备案编号、更新日期等信息下载检验业务信息系统备案信息。

B.4.2　接口标识

接口标识 ID 为 18C06。

B.4.3　传入参数

查询文档 QueryXmlDoc，节点标签 QueryCondition，传入参数见表 B.7。

表 B.7　传入参数数据

序号	参数项	参数描述	类型	长度	是否可空	备注
1	babh	备案编号	varchar2	10	不可空	
2	gxrq	更新日期	date		可空	

B.4.4 返回结果

返回结果文档 ResultXML，节点标签 vehispara，查询结果数据字段见表 B.8。

表 B.8 返回结果

序号	参数项	参数描述	类型	长度	是否可空	备注
1	babh	备案编号	varchar2	10	不可空	
2	jyxtmc	检验系统名称	varchar2	64	不可空	
3	jyxtsm	检验系统说明	varchar2	256	不可空	
4	bbbh	版本编号	varchar2	64	不可空	
5	kfdw	开发单位	varchar2	256	不可空	
6	sjkbb	数据库版本	varchar2	128	不可空	
7	xtjgms	系统架构描述	varchar2	2 048	不可空	
8	jczbh	检验机构编号	varchar2	10	不可空	
9	jcxxh	检测线代号	varchar2	100	不可空	
10	jcsj	检测时间	date		可空	
11	yssj	验收时间	date		可空	
12	syzt	使用状态	char	1	不可空	
13	ztyy	暂停原因	varchar2	512	可空	
14	jbr	经办人	varchar2	30	可空	
15	shbj	审核标记	varchar2	2	不可空	
16	shyj	审核意见	varchar2	4 000	可空	
17	shr	审核人	varchar2	30	可空	
18	shsj	审核时间	date		可空	
19	fzjg	发证机关	varchar2	10	不可空	
20	glbm	管理部门	varchar2	12	可空	
21	gxsj	更新日期	date		可空	
22	syglbm	使用管理部门	varchar2	1 024	可空	

B.5 时间同步

B.5.1 输出过程

检验业务信息系统、检验视频监管系统等相关系统与检验监管系统进行时间同步。

B.5.2 接口标识

接口标识 ID 为 18C50。

B.5.3 传入参数

查询文档 QueryXmlDoc,节点标签 QueryCondition,传入参数见表 B.9。

表 B.9 传入参数数据

序号	参数项	参数描述	类型	长度	是否可空	备注
1	babh	备案编号	varchar2	10	可空	

B.5.4 返回结果

返回结果文档 ResultXML,节点标签 vehispara,查询结果数据字段见表 B.10。

表 B.10 返回结果

序号	参数项	参数描述	类型	长度	是否可空	备注
1	sj	检验监管系统时间	date		不可空	精确到毫秒(ms),格式为 yyyy-mm-dd hh24:mi:ss.ff3

B.6 检验登录信息

B.6.1 输出过程

机动车检验开始前,上传机动车检验登录信息。

B.6.2 接口标识

接口标识 ID 为 18C51。

B.6.3 传入参数

写入文档 WriteXmlDoc,节点标签 vehispara,传入参数见表 B.11。

表 B.11 传入参数数据

序号	参数项	参数描述	类型	长度	是否可空	备注
1	jylsh	检验流水号	varchar2	17	不可空	对同一检验机构,此检验流水号必须唯一,下同
2	jyjgbh	检验机构编号	varchar2	10	不可空	按检验机构备案信息,下同
3	jcxdh	检测线代号	varchar2	2	可空	按检测线备案信息,下同,如:1,2,3,4,5,6,7,8,9,10,…
4	xh	机动车序号	varchar2	14	可空	
5	hpzl	号牌种类	varchar2	2	可空	符合 GA/T 16.7。在用车不可空
6	hphm	号牌号码	varchar2	15	可空	在用车不可空。填写格式如:“苏BAA345”填写“苏 BAA345”“苏B1234 挂”填写“苏 B1234”,下同

表 B.11（续）

序号	参数项	参数描述	类型	长度	是否可空	备注
7	clsbdh	车辆识别代号	varchar2	25	不可空	填写完整的 VIN 号或车架号
8	fdjh	发动机/电动机号码	varchar2	30	可空	
9	csys	车身颜色	varchar2	5	可空	符合 GA/T 16.8
10	syxz	使用性质	char	1	可空	符合 GA/T 16.3
11	ccdjrq	初次登记日期	date		可空	按“yyyy-mm-dd”格式填写
12	jyrq	最近定检日期	date		可空	按“yyyy-mm-dd”格式填写
13	jyyxqz	检验有效期止	date		可空	按“yyyy-mm-dd”格式填写
14	bxzzrq	保险终止日期	date		可空	按“yyyy-mm-dd”格式填写
15	rlzl	燃料种类	varchar2	3	可空	可同时输入三种，每种符合 GA/T 16.9
16	gl	功率	number	5,1	可空	单位为千瓦（kW），四位整数，一位小数
17	zs	轴数	number	1	不可空	
18	zj	轴距	number	5	可空	单位为毫米（mm）
19	qlj	前轮距	number	4	可空	单位为毫米（mm）
20	hlj	后轮距	number	4	可空	单位为毫米（mm）
21	zzl	总质量	number	8	不可空	单位为千克（kg）
22	zbzl	整备质量	number	8	不可空	单位为千克（kg）
23	ccrq	出厂日期	date		不可空	按“yyyy-mm-dd”格式填写
24	qdxs	驱动形式（驱动轴位）	varchar2	5	不可空	组合串：如 1234（1 表示一轴，2 表示二轴，…）
25	zczs	驻车轴数	number	1	可空	摩托车无此参数
26	zczw	驻车轴位	varchar2	5	可空	组合串：如 1234（1 表示一轴，2 表示二轴，…）
27	zzs	主轴数	number	1	可空	
28	zzly	制动力源	char	1	可空	0——气压制动；1——液压制动；2——气推油制动
29	qzdz	前照灯制	varchar2	2	可空	01——四灯远近光；02——四灯远光；03——二灯远近光；04——二灯近光；05——一灯远光
30	ygddtz	远光单独调整	char	1	可空	0——否；1——是
31	zxzxjxs	转向轴（前轴）悬架形式	char	1	可空	0——独立悬架；1——非独立悬架
32	lcbds	里程表读数	number	8	可空	单位为千米（km）

表 B.11（续）

序号	参数项	参数描述	类型	长度	是否可空	备注
33	jylb	检验类别	varchar2	2	不可空	00——注册登记检验；01——在用车检验（定检）；02——临时检验；03——特殊检验；04——在用车检验（非定检）
34	ccdlsj	初次登录时间	date		可空	按“yyyy-mm-dd hh24:mi:ss”格式填写
35	bhgx	不合格项	varchar2	50	可空	
36	dlsj	登录时间	date		不可空	按“yyyy-mm-dd hh24:mi:ss”格式填写
37	jycs	检验次数	number	2	不可空	
38	jyxm	检验项目	varchar2	100	不可空	多值，英文半角逗号分隔。各项目代码为： F1——车辆外观检验 C1——底盘检验 DC——底盘动态检验 B1——一轴制动；B2——二轴制动；B3——三轴制动；B4——四轴制动；B5——五轴制动；B6——六轴制动；B0——驻车制动 H1——左外灯；H2——左内灯；H3——右内灯；H4——右外灯 S1——车速表 A1——侧滑 R1——路试制动；R2——路试坡道驻车；R3——路试车速表 M1——外廓尺寸自动测量
39	dly	登录员	varchar2	30	不可空	
40	ycy	引车员	varchar2	30	可空	
41	wjy	外检员	varchar2	30	可空	
42	dtjyy	动态检验员	varchar2	30	可空	
43	dpjyy	底盘检验员	varchar2	30	可空	
44	clpp1	车辆品牌	varchar2	32	不可空	
45	clxh	车辆型号	varchar2	32	不可空	
46	syr	机动车所有人	varchar2	128	可空	
47	cllx	车辆类型	varchar2	3	可空	在用车不可空
48	cwkc	车外廓长	number	5	不可空	
49	cwkk	车外廓宽	number	4	不可空	
50	cwkg	车外廓高	number	4	不可空	

表 B.11（续）

序号	参数项	参数描述	类型	长度	是否可空	备注
51	clyt	车辆用途	char	2	不可空	
52	ytsx	用途属性	char	1	不可空	
53	dlysfzh	登录员(身份证号)	varchar2	30	不可空	
54	ycysfzh	引车员(身份证号)	varchar2	30	可空	
55	wjysfzh	外检员(身份证号)	varchar2	30	可空	
56	dtjyysfzh	动态检验员(身份证号)	varchar2	30	可空	
57	dpjyysfzh	底盘检验员(身份证号)	varchar2	30	可空	
58	clsslb	车辆所属类别	varchar2	2	不可空	01——常规(汽车) 02——全时四驱 03——超重 04——超宽 05——驱动防滑 06——双后轴驱动 07——挂车 08——灯位超高 09——多轴车 10——其他特种车 11——常规(摩托车)
59	jcxlb	检测线类别	char	1	不可空	1——汽车；2——摩托车
60	sjr	送检人(姓名)	varchar2	30	可空	
61	sjrsfzh	送检人身份证号	varchar2	30	可空	

B.6.4 返回结果

返回结果 XML 文档，retcode(标记，1 成功；小于 0 失败)、retdesc(描述信息)、keystr(加密串)。

B.7 检验过程开始信息

B.7.1 输出过程

当初检或复检开始(人工检验外观检验项目开始前)时，上传检验过程开始信息。

B.7.2 接口标识

接口标识 ID 为 18C52。

B.7.3 传入参数

写入文档 WriteXmlDoc，节点标签 vehispara，传入参数见表 B.12。

表 B.12 传入参数数据

序号	参数项	参数描述	类型	长度	是否可空	备注
1	jylsh	检验流水号	varchar2	17	不可空	
2	jyjgbh	检验机构编号	varchar2	10	不可空	
3	jcxdh	检测线代号	varchar2	2	可空	如:1,2,3,4,5,6,7,8,9,10,…
4	jycs	检验次数	number	2	不可空	
5	hpzl	号牌种类	varchar2	2	可空	符合 GA/T 16.7。在用车不可空
6	hphm	号牌号码	varchar2	15	可空	
7	clsbdh	车辆识别代号	varchar2	25	不可空	
8	kssj	检验过程开始时间	date		不可空	填写检验业务信息系统时间

B.7.4 返回结果

返回结果 XML 文档,retcode(标记,1 成功;小于 0 失败)、retdesc(描述信息)、keystr(加密串)。

B.8 检验项目开始信息

B.8.1 输出过程

机动车人工检验、仪器设备检验、路试检验项目开始时,上传检验项目开始信息。

B.8.2 接口标识

接口标识 ID 为 18C55。

B.8.3 传入参数

写入文档 WriteXmlDoc,节点标签 vehispara,传入参数见表 B.13。

表 B.13 传入参数数据

序号	参数项	参数描述	类型	长度	是否可空	备注
1	jylsh	检验流水号	varchar2	17	不可空	
2	jyjgbh	检验机构编号	varchar2	10	不可空	
3	jcxdh	检测线代号	varchar2	2	可空	如:1, 2, 3, 4, 5, 6, 7, 8, 9, 10,…
4	jycs	检验次数	number	2	不可空	

表 B.13（续）

序号	参数项	参 数 描 述	类型	长度	是否可空	备 注
5	jyxm	检验项目	varchar2	2	不可空	F1——外观检验 C1——底盘检验 DC——底盘动态检验 B1——一轴制动；B2——二轴制动；B3——三轴制动；B4——四轴制动；B5——五轴制动；B6——六轴制动；B0——驻车制动 H1——左外灯或二三轮机动车的左灯；H2——左内灯；H3——右内灯；H4——右外灯或二三轮机动车的右灯 S1——车速表 A1——侧滑 R——路试 M1——外廓尺寸自动测量
6	hpzl	号牌种类	varchar2	2	可空	在用车不可空
7	hphm	号牌号码	varchar2	15	可空	在用车不可空
8	clsbdh	车辆识别代号	varchar2	25	不可空	
9	gwjysbbh	工位检验设备编号	varchar2	30	可空	仪器设备检验时不可空
10	kssj	检验项目开始时间	date		不可空	填检验业务信息系统时间

B.8.4 返回结果

返回结果 XML 文档，retcode(标记，1 成功；小于 0 失败)、retdesc(描述信息)、keystr(加密串)。

B.9 机动车人工检验项目检验结果详细信息

B.9.1 输出过程

机动车外观检验、底盘动态检验、底盘检查等人工检验项目完成后，上传人工检验结果详细信息。

B.9.2 接口标识

接口标识 ID 为 18C80。

B.9.3 传入参数

B.9.3.1 外观检验传入参数

写入文档 WriteXmlDoc，节点标签 vehispara，传入参数见表 B.14。

表 B.14 传入参数数据

序号	参数项	参数描述	类型	长度	是否可空	备注
1	jylsh	检验流水号	varchar2	17	不可空	
2	jyjgbh	检验机构编号	varchar2	10	不可空	
3	jcxdh	检测线代号	varchar2	2	可空	如:1,2,3,4,5,6,7,8,9,10,…
4	jycs	检验次数	number	2	不可空	
5	jyxm	检验项目	varchar2	2	不可空	填写“F1”
6	hpzl	号牌种类	varchar2	2	可空	在用车不可空
7	hphm	号牌号码	varchar2	15	可空	在用车不可空
8	clsbdh	车辆识别代号	varchar2	25	不可空	
9	rhplx	号牌号码/车辆类型	char	1	不可空	人工检验项目1,判定结果:0——未检;1——合格;2——不合格。下同
10	rppxh	车辆品牌/型号	char	1	不可空	人工检验项目2
11	rvin	车辆识别代号(或整车出厂编号)	char	1	不可空	人工检验项目3
12	rfdjh	发动机号码(或电动机号码)	char	1	不可空	人工检验项目4
13	rcsys	车辆颜色和形状	char	1	不可空	人工检验项目5
14	rwkcc	外廓尺寸	char	1	不可空	人工检验项目6
15	rzj	轴距	char	1	不可空	人工检验项目7
16	rzbzl	整备质量	char	1	不可空	人工检验项目8
17	rhdzrs	核定载人数	char	1	不可空	人工检验项目9
18	rhdzll	核定载质量	char	1	不可空	人工检验项目10
19	rlbgd	栏板高度	char	1	不可空	人工检验项目11
20	rhzgbthps	后轴钢板弹簧片数	char	1	不可空	人工检验项目12
21	rkcyjck	客车应急出口	char	1	不可空	人工检验项目13
22	rkccktd	客车乘客通道和引道	char	1	不可空	人工检验项目14
23	rhx	货厢	char	1	不可空	人工检验项目15
24	rcswg	车身外观	char	1	不可空	人工检验项目16
25	rwgbs	外观标识、标注和标牌	char	1	不可空	人工检验项目17
26	rwbzm	外部照明和信号灯具	char	1	不可空	人工检验项目18
27	rlt	轮胎	char	1	不可空	人工检验项目19
28	rhpaz	号牌及号牌安装	char	1	不可空	人工检验项目20
29	rjzgj	加装/改装灯具	char	1	不可空	人工检验项目21
30	rqcaqd	汽车安全带	char	1	不可空	人工检验项目22

表 B.14（续）

序号	参数项	参数描述	类型	长度	是否可空	备注
31	rsjp	机动车用三角警告牌	char	1	不可空	人工检验项目 23
32	rmhq	灭火器	char	1	不可空	人工检验项目 24
33	rxsjly	行驶记录装置	char	1	不可空	人工检验项目 25
34	rcsfgbs	车身反光标识	char	1	不可空	人工检验项目 26
35	rclwbzb	车辆尾部标志板	char	1	不可空	人工检验项目 27
36	rchfh	侧后防护装置	char	1	不可空	人工检验项目 28
37	ryjc	应急锤	char	1	不可空	人工检验项目 29
38	rjjx	急救箱	char	1	不可空	人工检验项目 30
39	rxsgn	限速功能或限速装置	char	1	不可空	人工检验项目 31
40	rfbs	防抱死制动装置	char	1	不可空	人工检验项目 32
41	rfzzd	辅助制动装置	char	1	不可空	人工检验项目 33
42	rpszdq	盘式制动器	char	1	不可空	人工检验项目 34
43	rjjqd	紧急切断装置	char	1	不可空	人工检验项目 35
44	rfdjcmh	发动机舱自动灭火装置	char	1	不可空	人工检验项目 36
45	rsddd	手动机械断电开关	char	1	不可空	人工检验项目 37
46	rfzdtb	副制动踏板	char	1	不可空	人工检验项目 38
47	rxcbz	校车标志灯和校车停车指示标志牌	char	1	不可空	人工检验项目 39
48	rwxhwbz	危险货物运输车标志	char	1	不可空	人工检验项目 40
49	rlwcx	联网查询	char	1	不可空	
50	cwkc	车外廓长	number	5	可空	人工测量时填写
51	cwkk	车外廓宽	number	4	可空	人工测量时填写
52	cwkg	车外廓高	number	4	可空	人工测量时填写
53	zbzl	整备质量	number	8	可空	
54	syr	机动车所有人	varchar2	128	可空	
55	sjhm	手机号码	varchar2	20	可空	
56	lxdz	联系地址	varchar2	128	可空	
57	yzbm	邮政编码	varchar2	6	可空	
58	jyyjy	检验员建议	varchar2	1 024	可空	
59	wgjyy	车辆外观检验员	varchar2	30	不可空	
60	wgjyysfzh	车辆外观检验员(身份证号)	varchar2	30	不可空	

B.9.3.2 底盘动态检验传入参数

写入文档 WriteXmlDoc，节点标签 vehispara，传入参数见表 B.15。

表 B.15 传入参数数据

序号	参数项	参数描述	类型	长度	是否可空	备注
1	jylsh	检验流水号	varchar2	17	不可空	
2	jyjgbh	检验机构编号	varchar2	10	不可空	
3	jcxdh	检测线代号	varchar2	2	不可空	
4	jycs	检验次数	number	2	不可空	
5	jyxm	检验项目	varchar2	2	不可空	填写“DC”
6	hpzl	号牌种类	varchar2	2	可空	在用车不可空
7	hphm	号牌号码	varchar2	15	可空	在用车不可空
8	clsbdh	车辆识别代号	varchar2	25	不可空	
9	rzxs	转向系	char	1	不可空	
10	rcdx	传动系	char	1	不可空	
11	rzdx	制动系	char	1	不可空	
12	rybzsq	仪表和指示器	char	1	不可空	
13	jyyjy	检验员建议	varchar2	1 024	可空	
14	dpdtjyy	底盘动态检验员	varchar2	30	不可空	
15	dpdtjyysfzh	底盘动态检验员(身份证号)	varchar2	30	不可空	

B.9.3.3 底盘检验传入参数

写入文档 WriteXmlDoc，节点标签 vehispara，传入参数见表 B.16。

表 B.16 传入参数数据

序号	参数项	参数描述	类型	长度	是否可空	备注
1	jylsh	检验流水号	varchar2	17	不可空	
2	jyjgbh	检验机构编号	varchar2	10	不可空	
3	jcxdh	检测线代号	varchar2	2	不可空	
4	jycs	检验次数	number	2	不可空	
5	jyxm	检验项目	varchar2	2	不可空	填写“C1”
6	hpzl	号牌种类	varchar2	2	可空	在用车不可空
7	hphm	号牌号码	varchar2	15	可空	在用车不可空
8	clsbdh	车辆识别代号	varchar2	25	不可空	
9	rzxsbj	转向系部件	char	1	不可空	

表 B.16（续）

序号	参数项	参数描述	类型	长度	是否可空	备注
10	rcdxbj	传动系部件	char	1	不可空	
11	rxsxbj	行驶系部件	char	1	不可空	
12	rzdxbj	制动系部件	char	1	不可空	
13	rqtbj	其他部件	char	1	不可空	
14	jyyjy	检验员建议	varchar2	1 024	可空	
15	dpjyy	车辆底盘检验员	varchar2	30	不可空	
16	dpjyysfzh	车辆底盘检验员(身份证号)	varchar2	30	不可空	

B.9.4 返回结果

返回结果 XML 文档，retcode(标记，1 成功；小于 0 失败)、retdesc(描述信息)、keystr(加密串)。

B.10 仪器设备检验项目检验结果详细信息

B.10.1 输出过程

机动车仪器设备检验项目检验完成后，上传相应检验项目的检验结果详细信息。

B.10.2 接口标识

接口标识 ID 为 18C81。

B.10.3 传入参数

B.10.3.1 一轴制动检验传入参数

写入文档 WriteXmlDoc，节点标签 vehispara，传入参数见表 B.17。

表 B.17 传入参数数据

序号	参数项	参数描述	类型	长度	是否可空	备注
1	jylsh	检验流水号	varchar2	17	不可空	
2	jyjgbh	检验机构编号	varchar2	10	不可空	
3	jcxdh	检测线代号	varchar2	2	不可空	如：1，2，3，4，5，6，7，8，9，10，…
4	jyxm	检验项目	varchar2	2	不可空	填写“B1”
5	jycs	检验次数	number	2	不可空	
6	yzzlz	一轴左轮重值	number	6	可空	单位为千克(kg)
7	yzylz	一轴右轮重值	number	6	可空	单位为千克(kg)

表 B.17（续）

序号	参数项	参数描述	类型	长度	是否可空	备注
8	yzqhzzdl	一轴最大左行车制动力值	number	6	可空	单位为 10 N
9	yzqhyzdl	一轴最大右行车制动力值	number	6	可空	单位为 10 N
10	yzqczzdl	一轴最大左制动力差值	number	6	可空	单位为 10 N
11	yqqcyzdl	一轴最大右制动力差值	number	6	可空	单位为 10 N
12	yzdll	一轴行车制动率	number	4,1	可空	包括三位整数，一位小数(百分比)
13	yzzdlpd	一轴行车制动率判定	char	1	可空	0——未检；1——合格；2——不合格
14	yzbphl	一轴不平衡率	number	4,1	可空	包括三位整数，一位小数(百分比)
15	yzbphlpd	一轴不平衡率判定	char	1	可空	0——未检；1——合格；2——不合格
16	yzjzzh	一轴加载轴荷	number	6	可空	单位为千克(kg)
17	yzjzzzdl	一轴加载轴制动率	number	4,1	可空	包括三位整数，一位小数(百分比)
18	yzjzbphl	一轴加载不平衡率	number	4,1	可空	包括三位整数，一位小数(百分比)
19	yzjzbphlpd	一轴加载不平衡率判定	char	1	可空	0——未检；1——合格；2——不合格
20	yzzdpd	一轴制动判定	char	1	不可空	0——未检；1——合格；2——不合格
21	yzzldtlh	一轴左轮动态轮荷	number	6	可空	单位为千克(kg)
22	yzyldtlh	一轴右轮动态轮荷	number	6	可空	单位为千克(kg)
23	yzzdlqx	一轴制动力曲线	varchar2	4 000	不可空	曲线数据存储格式："[采样时间间隔(10 ms)]@[左制动力]#[右制动力]$[左制动力]#[右制动力]…"，制动力单位为 10 N，如：10@56#45$56#45$56#45$56#45$56#45$56#45

B.10.3.2 二轴制动检验传入参数

写入文档 WriteXmlDoc，节点标签 vehispara，传入参数见表 B.18。

表 B.18 传入参数数据

序号	参数项	参数描述	类型	长度	是否可空	备注
1	jylsh	检验流水号	varchar2	17	不可空	
2	jyjgbh	检验机构编号	varchar2	10	不可空	
3	jcxdh	检测线代号	varchar2	2	不可空	如:1,2,3,4,5,6,7,8,9,10,…
4	jyxm	检验项目	varchar2	2	不可空	填写"B2"
5	jycs	检验次数	number	2	不可空	
6	ezzlz	二轴左轮重值	number	6	可空	
7	ezylz	二轴右轮重值	number	6	可空	
8	ezqhzzdl	二轴最大左行车制动力值	number	6	可空	
9	ezqhyzdl	二轴最大右行车制动力值	number	6	可空	
10	ezqczzdl	二轴最大左制动力差值	number	6	可空	
11	ezqcyzdl	二轴最大右制动力差值	number	6	可空	
12	ezdll	二轴行车制动率	number	4,1	可空	
13	ezzdlpd	二轴行车制动率判定	char	1	可空	0——未检;1——合格;2——不合格
14	ezbphl	二轴不平衡率	number	4,1	可空	
15	ezbphlpd	二轴不平衡率判定	char	1	可空	0——未检;1——合格;2——不合格
16	ezjzzh	二轴加载轴荷	number	6	可空	单位为千克(kg)
17	ezjzzzdl	二轴加载轴制动率	number	4,1	可空	包括三位整数,一位小数(百分比)
18	ezjzbphl	二轴加载不平衡率	number	4,1	可空	包括三位整数,一位小数(百分比)
19	ezjzbphlpd	二轴加载不平衡率判定	char	1	可空	0——未检;1——合格;2——不合格
20	ezzdpd	二轴制动判定	char	1	不可空	
21	ezzldtlh	二轴左轮动态轮荷	number	6	可空	
22	ezyldtlh	二轴右轮动态轮荷	number	6	可空	
23	ezzdlqx	二轴制动力曲线	varchar2	4 000	不可空	曲线数据存储格式:"[采样时间间隔(10 ms)]@[左制动力]#[右制动力]$[左制动力]#[右制动力]…",制动力单位为10 N,如:10@56#45$56#45$56#45$56#45$56#45$56#45

B.10.3.3 三轴制动检验传入参数

写入文档 WriteXmlDoc，节点标签 vehispara，传入参数见表 B.19。

表 B.19 传入参数数据

序号	参数项	参数描述	类型	长度	是否可空	备注
1	jylsh	检验流水号	varchar2	17	不可空	
2	jyjgbh	检验机构编号	varchar2	10	不可空	
3	jcxdh	检测线代号	varchar2	2	不可空	如：1，2，3，4，5，6，7，8，9，10，…
4	jyxm	检验项目	varchar2	2	不可空	填写“B3”
5	jycs	检验次数	number	2	不可空	
6	sanzzlz	三轴左轮重值	number	6	可空	
7	sanzylz	三轴右轮重值	number	6	可空	
8	sanzqhzzdl	三轴最大左行车制动力值	number	6	可空	
9	sanzqhyzdl	三轴最大右行车制动力值	number	6	可空	
10	sanzqczzdl	三轴最大左制动力差值	number	6	可空	
11	sanzqcyzdl	三轴最大右制动力差值	number	6	可空	
12	sanzdll	三轴行车制动率	number	4，1	可空	
13	sanzzdlpd	三轴行车制动率判定	char	1	可空	0——未检；1——合格；2——不合格
14	sanzbphl	三轴不平衡率	number	4，1	可空	
15	sanzbphlpd	三轴不平衡率判定	char	1	可空	0——未检；1——合格；2——不合格
16	sanzjzzh	三轴加载轴荷	number	6	可空	单位为千克(kg)
17	sanzjzzzdl	三轴加载轴制动率	number	4，1	可空	包括三位整数，一位小数(百分比)
18	sanzjzbphl	三轴加载不平衡率	number	4，1	可空	包括三位整数，一位小数(百分比)
19	sanzjzbphlpd	三轴加载不平衡率判定	char	1	可空	0——未检；1——合格；2——不合格
20	sanzzdpd	三轴制动判定	char	1	不可空	
21	sanzzdlqx	三轴制动力曲线	varchar2	4 000	不可空	曲线数据存储格式：“[采样时间间隔(10 ms)]@[左制动力]#[右制动力]$[左制动力]#[右制动力]…”，制动力单位为 10 N，如：10@56#45$56#45$56#45$56#45$56#45$56#45

B.10.3.4 四轴制动检验传入参数

写入文档 WriteXmlDoc,节点标签 vehispara,传入参数见表 B.20。

表 B.20 传入参数数据

序号	参数项	参数描述	类型	长度	是否可空	备注
1	jylsh	检验流水号	varchar2	17	不可空	
2	jyjgbh	检验机构编号	varchar2	10	不可空	
3	jcxdh	检测线代号	varchar2	2	不可空	如:1,2,3,4,5,6,7,8,9,10,…
4	jyxm	检验项目	varchar2	2	不可空	填写“B4”
5	jycs	检验次数	number	2	不可空	
6	sizzlz	四轴左轮重值	number	6	可空	
7	sizylz	四轴右轮重值	number	6	可空	
8	sizqhzzdl	四轴最大左行车制动力值	number	6	可空	
9	sizqhyzdl	四轴最大右行车制动力值	number	6	可空	
10	sizqczzdl	四轴最大左制动力差值	number	6	可空	
11	sizqcyzdl	四轴最大右制动力差值	number	6	可空	
12	sizdll	四轴行车制动率	number	4,1	可空	
13	sizzdlpd	四轴行车制动率判定	char	1	可空	0——未检;1——合格;2——不合格
14	sizbphl	四轴不平衡率	number	4,1	可空	
15	sizbphlpd	四轴不平衡率判定	char	1	可空	0——未检;1——合格;2——不合格
16	sizjzzh	四轴加载轴荷	number	6	可空	单位为千克(kg)
17	sizjzzzdl	四轴加载轴制动率	number	4,1	可空	包括三位整数,一位小数(百分比)
18	sizjzbphl	四轴加载不平衡率	number	4,1	可空	包括三位整数,一位小数(百分比)
19	sizjzbphlpd	四轴加载不平衡率判定	char	1	可空	0——未检;1——合格;2——不合格
20	sizzdpd	四轴制动判定	char	1	不可空	
21	sizzdlqx	四轴制动力曲线	varchar2	4 000	不可空	曲线数据存储格式:“[采样时间间隔(10 ms)]@[左制动力]#[右制动力]$[左制动力]#[右制动力]…”,制动力单位为 10 N,如:10@56#45$56#45$56#45$56#45$56#45$56#45

B.10.3.5 五轴制动检验传入参数

写入文档 WriteXmlDoc，节点标签 vehispara，传入参数见表 B.21。

表 B.21 传入参数数据

序号	参数项	参数描述	类型	长度	是否可空	备注
1	jylsh	检验流水号	varchar2	17	不可空	
2	jyjgbh	检验机构编号	varchar2	10	不可空	
3	jcxdh	检测线代号	varchar2	2	不可空	如:1,2,3,4,5,6,7,8,9,10,…
4	jyxm	检验项目	varchar2	2	不可空	填写“B5”
5	jycs	检验次数	number	2	不可空	
6	wzzlz	五轴左轮重值	number	6	可空	
7	wzylz	五轴右轮重值	number	6	可空	
8	wzqhzzdl	五轴最大左行车制动力值	number	6	可空	
9	wzqhyzdl	五轴最大右行车制动力值	number	6	可空	
10	wzqczzdl	五轴最大左制动力差值	number	6	可空	
11	wzqcyzdl	五轴最大右制动力差值	number	6	可空	
12	wzdll	五轴行车制动率	number	4,1	可空	
13	wzzdlpd	五轴行车制动率判定	char	1	可空	0——未检；1——合格；2——不合格
14	wzbphl	五轴不平衡率	number	4,1	可空	
15	wzbphlpd	五轴不平衡率判定	char	1	可空	0——未检；1——合格；2——不合格
16	wzjzzh	五轴加载轴荷	number	6	可空	单位为千克(kg)
17	wzjzzzdl	五轴加载轴制动率	number	4,1	可空	包括三位整数，一位小数(百分比)
18	wzjzbphl	五轴加载不平衡率	number	4,1	可空	包括三位整数，一位小数(百分比)
19	wzjzbphlpd	五轴加载不平衡率判定	char	1	可空	0——未检；1——合格；2——不合格
20	wzzdpd	五轴制动判定	char	1	不可空	
21	wzzdlqx	五轴制动力曲线	varchar2	4 000	不可空	曲线数据存储格式：“[采样时间间隔(10 ms)]@[左制动力]#[右制动力]$[左制动力]#[右制动力]…”，制动力单位为 10 N，如：10@56#45$56#45$56#45$56#45$56#45$56#45

B.10.3.6 六轴制动检验传入参数

写入文档 WriteXmlDoc,节点标签 vehispara,传入参数见表 B.22。

表 B.22 传入参数数据

序号	参数项	参数描述	类型	长度	是否可空	备注
1	jylsh	检验流水号	varchar2	17	不可空	
2	jyjgbh	检验机构编号	varchar2	10	不可空	
3	jcxdh	检测线代号	varchar2	2	不可空	如:1,2,3,4,5,6,7,8,9,10,…
4	jyxm	检验项目	varchar2	2	不可空	填写“B6”
5	jycs	检验次数	number	2	不可空	
6	lzzlz	六轴左轮重值	number	6	可空	
7	lzylz	六轴右轮重值	number	6	可空	
8	lzqhzzdl	六轴最大左行车制动力值	number	6	可空	
9	lzqhyzdl	六轴最大右行车制动力值	number	6	可空	
10	lzqczzdl	六轴最大左制动力差值	number	6	可空	
11	lzqcyzdl	六轴最大右制动力差值	number	6	可空	
12	lzdll	六轴行车制动率	number	4,1	可空	
13	lzzdlpd	六轴行车制动率判定	char	1	可空	0——未检;1——合格;2——不合格
14	lzbphl	六轴不平衡率	number	4,1	可空	
15	lzbphlpd	六轴不平衡率判定	char	1	可空	0——未检;1——合格;2——不合格
16	lzjzzh	六轴加载轴荷	number	6	可空	单位为千克(kg)
17	lzjzzdl	六轴加载轴制动率	number	4,1	可空	包括三位整数,一位小数(百分比)
18	lzjzbphl	六轴加载不平衡率	number	4,1	可空	包括三位整数,一位小数(百分比)
19	lzjzbphlpd	六轴加载不平衡率判定	char	1	可空	0——未检;1——合格;2——不合格
20	lzzdpd	六轴制动判定	char	1	不可空	
21	lzzdlqx	六轴制动力曲线	varchar2	4 000	不可空	曲线数据存储格式:“[采样时间间隔(10 ms)]@[左制动力]#[右制动力]$[左制动力]#[右制动力]…”,制动力单位为 10 N,如:10@56#45$56#45$56#45$56#45$56#45$56#45

B.10.3.7 驻车制动检验传入参数

写入文档 WriteXmlDoc，节点标签 vehispara，传入参数见表表 B.23。

表 B.23 传入参数数据

序号	参数项	参数描述	类型	长度	是否可空	备注
1	jylsh	检验流水号	varchar2	17	不可空	
2	jyjgbh	检验机构编号	varchar2	10	不可空	
3	jcxdh	检测线代号	varchar2	2	不可空	如:1,2,3,4,5,6,7,8,9,10,…
4	jyxm	检验项目	varchar2	2	不可空	填写“B0”
5	jycs	检验次数	number	2	不可空	
6	yzzczdl	一轴驻车制动力	number	6	可空	机动车(三轮汽车和摩托车除外)填写
7	ezzczdl	二轴驻车制动力	number	6	可空	机动车(三轮汽车和摩托车除外)填写
8	sanzzczdl	三轴驻车制动力	number	6	可空	机动车(三轮汽车和摩托车除外)填写
9	sizzczdl	四轴驻车制动力	number	6	可空	机动车(三轮汽车和摩托车除外)填写
10	wzzczdl	五轴驻车制动力	number	6	可空	机动车(三轮汽车和摩托车除外)填写
11	lzzczdl	六轴驻车制动力	number	6	可空	机动车(三轮汽车和摩托车除外)填写
12	zczczdl	整车驻车制动力	number	6	可空	机动车(三轮汽车和摩托车除外)填写
13	tczzdl	驻车左制动力值	number	6	可空	三轮汽车和摩托车填写
14	tcyzdl	驻车右制动力值	number	6	可空	三轮汽车和摩托车填写
15	tczdl	驻车制动率	number	4,1	可空	包括三位整数，一位小数
16	tczdpd	驻车制动判定	char	1	不可空	

B.10.3.8 左外灯或二三轮机动车的左灯检验传入参数

写入文档 WriteXmlDoc，节点标签 vehispara，传入参数见表 B.24。

表 B.24 传入参数数据

序号	参数项	参数描述	类型	长度	是否可空	备注
1	jylsh	检验流水号	varchar2	17	不可空	
2	jyjgbh	检验机构编号	varchar2	10	不可空	
3	jcxdh	检测线代号	varchar2	2	不可空	如:1,2,3,4,5,6,7,8,9,10,…
4	jyxm	检验项目	varchar2	2	不可空	填写“H1”
5	jycs	检验次数	number	2	不可空	
6	zdg	左外远光灯高	number	4	可空	单位为毫米(mm)
7	zwjgdg	左外近光灯高	number	4	可空	单位为毫米(mm)
8	zwygqd	左外远光强度值	number	6	可空	单位为坎德拉(cd)
9	zwygqdpd	左外远光强度判定	char	1	可空	
10	zwygszpz	左外远光垂直偏差值	number	3	可空	单位为 mm/10 m。垂直偏差约定:偏上为正值(+),偏下为负值(—)
11	zjgszcz	左外近光垂直偏差值	number	3	可空	单位为 mm/10 m。垂直偏差约定:偏上为正值(+),偏下为负值(—)
12	zwygczpy	左外远光垂直偏移	number	4,1	可空	单位为 *.H。包括三位整数,一位小数(百分比)
13	zwjgczpy	左外近光垂直偏移	number	4,1	可空	单位为 *.H。包括三位整数,一位小数(百分比)
14	zwygczpypd	左外远光垂直偏移判定	char	1	可空	
15	zwjgczpypd	左外近光垂直偏移判定	char	1	可空	
16	zwdpd	左外灯判定	char	1	不可空	

B.10.3.9 左内灯检验传入参数

写入文档 WriteXmlDoc,节点标签 vehispara,传入参数见表 B.25。

表 B.25 传入参数数据

序号	参数项	参数描述	类型	长度	是否可空	备注
1	jylsh	检验流水号	varchar2	17	不可空	
2	jyjgbh	检验机构编号	varchar2	10	不可空	
3	jcxdh	检测线代号	varchar2	2	不可空	如:1,2,3,4,5,6,7,8,9,10,…
4	jyxm	检验项目	varchar2	2	不可空	填写“H2”
5	jycs	检验次数	number	2	不可空	
6	zndg	左内远光灯高	number	4	可空	
7	znjgdg	左内近光灯高	number	4	可空	单位为毫米(mm)
8	znygqd	左内远光强度值	number	6	可空	单位为坎德拉(cd)
9	znygqdpd	左内远光强度判定	char	1	可空	
10	znygszcz	左内远光垂直偏差值	number	3	可空	单位为 mm/10 m。垂直偏差约定:偏上为正值(+),偏下为负值(-)
11	znjgszcz	左内近光垂直偏差值	number	3	可空	单位为 mm/10 m。垂直偏差约定:偏上为正值(+),偏下为负值(-)
12	znygczpy	左内远光垂直偏移	number	4,1	可空	单位为 *.H。包括三位整数,一位小数(百分比)
13	znjgczpy	左内近光垂直偏移	number	4,1	可空	单位为 *.H。包括三位整数,一位小数(百分比)
14	znygczpypd	左内远光垂直偏移判定	char	1	可空	
15	znjgczpypd	左内近光垂直偏移判定	char	1	可空	
16	zndpd	左内灯判定	char	1	不可空	0——未检;1——合格;2——不合格

B.10.3.10 右内灯检验传入参数

写入文档 WriteXmlDoc,节点标签 vehispara,传入参数见表 B.26。

表 B.26 传入参数数据

序号	参数项	参数描述	类型	长度	是否可空	备注
1	jylsh	检验流水号	varchar2	17	不可空	
2	jyjgbh	检验机构编号	varchar2	10	不可空	
3	jcxdh	检测线代号	varchar2	2	不可空	如:1,2,3,4,5,6,7,8,9,10,…
4	jyxm	检验项目	varchar2	2	不可空	填写"H3"
5	jycs	检验次数	number	2	不可空	
6	yndg	右内远光灯高	number	4	可空	
7	ynjgdg	右内近光灯高	number	4	可空	单位为毫米(mm)
8	ynygqd	右内远光强度值	number	6	可空	
9	ynygqdpd	右内远光强度判定	char	1	可空	
10	ynygszcz	右内远光垂直偏差值	number	3	可空	单位为 mm/10 m。垂直偏差约定:偏上为正值(+),偏下为负值(—)
11	ynjgszcz	右内近光垂直偏差值	number	3	可空	单位为 mm/10 m。垂直偏差约定:偏上为正值(+),偏下为负值(—)
12	ynygczpy	右内远光垂直偏移	number	4,1	可空	单位为 *.H。包括三位整数,一位小数(百分比)
13	ynjgczpy	右内近光垂直偏移	number	4,1	可空	单位为 *.H。包括三位整数,一位小数(百分比)
14	ynygczpypd	右内远光垂直偏移判定	char	1	可空	
15	ynjgczpypd	右内近光垂直偏移判定	char	1	可空	
16	yndpd	右内灯判定	char	1	不可空	

B.10.3.11 右外灯或二三轮机动车的右灯检验传入参数

写入文档 WriteXmlDoc,节点标签 vehispara,传入参数见表 B.27。

表 B.27 传入参数数据

序号	参数项	参数描述	类型	长度	是否可空	备注
1	jylsh	检验流水号	varchar2	17	不可空	
2	jyjgbh	检验机构编号	varchar2	10	不可空	
3	jcxdh	检测线代号	varchar2	2	不可空	如:1,2,3,4,5,6,7,8,9,10,…
4	jyxm	检验项目	varchar2	2	不可空	填写“H4”
5	jycs	检验次数	number	2	不可空	
6	ydg	右外远光灯高	number	4	可空	
7	ywjgdg	右外近光灯高	number	4	可空	单位为毫米(mm)
8	ywygqd	右外远光强度值	number	6	可空	
9	ywygqdpd	右外远光强度判定	char	1	可空	
10	ywygszpz	右外远光垂直偏差值	number	3	可空	单位为 mm/10 m。垂直偏差约定:偏上为正值(+),偏下为负值(—)
11	yjgszcz	右近光垂直偏差值	number	3	可空	单位为 mm/10 m。垂直偏差约定:偏上为正值(+),偏下为负值(—)
12	ywygczpy	右外远光垂直偏移	number	4,1	可空	包括三位整数,一位小数(百分比)
13	ywjgczpy	右外近光垂直偏移	number	4,1	可空	包括三位整数,一位小数(百分比)
14	ywygczpypd	右外远光垂直偏移判定	char	1	可空	
15	ywjgczpypd	右外近光垂直偏移判定	char	1	可空	
16	ywdpd	右外灯判定	char	1	不可空	

B.10.3.12 车速表检验传入参数

写入文档 WriteXmlDoc,节点标签 vehispara,传入参数见表 B.28。

表 B.28 传入参数数据

序号	参数项	参数描述	类型	长度	是否可空	备注
1	jylsh	检验流水号	varchar2	17	不可空	
2	jyjgbh	检验机构编号	varchar2	10	不可空	
3	jcxdh	检测线代号	varchar2	2	不可空	如:1,2,3,4,5,6,7,8,9,10,…
4	jyxm	检验项目	varchar2	2	不可空	填写“S1”
5	jycs	检验次数	number	2	不可空	
6	csdscz	车速表实测值	number	4,1	可空	单位为千米/小时(km/h),包括三位整数,一位小数
7	csbpd	车速表判定	char	1	不可空	0——未检;1——合格;2——不合格

B.10.3.13 侧滑检验传入参数

写入文档 WriteXmlDoc,节点标签 vehispara,传入参数见表 B.29。

表 B.29 传入参数数据

序号	参数项	参数描述	类型	长度	是否可空	备注
1	jylsh	检验流水号	varchar2	17	不可空	
2	jyjgbh	检验机构编号	varchar2	10	不可空	
3	jcxdh	检测线代号	varchar2	2	不可空	如:1,2,3,4,5,6,7,8,9,10,…
4	jyxm	检验项目	varchar2	2	不可空	填写“A1”
5	jycs	检验次数	number	2	不可空	
6	chz	侧滑量	number	5,1	可空	单位为 m/km,包括四位整数,一位小数
7	chpd	侧滑判定	char	1	不可空	0——未检;1——合格;2——不合格

B.10.3.14 车辆外廓尺寸自动测量传入参数

写入文档 WriteXmlDoc,节点标签 vehispara,传入参数见表 B.30。

表 B.30 传入参数数据

序号	参数项	参数描述	类型	长度	是否可空	备注
1	jylsh	检验流水号	varchar2	17	不可空	
2	jyjgbh	检验机构编号	varchar2	10	不可空	
3	jcxdh	检测线代号	varchar2	2	可空	如:1,2,3,4,5,6,7,8,9,10,…
4	jyxm	检验项目	varchar2	2	不可空	填写“M1”
5	jycs	检验次数	number	2	不可空	
6	cwkc	车外廓长	number	5	可空	
7	cwkk	车外廓宽	number	4	可空	
8	cwkg	车外廓高	number	4	可空	
9	clwkccpd	车辆外廓尺寸判定	char	1	可空	0——未检;1——合格;2——不合格

B.10.4 返回结果

返回结果 XML 文档,retcode(标记,1 成功;小于 0 失败)、retdesc(描述信息)、keystr(加密串)。

B.11 路试检验信息

B.11.1 输出过程

机动车路试检验项目完成后,上传车速表、制动等路试结果信息。

B.11.2 接口标识

接口标识 ID 为 18C54。

B.11.3 传入参数

写入文档 WriteXmlDoc,节点标签 vehispara,传入参数见表 B.31。

表 B.31 传入参数数据

序号	参数项	参数描述	类型	长度	是否可空	备注
1	jylsh	检验流水号	varchar2	17	不可空	
2	jyjgbh	检验机构编号	varchar2	10	不可空	
3	jcxdh	检测线代号	varchar2	2	可空	如:1,2,3,4,5,6,7,8,9,10,…
4	jycs	检验次数	number	2	不可空	
5	jyxm	检验项目	varchar2	10	不可空	可填写多值,英文半角逗号分隔 R1——路试制动 R2——路试坡道驻车 R3——路试车速表

表 B.31（续）

序号	参数项	参 数 描 述	类型	长度	是否可空	备 注
6	hpzl	号牌种类	varchar2	2	可空	在用车不可空
7	hphm	号牌号码	varchar2	15	可空	在用车不可空
8	clsbdh	车辆识别代号	varchar2	25	不可空	
9	lsy	路试员姓名	varchar2	30	不可空	
10	zdcsd	行车制动初速度	number	3	可空	
11	zdxtsj	行车制动协调时间	number	5,2	可空	单位为秒(s)
12	zdwdx	行车制动稳定性	char	1	可空	1——未跑偏；2——左跑偏；3——右跑偏
13	xckzzdjl	行车空载制动距离	number	4	可空	
14	xcmzzdjl	行车满载制动距离	number	4	可空	
15	xckzmfdd	行车空载制动 MFDD	number	4,1	可空	单位为米每平方秒(m/s^2)
16	xcmzmfdd	行车满载制动 MFDD	number	5,1	可空	单位为米每平方秒(m/s^2)
17	xczdczlz	行车制动踏板力值	number	5	可空	
18	lszdpd	行车路试制动判定	char	1	可空	0——未检；1——合格；2——不合格
19	yjzdcsd	应急制动初速度	number	4	可空	
20	yjkzzdjl	应急空载制动距离	number	4	可空	
21	yjkzmfdd	应急空载 MFDD	number	4,1	可空	单位为米每平方秒(m/s^2)
22	yjmzzdjl	应急满载制动距离	number	4	可空	
23	yjmzmfdd	应急满载 MFDD	number	5,1	可空	单位为米每平方秒(m/s^2)
24	yjzdczlfs	应急操纵力方式	char	1	可空	0——手操纵；1——脚操纵
25	yjzdczlz	应急操纵力值	number	5	可空	
26	yjzdpd	应急路试制动判定	char	1	可空	0——未检；1——合格，2——不合格
27	zcpd	驻车坡度	char	1	可空	0——20%；1——15%
28	lszczdpd	路试驻车制动判定	char	1	可空	0——未检；1——合格；2——不合格
29	csdscz	车速表实测值	number	4	可空	
30	csbpd	车速表判定	char	1	可空	
31	lsjg	路试结果	char	1	不可空	0——未检；1——合格；2——不合格

B.11.4 返回结果

返回结果 XML 文档,retcode(标记,1 成功;小于 0 失败)、retdesc(描述信息)、keystr(加密串)。

B.12 检验项目结束信息

B.12.1 输出过程

机动车人工检验、仪器设备检验、路试检验项目结束时,上传检验项目结束信息。

B.12.2 接口标识

接口标识 ID 为 18C58。

B.12.3 传入参数

写入文档 WriteXmlDoc,节点标签 vehispara,传入参数见表 B.32。

表 B.32 传入参数数据

序号	参数项	参数描述	类型	长度	是否可空	备注
1	jylsh	检验流水号	varchar2	17	不可空	
2	jyjgbh	检验机构编号	varchar2	10	不可空	
3	jcxdh	检测线代号	varchar2	2	可空	如:1,2,3,4,5,6,7,8,9,10,…
4	jycs	检验次数	number	2	不可空	
5	jyxm	检验项目	varchar2	2	不可空	
6	hpzl	号牌种类	varchar2	2	可空	在用车不可空
7	hphm	号牌号码	varchar2	15	可空	在用车不可空
8	clsbdh	车辆识别代号	varchar2	25	不可空	
9	gwjysbbh	工位检验设备编号	varchar2	30	可空	
10	jssj	检验项目结束时间	date		不可空	填写检验业务信息系统时间

B.12.4 返回结果

返回结果 XML 文档,retcode(标记,1 成功;小于 0 失败)、retdesc(描述信息)、keystr(加密串)。

B.13 检验过程结束信息

B.13.1 输出过程

当检验结束(人工检验、仪器设备检验、路试检验全部完成)后,上传检验过程结束信息。

B.13.2 接口标识

接口标识 ID 为 18C59。

B.13.3 传入参数

写入文档 WriteXmlDoc,节点标签 vehispara,传入参数见表 B.33。

表 B.33 传入参数数据

序号	参数项	参数描述	类型	长度	是否可空	备注
1	jylsh	检验流水号	varchar2	17	不可空	
2	jyjgbh	检验机构编号	varchar2	10	不可空	
3	jcxdh	检测线代号	varchar2	2	不可空	
4	jycs	检验次数	number	2	不可空	
5	hpzl	号牌种类	varchar2	2	可空	在用车不可空
6	hphm	号牌号码	varchar2	15	可空	在用车不可空
7	clsbdh	车辆识别代号	varchar2	25	不可空	
8	jssj	检验过程结束时间	date		不可空	填写检验业务信息系统时间

B.13.4 返回结果

返回结果 XML 文档,retcode(标记,1 成功;小于 0 失败)、retdesc(描述信息)、keystr(加密串)。

B.14 机动车检验项目照片和检验资料照片信息

B.14.1 输出过程

机动车人工检验外观检查时,拍摄外观照片上传;人工检验、仪器设备检验或路试检验过程中,随机拍摄照片上传;机动车检验过程结束后,扫描或拍摄相关资料照片上传。

B.14.2 接口标识

接口标识 ID 为 18C63。

B.14.3 传入参数

写入文档 WriteXmlDoc,节点标签 vehispara,传入参数见表 B.34。

表 B.34 传入参数数据

序号	参数项	参数描述	类型	长度	是否可空	备注
1	jylsh	检验流水号	varchar2	17	不可空	
2	jyjgbh	检验机构编号	varchar2	10	不可空	
3	jcxdh	检测线代号	varchar2	2	可空	如:1,2,3,4,5,6,7,8,9,10,…
4	hphm	号牌号码	varchar2	15	可空	在用车不可空
5	hpzl	号牌种类	varchar2	2	可空	在用车不可空

表 B.34（续）

序号	参数项	参 数 描 述	类型	长度	是否可空	备 注
6	jyxm	检验项目	varchar2	2	可空	当照片种类为 23 时，填写人工检验项目 C1，DC；当照片种类为 21 时，填写灯光工位项目 H1，H2，H3，H4；当照片种类为 22 时，填写制动工位项目 B1，B2，B3，B4，B5，B6，B0；当照片种类为 41 时，填写路试项目 R1，R2
7	jycs	检验次数	number	2	不可空	
8	clsbdh	车辆识别代号	varchar2	25	不可空	
9	zp	照片	varchar2		不可空	经 base64 编码后字符串
10	pssj	拍摄时间	date		不可空	
11	zpzl	照片种类	varchar2	2	不可空	

B.14.4　返回结果

返回结果 XML 文档，retcode（标记，1 成功；小于 0 失败）、retdesc（描述信息）、keystr（加密串）。

B.15　机动车检验结果信息

B.15.1　输出过程

机动车检验过程结束之前，上传检验结果信息。

B.15.2　接口标识

接口标识 ID 为 18C82。

B.15.3　传入参数

写入文档 WriteXmlDoc，节点标签 vehispara，传入参数见表 B.35。

表 B.35　传入参数数据

序号	参数项	参 数 描 述	类型	长度	是否可空	备 注
1	jylsh	检验流水号	varchar2	17	不可空	
2	jyjgbh	检验机构编号	varchar2	10	不可空	
3	jcxdh	检测线代号	varchar2	2	不可空	如：1，2，3，4，5，6，7，8，9，10，…
4	hphm	号牌号码	varchar2	15	可空	在用车不可空

表 B.35（续）

序号	参数项	参数描述	类型	长度	是否可空	备注
5	hpzl	号牌种类	varchar2	2	可空	在用车不可空
6	clsbdh	车辆识别代号	varchar2	25	不可空	
7	ycyxm	引车员	varchar2	30	可空	
8	ycysfzh	引车员(身份证号)	varchar2	30	可空	
9	zczdl	整车制动率	number	5,1	可空	
10	zczdpd	整车制动判定	char	1	可空	0——未检；1——合格；2——不合格
11	zdjccs	整车制动次数	number	2	可空	
12	zcpd	整车判定	char	1	不可空	
13	zczdjyjg	主车制动检验结果	char	1	可空	对于主车(牵引车)和挂车一起检验时，上传挂车检验结果时填写。0——不适用；1——合格；2——不合格
14	zjccs	总检验次数	number	2	不可空	
15	jczczbzl	检验的整车整备质量	number	8	可空	
16	bzzczbzl	标准的整车整备质量	number	8	可空	
17	zczbzlbfb	整车整备质量百分比	number	4,1	可空	第17项减去第18项的绝对值除以第18项，包括三位整数，一位小数
18	zbzlpd	整备质量判定	char	1	可空	

B.15.4 返回结果

返回结果XML文档，retcode(标记，1成功；小于0失败)、retdesc(描述信息)、keystr(加密串)。

B.16 机动车交通事故责任强制保险信息

B.16.1 输出过程

机动车检验过程结束后，上传机动车交通事故责任强制保险信息。

B.16.2 接口标识

接口标识ID为18C61。

B.16.3 传入参数

写入文档WriteXmlDoc，节点标签vehispara，传入参数见表B.36。

表 B.36 传入参数数据

序号	参数项	参数描述	类型	长度	是否可空	备注
1	jylsh	检验流水号	varchar2	17	不可空	
2	jyjgbh	检验机构编号	varchar2	10	不可空	
3	jcxdh	检测线代号	varchar2	2	可空	如:1,2,3,4,5,6,7,8,9,10,…
4	hpzl	号牌种类	varchar2	2	可空	在用车不可空
5	hphm	号牌号码	varchar2	15	可空	在用车不可空
6	clsbdh	车辆识别代号	varchar2	25	不可空	
7	bxpzh	保险凭证号	varchar2	50	可空	
8	bxje	保险金额	number	10	可空	
9	bxgs	保险公司	varchar2	64	可空	
10	sxrq	生效日期	date		不可空	
11	Zzrq	终止日期	date		不可空	

B.16.4 返回结果

返回结果 XML 文档,retcode(标记,1 成功;小于 0 失败)、retdesc(描述信息)、keystr(加密串)。

B.17 机动车检验判定结果信息

B.17.1 输出过程

机动车检验过程结束后,上传检验判定结果信息。

B.17.2 接口标识

接口标识 ID 为 18C62。

B.17.3 传入参数

写入文档 WriteXmlDoc,节点标签 vehispara,传入参数见表 B.37。

表 B.37 传入参数数据

序号	参数项	参数描述	类型	长度	是否可空	备注
1	jylsh	检验流水号	varchar2	17	不可空	
2	jyjgbh	检验机构编号	varchar2	10	不可空	
3	jcxdh	检测线代号	varchar2	2	不可空	如:1,2,3,4,5,6,7,8,9,10,…
4	jycs	检验次数	number	2	不可空	
5	hphm	号牌号码	varchar2	15	可空	

表 B.37（续）

序号	参数项	参数描述	类型	长度	是否可空	备注
6	hpzl	号牌种类	varchar2	2	可空	
7	clsbdh	车辆识别代号	varchar2	25	不可空	
8	jyjl	检验结论	varchar2	1 024	不可空	填写合格，不合格
9	pzrxm	授权签字人	varchar2	30	不可空	
10	rgjyjgs	人工检验项目结果	varchar2	4 000	可空	可包含多个子节点，子节点标签为 rgjyjg，参数见表 B.38
11	yqsbjyjgs	仪器设备检验项目结果	varchar2	4 000	可空	可包含多个子节点，子节点标签为 yqsbjyjg，参数见表 B.39
12	jybgjy	检验报告建议	varchar2	1 024	可空	
13	jybgbz	检验报告备注	varchar2	1 024	可空	

表 B.38　人工检验项目结果传入参数数据

序号	参数项	参数描述	类型	长度	是否可空	备注
1	xh	序号	number	2	不可空	如：1、2、3、…
2	rgjyxm	检验项目	varchar2	256	不可空	填写车辆唯一性检查、联网查询等
3	rgjgpd	结果判定	char	1	不可空	
4	rgjysm	不符合项目情况说明	varchar2	1 024	可空	
5	rgjybz	备注	varchar2	1 024	可空	

表 B.39　仪器设备检验项目结果传入参数数据

序号	参数项	参数描述	类型	长度	是否可空	备注
1	xh	序号	number	2	不可空	如：1、2、3、…
2	yqjyxm	检验项目	varchar2	256	不可空	填写一轴制动率、一轴不平衡率等
3	yqjyjg	检验结果	varchar2	1 024	不可空	
4	yqbzxz	标准限值	varchar2	1 024	不可空	
5	yqjgpd	结果判定	char	1	不可空	
6	yqjybz	备注	varchar2	1 024	可空	

B.17.4 返回结果

返回结果 XML 文档,retcode(标记,1 成功;小于 0 失败)、retdesc(描述信息)、keystr(加密串)。

B.18 机动车检验结果资料申请审核信息

B.18.1 输出过程

机动车检验过程信息、检验结果、照片及相关资料上传完成后,上传检验结果资料申请审核请求。

B.18.2 接口标识

接口标识 ID 为 18C64。

B.18.3 传入参数

写入文档 WriteXmlDoc,节点标签 vehispara,传入参数见表 B.40。

表 B.40 传入参数数据

序号	参数项	参数描述	类型	长度	是否可空	备注
1	jylsh	检验流水号	varchar2	17	不可空	
2	jyjgbh	检验机构编号	varchar2	10	不可空	
3	jcxdh	检测线代号	varchar2	2	可空	如:1,2,3,4,5,6,7,8,9,10,…
4	sqlx	申请类型	char	1	不可空	1——外观检验审核申请(启用二次审核时使用);2——检验结果资料审核申请
5	dqsj	当前时间	date		不可空	

B.18.4 返回结果

返回结果 XML 文档,retcode(标记,1 成功;小于 0 失败)、retdesc(描述信息)、keystr(加密串)。

B.19 机动车检验视频异常信息

B.19.1 输出过程

检验过程音视频监管系统检测不到视频信号等异常信息时,写入预警信息。

B.19.2 接口标识

接口标识 ID 为 18C67。

B.19.3 传入参数

写入文档 WriteXmlDoc,节点标签 vehispara,传入参数见表 B.41。

表 B.41 传入参数数据

序号	参数项	参数描述	类型	长度	是否可空	备注
1	jylsh	检验流水号	varchar2	17	不可空	
2	jyjgbh	检验机构编号	varchar2	10	不可空	
3	jcxdh	检测线代号	varchar2	2	可空	如:1,2,3,4,5,6,7,8,9,10,…
4	jyrq	检验日期	date		不可空	
5	hpzl	号牌种类	varchar2	2	可空	在用车不可空
6	hphm	号牌号码	varchar2	15	可空	在用车不可空
7	yjlx	预警类型	varchar2	2	不可空	03——外检区域无视频信号 04——仪器设备检验无视频信号 05——路试区域无视频信号 06——打印区域无视频信号 07——遮挡摄像头 10——存在舞弊情形
8	yjms	预警描述信息	varchar2	4 000	不可空	

B.19.4 返回结果

返回结果 XML 文档,retcode(标记,1 成功;小于 0 失败)、retdesc(描述信息)、keystr(加密串)。

B.20 复检登录信息

B.20.1 输出过程

机动车复检开始前,上传机动车复检登录信息。

B.20.2 接口标识

接口标识 ID 为 18C65。

B.20.3 传入参数

写入文档 WriteXmlDoc,节点标签 vehispara,传入参数见表 B.42。

表 B.42 传入参数数据

序号	参数项	参数描述	类型	长度	是否可空	备注
1	jylsh	检验流水号	varchar2	17	不可空	
2	jyjgbh	检验机构编号	varchar2	10	不可空	
3	jcxdh	检测线代号	varchar2	2	可空	如:1,2,3,4,5,6,7,8,9,10,…
4	xh	机动车序号	varchar2	14	可空	
5	hpzl	号牌种类	varchar2	2	可空	在用车不可空
6	hphm	号牌号码	varchar2	15	可空	在用车不可空
7	clsbdh	车辆识别代号	varchar2	25	不可空	填写完整的 VIN 号或车架号
8	fdjh	发动机/电动机号码	varchar2	30	可空	
9	csys	车身颜色	varchar2	5	可空	符合 GA/T 16.8
10	syxz	使用性质	char	1	可空	符合 GA/T 16.3
11	fjx	复检项	varchar2	50	不可空	
12	fjdlsj	复检登录时间	date		不可空	
13	jycs	检验次数	number	2	不可空	
14	dly	登录员	varchar2	30	不可空	
15	ycy	引车员	varchar2	30	可空	
16	wjy	外检员	varchar2	30	可空	
17	dtjyy	动态检验员	varchar2	30	可空	
18	dpjyy	底盘检验员	varchar2	30	可空	
19	sjr	送检人(姓名)	varchar2	30	可空	
20	sjrsfzh	送检人身份证号	varchar2	30	可空	

B.20.4 返回结果

返回结果 XML 文档,retcode(标记,1 成功;小于 0 失败)、retdesc(描述信息)、keystr(加密串)。

B.21 机动车检验登录信息更正

B.21.1 输出过程

对于上传的机动车检验登录信息有误或者缺少信息的,只能在线内检验之前调用此接口,对上传的检验登录信息进行更正。

B.21.2 接口标识

接口标识 ID 为 18C66。

B.21.3 传入参数

写入文档 WriteXmlDoc,节点标签 vehispara,传入参数见表 B.43。

表 B.43 传入参数数据

序号	参数项	参数描述	类型	长度	是否可空	备注
1	jylsh	检验流水号	varchar2	17	不可空	
2	jyjgbh	检验机构编号	varchar2	10	不可空	
3	jcxdh	检测线代号	varchar2	2	不可空	如:1,2,3,4,5,6,7,8,9,10,…
4	hphm	号牌号码	varchar2	15	可空	在用车不可空
5	hpzl	号牌种类	varchar2	2	可空	在用车不可空
6	clsbdh	车辆识别代号	varchar2	25	不可空	
7	fdjh	发动机/电动机号码	varchar2	30	可空	
8	csys	车身颜色	varchar2	5	可空	符合 GA/T 16.8
9	syxz	使用性质	char	1	可空	符合 GA/T 16.3
10	jyrq	最近定检日期	date		可空	按"yyyy-mm-dd"格式填写
11	jyyxqz	检验有效期止	date		可空	按"yyyy-mm-dd"格式填写
12	bxzzrq	保险终止日期	date		可空	按"yyyy-mm-dd"格式填写
13	rlzl	燃料种类	varchar2	3	可空	可同时输入三种,每种符合 GA/T 16.9
14	gl	功率	number	5	可空	单位为千瓦(kW),四位整数,一位小数
15	zs	轴数	number	1	可空	
16	zzl	总质量	number	8	可空	单位为千克(kg)
17	zbzl	整备质量	number	8	可空	单位为千克(kg)
18	ccrq	出厂日期	date		可空	按"yyyy-mm-dd"格式填写
19	qdxs	驱动形式(驱动轴位)	varchar2	5	可空	组合串:如 1234(1 表示一轴,2 表示二轴,…)
20	zczs	驻车轴数	number	1	可空	摩托车无此参数
21	zczw	驻车轴位	varchar2	5	可空	组合串:如 1234(1 表示一轴,2 表示二轴,…)
22	zzs	主轴数	number	1	可空	
23	zzly	制动力源	char	1	可空	0——气压制动;1——液压制动;2——气推油制动
24	qzdz	前照灯制	varchar2	2	可空	01——四灯远近光;02——四灯远光;03——二灯远近光;04——二灯近光;05——一灯远光

表 B.43（续）

序号	参数项	参数描述	类型	长度	是否可空	备注
25	ygddtz	远光单独调整	char	1	可空	0——不能单独调整；1——单独调整
26	zxzxjxs	转向轴(前轴)悬架形式	char	1	可空	0——独立悬架；1——非独立悬架
27	lcbds	里程表读数	number	8	可空	单位为千米(km)
28	jylb	检验类别	varchar2	2	可空	00——注册登记检验；01——在用车检验（定检）；02——临时检验；03——特殊检验；04——在用车检验（非定检）
29	clppl	车辆品牌	varchar2	32	可空	
30	clxh	车辆型号	varchar2	32	可空	
31	syr	机动车所有人	varchar2	128	可空	
32	cllx	车辆类型	varchar2	3	可空	在用车不可空
33	jyxm	检验项目	varchar2	100	可空	多值，英文半角逗号分隔。各项目代码为： F1——车辆外观检验 C1——底盘检验 DC——底盘动态检验 B1——一轴制动； B2——二轴制动； B3——三轴制动； B4——四轴制动； B5——五轴制动； B6——六轴制动； B0——驻车制动 H1——左外灯或二三轮机动车的左灯；H2——左内灯；H3——右内灯； H4——右外灯或二三轮机动车的右灯 S1——车速表 A1——侧滑 R1——路试行车制动； R2——路试坡道驻车； R3——路试车速表 M1——外廓尺寸自动测量
34	clyt	车辆用途	char	2	可空	

表 B.43（续）

序号	参数项	参数描述	类型	长度	是否可空	备注
35	ytsx	用途属性	char	1	可空	
36	clsslb	车辆所属类别	varchar2	2	可空	01——常规（汽车） 02——全时四驱 03——超重 04——超宽 05——驱动防滑 06——双后轴驱动 07——挂车 08——灯位超高 09——多轴车 10——其他特种车 11——常规（摩托车）
37	sjr	送检人（姓名）	varchar2	30	可空	
38	sjrsfzh	送检人身份证号	varchar2	30	可空	

B.21.4 返回结果

返回结果 XML 文档，retcode（标记，1 成功；小于 0 失败）、retdesc（描述信息）、keystr（加密串）。

B.22 获取车辆所属类别对应检验项目信息

B.22.1 输出过程

根据检验机构编号、检验类别等信息获取车辆所属类别（由车辆类型、使用性质进行确定）对应的检验项目信息。

B.22.2 接口标识

接口标识 ID 为 18C46。

B.22.3 传入参数

查询文档 QueryXmlDoc，节点标签 QueryCondition，传入参数见表 B.44。

表 B.44 传入参数数据

序号	参数项	参数描述	类型	长度	是否可空	备注
1	jyjgbh	检验机构编号	varchar2	10	不可空	
2	jylb	检验类别	varchar2	2	不可空	00——注册登记检验；01——在用车检验（定检）；02——临时检验；03——特殊检验；04——在用车检验（非定检）

B.22.4 返回结果

返回结果文档 ResultXML，节点标签 vehispara，查询结果数据字段见表 B.45。

表 B.45 返回结果

序号	参数项	参数描述	类型	长度	是否可空	备注
1	clsslb	车辆所属类别	varchar2	2	不可空	01——常规(汽车) 02——全时四驱 03——超重 04——超宽 05——驱动防滑 06——双后轴驱动 07——挂车 08——灯位超高 09——多轴车 10——其他特种车 11——常规(摩托车)
2	clsslbmc	车辆所属类别名称	varchar2	32	不可空	
3	xjyxmdh	须检验项目代号	varchar2	128	不可空	多值，英文半角逗号分隔。如：F1，C1，…(F1——车辆外观检验；C1——底盘检验；DC——底盘动态检；B——制动；H——灯光；A1——侧滑；S1——车速表；R——路试)

B.23 获取机动车对应需拍摄照片和人工检验项目信息

B.23.1 输出过程

根据检验流水号、检验机构编号、号牌号码、号牌种类等信息获取机动车检验项目和拍摄照片信息。

B.23.2 接口标识

接口标识 ID 为 18C47。

B.23.3 传入参数

查询文档 QueryXmlDoc，节点标签 QueryCondition，传入参数见表 B.46。

表 B.46 传入参数数据

序号	参数项	参数描述	类型	长度	是否可空	备注
1	jylsh	检验流水号	varchar2	17	不可空	
2	jyjgbh	检验机构编号	varchar2	10	不可空	
3	hphm	号牌号码	varchar2	15	可空	
4	hpzl	号牌种类	varchar2	2	可空	

B.23.4 返回结果

返回结果文档 ResultXML，节点标签 vehispara，查询结果数据字段见表 B.47。

表 B.47 返回结果

序号	参数项	参数描述	类型	长度	是否可空	备注
1	jylsh	检验流水号	varchar2	17	不可空	
2	jyjgbh	检验机构编号	varchar2	10	不可空	
3	hphm	号牌号码	varchar2	15	可空	
4	hpzl	号牌种类	varchar2	2	可空	
5	wgjyzp	外观检验照片	varchar2	512	可空	多值，英文半角逗号分隔。如:11,12,…
6	zlzp	资料照片	varchar2	512	可空	多值，英文半角逗号分隔。如:01,02,…
7	wgjcxm	外观检验项目	varchar2	512	可空	多值，英文半角逗号分隔。如:01,02,…
8	dpjyxm	底盘检验项目	varchar2	512	可空	多值，英文半角逗号分隔。如:45,46,…
9	dtdpjyxm	底盘动态检验项目	varchar2	512	可空	多值，英文半角逗号分隔。如:41,42,…

B.24 获取机动车检验审核不通过原因

B.24.1 输出过程

根据检验流水号、检验机构编号、号牌号码、号牌种类等信息获取机动车检验审核不通过原因。

B.24.2 接口标识

接口标识 ID 为 18C48。

B.24.3 传入参数

查询文档 QueryXmlDoc，节点标签 QueryCondition，传入参数见表 B.48。

表 B.48　传入参数数据

序号	参数项	参数描述	类型	长度	是否可空	备注
1	jylsh	检验流水号	varchar2	17	可空	
2	jyjgbh	检验机构编号	varchar2	10	不可空	
3	hphm	号牌号码	varchar2	15	可空	
4	hpzl	号牌种类	varchar2	2	可空	
5	cxzt	查询状态	char	1	可空	0——外观未审核 1——正在外观审核 2——外观审核通过 3——外观审核不通过 4——核发未审核 5——正在核发审核 6——核发审核通过 7——核发审核不通过 8——待打印 9——已打印
6	fhzdjls	返回最大记录数	number	3	不可空	

B.24.4　返回结果

返回结果文档 ResultXML，节点标签 vehispara，查询结果数据字段见表 B.49。

表 B.49　返回结果

序号	参数项	参数描述	类型	长度	是否可空	备注
1	jylsh	检验流水号	varchar2	17	不可空	
2	jyjgbh	检验机构编号	varchar2	10	不可空	
3	hpzl	号牌种类	varchar2	2	可空	
4	hphm	号牌号码	varchar2	15	可空	
5	shjg	审核结果	char	1	不可空	0——外观未审核 1——正在外观审核 2——外观审核通过 3——外观审核不通过 4——核发未审核 5——正在核发审核 6——核发审核通过 7——核发审核不通过 8——待打印 9——已打印
6	bhgwgjyzp	不合格外观检验照片	varchar2	512	可空	

表 B.49（续）

序号	参数项	参数描述	类型	长度	是否可空	备注
7	bhgwgjyxm	不合格外观检验项目	varchar2	512	可空	
8	bhgdpjyxm	不合格底盘检验项目	varchar2	512	可空	
9	bhgdtdpjyxm	不合格底盘动态检验项目	varchar2	512	可空	
10	bhgjyxm	不合格检验项目	varchar2	512	可空	
11	bhgzlzp	不合格资料照片	varchar2	512	可空	
12	bhggwzp	不合格工位照片	varchar2	512	可空	
13	shbtgyy	审核不通过原因描述	varchar2	4 000	可空	

B.25 获取机动车基本信息

B.25.1 输出过程

根据号牌号码、号牌种类等信息获取车辆基本信息。

B.25.2 接口标识

接口标识 ID 为 18C49。

B.25.3 传入参数

查询文档 QueryXmlDoc，节点标签 QueryCondition，传入参数见表 B.50。

表 B.50 传入参数数据

序号	参数项	参数描述	类型	长度	是否可空	备注
1	hphm	号牌号码	varchar2	15	不可空	填写格式：如“苏BAA345”填写“苏BAA345”“苏B1234挂”填写“苏B1234”
2	hpzl	号牌种类	varchar2	2	不可空	
3	clsbdh	车辆识别代号	varchar2	25	不可空	可填写后四位
4	jyjgbh	检验机构编号	varchar2	10	不可空	

B.25.4 返回结果

返回结果文档 ResultXML，节点标签 vehispara，查询结果数据字段见表 B.51。

表 B.51 返回结果

序号	参数项	参数描述	类型	长度	是否可空	备注
1	xh	机动车序号	char	14	可空	
2	hpzl	号牌种类	char	2	可空	
3	hphm	号牌号码	varchar2	15	可空	
4	clpp1	中文品牌	varchar2	32	可空	
5	clxh	车辆型号	varchar2	32	可空	
6	clpp2	英文品牌	varchar2	32	可空	
7	gcjk	国产/进口	char	1	可空	
8	zzg	制造国	char	3	可空	
9	zzcmc	制造厂名称	varchar2	64	可空	
10	clsbdh	车辆识别代号	varchar2	25	可空	
11	fdjh	发动机号	varchar2	30	可空	
12	cllx	车辆类型	char	3	可空	
13	csys	车身颜色	varchar2	5	可空	
14	syxz	使用性质	char	1	可空	
15	sfzmhm	身份证明号码	varchar2	18	可空	
16	sfzmmc	身份证明名称	char	1	可空	
17	syr	机动车所有人	varchar2	128	可空	
18	ccdjrq	初次登记日期	date	7	可空	
19	djrq	最近定检日期	date	7	可空	
20	yxqz	检验有效期止	date	7	可空	
21	qzbfqz	强制报废期止	date	7	可空	
22	fzjg	发证机关	varchar2	10	可空	
23	glbm	管理部门	varchar2	12	可空	
24	bxzzrq	保险终止日期	date	7	可空	
25	zt	机动车状态	varchar2	6	可空	
26	dybj	抵押标记	char	1	可空	0——未抵押；1——已抵押
27	fdjxh	发动机型号	varchar2	64	可空	
28	rlzl	燃料种类	varchar2	3	可空	
29	pl	排量	number	6	可空	
30	gl	功率	number	5,1	可空	
31	zxxs	转向形式	char	1	可空	
32	cwkc	车外廓长	number	5	可空	
33	cwkk	车外廓宽	number	4	可空	

表 B.51（续）

序号	参数项	参数描述	类型	长度	是否可空	备注
34	cwkg	车外廓高	number	4	可空	
35	hxnbcd	货箱内部长度	number	5	可空	
36	hxnbkd	货箱内部宽度	number	4	可空	
37	hxnbgd	货箱内部高度	number	4	可空	
38	Gbthps	钢板弹簧片数	number	3	可空	
39	zs	轴数	number	1	可空	
40	zj	轴距	number	5	可空	
41	qlj	前轮距	number	4	可空	
42	hlj	后轮距	number	4	可空	
43	ltgg	轮胎规格	varchar2	64	可空	
44	lts	轮胎数	number	2	可空	
45	zzl	总质量	number	8	可空	
46	zbzl	整备质量	number	8	可空	
47	hdzzl	核定载质量	number	8	可空	
48	hdzk	核定载客	number	3	可空	
49	zqyzl	准牵引总质量	number	8	可空	
50	qpzk	驾驶室前排载客人数	number	1	可空	
51	hpzk	驾驶室后排载客人数	number	2	可空	
52	hbdbqk	环保达标情况	varchar2	128	可空	
53	ccrq	出厂日期	date	7	可空	
54	clyt	车辆用途	char	2	可空	
55	ytsx	用途属性	char	1	可空	
56	xszbh	行驶证证芯编号	varchar2	20	可空	
57	jyhgbzbh	检验合格标志	varchar2	20	可空	
58	xzqh	管理辖区	varchar2	10	可空	
59	zsxzqh	住所地址行政区划	varchar2	10	可空	
60	zzxzqh	联系地址行政区划	varchar2	10	可空	
61	sgcssbwqk	事故车损伤部位情况	varchar2	4 000	可空	
62	sfmj	是否免检	char	1	可空	1——免检；2——不免检
63	bmjyy	不免检原因	varchar2	4 000	可空	

B.26 检验业务信息系统操作日志

B.26.1 输出过程

上传检验业务信息系统操作日志信息。

B.26.2 接口标识

接口标识 ID 为 18C69。

B.26.3 传入参数

写入文档 WriteXmlDoc，节点标签 vehispara，传入参数见表 B.52。

表 B.52 传入参数数据

序号	参数项	参数描述	类型	长度	是否可空	备注
1	jyjgbh	检验机构编号	varchar2	10	不可空	
2	yhdh	用户代号	varchar2	18	不可空	
3	xm	用户姓名	varchar2	30	不可空	
4	czsj	操作时间	date		不可空	
5	ipdz	IP 地址	varchar2	40	不可空	填写其操作终端 IP 地址，如：10.2.1.1
6	czlx	操作类型	char	1	不可空	用户具体操作类型代码：1——查询；2——新增；3——修改；4——删除
7	czjg	操作结果	varchar2	1	不可空	用户操作结果：1——成功；0——失败
8	sbyy	操作失败原因代码	varchar2	4	不可空	当操作结果为失败时，可记录操作失败的原因代码： 1000——用户方面的错误 1001——无效输入 2000——应用系统方面的错误 3000——安全检查类方面的错误 3001——IP 受限 3002——时间受限 3003——操作次数受限 3007——无操作权限 3999——其他安全检查方面的错误

表 B.52（续）

序号	参数项	参数描述	类型	长度	是否可空	备注
9	gnmk	功能模块名称	varchar2	30	不可空	操作类型为 0——登录时，置空；为其他类型时，可填写当时用户所操作的具体功能模块名称
10	cztj	操作条件	varchar2	200	不可空	操作类型为 0——登录时，置空；为其他类型时，可记录用户进行操作时的数据筛选条件，填写数据操作 SQL 语句的 where 子句内容，如：name=‘张三’

B.26.4 返回结果

返回结果 XML 文档，retcode(标记，1 成功；小于 0 失败)、retdesc(描述信息)、keystr(加密串)。

B.27 写入收费信息

B.27.1 输出过程

将机动车收费信息插入到收费核查表。

B.27.2 接口标识

接口标识 ID 为 18C70。

B.27.3 传入参数

写入文档 WriteXmlDoc，节点标签 vehispara，传入参数见表 B.53。

表 B.53 传入参数数据

序号	参数项	参数描述	类型	长度	是否可空	备注
1	jylsh	检验流水号	varchar2	17	不可空	
2	jyjgbh	检验机构编号	varchar2	10	不可空	
3	hpzl	号牌种类	varchar2	2	可空	
4	hphm	号牌号码	varchar2	15	可空	

B.27.4 返回结果

返回结果 XML 文档，retcode(标记，1 成功；小于 0 失败)、retdesc(描述信息)、keystr(加密串)。

B.28 机动车检验审核通过信息获取回执

B.28.1 输出过程

通过 18C48 接口批量获取机动车检验审核状态，对于核发审核通过的车辆，可通过本接口上传该车审核通过信息获取回执，以便通过 18C48 接口批量获取机动车检验审核状态时不再返回该车。

B.28.2 接口标识

接口标识 ID 为 18C71。

B.28.3 传入参数

写入文档 WriteXmlDoc，节点标签 vehispara，传入参数见表 B.54。

表 B.54 传入参数数据

序号	参数项	参数描述	类型	长度	是否可空	备注
1	jylsh	检验流水号	varchar2	17	不可空	
2	jyjgbh	检验机构编号	varchar2	10	不可空	
3	hpzl	号牌种类	varchar2	2	可空	在用车不可空
4	hphm	号牌号码	varchar2	15	可空	在用车不可空

B.28.4 返回结果

返回结果 XML 文档，retcode（标记，1 成功；小于 0 失败）、retdesc（描述信息）、keystr（加密串）。

B.29 机动车检验业务退办

B.29.1 输出过程

对于检验监管系统未审核或审核不通过的机动车检验信息，因某些原因需要退办的，可进行业务流水退办。

B.29.2 接口标识

接口标识 ID 为 18C72。

B.29.3 传入参数

写入文档 WriteXmlDoc，节点标签 vehispara，传入参数见表 B.55。

表 B.55 传入参数数据

序号	参数项	参数描述	类型	长度	是否可空	备注
1	jylsh	检验流水号	varchar2	17	不可空	
2	jyjgbh	检验机构编号	varchar2	10	不可空	
3	hpzl	号牌种类	varchar2	2	可空	在用车不可空
4	hphm	号牌号码	varchar2	15	可空	在用车不可空

B.29.4 返回结果

返回结果 XML 文档，retcode（标记，1 成功；小于 0 失败）、retdesc（描述信息）、keystr（加密串）。

B.30 读取车管业务流水号

B.30.1 输出过程

根据检验流水号和检验机构编号获取综合应用平台业务中的流水号。

B.30.2 接口标识

接口标识 ID 为 18C21。

B.30.3 传入参数

查询文档 QueryXmlDoc，节点标签 QueryCondition，传入参数见表 B.56。

表 B.56 传入参数数据

序号	参数项	参数描述	类型	长度	是否可空	备注
1	jylsh	检验流水号	varchar2	17	不可空	
2	jyjgbh	检验机构编号	varchar2	10	不可空	

B.30.4 返回结果

返回结果文档 ResultXML，节点标签 vehispara，查询结果数据字段见表 B.57。

表 B.57 返回结果

序号	参数项	参数描述	类型	长度	是否可空	备注
1	lsh	检验监管系统流水号	varchar2	20	可空	
2	cglsh	综合应用平台车管流水号	varchar2	13	可空	

附 录 C
（规范性附录）
检验照片拍摄项目及要求

C.1 检验审核照片拍摄项目及要求

C.1.1 人工检验照片拍摄项目及要求

人工检验照片拍摄项目及要求见表 C.1。

表 C.1 人工检验项目照片要求

序号	照片内容	要 求	适用车辆类型
1	车辆左前方斜视 45°拍照	能清晰显示车辆前外观、前号牌和轮胎。根据车辆类型，还应能： 1) 对所有货车、货车底盘改装的专项作业车和挂车，能清晰辨别(左)侧面车身反光标识； 2) 对总质量大于 3 500 kg 的货车(半挂牵引车除外)、货车底盘改装的专项作业车和挂车，能清晰辨别(左)侧面防护装置； 3) 对所有货车和专项作业车，能清晰辨别驾驶室(区)左侧喷涂的总质量(半挂牵引车为最大允许牵引质量)； 4) 对栏板货车和自卸车，能清晰辨别在驾驶室(区)左侧喷涂的栏板高度，对栏板挂车，能清晰识别在车厢(左)侧面喷涂的栏板高度； 5) 对危险货物运输车，能清晰辨别道路运输危险货物车辆标志(包括标志灯和标志牌)； 6) 对专用校车和专门用于接送学生上下学的非专用校车，能清晰辨别专用校车车身外观标识； 7) 对燃气汽车，能清晰辨别在车辆前端标注的其使用的气体燃料类型的识别标志； 8) 对教练车，能清晰辨别在车身(左)侧面喷涂的“教练车”字样； 9) 对警车、消防车、救护车和工程救险车，能清晰辨别车辆外观制式、标志灯具； 10) 对残疾人专用汽车，能清晰辨别在车辆前部设置的残疾人机动车专用标志	所有类型机动车

表 C.1（续）

序号	照片内容	要　求	适用车辆类型
2	车辆右后方斜视 45°拍照	能清晰显示车辆后外观、后号牌和轮胎。根据车辆类型，还应能： 1）　对汽车（无驾驶室的三轮汽车除外），能清晰辨别机动车用三角警告牌（三角警告牌放置于车顶或车辆后部适当位置时拍照）； 2）　对所有货车、货车底盘改装的专项作业车和挂车，能清晰辨别后部车身反光标识、车辆尾部标志板及（右）侧面车身反光标识； 3）　对总质量大于 3 500 kg 的货车（半挂牵引车除外）、货车底盘改装的专项作业车和挂车，能清晰辨别（右）侧面及后下部防护装置； 4）　对总质量大于或等于 4 500 kg 的货车（半挂牵引车除外）、所有挂车（无法喷涂或粘贴放大的号牌号码的平板挂车除外），能清晰辨别在车厢后部喷涂或粘贴的放大的号牌号码； 5）　对罐式汽车和罐式挂车，能清晰辨别在罐体右侧喷涂的罐体容积及允许装运货物的种类或名称； 6）　对危险货物运输车，能清晰识别道路运输危险货物车辆标志牌； 7）　对 2012 年 9 月 1 日起出厂的车长大于 9 m 的公路客车、旅游客车和未设置乘客站立区的公共汽车，能清晰显示两个处于开启状态的乘客门；或处于开启状态下的外推式应急窗和一个处于开启状态的乘客门； 8）　对专用校车和专门用于接送学生上下学的非专用校车，能清晰辨别专用校车车身外观标识； 9）　对燃气汽车，能清晰辨别在车辆后端标注的其使用的气体燃料类型的识别标志； 10）　对教练车，能清晰辨别在车身后部喷涂的“教练车”字样； 11）　对警车、消防车、救护车和工程救险车，能清晰辨别外观制式； 12）　对残疾人专用汽车，能清晰辨别在车辆后部设置的残疾人机动车专用标志	所有类型机动车
3	车辆识别代号拍照	能清晰显示车辆识别代号，对于无法清晰拍摄的机动车，允许拍摄车辆识别代号的拓印膜	所有类型机动车
4	驾驶人座椅汽车安全带拍照	能清晰显示驾驶人座椅汽车安全带处于扣紧状态。 **注：** 对小型、微型载客汽车和轻型、微型载货汽车，车辆左前方斜视 45°拍照能清晰显示驾驶人座椅汽车安全带处于扣紧状态时，无须单独拍摄本照片	汽车（低速汽车除外）
5	行驶记录装置拍照	对公路客车、旅游客车、危险货物运输车、校车、2013 年 3 月 1 日起注册登记的未设置乘客站立区的公共汽车、半挂牵引车和总质量大于或等于 12 000 kg 的货车，能清晰显示行驶记录装置在车辆上的安装情况；对使用行驶记录仪作为行驶记录装置的，能确认其显示部分是否易于观察、主机外表面的易见部位是否模压或印有符合规定的“3C”标识。 对专用校车和卧铺客车，还应能清晰确认其安装的车内外录像监控装置的摄像头数量和安装位置	应安装行驶记录装置的汽车

表 C.1（续）

序号	照片内容	要　求	适用车辆类型
6	灭火器拍照	能清晰显示灭火器在车辆上的安装固定情况及数量，能确认灭火器是否有效。 **注：**车厢内部拍照能清晰显示本照片要求的信息时，可不单独拍摄本照片	客车、危险货物运输车
7	车厢内部拍照	从车厢前部往后拍摄，能清晰显示车内座位数及布置形式。对校车，应能显示照管人员座位的位置和标识；对公路客车、旅游客车和专用校车的能观察到座垫平面的座椅（位），应能识别是否配备了汽车安全带；对厢式、棚式货车和挂车，打开车厢门从后向前拍摄，应能清晰显示货厢内部和顶部状况及确认货厢是否改装、顶部是否开启	客车、校车、厢式、棚式货车和挂车
8	车辆正后方拍照	能清晰显示车辆后部外观情况和车辆号牌。根据车辆类型，还应能： 1）　对货车、货车底盘改装的专项作业车和挂车，能清晰显示后部车身反光标识、车辆尾部标志板、放大的号牌号码； 2）　对道路运输爆炸品和剧毒化学品车辆，能清晰显示安全标示牌； 3）　对专用校车，能清晰显示后围板上的停车提醒标示。 **注：**车辆右后方斜视 45°拍照能清晰显示本照片要求的信息时，可不单独拍摄本照片	货车、挂车、专项作业车、校车
9	校车标牌拍照	能清晰显示校车标牌在前风窗玻璃右下角和后风窗玻璃适当位置的放置状态，以及校车标牌背面的签注内容。 **注：**车辆左前方斜视 45°拍照和车辆右后方斜视 45°拍照能清晰显示校车标牌在前、后风窗玻璃的放置状态时，可只拍摄校车标牌背面的签注内容	校车
10	校车标志灯拍照	能清晰显示校车标志灯打开状态下的车辆状态。 **注：**车辆左前方斜视 45°拍照和车辆右后方斜视 45°拍照能清晰显示本照片要求的信息时，可不单独拍摄本照片	校车
11	校车停车指示标志牌拍照	能清晰显示校车停车指示标志牌打开状态下的车辆状态。 **注：**车辆左前方斜视 45°拍照能清晰显示本照片要求的信息时，可不单独拍摄本照片	校车
12	操纵辅助装置拍照	能清晰显示残疾人操纵辅助装置在车辆上的安装固定情况，能确认操纵辅助装置的产品型号和出厂编号	残疾人专用汽车

C.1.2 检验资料照片项目及要求

检验资料照片拍摄项目及要求见表C.2。

表C.2 检验资料照片要求

序号	照片内容	要求
1	机动车行驶证	资料摆放端正，能清晰显示文字、印章
2	交通事故责任强制保险单	
3	车船税纳税或者免税证明	
4	安全技术检验合格证明	
5	机动车牌证申请表	
6	委托核发检验合格标志通知书	资料摆放端正，能清晰显示文字、印章
7	代理人授权书	
8	国产机动车整车出厂合格证和底盘合格证	
9	路试检验记录单	

C.2 事后监管照片拍摄项目及要求

C.2.1 事后监管人工检验照片拍摄项目及要求

事后监管人工检验照片拍摄项目及要求见表C.3。

表C.3 事后监管人工检验项目照片要求

序号	照片内容	要求	适用车辆类型
1	发动机号码拍照	对注册登记、变更登记车辆能清晰显示发动机编号或柔性标签	除挂车外的其他机动车
2	发动机舱自动灭火装置拍照	能清晰显示发动机舱自动灭火装置	客车、校车
3	应急锤拍照	能清晰显示应急锤及安装情况	客车
4	急救箱拍照	能清晰显示配备的急救箱，急救箱应放置在便于取用的位置	校车
5	防抱死制动装置拍照	能清晰显示仪表盘上的防抱死制动装置处于点亮状态	客车、校车、货车、专项作业车
6	辅助制动装置拍照	能清晰显示辅助制动装置操纵开关	货车、专项作业车
7	紧急切断装置拍照	能清晰显示紧急切断装置操纵开关	危险货物运输车
8	手动机械断电开关拍照	能清晰显示手动机械断电操纵开关	客车
9	副制动踏板拍照	能清晰显示教练车副制动踏板	教练车
10	危险货物运输车标志拍照	能清晰显示危险货物运输车标志	危险货物运输车
11	轮胎规格拍照	能清晰显示转向轮轮胎规格型号和胎冠状态	客车、校车、货车、专项作业车、危险货物运输车

C.2.2 事后监管仪器设备检验工位照片视频要求

事后监管仪器设备检验工位照片视频要求见表 C.4。

表 C.4 事后监管仪器设备检验工位照片视频要求

序号	照片内容	要　求	备注
1	一轴制动工位拍照	能清晰显示被检车辆一轴(轮)在制动设备上时的后号牌号码,视频应能清晰的显示检测全过程,特别是制动时制动灯情况	
2	二轴制动工位拍照	能清晰显示被检车辆二轴(轮)在制动设备上时的后号牌号码,视频应能清晰的观察到检测全过程,特别是制动时制动灯情况	
3	三轴制动工位拍照	能清晰显示被检车辆三轴(轮)在制动设备上时的后号牌号码,视频应能清晰的观察到检测全过程,特别是制动时制动灯情况	
4	四轴制动工位拍照	能清晰显示被检车辆四轴(轮)在制动设备上时的后号牌号码,视频应能清晰的观察到检测全过程,特别是制动时制动灯情况	
5	五轴制动工位拍照	能清晰显示被检车辆五轴(轮)在制动设备上时的后号牌号码,视频应能清晰的观察到检测全过程,特别是制动时制动灯情况	
6	六轴制动工位拍照	能清晰显示被检车辆六轴(轮)在制动设备上时的后号牌号码,视频应能清晰的观察到检测全过程,特别是制动时制动灯情况	
7	驻车制动工位拍照	能清晰显示被检车辆驻车轴(轮)在制动设备上时的后号牌号码,视频应能清晰的观察到检测全过程,特别是驻车制动时制动灯情况	
8	左灯光工位拍照	能清晰显示被检车辆的前号牌号码、车辆在打开远光灯条件下与前照灯设备的检测位置,视频应能清晰的观察到检测全过程,特别是远近光检测情况	
9	右灯光工位拍照	能清晰显示被检车辆的前号牌号码、车辆在打开远光灯条件下与前照灯设备的检测位置,视频应能清晰的观察到检测全过程,特别是远近光检测情况	
10	车速表工位拍照	能清晰的看到被检车辆在车速表设备上时的号牌号码,视频应能清晰的观察到检测全过程	
11	转向轮横向侧滑工位拍照	能清晰显示被检车辆在侧滑设备前时的前号牌号码,视频应能清晰的观察到车辆通过侧滑设备的全过程	

表 C.4（续）

序号	照片内容	要　求	备注
12	路试行车制动开始拍照	能清晰显示被检车辆号牌号码,视频应能清晰的观察到车辆行车制动的行驶过程	
13	路试行车制动结束拍照	能清晰显示被检车辆号牌号码,视频应能清晰的观察到车辆行车制动的制动过程	
14	路试驻车制动拍照	能清晰显示被检车辆在检验时的号牌号码,视频应能清晰的观察到车辆在规定驻车坡度上检验时的全过程和车辆某轮与驻车坡度路面变化情况(视频装置应侧面安装)	
15	底盘动态检验开始拍照	能清晰的看到被检车辆号牌号码,视频应能清晰的观察到车辆底盘动态检验的行驶过程	
16	路试动态检验结束拍照	能清晰的看到被检车辆的前号牌号码,视频应能清晰的观察到车辆制动过程	
17	车辆底盘检验拍照	能清晰的看到检验人员,视频应能清晰的观察检验人员在地沟中对车辆底盘检验的过程	

附 录 D
（规范性附录）
检验监督项目预警及处置方法

D.1 仪器设备检验过程监管项目及处置方法

仪器设备检验过程监管项目及处置方法见表 D.1。

表 D.1 仪器设备检验监管项目及处置方法

序号	线内检阶段	预警内容	处置方法
1	工位检验项目开始	工位设备未备案	系统管理员检查检测设备备案信息或者需调整到其他已备案的检测设备进行检测
2		工位设备与检验项目不符	调整到正确的检测设备进行检测
3		工位设备备案检定日期过期	系统管理员检查检测设备状态
4	工位检测中（上传照片信息）	无工位检验项目开始信息	检验业务信息系统重新进行工位检验项目开始操作
5		照片拍摄时间小于工位检测开始时间	检查检验业务信息系统时间
6	工位检验项目结束	无工位检验项目开始信息	检验业务信息系统重新进行工位检验项目开始操作
7		工位设备编号不正确	检验业务信息系统检查工位设备信息，填写正确工位设备信息后重新进行工位检验项目结束操作
8		工位检验项目结束时间小于工位检验项目开始时间	检查检验业务信息系统时间
9		制动、灯光工位检验中必须至少抓拍一张照片	检验业务信息系统进行检验过程照片抓拍操作并上传后再进行工位检验项目结束操作
10		检验过程中时间漂移（检验业务信息系统延迟上报检验过程信息）(30 s)	检查网络或检验业务信息系统时间
11		工位检验项目重叠（同一机动车同一时间出现在不同工位检验）	检查检验业务信息系统时间
12		工位设备重叠（同一时间同一工位设备出现在不同车辆的仪器设备检验过程中）	检查检验业务信息系统时间
13		工位项目检验时间过短（灯光、制动、底盘）	提交审核申请时预警提示
14		检测工位无视频信号（机动车检验视频监管系统自动检测，并通过检验监管软件接口写入）	检查视频摄像头工作情况
15		检测过程中故意遮挡摄像头（检测过程中，机动车检验视频监管系统写入）	检查视频摄像头工作情况
16		根据检验过程数据校验检验上传结果数据是否正确，根据检验判定标准校验检验结果	审核时预警提示

表 D.1（续）

序号	线内检阶段	预警内容	处置方法
17	全程	外观检验区域无视频信号(机动车检验视频监管系统写入)	检查视频摄像头工作情况
18		证件打印区域无视频信号(机动车检验视频监管系统写入)	检查视频摄像头工作情况

D.2 备案信息监管项目及处置方法

备案信息监管项目及处置方法见表 D.2

表 D.2 备案信息监管项目及处置方法

序号	监管内容	处置方法
1	检验业务信息系统未备案	系统管理员检查检验业务信息系统状态
2	检验机构工作人员备案信息不正常	系统管理员检查检验机构工作人员备案信息
3	车辆实际车型与检测线检验车型范围不符	车辆与检测线检验车型范围不匹配，需调整至正确的检测线进行检测
4	检验机构备案信息资质有效期等过期	提示检验机构办理资质许可
5	检测线备案信息不正常(如：标定、计量认证已过有效期、人员不足等)	系统进行预警，由监管民警核实后通报检验机构

D.3 事后监管项目及处置方法

事后监管项目及处置方法见表 D.3

表 D.3 事后监管项目及处置方法

序号	监管内容	处置方法
1	查看视频，机动车存在舞弊情形，如替检、前后轴替换、手刹用脚刹、手刹＋脚刹、灯光距离不够、左右灯替换等	系统进行预警，由监管民警核查机动车检验情况
2	工位检测过程照片中机动车号牌号码与实际检验车辆不符	系统进行预警，由监管民警核查机动车检验情况
3	对线内检测有质疑进行路试的比率过高，符合检测条件的未上线的	系统进行预警，由监管民警核查机动车检验情况
4	引车员检测合格率异常	系统进行预警，由监管民警核查机动车检验情况
5	底盘静态检验员检测合格率异常	系统进行预警，由监管民警核查机动车检验情况
6	首次检测合格率过低但复检合格率过高	系统进行预警，由监管民警核查机动车检验情况
7	多车检测数据雷同	系统进行预警，由监管民警核查机动车检验情况

表 D.3（续）

序号	监管内容	处置方法
8	异地检验业务量过高	系统进行预警，由监管民警核查机动车检验情况
9	路试数据制动初速度、空载检验制动距离要求、满载检验制动距离要求等不符合 GB 7258 的要求	系统进行预警，由监管民警核查路试情况
10	路试仪接口数据不符合要求	系统进行预警，核查数据是否真实
11	路试过程随机图片、视频不符合要求	系统进行预警，由监管民警核查路试情况
12	路试车辆灯光仪检测数据不符合要求	系统进行预警，由监管民警核查路试情况
13	其他预警信息	

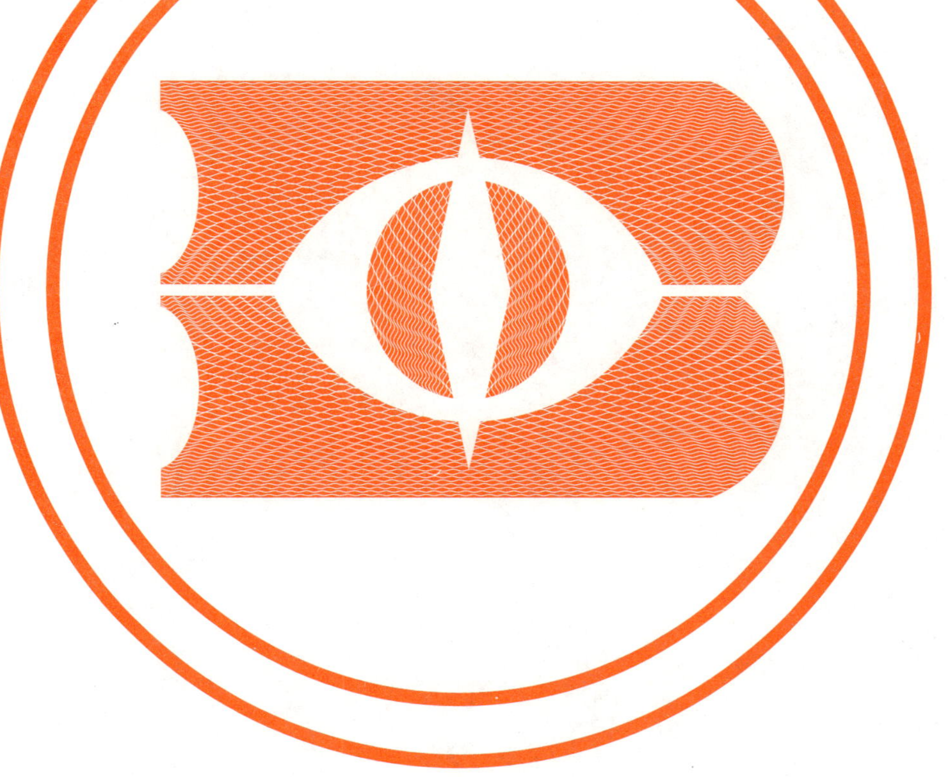

参 考 文 献

[1] GA/T 16.3 道路交通管理信息代码 第3部分:机动车使用性质代码

[2] GA/T 16.7 道路交通管理信息代码 第7部分:机动车号牌种类代码

[3] GA/T 16.8 道路交通管理信息代码 第8部分:机动车车身颜色代码

[4] GA/T 16.9 道路交通管理信息代码 第9部分:机动车能源种类代码

[5] GA/T 543.1 公安数据元(1)